Direito Civil BRASILEIRO

1 PARTE GERAL

CARLOS ROBERTO GONÇALVES

Mestre em Direito Civil pela PUC-SP.
Desembargador aposentado do Tribunal de Justiça de São Paulo.
Membro da Academia Brasileira de Direito Civil e do Instituto Brasileiro de Direito Contratual. Compõe o Corpo de Árbitros do Centro de Arbitragem e Mediação da Federação das Indústrias de São Paulo (Fiesp).

Direito Civil BRASILEIRO

1 PARTE GERAL

20ª edição
2022

saraiva jur

ISBN 978-85-536-0765-5 obra completa

DADOS INTERNACIONAIS DE CATALOGAÇÃO NA PUBLICAÇÃO (CIP)
VAGNER RODOLFO DA SILVA – CRB-8/9410

G635d Gonçalves, Carlos Roberto

Direito Civil Brasileiro – Parte Geral – v. 1 / Carlos Roberto Gonçalves. – 20. ed. – São Paulo : SaraivaJur, 2022.
600 p.

ISBN 978-65-5559-626-7 (Impresso)

1. Direito. 2. Direito Civil. 3. Introdução ao Direito Civil. 4. Direito Público. 5. Direito Privado. 6. Relação jurídica. I. Título. II. Série.

2021-3744 CDD 347
CDU 347

Índices para catálogo sistemático:

1. Direito Civil 347
2. Direito Civil 347

saraiva EDUCAÇÃO | saraiva jur

Av. Paulista, 901, 3º andar
Bela Vista – São Paulo – SP – CEP: 01311-100

SAC | sac.sets@saraivaeducacao.com.br

Diretoria executiva	Flávia Alves Bravin
Diretoria editorial	Ana Paula Santos Matos
Gerência editorial e de projetos	Fernando Penteado
Novos projetos	Aline Darcy Flôr de Souza Dalila Costa de Oliveira
Gerência editorial	Isabella Sánchez de Souza
Edição	Liana Ganiko Brito
Produção editorial	Daniele Debora de Souza (coord.) Cintia Aparecida dos Santos Paula Brito
Arte e digital	Mônica Landi (coord.) Camilla Felix Cianelli Chaves Claudirene de Moura Santos Silva Deborah Mattos Guilherme H. M. Salvador Tiago Dela Rosa
Projetos e serviços editoriais	Daniela Maria Chaves Carvalho Emily Larissa Ferreira da Silva Kelli Priscila Pinto Klariene Andrielly Giraldi
Diagramação	Rafael Cancio Padovan
Revisão	Amanda Anhoque
Capa	IDÉE arte e comunicação
Produção gráfica	Marli Rampim Sergio Luiz Pereira Lopes
Impressão e acabamento	EGB Editora Gráfica Bernardi Ltda

Data de fechamento da edição: 28-10-2021

Dúvidas? Acesse www.editorasaraiva.com.br/direito

CL 607314 CAE 782960

ÍNDICE

INTRODUÇÃO AO DIREITO CIVIL

Capítulo I
CONCEITO E DIVISÃO DO DIREITO

Capítulo II
DIREITO CIVIL

LEI DE INTRODUÇÃO ÀS NORMAS DO DIREITO BRASILEIRO

Livro I
DAS PESSOAS

Título I
DAS PESSOAS NATURAIS

Capítulo I
DA PERSONALIDADE E DA CAPACIDADE

INTROITO

DAS PESSOAS COMO SUJEITOS DA RELAÇÃO JURÍDICA

DAS INCAPACIDADES

EXTINÇÃO DA PERSONALIDADE NATURAL

INDIVIDUALIZAÇÃO DA PESSOA NATURAL

CAPÍTULO II

DOS DIREITOS DA PERSONALIDADE

Capítulo III
DA AUSÊNCIA

Título II
DAS PESSOAS JURÍDICAS

Livro II
DOS BENS

Livro III
DOS FATOS JURÍDICOS

Título I
DO NEGÓCIO JURÍDICO

Capítulo I
DISPOSIÇÕES GERAIS

ELEMENTOS DO NEGÓCIO JURÍDICO

Capítulo II
DA REPRESENTAÇÃO

Capítulo III
DA CONDIÇÃO, DO TERMO E DO ENCARGO

Capítulo IV
DOS DEFEITOS DO NEGÓCIO JURÍDICO

O DOLO

A COAÇÃO

O ESTADO DE PERIGO

A LESÃO

A FRAUDE CONTRA CREDORES

Capítulo V
DA INVALIDADE DO NEGÓCIO JURÍDICO

A SIMULAÇÃO

Título II
DOS ATOS JURÍDICOS LÍCITOS

Título III
DOS ATOS ILÍCITOS

Título IV
DA PRESCRIÇÃO E DA DECADÊNCIA

Capítulo I
DA PRESCRIÇÃO

Capítulo II
DA DECADÊNCIA

Título V
DA PROVA

INTRODUÇÃO AO DIREITO CIVIL

Capítulo I
CONCEITO E DIVISÃO DO DIREITO

Sumário: 1. Conceito de direito. 2. Distinção entre o direito e a moral. 3. Direito positivo e direito natural. 4. Direito objetivo e direito subjetivo. 5. Direito público e direito privado. 6. A unificação do direito privado.

1. Conceito de direito

O homem é um ser eminentemente social. Não vive isolado, mas em grupos. A convivência impõe uma certa ordem, determinada por regras de conduta. Essa ordenação pressupõe a existência de restrições que limitam a atividade dos indivíduos componentes dos diversos grupos sociais. O fim do direito é precisamente determinar regras que permitam aos homens a vida em sociedade[1].

Em todo tempo, por mais distante que se olhe no passado, em qualquer agrupamento social, por mais rudimentar que seja, sempre se encontrará presente o fenômeno jurídico, representado pela observância de um mínimo de condições existenciais da vida em sociedade. Seja na unidade tribal em estado primitivo, seja na unidade estatal, sempre houve e haverá uma norma, uma regra de conduta pautando a atuação do indivíduo, nas suas relações com os outros indivíduos[2].

A ordem jurídica tem, assim, como premissa, o estabelecimento dessas restrições, a determinação desses limites aos indivíduos, aos quais todos indistintamente devem se submeter, para que se torne possível a coexistência social[3].

---

[1] Mazeaud e Mazeaud, *Leçons de droit civil*, v. 1, p. 33.

[2] Caio Mário da Silva Pereira, *Instituições de direito civil*, v. 1, p. 3-4.

[3] Washington de Barros Monteiro, *Curso de direito civil*, v. 1, p. 2.

Não há um consenso sobre o conceito do direito. A esse respeito divergem juristas, filósofos e sociólogos, desde tempos remotos. Deixando de lado as várias escolas e correntes existentes, apontamos como ideal, pela concisão e clareza, a definição de RADBRUCH[4], citada por WASHINGTON DE BARROS MONTEIRO[5], segundo a qual direito "é o conjunto das normas gerais e positivas, que regulam a vida social".

A palavra "direito" é usada, na acepção comum, para designar o conjunto de regras com que se disciplina a vida em sociedade, regras essas que se caracterizam pelo *caráter genérico*, concernente à indistinta aplicação a todos os indivíduos, e *jurídico,* que as diferencia das demais regras de comportamento social e lhes confere eficácia garantida pelo Estado. As referidas normas de conduta encontram-se nas leis, nos costumes, na jurisprudência, nos princípios gerais do direito, constituindo o direito objetivo e positivo, posto na sociedade por uma vontade superior[6].

Origina-se a palavra "direito" do latim *directum*, significando aquilo que é reto, que está de acordo com a lei. Os jurisconsultos romanos já relacionavam o direito com o que é justo. Da necessidade da justiça nas relações humanas é que nasce o direito. De outra parte, a criação do direito não tem outro objetivo senão a realização da justiça. No ensinamento de ARISTÓTELES, aperfeiçoado pela filosofia escolástica, a justiça é a *perpétua vontade de dar a cada um o que é seu, segundo uma igualdade*[7].

O direito nasceu junto com o homem que, por natureza, é um ser social. As normas de direito, como visto, asseguram as condições de equilíbrio da coexistência dos seres humanos, da vida em sociedade.

Para CAIO MÁRIO DA SILVA PEREIRA, que prefere deixar de lado as concepções dos historicistas, dos normativistas, dos finalistas e dos sociólogos do direito, que não conseguiram fornecer uma definição satisfatória, o direito "é o princípio de adequação do homem à vida social. Está na lei, como exteriorização do comando do Estado; integra-se na consciência do indivíduo que pauta sua conduta pelo espiritualismo do seu elevado grau de moralidade; está no anseio de justiça, como ideal eterno do homem; está imanente na necessidade de contenção para a coexistência"[8].

---

[4] *Introducción a la filosofía del derecho*, p. 47.

[5] *Curso*, cit., v. 1, p. 1.

[6] Francisco Amaral, *Direito civil*: introdução, p. 2.

[7] Rubens Limongi França, *Manual de direito civil*, v. 1, p. 7.

[8] *Instituições*, cit., v. 1, p. 5.

Há marcante diferença entre o “ser” do mundo da natureza e o “dever ser” do mundo jurídico. Os fenômenos da natureza, sujeitos às leis físicas, são imutáveis, enquanto o mundo jurídico, o do “dever ser”, caracteriza-se pela liberdade na escolha da conduta. Direito, portanto, é a ciência do “dever ser”.

2. Distinção entre o direito e a moral

A vida em sociedade exige a observância de outras normas, além das jurídicas. As pessoas devem pautar a sua conduta pela ética, de conteúdo mais abrangente do que o direito, porque ela compreende as normas jurídicas e as normas morais. Para desenvolver a espiritualidade e cultuar as santidades, as pessoas devem obedecer aos princípios religiosos. Para gozar de boa saúde, devem seguir os preceitos higiênicos. Para bem se relacionar e desfrutar de prestígio social, devem observar as regras de etiqueta e urbanidade etc.[9].

As normas jurídicas e morais têm em comum o fato de constituírem regras de comportamento. No entanto, distinguem-se precipuamente pela *sanção* (que no direito é imposta pelo Estado para constranger os indivíduos à observância da norma, e na moral somente pela consciência do homem, traduzida pelo remorso, pelo arrependimento, porém sem coerção) e pelo *campo de ação*, que na moral é mais amplo.

Com efeito, as ações humanas interessam ao direito, mas nem sempre. Quando “são impostas ou proibidas, encontram sanção no ordenamento jurídico. São as normas jurídicas, são os princípios de direito. Quando se cumprem ou se descumprem, sem que este interfira, vão buscar sanção no foro íntimo, no foro da consciência, até onde não chega a força cogente do Estado. É, porém, certo que o *princípio moral* envolve a norma jurídica, podendo-se dizer que, geralmente, a ação juridicamente condenável o é também pela moral. Mas a coincidência não é absoluta”[10].

Desse modo, nem tudo que é moral é jurídico, pois a justiça é apenas uma parte do objeto da moral. É célebre, neste aspecto, a comparação de BENTHAM, utilizando-se de dois círculos concêntricos, dos quais a

---

[9] Caio Mário da Silva Pereira, *Instituições*, cit., v. 1, p. 8; Silvio Rodrigues, *Direito civil*, v. 1, p. 4.

[10] Caio Mário da Silva Pereira, *Instituições*, cit., v. 1, p. 8.

circunferência representativa do campo da moral se mostra mais ampla, contendo todas as normas reguladoras da vida em sociedade. O círculo menor, que representa o direito, abrange somente aquelas dotadas de força coercitiva. A principal diferença entre a regra moral e a regra jurídica repousa efetivamente na sanção.

Pode-se afirmar que direito e moral distinguem-se, ainda, pelo fato de o primeiro atuar no foro exterior, ensejando medidas repressivas do aparelho estatal quando violado, e a segunda no foro íntimo das pessoas, encontrando reprovação na sua consciência. Sob outro aspecto, afirmam os irmãos MAZEAUD que a moral procura fazer que reine não apenas a justiça, mas também a caridade, que tende ao aperfeiçoamento individual[11].

Algumas vezes tem acontecido de o direito trazer para sua esfera de atuação preceitos da moral, considerados merecedores de sanção mais eficaz, pois malgrado diversos os seus campos de atuação, entrelaçam-se e interpenetram-se de mil maneiras. Podem ser lembrados, a título de exemplos, o art. 17 da Lei de Introdução ao Código Civil (atual Lei de Introdução às Normas do Direito Brasileiro, conforme estabelecido na Lei n. 12.376, de 30-12-2010) e os arts. 557, 1.638 e 1.735, V, todos do Código Civil.

Há mesmo uma tendência das normas morais a converter-se em normas jurídicas, como ocorreu, exemplificativamente, com o dever do pai de velar pelo filho, com a indenização por acidente do trabalho e por despedimento do empregado, com a obrigação de dar a este aviso prévio etc.[12].

3. Direito positivo e direito natural

Direito positivo é o ordenamento jurídico em vigor num determinado país e numa determinada época (*jus in civitate positum*). *Direito natural* é a ideia abstrata do direito, o ordenamento ideal, correspondente a uma justiça superior e suprema[13].

O direito positivo, em outras palavras, é o "conjunto de princípios que pautam a vida social de determinado povo em determinada época", sendo

---

[11] *Leçons*, cit., v. 1, n. 14, p. 23.

[12] Washington de Barros Monteiro, *Curso*, cit., v. 1, p. 4; Silvio Rodrigues, *Direito civil*, cit., v. 1, p. 6.

[13] Andrea Torrente, *Manuale di diritto privato*, 1955, p. 4; Washington de Barros Monteiro, *Curso*, cit., v. 1, p. 8.

nesta acepção que nos referimos ao direito romano, ao direito inglês, ao direito alemão, ao direito brasileiro etc., não importando seja escrito ou não escrito, de elaboração sistemática ou de formação jurisprudencial[14]. Segundo CAPITANT, é o que está em vigor num povo determinado, e compreende toda a disciplina da conduta, abrangendo as leis votadas pelo poder competente, os regulamentos, as disposições normativas de qualquer espécie. O fundamento de sua existência está ligado ao conceito de *vigência*[15].

Na época moderna, o direito natural desenvolve-se sob o nome de *jusnaturalismo*, sendo visto como "expressão de princípios superiores ligados à natureza racional e social do homem"[16]. O jusnaturalismo foi defendido por SANTO AGOSTINHO e SÃO TOMÁS DE AQUINO, bem como pelos doutores da Igreja e pensadores dos séculos XVII e XVIII. HUGO GRÓCIO, já no século XVI, defendia a existência de um direito ideal e eterno, ao lado do direito positivo, sendo considerado o fundador da nova Escola de Direito Natural.

A Escola Histórica e a Escola Positivista, entretanto, refutam o jusnaturalismo, atendo-se à realidade concreta do direito positivo. No século XIX, renasceu e predominou a ideia jusnaturalista, especialmente em razão do movimento neotomista e da ideia neokantiana. É realmente inegável a existência de leis anteriores e inspiradoras do direito positivo, as quais, mesmo não escritas, encontram-se na consciência dos povos.

Malgrado a aparente antinomia, não se pode falar em contraposição entre ambos, pois que, "se um é a fonte de inspiração do outro, não exprimem ideias antagônicas, mas, ao revés, tendem a uma convergência ideológica, ou, ao menos, devem procurá-la, o direito positivo amparando-se na sujeição ao direito natural para que a regra realize o ideal, e o direito natural inspirando o direito positivo para que este se aproxime da perfeição"[17].

---

[14] Caio Mário da Silva Pereira, *Instituições*, cit., v. 1, p. 5.

[15] Henri Capitant, *Introduction à l'étude du droit civil*, p. 8.

[16] C. Massimo Bianca, *Diritto civile*, v. 1, p. 19.

O direito natural "é o conjunto de princípios essenciais e permanentes atribuídos à Natureza (na antiguidade greco-romana), a Deus (na Idade Média), ou à razão humana (na época moderna) que serviriam de fundamento e legitimação ao direito positivo, o direito criado por uma vontade humana. Reconhece a existência desses dois direitos, e defende a sua superioridade quanto ao positivo" (Francisco Amaral, *Direito civil*, cit., p. 43).

[17] Caio Mário da Silva Pereira, *Instituições*, cit., v. 1, p. 6.

Na realidade, o direito natural, a exemplo do que sucede com as normas morais, tende a converter-se em direito positivo ou a modificar o direito preexistente[18].

Para o direito positivo não é exigível o pagamento de dívida prescrita e de dívida de jogo (arts. 814 e 882)[19]. Mas, para o direito natural, esse pagamento é obrigatório.

4. Direito objetivo e direito subjetivo

Direito objetivo é o conjunto de normas impostas pelo Estado, de caráter geral, a cuja inobservância os indivíduos podem ser compelidos mediante coerção. Esse conjunto de regras jurídicas comportamentais (*norma agendi*) gera para os indivíduos a faculdade de satisfazer determinadas pretensões e de praticar os atos destinados a alcançar tais objetivos (*facultas agendi*). Encarado sob esse aspecto, denomina-se *direito subjetivo,* que nada mais é do que a faculdade individual de agir de acordo com o direito objetivo, de invocar a sua proteção.

Silvio Rodrigues, com precisão, esclarece: "O fenômeno jurídico, embora seja um só, pode ser encarado sob mais de um ângulo. Vendo-o como um conjunto de normas que a todos se dirige e a todos vincula, temos o direito objetivo. É a norma da ação humana, isto é, a *norma agendi*. Se, entretanto, o observador encara o fenômeno através da prerrogativa que para o indivíduo decorre da norma, tem-se o direito subjetivo. Trata-se da faculdade conferida ao indivíduo de invocar a norma em seu favor, ou seja, da faculdade de agir sob a sombra da regra, isto é, a *facultas agendi*"[20].

---

[18] Ruggiero e Maroi, *Istituzioni di diritto privato*, v. 1, p. 8; Washington de Barros Monteiro, *Curso*, cit., v. 1, p. 8.

[19] "Cheque. Emissão para pagamento de *dívida de jogo*. Inexigibilidade. O título emitido para pagamento de dívida de jogo não pode ser cobrado, posto que, para efeitos civis, a lei considera ato ilícito. Nulidade que não pode, porém, ser oposta ao terceiro de boa-fé" (*RT*, 670/94, 693/211, 696/199). "Cheque. Emissão para pagamento de *dívida de jogo*. Inexigibilidade. Irrelevância de a obrigação haver sido contraída em país em que é legítima a jogatina" (*RT*, 794/381). "As dívidas de jogo ou de aposta não obrigam a pagamento (art. 814, *caput*), sendo que 'o preceito contido neste artigo tem aplicação, ainda que se trate de jogo não proibido, só se excetuando os jogos e apostas legalmente permitidos' (art. 814, § 2º, do Código Civil). Distinção entre jogo proibido, tolerado e legalmente permitido, somente sendo exigíveis as dívidas de jogo nessa última hipótese" (STJ, REsp 1.406.487-SP, 3ª T., rel. Min. Paulo de Tarso Sanseverino, j. 4-8-2015).

[20] *Direito civil*, cit., v. 1, p. 6-7.

Direito subjetivo é "o poder que a ordem jurídica confere a alguém de agir e de exigir de outrem determinado comportamento"[21]. É, portanto, o meio de satisfazer interesses humanos e deriva do direito objetivo, nascendo com ele. Se o direito objetivo é modificado, altera-se o direito subjetivo. Podemos dizer que há referência ao direito objetivo quando se diz, por exemplo, que "o direito impõe a todos o respeito à propriedade"; e que é feita alusão ao direito subjetivo quando se proclama que "o proprietário tem o direito de repelir a agressão à coisa que lhe pertence"[22].

As teorias de DUGUIT e de KELSEN (Teoria Pura do Direito) integram as doutrinas *negativistas*, que não admitem a existência do direito subjetivo. Para KELSEN, a obrigação jurídica não é senão a própria norma jurídica. Sendo assim, o direito subjetivo não é senão o direito objetivo. Reconhece ele somente a existência deste, não aceitando o dualismo direito objetivo-direito subjetivo, que encerra um componente ideológico.

Predominam, no entanto, as doutrinas *afirmativas*, que reconhecem a existência do direito subjetivo, tanto no aspecto técnico como do ponto de vista histórico. Essas doutrinas se desdobram em: a) teoria da *vontade*; b) teoria do *interesse*; e c) teoria *mista*.

Para a teoria da *vontade*, de SAVIGNY, WINDSCHEID e outros, o direito subjetivo constitui um poder da vontade reconhecido pela ordem jurídica. O Estado somente intervém quando estritamente necessário. Nesse caso, o titular do direito é o único juiz da conveniência de sua utilização. Todavia, há direitos em que não existe uma vontade real do seu titular. Os incapazes, por exemplo, têm direito subjetivo, podendo herdar, ser proprietários, embora não possuam vontade em sentido jurídico. Para a teoria do *interesse*, defendida por IHERING, direito subjetivo é o interesse juridicamente protegido[23].

Ambas as teorias são passíveis de críticas. Não se pode aceitar que o direito subjetivo, sendo um poder conferido a alguém pelo ordenamento jurídico, dependa da vontade do titular para ter eficácia. Na realidade, ele existe e é eficaz, independentemente do interesse deste. A teoria de IHERING, que considera direito subjetivo o "interesse juridicamente protegido", é também criticável, pois confunde o direito subjetivo com o seu conteúdo[24].

---

[21] Francisco Amaral, *Direito civil*, cit., p. 181.

[22] Caio Mário da Silva Pereira, *Instituições*, cit., v. 1, p. 10.

[23] Rudolf von Ihering, *L'esprit du droit romain*, t. IV, p. 3.

[24] Por outro lado, segundo pondera Francisco Amaral, "não se pode esquecer a coexistência de interesses diversos no próprio titular. No campo dos direitos de família, os interesses são da *família*, não dos titulares individualmente, e no campo da propriedade, a sua função social

A teoria *mista*, ou *eclética*, conjuga o elemento vontade com o elemento interesse. Jellinek o define como o interesse protegido que a vontade tem o poder de realizar. Consistindo na reunião dos elementos básicos das duas teorias anteriormente mencionadas, a vontade e o interesse, merecem também as mesmas críticas.

O direito subjetivo, em verdade, não constitui nem poder da vontade nem interesse protegido, mas apenas "um poder de agir e de exigir determinado comportamento para a realização de um interesse, pressupondo a existência de uma relação jurídica. Seu fundamento é a autonomia dos sujeitos, a liberdade natural que se afirma na sociedade e que se transforma, pela garantia do direito, em direito subjetivo, isto é, liberdade e poder jurídico"[25].

Na realidade, direito subjetivo e direito objetivo são aspectos da mesma realidade, que pode ser encarada de uma ou de outra forma. Direito subjetivo é a expressão da vontade individual, e direito objetivo é a expressão da vontade geral. Não somente a vontade, ou apenas o interesse, configura o direito subjetivo. Trata-se de um poder atribuído à vontade do indivíduo, para a satisfação dos seus próprios interesses protegidos pela lei, ou seja, pelo direito objetivo.

5. *Direito público e direito privado*

Embora a divisão do direito objetivo em público e privado remonte ao direito romano, até hoje não há consenso sobre seus traços diferenciadores. Vários critérios foram propostos, com base no interesse, na utilidade, no sujeito, na finalidade da norma, no *ius imperium*, sem que todos eles estejam imunes a críticas.

Essa dicotomia tem sua origem no direito romano, como se depreende das palavras de Ulpiano: "Direito público é o que corresponde às coisas do Estado; direito privado, o que pertence à utilidade das pessoas"[26]. Pelo

---

implica em poderes-deveres que não representam identidade de interesses. Há também uma série de interesses difusos, interesses coletivos de grupos ou coletividades, que não constituem propriamente direitos subjetivos" (*Direito civil*, cit., p. 188).

[25] Luigi Ferri, *L'autonomia privata*, Milano, 1959, p. 249; Francisco Amaral, *Direito civil*, cit., p. 189.

[26] "Ius publicum est quod ad statum rei romanae spectat; privatum, quod ad singulorum utilitatem" (Digesto, Livro I, título I, § 2º).

critério adotado, da *utilidade* ou do *interesse* visado pela norma, o direito público era o direito do Estado romano, o que dizia respeito aos negócios de interesse deste. O direito privado, por sua vez, era o que disciplinava os interesses particulares, dos cidadãos.

Malgrado o direito público vise proteger os interesses da sociedade e o direito privado busque assegurar, integralmente, a satisfação dos interesses individuais, tal critério se mostra insuficiente. Não se pode, com efeito, dissociar o interesse público do interesse privado, como se fossem antagônicos, mesmo porque, na maioria das vezes, torna-se difícil distinguir o interesse protegido. As normas não costumam atingir apenas o interesse do Estado ou do particular, mas entrelaçam-se e interpenetram-se. Destinam-se elas, em sua generalidade, à proteção de todos os interesses. Os dos particulares são também de natureza pública, tendo em vista o bem comum, e vice-versa.

Tem-se apontado também a natureza do *sujeito* ou titular da relação jurídica como elemento diferenciador. Segundo esse critério, público é o direito que regula as relações do Estado com outro Estado, ou as do Estado com os cidadãos, e privado o que disciplina as relações entre os indivíduos como tais, nas quais predomina imediatamente o interesse de ordem particular.

O fator subjetivo, entretanto, também é insatisfatório para fundamentar a distinção. Basta lembrar que o Estado coloca-se muitas vezes no mesmo plano dos particulares, submetendo-se às normas de direito privado. Não perde a natureza de norma de direito privado a que rege um negócio jurídico celebrado entre o Estado e o particular (a venda de bens dominicais, p. ex.) que com ele contratou, nem deixa de ser de ordem pública determinado preceito somente por disciplinar uma relação jurídica entre pessoas naturais.

O critério *finalístico* assenta-se no interesse jurídico tutelado. Assim, são de direito público as normas em que predomina o interesse geral; e de direito privado as que visam atender imediatamente o interesse dos indivíduos. Tal teoria constitui uma revivescência da distinção romana e ignora que toda norma tem um escopo geral, ainda quando posta a serviço dos interesses particulares, e, principalmente, que certas normas de interesse geral inserem-se no direito privado, como as concernentes ao direito da família, por exemplo[27].

---

[27] Francesco Ferrara, *Trattato di diritto civile italiano*, p. 74; Caio Mário da Silva Pereira, *Instituições*, cit., v. 1, p. 12.

Teoria que desfruta de boa aceitação é a do *ius imperium*, para a qual o direito público regula as relações do Estado e de outras entidades com poder de autoridade, enquanto o direito privado disciplina as relações particulares entre si, com base na igualdade jurídica e no poder de autodeterminação. Objeta-se que, no entanto, todos são iguais perante o direito. Ademais, no direito privado também há relações jurídicas de subordinação, como, por exemplo, as existentes entre pai e filhos, entre curador e curatelado etc.

CAIO MÁRIO DA SILVA PEREIRA[28] considera satisfatória a associação do fator objetivo ao elemento subjetivo, feita por RUGGIERO[29]: "Público é o direito que tem por finalidade regular as relações do Estado com outro Estado, ou as do Estado com seus súditos, *quando procede em razão do poder soberano, e atua na tutela do bem coletivo*; direito privado é o que disciplina as relações entre pessoas singulares, nas quais *predomina imediatamente o interesse de ordem particular*".

Consistindo, todavia, tal concepção na conjugação das teorias anteriormente examinadas, merece a mesma crítica a elas feita.

Na realidade, o direito deve ser visto como um todo, sendo dividido em direito público e privado somente por motivos didáticos. A interpenetração de suas normas é comum, encontrando-se com frequência nos diplomas reguladores dos direitos privados as atinentes ao direito público e vice-versa.

Do direito civil, que é o cerne do direito privado, destacaram-se outros ramos, especialmente o direito comercial, o direito do trabalho, o direito do consumidor e o direito agrário. Integram, hoje, o *direito privado*: o direito civil, o direito comercial, o direito agrário, o direito marítimo, bem como o direito do trabalho, o direito do consumidor e o direito aeronáutico. Estes últimos, malgrado contenham um expressivo elenco de normas de ordem pública, conservam a natureza privada, uma vez que tratam das relações entre particulares em geral. Registre-se, no entanto, a existência de corrente divergente que os coloca no elenco do direito público, especialmente o direito do trabalho. ORLANDO GOMES inclusive menciona quatro correntes de opinião que tratam do problema da localização deste último ramo do direito[30].

---

[28] *Instituições*, cit., v. 1, p. 13.

[29] Roberto de Ruggiero, *Instituições de direito civil*, São Paulo, Saraiva, 1972, v. I, § 8º, p. 59.

[30] *Introdução ao direito civil*, p. 18, n. 11.

Pertencem ao *direito público,* por outro lado, o direito constitucional, o direito administrativo, o direito tributário, o direito penal, o direito processual (civil e penal), o direito internacional (público e privado) e o direito ambiental.

Digno de nota o fenômeno, que se vem desenvolvendo atualmente, da acentuada interferência do direito público em relações jurídicas até agora disciplinadas no Código Civil, como as contratuais e as concernentes ao direito de propriedade, por exemplo. Tal interferência foi observada inicialmente na legislação especial (Estatuto da Criança e do Adolescente, Lei das Locações, Código de Defesa do Consumidor etc.) e, posteriormente, na própria Constituição Federal de 1988, a ponto de se afirmar hoje que a unidade do sistema deve ser buscada, deslocando para a tábua axiológica da Carta da República o ponto de referência antes localizado no Código Civil[31].

Normas de ordem pública são as cogentes, de aplicação obrigatória. São as que se impõem de modo absoluto, não sendo possível a sua derrogação pela vontade das partes. Normas de ordem privada são as que vigoram enquanto a vontade dos interessados não convencionar de forma diversa, tendo, pois, caráter supletivo. Distinguem-se em dispositivas, "quando permitem que os sujeitos disponham como lhes aprouver", e supletivas, "quando se aplicam na falta de regulamentação privada, preenchendo, no exercício de uma função integradora, as lacunas por ela deixadas"[32].

No direito civil predominam as normas de ordem privada, malgrado existam também normas imperativas, de ordem pública, em elevada proporção, no direito de família, no das sucessões e nos direitos reais. As normas supletivas são encontradas principalmente no direito das obrigações, sendo aplicadas na ausência de manifestação das partes (CC, arts. 244 e 252, p. ex.).

---

31 Gustavo Tepedino, Premissas metodológicas para a constitucionalização do direito civil, in *Temas de direito civil*, p. 13.

32 "São imperativas (determinam uma ação) ou proibitivas (impõem uma abstenção). Regulam matéria de ordem pública e de bons costumes, entendendo-se como ordem pública o conjunto de normas que regulam os interesses fundamentais do Estado ou que estabelecem, no direito privado, as bases jurídicas da ordem econômica ou social" (Francisco Amaral, *Direito civil*, cit., p. 73; Henri de Page, *Traité élémentaire de droit civil belge*, v. 1, p. 113; Jacques Ghestin, *Traité de droit civil:* la formation du contrat, p. 104).

6. A unificação do direito privado

Desde o final do século XIX se observa uma tendência para unificar o direito privado e, assim, disciplinar conjunta e uniformemente o direito civil e o direito comercial. Na Itália, defenderam a ideia Vivante e Cimbali, dentre outros.

Entre nós, o movimento encontrou apoio em Teixeira de Freitas, que chegou a propor ao Governo, na ocasião em que concluía o seu célebre *Esboço do Código Civil*, que se fizesse um Código de Direito Privado, em vez de um Código de Direito Civil.

Alguns países tiveram experiências satisfatórias com a unificação, como a Suíça, o Canadá, a Itália e a Polônia, por exemplo. Em verdade, não se justifica que um mesmo fenômeno jurídico, como a compra e venda e a prescrição, para citar apenas alguns, submeta-se a regras diferentes, de natureza civil e comercial. Por outro, as referidas experiências demonstraram que a uniformização deve abranger os princípios de aplicação comum a toda a matéria de direito privado, sem eliminar a específica à atividade mercantil, que prosseguiria constituindo objeto de especialização e autonomia.

Desse modo, a melhor solução não parece ser a unificação do direito privado, mas sim a do direito obrigacional. Seriam, assim, mantidos os institutos característicos do direito comercial, os quais, mesmo enquadrados no direito privado unitário, manteriam sua fisionomia própria, como têm características peculiares os princípios inerentes aos diversos ramos do direito civil, no direito de família, das sucessões, das obrigações ou das coisas[33].

No Brasil, Orozimbo Nonato, Filadelfo Azevedo e Hahnemann Guimarães apresentaram o seu Anteprojeto de Código de Obrigações em 1941, no qual fixaram os princípios gerais do direito obrigacional, comuns a todo o direito privado, abrangentes da matéria mercantil. Algum tempo depois, Francisco Campos, encarregado da redação de um projeto de Código Comercial, anuncia sua adesão à tese unificadora. Também Caio Mário da Silva Pereira, incumbido de elaborar um Projeto de Código de Obrigações, em 1961, perfilhou a unificação[34].

---

[33] Caio Mário da Silva Pereira, *Instituições*, cit., v. 1, p. 18; Arnoldo Wald, *Curso de direito civil brasileiro*: introdução e parte geral, v. 1, p. 15.

[34] *Instituições*, cit., v. 1, p. 17.

Arnoldo Wald assevera que "o novo Código Civil unificou o direito privado, a exemplo do que ocorre no direito civil italiano, ao dispor sobre os títulos de crédito (arts. 887 a 926), do direito de empresa (arts. 966 a 1.195), em que trata, dentre outros temas, das várias espécies de sociedade"[35].

Miguel Reale rebate, contudo, a assertiva, dizendo que é preciso "corrigir, desde logo, um equívoco que consiste em dizer que tentamos estabelecer a unidade do Direito Privado. Esse não foi o objetivo visado. O que na realidade se fez foi consolidar e aperfeiçoar o que já estava sendo seguido no País, que era a *unidade do Direito das Obrigações.* Como o Código Comercial de 1850 se tornara completamente superado, não havia mais questões comerciais resolvidas à luz do Código de Comércio, mas sim em função do Código Civil. Na prática jurisprudencial, essa unidade das obrigações já era um fato consagrado, o que se refletiu na ideia rejeitada de um Código só para reger as obrigações, consoante projeto elaborado por jurisconsultos da estatura de Orozimbo Nonato, Hahnemann Guimarães e Philadelpho Azevedo".

Acrescentou o ilustre coordenador dos trabalhos da comissão que elaborou o projeto do atual diploma que "não vingou também a tentativa de, a um só tempo, elaborar um Código das Obrigações, de que foi relator Caio Mário da Silva Pereira, ao lado de um Código Civil, com a matéria restante, conforme projeto de Orlando Gomes. Depois dessas duas malogradas experiências, só restava manter a unidade da codificação, enriquecendo-a de novos elementos, levando em conta também as contribuições desses dois ilustres jurisconsultos"[36].

Em realidade, o atual Código Civil unificou as obrigações civis e mercantis, trazendo para o seu bojo a matéria constante da primeira parte do Código Comercial (CC, art. 2.045), procedendo, desse modo, a uma unificação parcial do direito privado.

---

[35] *Curso*, cit., v. 1, p. 13.

[36] *O Projeto do novo Código Civil*, p. 5.

Capítulo II
DIREITO CIVIL

Sumário: 1. Conceito de direito civil. 2. Histórico do direito civil. 3. A codificação. 4. O Código Civil brasileiro. 4.1. O Código Civil de 1916. 4.2. O Código Civil de 2002. 4.2.1. Estrutura e conteúdo. 4.2.2. Princípios básicos. 4.2.3. Direito civil-constitucional. 4.2.4. Eficácia horizontal dos direitos fundamentais.

1. Conceito de direito civil

Direito civil é o direito comum, o que rege as relações entre os particulares[1]. Disciplina a vida das pessoas desde a concepção – e mesmo antes dela, quando permite que se contemple a prole eventual (CC, art. 1.799, I) e confere relevância ao embrião excedentário (CC, art. 1.597, IV) – até a morte, e ainda depois dela, reconhecendo a eficácia *post mortem* do testamento (CC, art. 1.857) e exigindo respeito à memória dos mortos (CC, art. 12, parágrafo único).

Por essa razão, Serpa Lopes o define como um dos ramos do direito privado, "destinado a regulamentar as relações de família e as relações patrimoniais que se formam entre os indivíduos encarados como tal, isto é, tanto quanto membros da sociedade"[2].

No vasto campo do direito privado destaca-se o direito civil como direito comum a todos os homens, no sentido de disciplinar o modo de ser

---

[1] Francesco Santoro-Passarelli, *Dottrine generali del diritto civile*, p. 19; Planiol, Ripert e Boulanger, *Traité élémentaire de droit civil*, v. 1, p. 13, n. 32; Arnoldo Wald, *Curso de direito civil brasileiro*: introdução e parte geral, v. 1, p. 15.

[2] *Curso de direito civil*, v. 1, p. 32.

Francisco Amaral preleciona que o direito civil "regula as relações entre os indivíduos nos seus conflitos de interesses e nos problemas de organização de sua vida diária, disciplinando os direitos referentes ao indivíduo e à sua família, e os direitos patrimoniais, pertinentes à atividade econômica, à propriedade dos bens e à responsabilidade civil" (*Direito civil*, p. 27).

e de agir das pessoas. Costuma-se dizer que o Código Civil é a *Constituição do homem comum,* por reger as relações mais simples da vida cotidiana, os direitos e deveres das pessoas, na sua qualidade de esposo ou esposa, pai ou filho, credor ou devedor, alienante ou adquirente, proprietário ou possuidor, condômino ou vizinho, testador ou herdeiro etc. Toda a vida social, como se nota, está impregnada do direito civil, que regula as ocorrências do dia a dia[3].

No direito civil estudam-se as relações puramente pessoais, bem como as patrimoniais. No campo das relações puramente pessoais encontram-se importantes institutos, como o poder familiar, por exemplo; no das relações patrimoniais, todas as que apresentam um interesse econômico e visam à utilização de determinados bens[4].

Devido à complexidade e ao enorme desenvolvimento das relações da vida civil que o legislador é chamado a disciplinar, não é mais possível enfeixar o direito civil no respectivo Código. Muitos direitos e obrigações concernentes às pessoas, aos bens e suas relações encontram-se regulados em leis extravagantes, que não deixam de pertencer ao direito civil, bem como na própria Constituição Federal. É ele, portanto, bem mais do que um dos ramos do direito privado, pois encerra os princípios de aplicação generalizada, que se projetam em todo o arcabouço jurídico, e não restrita à matéria cível. Nele se situam normas gerais, como as de hermenêutica, as relativas à prova e aos defeitos dos negócios jurídicos, as concernentes à prescrição e decadência etc., institutos comuns a todos os ramos do direito[5].

2. Histórico do direito civil

A noção de direito civil como direito privado comum remonta ao direito romano. Em princípio, o direito privado era um só, sendo as relações entre particulares reguladas por um conjunto de normas, sem diferenciação.

Numa fase posterior o direito romano passou a fazer a distinção entre o *jus civile*, o direito civil aplicado aos súditos romanos, e o *jus gentium*, o direito das gentes, aplicado aos estrangeiros e às relações entre estrangeiros

---

[3] Miguel Reale, *Lições preliminares de direito*, p. 353-354; Maria Helena Diniz, *Curso de direito civil brasileiro*, v. 1, p. 49.

[4] Arnoldo Wald, *Curso*, cit., v. 1, p. 16.

[5] Caio Mário da Silva Pereira, *Instituições de direito civil*, v. 1, p. 16.

e romanos. Mais tarde, já na época de Justiniano, a divisão passou a ser tripartida: o *jus civile*, como direito privado comum, aplicável dentro das fronteiras do Império Romano; o *jus gentium*, aplicável às nações estrangeiras; e o *jus naturale*, o direito natural, uma espécie de ideal jurídico para o qual deveriam evoluir os demais[6].

O direito civil era, nessa fase, o direito comum destinado a reger a vida dos cidadãos romanos independentes. Havia, então, uma perfeita identidade entre o direito civil e o direito privado.

Na Idade Média, o direito civil identificou-se com o direito romano, contido no *Corpus Juris Civilis*, sofrendo concorrência do direito germânico e também do direito canônico, devido à autoridade legislativa da Igreja, que, por sua vez, constantemente, invocava os princípios gerais do direito romano.

Ao contrário do direito romano individualista, o direito germânico era social, no sentido de dar predominância ao bem social sobre a vontade dos indivíduos. O direito canônico, por sua vez, era o responsável pelo processo de espiritualização do direito, com preocupações éticas e idealistas.

A Idade Moderna tem especial importância para o estudo do direito civil, pelo surgimento do Estado moderno e pela racionalização do pensamento e da cultura, o que levou à construção da ciência jurídica, com os seus conceitos abstratos e o caráter sistemático da ordem jurídica. Aparece inicialmente como Estado absoluto, vigente até fins do século XVII, caracterizado pela ascensão da burguesia e culto da vontade do rei como lei. A substituição do Estado absoluto pelo Estado liberal, próprio do liberalismo econômico, tem como antecedentes causais a Revolução Francesa, o *Bill of Rights* inglês de 1689, a Declaração dos Direitos de Virgínia (EUA) de 1776 e a Declaração dos Direitos do Homem e do Cidadão, de 1789. O primado da lei e a subordinação desta à Constituição passam a ser característica fundamental[7].

No direito anglo-americano, as matérias relativas ao nosso direito civil eram designadas como *private law*[8].

Para os sistemas jurídicos de filiação romana, o *direito civil* tomou uma acepção mais especializada, designando um dos ramos do direito privado,

[6] Arnoldo Wald, *Curso de direito civil brasileiro*, v. 1, p. 7-8.

[7] Francisco Amaral, *Direito civil*, cit., p. 116-117.

[8] Maria Helena Diniz, *Curso*, cit., v. 1, p. 45.

o mais extenso e mais importante. Em princípio, designava as instituições opostas ao direito público. A partir do século XIX tomou um sentido mais estrito, passando a concernir às disciplinadas no Código Civil. Posteriormente, os comerciantes, para atender à rapidez necessária em suas atividades, exigiram normas especiais, não se satisfazendo mais com os princípios rígidos do direito civil. Houve, então, o desmembramento dessa disciplina especializada, surgindo o direito comercial, pertencente também ao direito privado[9].

Essa dicotomia se consolidou depois que a França, em 1807, publicou o Código Comercial, influenciando outros países, inclusive o Brasil, que veio a elaborar o seu Código Comercial, em 1850, quando não havia ainda conseguido efetivar a codificação do direito civil. Hoje, como foi dito, não se limita este ao que consta do Código Civil, abrangendo toda a legislação civil que regula direitos e obrigações da ordem privada, inclusive a Constituição Federal.

3. A codificação

No período colonial vigoravam no Brasil as Ordenações Filipinas. Com a Independência, ocorrida em 1822, a legislação portuguesa continuou sendo aplicada entre nós, mas com a ressalva de que vigoraria até que se elaborasse o Código Civil.

A Constituição de 1824 referiu-se à organização de um Código Civil "baseado na justiça e na equidade", sendo que em 1865 essa tarefa foi confiada a Teixeira de Freitas, que já havia apresentado, em 1858, um trabalho de consolidação das leis civis. O projeto então elaborado, denominado "Esboço do Código Civil", continha cinco mil artigos e acabou não sendo acolhido, após sofrer críticas da comissão revisora. Influenciou, no entanto, o Código Civil argentino, do qual constitui a base.

Várias outras tentativas foram feitas, mas somente após a Proclamação da República, com a indicação de Clóvis Beviláqua, foi o projeto de Código Civil por ele elaborado, depois de revisto, encaminhado ao Presidente da República, que o remeteu ao Congresso Nacional, em 1900. Pouco antes, Coelho Rodrigues havia sido escolhido para o encargo e apresentara um

---

9 Francesco Ferrara, *Trattato di diritto civile italiano*, p. 155; Caio Mário da Silva Ferreira, *Instituições*, cit., v. 1, p. 15; Arnoldo Wald, *Curso*, cit., v. 1, p. 10.

projeto de incontestável merecimento, em condições de se converter em lei, mas que não obteve as boas graças do Legislativo, onde não teve andamento. Clóvis Beviláqua foi então convidado para esse mister, com a recomendação de aproveitar, tanto quanto possível, o projeto Coelho Rodrigues. Desse modo, foi possível desincumbir-se da difícil tarefa em pouco mais de seis meses[10].

Na Câmara dos Deputados o Projeto Beviláqua sofreu algumas alterações determinadas por uma comissão especialmente nomeada para examiná-lo, merecendo, no Senado, longo parecer de Rui Barbosa. Aprovado em janeiro de 1916, entrou em vigor em 1º de janeiro de 1917. Tratava-se de um Código de acentuado rigor científico, cujo surgimento foi saudado com louvor por renomados juristas, como Scialoja, na Itália[11], Enneccerus na Alemanha, Machado Vilela em Portugal, e ainda Arminjon, Nolde e Wolff[12] na França, que enalteceram especialmente a sua clareza e precisão científica.

A complexidade e o dinamismo das relações sociais determinaram a criação, no país, de verdadeiros microssistemas jurídicos, decorrentes da edição de leis especiais de elevado alcance social e alargada abrangência, como a Lei do Divórcio (Lei n. 6.515/77), o Estatuto da Criança e do Adolescente (Lei n. 8.069/90), a Lei dos Registros Públicos (Lei n. 6.015/73) e outras, que fixam verdadeiro arcabouço normativo para setores inteiros retirados do Código Civil, provocando insinuações no sentido de que o Código Civil não estaria mais no centro do sistema legal, passando a desempenhar, muitas vezes, um papel subsidiário, como no caso do Código de Defesa do Consumidor (Lei n. 8.078/90) e da Lei do Inquilinato (Lei n. 8.245/91), por exemplo[13].

---

[10] Washington de Barros Monteiro, *Curso de direito civil*, v. 1, p. 49-50.

[11] *Scritti giuridici*, v. 4, p. 233, apud Washington de Barros Monteiro, *Curso*, cit., v. 1, p. 51.

[12] *Traité de droit comparé*, v. 1, p. 170, apud Washington de Barros Monteiro, *Curso*, cit., v. 1, p. 50.

[13] Preleciona, a propósito, Gustavo Tepedino (*Temas*, cit., p. 11-12): "Não há dúvida que a aludida relação estabelecida entre o Código Civil e as leis especiais, tanto na fase da excepcionalidade quanto na fase da especialização, constituía uma espécie de monossistema, onde o Código Civil era o grande centro de referência e as demais leis especiais funcionavam como satélites, ao seu redor. Com as modificações aqui relatadas, vislumbrou-se o chamado polissistema, onde gravitariam universos isolados, que normatizariam inteiras matérias a prescindir do Código Civil. Tais universos legislativos foram identificados pela mencionada doutrina como microssistemas, que funcionariam com inteira independência temática, a despeito dos

Por outro lado, a denominada "constitucionalização do Direito Civil" (expressão utilizada pelo fato de importantes institutos do direito privado, como a propriedade, a família e o contrato, terem, hoje, as suas vigas mestras assentadas na Constituição Federal) estaria contribuindo para essa fragmentação do direito civil.

Essa situação suscitou discussões sobre a conveniência de se ter um direito civil codificado, chegando alguns a se posicionar contra a aprovação do Código de 2002, sugerindo a manutenção e a ampliação dos denominados microssistemas, sustentando que a ideia de sedimentação estática das normas, que caracteriza a codificação, estaria ultrapassada.

Todavia, os Códigos são importantes instrumentos de unificação do direito, consolidando por esse meio a unidade política da nação. Constituem eles a estrutura fundamental do ordenamento jurídico de um país e um eficiente meio de unificação dos usos e costumes da população. A codificação tem, ademais, o grande mérito de organizar e sistematizar cientificamente o direito, possibilitando maior estabilidade nas relações jurídicas.

Por outro lado, a existência dos mencionados universos legislativos setoriais não torna prescindível o Código Civil. A convivência se viabiliza com o deslocamento do ponto de referência do sistema para a Constituição Federal, "tendo em conta o cuidado do constituinte em definir princípios e valores bastante específicos no que concerne às relações de direito civil, particularmente quando trata da propriedade, dos direitos da personalidade, da política nacional das relações de consumo, da atividade econômica privada, da empresa e da família"[14].

A realidade é que a ideia de codificação prevaleceu.

Historicamente, o primeiro grande passo foi dado na França, com o Código de Napoleão, de 1804, que permanece até hoje regulando a vida jurídica de um povo altamente civilizado, tendo servido de modelo a diversos países na elaboração de seu direito positivo. Posteriormente, o Código alemão, o BGB (*Burgerliches Gesetzbuch*), serviu de base para o Código Civil brasileiro de 1916.

Vale ressaltar que, em verdade, o surgimento do denominado direito civil constitucional não inibiu o aparecimento de diversos novos códigos

---

princípios do Código Civil. O Código Civil passaria, portanto, a ter uma função meramente residual, aplicável tão somente em relação às matérias não reguladas pelas leis especiais".

[14] Gustavo Tepedino, *Temas de direito civil*, cit., p. 13.

civis pelo mundo nem os estudos de reforma de códigos tradicionais, como destaca Renan Lotufo, ao mencionar os estudos que se desenvolvem na França sobre a reforma do Código Napoleão e a edição de inúmeros Códigos modernos, como o da Hungria (1959), da Polônia (1964), de Portugal (1966), do Estado de Quebec-Canadá (1994), do Peru (1984) e do Paraguai (1986), além dos estudos sobre a reforma do seu Código Civil que se realizam no Japão, bem como de tentativas de instituir o Código Civil europeu[15].

4. O Código Civil brasileiro

4.1. O Código Civil de 1916

O Código Civil de 1916 continha 1.807 artigos e era antecedido pela Lei de Introdução ao Código Civil. Os Códigos francês de 1804 e alemão de 1896 exerceram influência em sua elaboração, tendo sido adotadas várias de suas concepções.

Continha uma Parte Geral, da qual constavam conceitos, categorias e princípios básicos aplicáveis a todos os livros da Parte Especial, e que produziam reflexos em todo o ordenamento jurídico. Tratava das *pessoas* (naturais e jurídicas), como sujeitos de direitos; dos *bens*, como objeto do direito; e dos *fatos jurídicos*, disciplinando a forma de criar, modificar e extinguir direitos, tornando possível a aplicação da Parte Especial. Esta era dividida em quatro livros, com os seguintes títulos: Direito de Família, Direito das Coisas, Direito das Obrigações e Direito das Sucessões.

Os doutrinadores atribuem aos pandectistas alemães a ideia de dotar o Código Civil de uma Parte Geral contendo os princípios gerais aplicáveis aos livros da Parte Especial. Todavia, Teixeira de Freitas, antes mesmo do surgimento do BGB (Código Civil alemão), já havia preconizado, em sua "Consolidação das Leis Civis" de 1858, a estruturação do estatuto civil dessa forma. Renan Lotufo, a propósito, comenta que o Código alemão "foi o primeiro grande código a ter um sistema orgânico, porque o Brasil não havia aproveitado o projeto de Teixeira de Freitas, que foi o primeiro, no mundo, a propor uma parte geral, servindo de referência e ligação com os demais livros especiais"[16].

---

[15] *Curso avançado de direito civil*, v. 1, p. 71.

[16] *Curso*, cit., v. 1, p. 70.

Miguel Reale também menciona o fato quando apresenta uma visão geral do projeto do atual Código Civil e condena a proposta feita por alguns, de eliminação da Parte Geral, afirmando ser ela "tradicional em nosso Direito, desde a Consolidação das Leis Civis, graças ao gênio criador de Teixeira de Freitas"[17].

Elogiado pela clareza e precisão dos conceitos, bem como por sua brevidade e técnica jurídica, o referido Código refletia as concepções predominantes em fins do século XIX e no início do século XX, em grande parte ultrapassadas, baseadas no individualismo então reinante, especialmente ao tratar do direito de propriedade e da liberdade de contratar. Como assevera Francisco Amaral, foi um código de sua época, elaborado a partir da realidade típica de uma sociedade colonial, traduzindo uma visão do mundo condicionado pela circunstância histórica física e étnica em que se revelava[18].

A evolução social, o progresso cultural e o desenvolvimento científico pelos quais passou a sociedade brasileira no decorrer do século passado provocaram transformações que exigiram do direito uma contínua adaptação, mediante crescente elaboração de leis especiais, que trouxeram modificações relevantes ao direito civil, sendo o direito de família o mais afetado. Basta lembrar a Lei n. 4.121/62 (Estatuto da Mulher Casada), a Lei n. 6.515/77 (Lei do Divórcio), a Lei n. 8.069/90 (Estatuto da Criança e do Adolescente) e as leis que reconheceram direitos aos companheiros e conviventes (Leis n. 8.971/94 e 9.278/96).

A Lei dos Registros Públicos (Lei n. 6.015/73), as diversas leis de locação, o Código de Defesa do Consumidor, o Código de Águas, o Código de Minas e outros diplomas revogaram vários dispositivos e capítulos do Código Civil, em uma tentativa de atualizar a nossa legislação civil, até que se ultimasse a reforma do Código.

---

[17] *O Projeto do Novo Código Civil*, p. 4.

[18] Aduz Francisco Amaral: "Na parte do direito de família, sancionava o patriarcalismo doméstico da sociedade que o gerou, traduzido no absolutismo do poder marital e no pátrio poder. Tímido no reconhecimento dos direitos da filiação ilegítima, preocupava-se com a falsa moral de seu tempo... Individualista por natureza, garantiu o direito de propriedade característico da estrutura político-social do país e assegurou ampla liberdade contratual, na forma mais pura do liberalismo econômico... O Código Civil de 1916 era, assim, produto da sua época e das forças sociais imperantes no meio em que surgiu. Feito por homens identificados com a ideologia dominante, traduzia o sistema normativo de um regime capitalista colonial" (*Direito civil*, cit., 2018, p. 226-227).

A própria Constituição Federal de 1988 trouxe importantes inovações ao direito de família, especialmente no tocante à filiação, bem como ao direito das coisas, ao reconhecer a função social da propriedade, restringindo ainda a liberdade de contratar em prol do interesse público. Desse modo, contribuiu para o deslocamento do centro da disciplina jurídica das relações privadas, permanecendo o Código Civil como fonte residual e supletiva nos diversos campos abrangidos pela legislação extravagante e constitucional[19].

4.2. O Código Civil de 2002

Após algumas tentativas frustradas de promover a revisão do Código Civil, o Governo nomeou, em 1967, nova comissão de juristas sob a supervisão de Miguel Reale, convidando para integrá-la: José Carlos Moreira Alves (Parte Geral), Agostinho Alvim (Direito das Obrigações), Sylvio Marcondes (Direito de Empresa), Ebert Vianna Chamoun (Direito das Coisas), Clóvis do Couto e Silva (Direito de Família) e Torquato Castro (Direito das Sucessões).

Essa comissão apresentou, em 1972, um Anteprojeto, com a disposição de preservar, no que fosse possível, e no aspecto geral, a estrutura e as disposições do Código de 1916, mas reformulando-o, no âmbito especial, com base nos valores éticos e sociais revelados pela experiência legislativa e jurisprudencial. Procurou atualizar a técnica deste último, que em muitos pontos foi superado pelos progressos da Ciência Jurídica, bem como afastar-se das concepções individualistas que nortearam esse diploma para seguir orientação compatível com a socialização do direito contemporâneo, sem se descuidar do valor fundamental da pessoa humana.

Enviado ao Congresso Nacional, transformou-se no Projeto de Lei n. 634/75. Finalmente, no limiar deste novo século foi aprovado, tornando-se o atual Código Civil brasileiro.

A demorada tramitação fez com que fosse atropelado por leis especiais modernas e pela própria Constituição, como já foi dito, especialmente no âmbito do direito de família, já estando a merecer, por isso, uma reestruturação. Por essa razão, foi apresentado à Câmara dos Deputados pelo

[19] Carlos Roberto Gonçalves, *Direito civil:* parte geral, p. 18 (Col. Sinopses Jurídicas, v.1); Francisco Amaral, *Direito civil*, cit., 2018, p. 227; Caio Mário da Silva Pereira, *Instituições*, cit., v. 1, p. 58; Maria Helena Diniz, *Curso*, cit., v. 1, p. 50; Silvio Rodrigues, *Direito civil*, cit., v. 1, p. 13.

Deputado Ricardo Fiuza, relator da Comissão Especial encarregada da elaboração do novo diploma, projeto de lei com proposta de alteração de 160 artigos, ainda no período de *vacatio legis*, visando aperfeiçoar os dispositivos do atual Código.

O Código Civil de 2002 apresenta, em linhas gerais, as seguintes características: a) preserva, no possível, como já mencionado, a estrutura do Código de 1916, tendo-o atualizado com novos institutos e redistribuído a matéria de acordo com a moderna sistemática civil; b) mantém o Código Civil como lei básica, embora não global, do direito privado, unificando o direito das obrigações na linha de Teixeira de Freitas e Inglez de Souza, reconhecida a autonomia doutrinária do direito civil e do direito comercial; c) aproveita as contribuições dos trabalhos e projetos anteriores, assim como os respectivos estudos e críticas; d) inclui no sistema do Código, com a necessária revisão, a matéria das leis especiais posteriores a 1916, assim como as contribuições da jurisprudência; e) exclui matéria de ordem processual, a não ser quando profundamente ligada à de natureza material[20]; f) implementa o sistema de *cláusulas gerais*, de caráter significativamente genérico e abstrato, cujos valores devem ser preenchidos pelo juiz, que desfruta, assim, de certa margem de interpretação.

As cláusulas gerais resultaram basicamente do convencimento do legislador de que as leis rígidas, definidoras de tudo e para todos os casos, são necessariamente insuficientes e levam seguidamente a situações de grave injustiça. Embora tenham, num primeiro momento, gerado certa insegurança, convivem, no entanto, harmonicamente no sistema jurídico, respeitados os princípios constitucionais concernentes à organização jurídica e econômica da sociedade. Cabe destacar, dentre outras, a cláusula geral que exige um comportamento condizente com a probidade e boa-fé objetiva (CC, art. 422) e a que proclama a função social do contrato (art. 421). São janelas abertas deixadas pelo legislador, para que a doutrina e a jurisprudência definam o seu alcance, formulando o julgador a própria regra concreta do caso. Diferem do chamado "*conceito legal indeterminado*" ou "*conceito vago*", que consta da lei, sem definição, como, *v. g.*, "bons costumes" (CC, arts. 122 e 1.336, IV) e "mulher honesta" – expressão que constava do art. 1.548, II, do Código Civil de 1916 –, bem como dos *princípios*, que são fontes do direito e constituem regras que se encontram na consciência dos povos e são universalmente aceitas, mesmo não escritas.

---

20 Francisco Amaral, *Direito civil*, cit., 2018, p. 228.

O art. 4º da Lei de Introdução às Normas do Direito Brasileiro prevê a possibilidade de o julgador, para além dos princípios constitucionais, aplicar também os princípios gerais de direito, de âmbito civil, que têm importante função supletiva.

Continuam em vigor, no que não conflitarem com o atual Código Civil, a Lei do Divórcio (somente a parte processual), o Estatuto da Criança e do Adolescente, o Código de Defesa do Consumidor, a Lei n. 8.245/91 (Lei do Inquilinato) etc. (CC, arts. 732, 2.033, 2.036, 2.043).

4.2.1. Estrutura e conteúdo

O atual Código manteve, como já referido, a *estrutura* do Código Civil de 1916, seguindo o modelo germânico preconizado por Savigny, colocando as matérias em ordem metódica, divididas em uma Parte Geral e uma Parte Especial, num total de 2.046 artigos. A Parte Geral cuida das *pessoas*, dos *bens* e dos *fatos jurídicos*.

O Código Civil de 1916 invertera a sequência das matérias previstas do Código alemão, distribuindo-as nessa ordem: direito de família, direito das coisas, direito das obrigações e direito das sucessões. O atual Código Civil, todavia, não fez essa inversão, optando pelo critério do Código germânico.

Com a unificação do direito das obrigações e a inclusão do Direito de Empresa, a Parte Especial ficou dividida em cinco livros, com os seguintes títulos, nesta ordem: Direito das Obrigações, Direito de Empresa, Direito das Coisas, Direito de Família e Direito das Sucessões. Assinale-se que o Direito de Empresa não figura, como tal, em nenhuma codificação contemporânea, constituindo, pois, uma inovação original[21].

Quanto ao *conteúdo* do direito civil, pode-se dizer que é ele o conjunto de direitos, relações e instituições que formam o seu ordenamento

---

[21] Miguel Reale explica que a opção pela unidade das obrigações obrigou a comissão a alterar a ordem da matéria. O Código de 1916 diz, como é próprio da sociedade de natureza agrária, começa com o Direito de Família, passando pelo Direito de Propriedade e das Obrigações, até chegar ao das Sucessões.

Nosso projeto, aduz, "após a Parte Geral – na qual se enunciam os direitos e deveres gerais da pessoa humana como tal, e se estabelecem pressupostos gerais da vida civil – começa, na Parte Especial, a disciplinar as obrigações que emergem dos direitos pessoais. Pode-se dizer que, enunciados os direitos e deveres dos indivíduos, passa-se a tratar de sua projeção natural que são as obrigações e os contratos" (*O Projeto*, cit., p. 5-6).

jurídico, o seu sistema legal. Sob o ponto de vista objetivo, compreende "as regras sobre a pessoa, a família e o patrimônio, ou de modo analítico, os direitos da personalidade, o direito de família, o direito das coisas, o direito das obrigações e o direito das sucessões, ou, ainda, a personalidade, as relações patrimoniais, a família e a transmissão dos bens por morte. Pode-se assim dizer que o objeto do direito civil é a tutela da personalidade humana, disciplinando a personalidade jurídica, a família, o patrimônio e sua transmissão"[22].

O atual Código Civil trata dessas matérias não com exclusividade, subordinando-se hierarquicamente aos ditames constitucionais, que traçam os princípios básicos norteadores do direito privado.

4.2.2. Princípios básicos

O Código Civil de 2002 tem, como princípios básicos, os da socialidade, eticidade e operabilidade.

O princípio da *socialidade* reflete a prevalência dos valores coletivos sobre os individuais, sem perda, porém, do valor fundamental da pessoa humana.

Com efeito, o sentido social é uma das características mais marcantes do novo diploma, em contraste com o sentido individualista que condiciona o Código Beviláqua. Há uma convergência para a realidade contemporânea, com a revisão dos direitos e deveres dos cinco principais personagens do direito privado tradicional, como enfatiza Miguel Reale: o proprietário, o contratante, o empresário, o pai de família e o testador[23].

Essa adaptação passa pela revolução tecnológica e pela emancipação plena da mulher, provocando a mudança do "pátrio poder" para o "poder familiar", exercido em conjunto por ambos os cônjuges, em razão do casal e da prole. Passa também pelo novo conceito de posse (posse-trabalho ou posse *pro labore*), atualizado em consonância com os fins sociais da propriedade, e em virtude do qual o prazo da usucapião é reduzido, conforme o caso, se os possuidores nele houverem estabelecido a sua morada, ou realizado investimentos de interesse social e econômico.

---

[22] Francisco Amaral, *Direito civil*, cit., p. 134-135; Espin Canovas, *Manual de derecho civil español*, v. 1, p. 31.

[23] *O Projeto*, cit., p. 7-8.

O princípio da *eticidade* funda-se no valor da pessoa humana como fonte de todos os demais valores. Prioriza a equidade, a boa-fé, a justa causa e demais critérios éticos. Confere maior poder ao juiz para encontrar a solução mais justa ou equitativa. Nesse sentido, é posto o princípio do equilíbrio econômico dos contratos como base ética de todo o direito obrigacional.

Reconhece-se, assim, a possibilidade de se resolver um contrato em virtude do advento de situações imprevisíveis, que inesperadamente venham alterar os dados do problema, tornando a posição de um dos contratantes excessivamente onerosa[24].

O princípio da *operabilidade*, por fim, leva em consideração que o direito é feito para ser efetivado, para ser executado. Por essa razão, o novo Código evitou o bizantino, o complicado, afastando as perplexidades e complexidades. Exemplo desse posicionamento, dentre muitos outros, encontra-se na adoção de critério seguro para distinguir prescrição de decadência, solucionando, assim, interminável dúvida.

No bojo do princípio da operabilidade está implícito o da *concretitude*, que é a obrigação que tem o legislador de não legislar em abstrato, mas, tanto quanto possível, legislar para o indivíduo situado: para o homem enquanto marido; para a mulher enquanto esposa; para o filho enquanto um ser subordinado ao poder familiar. Em mais de uma oportunidade o atual Código optou sempre por essa concreção, para a disciplina da matéria[25].

4.2.3. Direito civil-constitucional

Ao tutelar diversos institutos nitidamente civilistas, como a família, a propriedade, o contrato, dentre outros, o legislador constituinte redimensionou a norma privada, fixando os parâmetros fundamentais interpretativos. Em outras palavras, salientam Cristiano Chaves de Farias e Nelson Rosenvald, "ao reunificar o sistema jurídico em seu eixo fundamental (vértice axiológico), estabelecendo como princípios norteadores da República Federativa do Brasil a *dignidade da pessoa humana* (art. 1º, III), a *solidariedade social* (art. 3º) e a *igualdade substancial* (arts. 3º e 5º), além da *erradicação da pobreza* e *redução das desigualdades sociais, promovendo*

---

[24] Miguel Reale, *O Projeto*, cit., p. 8-9.

[25] Miguel Reale, *O Projeto*, cit., p. 10-12.

o bem de todos (art. 3º, III e IV), a *Lex Fundamentalis* de 1988 realizou uma interpenetração do direito público e do direito privado, redefinindo os seus espaços, até então estanques e isolados. Tanto o direito público quanto o privado devem obediência aos princípios fundamentais constitucionais, que deixam de ser neutros, visando ressaltar a prevalência do bem-estar da pessoa humana"[26].

Sob essa perspectiva, tem-se anunciado o surgimento de uma nova disciplina ou ramo metodológico denominado *direito civil-constitucional*, que estuda o direito privado à luz das regras constitucionais. Como já mencionado no item 4.1, *retro*, é digno de nota o fenômeno que se vem desenvolvendo atualmente da acentuada interferência do direito público em relações jurídicas até agora disciplinadas no Código Civil, como as contratuais e as concernentes ao direito de família e ao direito de propriedade, reguladas na Constituição Federal de 1988, a ponto de se afirmar hoje que a unidade do sistema deve ser buscada, deslocando para a tábua axiológica da Carta da República o ponto de referência, antes localizado no Código Civil.

O direito civil-constitucional está baseado em uma *visão unitária do sistema*. Ambos os ramos não são interpretados isoladamente, mas dentro de um todo, mediante uma interação simbiótica entre eles. Ensina PAULO LÔBO que "deve o jurista interpretar o Código Civil segundo a Constituição e não a Constituição segundo o Código, como ocorria com frequência (e ainda ocorre)"[27]. Com efeito, a fonte primária do direito civil – e de todo o ordenamento jurídico – é a Constituição da República, que, com os seus princípios e as suas normas, confere uma nova feição à ciência civilista. O Código Civil é, logo após a incidência constitucional, o diploma legal básico na regência do direito civil. Ao seu lado, e sem relação de subordinação ou dependência, figuram inúmeras leis esparsas, que disciplinam questões específicas, como, *v. g.*, a lei das locações, a lei de direitos autorais, a lei de arbitragem etc.[28].

A expressão *direito civil-constitucional* apenas realça a necessária releitura do Código Civil e das leis especiais à luz da Constituição, redefinindo as categorias jurídicas civilistas a partir dos fundamentos principiológicos constitucionais, da nova tábua axiológica fundada na *dignidade da*

---

[26] *Direito civil:* teoria geral, p. 12-13.

[27] *Teoria geral das obrigações*, p. 2.

[28] Cristiano Chaves de Farias e Nelson Rosenvald, *Direito civil*, cit., p. 19.

pessoa humana (art. 1º, III), na *solidariedade social* (art. 3º, III) e na *igualdade substancial* (arts. 3º e 5º)[29].

4.2.4. *Eficácia horizontal dos direitos fundamentais*

Tem-se observado um crescimento da teoria da *eficácia horizontal* (ou *irradiante*) *dos direitos fundamentais*, ou seja, da teoria da *aplicação direta* dos direitos fundamentais às relações privadas, especialmente em face de atividades privadas que tenham certo "caráter público", por exemplo, matrículas em escolas, clubes associativos, relações de trabalho etc. O entendimento é que as normas definidoras dos direitos e garantias fundamentais têm aplicação imediata (*eficácia horizontal imediata*). Certamente essa eficácia horizontal ou irradiante traz uma nova visão da matéria, uma vez que as normas de proteção da pessoa, previstas na Constituição Federal, sempre foram tidas como dirigidas ao legislador e ao Estado (normas programáticas). Essa concepção não mais prevalece, pois a eficácia horizontal torna mais evidente e concreta a proteção da dignidade da pessoa humana e de outros valores constitucionais[30].

Na atividade judicante, poderá o magistrado, com efeito, deparar-se com inevitável colisão de direitos fundamentais, quais sejam, por exemplo, o princípio da autonomia da vontade privada e da livre-iniciativa, de um lado (arts. 1º, IV, e 170, *caput*), e o da dignidade da pessoa humana e da máxima efetividade dos direitos fundamentais (art. 1º, III), de outro. Diante dessa "colisão", indispensável será a "*ponderação de interesses*" à luz da razoabilidade e da concordância prática ou harmonização. Não sendo possível a harmonização, o Judiciário terá de avaliar qual dos interesses deverá prevalecer[31].

Caso emblemático registra a jurisprudência do Supremo Tribunal Federal, em que foi mantida decisão do Tribunal de Justiça do Rio de Janeiro que reintegrara associado excluído do quadro de sociedade civil, ao entendimento de que houve ofensa às garantias constitucionais do devido processo legal e do contraditório, bem como ao seu direito de defesa, em virtude de não ter tido a oportunidade de refutar o ato que resultara na sua

[29] Gustavo Tepedino, *Temas*, cit., p. 1; Cristiano Chaves de Farias e Nelson Rosenvald, *Direito civil*, cit., p. 27.

[30] Flávio Tartuce, *Direito civil*, cit., p. 114.

[31] Pedro Lenza, *Direito constitucional esquematizado*, p. 677.

punição. Entendeu-se ser, na espécie, hipótese de aplicação direta dos direitos fundamentais às relações privadas[32]. No bojo do acórdão consta a afirmação do relator, Min. Gilmar Mendes, de que "um meio de irradiação dos direitos fundamentais para as relações privadas seriam as cláusulas gerais (*Generalklausel*) que serviriam de 'porta de entrada' (*Einbruchstelle*) dos direitos fundamentais no âmbito do Direito Privado". Neste caso, tratar-se-ia da denominada *eficácia horizontal mediata*, em virtude de as cláusulas gerais funcionarem como uma espécie de ponte infraconstitucional para as normas constitucionais.

Outros precedentes da mesma Corte, entendendo razoável a aplicação dos direitos fundamentais às relações privadas, podem ser mencionados: RE 160.222-8 – entendeu-se como "constrangimento ilegal" a revista em fábrica de *lingerie*; RE 158.215-4 – entendeu-se como violado o princípio do devido processo legal e ampla defesa na hipótese de exclusão de associado de cooperativa, sem direito à defesa; RE 161.243-6 – discriminação de empregado brasileiro em relação ao francês na empresa "Air France", mesmo realizando atividades idênticas. Determinação de observância do princípio da isonomia.

---

[32] RE 201.819/RJ, rel. p/ o acórdão Min. Gilmar Mendes, j. 11-10-2005.

LEI DE INTRODUÇÃO ÀS NORMAS DO DIREITO BRASILEIRO

Sumário: 1. Conteúdo e função. 2. Fontes do direito. 3. A lei. 3.1. Conceito. 3.2. Principais características. 3.3. Classificação. 4. Vigência da lei. 4.1. Início da vigência. 4.2. Revogação da lei. 5. Obrigatoriedade das leis. 6. A integração das normas jurídicas. 6.1. A analogia. 6.2. O costume. 6.3. Os princípios gerais de direito. 6.4. A equidade. 7. Aplicação e interpretação das normas jurídicas. 8. Conflito das leis no tempo. 9. Eficácia da lei no espaço. 10. Inovações introduzidas pela Lei n. 13.655, de 25 de abril de 2018.

1. Conteúdo e função

A vigente Lei de Introdução ao Código Civil (Dec.-Lei n. 4.657, de 4-9-1942), atualmente denominada Lei de Introdução às Normas do Direito Brasileiro (Lei n. 12.376, de 30-12-2010), revogou a antiga, promulgada simultaneamente com o Código Civil, substituindo-a em todo o seu conteúdo. Em 2010 tinha dezenove artigos, enquanto em 1942 continha vinte e um e, a partir das inovações da Lei n. 13.655/2018, passou a ter trinta artigos, que serão tratados a seguir.

Trata-se de legislação anexa ao Código Civil, mas autônoma, dele não fazendo parte. Embora se destine a facilitar a sua aplicação, tem caráter universal, aplicando-se a todos os ramos do direito. Acompanha o Código Civil simplesmente porque se trata do diploma considerado de maior importância. Na realidade constitui um repositório de normas preliminar à totalidade do ordenamento jurídico nacional.

A Lei de Introdução às Normas do Direito Brasileiro é um conjunto de normas sobre normas, visto que disciplina as próprias normas jurídicas, determinando o seu modo de aplicação e entendimento, no tempo e no espaço. Ultrapassa ela o âmbito do direito civil, pois enquanto o objeto das leis em geral é o comportamento humano, o da Lei de Introdução às Normas do Direito Brasileiro é a própria norma, visto que disciplina a sua elaboração e vigência, a sua aplicação no tempo e no espaço, as suas fontes etc. Contém normas de direito ou de apoio, podendo ser considerada um Código de Normas, por ter a lei como tema central[1].

[1] Wilson de Campos Batalha, *Lei de Introdução ao Código Civil*, v. 1, p. 5-6; Maria Helena Diniz, *Curso de direito civil brasileiro*, 37. ed., São Paulo, Saraiva, 2020, v. 1, p. 72; Carlos Roberto Gonçalves, *Direito civil*, p. 21 (Col. Sinopses Jurídicas, v. 1).

Dirige-se a todos os ramos do direito, salvo naquilo que for regulado de forma diferente na legislação específica. Assim, o dispositivo que manda aplicar a analogia, os costumes e os princípios gerais do direito aos casos omissos (art. 4º) aplica-se a todo o ordenamento jurídico, exceto ao direito penal e ao direito tributário, que contêm normas específicas a esse respeito. O direito penal admite a analogia somente *in bonam partem*. E o Código Tributário Nacional admite a analogia como critério de hermenêutica, com a ressalva de que não poderá resultar na exigência de tributo não previsto em lei (art. 108, § 1º).

Quando o art. 3º da Lei de Introdução prescreve que ninguém se escusa de cumprir a lei alegando que não a conhece, está-se referindo à lei em geral. Tal regra aplica-se a todo o ordenamento. O conteúdo desse verdadeiro Código de Normas extravasa o âmbito do direito civil por abranger princípios que regem a aplicação das normas de direito privado e de direito público no tempo e no espaço (arts. 1º a 6º) e por conter normas de direito internacional privado (arts. 7º a 19) e de incremento da segurança jurídica (arts. 20 a 30).

A Lei de Introdução às Normas do Direito Brasileiro é, como o próprio nome indica, aplicável a toda ordenação jurídica, pois tem as funções de: a) regular a vigência e a eficácia das normas jurídicas (arts. 1º e 2º), apresentando soluções ao conflito de normas no tempo (art. 6º) e no espaço (arts. 7º a 19); b) fornecer critérios de hermenêutica (art. 5º); c) estabelecer mecanismos de integração de normas, quando houver lacunas (art. 4º); d) garantir não só a eficácia global da ordem jurídica, não admitindo o erro de direito (art. 3º) que a comprometeria, mas também a certeza, a segurança e a estabilidade do ordenamento, preservando as situações consolidadas em que o interesse individual prevalece (art. 6º)[2]. E também de incrementar a segurança jurídica, como previsto nos arts. 20 a 30.

A mencionada Lei n. 12.376, de 30 de dezembro de 2010, com o objetivo de ampliar o campo de aplicação da Lei de Introdução ao Código Civil, como proclama o seu art. 1º, preceitua no art. 2º que "A ementa do Decreto-Lei n. 4.657, de 4 de setembro de 1942, passa a vigorar com a seguinte redação: 'Lei de Introdução às Normas do Direito Brasileiro'".

O que se observa é que houve apenas mudança do nome da Lei de Introdução, permanecendo, todavia, inalterado o seu conteúdo.

---

[2] Maria Helena Diniz, *Curso*, cit., p. 58; Oscar Tenório, *Lei de Introdução ao Código Civil brasileiro*.

2. Fontes do direito

A expressão "fontes do direito" tem várias acepções. Tanto significa o poder de criar normas jurídicas quanto a forma de expressão dessas normas. No último caso, dizem-se de cognição, constituindo-se no modo de expressão das normas jurídicas. Nesse sentido, pode-se dizer que a lei é o objeto da Lei de Introdução às Normas do Direito Brasileiro e a principal fonte do direito.

A compreensão da natureza e eficácia das normas jurídicas pressupõe o conhecimento da sua origem ou fonte. Desse modo, não só a autoridade encarregada de aplicar o direito como também aqueles que devem obedecer aos seus ditames precisam conhecer as suas fontes, que são de várias espécies. Podemos dizer, de forma sintética, reproduzindo a lição de Caio Mário da Silva Pereira, que fonte de direito "é o meio técnico de realização do direito objetivo"[3].

Fontes históricas são aquelas das quais se socorrem os estudiosos, quando querem investigar a origem histórica de um instituto jurídico ou de um sistema, como a Lei das XII Tábuas, o Digesto, as Institutas, o *Corpus Juris Civilis*, as Ordenações do Reino etc. *Atuais* são as fontes às quais se reporta o indivíduo para afirmar o seu direito, e o juiz, para fundamentar a sentença.

Encontra-se no *costume* a primeira fonte do direito, consubstanciada na observância reiterada de certas regras, consolidadas pelo tempo e revestidas de autoridade. Trata-se do direito não escrito, conservado nos sistemas de *Common Law*. Com o passar do tempo e a evolução social, bem como a organização do Estado, o direito passa a emanar da autoridade, sob a forma de uma lei imposta coativamente. Surge o *direito escrito*, em contraposição ao anteriormente mencionado, adotado em quase todos os países do Ocidente.

São consideradas *fontes formais* do direito a lei, a analogia, o costume e os princípios gerais de direito (arts. 4º da LINDB e 140 do CPC); e *não formais* a doutrina e a jurisprudência.

Malgrado a *jurisprudência*, para alguns, não possa ser considerada, cientificamente, fonte formal de direito, mas somente fonte meramente intelectual ou informativa (não formal), a realidade é que, no plano da realidade prática, ela tem-se revelado fonte criadora do direito. Basta observar a

---

[3] *Instituições de direito civil*, v. 1, p. 35.

invocação da súmula oficial de jurisprudência nos tribunais superiores (STF e STJ, principalmente) como verdadeira fonte formal, embora cientificamente lhe falte essa condição[4]. Essa situação se acentuou com a entrada em vigor, em 19 de março de 2007, da Lei n. 11.417, de 19 de dezembro de 2006, que regulamentou o art. 103-A da Constituição Federal e alterou a Lei n. 9.784, de 29 de janeiro de 1999, disciplinando a edição, a revisão e o cancelamento de enunciado de *súmula vinculante* pelo Supremo Tribunal Federal.

Dentre as fontes formais, a lei é a fonte *principal*, e as demais são fontes *acessórias*. Costuma-se, também, dividir as fontes do direito em *diretas* (ou imediatas) e *indiretas* (ou mediatas). As primeiras são a lei e o costume, que por si só geram a regra jurídica; as segundas são a doutrina e a jurisprudência, que contribuem para que a norma seja elaborada.

3. A lei

A exigência de maior certeza e segurança para as relações jurídicas vem provocando, hodiernamente, a supremacia da lei, da norma escrita emanada do legislador, sobre as demais fontes, sendo mesmo considerada a fonte primacial do direito. Malgrado nos países anglo-saxões, como a Inglaterra, por exemplo, predomine o direito consuetudinário, baseado nos usos e costumes e na atividade jurisdicional, tem-se observado, mesmo entre eles, uma crescente influência do processo legislativo.

A legislação é o processo de criação das normas jurídicas escritas, de observância geral, e, portanto, a fonte jurídica por excelência. Fonte formal, dessarte, é a atividade legiferante, o meio pelo qual a norma jurídica se positiva com legítima força obrigatória. A lei, em sentido estrito, não seria propriamente fonte de direito, mas sim o produto da legislação, pois, "assim como a fonte de um rio não é a água que brota do manancial, mas é o próprio manancial, a lei não representa a origem, porém o resultado da atividade legislativa"[5].

Sob essa ótica, a lei, a sentença, o costume e o contrato constituem formas de expressão jurídica resultantes do processo legislativo, da atividade jurisdicional, da prática consuetudinária e do poder negocial[6].

---

[4] Caio Mário da Silva Pereira, *Instituições*, cit., v. 1, p. 38.

[5] Claude du Pasquier, *Introduction à la théorie générale et à la philosophie du droit*, apud Maria Helena Diniz, *Lei de Introdução ao Código Civil brasileiro interpretada*, p. 41.

[6] R. Limongi França, *Formas e aplicação do direito positivo*, p. 32; Maria Helena Diniz, *Lei de Introdução*, cit., p. 41.

3.1. Conceito

A palavra "lei" é empregada, algumas vezes, em sentido amplo, como sinônimo de norma jurídica, compreensiva de toda regra geral de conduta, abrangendo normas escritas ou costumeiras, ou ainda como toda norma escrita, abrangendo todos os atos de autoridade, como as leis propriamente ditas, os decretos, os regulamentos etc. Todavia, em sentido estrito indica tão somente a norma jurídica elaborada pelo Poder Legislativo, por meio de processo adequado[7].

A rigor, portanto, a fonte jurídica formal "é o processo legislativo, que compreende a elaboração de leis, ou melhor, de todas as categorias normativas referidas no art. 59 da nova Carta. Como o direito regula sua própria criação ou elaboração, o processo legislativo está previsto na Constituição Federal"[8].

A lei, *ipso facto*, é "um ato do poder legislativo que estabelece normas de comportamento social. Para entrar em vigor, deve ser promulgada e publicada no *Diário Oficial*. É, portanto, um conjunto ordenado de regras que se apresenta como um texto escrito"[9].

3.2. Principais características

Dentre as várias características da lei destacam-se as seguintes:

a) *Generalidade*: dirige-se a todos os cidadãos, indistintamente. O seu comando é abstrato, não podendo ser endereçada a determinada pessoa. Essa é uma característica marcante da lei, pois perde ela essa conotação quando particulariza o destinatário, não podendo ser assim denominada, malgrado tenha emanado do poder competente.

Todavia, não deixará de ser lei aquela que, embora não se dirija a todos os membros da coletividade, compreende contudo uma determinada categoria de indivíduos. O Estatuto dos Funcionários Públicos, por exemplo, disciplina a situação jurídica de certa categoria de pessoas sem deixar de

---

[7] Vicente Ráo, *O direito e a vida dos direitos*, n. 202; Du Pasquier, *Introduction*, cit., p. 34.

[8] Maria Helena Diniz, *Lei de Introdução*, cit., p. 42-43.

[9] Francisco Amaral, *Direito civil*, p. 77.

Sílvio Venosa conceitua a lei como "regra geral de direito, abstrata e permanente, dotada de sanção, expressa pela vontade de autoridade competente, de cunho obrigatório e forma escrita" (*Direito civil*, v. 1, p. 33).

ser lei e sem perder o caráter de generalidade, porque não personaliza o destinatário, mas rege a atividade e define os direitos e os deveres de um tipo genérico de pessoas, aplicando-se a quantos se encontrem naquela situação, como aos que de futuro venham a adquiri-la[10].

b) *Imperatividade*: impõe um dever, uma conduta aos indivíduos. Não é próprio dela aconselhar ou ensinar nem é de boa técnica formular o legislador definições, que são obra de doutrina. A lei é uma ordem, um comando. Quando exige uma ação, impõe; quando quer uma abstenção, proíbe[11].

Essa característica inclui a lei entre as normas que regulam o comportamento humano, como a norma moral, a religiosa etc. Todas são normas éticas, providas de sanção. A imperatividade (imposição de um dever de conduta, obrigatório) distingue a norma das leis físicas. Mas não é suficiente para distingui-la das demais leis éticas.

c) *Autorizamento*: é o fato de ser autorizante, segundo Goffredo da Silva Telles, que distingue a lei das demais normas éticas. A norma jurídica, diz ele, autoriza que o lesado pela violação exija o cumprimento dela ou a reparação pelo mal causado. É ela, portanto, que autoriza e legitima o uso da faculdade de coagir[12].

Não é a *sanção*, como pretendem alguns, malgrado se trate de característica relevante para a efetivação da lei, que faz essa distinção, pois tanto as normas jurídicas como as normas éticas são sancionadoras. A violação destas pode causar sanção interna (vergonha, remorso) e externa (desconsideração social). Não é também a *coação,* pois a norma jurídica existe sem ela, tendo plena vigência com sua promulgação, ao passo que a coação depende da preexistência da norma de direito, porque decorre da sua violação.

Não é nem mesmo a *atributividade*, consistente na faculdade de exigir do violador o cumprimento dela ou a reparação do mal sofrido, a característica específica da lei, como querem outros, embora essa concepção se aproxime bastante da sustentada por Goffredo da Silva Telles, já mencionada. Afirma este que a essência específica da norma de direito é o *autorizamento*, porque o que compete à norma é autorizar ou não o uso dessa

---

10 Ruggiero e Maroi, *Istituzioni di diritto privato*, cap. I, § 7; Caio Mário da Silva Pereira, *Instituições*, cit., v. 1, p. 42.

11 Caio Mário da Silva Pereira, *Instituições*, cit., v. 1, p. 41.

12 *O direito quântico*, p. 264.

faculdade de reação do lesado. A norma jurídica autoriza que o lesado pela violação exija o cumprimento dela ou a reparação pelo mal causado.

Esse entendimento é perfilhado por Maria Helena Diniz, que por esse motivo assim conceitua a norma jurídica: *imperativo autorizante*[13].

d) *Permanência*: a lei não se exaure numa só aplicação, pois deve perdurar até ser revogada por outra lei. Algumas normas, entretanto, são temporárias, destinadas a viger apenas durante certo período, como as que constam das disposições transitórias e as leis orçamentárias.

e) *Emanação de autoridade competente*, de acordo com as competências legislativas previstas na Constituição Federal. A lei é ato do Estado, pelo seu Poder Legislativo. O legislador está encarregado de ditar as leis, mas tem de observar os limites de sua competência. Quando exorbita de suas atribuições, o ato é nulo, competindo ao Poder Judiciário recusar-lhe aplicação (CF, art. 97)[14].

3.3. Classificação

A classificação das leis *lato sensu* pode ser feita de acordo com vários critérios. Quanto à *imperatividade*, dividem-se em:

a) *Cogentes*, também denominadas de ordem pública ou de imperatividade absoluta. São *mandamentais* (ordenam ou determinam uma ação) ou *proibitivas* (impõem uma abstenção). O art. 1.619 do Código Civil prescreve, por exemplo, que "o adotante há de ser 16 (dezesseis) anos mais velho que o adotado". E o art. 1.521 elenca as pessoas que "não podem casar".

As normas cogentes se impõem de modo absoluto, não podendo ser derrogadas pela vontade dos interessados. Regulam matéria de ordem pública e de bons costumes, entendendo-se como ordem pública o conjunto de normas que regulam os interesses fundamentais do Estado ou que estabelecem, no direito privado, as bases jurídicas da ordem econômica ou social. A imperatividade absoluta de certas normas decorre da convicção de que determinadas relações ou estados da vida social não podem ser deixados ao arbítrio individual, o que acarretaria graves prejuízos para a sociedade[15].

---

[13] *Curso de Direito Civil Brasileiro: teoria geral do direito.* 37. ed. São Paulo: Saraiva, 2020, v. 1, p. 48.

[14] Caio Mário da Silva Pereira, *Instituições*, cit., v. 1, p. 43; Francisco Amaral, *Direito*, cit., p. 77.

[15] Henri de Page, *Traité élémentaire de droit civil belge*, 1933, t. 1, p. 113; Francisco Amaral, *Direito civil*, cit., p. 73; Maria Helena Diniz, *Curso*, cit., v. 1, p. 35.

As normas que compõem o direito de família, o das sucessões e os direitos reais revestem-se dessa característica. Não pode a vontade dos interessados alterar, por exemplo, os requisitos para a adoção (CC, arts. 1.618 e s.) ou para a habilitação ao casamento (art. 1.525), nem dispensar um dos cônjuges dos deveres que o Código Civil impõe a ambos no art. 1.566.

O parágrafo único do art. 2.035 do atual Código Civil, que se encontra no livro complementar das Disposições Finais e Transitórias, dispõe que "nenhuma convenção prevalecerá se contrariar preceitos de ordem pública, tais como os estabelecidos por este Código para assegurar a função social da propriedade e dos contratos".

b) *Não cogentes*, também chamadas de dispositivas ou de imperatividade relativa. Não determinam nem proíbem de modo absoluto determinada conduta, mas permitem uma ação ou abstenção, ou suprem declaração de vontade não manifestada. Distinguem-se em *permissivas*, quando permitem que os interessados disponham como lhes convier, como a que permite às partes estipular, antes de celebrado o casamento, quanto aos bens, o que lhes aprouver (CC, art. 1.639), e *supletivas*, quando se aplicam na falta de manifestação de vontade das partes.

No último caso, costumam vir acompanhadas de expressões como "salvo estipulação em contrário" ou "salvo se as partes convencionarem diversamente". As normas supletivas aplicam-se principalmente no campo do direito das obrigações, na ausência de manifestação de vontade dos interessados. Dispõe, por exemplo, o art. 327 do Código Civil que "efetuar-se-á o pagamento no domicílio do devedor, salvo se as partes convencionarem diversamente...".

Toda lei é dotada de sanção. Esta, no entanto, varia de intensidade conforme os efeitos da transgressão do preceito na prática do ato ou negócio jurídico. Sob esse prisma, ou quanto à *intensidade da sanção* ou *autorizamento*, as leis classificam-se em:

a) *Mais que perfeitas* – são as que estabelecem ou autorizam a aplicação de duas sanções, na hipótese de serem violadas. O art. 19 da Lei de Alimentos (Lei n. 5.478, de 25-7-1968) e seu § 1º preveem, por exemplo, a pena de prisão para o devedor de pensão alimentícia e ainda a obrigação de pagar as prestações vencidas e vincendas, sendo que o cumprimento integral da pena corporal não o eximirá da referida obrigação.

Em alguns casos, uma das sanções é de natureza penal, como a prevista para o crime de bigamia (CP, art. 235), aplicada cumulativamente com a declaração, no cível, de nulidade do casamento (CC, arts. 1.521, VI, e 1.548, II).

b) *Perfeitas* – são aquelas que impõem a nulidade do ato, simplesmente, sem cogitar de aplicação de pena ao violador, como a que considera nulo o negócio jurídico celebrado por pessoa absolutamente incapaz (CC, art. 166, I), ou a que declara nula a nomeação de tutor pelo pai ou pela mãe que, ao tempo de sua morte, não tinha o poder familiar (art. 1.730).

c) *Menos que perfeitas* – são as que não acarretam a nulidade ou anulação do ato ou negócio jurídico, na circunstância de serem violadas, somente impondo ao violador uma sanção. Mencione-se, a título de exemplo, a situação do viúvo ou viúva, com filho do cônjuge falecido, que se casa antes de fazer inventário e dar partilha dos bens aos herdeiros do cônjuge (CC, art. 1.523, I). Não se anulará por isso o casamento. No entanto, como sanção pela omissão, o casamento será contraído, obrigatoriamente, no regime da separação de bens (CC, art. 1.641, I).

d) *Imperfeitas* – são as leis cuja violação não acarreta nenhuma consequência. É o que sucede com as obrigações decorrentes de dívidas de jogo e de dívidas prescritas, que não obrigam a pagamento (CC, art. 814). O ordenamento não autoriza o credor a efetuar a sua cobrança em juízo. São consideradas normas *sui generis*, não propriamente jurídicas, "pois estas são autorizantes"[16].

O legislador procura, todavia, evitar que sejam violadas. A norma que manda pagar a dívida de jogo, por exemplo, embora não tenha a natureza de norma jurídica, adquire eficácia jurídica quando cumprida. O pagamento dessa dívida é inexigível, mas quem a pagar voluntariamente não poderá requerer a restituição do que pagou (CC, art. 882).

Segundo a sua *natureza*, as leis são:

a) *Substantivas* – as que definem direitos e deveres e estabelecem os seus requisitos e forma de exercício. São também chamadas de *materiais*, porque tratam do direito material. O seu conjunto é denominado *direito substantivo*, em contraposição às leis processuais, que compõem o *direito adjetivo*.

b) *Adjetivas* – são as que traçam os meios de realização dos direitos, sendo também denominadas processuais ou formais. Integram o *direito adjetivo.*

Essa classificação, embora tradicional, não é muito utilizada atualmente, sendo mesmo considerada imprópria, porque nem toda lei formal é adjetiva, mas, ao contrário, há leis processuais que são de natureza substantiva,

---

[16] Maria Helena Diniz, *Curso*, cit., v. 1, p. 51.

assim como há normas que ao mesmo tempo definem os direitos e disciplinam a forma de sua realização. Quando determinado dispositivo do estatuto processual define um direito, constitui ele norma substantiva, da mesma forma que o preceito de uma lei material. Assim, por exemplo, a norma definidora do direito de ação e o preceito fixador da autoridade da sentença, embora previstos no Código de Processo Civil (arts. 17 e 502), são disposições substantivas.

Quanto à sua *hierarquia*, as normas classificam-se em:

a) Normas *constitucionais* – são as que constam da Constituição, às quais as demais devem amoldar-se. São as mais importantes, por assegurarem os direitos fundamentais do homem, como indivíduo e como cidadão, e disciplinarem a estrutura da nação e a organização do Estado. A Constituição Federal situa-se, com efeito, no topo da escala hierárquica das leis, por traçar as normas fundamentais do Estado.

b) Leis *complementares* – são as que se situam entre a norma constitucional e a lei ordinária, porque tratam de matérias especiais, que não podem ser deliberadas em leis ordinárias e cuja aprovação exige *quorum* especial (CF, arts. 59, parágrafo único, e 69). Destinam-se à regulamentação de textos constitucionais, quando o direito definido não é autoexecutável e há necessidade de se estabelecerem os requisitos e a forma de sua aquisição e exercício. Sobrepõem-se às ordinárias, que não podem contrariá-las.

c) Leis *ordinárias* – são as que emanam dos órgãos investidos de função legislativa pela Constituição Federal, mediante discussão e aprovação de projetos de lei submetidos às duas Casas do Congresso e, posteriormente, à sanção e promulgação do Presidente da República e publicação no *Diário Oficial da União*.

d) Leis *delegadas* – são elaboradas pelo Executivo, por autorização expressa do Legislativo, tendo a mesma posição hierárquica das ordinárias (CF, art. 68, §§ 1º a 3º).

e) *Medidas provisórias* – estão situadas no mesmo plano das ordinárias e das delegadas, malgrado não sejam propriamente leis. São editadas pelo Poder Executivo (CF, art. 84, XXVI), que exerce função normativa, nos casos previstos na Constituição Federal.

Com o advento da Constituição de 1988, as medidas provisórias substituíram os antigos decretos-leis (art. 25, I, II, §§ 1º e 2º, do ADCT). O art. 62 e §§ 1º a 12 do referido diploma, com a redação da Emenda Constitucional n. 32/2001, permitem que o Presidente da República adote tais medidas, com força de lei, em caso de relevância e urgência, devendo submetê-las de imediato ao Congresso Nacional. Tais medidas provisórias perderão eficácia, desde a edição, se não forem convertidas em lei dentro de sessenta dias, prorrogável por uma única vez por igual prazo, devendo o Congresso Nacional disciplinar, por decreto legislativo, as relações jurídicas delas decorrentes[17].

A Constituição Federal, tendo em conta a organização federativa, distribui, segundo as matérias, a competência legislativa entre as pessoas jurídicas de direito público interno: a União, os Estados e os Municípios. Desse modo, dividem-se as leis, quanto à *competência* ou *extensão territorial* em:

a) Leis *federais* – são as da competência da União Federal, votadas pelo Congresso Nacional, com incidência sobre todo o território nacional, ou parte dele quando se destina, por exemplo, especificamente, à proteção especial de determinada região, como a Amazônica e a atingida sistematicamente pelo fenômeno da seca. A competência legislativa da União é privativa no tocante às matérias elencadas no art. 22 da Constituição Federal, valendo destacar o inciso I, que menciona as concernentes ao "direito civil, comercial, penal, processual, eleitoral, agrário, marítimo, aeronáutico, espacial e do trabalho".

b) Leis *estaduais* – são as aprovadas pelas Assembleias Legislativas, com aplicação restrita à circunscrição territorial do Estado-membro a que pertencem, ou a determinada parte dele (Vale do Ribeira, por exemplo, em São Paulo, ou Região do Rio São Francisco, nos Estados do Nordeste). Em geral, cada Estado edita leis sobre o que, explícita ou implicitamente, não lhe é vedado pela Constituição Federal (CF, art. 25, § 1º), criando os impostos de sua competência e provendo às necessidades de seu governo e de sua administração[18].

c) Leis *municipais* – são as editadas pelas Câmaras Municipais, com aplicação circunscrita aos limites territoriais dos respectivos municípios. Segundo dispõe o art. 30, I a III, da Constituição Federal, compete aos Municípios "legislar sobre assuntos de interesse local, suplementar a legislação federal e a estadual no que couber, instituir e arrecadar os tributos de sua competência..."

Finalmente, quanto ao *alcance*, as leis denominam-se:

---

[17] Maria Helena Diniz, *Curso*, cit., v. 1, p. 54.

[18] Caio Mário da Silva Pereira, *Instituições*, cit., v. 1, p. 67.

a) *Gerais* – quando se aplicam a todo um sistema de relações jurídicas, como as do Código Civil, por exemplo, também chamado de direito comum.

b) *Especiais* – quando se afastam das regras de direito comum e se destinam a situações jurídicas específicas ou a determinadas relações, como as de consumo, as de locação, as concernentes aos registros públicos etc.

4. Vigência da lei

As leis também têm um ciclo vital: nascem, aplicam-se e permanecem em vigor até serem revogadas. Esses momentos correspondem à determinação do *início* de sua vigência, à *continuidade* de sua vigência e à *cessação* de sua vigência[19].

4.1. Início da vigência

O processo de criação da lei passa por três fases: a da elaboração, a da promulgação e a da publicação. Embora nasça com a promulgação, só começa a vigorar com sua publicação no *Diário Oficial*. Com a publicação, tem-se o *início* da vigência, tornando-se obrigatória, pois ninguém pode escusar-se de cumpri-la alegando que não a conhece (LINDB, art. 3º).

Terminado o processo de sua produção, a norma já é válida. A vigência se inicia com a publicação e se estende até sua revogação, ou até o prazo estabelecido para sua validade. A *vigência*, portanto, é uma qualidade temporal da norma: o prazo com que se delimita o seu período de validade. Em sentido estrito, *vigência* designa a existência específica da norma em determinada época, podendo ser invocada para produzir, concretamente, efeitos, ou seja, para que tenha eficácia[20].

Segundo dispõe o art. 1º da Lei de Introdução às Normas do Direito Brasileiro, a lei, salvo disposição contrária, "*começa a vigorar em todo o País 45 (quarenta e cinco) dias depois de oficialmente publicada*".

Portanto, a obrigatoriedade da lei não se inicia no dia da publicação, salvo se ela própria assim o determinar. Pode, desse modo, entrar em vigor

---

19 Caio Mário da Silva Pereira, *Instituições*, cit., v. 1, p. 73; Maria Helena Diniz, *Curso*, cit., v. 1, p. 110.

20 Maria Helena Diniz, *Lei de Introdução*, cit., p. 47.

na data de sua publicação ou em outra mais remota, conforme constar expressamente de seu texto. Se nada dispuser a esse respeito, aplica-se a regra do art. 1º supramencionado.

O intervalo entre a data de sua publicação e a sua entrada em vigor denomina-se *vacatio legis*. Em matéria de duração do referido intervalo, foi adotado o critério do *prazo único*, porque a lei entra em vigor na mesma data, em todo o País, sendo simultânea a sua obrigatoriedade. A anterior Lei de Introdução, em virtude da enorme vastidão do território brasileiro e das dificuldades de comunicação então existentes, prescrevia que a lei entrava em vigor em prazos diversos, ou seja, menores no Distrito Federal e Estados próximos, e maiores nos Estados mais distantes da Capital e nos territórios[21]. Seguia, assim, o critério do *prazo progressivo*.

Malgrado a doutrina tome vigor por vigência e vice-versa, o art. 2º da Lei de Introdução às Normas do Direito Brasileiro dispõe:

"*Art. 2º Não se destinando à vigência temporária, a lei terá vigor até que outra a modifique ou revogue*".

Observa Tércio Sampaio Ferraz que "o texto relaciona claramente vigência ao aspecto temporal da norma, a qual, no período (de vigência) tem vigor. Ora, o vigor de uma norma tem a ver com sua imperatividade, com sua força vinculante. Tanto que, embora a citada regra da Lei de Introdução determine o vigor da norma até sua revogação, existem importantes efeitos de uma norma revogada (e que, portanto, perdeu a vigência ou tempo de validade) que nos autorizam dizer que vigor e vigência designam qualidades distintas"[22].

É certo, pois, que o termo *vigência* está relacionado ao *tempo de duração* da lei, ao passo que *vigor* está relacionado à sua *força vinculante*. É o caso, como assinala Fábio de Oliveira Azevedo, do Código Civil de 1916, "que não tem mais *vigência*, por estar revogado, embora ainda possua *vigor*. Se um contrato foi celebrado durante a sua vigência e tiver que ser examinado hoje, quanto à sua validade, deverá ser aplicado o Código revogado (art. 2.035 do CC/2002, na sua *primeira parte*). Isso significa

---

[21] Dispunha o art. 2º da antiga Lei de Introdução que a obrigatoriedade das leis, quando não fixassem outro prazo, "começaria, no Distrito Federal, três dias depois de oficialmente publicada, quinze dias no Estado do Rio de Janeiro, trinta dias nos Estados marítimos e no de Minas Gerais, cem dias nos outros, compreendidas as circunscrições não constituídas em Estado".

[22] *Introdução ao estudo do direito*, p. 202.

aplicar uma lei *sem vigência* (revogada), mas ainda *com vigor* (*determinado pelo art. 2.035*)"[23].

Registre-se que o vigor e a vigência não se confundem com a eficácia da lei. Esta é uma qualidade da norma que se refere à sua adequação em vista da produção concreta de efeitos[24].

Quando a lei brasileira é admitida no exterior (em geral quando cuida de atribuições de ministros, embaixadores, cônsules, convenções de direito internacional etc.), a sua obrigatoriedade inicia-se três meses depois de oficialmente publicada.

Se durante a *vacatio legis* ocorrer nova publicação de seu texto, para a correção de erros materiais ou falha de ortografia, o prazo da obrigatoriedade começará a correr da nova publicação (LINDB, art. 1º, § 3º). O novo prazo para a entrada em vigor da lei só corre para a parte corrigida ou emendada, ou seja, apenas os artigos republicados terão prazo de vigência contado da nova publicação, para que o texto correto seja conhecido, sem necessidade de que se vote nova lei. Os direitos e as obrigações baseados no texto legal publicado hão de ser respeitados[25].

Se a lei já entrou em vigor, tais correções são consideradas lei nova, tornando-se obrigatória após o decurso da *vacatio legis* (LINDB, art. 1º, § 4º). Mas, pelo fato de a lei emendada, mesmo com incorreções, ter adquirido força obrigatória, os direitos adquiridos na sua vigência têm de ser resguardados, e não são atingidos pela publicação do texto corrigido[26]. Admite-se que o juiz, ao aplicar a lei, possa corrigir os erros materiais evidentes, especialmente os de ortografia, mas não os erros substanciais, que podem alterar o sentido do dispositivo legal, sendo imprescindível neste caso nova publicação.

A contagem do prazo para a entrada em vigor das leis que estabeleçam período de vacância "far-se-á com a inclusão da data da publicação e do último dia do prazo, entrando em vigor no dia subsequente à sua consumação integral" (art. 8º, § 1º, da LC n. 95/98, com redação da LC n. 107/2001). Vê-se, portanto, afirma MÁRIO LUIZ DELGADO[27], "que para a contagem do prazo anual inclui-se

[23] *Direito civil:* introdução e teoria geral, p. 47-48.

[24] Fábio de Oliveira Azevedo, *Direito civil*, cit., p. 48.

[25] Arnoldo Wald, *Curso de direito civil brasileiro*; introdução e parte geral, 9. ed., São Paulo, Saraiva, 2002, p. 85; Caio Mário da Silva Pereira, *Instituições*, cit., v. 1, p. 75.

[26] Oscar Tenório, *Lei de Introdução ao Código Civil brasileiro*, 2. ed., Rio de Janeiro, Borsoi, 1955, comentário ao art. 1º, § 4º; Caio Mário da Silva Pereira, *Instituições*, cit., v. 1, p. 76.

[27] Mário Luiz Delgado, *Problemas de direito intertemporal no Código Civil*, p. 51.

o dia 11, que foi o dia da publicação da lei, bem como o último dia do prazo". Demonstra o ilustre jurista que o período anual completou-se exatamente no dia 10 de janeiro de 2003. E conclui: "Por esse critério, o novo Código Civil entrou em vigor no dia 11 de janeiro de 2003, primeiro dia subsequente ao término do prazo, nos termos ditados pela Lei Complementar aludida"[28].

Quando a lei é parcialmente vetada, a parte não vetada é publicada em determinada data. A atingida pelo veto, porém, só é publicada posteriormente, depois de rejeitada a recusa à sanção. Malgrado respeitáveis opiniões em contrário, que pretendem dar caráter retroativo à parte vetada da lei, invocando o argumento da unidade do texto legislativo, os dispositivos vetados só devem entrar em vigor no momento da sua publicação, pois o veto tem caráter suspensivo e os artigos não publicados não se tornaram conhecidos. Essa solução tem a vantagem de proporcionar maior segurança às relações jurídicas[29].

O prazo de quarenta e cinco dias não se aplica aos decretos e regulamentos, cuja obrigatoriedade determina-se pela publicação oficial. Tornam-se, assim, obrigatórios desde a data de sua publicação[30], salvo se dispuserem em contrário, não alterando a data da vigência da lei a que se referem. A falta de norma regulamentadora é hoje suprida pelo mandado de injunção.

4.2. Revogação da lei

Cessa a vigência da lei com a sua revogação. Não se destinando à vigência temporária, diz o art. 2º da Lei de Introdução às Normas do Direito Brasileiro, "*a lei terá vigor até que outra a modifique ou revogue*".

---

[28] Esse o entendimento dominante (cf. TJSP, AgI 896.543-0/6/Americana, 25ª C. Dir. Priv., rel. Des. Amorim Cantuária, j. 28-6-2005, *v. u.*; TJRS, Ap. 70.011.021.706/Porto Alegre, 2ª C. Cív., rel. Des. Jorge Volkeis, j. 18-5-2005, *v. u.*), inclusive no STJ, que assim se pronunciou no julgamento do REsp 698.195/DF, 4ª T., rel. Min. Jorge Scartezzini, *DJU*, 29-5-2006, p. 254. "O termo inicial da regra de transição prevista no art. 2.028 do Código Civil, na hipótese, é o dia 11 de janeiro de 2003, devendo, assim, os autos retornarem à origem para prosseguimento do feito" (STJ, Ag. Int. no AgRg no REsp 1.052.282-SC, 1ª T., rel. Min. Regina Helena Costa, j. 17-11-2016, *DJe* 30-11-2016). No mesmo sentido o Enunciado 164 aprovado na III Jornada de Direito Civil, realizada em Brasília por iniciativa do Superior Tribunal de Justiça. Determina o art. 8º, *caput*, da Lei Complementar n. 95, de 26 de fevereiro de 1998, que dispõe sobre a elaboração, redação, alteração e consolidação das leis:

"Art. 8º A vigência da lei será indicada de forma expressa e de modo a contemplar prazo razoável para que dela se tenha amplo conhecimento, reservada a cláusula 'entra em vigor na data de sua publicação' para as leis de pequena repercussão".

[29] Arnoldo Wald, *Curso*, cit., p. 86.

[30] Arnoldo Wald, *Curso*, cit., p. 85.

A lei tem, com efeito, em regra, caráter *permanente*: mantém-se em vigor até ser revogada por outra lei. Nisso consiste o *princípio da continuidade*. Em um regime que se assenta na supremacia da lei escrita, como o do direito brasileiro, o costume não tem força para revogar a lei, nem esta perde a sua eficácia pelo não uso.

Em alguns casos especiais, todavia, a lei pode ter vigência *temporária* e cessará, então, por *causas intrínsecas*, tais como:

a) Advento do *termo* fixado para sua duração. Algumas leis, por sua natureza, são destinadas a viger apenas durante certo período, como as disposições transitórias e as leis orçamentárias. Outras, prefixam expressamente a sua duração.

b) Implemento de *condição resolutiva*. A lei perde sua vigência em virtude de condição quando se trata de lei especial vinculada a uma situação determinada, como ao período de guerra, por exemplo, estando sujeita a uma condição resolutiva, qual seja, o término desta. Leis dessa espécie são chamadas de *circunstanciais*.

c) Consecução de seus *fins*. Cessa a vigência da lei destinada a um determinado fim quando este se realiza. Assim, por exemplo, a que concedeu indenização a familiares de pessoas envolvidas na Revolução de 1964 perdeu a sua eficácia no momento em que as indenizações foram pagas[31].

Dá-se, nesses casos, a *caducidade* da lei: torna-se sem efeito pela superveniência de uma causa prevista em seu próprio texto, sem necessidade de norma revogadora. É também o caso de leis cujos pressupostos fáticos desaparecem. Por exemplo, a lei que se destina ao combate de determinada doença (malária, dengue, Aids etc.), estabelecendo normas de proteção, e que deixe de existir em virtude do avanço da Medicina ou de medidas sanitárias. A norma em desuso não perde, só por esse motivo, enquanto não for revogada por outra, a eficácia jurídica.

É necessário frisar, como lucidamente o faz Caio Mário da Silva Pereira, que não podem ser invocados como causa geradora da extinção da força obrigatória da lei os motivos psicológicos, econômicos ou sociais que a inspiraram, a não ser que o nascimento da norma decorra especificamente de uma circunstância de fato, cuja cessação definitivamente se verificou[32].

---

[31] Adolfo Ravá, *Istituzioni di diritto privato*, p. 57; Arnoldo Wald, *Curso*, cit., p. 86; Maria Helena Diniz, *Lei de Introdução*, cit., p. 6-12.

[32] *Instituições*, cit., v. 1, p. 82.

Por outro lado, as leis de vigência *permanente*, sem prazo de duração, perduram até que ocorra a sua revogação, não podendo ser extintas pelo costume, jurisprudência, regulamento, decreto, portaria e simples avisos.

Revogação é a supressão da força obrigatória da lei, retirando-lhe a eficácia – o que só pode ser feito por outra lei, da mesma hierarquia ou de hierarquia superior. O ato de *revogar* consiste, segundo MARIA HELENA DINIZ, em "tornar sem efeito uma norma, retirando sua obrigatoriedade. Revogação é um termo genérico, que indica a ideia da cessação da existência da norma obrigatória"[33].

A revogação da lei (gênero), quanto à sua *extensão*, pode ser de duas espécies: total ou parcial. A revogação total é também denominada *ab-rogação*. Consiste na supressão integral da norma anterior. O atual Código Civil, por exemplo, no art. 2.045, inserido no livro complementar das Disposições Finais e Transitórias, revoga, sem qualquer ressalva, e portanto integralmente, o estatuto civil de 1916.

A revogação parcial denomina-se *derrogação*. Atinge só uma parte da norma, que permanece em vigor no restante. O Código de Processo Civil de 1973, por exemplo, sofreu constantes reformas parciais, como as determinadas pelas Leis n. 11.232/2005, 11.382/2006, 11.419/2006 e 11.441/2007, que alteraram dispositivos referentes a execução, separação judicial, divórcio, inventários e informatização do processo judicial etc.

A lei perde, todavia, a eficácia (caduca), independentemente de outra lei, se em seu texto constar o próprio termo, como já foi dito. A perda da eficácia pode decorrer, também, da decretação de sua inconstitucionalidade pelo Supremo Tribunal Federal, cabendo ao Senado suspender-lhe a execução (CF, art. 52, X).

Uma lei revoga-se por outra lei. Desse modo, a revogação deve emanar da mesma fonte que aprovou o ato revogado. Se, por exemplo, a norma é de natureza constitucional, somente pelo processo de emenda à Constituição pode ser modificada ou revogada (CF, art. 60). Por outro lado, um decreto revoga-se por outro decreto, mas também pode ser revogado pela lei, que é de hierarquia superior. A nova lei que revoga a anterior revoga também o decreto que a regulamentou.

O princípio da hierarquia não tolera que uma lei ordinária sobreviva a uma disposição constitucional, que a contrarie, ou uma norma regulamentar

---

[33] *Lei de Introdução*, cit., p. 64.

subsista em ofensa à disposição legislativa. Assim, a Constituição que modifica o regime político torna ineficazes todas as disposições anteriores incompatíveis com a nova ordem política. A Constituição de 1946, por exemplo, invalidou todas as disposições contidas nas leis, nos decretos-leis ou nos decretos que, datando do Estado Novo, contrariavam os princípios básicos do regime democrático. E a Carta de 1988 afastou a validade da legislação anterior conflitante com as suas disposições autoexecutáveis. Não se trata propriamente de revogação das leis anteriores e contrárias à Constituição: apenas deixaram de existir no plano do ordenamento jurídico estatal, por haverem perdido seu fundamento de validade[34].

As normas constitucionais programáticas, ou dependentes da elaboração de leis complementares ou ordinárias, ao contrário, não revogam as normas anteriores, que continuam vigentes até a aprovação dos novos textos legislativos que concretizem as determinações constitucionais[35]. No tocante à lei cuja obrigatoriedade está subordinada à publicação de regulamento e decreto destinado à sua execução, tem-se entendido que o prazo de vigência será contado a partir da publicação do regulamento depois de decorridos os prazos do art. 1º da Lei de Introdução às Normas do Direito Brasileiro. Se apenas uma parte da lei depender de regulamentação, só a ela é aplicável a restrição.

Hoje, no entanto, é possível suprir-se a falta de regulamentação subsequente da lei mediante a impetração de *mandado de injunção* junto ao Poder Judiciário, previsto no art. 5º, LXXI, da Constituição Federal, por todo aquele que se julgue prejudicado pela omissão legislativa e a impossibilidade de exercer os direitos constitucionalmente previstos[36].

Quanto à *forma de sua execução*, a revogação da lei pode ser expressa ou tácita. *Expressa*, quando a lei nova declara, de modo taxativo e inequívoco,

---

[34] Wilson de Souza Campos Batalha, *Direito intertemporal*, p. 434; Caio Mário da Silva Pereira, *Instituições*, cit., v. 1, p. 87; Arnoldo Wald, *Curso*, cit., p. 87.

[35] Arnoldo Wald, *Curso*, cit., p. 87.

O Supremo Tribunal Federal, ao julgar a ADIn 4/DF, considerou o § 3º do art. 192 da Constituição Federal, que limita as taxas de juros reais a doze por cento ao ano, dependente de lei complementar, argumentando que o preceito logra eficácia limitada (*RTJ*, 150/950).

[36] Embora tenha reconhecido a mora do Legislativo, o Supremo Tribunal Federal, ao julgar mandados de injunção, simplesmente exortou que se procedesse à edição da normatividade prevista no *caput* do art. 192 da Constituição Federal, a fim de eliminar a letargia legislativa. "Como exortação é mero conselho, e não mandado, o § 3º, que limita as taxas de juros reais a doze por cento ao ano, caiu no vazio" (Uadi Lammêgo Bulos, *Constituição Federal anotada*, nota 2 ao art. 129, § 3º).

que a lei anterior, ou parte dela, fica revogada (LINDB, art. 2º, § 1º, primeira parte). *Tácita*, quando não contém declaração nesse sentido, mas mostra-se incompatível com a lei antiga ou regula inteiramente a matéria de que tratava a lei anterior (art. 2º, § 1º, última parte). A revogação, neste caso, ocorre por via oblíqua ou indireta.

A revogação expressa é a mais segura, pois evita dúvidas e obscuridades. O art. 9º da Lei Complementar n. 95/98, com a redação da Lei Complementar n. 107/2001, por esse motivo dispõe que "a cláusula de revogação deverá enumerar, expressamente, as leis ou disposições legais revogadas". Tal preceito, todavia, foi ignorado pelo art. 2.045 do atual Código Civil, ao dispor: "Revogam-se a Lei n. 3.071, de 1º de janeiro de 1916 – Código Civil e a Parte Primeira do Código Comercial – Lei n. 556, de 25 de junho de 1850".

O que caracteriza a revogação tácita é a *incompatibilidade* das disposições novas com as já existentes. Na impossibilidade de coexistirem normas contraditórias, aplica-se o critério da prevalência da mais recente (critério cronológico: *lex posterior derogat legi priori*).

Essa incompatibilidade pode ocorrer quando a lei nova, de caráter amplo e geral, passa a regular inteiramente a matéria versada na lei anterior, vindo a lei revogadora, neste caso, substituir inteiramente a antiga. Desse modo, se toda uma matéria é submetida a nova regulamentação, desaparece inteiramente a lei anterior que tratava do mesmo assunto. Com a entrada em vigor, por exemplo, do Código de Defesa do Consumidor, deixaram de ser aplicadas às relações de consumo as normas de natureza privada estabelecidas no Código Civil de 1916 e em leis esparsas que tratavam dessa matéria[37].

Em regra, pois, "um novo estado de coisas revoga automaticamente qualquer regra de direito que com ele seja incompatível. Da mesma forma, a modificação de redação do texto de um dispositivo legal constitui modo usado pelo legislador para revogá-lo, derrogá-lo ou ab-rogá-lo. Por fim, se

---

[37] Segundo preleciona Caio Mário da Silva Pereira, "se toda uma província do direito é submetida a nova regulamentação, desaparece inteiramente a lei caduca, em cujo lugar se colocam as disposições da mais recente, como ocorreu com o Código Penal de 1940, promulgado para disciplinar inteiramente a matéria contida no de 1890. Se um diploma surge, abraçando toda a matéria contida em outro, igualmente fulmina-o de ineficácia, como se verificou com a Lei de Falências, de 1945, ou com a Lei de Introdução ao Código Civil, de 1942, que veio substituir a de 1916" (*Instituições*, cit., v. 1, p. 83-84).

a lei nova regula a matéria de que trata a lei anterior e não reproduz determinado dispositivo, entende-se que este foi revogado"[38].

Costuma-se dizer que ocorre, também, a revogação tácita de uma lei quando se mostra incompatível com a mudança havida na Constituição, em face da supremacia desta sobre as demais leis (critério hierárquico: *lex superior derogat legi inferiori*). Mais adequado, porém, nesse caso, é afirmar que perderam elas seu fundamento de validade, como exposto anteriormente.

Além dos critérios *cronológico* e *hierárquico* já mencionados, destinados a solucionar antinomias aparentes ou conflitos normativos, desponta na ordem jurídica o da *especialidade* (*lex specialis derogat legi generali*), pelo qual a norma especial revoga a geral quando disciplinar, de forma diversa, o mesmo assunto.

Todavia, o art. 2º, § 2º, da Lei de Introdução às Normas do Direito Brasileiro prescreve: "*A lei nova, que estabeleça disposições gerais ou especiais a par das já existentes, não revoga nem modifica a lei anterior*".

Podem, assim, coexistir as normas de caráter geral e as de caráter especial. É possível, no entanto, que haja incompatibilidade entre ambas. A existência de incompatibilidade conduz à possível revogação da lei geral pela especial, ou da lei especial pela geral. Para GIUSEPPE SAREDO, disposição especial revoga a geral quando se referir ao mesmo assunto, alterando-a. Não a revoga, contudo, quando, em vez de alterá-la, se destina a lhe dar força[39].

Pondera, a propósito, CAIO MÁRIO DA SILVA PEREIRA que a coexistência das duas espécies de normas "não é afetada, quando o legislador vote disposições gerais a par de especiais, ou disposições especiais a par de gerais já existentes, porque umas e outras não se mostram, via de regra, incompatíveis. Não significa isto, entretanto, que uma lei geral nunca revogue uma lei especial, ou *vice-versa*, porque nela poderá haver dispositivo incompatível com a regra especial, da mesma forma que uma lei especial pode mostrar-se incompatível com dispositivo inserto em lei geral". Ao intérprete, acrescenta, "cumpre verificar, entretanto, se uma nova lei geral tem o sentido de abolir disposições preexistentes"[40].

---

[38] *RT*, 213/361, 162/101, 300/683; Washington de Barros Monteiro, *Curso de direito civil*, v. 1, p. 28.

[39] Abrogazione delle leggi, in *Digesto Italiano*, v. 1, p. 134 e s.

[40] *Instituições*, cit., v. 1, p. 84.

Não se pode, portanto, acolher de modo absoluto a fórmula "lei especial revoga a geral", pois nem sempre isso acontece, podendo perfeitamente ocorrer que a especial introduza uma exceção ao princípio geral, que deve coexistir ao lado deste. Havendo incompatibilidade haverá revogação tanto da lei geral pela especial como da lei especial pela geral.

Antinomia é a presença de duas normas conflitantes. Decorre da existência de duas ou mais normas relativas ao mesmo caso, imputando-lhe soluções logicamente incompatíveis. Como já mencionado, três critérios devem ser levados em conta para a solução dos conflitos: a) critério *cronológico* (a norma posterior prevalece sobre a anterior); b) critério da *especialidade* (a norma especial prevalece sobre a geral); c) critério *hierárquico* (a norma superior prevalece sobre a inferior). Quando o conflito de normas envolve apenas *um* dos referidos critérios, diz-se que se trata de *antinomia de 1º grau*. Será de *2º grau* quando envolver *dois* deles. Na última hipótese, se o conflito se verificar entre uma norma especial-anterior e outra geral-posterior, prevalecerá o critério da *especialidade*, aplicando-se a primeira norma; e, se ocorrer entre norma superior-anterior e outra inferior-posterior, prevalecerá o *hierárquico*, aplicando-se também a primeira.

A antinomia pode ser, ainda, aparente e real. *Antinomia aparente* é a situação que pode ser resolvida com base nos critérios supramencionados. *Antinomia real* é o conflito que *não* pode ser resolvido mediante a utilização dos aludidos critérios. Ocorre, por exemplo, entre uma norma superior-geral e outra norma inferior-especial. Não sendo possível remover o conflito ante a dificuldade de se apurar qual a norma predominante, a antinomia será solucionada por meio dos mecanismos destinados a suprir as lacunas da lei (LINDB, arts. 4º e 5º).

O nosso direito não admite, como regra, a *repristinação*, que é a restauração da lei revogada pelo fato da lei revogadora ter perdido a sua vigência. Preceitua, com efeito, o § 3º do art. 2º da Lei de Introdução às Normas do Direito Brasileiro que, *"salvo disposição em contrário, a lei revogada não se restaura por ter a lei revogadora perdido a vigência"*.

Não há, portanto, o efeito *repristinatório*, restaurador, da primeira lei revogada, salvo quando houver pronunciamento expresso do legislador nesse sentido. Assim, por exemplo, revogada a Lei n. 1 pela Lei n. 2, e posteriormente revogada a lei revogadora (n. 2) pela Lei n. 3, não se restabelece a vigência da Lei n. 1, salvo se a n. 3, ao revogar a revogadora (n. 2), determinar a repristinação da n. 1.

5. Obrigatoriedade das leis

Sendo a lei uma ordem dirigida à vontade geral, uma vez em vigor torna-se obrigatória para todos. O art. 3º da Lei de Introdução às Normas do Direito Brasileiro consagra o princípio da *obrigatoriedade* (*ignorantia legis neminem excusat*), prescrevendo: "*Ninguém se escusa de cumprir a lei, alegando que não a conhece*".

Tal dispositivo visa garantir a eficácia global da ordem jurídica, que estaria comprometida se se admitisse a alegação de ignorância de lei vigente. Como consequência, não se faz necessário provar em juízo a existência da norma jurídica invocada, pois se parte do pressuposto de que o juiz conhece o direito (*iura novit curia*). Esse princípio não se aplica ao direito municipal, estadual, estrangeiro ou consuetudinário (CPC, art. 376). Embora o juiz tenha o dever de conhecer o direito vigente em todo o país, não está obrigado a saber quais princípios são adotados no direito alienígena nem as regras especiais a determinado município ou a um Estado federativo, nem ainda como é o costume.

Três teorias procuram justificar o preceito: a da *presunção legal*, a da *ficção legal* e a da *necessidade social*. A primeira presume que a lei, uma vez publicada, torna-se conhecida de todos. É criticada por basear-se em uma inverdade[41]. A da *ficção legal* considera tratar-se de hipótese de ficção, e não de presunção – o que também, em verdade, não ocorre[42].

A teoria da necessidade social, defendida por Clóvis Beviláqua[43], é a mais aceita, porque sustenta que a lei é obrigatória e deve ser cumprida por todos, não por motivo de um conhecimento presumido ou ficto, mas por elevadas razões de interesse público, ou seja, para que seja possível a convivência social. O preceito de que ninguém pode escusar-se de cumprir a lei, alegando que não a conhece, seria uma regra ditada por uma razão de ordem social e jurídica, de necessidade social: garantir a eficácia global do ordenamento jurídico, que ficaria comprometido caso tal alegação pudesse ser aceita[44].

---

[41] Cf. Paulo de Lacerda, *Manual do Código Civil brasileiro*, v. 1, p. 341; Carlos Alberto Bittar, *Teoria geral do direito civil*, p. 46.

[42] Cf. Filomusi Guelfi, *Enciclopedia giuridica*, p. 84.

[43] *Teoria geral do direito civil*, 1955, p. 17.

[44] Caio Mário da Silva Pereira, *Instituições*, cit., v. 1, p. 77-78; Maria Helena Diniz, *Lei de Introdução*, cit., p. 83-85; Francisco Amaral, *Direito civil*, cit., p. 98.

A publicação oficial da lei tem por finalidade torná-la conhecida, mas visa precipuamente neutralizar a ignorância, sem contudo eliminá-la. Neutralizar a ignorância, segundo TÉRCIO SAMPAIO FERRAZ JR., é "fazer com que ela não seja levada em conta, não obstante possa existir"[45].

A inaceitabilidade da alegação de ignorância da lei não afasta, todavia, a relevância do *erro de direito*, que é o conhecimento falso da lei, como causa de anulação de negócios jurídicos. Este só pode ser invocado, porém, quando não houver o objetivo de furtar-se o agente ao cumprimento da lei. Serve para justificar, por exemplo, a boa-fé em caso de inadimplemento contratual, sem a intenção de descumprir a lei.

EDUARDO ESPÍNOLA, citando COLIN e CAPITANT, dá o seguinte exemplo de erro de direito: "Paulo, menor de 16 anos, morre, depois de fazer testamento. Eu, que sou seu herdeiro, satisfaço os legados, ignorando que o menor de 16 anos não pode fazer testamento". Trata-se "de erro de direito capaz de anular tais atos, pois o que se verifica não é a intenção de descumprir a lei, mas a circunstância de que seu desconhecimento é que levou à prática de ato normalmente não realizável"[46].

O atual Código Civil, ao enumerar os casos em que há erro substancial (art. 139), contempla, como inovação, ao lado das hipóteses de erro de fato (*error facti*), que decorre de uma noção falsa das circunstâncias, o *erro de direito* (*error juris*), desde que não se objetive, com a sua alegação, descumprir a lei ou subtrair-se à sua força imperativa e seja o motivo único ou principal do negócio jurídico.

A Lei das Contravenções Penais, por exceção, admite a alegação de erro de direito (art. 8º) como justificativa pelo descumprimento da lei. No direito mexicano tal alegação é admitida em várias hipóteses, tendo em vista que a população daquele país é constituída, em grande parte, de indígenas.

6. A integração das normas jurídicas

O legislador não consegue prever todas as situações para o presente e para o futuro, pois o direito é dinâmico e está em constante movimento, acompanhando a evolução da vida social, que traz em si novos fatos e

---

45 *Introdução ao estudo do direito*, p. 210.

46 *Manual do Código Civil brasileiro*, de Paulo Lacerda, v. 3, p. 281, apud Francisco Amaral, *Direito civil*, cit., p. 99.

conflitos. Ademais, os textos legislativos devem ser concisos e seus conceitos enunciados em termos gerais.

Tal estado de coisas provoca a existência de situações não previstas de modo específico pelo legislador e que reclamam solução por parte do juiz. Como este não pode eximir-se de proferir decisão sob o pretexto de que a lei é omissa, deve valer-se dos mecanismos destinados a suprir as lacunas da lei, que são: a analogia, os costumes e os princípios gerais de direito.

Dispõe, com efeito, o art. 140 do Código de Processo Civil: "O juiz não se exime de decidir sob a alegação de lacuna ou obscuridade do ordenamento jurídico". Quando a lei for omissa, "o juiz decidirá o caso de acordo com a analogia, os costumes e os princípios gerais de direito" (LINDB, art. 4º). O juiz só decidirá por equidade nos casos previstos em lei (CPC, art. 140, parágrafo único).

Verifica-se, portanto, que o próprio sistema apresenta solução para qualquer caso que esteja *sub judice*. Apresenta-se, destarte, o problema da integração da norma mediante recursos fornecidos pela ciência jurídica. A própria lei, prevendo a possibilidade de inexistir norma jurídica adequada ao caso concreto, indica ao juiz o meio de suprir a omissão, prescrevendo, igualmente, o art. 4º da Lei de Introdução às Normas do Direito Brasileiro: "*Quando a lei for omissa, o juiz decidirá o caso de acordo com a analogia, os costumes e os princípios gerais de direito*".

Aponta Francisco Amaral[47], com apoio em Wilson de Souza Campos Batalha, Larenz, Carlos Cossio e outros, a existência de duas concepções doutrinárias a respeito das lacunas de direito: a que reconhece existirem lacunas em todos os sistemas jurídicos, pela impossibilidade de prever a totalidade das situações de fato que a vida oferece, e a que defende a inexistência de tais vazios, em face da plenitude da ordem jurídica. Se existem lacunas na lei, no direito não podem existir, e por isso, para os juristas que contestam a existência de lacunas, o direito, concebido como sistema, dispõe de princípios gerais dos quais sempre se poderá deduzir uma solução.

Efetivamente, sob o ponto de vista dinâmico, o da aplicação da lei, pode ela ser lacunosa, mas o sistema não. Isso porque o juiz, utilizando-se dos aludidos mecanismos, promove a integração das normas jurídicas, não deixando nenhum caso sem solução (plenitude lógica do sistema). O direito estaticamente considerado pode conter lacunas. Sob o aspecto dinâmico,

---

47 *Direito civil*, cit., 2018, p. 182.

entretanto, não, pois ele próprio prevê os meios para suprir-se os espaços vazios e promover a integração do sistema[48].

Por essa razão é que se diz que os mencionados mecanismos constituem modos de explicitação da integridade, da plenitude do sistema jurídico.

6.1. A analogia

Há uma hierarquia na utilização desses mecanismos, figurando a *analogia* em primeiro lugar. Somente podem ser utilizados os demais se a analogia não puder ser aplicada. Isso porque o direito brasileiro consagra a supremacia da lei escrita. Quando o juiz utiliza-se da analogia para solucionar determinado caso concreto, não está apartando-se da lei, mas aplicando à hipótese não prevista em lei um dispositivo legal relativo a caso semelhante.

Nisso se resume o emprego da analogia, que consiste em aplicar a caso não previsto a norma legal concernente a uma hipótese análoga prevista e, por isso mesmo, tipificada[49]. O seu fundamento encontra-se no adágio romano *ubi eadem ratio, ibi idem jus* (ou *legis dispositio*), que expressa o princípio de igualdade de tratamento. Com esse enunciado lógico pretende-se dizer que a situações semelhantes deve-se aplicar a mesma regra de direito ("quando se verifica a mesma razão da lei, deve haver a mesma solução 'ou mesma disposição legal'"). Se um dos fatos já tem no sistema jurídico a sua regra, é essa que se aplica.

O Decreto n. 2.681, de 7 de dezembro de 1912, é sempre mencionado como interessante exemplo de aplicação da analogia. Destinado a regulamentar a responsabilidade das companhias de estradas de ferro por danos causados a passageiros e a bagagens, passou a ser aplicado, por analogia, a todas as espécies de transportes terrestres (bonde, metrô, ônibus e até em acidentes ocorridos em elevadores), à falta de legislação específica. Hoje, a atividade de transporte em geral é regida pelo Código de Defesa do Consumidor e pelo Código Civil (arts. 730 a 756).

---

[48] Maria Helena Diniz, *Curso*, cit., v. 1, p. 84; Tércio Sampaio Ferraz Jr., *Conceito de sistema no direito*, p. 137; Castro y Bravo, *Derecho civil de España*, p. 532-533.

[49] Carlos Maximiliano, *Hermenêutica e aplicação do direito*, n. 238; Tércio Sampaio Ferraz Jr., Analogia, in *Enciclopédia Saraiva do Direito*, v. 6, p. 363; Francisco Amaral, *Direito civil*, cit., 2018, p. 182; Maria Helena Diniz, *Curso*, cit., v. 1, p. 85.

Para o emprego da analogia requer-se a presença de três requisitos: a) inexistência de dispositivo legal prevendo e disciplinando a hipótese do caso concreto; b) semelhança entre a relação não contemplada e outra regulada na lei; c) identidade de fundamentos lógicos e jurídicos no ponto comum às duas situações[50].

Costuma-se distinguir a analogia *legis* (legal) da analogia *juris* (jurídica). A primeira consiste na aplicação de uma norma existente, destinada a reger caso semelhante ao previsto. A sua fonte é a norma jurídica isolada, que é aplicada a casos idênticos. A segunda baseia-se em um conjunto de normas, para obter elementos que permitam a sua aplicação ao caso *sub judice* não previsto, mas similar. Trata-se de um processo mais complexo, em que se busca a solução em uma pluralidade de normas, em um instituto ou em acervo de diplomas legislativos, transpondo o pensamento para o caso controvertido, sob a inspiração do mesmo pressuposto.

A analogia *juris*, dada a amplitude de sua órbita de ação, requer cuidado maior e segurança na sua aplicação, pois nem sempre é fácil caracterizar com exatidão o princípio dominante numa instituição, sob pena de levar o aplicador a divorciar-se da vontade legal. Não se deve confundir a construção jurisprudencial baseada nos textos legais com o direito alternativo, que se afasta da lei para decidir a controvérsia de acordo com o sentimento pessoal de justiça do magistrado[51].

Faz-se mister não confundir analogia com *interpretação extensiva*. A primeira implica o recurso a outra norma do sistema jurídico, em razão da inexistência de norma adequada à solução do caso concreto. A segunda, porém, consiste na extensão do âmbito de aplicação da mesma norma a situações não expressamente previstas, mas compreendidas pelo seu espírito, mediante uma interpretação menos literal. Configura-se, por exemplo, quando o juiz, interpretando o art. 25 do Código Civil, estende à companheira ou ao companheiro a legitimidade conferida ao cônjuge do ausente para ser o seu curador.

---

[50] Washington de Barros Monteiro, *Curso*, cit., v. 1, p. 40; Serpa Lopes, *Curso de direito civil*, v. 1, p. 162-163; R. Limongi França, Aplicação do direito positivo, in *Enciclopédia Saraiva do Direito*, v. 7, p. 201; Francisco Amaral, *Direito civil*, cit., 2018, p. 183; Maria Helena Diniz, *Curso*, cit., v. 1, p. 72-73.

[51] Caio Mário da Silva Pereira, *Instituições*, cit., v. 1, p. 48; Francisco Amaral, *Direito civil*, cit., p. 91; Arnoldo Wald, *Curso*, cit., p. 83; Maria Helena Diniz, *Curso*, cit., v. 1, p. 73; Serpa Lopes, *Curso*, cit., v. 1, p. 162.

Os negócios jurídicos benéficos e a renúncia não admitem o emprego da analogia, nem interpretação extensiva, pois dispõe o art. 114 do Código Civil que "interpretam-se estritamente". Também o art. 819 do referido diploma preceitua que a fiança "não admite interpretação extensiva". Pelo mesmo motivo, ou seja, por importar restrição ou renúncia a direito, a transação "interpreta-se restritivamente" (CC, art. 843).

O recurso à analogia não é, com efeito, ilimitado. Não é ela admitida no direito penal, salvo se beneficiar o réu; nas leis excepcionais ou de exceção, devendo, nessa hipótese, os casos não previstos ser disciplinados pelas normas de caráter geral; e nas leis fiscais que impõem tributos (CTN, art. 108, § 1º)[52].

6.2. O costume

O *costume* é, também, fonte supletiva em nosso sistema jurídico, porém, está colocado em plano secundário, em relação à lei. O juiz só pode recorrer a ele depois de esgotadas as possibilidades de suprir a lacuna pelo emprego da analogia. Daí dizer-se que o costume se caracteriza como fonte *subsidiária* ou fonte *supletiva.*

Difere da lei quanto à origem, posto que esta nasce de um processo legislativo, tendo origem certa e determinada, enquanto o costume tem origem incerta e imprevista. Distinguem-se, ainda, no tocante à forma, pois a lei apresenta-se sempre como texto escrito, enquanto o costume é direito não escrito, consuetudinário, salvo no caso de sua consolidação ou de recolhimento em repositórios em que possam ser consultadas. Mesmo nesta hipótese, como se deu na França, antes da codificação, com as regiões chamadas "países de direito costumeiro" e as coletâneas intituladas *Coûtumes de Paris,* conserva a característica de direito não escrito[53].

O costume é composto de dois elementos: o uso ou a prática reiterada de um comportamento (elemento externo ou material) e a convicção de sua obrigatoriedade (elemento interno ou psicológico, caracterizado pela *opinio juris et necessitate*). Em consequência, é conceituado como sendo a prática

---

[52] Washington de Barros Monteiro, *Curso*, cit., v. 1, p. 41; Francisco Amaral, *Direito civil*, cit., p. 91.

[53] Caio Mário da Silva Pereira, *Instituições*, cit., v. 1, p. 44: Francisco Amaral, *Direito civil*, cit., p. 92.

uniforme, constante, pública e geral de determinado ato, com a convicção de sua necessidade[54].

Essa convicção, que é o fundamento da obrigatoriedade do costume, deve ser geral, cultivada por toda a sociedade ou observada por uma parcela ponderável da comunidade, ou ao menos mantida por uma categoria especial de pessoas. Para que se converta, porém, em *costume jurídico*, e deixe de ser simples uso sem força coercitiva, é necessário que a autoridade judiciária tome conhecimento de sua existência e o aplique, declarando-o obrigatório. Pela tese da *confirmação jurisprudencial*, que se opõe à da *confirmação legislativa* (inadmissível, por exigir a confirmação do legislador, exagerando o papel deste), é necessário que o costume se consagre pela prática judiciária[55].

Em relação à lei, três são as espécies de costume:

a) *Secundum legem*, quando se acha expressamente referido na lei. Neste caso, sua eficácia é reconhecida pelo direito positivo, como nos casos mencionados, dentre outros, nos arts. 1.297, § 1º, 596 e 615 do Código Civil. Passa a ter caráter de verdadeira lei, deixando de ser costume propriamente dito.

b) *Praeter legem*, quando se destina a suprir a lei, nos casos omissos, como prevê o art. 4º da Lei de Introdução às Normas do Direito Brasileiro e o art. 140 do Código de Processo Civil. Costuma-se mencionar, como exemplo, o costume de efetuar-se o pagamento com cheque pré-datado, e não como ordem de pagamento à vista, afastando a existência de crime. Costume *praeter legem* é, portanto, um dos expedientes a que deve recorrer o juiz para sentenciar quando a lei é omissa.

c) *Contra legem*, que se opõe à lei. Em regra, o costume não pode contrariar a lei, pois esta só se revoga, ou se modifica, por outra lei. Essa a doutrina dominante: o costume contrário à aplicação da lei não tem o poder de revogá-la, não existindo mais a chamada *desuetudo* (não aplicação da lei em virtude do desuso). Os autores em geral rejeitam o costume *contra legem*

---

[54] Washington de Barros Monteiro, *Curso*, cit., v. 1, p. 19; Maria Helena Diniz, *Lei de Introdução*, cit., p. 116-117; Caio Mário da Silva Pereira, *Instituições*, cit., v. 1, p. 45; Francisco Amaral, *Direito civil*, cit., p. 92.

[55] Orlando Gomes, *Introdução ao direito civil*, p. 36-37, n. 21; Caio Mário da Silva Pereira, *Instituições*, cit., v. 1, p. 46.

por entendê-lo incompatível com a tarefa do Estado e com o princípio de que as leis só se revogam por outras[56].

6.3. Os princípios gerais de direito

Não encontrando solução na analogia, nem nos costumes, para preenchimento da lacuna, o juiz deve buscá-la nos *princípios gerais de direito.* São estes constituídos de regras que se encontram na consciência dos povos e são universalmente aceitas, mesmo não escritas.

Tais regras, de caráter genérico, orientam a compreensão do sistema jurídico, em sua aplicação e integração, estejam ou não incluídas no direito positivo. Muitas delas passaram a integrar o nosso direito positivo, como a de que "ninguém pode lesar a outrem" (CC, art. 186), a que veda o enriquecimento sem causa (arts. 1.216, 1.220, 1.255, 876 etc.), a que não admite escusa de não cumprimento da lei por não conhecê-la (LINDB, art. 3º).

Em sua maioria, no entanto, os princípios gerais de direito estão implícitos no sistema jurídico civil, como o de que "ninguém pode valer-se da própria torpeza", o de que "a boa-fé se presume", o de que "ninguém pode transferir mais direitos do que tem", o de que "se deve favorecer mais aquele que procura evitar um dano do que aquele que busca realizar um ganho" etc.

Quando o objeto do contrato é imoral, os tribunais por vezes aplicam o princípio de direito de que ninguém pode valer-se da própria torpeza (*nemo auditur propriam turpitudinem allegans*). Tal princípio é aplicado pelo legislador, por exemplo, no art. 150 do Código Civil, que reprime o dolo ou a torpeza bilateral.

Segundo o ensinamento de Francisco Amaral, os "princípios jurídicos positivos distinguem-se em princípios *constitucionais* ou superiores, e princípios *institucionais*, que fundamentam e sistematizam determinados institutos ou instituições jurídicas. No direito brasileiro são *princípios*

---

[56] Arnoldo Wald, *Curso*, cit., p. 44; Maria Helena Diniz, *Curso*, cit., v. 1, p. 76; Washington de Barros Monteiro, *Curso*, cit., v. 1, p. 19; Vicente Ráo, *O direito,* cit., p. 292-294; Caio Mário da Silva Pereira, *Instituições*, cit., v. 1, p. 46; Orlando Gomes, *Introdução*, cit., p. 38; Planiol, Ripert e Boulanger, *Traité élémentaire de droit civil*, v. 1, n. 121.

Os tribunais brasileiros tiveram a oportunidade, já há algum tempo, de discutir se a norma da Lei de Usura (Dec. n. 22.626/33), que fixara em 12% ao ano o juro máximo, tinha sido ou não revogada pela praxe brasileira, decidindo pela negativa (*RTJ*, 36/46).

constitucionais, superiores, fundamentais, os referidos no art. 1º da Constituição Federal: soberania, cidadania, dignidade da pessoa humana, os valores sociais do trabalho e da livre-iniciativa, o pluralismo político. Têm força normativa, são Constituição, tendo aplicação preferencial sobre qualquer norma ordinária que se lhes oponha ou contradiga. São *princípios institucionais*, ou legislativos, no direito de família, o princípio da igualdade dos cônjuges (CF, art. 226, § 5º), o princípio da igualdade dos filhos (CF, art. 227, § 6º). (...) Os princípios gerais de direito são diretivas básicas e gerais que orientam o intérprete ao aplicar o direito no caso de omissão do texto legal"[57].

Os princípios gerais de direito não se confundem com as máximas jurídicas, os adágios ou brocardos, que nada mais são do que fórmulas concisas representativas de uma experiência secular, sem valor jurídico próprio, mas dotados de valor pedagógico. Algumas dessas máximas podem, porém, conter princípios gerais de direito, como por exemplo: "O acessório segue o principal", "não obra com dolo quem usa de seu direito", *testis unus testis nullus* (uma só testemunha não é nenhuma) etc.[58].

Para que possam ser empregados como norma de direito supletório, os princípios gerais de direito devem ser reconhecidos como direito aplicável, dotados assim de juridicidade.

6.4. A equidade

A *equidade* não constitui meio supletivo de lacuna da lei, sendo mero recurso auxiliar da aplicação desta. Não considerada em sua acepção lata, quando se confunde com o ideal de justiça, mas em sentido estrito, é empregada quando a própria lei cria espaços ou lacunas para o juiz formular a norma mais adequada ao caso. É utilizada quando a lei expressamente o permite.

Prescreve o parágrafo único do art. 140 do Código de Processo Civil que o "juiz só decidirá por equidade nos casos previstos em lei". Isso ocorre geralmente nos casos de conceitos vagos ou quando a lei formula várias alternativas e deixa a escolha a critério do juiz. Como exemplos podem ser citados o art. 1.586 do Código Civil, que autoriza o juiz a regular por maneira diferente dos critérios legais a situação dos filhos em relação aos pais,

---

[57] *Direito civil*, cit., p. 93-94.

[58] Francisco Amaral, *Direito*, cit., p. 97.

se houver motivos graves e a bem do menor; e o art. 1.740, II, que permite ao tutor reclamar do juiz que providencie, "como houver por bem", quando o menor tutelado haja mister correção, dentre outros.

A equidade está ínsita no art. 5º da Lei de Introdução às Normas do Direito Brasileiro, quando este recomenda ao juiz que atenda, ao aplicar a lei, aos fins sociais a que ela se destina, adequando-a às exigências oriundas das mutações sociais, e às exigências do bem comum.

Decidiu o Superior Tribunal de Justiça que "a proibição de que o juiz decida por equidade, salvo quando autorizado por lei, significa que não haverá de substituir a aplicação do direito objetivo por seus critérios pessoais de justiça. Não há de ser entendida, entretanto, como vedando se busque alcançar a justiça no caso concreto, com atenção ao disposto no art. 5º da Lei de Introdução"[59].

7. Aplicação e interpretação das normas jurídicas

As normas são genéricas e impessoais e contêm um comando abstrato, não se referindo especificamente a casos concretos. A composição dos conflitos, baseada na lei, é na realidade um silogismo, em virtude do qual se aplica a norma geral e prévia a um caso concreto. A premissa maior é a norma jurídica, regulando uma situação abstrata, e a premissa menor é o caso concreto. A conclusão é a sentença judicial que aplica a norma abstrata ao caso concreto[60].

Quando o fato é típico e se enquadra perfeitamente no conceito abstrato da norma, dá-se o fenômeno da *subsunção*. Há casos, no entanto, em que tal enquadramento não ocorre, não encontrando o juiz nenhuma norma aplicável à hipótese *sub judice*. Deve, então, proceder à *integração normativa,* mediante o emprego da analogia, dos costumes e dos princípios gerais do direito, como já foi dito.

---

[59] *RSTJ*, 83/168.

Por sua vez, decidiu o Supremo Tribunal Federal: "Não pode o juiz, sob alegação de que a aplicação do texto da lei à hipótese não se harmoniza com o seu sentimento de justiça ou equidade, substituir-se ao legislador para formular ele próprio a regra de direito aplicável. Mitigue o juiz o rigor da lei, aplique-a com equidade e equanimidade, mas não a substitua pelo seu critério" (*RBDP*, 50/159).

[60] Arnoldo Wald, *Curso*, cit., p. 76; Maria Helena Diniz, *Curso*, cit., v. 1, p. 59; Francisco Amaral, *Direito civil*, cit., p. 80.

Francisco Amaral assevera que o raciocínio jurídico não costuma ser tão simples como no silogismo de subsunção, pois a vida real é muito mais complexa. Assim, aduz, "a tendência atual, embora reconheça a importância da lógica formal no raciocínio jurídico, é para combater 'a concepção mecânica do silogismo', aceitando a contribuição da lógica dialética ou lógica da argumentação, que contesta uma aplicação rígida e inflexível das leis, respeitando a dupla exigência do direito, de ordem sistemática, que é a criação de uma ordem coerente e unitária, e de ordem pragmática, que é a busca de soluções ideologicamente aceitáveis e socialmente justas"[61].

Para verificar se a norma é aplicável ao caso em julgamento (subsunção) ou se deve proceder à integração normativa, o juiz procura descobrir o sentido da norma, interpretando-a.

Interpretar é descobrir o sentido e o alcance da norma jurídica. Toda lei está sujeita a interpretação, não apenas as obscuras e ambíguas. O brocardo romano *in claris cessat interpretatio* não é, hoje, acolhido, pois até para afirmar-se que a lei é clara é preciso interpretá-la. Há, na verdade, interpretações mais simples, quando a lei é clara, e complexas, quando o preceito é de difícil entendimento[62].

Para os adeptos da interpretação *subjetiva*, o que se pesquisa com a interpretação é a vontade do legislador (*voluntas legislatoris*) expressa na lei. Tal concepção, no entanto, não tem sido acolhida, pois quando a norma é antiga a vontade do legislador originário está normalmente superada.

Mais aceitas são as teorias da interpretação *objetiva* e da *livre pesquisa* do direito. A primeira sustenta que não é a vontade do legislador que se visa, mas a vontade da lei (*voluntas legis*), ou melhor, o sentido da norma. A lei depois de promulgada separa-se de seu autor e alcança uma existência objetiva. Para a segunda, o juiz deve ter função criadora na aplicação da norma, que deve ser interpretada em função das concepções jurídicas morais e sociais de cada época[63]. Não significa, entretanto, prestigiar o direito alternativo, que "pode conduzir à plena subversão da ordem constituída", como obtempera

---

[61] *Direito civil*, cit., 2018, p. 112.

[62] Washington de Barros Monteiro, *Curso*, cit., v. 1, p. 35; Maria Helena Diniz, *Curso*, cit., v. 1, p. 62-63; Francisco Amaral, *Direito civil*, cit., p. 85; Silvio Rodrigues, *Direito civil*, cit., v. 1, p. 23.

[63] Antonio Castanheira Neves, Interpretação jurídica, in *Polis-Enciclopédia verbo da sociedade e do Estado*, v. 3, p. 651; Luis Diez-Picazo, *Experiencias jurídicas y teoría del derecho*, p. 185; Francisco Amaral, *Direito civil*, cit., p. 86.

Caio Mário da Silva Pereira, aduzindo que o direito brasileiro, à luz do art. 5º da LICC (atual LINDB), adota a linha do equilíbrio[64].

A *hermenêutica* é a ciência da interpretação das leis. Como toda ciência, tem os seus métodos. Quanto às *fontes* ou à *origem*, os métodos de interpretação classificam-se em: autêntico, jurisprudencial e doutrinário.

Interpretação *autêntica* ou *legislativa* é a feita pelo próprio legislador, por outro ato. Este, reconhecendo a ambiguidade da norma, vota uma nova lei, destinada a esclarecer a sua intenção. Vale observar que se trata de fato não muito comum. Nesse caso, a lei interpretativa é considerada como a própria lei interpretada.

Interpretação *jurisprudencial* ou *judicial* é a fixada pelos tribunais. Embora não tenha força vinculante, influencia grandemente os julgamentos nas instâncias inferiores. As súmulas vinculantes eram preconizadas como uma forma de reduzir a *avalanche* de processos que sobrecarrega os tribunais do País e acarreta a demora dos julgamentos. Atendendo a esses reclamos, a Lei n. 11.417, de 19 de dezembro de 2006, que regulamentou o art. 103-A da Constituição Federal e alterou a Lei n. 9.784, de 29 de janeiro de 1999, disciplinou a edição, a revisão e o cancelamento de enunciado de súmula vinculante pelo Supremo Tribunal Federal.

Interpretação *doutrinária* é a feita pelos estudiosos e comentaristas do direito: os jurisconsultos. É um método importante porque, publicada uma lei ou entrado em vigor um Código, os doutrinadores estudam e analisam o seu texto, fornecendo subsídios, à luz dos conceitos inspiradores da norma, para que os operadores do direito, especialmente os advogados, juízes e promotores, possam entender o seu sentido e alcance e melhor aplicá-la em suas atividades.

Quanto aos *meios*, a interpretação pode ser feita pelos métodos gramatical, lógico, sistemático, histórico e sociológico.

A interpretação *gramatical* é também chamada de *literal*, porque consiste em exame do texto normativo sob o ponto de vista linguístico, analisando a pontuação, a colocação das palavras na frase, a sua origem etimológica etc. É a primeira fase do processo interpretativo. Já decidiu o Superior Tribunal de Justiça que a "interpretação meramente literal deve ceder passo quando colidente com outros métodos de maior robustez e cientificidade"[65].

---

[64] Instituições, cit., v. I, p. 199.

[65] *RSTJ*, 56/152.

Na interpretação *lógica* ou *racional,* que atende ao espírito da lei, procura-se apurar o sentido e a finalidade da norma, a intenção do legislador, por meio de raciocínios lógicos, com abandono dos elementos puramente verbais. O intérprete procura extrair as várias interpretações possíveis, eliminando as que possam parecer absurdas e que levem a um resultado contraditório em relação a outros preceitos, para descobrir a razão de ser das leis.

A interpretação *sistemática* parte do pressuposto de que uma lei não existe isoladamente e deve ser interpretada em conjunto com outras pertencentes à mesma província do direito, levando-se em conta, às vezes, o livro, o título, o capítulo, a seção e o parágrafo. Assim, uma norma tributária deve ser interpretada de acordo com os princípios que regem o sistema tributário. Em determinado momento histórico, por exemplo, predominava o princípio da autonomia da vontade. Com o surgimento do intervencionismo na economia contratual, a interpretação sistemática conduziu à proteção do contratante mais fraco.

Nesse sentido, diz-se que as palavras da lei devem relacionar-se com o contexto em que se situam, pelo que muitos juristas preferem denominá-la interpretação lógico-sistemática[66].

A interpretação *histórica* baseia-se na investigação dos antecedentes da norma, do processo legislativo, a fim de descobrir o seu exato significado. É o melhor método para apurar a vontade do legislador e os objetivos que visava atingir (*ratio legis*). Consiste na pesquisa das circunstâncias que nortearam sua elaboração, de ordem econômica, política e social (*occasio legis*), bem como do pensamento dominante ao tempo de sua formação.

Abrange a análise dos fatos que a precederam e lhe deram origem, do projeto de lei, da justificativa ou exposição de motivos, dos trabalhos preparatórios, das atas das comissões, dos resumos das discussões, especialmente das referentes à rejeição e aprovação de emendas, dos Anais do Congresso, da aprovação final etc.

Também decidiu o Superior Tribunal de Justiça que "a interpretação das leis não deve ser formal" (*RSTJ*, 26/378) e que "a melhor interpretação da lei é a que se preocupa com a solução justa, não podendo o seu aplicador esquecer que o rigorismo na exegese dos textos legais pode levar a injustiças" (STJ, *RT*, 656/188).

[66] Exemplos de interpretação lógico-sistemática estão nas afirmações tradicionais de que "a lei que permite o mais, permite o menos; a que proíbe o menos proíbe o mais" (Francisco Amaral, *Direito civil*, cit., p. 87; Miguel Reale, *Lições preliminares de direito*, p. 275).

A interpretação *sociológica* ou *teleológica* tem por objetivo adaptar o sentido ou a finalidade da norma às novas exigências sociais, com abandono do individualismo que preponderou no período anterior à edição da Lei de Introdução às Normas do Direito Brasileiro. Tal recomendação é endereçada ao magistrado no art. 5º da referida lei, que assim dispõe: "*Na aplicação da lei, o juiz atenderá aos fins sociais a que ela se destina e às exigências do bem comum*"[67].

Quanto aos *resultados*, a interpretação pode ser declarativa, extensiva e restritiva. É *declarativa* quando proclama que o texto legal corresponde ao pensamento do legislador. Algumas vezes este não se expressa de modo preciso e diz menos ou mais do que pretendia dizer (*minus dixit quam voluit – plus dixit quam voluit*). Na interpretação declarativa constata-se que tal resultado não ocorreu. Na *extensiva* ou *ampliativa*, o intérprete conclui que o alcance ou espírito da lei é mais amplo do que indica o seu texto, abrangendo implicitamente outras situações. Na *restritiva* ocorre o inverso, impondo-se a limitação do campo de aplicação da lei[68].

Os diversos métodos de interpretação não operam isoladamente, não se repelem reciprocamente, mas se completam. As várias espécies ou técnicas de interpretação devem atuar conjuntamente, pois todas trazem sua contribuição para a descoberta do sentido e alcance da norma de direito[69].

O processo é gradativo, segundo expõe FRANCISCO AMARAL: "O intérprete procura, inicialmente, compreender o significado das palavras que

---

[67] Proclamou o Superior Tribunal de Justiça que "a interpretação das leis não deve ser formal, mas sim, antes de tudo, real, humana, socialmente útil. (...) Se o juiz não pode tomar liberdades inadmissíveis com a lei, julgando 'contra legem', pode e deve, por outro lado, optar pela interpretação que mais atenda às aspirações da Justiça e do bem comum" (*RSTJ*, 26/384).

[68] O art. 114 do Código Civil dispõe que "*os negócios jurídicos benéficos e a renúncia interpretam-se estritamente*". Em consequência, fiança "*não admite interpretação extensiva*" (CC, art. 819) e a "*transação interpreta-se restritivamente*".

Há, no Código Civil, outros dispositivos relativos à interpretação da lei: "*Nas declarações de vontade se atenderá mais à intenção nela consubstanciada do que ao sentido literal da linguagem*" (art. 112); "*Os negócios jurídicos devem ser interpretados conforme a boa-fé e os usos do lugar de sua celebração*" (art. 113); "*Quando houver no contrato de adesão cláusulas ambíguas ou contraditórias, dever-se-á adotar a interpretação mais favorável ao aderente*" (art. 423); "*Quando a cláusula testamentária for suscetível de interpretações diferentes, prevalecerá a que melhor assegure a observância da vontade do testador*" (art. 1.899).

[69] Maria Helena Diniz, *Curso*, cit., v. 1, p. 66.

formam o enunciado da proposição, dando-lhe sentido jurídico, não vulgar. Se necessário, passa à pesquisa do espírito da lei, identificando a relação de autonomia ou subordinação com as diversas normas do mesmo ordenamento. Aplica as regras da lógica jurídica, recusando a interpretação que leve a resultado contrário a outras normas ou ao próprio sistema, ou que conduza à consequência absurda, levando em conta o contexto histórico de sua elaboração e os fins sociais a que se destina"[70].

8. Conflito das leis no tempo

As leis são elaboradas para, em regra, valer para o futuro. Quando a lei é modificada por outra e já se haviam formado relações jurídicas na vigência da lei anterior, pode instaurar-se o conflito das leis no tempo. A dúvida dirá respeito à aplicação ou não da lei nova às situações anteriormente constituídas.

Para solucionar tal questão, são utilizados dois critérios: o das disposições transitórias e o da irretroatividade das normas.

Disposições transitórias são elaboradas pelo legislador, no próprio texto normativo, destinadas a evitar e a solucionar conflitos que poderão emergir do confronto da nova lei com a antiga, tendo vigência temporária[71]. O Código Civil de 2002, por exemplo, no livro complementar "Das disposições finais e transitórias" (arts. 2.028 a 2.046), contém vários dispositivos com esse objetivo, sendo de se destacar o art. 2.028, que regula a contagem dos prazos quando reduzidos pelo novo diploma, e o art. 2.035, concernente à validade dos negócios jurídicos constituídos antes de sua entrada em vigor.

Preceitua este último dispositivo: "*A validade dos negócios e demais atos jurídicos, constituídos antes da entrada em vigor deste Código, obedece ao disposto nas leis anteriores, referidas no art. 2.045, mas os seus efeitos, produzidos após a vigência deste Código, aos preceitos dele se subordinam, salvo se houver sido prevista pelas partes determinada forma de execução*". Aduz o parágrafo único: "*Nenhuma convenção prevalecerá se contrariar preceitos de ordem pública, tais como os*

---

[70] *Direito civil*, cit., 2018, p. 178.

[71] Maria Helena Diniz, *Curso*, cit., v. 1, p. 98.

estabelecidos por este Código para assegurar a função social da propriedade e dos contratos".

Irretroativa é a lei que não se aplica às situações constituídas anteriormente. É um princípio que objetiva assegurar a certeza, a segurança e a estabilidade do ordenamento jurídico-positivo, preservando as situações consolidadas em que o interesse individual prevalece. Entretanto, não se tem dado a ele caráter absoluto, pois razões de política legislativa podem recomendar que, em determinada situação, a lei seja retroativa, atingindo os efeitos dos atos jurídicos praticados sob o império da norma revogada[72].

Malgrado a retroatividade da lei seja severamente criticada, essa é uma questão essencialmente política. Há casos em que o interesse social, o progresso ou a equidade justificam tal efeito atribuído à lei nova. Por essa razão, no direito brasileiro a irretroatividade é a regra, mas admite-se a retroatividade em determinados casos.

A Constituição Federal de 1988 (art. 5º, XXXVI) e a Lei de Introdução ao Código Civil (atual Lei de Introdução às Normas do Direito Brasileiro), afinadas com a tendência contemporânea, adotaram, com efeito, o princípio da irretroatividade das leis, como regra, e o da retroatividade como exceção. Acolheu-se a teoria subjetiva de Gabba, de completo respeito ao ato jurídico perfeito, ao direito adquirido e à coisa julgada. Assim, como regra, aplica-se a lei nova aos casos pendentes (*facta pendentia*) e aos futuros (*facta futura*), só podendo ser retroativa, para atingir fatos já consumados, pretéritos (*facta praeterita*), quando: a) não ofender o ato jurídico perfeito, o direito adquirido e a coisa julgada; b) quando o legislador, expressamente, mandar aplicá-la a casos pretéritos, mesmo que a palavra "retroatividade" não seja usada[73].

---

72 Arnoldo Wald, *Curso*, cit., p. 92; Silvio Rodrigues, *Direito civil*, cit., v. 1, p. 28.

73 Gabba, *Teoria della retroattività delle leggi*, v. 1, p. 180; Washington de Barros Monteiro, *Curso*, cit., v. 1, p. 31; Caio Mário da Silva Pereira, *Instituições*, cit., v. 1, p. 104; Maria Helena Diniz, *Lei de Introdução*, cit., p. 175.

A teoria objetiva de Roubier se baseia na distinção entre o *efeito imediato* e o *efeito retroativo* da lei. Se ela pretende aplicar-se aos fatos já consumados, é retroativa; se se refere às situações em curso (fatos pendentes), deve-se separar as partes anteriores à lei nova das partes posteriores, estas sujeitas sem retroatividade à mudança legislativa, e aquelas, a coberto de sua ação; e, finalmente, os fatos futuros, evidentemente contidos por inteiro no âmbito da lei. Mas, para exame da órbita de incidência da lei, é preciso abandonar a ideia de direito adquirido, e ainda de relação jurídica, para ter em vista as *situações jurídicas*, mais abrangentes e mais positivas

Na doutrina, diz-se que é *justa* a retroatividade quando não se depara, na sua aplicação, qualquer ofensa ao ato jurídico perfeito, ao direito adquirido e à coisa julgada; e *injusta*, quando ocorre tal ofensa. A retroatividade pode ser ainda *máxima, média* e *mínima*. A primeira atinge o direito adquirido e afeta negócios jurídicos perfeitos; a segunda faz com que a lei nova alcance os fatos pendentes, os direitos já existentes mas ainda não integrados no patrimônio do titular; a terceira se configura quando a lei nova afeta apenas os efeitos dos atos anteriores, mas produzidos após a data em que ela entrou em vigor. Todas essas situações são de retroatividade injusta, porque com ela se verifica lesão, maior ou menor, a direitos individuais[74].

Entre a retroatividade e a irretroatividade existe uma situação intermediária: a da aplicabilidade imediata da lei nova a relações que, nascidas embora sob a vigência da lei antiga, ainda não se aperfeiçoaram, não se consumaram. A imediata e geral aplicação deve também respeitar o ato jurídico perfeito, o direito adquirido e a coisa julgada. O art. 6º da Lei de Introdução às Normas do Direito Brasileiro preceitua que a lei em vigor "terá efeito imediato e geral, respeitados o ato jurídico perfeito, o direito adquirido e a coisa julgada".

Ato jurídico perfeito é o já consumado segundo a lei vigente ao tempo em que se efetuou (LINDB art. 6º, § 1º), produzindo seus efeitos jurídicos, uma vez que o direito gerado foi exercido. *Direito adquirido* é o que já se incorporou definitivamente ao patrimônio e à personalidade de seu titular, não podendo lei nem fato posterior alterar tal situação jurídica. *Coisa julgada* é a imutabilidade dos efeitos da sentença, não mais sujeita a recursos[75].

Pode-se resumidamente dizer que o sistema jurídico brasileiro contém as seguintes regras sobre essa matéria: "a) são de ordem constitucional os princípios da irretroatividade da lei nova e do respeito ao direito adquirido; b) esses dois princípios obrigam ao legislador e ao juiz; c) a regra, no silêncio da lei, é a irretroatividade; d) pode haver retroatividade expressa, desde que não atinja direito adquirido; e) a lei nova tem efeito imediato, não se aplicando aos fatos anteriores"[76].

(Paul Roubier, *Les conflits de lois dans le temps*, v. 1, n. 41 e s.; Caio Mário da Silva Pereira, *Instituições*, cit., v. 1, p. 102; Francisco Amaral, *Direito civil*, cit., p. 101).

[74] Washington de Barros Monteiro, *Curso*, cit., v. 1, p. 32; Arnoldo Wald, *Curso*, cit., p. 9293; *RTJ*, 173/263.

[75] Maria Helena Diniz, *Lei de Introdução*, cit., p. 180-187; Carlos Maximiliano, *Direito intertemporal ou teoria da retroatividade das leis*, p. 44 e s.

[76] Francisco Amaral, *Direito civil*, cit., p. 101.

A jurisprudência vem mitigando os efeitos da coisa julgada, permitindo a investigação da paternidade quando a anterior ação foi julgada improcedente por insuficiência de provas, sem o exame do mérito. Como assinala Cristiano Chaves de Farias, não se consideram acobertadas com o manto da coisa julgada "ações nas quais não foram exauridos todos os meios de prova, inclusive científicos (como o DNA), seja por falta de condições das partes interessadas, por incúria dos advogados, por inércia do Estado-Juiz. Em outras palavras, não faz coisa julgada material a decisão judicial em ações filiatórias nas quais não se produziu a pesquisa genética adequada, seja por que motivo for"[77]. Nessa linha, enfatizou o Superior Tribunal de Justiça que "a coisa julgada, em se tratando de ações de estado, como no caso de investigação de paternidade, deve ser interpretada *modus in rebus*", acrescentando: "Este Tribunal tem buscado, em sua jurisprudência, firmar posições que atendam aos fins sociais do processo e às exigências do bem comum"[78].

Tem o Supremo Tribunal Federal proclamado que "não há direito adquirido contra a Constituição"[79] e que, "sendo constitucional o princípio de que a lei não pode prejudicar o ato jurídico perfeito, ele se aplica também às leis de ordem pública"[80].

Exemplo de efeito imediato das leis é o que se dá sobre a capacidade das pessoas, pois alcança todos aqueles por ela abrangidos. O atual Código Civil reduziu o limite da maioridade civil para dezoito anos, tornando automaticamente maiores todos os que já tinham atingido essa idade. Por outro lado, se a lei, futuramente, aumentar o limite para vinte e dois anos, *verbi gratia*, será respeitada a maioridade dos que já haviam completado

---

[77] Um alento ao futuro: novo tratamento da coisa julgada nas ações relativas à filiação, *Revista Brasileira de Direito de Família*, v. 13, p. 95.

[78] STJ, REsp 226.436/PR, 4ª T., rel. Min. Sálvio de Figueiredo Teixeira, *DJU*, 4-2-2002, p. 370, *RSTJ*, 154/403.

[79] *RTJ*, 171/1022.

[80] *RTJ*, 173/263. No referido julgamento, em que se manteve cláusula inserta em compromisso de compra e venda celebrado com construtora de imóveis antes do Código de Defesa do Consumidor e que determinava a perda de todas as prestações pagas, aduziu o relator, Min. Moreira Alves: "De outra parte, se a cláusula relativa a rescisão com a perda de todas as quantias já pagas constava do contrato celebrado anteriormente ao Código de Defesa do Consumidor, ainda quando a rescisão tenha ocorrido após a entrada em vigor deste, a aplicação dele para se declarar nula a rescisão feita de acordo com aquela cláusula fere, sem dúvida alguma, o ato jurídico perfeito, porquanto a modificação dos efeitos futuros de ato jurídico perfeito caracteriza a hipótese de retroatividade mínima que também é alcançada pelo disposto no artigo 5º, XXXVI, da Carta Magna".

dezoito anos na data da sua entrada em vigor. No entanto, os que ainda não haviam atingido a idade de dezoito anos terão de aguardar o momento em que completarem vinte e dois anos.

Ainda exemplificando: a lei que permite o reconhecimento dos filhos alcança os que nasceram ao tempo da norma anterior que impossibilitava esse ato. Mas se nova lei vier a proibir tal reconhecimento, essa proibição não afetará os que o obtiveram.

9. Eficácia da lei no espaço

Em razão da soberania estatal, a norma tem aplicação dentro do território delimitado pelas fronteiras do Estado. Esse princípio da *territorialidade*, entretanto, não é absoluto. A cada dia é mais acentuado o intercâmbio entre indivíduos pertencentes a Estados diferentes.

Muitas vezes, dentro dos limites territoriais de um Estado, surge a necessidade de regular relação entre nacionais e estrangeiros. Essa realidade levou o Estado a permitir que a lei estrangeira, em determinadas hipóteses, tenha eficácia em seu território, sem comprometer a soberania nacional, admitindo assim o sistema da *extraterritorialidade*.

Pelo sistema da *territorialidade*, a norma jurídica aplica-se no território do Estado, estendendo-se às embaixadas; aos consulados; aos navios de guerra, onde quer se encontrem; aos navios mercantes, em águas territoriais ou em alto-mar; aos navios estrangeiros (menos os de guerra em águas territoriais); às aeronaves, no espaço aéreo do Estado; e aos barcos de guerra, onde quer que se encontrem. O Brasil segue o sistema da *territorialidade moderada*.

Pela *extraterritorialidade*, a norma é aplicada em território de outro Estado, segundo os princípios e as convenções internacionais. Estabelece-se um privilégio pelo qual certas pessoas escapam à jurisdição do Estado em cujo território se achem, submetendo-se apenas à jurisdição do seu país. A Norma estrangeira passa a integrar momentaneamente o direito nacional, para solucionar determinado caso submetido à apreciação.

Denomina-se *estatuto pessoal* a situação jurídica que rege o estrangeiro pelas leis de seu país de origem. Baseia-se ele na lei da nacionalidade ou na lei do domicílio. Dispõe, com efeito, o art. 7º da Lei de Introdução às Normas do Direito Brasileiro: "*A lei do país em que for* domiciliada *a pessoa determina as regras sobre o começo e o fim da personalidade, o nome, a capacidade e os direitos de família*" (grifo nosso).

Verifica-se que, pela atual Lei de Introdução, o estatuto pessoal funda-se na lei do *domicílio*, na lei do país onde a pessoa é domiciliada (STF, Súmula 381), ao contrário da anterior, que se baseava na nacionalidade. Em determinados casos, o juiz aplicará o direito alienígena, em vez do direito interno. Por exemplo, se uma brasileira e um estrangeiro residente em seu país pretenderem casar-se no Brasil, tendo ambos vinte anos de idade, e a lei do país de origem do noivo exigir o consentimento dos pais para o casamento de menores de vinte e dois anos, precisará ele exibir tal autorização, por aplicar-se no Brasil a lei de seu domicílio. No entanto, dispensável será tal autorização se o noivo estrangeiro aqui tiver domicílio. Aplicar-se-á a lei brasileira, porque o casamento realizar-se-á no Brasil e o estrangeiro encontra-se aqui domiciliado.

O conceito de domicílio é dado pela *lex fori* (lei do foro competente, da jurisdição onde se deve processar a demanda). O juiz brasileiro ater-se-á à noção de domicílio assentada nos arts. 70 e s. do Código Civil.

O § 1º do art. 7º da Lei de Introdução prescreve: "*Realizando-se o casamento no Brasil, será aplicada a lei brasileira quanto aos impedimentos dirimentes e às formalidades da celebração*". Ainda que os nubentes sejam estrangeiros, a lei brasileira será aplicável (*lex loci actus*), inclusive no tocante aos impedimentos dirimentes, absolutos e relativos (CC, arts. 1.521 e 1.550). Não, porém, com relação aos impedimentos proibitivos ou *meramente impedientes* (art. 1.523), que não invalidam o casamento e são considerados apenas "causas suspensivas". O estrangeiro domiciliado fora do país que se casar no Brasil não estará sujeito a tais sanções, se estas não forem previstas na sua lei pessoal.

De acordo com o § 2º do aludido art. 7º, "*o casamento de estrangeiros pode celebrar-se perante as autoridades diplomáticas ou consulares do país de* ambos *os nubentes*" (grifo nosso). Nesse caso, o casamento será celebrado segundo a lei do país do celebrante. Mas o cônsul estrangeiro só poderá realizar matrimônio quando *ambos* os contraentes forem conacionais. Cessa a sua competência se um deles for de nacionalidade diversa. Os estrangeiros *domiciliados* no Brasil terão de procurar a autoridade brasileira.

O casamento de brasileiros no exterior pode ser celebrado perante a autoridade consular brasileira, desde que *ambos* os nubentes sejam brasileiros, mesmo que domiciliados fora do Brasil. Não poderá, portanto, ocorrer no consulado o casamento de brasileira com estrangeiro[81].

---

[81] Maria Helena Diniz, *Lei de Introdução*, cit., p. 219-220.

É também a lei do domicílio dos nubentes que disciplina o *regime de bens* no casamento (§ 4º do art. 7º). Se os domicílios forem diversos, aplicar-se-á a lei do primeiro domicílio no Brasil. O *divórcio* obtido no estrangeiro será reconhecido no Brasil, se os cônjuges forem brasileiros (Lei n. 12.036, de 1º-10-2009), desde que observadas as normas do Código Civil brasileiro e homologada a sentença pelo Superior Tribunal de Justiça. Sem a observância de tais formalidades, subsiste o impedimento para novo casamento[82].

Tratando-se de brasileiros, "*são competentes as autoridades consulares brasileiras para lhes celebrar o casamento e os mais atos de Registro Civil e de tabelionato, inclusive o registro de nascimento e de óbito dos filhos de brasileiro ou brasileira nascidos no país da sede do Consulado*" (art. 18 da LINDB, redação dada pela Lei n. 3.238/57).

As "*autoridades consulares brasileiras também poderão celebrar a separação consensual e o divórcio consensual de brasileiros, não havendo filhos menores ou incapazes do casal e observados os requisitos legais quanto aos prazos, devendo constar da respectiva escritura pública as disposições relativas à descrição e à partilha dos bens comuns e à pensão alimentícia e, ainda, ao acordo quanto à retomada pelo cônjuge de seu nome de solteiro ou à manutenção do nome adotado quando se deu o casamento*" (art. 18, § 1º, da LINDB, introduzido pela Lei n. 12.874, de 29 de outubro de 2013). Segundo o § 2º, também introduzido pela referida lei, "*é indispensável a assistência de advogado, devidamente constituído...*".

Regem-se pela lei do domicílio a *sucessão* "*causa mortis*" (art. 10) e a *competência* da autoridade judiciária (art. 12). Há, porém, um limite à extraterritorialidade da lei: as leis, os atos e as sentenças de outro país, bem como quaisquer declarações de vontade, não terão eficácia no Brasil, quando ofenderem a soberania nacional, a ordem pública e os bons costumes (art. 17)[83].

---

[82] "Casamento celebrado no estrangeiro. Competência. Controvérsias de direito de família. Julgamento afeto à justiça brasileira se um dos cônjuges é domiciliado no país. Irrelevância de que o outro parceiro permaneça no local da celebração do matrimônio e de que o evento que originou o dissídio tenha lá ocorrido. Inteligência do art. 7º do Dec.-lei n. 4.657/42" (*RT*, 791/364).

"Estrangeiros casados no país de origem. Adoção de nacionalidade brasileira. Celebração de novo casamento no Brasil. Nulidade deste. Ocorrência" (*JTJ*, Lex, 245/29).

[83] "O cheque emitido para pagamento de dívida de jogo é inexigível, nos termos do art. 1.477

Segundo prescreve o art. 10 da Lei de Introdução às Normas do Direito Brasileiro, a sucessão por morte ou por ausência obedece à lei do país em que era domiciliado o defunto ou o desaparecido, qualquer que seja a natureza e a situação dos bens. É a lei do domicílio do *de cujus*, portanto, que rege as condições de validade do testamento por ele deixado. Mas é a lei do domicílio do herdeiro ou legatário que regula a *capacidade para suceder* (§ 2º do art. 10).

A sucessão de *bens de estrangeiros* situados no País será regulada pela lei brasileira em benefício do cônjuge ou dos filhos brasileiros, ou de quem os represente, sempre que não lhes seja mais favorável a lei pessoal do *de cujus* (§ 1º, com a redação dada pela Lei n. 9.047, de 18-5-1995). O art. 12 resguarda a competência da justiça brasileira, quando o réu for domiciliado no Brasil ou aqui tiver de ser cumprida a obrigação, aduzindo no § 1º que só à autoridade brasileira compete conhecer das ações relativas a *imóveis situados no Brasil*[84].

O art. 12, § 1º, constitui norma compulsória ao impor a competência brasileira para processar e julgar as ações concernentes a imóvel situado em território brasileiro, não se admitindo a sua alteração mediante eleição de foro. Compete à lei nacional fazer a devida qualificação do bem e da natureza da ação intentada. Se o imóvel estiver localizado em mais de um país,

---

do CC (*de 1916*), ainda que a obrigação tenha sido contraída em país em que a jogatina é lícita, eis que o princípio do *locus regit actum*, consagrado no art. 9º da LICC, sofre restrições em face da regra insculpida no art. 17 do mesmo diploma legal" (TJRJ, *RT*, 794/381). Em sentido contrário: TJDF, *RT*, 763/105.

[84] "Inventário de bens imóveis situados no Brasil, que pertenciam a alemão, morto na Alemanha, deixando viúva e filho não brasileiros e não domiciliados no Brasil. Processamento que deve ser feito, no que tange à sucessão testamentária, de acordo com as leis do domicílio do *de cujus* (art. 10, *caput*, e § 2º da LICC), salvo se houver concurso de brasileiro (cônjuge ou filhos), e não lhes seja mais favorável a lei pessoal do *de cujus*. Não sendo essa a hipótese, injustificável a aplicabilidade da lei brasileira. No conflito entre a *lex patriae*, a *lex domicilii* e a *lex fori*, a lei do domicílio se aplica, conforme defendeu Haroldo Valladão em sua obra *Conflito das leis nacionais dos cônjuges, nas suas relações de ordem pessoal e econômica no desquite*, *Revista dos Tribunais*, 1936, p. 208" (TJSP, AgI 256.430.4/0, 3ª C. D. Privado, rel. ÊNIO ZULIANI, j. 26-1-2002).

"Bens deixados pelo falecido em outro país. Contas bancárias. Indeferimento de expedição de carta rogatória para obtenção de informes de sua movimentação e conteúdo. Inexistência de poder de jurisdição da Justiça Brasileira sobre tais bens. Recurso não provido" (*JTJ*, Lex, 239/243).

a justiça de cada Estado será competente para resolver pendência relativa à parte que se situar em seu território[85].

As sentenças proferidas no estrangeiro dependem, para serem *executadas* no Brasil, do preenchimento dos requisitos mencionados no art. 15 da Lei de Introdução às Normas do Direito Brasileiro: a) haver sido proferida por juiz competente; b) terem sido as partes citadas ou haver-se legalmente verificado a revelia; c) ter passado em julgado e estar revestida das formalidades necessárias para a execução no lugar em que foi proferida; d) estar traduzida por intérprete autorizado; e) ter sido homologada pelo Superior Tribunal de Justiça.

O art. 515, VIII, do Código de Processo Civil incluiu a "sentença estrangeira homologada pelo Superior Tribunal de Justiça" no rol dos "títulos executivos judiciais". E o art. 963 do referido diploma estabelece os requisitos indispensáveis à homologação da decisão estrangeira.

A Emenda Constitucional n. 45, de 8 de dezembro de 2004, acrescentou ao art. 105, I, da Constituição Federal a alínea *i*, estabelecendo a competência do Superior Tribunal de Justiça para "a homologação de sentenças estrangeiras e a concessão de *exequatur* às cartas rogatórias", anteriormente atribuída, no aludido art. 15, ao Supremo Tribunal Federal.

Dispõe o art. 36 do Código de Processo Civil:

"O procedimento da carta rogatória perante o Superior Tribunal de Justiça é de jurisdição contenciosa e deve assegurar às partes as garantias do devido processo legal.

§ 1º A defesa restringir-se-á à discussão quanto ao atendimento dos requisitos para que o pronunciamento judicial estrangeiro produza efeitos no Brasil.

§ 2º Em qualquer hipótese, é vedada a revisão do mérito do pronunciamento judicial estrangeiro pela autoridade judiciária brasileira".

A Corte Especial do Superior Tribunal de Justiça homologou sentença estrangeira oriunda da Vara de Família do Condado de Greenville, no Estado da Carolina do Sul (EUA), que decretou o divórcio consensual e firmou acordo referente à guarda e ao sustento dos dois filhos menores do casal. O acordo foi contestado no STJ pela ex-esposa, que alegou vício do consentimento. Para a relatora, Min. Eliana Calmon, a afirmação da ex-esposa não obsta a homologação da sentença estrangeira, uma vez que o alegado vício

---

[85] Maria Helena Diniz, *Lei de Introdução*, cit., p. 303-304.

de consentimento deve ser suscitado perante o Juízo competente para processar a sentença homologanda, cabendo ao STJ, nesta via, examinar apenas o preenchimento dos requisitos constantes da Resolução n. 9/2005. Ressaltou, ainda, que a sentença que dispõe sobre a guarda e os alimentos devidos a filhos menores não é imutável, podendo ser revista a qualquer tempo, providência que já foi iniciada com o ajuizamento de ação revisional perante a Vara de Família da Comarca de Campinas/SP.

Segundo a Ministra, o ajuizamento da referida ação revisional em nada inviabiliza a homologação da sentença que fixou o valor devido a título de alimentos, provimento que poderá ter seus termos modificados pela sentença que vier a ser decretada no território nacional. Assim, a Corte, por votação unânime, deferiu o pedido de homologação da sentença estrangeira, sem prejuízo da ação revisional de alimentos ajuizada no foro competente[86].

Como exceção à lei do domicílio, admite a Lei de Introdução a aplicação da *lex rei sitae* (lei da situação da coisa) para qualificar os *bens* e regular as relações a eles concernentes (art. 8º), embora determine que se aplique a lei do domicílio do proprietário, quanto aos móveis que trouxer ou se destinarem a transporte para outros lugares. Para qualificar e reger as *obrigações*, no entanto, aplicar-se-á a lei do país em que se constituírem, segundo dispõem o art. 9º e a regra *locus regit actum*. Também a *prova dos fatos* ocorridos em país estrangeiro rege-se pela lei que nele vigorar (art. 13).

O Código de Bustamante, que constitui uma sistematização das normas de direito internacional privado cujo projeto foi elaborado em 1925, pelo jurista cubano SANCHEZ DE BUSTAMANTE Y SIRVÉN, foi ratificado no Brasil, com algumas ressalvas, e, na forma de seu art. 2º, integra o sistema jurídico nacional, no tocante aos chamados conflitos de lei no espaço, podendo ser invocado como direito positivo brasileiro somente quando tais conflitos envolverem um brasileiro e um nacional de Estado que tenha sido signatário da Convenção de Havana de 1928. Apesar de o Brasil tê-lo ratificado, a Lei de Introdução deixou de consagrar as regras fundamentais de sua orientação.

O Decreto n. 9.039, de 27 de abril de 2017, promulga a Convenção sobre a Obtenção de Provas no Estrangeiro em Matéria Civil ou Comercial, firmada em Haia, em 18 de março de 1970, disciplinando a expedição e o cumprimento de carta rogatória (Capítulo I) e a obtenção de provas por representantes diplomáticos, agentes consulares ou comissários (Capítulo

---

[86] SEC 4441. Disponível em: <www.editoramagister.com>. Acesso em: 12 jul. 2010.

II), contendo ainda um capítulo (III) que trata das disposições gerais. Proclama o art. 1º que, “Em matéria civil ou comercial, uma autoridade judiciária de um Estado Contratante pode, de acordo com as disposições de sua legislação, requerer por Carta Rogatória à autoridade competente de um outro Estado Contratante a obtenção de provas ou a prática de qualquer outro ato judicial”. Acrescenta o aludido dispositivo que “Cartas Rogatórias não serão utilizadas para obter meios de prova que não sejam destinados a ser utilizados em processo judicial já iniciado ou que se pretenda iniciar. A expressão ‘outro ato judicial’ não diz respeito à citação, intimação ou notificação de documentos judiciais nem à entrega de processos pelos quais são executadas decisões ou determinações judiciais, nem às medidas provisórias ou de salvaguarda”.

10. Inovações introduzidas pela Lei n. 13.655, de 25 de abril de 2018

A mencionada lei introduziu dez artigos na LINDB, que vêm dividindo opiniões, uma vez que, embora tragam maior segurança jurídica, podem, por outro lado, provocar a extrapolação de competências da atividade de quem tem em mãos o poder de decisão. Conforme comentário do *Jornal do Advogado* (OAB-SP, n. 438), “Em linhas gerais, o objetivo do novo pacote de normas é estabelecer que as esferas administrativas (órgãos da administração direta) e de controle (tribunais de contas, por exemplo), além do Judiciário, não decidam com base em ‘valores jurídicos abstratos’, sem que as consequências práticas da decisão sejam consideradas”.

Os novos artigos da mencionada lei, que pertencem ao Direito Público, são os seguintes:

“Art. 20. Nas esferas administrativa, controladora e judicial, não se decidirá com base em valores jurídicos abstratos sem que sejam consideradas as consequências práticas da decisão.

Parágrafo único. A motivação demonstrará a necessidade e a adequação da medida imposta ou da invalidação de ato, contrato, ajuste, processo ou norma administrativa, inclusive em face das possíveis alternativas”.

Em síntese, reproduz-se o princípio do cumprimento do dever de motivação da decisão, que é uma decorrência do Estado de Direito. A análise das consequências práticas passa a fazer parte das razões de decidir. Sem dúvida, o dispositivo em apreço proíbe que se decida com base em valores jurídicos abstratos e se constitui em tentativa de mitigar a força normativa dos princípios, dos quais a Constituição Federal é repleta, como, *verbi gratia*, os da "dignidade da pessoa humana" (art. 1º, III), os "valores sociais do trabalho e da livre iniciativa" (art. 1º, IV), a "moralidade" (art. 37, *caput*), o "bem-estar e a justiça sociais" (art. 193) e o "meio ambiente ecologicamente equilibrado" (art. 225). Esses valores jurídicos abstratos são normalmente classificados como princípios. Isso porque os princípios são normas que possuem um grau de abstração maior que as regras. É como se o legislador introduzisse uma condicionante para a força normativa dos princípios: eles somente podem ser utilizados para fundamentar uma decisão, se o julgador considerar "as consequências práticas da decisão". Trata-se, portanto, de uma reação retrógrada à força normativa dos princípios constitucionais[87].

"Art. 21. A decisão que, nas esferas administrativa, controladora ou judicial, decretar a invalidade do ato, contrato, ajuste, processo ou norma administrativa deverá indicar de modo expresso suas consequências jurídicas e administrativas.

Parágrafo único. A decisão a que se refere o caput *deste artigo deverá, quando for o caso, indicar as condições para que a regularização ocorra de modo proporcional e equânime e sem prejuízo aos interesses gerais, não se podendo impor aos sujeitos atingidos ônus ou perdas que, em função das peculiaridades do caso, sejam anormais ou excessivos."*

Enfatiza-se que o operador do direito deve agir com responsabilidade, considerando que o interesse público deve sobrepor aos demais, devendo indicar, de modo expresso e objetivo, as consequências jurídicas e administrativas. O parágrafo único obriga o administrado a regularizar a situação, impondo a ela condições em que é possível reparar o erro, "de forma proporcional e equânime e sem prejuízo aos interesses gerais". Ou seja, a inovação transforma o julgador, com funções definidas na Constituição Federal, em "julgador-administrador".

"Art. 22. Na interpretação de normas sobre gestão pública, serão considerados os obstáculos e as dificuldades reais do gestor e as exigências das políticas públicas a seu cargo, sem prejuízo dos direitos dos administrados.

§ 1º Em decisão sobre regularidade de conduta ou validade de ato, contrato, ajuste, processo ou norma administrativa, serão consideradas as circunstâncias práticas que houverem imposto, limitado ou condicionado a ação do agente.

87 Dizer o direito: Comentários à Lei 13.655/2018, que alterou a LINDB prevendo normas de segurança jurídica na aplicação do direito público. Disponível em: <https://www.dizerodireito.com.br/2018/04/comentarios-lei-136552018-que-alterou.html>. Acesso em: 18 ago. 2018.

§ 2º Na aplicação de sanções, serão consideradas a natureza e a gravidade da infração cometida, os danos que dela provierem para a administração pública, as circunstâncias agravantes ou atenuantes e os antecedentes do agente.

§ 3º As sanções aplicadas ao agente serão levadas em conta na dosimetria das demais sanções da mesma natureza e relativas ao mesmo fato."

O grupo de juristas que colaborou na elaboração do anteprojeto da lei em apreço assim justificou a inovação: "(...) a norma em questão reconhece que os diversos órgãos de cada ente da Federação possuem realidades próprias que não podem ser ignoradas. A realidade de gestor da União evidentemente é distinta da realidade do gestor de um pequeno e remoto município. A gestão pública envolve especificidades que têm de ser consideradas pelo julgador para a produção de decisões justas, corretas. As condicionantes envolvem considerar (I) os obstáculos e a realidade fática do gestor, (II) as políticas públicas acaso existentes e (III) o direito dos administrados envolvidos. Seria pouco razoável admitir que as normas pudessem ser ignoradas ou lidas em descompasso com o contexto fático em que a gestão pública a ela submetida se insere"[88].

O que se espera é que tal dispositivo não se transforme em brecha e apoio para o descumprimento das obrigações legais por parte dos administradores.

No § 3º quis o legislador tornar heterogênea as decisões das esferas penal, civil e administrativa. "Não pode um gestor ser absolvido na ação penal e condenado na ação de improbidade, sem que se considere a decisão da sentença que o absolveu"[89].

"Art. 23. A decisão administrativa, controladora ou judicial que estabelecer interpretação ou orientação nova sobre norma de conteúdo indeterminado, impondo novo dever ou novo condicionamento de direito, deverá prever regime de transição quando indispensável para que o novo dever ou condicionamento de direito seja cumprido de modo proporcional, equânime e eficiente e sem prejuízo aos interesses gerais."

Pretende-se que o juiz e o gestor estabeleçam parâmetros em suas decisões. Se alterarem suas interpretações sobre o Direito, devem prever "regime jurídico de transição que lhes dê tempo e meios para que realizem

---

[88] Resposta aos comentários tecidos pela Consultoria Jurídica do TCU ao PL n. 7.448/2017. Disponível em: <https://www.conjur.com.br/dl/parecer-juristas-rebatem-criticas.pdf>. Acesso em: 18 ago. 2018.

[89] José Souto Tostes, Nova Lei n. 13.655 e as consequências para a gestão Pública. Disponível em: <https://jus.com.br/artigos>. Acesso em: 18 ago. 2018.

a conformação, segundo parâmetros de razoabilidade e proporcionalidade, tal qual tem se dado em matéria de modulação de efeitos nas declarações de inconstitucionalidade e, mais recentemente, com mera modificação de posição dominante do Supremo Tribunal Federal"[90].

Ressalte-se que o Código de Processo Civil trata de forma superior, no art. 927, § 3º, da possibilidade de modulação dos efeitos de decisão judicial, *verbis*: "Na hipótese de alteração de jurisprudência dominante do Supremo Tribunal Federal e dos tribunais superiores ou daquela oriunda de julgamento de casos repetitivos, pode haver modulação dos efeitos da alteração no interesse social e no da segurança jurídica".

"Art. 24. A revisão, nas esferas administrativas, controladora ou judicial, quanto à validade de ato, contrato, ajuste, processo ou norma administrativa cuja produção já se houver completado levará em conta as orientações gerais da época, sendo vedado que, com base em mudança posterior de orientação geral, se declarem inválidas situações plenamente constituídas.

Parágrafo único. Consideram-se orientações gerais as interpretações e especificações contidas em atos públicos de caráter geral ou em jurisprudência judicial ou administrativa majoritária, e ainda as adotadas por prática administrativa reiterada e de amplo conhecimento público."

O dispositivo em tela fortalece a ideia de irretroatividade do direito em prejuízo de situações jurídicas perfeitas, constituídas de boa-fé, em coerência com o ordenamento à época vigente. Segundo Jacintho Arruda Camara, Vice-Presidente da Sociedade Brasileira de Direito Público, visa a "dar segurança no longo prazo para situações jurídicas plenamente constituídas à luz de um entendimento geral válido. Para isso, estabelece que eventual revisão da validade de ato administrativo (leia-se: ato, contrato, ajuste, processo ou norma) deverá considerar o entendimento consolidado à época de sua produção. O dispositivo dá amparo legal à racionalidade que deve estar presente em procedimentos de revisão de ato administrativo: a invalidação do ato por mudança de orientação não torna ilegal situação econômica constituída na vigência da orientação anterior (<http://antonioanastasia.com.br/documentos/>)"[91].

---

[90] Resposta aos comentários tecidos pela Consultoria Jurídica do TCU ao PL n. 7.448/2017. Disponível em: <https://www.conjur.com.br/dl/parecer-juristas-rebatem-criticas.pdf>. Acesso em: 18 ago. 2018.

[91] Dizer o direito: Comentários à Lei 13.655/2018, que alterou a LINDB prevendo normas de segurança jurídica na aplicação do direito público. Disponível em: <https://www.dizerodireito.com.br/2018/04/comentarios-lei-136552018-que-alterou.html>. Acesso em: 18 ago. 2018.

"Art. 25. (VETADO).

Art. 26. Para eliminar irregularidade, incerteza jurídica ou situação contenciosa na aplicação do direito público, inclusive no caso de expedição de licença, a autoridade administrativa poderá, após oitiva do órgão jurídico e, quando for o caso, após realização de consulta pública, e presentes razões de relevante interesse geral, celebrar compromisso com os interessados, observada a legislação aplicável, o qual só produzirá efeitos a partir de sua publicação oficial.

§ 1º O compromisso referido no caput *deste artigo:*

I – buscará solução jurídica proporcional, equânime, eficiente e compatível com os interesses gerais;

II – (VETADO);

III – não poderá conferir desoneração permanente de dever ou condicionamento de direito reconhecidos por orientação geral;

IV – deverá prever com clareza as obrigações das partes, o prazo para seu cumprimento e as sanções aplicáveis em caso de descumprimento.

§ 2º (VETADO)."

O dispositivo regula a hipótese de assunção de compromisso entre o particular e a administração, levando-se em conta o interesse público, e especifica os termos, as condições e os atributos do compromisso.

O grande mérito do compromisso previsto, segundo Guilherme Carvalho e Sousa[92], "é superar a dúvida jurídica sobre o permissivo genérico para a Administração Pública transacional (...). Em outras palavras, é necessário que o Poder Executivo seja visto como uma parte do Estado tão apta a transacionar, acordar ou celebrar compromissos, quanto os membros dos tribunais de contas, o Ministério Público ou mesmo o Poder Judiciário (...). Quanto a isso, é chegado o momento de se reconhecer a imprescindibilidade de uma atuação conjunta entre o Executivo, os demais Poderes da República, o Ministério Público e até mesmo os tribunais de contas. O controle externo não pode (nem deve) funcionar como um bloqueador da gerência administrativa do Estado, fato cabalmente demonstrado pelas repetidas tentativas de adentrar no mérito administrativo ou de punir, em vão, agentes públicos, ainda que estes tenham buscado a mais eficiente solução para o caso em concreto (...). É aprazível a edição do artigo 26 da

[92] Uma análise do art. 26 da LINDB: o controle externo e a administração. *Revista Consultor Jurídico*, 31-3-2019.

LINDB, pois é dele – e por causa dele – que se espera uma maior abertura para as melhores e mais eficientes sinfonias administrativas".

"Art. 27. A decisão do processo, nas esferas administrativa, controladora ou judicial, poderá impor compensação por benefícios indevidos ou prejuízos anormais ou injustos resultantes do processo ou da conduta dos envolvidos.

§ 1º A decisão sobre a compensação será motivada, ouvidas previamente as partes sobre seu cabimento, sua forma e, se for o caso, seu valor.

§ 2º Para prevenir ou regular a compensação, poderá ser celebrado compromisso processual entre os envolvidos."

Comenta José Souto Tostes[93] que o dispositivo "fixa a possibilidade do gestor ou do juiz decidir impondo compensações à administração, em casos de erros formais, que não constituam infrações graves e que possam ser reparados, quando se detecta que o administrado recebeu benefícios indevidos ou causou prejuízos à administração. Imagine o administrado que utiliza uma área pública (praça) para vender produtos (camelô), que depois apresenta pedido de regularização da atividade, antes exercida sem o alvará. O gestor poderá impor sanções a ele, como medida, por exemplo, para evitar uma multa ou sanção maior, mais pesada, que inviabilize o exercício de suas atividades comerciais. Ou, por exemplo, para evitar o perdimento dos produtos que geram o seu sustento. Exceção seria se os referidos produtos tivessem origem ilegal".

"Art. 28. O agente público responderá pessoalmente por suas decisões ou opiniões técnicas em caso de dolo ou erro grosseiro."

Observa-se que o dispositivo em questão procura dar a segurança necessária para que o agente público possa desempenhar suas funções, uma vez que só responderá pessoalmente por suas decisões ou opiniões em caso de dolo ou erro grosseiro. Por outro lado, acarreta mudanças no tocante aos partícipes do processo administrativo, especialmente os pareceres técnicos e jurídicos.

"Art. 29. Em qualquer órgão ou Poder, a edição de atos normativos por autoridade administrativa, salvo os de mera organização interna, poderá ser precedida de consulta pública para manifestação de interessados, preferencialmente por meio eletrônico, a qual será considerada na decisão.

93 Nova Lei n. 13.655 e as consequências para a gestão pública. Disponível em: <https://jus.com.br/artigos/66030/nova-lei-n-13-655-e-as-consequencias-para-a-gestao-publica>. Acesso em: 18 ago. 2018.

§ 1º A convocação conterá a minuta do ato normativo e fixará o prazo e demais condições da consulta pública, observadas as normas legais e regulamentares específicas, se houver.

§ 2º (VETADO).”

Ao prever a consulta pública prévia à edição de atos normativos por autoridade administrativa, o art. 29 traz regramento sobre a soberania popular, procura trazer transparência e previsibilidade à atividade normativa do Executivo, incentivando o meio eletrônico.

“Art. 30. As autoridade públicas devem atuar para aumentar a segurança jurídica na aplicação das normas, inclusive por meio de regulamentos, súmulas administrativas e respostas a consultas.

Parágrafo único. Os instrumentos previstos no caput *deste artigo terão caráter vinculante em relação ao órgão ou entidade a que se destinam, até ulterior revisão.”*

Livro I
DAS PESSOAS

Título I
DAS PESSOAS NATURAIS

Capítulo I
DA PERSONALIDADE E DA CAPACIDADE

INTROITO

Sumário: 1. Nota introdutória. 2. Personalidade jurídica. 3. Capacidade jurídica e legitimação.

1. Nota introdutória

O Código Civil disciplina as relações jurídicas privadas que nascem da vida em sociedade e se formam entre pessoas, não entre pessoas e animais ou entre pessoas e coisas. São as relações sociais, de pessoa a pessoa, física ou jurídica, que produzem efeitos no âmbito do direito.

A Parte Geral contém três livros. O primeiro sobre as *pessoas* naturais e jurídicas, como sujeitos da relação jurídica; o segundo, relativo aos *bens*, como objeto do direito, em torno dos quais se formam as diversas relações jurídicas; e o terceiro, a respeito dos *fatos jurídicos*, que estimulam o relacionamento humano e permitem criar, modificar ou extinguir direitos.

O Código Civil de 2002 cuida, no Livro I da Parte Geral concernente às pessoas, em três títulos, das *pessoas naturais*, das *pessoas jurídicas* e do *domicílio*. O título das *pessoas naturais,* por sua vez, divide-se em três capítulos, respectivamente sobre a *personalidade e a capacidade*, os *direitos da personalidade* e a *ausência*. A inserção de um capítulo novo acerca dos direitos da personalidade constitui relevante inovação, em face da importância e da atualidade do tema. A disciplina da ausência foi deslocada do direito de família, em que se encontrava no Código de 1916, para a Parte Geral do atual diploma, onde encontra sua sede natural[1].

2. *Personalidade jurídica*

O conceito de personalidade está umbilicalmente ligado ao de pessoa. Todo aquele que nasce com vida torna-se uma pessoa, ou seja, adquire personalidade. Esta é, portanto, qualidade ou atributo do ser humano. Pode ser definida como aptidão genérica para adquirir direitos e contrair obrigações ou deveres na ordem civil. É pressuposto para a inserção e atuação da pessoa na ordem jurídica.

A personalidade é, portanto, o conceito básico da ordem jurídica, que a estende a todos os homens, consagrando-a na legislação civil e nos direitos constitucionais de vida, liberdade e igualdade[2]. É qualidade jurídica que se revela como condição preliminar de todos os direitos e deveres. Clóvis Beviláqua a define como "a aptidão, reconhecida pela ordem jurídica a alguém, para exercer direitos e contrair obrigações"[3].

Nem sempre, porém, foi assim. No direito romano o escravo era tratado como coisa[4]. Era desprovido da faculdade de ser titular de direitos e ocupava, na relação jurídica, a situação de seu objeto, e não de seu sujeito[5].

O reconhecimento, hoje, dessa qualidade a todo ser humano representa, pois, uma conquista da civilização jurídica. O Código Civil de 2002

---

[1] Silvio Rodrigues, *Direito civil*, v. 1, p. 33, n. 14; José Carlos Moreira Alves, *A Parte Geral do Projeto do Código Civil brasileiro*, p. 72.

[2] Haroldo Valladão, Capacidade de direito, in *Enciclopédia Saraiva do Direito*, v. 13, p. 34.

[3] Clóvis Beviláqua, *Código Civil dos Estados Unidos do Brasil comentado*, v. 1, obs. 1 ao art. 2º do CC/1916.

[4] Caio Mário da Silva Pereira, a propósito, anotou: "Em o direito brasileiro, a ideia da concessão de personalidade a todo ser humano vigorou mesmo ao tempo da escravidão negra, muito embora o regime jurídico do escravo não o equiparasse ao homem livre. Hoje o direito reconhece os atributos da personalidade com um sentido de universalidade, e o Código Civil de 1916 o exprime, afirmando que todo homem é capaz de direitos e obrigações na ordem civil (art. 2º), empregada a palavra *homem* na acepção de todo ser humano, todo indivíduo pertencente à espécie humana, ao *humanum genus*, sem qualquer distinção de sexo, idade, condição social ou outra, conceito aconselhável no novo Código" (*Instituições de direito civil*, v. 1, p. 142, n. 42).

[5] Henri de Page, *Traité élémentaire de droit civil belge*, v. 1, n. 234.

reconhece os atributos da personalidade com esse sentido de universalidade ao proclamar, no art. 1º, que "*toda pessoa*" é capaz de direitos e deveres na ordem civil.

O direito reconhece personalidade também a certas entidades morais, denominadas *pessoas jurídicas*, compostas de pessoas físicas ou naturais, que se agrupam, com observância das condições legais, e se associam para melhor atingir os seus objetivos econômicos ou sociais, como as associações e sociedades, ou constituídas de um patrimônio destinado a um fim determinado, como as fundações.

3. Capacidade jurídica e legitimação

O art. 1º do atual Código entrosa o conceito de capacidade com o de personalidade, ao declarar que toda "pessoa é *capaz* de direitos e deveres na ordem civil" (grifo nosso). Afirmar que o homem tem personalidade é o mesmo que dizer que ele tem capacidade para ser titular de direitos[6].

Pode-se falar que a capacidade é a medida da personalidade, pois para uns ela é plena e, para outros, limitada[7]. A que todos têm, e adquirem ao nascer com vida, é a capacidade de *direito* ou de *gozo,* também denominada capacidade de *aquisição* de direitos. Essa espécie de capacidade é reconhecida a todo ser humano, sem qualquer distinção[8]. Estende-se aos privados de discernimento e aos infantes em geral, independentemente de seu grau de desenvolvimento mental. Podem estes, assim, herdar bens deixados por seus pais, receber doações etc.

Personalidade e capacidade completam-se: de nada valeria a personalidade sem a capacidade jurídica, que se ajusta assim ao conteúdo da personalidade, na mesma e certa medida em que a utilização do direito

---

[6] Silvio Rodrigues, *Direito civil*, cit., v. 1, p. 35, n. 16.

[7] Depois de afirmar que os autores, em geral, consideram sinônimas as expressões *personalidade jurídica* e *capacidade jurídica*, José Carlos Moreira Alves, citando Barbero (*Sistema istituzionale del diritto privato italiano*, v. 1, p. 139, n. 69, III), assinala: "Parece-nos, entretanto, que é mister distingui-las. Com efeito, enquanto *personalidade jurídica* é conceito absoluto (ela existe, ou não existe), *capacidade jurídica* é conceito relativo (pode ter-se mais capacidade jurídica, ou menos). A personalidade jurídica é a potencialidade de adquirir direitos ou de contrair obrigações; a capacidade jurídica é o limite dessa potencialidade" (*Direito romano*, v. 1, p. 115).

[8] Washington de Barros Monteiro, *Curso de direito civil*, v. 1, p. 61.

integra a ideia de ser alguém titular dele. Com este sentido genérico não há restrições à capacidade, porque todo direito se materializa na efetivação ou está apto a concretizar-se. A privação total de capacidade implicaria a frustração da personalidade: se ao homem, como sujeito de direito, fosse negada a capacidade genérica para adquiri-lo, a consequência seria o seu aniquilamento no mundo jurídico[9]. Só não há capacidade de aquisição de direitos onde falta personalidade, como no caso do nascituro, por exemplo.

Nem todas as pessoas têm, contudo, a capacidade de *fato*, também denominada capacidade de *exercício* ou de *ação,* que é a aptidão para exercer, por si só, os atos da vida civil. Por faltarem a certas pessoas alguns requisitos materiais, como maioridade, saúde, desenvolvimento mental etc., a lei, com o intuito de protegê-las, malgrado não lhes negue a capacidade de adquirir direitos, sonega-lhes o de se autodeterminarem, de os exercer pessoal e diretamente, exigindo sempre a participação de outra pessoa, que as representa ou assiste[10].

Assim, os recém-nascidos e os amentais sob curatela possuem apenas a capacidade de direito, podendo, por exemplo, como já se afirmou, herdar. Mas não têm a capacidade de fato ou de exercício. Para propor qualquer ação em defesa da herança recebida, precisam ser representados pelos pais e curadores, respectivamente.

Quem possui as duas espécies de capacidade tem capacidade *plena.* Quem só ostenta a de direito, tem capacidade *limitada* e necessita, como visto, de outra pessoa que substitua ou complete a sua vontade. São, por isso, chamados de "incapazes".

Capacidade não se confunde com *legitimação.* Esta é a aptidão para a prática de determinados atos jurídicos, uma espécie de capacidade especial exigida em certas situações. Assim, por exemplo, o ascendente é genericamente

---

[9] Caio Mário da Silva Pereira, *Instituições*, cit., v. 1, p. 161-162, n. 48.

[10] Arnoldo Wald esclarece, de forma bastante clara: "Se todos os homens são capazes de direito, podendo ter direitos subjetivos e contrair obrigações, nem todos são aptos a praticar pessoalmente os atos da vida civil. Distinguimos, pois, a *capacidade de direito*, ou seja, a possibilidade de adquirir direitos e contrair obrigações por si ou por terceiros, da *capacidade de fato*, também chamada capacidade de exercício ou de negócio, em virtude da qual um indivíduo pode praticar pessoalmente os atos da vida civil, sem necessitar de assistência ou de representação" (*Curso de direito civil brasileiro*: introdução e parte geral, p. 137).

capaz, mas só estará legitimado a vender a um descendente se o seu cônjuge e os demais descendentes expressamente consentirem (CC, art. 496)[11].

A falta de legitimação alcança pessoas impedidas de praticar certos atos jurídicos, sem serem incapazes, como por exemplo, o tutor, proibido de adquirir bens do tutelado (CC, art. 1.749, I); o casado, exceto no regime de separação absoluta de bens, de alienar imóveis sem a outorga do outro cônjuge (art. 1.647); os tutores ou curadores de dar em comodato os bens confiados a sua guarda sem autorização especial (art. 580) etc.

DAS PESSOAS COMO SUJEITOS DA RELAÇÃO JURÍDICA

Sumário: 4. Os sujeitos da relação jurídica. 5. Conceito de pessoa natural. 6. Começo da personalidade natural.

4. Os sujeitos da relação jurídica

O Código Civil, no Livro I da Parte Geral, dispõe sobre as pessoas como sujeitos de direitos.

Como o direito regula a vida em sociedade e esta é composta de pessoas, o estudo do direito deve começar por elas, que são os sujeitos das relações jurídicas. O direito subjetivo (*facultas agendi*) consiste numa relação jurídica que se estabelece entre um sujeito ativo, titular desse direito, e um sujeito passivo, ou vários sujeitos passivos, gerando uma prerrogativa para o primeiro em face destes[12]. Os contratos, por exemplo, criam um vínculo obrigacional que confere ao credor (sujeito ativo) exigir do devedor (sujeito passivo) uma determinada prestação. Mesmo no direito das coisas é combatida a concepção clássica de que os direitos reais estabelecem um

[11] Observa, com efeito, Sílvio Venosa que "não se confunde o conceito de *capacidade* com o de *legitimação*. A legitimação consiste em se averiguar se uma pessoa, perante determinada situação jurídica, tem ou não capacidade para estabelecê-la. A legitimação é uma forma específica de capacidade para determinados atos da vida civil. O conceito é emprestado da ciência processual. Está legitimado para agir em determinada situação jurídica quem a lei determinar... Num conceito bem aproximado da ciência do processo, legitimação é a pertinência subjetiva de um titular de um direito com relação a determinada relação jurídica. A legitimação é um *plus* que se agrega à capacidade em determinadas situações" (*Direito civil*, v. 1, p. 139, nota 1).

[12] Silvio Rodrigues, *Direito civil*, cit., v. 1, p. 34.

vínculo entre uma pessoa e uma coisa, prevalecendo o entendimento de que as relações jurídicas somente se constituem entre pessoas.

Relação jurídica é toda relação da vida social regulada pelo direito[13]. Estabelece-se entre indivíduos, porque o direito tem por escopo regular os interesses humanos. Desse modo, o sujeito da relação jurídica é sempre o ser humano, na condição de ente social. O homem que vive isoladamente em uma ilha deserta não está subordinado a uma ordem jurídica, mas somente o que se relaciona com outros, dentro da sociedade.

Os animais não são considerados sujeitos de direitos, embora mereçam proteção. Por essa razão não têm capacidade para adquirir direitos. Não podem, por exemplo, ser beneficiados em testamento, a não ser indiretamente, sob a forma de encargo, imposto a herdeiro testamentário, de cuidar deles. Do mesmo modo estão excluídas do conceito de sujeitos de direitos as entidades místicas, como almas e santos. Não podem, também, sob pena de nulidade do ato, ser nomeados herdeiros ou legatários[14].

A palavra *pessoa* (do latim *persona*) começou a ser usada na linguagem teatral da antiguidade romana no sentido, primitivamente, de *máscara*. Esta era uma *persona*, porque fazia ressoar a voz de uma pessoa. Com o tempo, o vocábulo passou a significar o papel que cada ator representava e, mais tarde, passou a expressar o próprio indivíduo que representava esses papéis. No direito moderno, pessoa é sinônimo de sujeito de direito ou sujeito de relação jurídica[15].

A ordem jurídica reconhece duas espécies de pessoas: a *pessoa natural* (o ser humano, também chamado em alguns países de pessoa física), e a *pessoa jurídica* (agrupamento de pessoas naturais, visando alcançar fins

---

[13] José Tavares, *Os princípios fundamentais do direito civil,* v. 1, n. 1.

[14] Washington de Barros Monteiro, referindo-se à proteção legislativa concedida aos animais contra atos de crueldade, adverte: "Nem por isso, entretanto, se tornam sujeitos de direitos. Como dizem Ruggiero-Maroi, os animais são tomados em consideração apenas para fins sociais, pela necessidade de se elevar o sentimento humano, evitando-se o espetáculo degradante de perversa brutalidade. Nem se pode dizer igualmente que os animais tenham semidireitos ou sejam semipessoas, como quer Paul Janet".

Aduz o renomado civilista: "Por fim, escapam igualmente à conceituação de pessoa, como sujeitos de direitos, as entidades místicas ou metafísicas, como almas e santos. Assim, nula será, evidentemente, nomeação de alma ou de santo por herdeiro ou legatário" (*Curso*, cit., p. 58).

[15] Washington de Barros Monteiro, *Curso*, cit., v. 1, p. 56.

de interesse comum, também denominada, em outros países, pessoa moral e pessoa coletiva).

5. Conceito de pessoa natural

Prescrevia o art. 2º do Código Civil de 1916: "Todo homem é capaz de direitos e obrigações na ordem civil". A expressão *todo homem* era empregada em sentido amplo e genérico, abrangendo indistintamente todas as pessoas, sem discriminação de sexo, raça, cor e nacionalidade. A tutela da ordem jurídica era, portanto, oferecida a todos.

No relatório sobre o texto do atual Código Civil aprovado no Senado Federal constava ter sido operada a substituição, no artigo correspondente ao supratranscrito, da palavra "homem" por "ser humano". Nova modificação ocorreu posteriormente, na Câmara dos Deputados, consagrando-se a expressão "toda pessoa", com o objetivo de adequar a redação à nova ordem constitucional, de modo a evitar eventuais dúvidas de interpretação. Trocou-se, também, a palavra "obrigações" por "deveres", considerada mais apropriada[16] e mais ampla, pois estes podem decorrer da lei ou do contrato. Há deveres que não são obrigacionais, no sentido patrimonial, como, *v. g.*, os deveres do casamento elencados no art. 1.566 do Código Civil. Desse modo, em sua redação final, dispõe o art. 1º do atual Código:

"Art. 1º Toda pessoa é capaz de direitos e deveres na ordem civil".

O Título I do Livro I do Código Civil concernente às *pessoas* dispõe sobre as "pessoas naturais", reportando-se tanto ao sujeito ativo como ao sujeito passivo da relação jurídica. Tal expressão já havia sido empregada no Código de 1916, malgrado a crítica equivocada de Teixeira De Freitas, para quem tal denominação suscita, por antinomia, a ideia da existência de "pessoas não naturais" – o que não seria exato, pois os entes personalizados são tão naturais quanto o mesmo espírito que os gerou[17].

---

[16] Renan Lotufo, em comentário ao diploma de 1916 e ao projeto do novo Código, observa: "O nosso Código (*de 1916*), ao se referir à capacidade, em razão do momento histórico em que foi elaborado, faz menção expressa ao 'homem', como representante do gênero humano, enquanto o Projeto de Código procura ser politicamente correto ao referir a 'ser humano', sem utilização do substantivo masculino homem, em detrimento do sexo feminino para referir à espécie humana" (*Curso avançado de direito civil,* v. 1, p. 95, n. 6.4).

[17] Caio Mário da Silva Pereira, *Instituições*, cit., v. 1, p. 155.

"Pessoa individual" é considerada, pela doutrina, designação que não satisfaz, pois contrapõe-se à "pessoa coletiva", quando nem todas as pessoas de existência ideal são coletivas.

A expressão "ser de existência visível", proposta por Teixeira de Freitas, em contraposição aos entes morais que denominou "seres de existência ideal", aceita pelo Código Civil argentino, mostra-se complexa e inviável, por atender apenas à corporalidade do ser humano[18].

No direito francês, no italiano e no de outros países, bem como na legislação brasileira concernente ao imposto de renda, é utilizada a denominação "pessoa física". Também é criticada por desprezar as qualidades morais e espirituais do homem, que integram a sua personalidade, destacando apenas o seu aspecto material e físico[19].

A nomenclatura "pessoa natural" revela-se, assim, a mais adequada, como reconhece a doutrina em geral, por designar o ser humano tal como ele é, com todos os predicados que integram a sua individualidade.

Pessoa natural é "o ser humano considerado como sujeito de direitos e obrigações"[20]. Para qualquer pessoa ser assim designada, basta nascer com vida e, desse modo, adquirir personalidade.

6. Começo da personalidade natural

Prescreve o art. 2º do Código Civil: "*A personalidade civil da pessoa começa do nascimento com vida; mas a lei põe a salvo, desde a concepção, os direitos do nascituro*".

De acordo com o sistema adotado, tem-se o nascimento com vida como o marco inicial da personalidade. Respeitam-se, porém, os direitos do nascituro, desde a concepção, pois desde esse momento já começa a formação do novo ser[21].

---

[18] Caio Mário da Silva Pereira, *Instituições*, cit., v. 1, p. 155.

[19] Maria Helena Diniz, *Curso de direito civil brasileiro*, v. 1, p. 164; Caio M. S. Pereira, *Instituições*, cit., v. 1, p. 143; Marco Aurélio S. Viana, *Da pessoa natural*.

[20] Maria Helena Diniz, *Curso*, cit., v. 1, p. 137.

[21] Preleciona, a propósito, Carlos Alberto Bittar: "Adotou-se sistema em que se tem como início da personalidade o nascimento com vida, mas se respeitam os direitos do nascituro, desde a concepção, ou seja, quando formado o novo ser. Conforme esse entendimento, ficam sob condição da vinda à lume os direitos do nascituro, considerando-se como tal a exalação

Ocorre o *nascimento* quando a criança é separada do ventre materno, não importando tenha o parto sido natural, feito com o auxílio de recursos obstétricos ou mediante intervenção cirúrgica. O essencial é que se desfaça a unidade biológica, de forma a constituírem mãe e filho dois corpos, com vida orgânica própria[22], mesmo que não tenha sido cortado o cordão umbilical[23]. Para se dizer que nasceu com *vida*, todavia, é necessário que haja respirado. Se respirou, viveu, ainda que tenha perecido em seguida. Lavram-se, neste caso, dois assentos, o de nascimento e o de óbito (LRP, art. 53, § 2º). Não importa, também, tenha o nascimento sido a termo ou antecipado.

O Código Civil espanhol exige, para a aquisição da personalidade, que o feto tenha figura humana, isto é, não seja um monstro, fixando, ainda, no art. 30, um prazo de vinte e quatro horas de vida, de inteira separação do corpo materno[24].

O nosso Código, na esteira de diversos diplomas contemporâneos, como o suíço (art. 31), o português de 1966 (art. 66, I)[25], o alemão (art. 1º),

---

do primeiro sopro de vida após a separação da mãe, que demonstra afirmação da nova existência, diversa da genitora, cabendo daí, pois, ao filho todos os direitos reconhecidos à pessoa humana no plano jurídico. Mesmo que venha a falecer em seguida, consideram-se adquiridos os direitos, para todos os efeitos próprios, protegendo-se assim os interesses do nascituro e do respectivo círculo familiar" (*Curso de direito civil*, v. 1, p. 79).

[22] Caio Mário da Silva Pereira, *Instituições*, cit., v. 1, p. 146, n. 43.

[23] Washington de Barros Monteiro entende, sem razão, que a criança ainda não terá nascido enquanto permanecer ligada ao ventre materno pelo cordão umbilical (*Curso*, cit., p. 59). A propósito, pondera José Carlos Moreira Alves que "não procede a tese de Pacchioni, baseada em duas passagens do Digesto (XXXXV, 2, 9, 1; e L, 16, 161), que não bastava, para configurar-se o nascimento, que o feto fosse expulso do ventre materno; seria necessária, ainda, a ruptura do cordão umbilical, pois, até que ela se verificasse, não haveria a total separação dos dois organismos (o da genitora e o do filho). Com efeito, os próprios textos invocados pelo romanista não lhe dão apoio à tese" (*Direito romano*, cit., p. 109-110, n. 75).

[24] Maria Helena Diniz lembra que, "no direito civil francês e holandês (art. 3º) não basta o nascimento com vida; é necessário que o recém-nascido seja viável, isto é, apto para a vida. Se nascer com vida sua capacidade remontará à concepção".

Informa, ainda, que "o direito civil espanhol (art. 30) exige que o recém-nascido tenha forma humana e que tenha vivido 24 horas, para que possa adquirir personalidade. O direito português também condicionava à vida a figura humana (art. 6º). Para o argentino (art. 7º) e o húngaro (seção 9) a concepção já dá origem à personalidade" (*Curso*, cit., v. 1, p. 179).

[25] Código Civil português de 1966, art. 66º: "1. A personalidade adquire-se no momento do nascimento completo e com vida. 2. Os direitos que a lei reconhece aos nascituros dependem do seu nascimento".

o italiano (art. 1º) e outros, não faz tais exigências, nem a de que o feto seja viável. A viabilidade é a aptidão para a vida, da qual carecem os seres em que faltam os órgãos essenciais. Perante o nosso direito, qualquer criatura que venha a nascer com vida será uma pessoa, sejam quais forem as anomalias e deformidades que apresente[26].

Muitas vezes torna-se de suma importância saber se o feto, que morreu durante o parto, respirou e viveu, ainda que durante alguns segundos, principalmente se, por exemplo, o genitor, recém-casado pelo regime da separação de bens, veio a falecer, estando vivos os seus pais. Se o infante chegou a respirar, recebeu, *ex vi legis*, nos poucos segundos de vida, todo o patrimônio deixado pelo falecido pai, a título de herança, e a transmitiu, em seguida, por sua morte, à sua herdeira, que era a sua genitora. Se, no entanto, nasceu morto, não adquiriu personalidade jurídica e, portanto, não chegou a receber nem a transmitir a herança deixada por seu pai, ficando esta com os avós paternos.

Essa constatação se faz, tradicionalmente, pelo exame clínico denominado docimasia hidrostática de Galeno. Baseia-se essa prova no princípio de que o feto, tendo respirado, inflou de ar os pulmões. Extraídos do corpo do que morreu durante o parto e imersos em água, eles sobrenadam. Os pulmões que não respiraram, ao contrário, estando vazios e com as paredes alveolares encostadas, afundam. A medicina tem hoje recursos modernos e eficazes, inclusive pelo exame de outros órgãos do corpo, para apurar se houve ou não ar circulando no corpo do nascituro[27].

---

[26] Washington de Barros Monteiro preleciona: "Perante o nosso Código, qualquer criatura que provenha de mulher é ente humano, sejam quais forem as anomalias e deformidades que apresente, como o *monstrum vel prodigium* do direito romano. Ao inverso, não é ser humano, para o efeito de se investir de direitos conferidos pela legislação civil, criatura que não promane de mulher, ainda que dotada de características humanas, como a imaginada por Vercors, no seu livro *Os Confins do Homem*" (*Curso*, cit., v. 1, p. 60).

[27] Veja-se, a propósito, a lição de Sérgio Abdalla Semião: "Na eventual impossibilidade de utilização desse método principal de investigação (se, por acaso, o pulmão do neonato já vier impregnado de líquido), outras técnicas são aplicáveis, como a docimasia pulmonar histológica (verificação dos alvéolos pulmonares, pois, se houve respiração, apresentaram dilatação uniforme e, caso contrário, as paredes alveolares estarão coladas), docimasia óptica de Icard (exame microscópico de fragmento do pulmão, esmagado em uma lâmina, quando, ao observar-se pequenas bolhas de ar na película esmagada, deduz-se a respiração), docimasia química de Icard (passagem rápida de fragmento do pulmão em álcool absoluto, a seguir mergulhado em solução alcoólica de potássio cáustico a 30%, que dissolve o estroma pulmonar, liberando bolhas de ar, no pulmão que respirou), docimasia radiográfica de Bordas

Cabe indagar, a essa altura, sobre a situação jurídica do nascituro.

Três teorias procuram explicar e justificar a situação jurídica do nascituro. A *natalista* afirma que a personalidade civil somente se inicia com o nascimento com vida; a da *personalidade condicional* sustenta que o nascituro é pessoa condicional, pois a aquisição da personalidade acha-se sob a dependência de condição suspensiva, o nascimento com vida, não se tratando propriamente de uma terceira teoria, mas de um desdobramento da teoria natalista, visto que também parte da premissa de que a personalidade tem início com o nascimento com vida; e a *concepcionista* admite que se adquire a personalidade antes do nascimento, ou seja, desde a concepção, ressalvados apenas os direitos patrimoniais, decorrentes de herança, legado e doação, que ficam condicionados ao nascimento com vida.

Malgrado a personalidade civil da pessoa comece do nascimento com vida, a lei põe a salvo, desde a concepção, os direitos do nascituro (CC, art. 2º). Este é "o ser já concebido, mas que ainda se encontra no ventre materno", segundo a definição de SILVIO RODRIGUES, que acrescenta: "A lei não lhe concede personalidade, a qual só lhe será conferida se nascer com vida. Mas, como provavelmente nascerá com vida, o ordenamento jurídico desde logo preserva seus interesses futuros, tomando medidas para salvaguardar os direitos que, com muita probabilidade, em breve serão seus"[28].

(exame radiográfico dos pulmões, que se mostrarão opacos – se não respiraram – ou transparentes – se receberam oxigênio), docimasia epimicroscópica pneumo-arquitetônica (exame da superfície externa dos pulmões) e as docimasias respiratórias indiretas (verificação de outros órgãos, como estômago, intestinos, fígado e ouvidos – trompas de Eustáquio – conjuntamente com os pulmões, para tentar constatar se houve ar circulando no corpo do nascituro)" (*Os direitos do nascituro*: aspectos cíveis, criminais e do biodireito, p. 158-159).

[28] Silvio Rodrigues, *Direito civil*, cit., v. 1, p. 36. No mesmo sentido: Arnoldo Wald: "O nascituro não é sujeito de direito, embora mereça a proteção legal, tanto no plano civil como no plano criminal. O aborto é punido pelo Código Penal (arts. 124 a 126)" (*Curso*, cit., p. 118); Carlos Alberto Bittar: "Contudo, nos termos codificados, a personalidade somente se exterioriza com o nascimento, devendo a criança estar viva, para que ingresse no cenário jurídico, evidenciando-se o fato por sinais inequívocos, como a respiração natural, o choro, a movimentação independente e outros compatíveis. Todavia, se porventura nascer morto o feto, não haverá aquisição de direitos, como se não tivesse vindo à luz. Com isso, nem recebe, nem transmite direitos" (*Curso*, cit., p. 79); Caio M. S. Pereira: "O nascituro não é ainda uma pessoa, não é um ser dotado de personalidade jurídica. Os direitos que se lhe reconhecem permanecem em estado potencial. Se nasce e adquire personalidade, integram-se na sua trilogia essencial, sujeito, objeto e relação jurídica; mas, se se frustra, o direito não chega a constituir-se, e não há falar, portanto, em reconhecimento de personalidade ao

É de se observar que a doutrina tradicional sustenta ter o direito positivo adotado, nessa questão, a *teoria natalista,* que exige o nascimento com vida para ter início a personalidade. Antes do nascimento não há personalidade. Ressalvam-se, contudo, os direitos do nascituro, desde a concepção. Nascendo com vida, a sua existência, no tocante aos seus interesses, retroage ao momento de sua concepção.

Washington de Barros Monteiro filia-se à *teoria da personalidade condicional*, como se pode ver: "Discute-se se o nascituro é pessoa virtual, cidadão em germe, homem *in spem*. Seja qual for a conceituação, há para o feto uma expectativa de vida humana, uma pessoa em formação. A lei não pode ignorá-lo e por isso lhe salvaguarda os eventuais direitos. Mas, para que estes se adquiram, preciso é que ocorra o nascimento com vida. Por assim dizer, o nascituro é pessoa condicional; a aquisição da personalidade acha-se sob a dependência de condição suspensiva, o nascimento com vida. A esta situação toda especial chama Planiol de antecipação da personalidade"[29].

O art. 130 do Código Civil permite ao titular de *direito eventual*, como o nascituro, nos casos de condição suspensiva ou resolutiva, o exercício de atos destinados a conservá-lo, como, por exemplo, requerer, representado pela mãe, a suspensão do inventário, em caso de morte do pai, estando a mulher grávida e não havendo outros descendentes, para se aguardar o nascimento; ou, ainda, propor medidas acautelatórias, em caso de dilapidação por terceiro dos bens que lhe foram doados ou deixados em testamento[30].

Deve-se distinguir a situação do *nascituro* da do indivíduo *não concebido* (concepturo). Este, se nascer, poderá, somente na hipótese de pertencer

---

nascituro, nem se admitir que antes do nascimento já ele é sujeito de direito" (*Instituições*, cit., v. 1, p. 144-145); Sílvio de Salvo Venosa: "O Código brasileiro poderia ter seguido a orientação do Código francês que estabelece começar a personalidade com a concepção. Em nosso Código, contudo, predominou a teoria do nascimento com vida para ter início a personalidade" (*Direito*, cit., p. 142).

[29] *Curso*, cit., p. 61

[30] Arnoldo Wald: "A proteção do nascituro explica-se, pois há nele uma personalidade condicional que surge, na sua plenitude, com o nascimento com vida e se extingue no caso de não chegar o feto a viver" (*Curso*, cit., p. 118); Serpa Lopes: "Consoante já o dissemos de começo, o critério adotado pelo nosso Direito foi o romano, ou seja, do início da personalidade com o nascimento com vida. Antes do nascimento, portanto, o feto não possui *personalidade*. Não passa de uma *spes hominis*. É nessa qualidade que é tutelado pelo ordenamento jurídico, protegido pelo Código Penal e acautelado pela curadoria do ventre" (*Curso de direito civil*, v. I, p. 233-234).

à prole eventual de pessoas designadas pelo testador e vivas ao abrir-se a sucessão (CC, art. 1.799, I), adquirir um direito surgido anteriormente.

Há, no Código Civil, embora a personalidade comece do nascimento com vida, um sistema de proteção ao nascituro, com as mesmas conotações da conferida a qualquer ser dotado de personalidade. Assim, é obrigatória a nomeação de um curador, se o pai falecer estando grávida a mulher, e não tendo esta o poder familiar (art. 1.779); pode o nascituro ser objeto de reconhecimento voluntário de filiação (art. 1.609, parágrafo único); pode receber doação (art. 542) e ser contemplado em testamento (art. 1.798); tem direito a uma adequada assistência pré-natal (ECA, art. 8º). O direito penal também o protege, penalizando o aborto. E a Constituição Federal assegura a todos, sem distinção, o direito à vida (art. 5º).

Essa situação deu origem a uma divergência doutrinária em torno do início da personalidade, surgindo então a *teoria concepcionista*, sob influência do direito francês. Para os adeptos dessa corrente, dentre os quais se encontram Teixeira de Freitas e Clóvis Beviláqua, a personalidade começa antes do nascimento, pois desde a concepção já há proteção dos interesses do nascituro, que devem ser assegurados prontamente.

No direito contemporâneo, defendem a teoria concepcionista, dentre outros, Pierangelo Catalano, Professor da Universidade de Roma, e Silmara J. A. Chinelato e Almeida, Professora da Universidade de São Paulo. Afirma a última: "Mesmo que ao nascituro fosse reconhecido apenas um *status* ou um direito, ainda assim seria forçoso reconhecer-lhe a personalidade, porque não há direito ou *status* sem sujeito, nem há sujeito de direito que tenha completa e integral capacidade jurídica (de direito ou de fato), que se refere sempre a *certos* e *determinados* direitos *particularmente considerados*. Não há meia personalidade ou personalidade parcial. Mede-se ou quantifica-se a capacidade, não a personalidade. Por isso se afirma que a capacidade é a medida da personalidade. Esta é integral ou não existe. Com propriedade afirma Francisco Amaral: 'Pode-se ser mais ou menos capaz, mas não se pode ser mais ou menos pessoa'".

Em seguida, aduz Chinelato e Almeida que "a personalidade do nascituro não é condicional; apenas *certos* efeitos de *certos* direitos dependem do nascimento com vida, notadamente os direitos patrimoniais materiais, como a doação e a herança. Nesses casos, o nascimento com vida é elemento do negócio jurídico que diz respeito à sua eficácia total, aperfeiçoando-a"[31].

---

[31] *Tutela civil do nascituro*, p. 168-169.

Para a Escola Positivista, a personalidade decorre do ordenamento jurídico. A realidade é que, de acordo com o Código Civil brasileiro, a personalidade começa do nascimento com vida.

O Supremo Tribunal Federal não tem uma posição definida a respeito das referidas teorias, ora seguindo a teoria natalista, ora a concepcionista. No julgamento do RE 99.038, em 1993, por sua 2ª Turma, sendo relator o Ministro Francisco Rezek, decidiu a referida Corte que a proteção de direito do nascituro é, na verdade, "proteção de expectativa, que se tornará direito, se ele nascer vivo", aduzindo que as hipóteses previstas no Código Civil "relativas ao nascituro são exaustivas, não os equiparando em tudo ao já nascido". Posteriormente, no julgamento da Reclamação n. 12.040-DF, por seu Tribunal Pleno, sendo relator o Ministro Néri da Silveira, reconheceu ao nascituro o direito ao reconhecimento de sua filiação, garantindo-se-lhe a perfilhação, como expressão da sua própria personalidade, com o direito de ver realizado o exame DNA, apesar da oposição da genitora. E, em maio de 2008, no julgamento da ADI 3.510, em que se buscava a declaração de inconstitucionalidade da autorização legal para a manipulação de células-tronco de embrião excedentário sem finalidade reprodutiva, autorizada pela Lei de Biossegurança (art. 5º da Lei n. 11.105/2005), prevaleceu, por apertado resultado (6x5), o entendimento do relator, Ministro Carlos Ayres Britto, no sentido de que a lei é constitucional. Em seu voto, expôs o ilustre julgador a sua posição no sentido de que "as pessoas físicas ou naturais seriam apenas as que sobrevivem ao parto, dotadas do atributo a que o art. 2º do Código Civil denomina personalidade civil", assentando que "a Constituição Federal, quando se refere à 'dignidade da pessoa humana' (art. 1º, III), aos 'direitos da pessoa humana' (art. 34, VII, *b*), ao 'livre--exercício dos direitos individuais' (art. 85, III) e aos 'direitos e garantias individuais' (art. 60, § 4º, IV), estaria falando de direitos e garantias do indivíduo-pessoa".

Assim decidindo, entendeu a Excelsa Corte que os direitos subjetivos constitucionais não serviriam de fundamento para a proteção do nascituro, uma vez que, assim como em relação à proteção civil, o início da tutela constitucional ocorreria com o nascimento com vida, quando se adquire a personalidade jurídica.

O Superior Tribunal de Justiça, no entanto, tem acolhido a teoria concepcionista, reconhecendo ao nascituro o direito à reparação do dano moral:

"Direito civil. *Danos morais*. Morte. Ação ajuizada 23 anos após o evento. O nascituro também tem direito aos danos morais pela morte do pai, mas a circunstância de não tê-lo conhecido em vida tem influência na fixação do *quantum*[32].

Para a Escola do Direito Natural, os direitos da personalidade são inatos e inerentes ao ser humano, independentemente do que prescreve o direito positivo.

A constatação de que a proteção de certos direitos do nascituro encontra, na legislação atual, pronto atendimento, antes mesmo do nascimento, leva-nos a aceitar as argutas ponderações de MARIA HELENA DINIZ sobre a aquisição da personalidade desde a concepção apenas para a titularidade de direitos da personalidade, sem conteúdo patrimonial, a exemplo do direito à vida ou a uma gestação saudável, uma vez que os direitos patrimoniais estariam sujeitos ao nascimento com vida, ou seja, sob condição suspensiva.

Confira-se o mencionado entendimento: "Poder-se-ia até mesmo afirmar que na vida intrauterina tem o nascituro e na vida extrauterina tem o embrião, concebido *in vitro*, *personalidade jurídica formal*, no que atina aos direitos personalíssimos, visto ter carga genética diferenciada desde a concepção, seja ela *in vivo* ou *in vitro* (Recomendação n. 1.046/89, n. 7, do Conselho da Europa), passando a ter *personalidade jurídica material*, alcançando os direitos patrimoniais, que se encontravam em estado potencial, somente com o nascimento com vida (CC, art. 1.800, § 3º). Se nascer com vida adquire personalidade jurídica material, mas se tal não ocorrer nenhum direito patrimonial terá"[33].

Desse entendimento parece não discordar JOSÉ CARLOS MOREIRA ALVES, quando afirma: "No terreno patrimonial, a ordem jurídica, embora não reconheça no nascituro um sujeito de direitos, leva em consideração o fato de que, futuramente, o será, e, por isso, protege, antecipadamente, direitos que ele virá a ter quando for pessoa física. Em vista disso, o nascituro pode, por exemplo, ser instituído herdeiro num testamento. E, para resguardar o interesse do nascituro, a mulher que o está gerando pode requerer ao magistrado competente a nomeação de um curador: o *curator ventris.* Com base nesses princípios que foram enunciados pelos jurisconsultos clássicos, surgiu, no direito justinianeu, a regra geral de que o nascituro, quando se

---

32 STJ, REsp 399.029/SP, 4ª T., rel. Min. SÁLVIO DE FIGUEIREDO TEIXEIRA, *DJU*, 15-4-2002, p. 232.

33 *Curso*, cit., v. 1, p. 232-233.

trata de vantagem em seu favor, se considera como se estivesse vivo (*in rerum natura esse*)[34].

Como a personalidade civil da pessoa começa do nascimento com vida, a jurisprudência tem perfilhado o entendimento de que o nascituro não pode ser titular atual da pretensão alimentícia, embora admitindo a aplicação do *jus superveniens*, representado pelo nascimento do alimentando após o ajuizamento da ação.

A questão, no entanto, não é pacífica. Na doutrina, vários autores, como Pontes de Miranda, Oliveira e Cruz, Silmara Chinelato e Almeida e outros, admitem a propositura de ação de alimentos pelo nascituro[35].

Uma considerável parcela da jurisprudência tem, igualmente, reconhecido a legitimidade processual do nascituro, representado pela mãe, para propor ação de investigação de paternidade com pedido de alimentos[36]. Esta a melhor posição, considerando que os alimentos garantem a subsistência do alimentando e, portanto, têm afinidade com o direito à vida, que é direito da personalidade a todos assegurado pela Constituição Federal (art. 5º). Todavia, mesmo a corrente que franqueava ao nascituro o acesso ao Judiciário, impunha-lhe, como requisito, a demonstração prévia do vínculo de paternidade, como o exige o art. 2º da Lei de Alimentos (Lei n. 5.478, de 25-7-1968). A Lei n. 11.804, de 5 de novembro de 2008, que regulou os *alimentos gravídicos*, veio resolver esse problema, conferindo legitimidade ativa à própria gestante para a propositura da ação de alimentos. O objetivo

---

34 *Direito romano*, cit., p. 113, n. 79.

35 Yussef Said Cahali (*Dos alimentos*, p. 414), concordando com a referida orientação jurisprudencial, sustenta que somente se reconhece ao nascituro "direito a alimentos, no sentido das coisas necessárias à sua manutenção e sobrevivência, *de modo indireto*, compondo os valores respectivos a pensão deferida à esposa". Sob esse prisma, o nascituro produto de relações extramatrimoniais não poderia ser beneficiado quando a mãe não tivesse direito a alimentos. Hoje, tal direito é reconhecido aos companheiros. O citado civilista menciona, no entanto, vários autores que admitem a propositura de ação de alimentos pelo nascituro, como Pontes de Miranda, Oliveira e Cruz, Moura Bittencourt e Silmara Chinelato e Almeida. Sustenta a última, em trabalho específico (*RDCiv*, 54/57), que "ao nascituro são devidos alimentos em sentido lato – alimentos civis – para que possa nutrir-se e desenvolver-se com normalidade, objetivando o nascimento com vida".

Podem ser citados, na jurisprudência, dentre outros, os seguintes acórdãos, que não reconheceram ao nascituro direito a alimentos: *RT*, 566/54, 525/70; *JTACSP*, 74/99; os que concederam alimentos desde a concepção aplicando o *jus superveniens*: *RT*, 625/173, 338/179; e os que admitiram francamente o referido direito: *RT*, 703/69, 650/220.

36 *RT*, 703/69, 650/220; *RJTJRGS*, 104/418.

da referida lei, em última análise, é proporcionar um nascimento com dignidade ao ser concebido.

O posicionamento do Superior Tribunal de Justiça a respeito dessa questão está refletido em acórdão da 3ª Turma, com a seguinte ementa:

"1. Os alimentos gravídicos, previstos na Lei n. 11.804/2008, visam auxiliar a mulher gestante nas despesas decorrentes da gravidez, da concepção ao parto, sendo, pois, a gestante a beneficiária direta dos alimentos gravídicos, ficando, por via de consequência, resguardados os direitos do próprio nascituro.

2. Com o nascimento com vida da criança, os alimentos gravídicos concedidos à gestante serão convertidos automaticamente em pensão alimentícia em favor do recém-nascido, com mudança, assim, da titularidade dos alimentos, sem que, para tanto, seja necessário pronunciamento judicial ou pedido expresso da parte, nos termos do parágrafo único do art. 60 da Lei n. 11.804/2008.

3. Em regra, a ação de alimentos gravídicos não se extingue ou perde seu objeto com o nascimento da criança, pois os referidos alimentos ficam convertidos em pensão alimentícia até eventual ação revisional em que se solicite a exoneração, redução ou majoração do valor dos alimentos ou até mesmo eventual resultado em ação de investigação ou negatória de paternidade"[37].

Já decidiu o Superior Tribunal de Justiça que "o direito de ação por dano moral é de natureza *patrimonial* e, como tal, transmite-se aos sucessores da vítima"[38]. Desse modo, o nascituro, como titular de direito eventual (CC, art. 130), só poderá propor medidas de conservação de seus direitos, por seu representante legal, não se podendo sequer falar em antecipação de tutela, que exige a titularidade da pretensão, titularidade esta que só será adquirida se o nascituro nascer com vida. O que se pode admitir é a aplicação do *jus superveniens*, representado pelo nascimento do lesado após o ajuizamento da ação[39].

A referida Corte, todavia, em julgamentos posteriores, tem acolhido a teoria concepcionista, reconhecendo ao nascituro o direito à reparação do dano moral, como retromencionado (REsp 399.029/SP).

---

[37] STJ, REsp 1.629.423, 3ª T., rel. Min. Marco Aurélio Bellizze, j. 6-6-2017.

[38] *RSTJ*, 71/183.

[39] Carlos Roberto Gonçalves, *Responsabilidade civil*, p. 547, n. 96.2.2. *V.* também *RT*, 625/173.

DAS INCAPACIDADES

Sumário: 7. Conceito e espécies. 7.1. Incapacidade absoluta: os menores de 16 anos. 7.2. Incapacidade relativa. 7.2.1. Os maiores de 16 e menores de 18 anos. 7.2.2. Os ébrios habituais e os viciados em tóxico. 7.2.3. Os que, por causa transitória ou permanente, não puderem exprimir sua vontade. 7.2.4. Os pródigos. 7.2.5. Curatela de pessoas capazes (deficientes) e incapazes. 7.2.5.1. O procedimento da curatela. 7.2.5.2. A tomada de decisão apoiada. 8. A situação jurídica dos índios. 9. Modos de suprimento da incapacidade. 10. Sistema de proteção aos incapazes. 11. Cessação da incapacidade. 11.1. Maioridade. 11.2. Emancipação. 11.2.1. Emancipação voluntária. 11.2.2. Emancipação judicial. 11.2.3. Emancipação legal.

7. Conceito e espécies

Já foi dito no item n. 3, *retro*, que as pessoas portadoras da capacidade de direito ou de aquisição de direitos, mas não possuidoras da de fato ou de ação, têm capacidade limitada e são chamadas de *incapazes*. Com o intuito de protegê-las, tendo em vista as suas naturais deficiências, decorrentes em geral da idade, da saúde e do desenvolvimento mental e intelectual, a lei não lhes permite o exercício pessoal de direitos, exigindo que sejam representados ou assistidos nos atos jurídicos em geral.

No direito brasileiro não existe incapacidade de direito, porque todos se tornam, ao nascer, capazes de adquirir direitos (CC, art. 1º). Há, portanto, somente incapacidade de fato ou de exercício. Incapacidade, destarte, é a restrição legal ao exercício dos atos da vida civil, imposta pela lei somente aos que, excepcionalmente, necessitam de proteção, pois a capacidade é a regra[40]. Decorre aquela do reconhecimento da inexistência, numa pessoa, dos requisitos indispensáveis ao exercício dos seus direitos[41]. Somente por exceção expressamente consignada na lei é que se sonega ao indivíduo a capacidade de ação.

Supre-se a incapacidade, que pode ser absoluta e relativa, conforme o grau de imaturidade, deficiência física ou mental da pessoa, pelos institutos da representação e da assistência. O art. 3º do Código Civil menciona os

[40] Maria Helena Diniz, *Curso*, cit., v. 1, p. 169.

[41] Silvio Rodrigues, *Direito civil*, cit., v. 1, p. 39.

absolutamente incapazes de exercer pessoalmente os seus direitos e que devem ser representados, sob pena de nulidade do ato (art. 166, I). E o art. 4º enumera os relativamente incapazes, dotados de algum discernimento e por isso autorizados a participar dos atos jurídicos de seu interesse, desde que devidamente assistidos por seus representantes legais, sob pena de anulabilidade (art. 171, I), salvo algumas hipóteses restritas em que se lhes permite atuar sozinhos.

7.1. Incapacidade absoluta: os menores de 16 anos

A incapacidade absoluta acarreta a proibição total do exercício, por si só, do direito. O ato somente poderá ser praticado pelo representante legal do absolutamente incapaz. A inobservância dessa regra provoca a nulidade do ato, nos termos do art. 166, I, do Código Civil.

O estatuto civil de 1916 considerava, no art. 5º, absolutamente incapazes de exercer pessoalmente os atos da vida civil: os menores de dezesseis anos; os loucos de todo o gênero; os surdos-mudos, que não pudessem exprimir a sua vontade; os ausentes, declarados tais por ato do juiz.

O art. 3º do atual diploma reduziu a três as hipóteses de incapacidade absoluta:

"Art. 3º São absolutamente incapazes de exercer pessoalmente os atos da vida civil:

I – os menores de dezesseis anos;

II – os que, por enfermidade ou deficiência mental, não tiverem o necessário discernimento para a prática desses atos;

III – os que, mesmo por causa transitória, não puderem exprimir sua vontade".

A Lei n. 13.146, de 6 de julho de 2015, denominada Estatuto da Pessoa com Deficiência, promoveu uma profunda mudança no sistema das incapacidades, alterando substancialmente a redação dos arts. 3º e 4º do Código Civil, que passou a ser a seguinte:

"Art. 3º São absolutamente incapazes de exercer pessoalmente os atos da vida civil os menores de 16 (dezesseis) anos".

"Art. 4º São incapazes, relativamente a certos atos ou à maneira de os exercer:

I – os maiores de dezesseis e menores de dezoito anos;

II – os ébrios habituais e os viciados em tóxico;

III – aqueles que, por causa transitória ou permanente, não puderem exprimir sua vontade;

IV – os pródigos.

Parágrafo único. A capacidade dos indígenas será regulada por legislação especial".

Observa-se que o art. 3º, que trata dos absolutamente incapazes, teve todos os seus incisos revogados, apontando no *caput*, como únicas pessoas com essa classificação, *"os menores de 16 (dezesseis) anos"*.

Por sua vez, o art. 4º, que relaciona os relativamente incapazes, manteve, no inciso I, os *"maiores de dezesseis e menores de dezoito anos"*, mas suprimiu, no inciso II, "os que, por deficiência mental, tenham o discernimento reduzido". Manteve apenas *"os ébrios habituais e os viciados em tóxico"*. E, no inciso III, suprimiu "os excepcionais, sem desenvolvimento mental completo", substituindo-os pelos que, *"por causa transitória ou permanente, não puderem exprimir sua vontade"*. Os pródigos permanecem no inciso IV como relativamente incapazes.

Destina-se a aludida Lei n. 13.146/2015, como proclama o art. 1º, "a assegurar e a promover, em condições de igualdade, o exercício dos direitos e das liberdades fundamentais por pessoa com deficiência, visando à sua inclusão social e cidadania". Em suma, para a referida lei o deficiente tem uma qualidade que os difere das demais pessoas, mas não uma doença. Por essa razão é excluído do rol dos incapazes e se equipara à pessoa capaz.

A consequência direta e imediata dessa alteração legislativa é exatamente esta, repita-se: o deficiente é agora pessoa plenamente capaz, salvo se não puder exprimir sua vontade – caso em que será considerado relativamente incapaz, podendo, quando necessário, ter um curador nomeado em processo judicial (Estatuto da Pessoa com Deficiência, art. 84). Observe-se que a incapacidade relativa não decorre propriamente da deficiência, mas da impossibilidade de exprimir a vontade. Como afirmou Pablo Stolze, em comentário à nova lei, "a pessoa com deficiência – aquela que tem impedimento de longo prazo, de natureza física, mental, intelectual ou sensorial, nos termos do art. 2º – não deve ser mais tecnicamente considerada civilmente incapaz, na medida em que os arts. 6º e 84, do mesmo diploma, deixam claro que a deficiência não afeta a plena capacidade civil da pessoa"[42].

[42] *Navigandi*. Disponível em: <http://jus.com.br>. Acesso em: 28 ago. 2015.

O Estatuto da Pessoa com Deficiência e o sistema jurídico brasileiro de incapacidade civil, disponível em *Jus Navigandi*. Disponível em: <http://jus.com.br>. Acesso em: 28 ago. 2015.

O citado art. 6º declara, efetivamente, que "A deficiência não afeta a plena capacidade civil da pessoa, inclusive para: I – casar-se e constituir união estável; II – exercer direitos sexuais e reprodutivos; III – exercer o direito de decidir sobre o número de filhos e de ter acesso a informações adequadas sobre reprodução e planejamento familiar; IV – conservar sua fertilidade, sendo vedada a esterilização compulsória; V – exercer o direito à família e à convivência familiar e comunitária; e VI – exercer o direito à guarda, à tutela, à curatela e à adoção, como adotante ou adotando, em igualdade de oportunidades com as demais pessoas".

Por seu turno, o mencionado art. 84 estatui, categoricamente, que "A pessoa com deficiência tem assegurado o direito ao exercício de sua capacidade legal em igualdade de condições com as demais pessoas". Quando necessário, aduz o § 1º, "a pessoa com deficiência será submetida à curatela, conforme a lei". A definição de curatela de pessoa com deficiência, complementa o § 3º, "constitui medida protetiva extraordinária, proporcional às necessidades e às circunstâncias de cada caso, e durará o menor tempo possível".

Pretendeu o legislador, com essas inovações, impedir que a pessoa deficiente seja considerada e tratada como incapaz, tendo em vista os princípios constitucionais da igualdade e da dignidade humana. O objetivo foi promover a autonomia da pessoa nas mais diversas esferas de atuação social, entre as quais o trabalho, o lazer, a cultura, a constituição de família e a administração de suas relações patrimoniais e negociais. O Estatuto em apreço prevê a proteção dos direitos à saúde e à educação, e também assegura o direito ao trabalho, à constituição de família por meio do casamento e à sexualidade. "Uma vez que a pessoa com deficiência física torna-se capaz ao completar 18 anos e não necessita de proteção especial nesse aspecto, estabeleceu-se que a pessoa com transtorno mental deve sofrer a mínima limitação possível no exercício de seus direitos de natureza patrimonial e negocial, considerando-se que a curatela é medida protetiva extraordinária, mantida pelo menor tempo possível. É o que se depreende dos artigos 84 e 85 do Estatuto da Pessoa com Deficiência, bem como os artigos 753, *caput* e parágrafos 1º e 2º, e 754 do Código de Processo Civil"[43].

Permanecem assim, como já dito, como absolutamente incapazes somente os menores de 16 anos. A 3ª Câmara de Direito Privado do Tribunal

---

[43] Eduardo Tomasevicius Filho. O entendimento jurisprudencial do Estatuto de Pessoa com Deficiência, *Revista Consultor Jurídico*, 30-10-2017.

de Justiça de São Paulo, em acórdão relatado pelo Des. Donegá Morandini, deu provimento a recurso de apelação, reformando sentença que havia declarado absolutamente incapaz pessoa com doença psíquica irreversível, nomeando parente próximo como curador. Ressaltou o mencionado Relator que a incapacidade, nesses casos, é sempre relativa, uma vez que o reconhecimento da insuficiência mental absoluta está restrito às pessoas menores de 16 anos. E a curatela se limita a atos de natureza patrimonial e negocial.

No direito pré-codificado, levava-se em conta a puberdade para distinguir a menoridade. Eram absolutamente incapazes os menores impúberes: o varão de menos de 14 anos e a mulher de menos de 12, porque privados de aptidão para procriar.

O Código Civil de 1916 inovou, fixando em 16 anos, para as pessoas dos dois sexos, a idade limite da incapacidade absoluta. Ponderou BEVILÁQUA[44], a propósito, que não se deve ter em vista, nesse caso, a aptidão para procriar, mas o desenvolvimento intelectual e o poder de adaptação às condições da vida social. O atual Código, de 2002, também considera que o ser humano, até atingir essa idade, não tem discernimento suficiente para dirigir sua vida e seus negócios e, por essa razão, deve ser representado na vida jurídica por seus pais, tutores ou curadores.

Alguns países, como a França, não fazem distinção entre incapacidade absoluta e relativa, deixando a critério do juiz verificar se o menor já atingiu ou não a idade do discernimento. Outros, como a Argentina, consideram absolutamente incapazes somente os menores de 14 anos. O Código Civil italiano, no entanto, faz cessar tal incapacidade aos dezoito anos, salvo casos especiais.

O Código Civil brasileiro em vigor, como visto, fixou em 16 anos a idade da maturidade relativa, e em dezoito a da maioridade, baseando-se naquilo que habitualmente acontece[45]. Todavia, se os jovens, hodiernamente, desenvolvem-se e amadurecem mais cedo – e por esse motivo a maioridade foi antecipada para os dezoito anos – talvez pela mesma razão devesse ser fixada em 14 anos a idade em que se finda a incapacidade absoluta[46].

---

[44] *Código Civil*, cit., obs. 2 ao art. 5º.

[45] Silvio Rodrigues, *Direito civil*, cit., v. 1, p. 43.

[46] O art. 7º, XXXIII, da Constituição Federal proíbe "trabalho noturno, perigoso ou insalubre aos menores de dezoito anos e de qualquer trabalho a menores de quatorze anos, salvo na condição de aprendiz".

7.2. Incapacidade relativa

A incapacidade relativa permite que o incapaz pratique atos da vida civil, desde que assistido por seu representante legal, sob pena de anulabilidade (CC, art. 171, I). Certos atos, porém, pode praticar sem a assistência de seu representante legal, como ser testemunha (art. 228, I), aceitar mandato (art. 666), fazer testamento (art. 1.860, parágrafo único), exercer empregos públicos para os quais não for exigida a maioridade (art. 5º, parágrafo único, III), casar (art. 1.517), ser eleitor, celebrar contrato de trabalho etc.

O art. 6º do Código de 1916 declarava incapazes, relativamente a certos atos, ou à maneira de os exercer: os maiores de 16 e os menores de 21 anos, os pródigos e os silvícolas. O atual Código reduziu a idade da maioridade, de 21 para 18 anos (art. 5º), e incluiu outros casos de incapacidade relativa, dispondo, no art. 4º:

"*Art. 4º São incapazes, relativamente a certos atos, ou à maneira de os exercer:*

I – os maiores de dezesseis e menores de dezoito anos;

II – os ébrios habituais, os viciados em tóxicos, e os que, por deficiência mental, tenham o discernimento reduzido;

III – os excepcionais, sem desenvolvimento mental completo;

IV – os pródigos.

Parágrafo único. A capacidade dos índios será regulada por legislação especial".

A Lei n. 13.146, de 6 de julho de 2015, (Estatuto da Pessoa com Deficiência), por sua vez, conferiu nova redação ao aludido art. 4º, *verbis:*

"*Art. 4º São incapazes, relativamente a certos atos ou à maneira de os exercer:*

I – os maiores de dezesseis e menores de dezoito anos;

II – os ébrios habituais e os viciados em tóxico;

III – aqueles que, por causa transitória ou permanente, não puderem exprimir sua vontade;

IV – os pródigos.

Por sua vez, o Estatuto da Criança e do Adolescente (Lei n. 8.069, de 13-7-1990) proclama que a criança e o adolescente "gozam de todos os direitos fundamentais inerentes à pessoa humana" (art. 3º), considerando "criança" a pessoa até doze anos de idade completos, e "adolescente" aquela entre 12 e 18 anos de idade.

Parágrafo único. A capacidade dos indígenas será regulada por legislação especial".

Como as pessoas supramencionadas já têm razoável discernimento, não ficam afastadas da atividade jurídica, podendo praticar determinados atos por si sós. Estes, porém, constituem exceções, pois elas devem estar assistidas por seus representantes, para a prática dos atos em geral, sob pena de anulabilidade. Estão em uma situação intermediária entre a capacidade plena e a incapacidade total.

7.2.1. Os maiores de 16 e menores de 18 anos

Os maiores de 16 e menores de 18 anos são os menores púberes do direito anterior. Já foi dito que podem praticar apenas determinados atos sem a assistência de seus representantes: aceitar mandato, ser testemunha, fazer testamento etc.[47]. Não se tratando desses casos especiais, necessitam da referida assistência, sob pena de anulabilidade do ato, se o lesado tomar providências nesse sentido e o vício não houver sido sanado.

O ordenamento jurídico não mais despreza a sua vontade. Ao contrário, a considera, atribuindo ao ato praticado pelo relativamente incapaz todos os efeitos jurídicos, desde que esteja assistido por seu representante[48].

Os referidos menores figuram nas relações jurídicas e delas participam pessoalmente, assinando documentos, se necessário. Contudo, não podem fazê-lo sozinhos, mas acompanhados, ou seja, assistidos por seu representante legal (pai, mãe ou tutor), assinando ambos os documentos concernentes ao ato ou negócio jurídico. Para propor ações judiciais também necessitam de assistência, devendo ser citados, quando figurarem como réus, juntamente com o respectivo assistente. Num e noutro casos, devem constituir procurador conjuntamente com este. Se houver conflito de interesse entre ambos, como na hipótese, por exemplo, em que o menor tenha necessidade de promover ação contra seu genitor, o juiz lhe dará curador especial (CC, art. 1.692).

---

[47] O menor de mais de 16 e menos de 18 anos pode, entre outros atos, além dos mencionados – aceitar mandato (CC, art. 666), ser testemunha em atos jurídicos (CC, art. 228, I), fazer testamento (CC, art. 1.860, parágrafo único) –, também exercer empregos públicos para os quais não for exigida a maioridade; com autorização, ser comerciante (CC, art. 5º, parágrafo único); casar-se, tanto o homem como a mulher; celebrar contrato de trabalho (CF, art. 7º, XXXIII; Lei n. 10.097/2000); ser eleitor, facultativamente (Código Eleitoral, art. 4º, CF, art. 14, § 1º, II, *c*).

[48] Silvio Rodrigues, *Direito civil*, cit., v. 1, p. 49.

Há no Código Civil um sistema de proteção dos incapazes. Para os absolutamente incapazes, a proteção é incondicional. Os maiores de 16 anos, porém, já tendo discernimento suficiente para manifestar a sua vontade, devem, em contrapartida, para merecê-la, proceder de forma correta. Preceitua, com efeito, o art. 180 do aludido diploma:

"*Art. 180. O menor, entre dezesseis e dezoito anos, não pode, para eximir-se de uma obrigação, invocar a sua idade se dolosamente a ocultou quando inquirido pela outra parte, ou se, no ato de obrigar-se, declarou-se maior*"[49].

Tendo que optar entre proteger o menor ou repelir a sua má-fé, o legislador preferiu a última solução, mais importante, protegendo assim a boa-fé do terceiro que com ele negociou. Exige-se, no entanto, que o erro da outra parte seja escusável. Se não houve malícia por parte do menor, anula-se o ato, para protegê-lo. Constituindo exceção pessoal, a incapacidade só pode ser arguida pelo próprio incapaz ou pelo seu representante legal. Por essa razão, dispõe o art. 105 do Código Civil que "*a incapacidade relativa de uma das partes não pode ser invocada pela outra em benefício próprio, nem aproveita aos cointeressados capazes, salvo se, neste caso, for indivisível o objeto do direito ou da obrigação comum*".

Como ninguém pode locupletar-se à custa alheia, determina-se a restituição da importância paga ao menor, se ficar provado que o pagamento nulo reverteu em seu proveito. Prescreve, com efeito, o art. 181 do Código Civil que "*ninguém poderá reclamar o que, por uma obrigação anulada, pagou a um incapaz, se não provar que reverteu em proveito dele a importância paga*".

O atual Código Civil reduziu o limite da menoridade, de 21 para 18 anos completos, permitindo que os pais emancipem os filhos menores que completarem 16 anos de idade. E, no art. 928, preceitua que o *incapaz* "*responde pelos prejuízos que causar, se as pessoas por ele responsáveis não tiverem obrigação de o fazer ou não dispuserem de meios suficientes*". Acrescenta o parágrafo único que a indenização prevista neste artigo, "*que deverá ser equitativa, não terá lugar se privar do necessário o incapaz ou as pessoas que dele dependem*".

---

[49] No mesmo sentido dispõe o art. 126 do Código Civil português de 1966, que cuida do dolo do menor:

"Art. 126. Não tem o direito de invocar a anulabilidade o menor que para praticar o ato tenha usado de dolo com o fim de se fazer passar por maior ou emancipado".

Desse modo, se a vítima não conseguir receber a indenização da pessoa encarregada de sua guarda, que continua responsável em primeiro plano (art. 932, I), poderá o juiz, mas somente se o incapaz for abastado, condená-lo ao pagamento de uma indenização equitativa. Adotou-se, pois, o princípio da responsabilidade *subsidiária* e *mitigada* dos incapazes.

Os portadores de deficiência, considerados pessoas capazes pela Lei n. 13.146/2015, responderão com seus próprios bens pelos danos que causarem a terceiros, afastada a responsabilidade solidária criada pelo aludido art. 928 do Código Civil.

7.2.2. Os ébrios habituais e os viciados em tóxico

O atual Código, valendo-se de subsídios da ciência médico-psiquiátrica, incluiu os ébrios habituais, os toxicômanos e os deficientes mentais de discernimento reduzido no rol dos *relativamente incapazes*. Estes últimos, todavia, foram excluídos do referido rol pela Lei n. 13.146, de 6-7-2015, que nele manteve apenas os dois primeiros.

Somente, porém, os alcoólatras ou dipsômanos (os que têm impulsão irresistível para beber) e os toxicômanos, isto é, os viciados no uso e nos dependentes de substâncias alcoólicas ou entorpecentes, se enquadram no inciso II do art. 4º. Os usuários eventuais que, por efeito transitório dessas substâncias, ficarem impedidos de exprimir plenamente sua vontade ajustam-se no art. 4º, III, do aludido diploma.

Os viciados em tóxico que venham a sofrer redução da capacidade de entendimento, dependendo do grau de intoxicação e dependência, poderão ser, excepcionalmente, colocados sob curatela pelo juiz, que procederá à graduação da medida, na sentença, conforme o nível de intoxicação e comprometimento mental (Lei n. 13.146/2015, art. 84 e parágrafos). Assim também procederá o juiz se a embriaguez houver evoluído para um quadro patológico, aniquilando a capacidade de autodeterminação do viciado.

O art. 1.772 do Código Civil foi alterado pela referida Lei n. 13.146/2015 e, posteriormente, pelo Código de Processo Civil, cujo art. 755 prescreve: "Na sentença que decretar a interdição, o juiz: I – nomeará curador, que poderá ser o requerente da interdição, e fixará os limites da curatela, segundo o estado e o desenvolvimento mental do interdito; II – considerará as características pessoais do interdito, observando suas potencialidades, habilidades, vontades e preferências".

7.2.3. Os que, por causa transitória ou permanente, não puderem exprimir sua vontade

A expressão, também genérica, não abrange as pessoas portadoras de doença ou deficiência mental permanentes, referidas no revogado inciso II do art. 3º do Código Civil, ou seja, os amentais, hoje considerados plenamente capazes, salvo se não puderem exprimir a sua vontade. Estes, bem como as demais pessoas que também não puderem, serão tratados como relativamente incapazes (CC, art. 4º, III), seja a causa *permanente* (doença mental) seja *transitória*, em virtude de alguma patologia (p. ex., arteriosclerose, excessiva pressão arterial, paralisia, embriaguez não habitual, uso eventual e excessivo de entorpecentes ou de substâncias alucinógenas, hipnose ou outras causas semelhantes, mesmo não permanentes).

É anulável, assim, o ato jurídico exercido pela pessoa de condição psíquica normal, mas que se encontrava completamente embriagada no momento em que o praticou e que, em virtude dessa situação transitória, não se encontrava em perfeitas condições de exprimir a sua vontade[50].

O atual Código, diversamente do diploma de 1916, não inseriu os *ausentes* no rol das pessoas absolutamente incapazes, dedicando-lhes capítulo próprio (arts. 22 a 39).

A surdo-mudez deixou também de ser causa autônoma de incapacidade. Os *surdos-mudos*, mesmo deficientes, são considerados pessoas plenamente capazes (Lei n. 13.146/2015, arts. 6º e 84).

7.2.4. Os pródigos

Pródigo é o indivíduo que dissipa o seu patrimônio desvairadamente. Na definição de Clóvis Beviláqua, "é aquele que, desordenadamente, gasta e destrói a sua fazenda"[51]. Na verdade, é o indivíduo que, por ser portador

---

[50] "Só estão incluídas nesse caso de incapacidade absoluta, embora temporária, as hipóteses que acarretam a impossibilidade de exprimir a vontade, à semelhança do que dispõe o art. 31 do Código das Obrigações da Polônia ('Est nulle la déclaration de volonté émise par une personne se trouvant en état d'inconscience ou atteinte d'un trouble même passager des facultés intellectuelles, trouble excluant la volonté consciente'). Não há, portanto, que se confundir tal situação com a incapacidade permanente dos ébrios habituais e dos viciados em tóxicos, a qual é relativa pela diminuição (e não supressão) da vontade acarretada por esses vícios..." (José Carlos Moreira Alves, *A Parte Geral*, cit., p. 129).

[51] *Teoria geral do direito civil*, p. 83.

de um defeito de personalidade, gasta imoderadamente, dissipando o seu patrimônio com o risco de reduzir-se à miséria.

Trata-se de um desvio da personalidade, comumente ligado à prática do jogo e à dipsomania (alcoolismo), e não, propriamente, de um estado de alienação mental. O pródigo só passará à condição de relativamente incapaz depois de declarado tal, em sentença de interdição.

Nem todos concordam em considerá-lo relativamente incapaz e sujeitá-lo à interdição, alegando que a nomeação de curador, privando-o de gerir os seus próprios bens como lhe convier, constitui violência à liberdade individual. No entanto, a curadoria do pródigo é tradicional no direito luso-brasileiro. O Código Civil português de 1966, todavia, optou por medida menos extrema, por entender que a sua anomalia não é de tal modo grave que justifique a sua interdição, sujeitando-o apenas à *inabilitação*, nomeando-se-lhe curador para administrar os seus bens, no todo ou em parte. Neste caso, haverá lugar à constituição do conselho de família (arts. 152 a 156).

Justifica-se a interdição do pródigo pelo fato de encontrar-se permanentemente sob o risco de reduzir-se à miséria, em detrimento de sua pessoa e de sua família, podendo ainda transformar-se num encargo para o Estado, que tem a obrigação de dar assistência às pessoas necessitadas.

A curatela do pródigo (CC, art. 1.767, V) pode ser promovida pelo cônjuge ou companheiro (CF, art. 226, § 3º; *JTJ*, Lex, 235/108), por qualquer parente ou tutor, pelo representante da entidade em que se encontra abrigado o interditando e pelo Ministério Público (CPC, art. 747).

Diferentemente do Código Civil de 1916, o atual não permite a interdição do pródigo para favorecer a seu cônjuge, ascendentes ou descendentes, mas sim para protegê-lo, não reproduzindo a parte final do art. 461 do diploma de 1916, que permitia o levantamento da interdição "não existindo mais os parentes designados no artigo anterior", artigo este que também não foi mantido.

Embora limitado, no sistema do diploma anterior, o elenco das pessoas legitimadas a requerer a interdição do pródigo, a jurisprudência admitia que o Ministério Público pudesse fazê-lo, excepcionalmente, quando o único interessado e legitimado fosse menor de idade. No sistema do atual Código, a legitimidade do Ministério Público decorre de sua posição de defensor dos interesses dos incapazes, visto que a interdição do pródigo visa agora protegê-lo, e de defensor dos interesses da sociedade e do Estado.

A interdição do pródigo só interfere em atos de *disposição e oneração do seu patrimônio*. Pode, inclusive, administrá-lo, mas ficará privado de praticar atos que possam desfalcá-lo, como "*emprestar, transigir, dar quitação, alienar, hipotecar, demandar ou ser demandado*" (CC, art. 1.782). Tais atos dependem da assistência do curador. Sem essa assistência, serão anuláveis (art. 171, I).

Não há limitações concernentes à *pessoa* do pródigo, que poderá viver como lhe aprouver, podendo votar, ser jurado, testemunha, fixar o domicílio do casal, autorizar o casamento dos filhos, exercer profissão que não seja a de comerciante e até casar, exigindo-se, somente neste último caso, a assistência do curador se celebrar pacto antenupcial que acarrete alteração em seu patrimônio.

7.2.5. Curatela de pessoas capazes (deficientes) e incapazes

7.2.5.1. O procedimento da curatela

O Estatuto da Pessoa com Deficiência (Lei n. 13.146/2015) inova ao admitir a interdição de pessoa capaz. Dispõe, com efeito, o § 1º do art. 84 da referida lei: "*Quando necessário, a pessoa com deficiência será submetida à curatela, conforme a lei*". A expressão "*quando necessário*" abrange aqueles que, por causa permanente ou transitória, não puderem exprimir sua vontade (CC, art. 4º, III).

Acrescenta o mencionado Estatuto:

"Art. 84, § 3º A definição de curatela de pessoa com deficiência constitui medida protetiva extraordinária, proporcional às necessidades e às circunstâncias de cada caso, e durará o menor tempo possível".

Por sua vez, proclama o art. 85, *caput*, que "*A curatela afetará tão somente os atos relacionados aos direitos de natureza patrimonial e negocial*", acrescentando, no § 2º, que "*A curatela constitui medida extraordinária, devendo constar da sentença as razões e motivações de sua definição, preservados os interesses do curatelado*".

Estão também sujeitos à curatela os *relativamente incapazes* mencionados no art. 1.767 do Código Civil, com as modificações introduzidas pela referida Lei n. 13.146/2015, quais sejam: "*Os ébrios habituais e os viciados em tóxico; aqueles que, por causa transitória ou permanente, não puderem exprimir sua vontade*; *e os pródigos*".

Tendo em vista que a pessoa com deficiência física se torna capaz ao completar 18 anos e não necessita de proteção especial nesse aspecto, estabeleceu-se que a pessoa com transtorno mental deve sofrer a mínima limitação possível no exercício de seus direitos de natureza patrimonial e negocial, considerando-se que a curatela é medida protetiva extraordinária, mantida pelo menor tempo possível. A jurisprudência firmou-se no sentido de que a pessoa com deficiência pode ser relativamente incapaz apenas para o exercício de direitos de natureza patrimonial e negocial, conforme consta do Estatuto da Pessoa com Deficiência, devendo-se, no entanto, delimitar com clareza os atos que não poderá exercer sem assistência do curador, vedando-se a interdição para todos os atos da vida civil[52].

O procedimento de curatela segue o rito estabelecido nos arts. 747 e s. do Código de Processo Civil, bem como as disposições da Lei dos Registros Públicos (Lei n. 6.015/73). É obrigatório o exame pessoal do interditando, em audiência, ocasião em que será minuciosamente interrogado pelo juiz "acerca de sua vida, negócios, bens, vontades, preferências e laços familiares e afetivos e sobre o que mais lhe parecer necessário para convencimento quanto à sua capacidade para praticar atos da vida civil, devendo ser reduzidas a termo as perguntas e respostas" (CPC, art. 751). É também obrigatória a nomeação de perito médico para proceder ao exame do interditando. É nulo o processo em que não se realizou o referido interrogatório ou não foi feito o exame pericial[53]. "A perícia pode ser realizada por equipe composta por expertos com formação multidisciplinar" (CPC, art. 753, § 1º).

A atuação do Ministério Público na ação de interdição que não foi por ele proposta será a de fiscal da lei (CPC, arts. 178, II, e 752, § 1º).

Decretada a interdição será nomeado curador ao interdito, sendo a sentença de natureza *declaratória* de uma situação ou estado anterior[54]. Sob a

---

[52] Eduardo Tomasevicius Filho. O entendimento jurisprudencial do Estatuto de Pessoa com Deficiência, *Revista Consultor Jurídico*, 30-10-2017.

[53] É nulo o processo se não for feito o exame pericial (*RT*, 785/226, 718/212, 715/133); mas o magistrado não está adstrito a ele (*RT*, 537/74; *RTJ*, 98/385). A lei "exige a realização de perícia médica em processo de interdição, sob pena de nulidade. A tarefa do perito consiste em apresentar laudo completo e circunstanciado da situação físico-psíquica do interditando, sob pena de o processo ser anulado" (Nelson Nery Junior e Rosa Maria de Andrade Nery, *Código de Processo Civil comentado*, p. 1066).

"Exame pessoal do interditando pelo juiz – Dispensa – Inadmissibilidade – Ato necessário, previsto em lei em prol do interditando. Tão importante é o interrogatório que o art. 1.181 do Código de Processo Civil determina que o juiz examine o interditando pessoalmente, 'interrogando-o *minuciosamente* acerca de sua vida...'" (TJSP, AgI 245.210.4-0-S. J. dos Campos, 3ª C. D. Privado). "Somente em casos especiais, de pessoas gravemente excepcionais, inexistente qualquer sinal de risco de fraude, poder-se-á, no interesse do interditando, dispensar o interrogatório" (*JTJ*, Lex, 179/166).

[54] Caio Mário da Silva Pereira, *Instituições*, cit., v. 1, p. 172.

ótica processual, alguns autores, no entanto, entendem que ela é constitutiva, porque os seus efeitos são *ex nunc*, verificando-se desde logo, embora sujeita a apelação (CPC, art. 724)[55]. Sustentam os aludidos autores que a declaração da incapacidade absoluta é feita na fundamentação da sentença e que a criação de uma situação nova, que sujeita o interdito à curatela, dá-se na parte dispositiva do *decisum*. Todavia, sob o aspecto do reconhecimento de uma situação de fato – a incapacidade relativa ou a deficiência como causa da interdição –, tem natureza declaratória, uma vez que, mesmo nas sentenças constitutivas, há uma declaração de certeza do direito preexistente, das condições necessárias e determinadas em lei para se criar nova relação, ou alterar a relação existente.

Assiste razão, portanto, a Maria Helena Diniz quando afirma que a sentença de interdição tem natureza mista, sendo, concomitantemente, constitutiva e declaratória: declaratória no sentido de "declarar a incapacidade de que o interditando é portador" e "ao mesmo tempo constitutiva de uma nova situação jurídica quanto à capacidade da pessoa que, então, será considerada legalmente interditada"[56].

Sustenta a mencionada civilista a possibilidade de se invalidar ato negocial, praticado por alienado mental antes da sua interdição, desde que se comprove, no processo de jurisdição voluntária a que se submeteu, a existência de sua insanidade, por ocasião da efetivação daquele ato. Nesse caso, a sentença de interdição produzirá efeito *ex tunc*. No seu entender, pois, a referida sentença terá efeitos pretéritos, isto é, retroagirá *ex tunc*, podendo tornar nulos ou anuláveis os atos anteriores a ela praticados pelo interditado, conforme for o seu grau de incapacidade[57].

Parece-nos, todavia, que a declaração de nulidade ou a anulação dos atos praticados anteriormente pelo interdito só pode ser obtida em ação autônoma, uma vez que o processo de interdição tem procedimento especial e se destina unicamente à decretação da interdição, com efeito *ex nunc*, não retro-operante. Nessa linha, decidiu o Tribunal de Justiça de São Paulo, ao nosso ver corretamente, que, "embora usual a fixação de data da incapacidade, até com retroação, a providência é inócua, desde que não faz coisa julgada e nem tem retroeficácia para alcançar atos anteriores praticados pelo interdito, cuja invalidade reclama comprovação exaustiva da incapacidade em cada ação autônoma"[58].

---

[55] Maria Helena Diniz, *Curso*, cit., v. 1, p. 219.

[56] *Curso*, cit., v. 1, p. 219.

[57] *Curso*, cit., v. 1, p. 220.

[58] *JTJ*, Lex, 212/104.

Esse também é o entendimento de PONTES DE MIRANDA, ao dissertar sobre a eficácia da sentença de interdição: "Quanto ao passado (o momento em que começou a anomalia psíquica), não tem eficácia a sentença de interdição, a despeito do elemento declarativo junto à força constitutiva. Isso não impede que em ação que não é a de interdição se alegue, por exemplo, que a pessoa estava louca quando assinou um cheque ou uma escritura particular ou mesmo pública"[59].

Em estudo sobre a eficácia da sentença de interdição por alienação mental, JOSÉ CARLOS BARBOSA MOREIRA afirma equivocado o entendimento que reconhece efeitos retroativos a tal pronunciamento judicial, aduzindo: "Ato praticado na própria véspera da interdição nem por isso se presume inválido: poderá o órgão judicial, no processo em que se discute a validade, apreciá-la livremente, à luz dos elementos de convicção que constem dos autos. Tal liberdade, ao nosso ver, o Juiz a terá inclusive quando a sentença de interdição, *ex abundantia*, haja de fato indicado a época do início da enfermidade mental. Não há cogitar, é óbvio, de vínculo resultante da coisa julgada: primeiro, tem-se de atender à circunstância de que o legislador de 1973 incluiu a interdição entre os procedimentos de jurisdição voluntária, nos quais, segundo a opinião dominante, não se forma a *res iudicata* no sentido material; além disso, de maneira alguma estariam sujeitos a ela terceiros estranhos ao processo de interdição, em face dos quais se viesse a discutir a validade de atos praticados anteriormente pelo interdito"[60].

O que se pode admitir é o aproveitamento, na ação declaratória de nulidade de ato praticado anteriormente pelo interdito, do laudo em que se fundar a sentença de interdição, se reconhecer a existência da incapacidade mental em período pretérito, como o fez o Supremo Tribunal Federal: "O laudo em que se fundar a sentença de interdição pode esclarecer o ponto, isto é, afirmar que a incapacidade mental do interdito *já existia* em período anterior, e o juiz do mérito da questão pode basear-se nisso para o fim de anular o ato jurídico praticado nesse período pelo interdito. Trata-se de interpretação de um laudo, peça de prova, a respeito de cuja valorização o juiz forma livre convencimento"[61].

---

[59] *Comentários ao Código de Processo Civil,* t. 16, p. 393-394.

[60] *Revista de Processo*, 43/14-18.

[61] *RTJ*, 83/425-433. *V.* ainda: "A sentença de interdição é oponível a todos para o futuro, e não pode atingir aqueles que contrataram com o incapaz, máxime na ausência de notoriedade de seu estado" (*RT*, 493/130). "Pretendendo o apelante provar incapacidade

Para assegurar a sua eficácia *erga omnes*, a sentença "será inscrita no registro de pessoas naturais e imediatamente publicada na rede mundial de computadores, no sítio do tribunal a que estiver vinculado o juízo e na plataforma de editais do Conselho Nacional de Justiça, onde permanecerá por 6 (seis) meses, na imprensa local, 1 (uma) vez, e no órgão oficial, por 3 (três) vezes, com intervalo de 10 (dez) dias, constando do edital os nomes do interdito e do curador, a causa da interdição, os limites da curatela e, não sendo total a interdição, os atos que o interdito poderá praticar autonomamente" (CPC, art. 755, § 3º).

É anulável o ato praticado pelo incapaz depois dessas providências. É possível, no entanto, pronunciar-se a anulabilidade do negócio realizado pelo relativamente incapaz ou deficiente, mesmo antes da decretação judicial de sua interdição, desde que provada a sua incapacidade ou deficiência, como já dito. A diferença é que, se o ato foi praticado antes da sentença de interdição, a decretação da anulabilidade dependerá da produção de prova inequívoca da incapacidade.

Preleciona, com efeito, CAIO MÁRIO DA SILVA PEREIRA, antes das modificações introduzidas pela Lei n. 13.146/2015, que, "enquanto não apurada a demência pela via legal, a loucura é uma *circunstância de fato* a ser apreciada em cada caso, e, verificada a participação do alienado em um negócio jurídico, poderá ser este declarado inválido. Existe, contudo, diferença de tratamento: pronunciada a interdição, ocorre a pré-constituição da prova da insanidade, dispensando-se qualquer outra para fundamentar a invalidade; não pronunciada, cumpre ao interessado demonstrar a enfermidade, sua extensão, e a coincidência com o ato incriminado"[62].

Esse é também o pensamento de PONTES DE MIRANDA, que assim o expõe: "A única diferença entre a época anterior e a atual da interdição ocorre apenas quanto à prova da nulidade do ato praticado. Para os atos anteriores, é necessário provar que então já subsistia a causa da incapacidade.

---

anterior à curadoria, tendo em vista negócio praticado sob estado de insanidade, faz-se-lhe mister propor ação contra quem de direito, provando aquela, em tal qual ato jurídico" (*RT*, 489/76).

"Para resguardo da boa-fé de terceiros e segurança do comércio jurídico, o reconhecimento da nulidade dos atos praticados anteriormente à sentença de interdição reclama prova inequívoca, robusta e convincente da incapacidade do contratante" (STJ, REsp 9.077/RS, 4ª T., rel. Min. SÁLVIO DE FIGUEIREDO, j. 25-2-1992, *DJU*, 30-3-1992, p. 3.992).

[62] *Instituições*, cit., v. 1, p. 172-173.

Os atos posteriores, praticados na constância da interdição, levam consigo, sem necessidade de prova, a eiva da nulidade[63].

Como é a incapacidade relativa e não a sentença de interdição que determina o estado da pessoa, sustentam alguns que, estando ele provado, é sempre inválido o ato praticado pelo relativamente incapaz ou deficiente, antes da interdição. Outra corrente, porém, inspirada no direito francês, entende que deve ser respeitado o direito do terceiro de boa-fé, que contrata com o relativamente incapaz ou deficiente sem saber de sua situação. Para essa corrente somente é inválido o ato praticado pelo deficiente ou relativamente incapaz se o seu estado era notório, isto é, de conhecimento público.

O Superior Tribunal de Justiça, todavia, tem proclamado a invalidade mesmo que a incapacidade ou deficiência seja desconhecida da outra parte e só protegido o adquirente de boa-fé com a retenção do bem até a devolução do preço pago, devidamente corrigido, e a indenização das benfeitorias[64].

O art. 503 do Código Civil francês dispõe que os "atos anteriores à interdição poderão ser anulados, se a causa da interdição existia notoriamente à época em que tais fatos foram praticados"[65]. Malgrado o nosso ordenamento não possua regra semelhante, a jurisprudência a tem aplicado

---

[63] *Direito de família*, v. 3, § 295.

[64] "A decretação da nulidade do ato jurídico praticado pelo incapaz não depende da sentença de interdição. Reconhecida pelas instâncias ordinárias a existência da incapacidade, impõe-se a decretação da nulidade, protegendo-se o adquirente de boa-fé com a retenção do imóvel até a devolução do preço pago, devidamente corrigido, e a indenização das benfeitorias, na forma de precedente da Corte" (REsp 296.895, 3ª T., rel. Min. Menezes Direito, *DJU*, 6-5-2004). No mesmo sentido: "Nulidade de compra e venda em face da 'insanidade mental' de uma das partes (CC, art. 5º, II), ainda que o fato seja desconhecido da outra. Hipótese, todavia, em que o *status quo ante* só será restabelecido quando os herdeiros do incapaz restituírem o montante do preço recebido, corrigido monetariamente, bem assim indenizarem as benfeitorias úteis, sob pena de enriquecimento sem causa" (REsp 38.353, 3ª T., rel. Min. Ari Pargendler, *DJU*, 1º-3-2001).

[65] Igualmente, o art. 150º do Código Civil português de 1966 manda aplicar aos atos anteriores à publicidade da ação de interdição o disposto acerca da incapacidade acidental. Esta é disciplinada no art. 257, que assim dispõe: "1. A declaração negocial feita por quem, devido a qualquer causa, se encontrava acidentalmente incapacitado de entender o sentido dela ou não tinha o livre exercício da sua vontade é anulável, desde que o fato seja notório ou conhecido do declaratário. 2. O fato é notório, quando uma pessoa de normal diligência o teria podido notar".

em inúmeros casos, por considerar demasiado severa para com os terceiros de boa-fé, que negociaram com o interdito, ignorando sua condição, a tese de que o negócio por este celebrado é sempre inválido, esteja interditado ou não.

Silvio Rodrigues aplaude a solução, que não destoa da lei e prestigia a boa-fé nos negócios, afirmando que devem, assim, "prevalecer os negócios praticados pelo amental não interditado quando a pessoa que com ele contratou ignorava e carecia de elementos para verificar que se tratava de um alienado". Entretanto, aduz, "se a alienação era notória, se o outro contratante dela tinha conhecimento, se podia, com alguma diligência, apurar a condição de incapaz, ou, ainda, se da própria estrutura do negócio ressaltava que seu proponente não estava em seu juízo perfeito, então o negócio não pode ter validade, pois a ideia de proteção à boa-fé não mais ocorre"[66].

Embora comum o pedido de interdição de pessoa idosa, a velhice ou senilidade, por si só, não é causa de limitação da capacidade, salvo se motivar um estado patológico que afete o estado mental e, em consequência, prive o interditando do necessário discernimento para gerir os seus negócios ou cuidar de sua pessoa. Neste caso, a incapacidade advém do estado psíquico e não da velhice[67].

7.2.5.2. A tomada de decisão apoiada

O Código Civil previa a possibilidade de ser decretada a interdição do enfermo ou portador de deficiência física, a seu requerimento, ou, na impossibilidade de fazê-lo, de qualquer das pessoas a que se refere o art. 1.780, "para cuidar de todos ou alguns de seus negócios ou bens".

Não era requisito a falta de discernimento ou a impossibilidade de manifestação da vontade pelo curatelando. Bastava a condição de enfermo ou deficiente físico aliada ao propósito de ter um curador. Tal modalidade de curatela somente tinha utilidade quando o paciente, por enfermidade ou deficiência física, estava impossibilitado de outorgar mandato a procurador de sua confiança, para os fins mencionados, como sucede com o indivíduo que não consegue assinar a procuração ou se encontra no CTI

[66] *Direito civil*, cit., p. 46-7.

[67] Caio Mário da Silva Pereira, *Instituições*, cit., v. 1, p. 173; Maria Helena Diniz, *Curso*, cit., v. 1, p. 178.

do hospital, impossibilitado fisicamente de constituir procurador (por se encontrar em estado de coma ou inconsciente há longo tempo, p. ex.), estando a família necessitada de retirar dinheiro de agência bancária para pagamento das despesas, ou para atender a necessidades urgentes, ou ainda para ultimar negócios inadiáveis.

O referido art. 1.780 do Código Civil foi expressamente revogado pelo art. 123, VII, do Estatuto da Pessoa com Deficiência (Lei n. 13.146/2015), que trata da nova figura denominada "Tomada de Decisão Apoiada". O art. 1.783-A do Código Civil, criado pelo Estatuto em apreço e que supre a mencionada revogação, ampliando o seu âmbito, dispõe que "*A tomada de decisão apoiada é o processo pelo qual a pessoa com deficiência elege pelo menos 2 (duas) pessoas idôneas, com as quais mantenha vínculos e que gozem de sua confiança, para prestar-lhe apoio na tomada de decisão sobre atos da vida civil, fornecendo-lhe os elementos e informações necessários para que possa exercer sua capacidade*".

O referido dispositivo aplica-se aos casos de pessoas que possuem algum tipo de deficiência, mas *podem, todavia, exprimir a sua vontade*. O caso típico é o do portador da Síndrome de Down, que o torna uma pessoa deficiente, mas não acarreta, necessariamente, impedimento para a manifestação da vontade. Neste caso, não se justifica a classificação dessa pessoa como relativamente incapaz, sujeita à curatela.

A Tomada de Decisão Apoiada constitui, destarte, um terceiro gênero (o de pessoas que apresentam alguma deficiência física ou mental, mas podem exprimir a sua vontade e por essa razão podem se valer do benefício da Tomada de Decisão Apoiada), ao lado das pessoas não portadoras de deficiência e, portanto, plenamente capazes, e das pessoas com deficiência e incapazes de exprimir a sua vontade, sujeitas, desse modo, à curatela.

"*O pedido de tomada de decisão apoiada será requerido pela pessoa a ser apoiada, com indicação expressa das pessoas aptas a prestarem o apoio previsto no* caput *deste artigo*" (art. 1.783-A, § 2º, do CC).

8. A situação jurídica dos índios

O Código Civil de 1916 referia-se aos índios utilizando o vocábulo "silvícolas", com o significado de habitantes das selvas, não integrados à civilização. Considerava-os relativamente incapazes, sujeitando-os, para protegê-los, ao regime tutelar estabelecido em leis e regulamentos especiais, o qual cessaria à medida que se fossem adaptando à civilização do País (art. 6º).

O Decreto n. 5.484, de 27 de junho de 1928, foi o primeiro diploma a regulamentar o regime tutelar dos índios, distinguindo entre os silvícolas nômades, aldeados e os pertencentes aos centros civilizados. Seguiram-se o Decreto-Lei n. 736, de 6 de abril de 1936; o Decreto n. 10.652, de 16 de outubro de 1942; a Lei n. 5.371/67; a Lei n. 6.001, de 19 de dezembro de 1973, denominada "Estatuto do Índio"; o Decreto n. 76.999, de 8 de janeiro de 1976; e o Decreto n. 88.118, de 1983[68].

O atual Código Civil mudou a denominação dos habitantes das selvas para *índios*, compatibilizando-a com a Constituição Federal, que a eles dedicou um capítulo especial (arts. 231 a 232), reconhecendo "sua organização social, costumes, línguas, crenças e tradições, e os direitos originários sobre as terras que tradicionalmente ocupam, competindo à União demarcá-las, proteger e fazer respeitar todos os seus bens". Compete privativamente à União legislar sobre "populações indígenas" (CF, art. 22, XIV). A Lei n. 13.146, de 6 de julho de 2015 (Estatuto da Pessoa com Deficiência), por sua vez, ao dar nova redação ao parágrafo único do art. 4º do Código Civil, preferiu o termo "*indígenas*".

O estatuto civil em vigor afastou-se do sistema do Código Beviláqua, remetendo a disciplina normativa dos índios para a legislação especial, não mais os classificando como relativamente incapazes. Preceitua, com efeito, o art. 4º, parágrafo único, que a "*capacidade dos índios será regulada por legislação especial*".

O diploma legal que atualmente regula a situação jurídica dos indígenas no País é a Lei n. 6.001, de 19 de dezembro de 1973, que dispõe sobre o Estatuto do Índio, proclamando que ficarão sujeitos à tutela da União, até se adaptarem à civilização. Referida lei considera *nulos* os negócios celebrados entre um índio e pessoa estranha à comunidade indígena, sem a participação da Fundação Nacional do Índio (Funai), enquadrando-o, pois, como *absolutamente* incapaz. Entretanto, declara que se considerará válido tal ato se o índio revelar consciência e conhecimento do ato praticado e, ao mesmo tempo, tal ato não o prejudicar. Nesse ponto, revogou tacitamente

---

[68] Antônio Chaves, Índio-I, *Enciclopédia Saraiva do Direito*, v. 43, p. 445-448.

o parágrafo único do art. 6º, III, do Código de 1916, que o considerava relativamente incapaz[69].

No sistema atual, poderá o juiz, por exemplo, julgar improcedente ação declaratória de nulidade de negócio jurídico, celebrado pelo índio já adaptado à civilização e que ainda não tomou a providência de emancipar-se, considerando-o válido diante das circunstâncias, especialmente em razão da vantagem por ele obtida, tendo a ação sido proposta de má-fé pela outra parte, invocando a incapacidade do índio em benefício próprio.

A Fundação Nacional do Índio foi criada pela Lei n. 5.371/67 para exercer a tutela dos indígenas, em nome da União. A Lei dos Registros Públicos (Lei n. 6.015, de 31-12-1973) estabelece, no art. 50, § 2º, que os "índios, enquanto não integrados, não estão obrigados a inscrição do nascimento. Este poderá ser feito em livro próprio do órgão federal de assistência aos índios". Desse modo, a Funai poderá manter um cadastro de toda a população indígena do País.

A tutela dos índios constitui espécie de tutela estatal e origina-se no âmbito administrativo. O que vive nas comunidades não integradas à civilização já nasce sob tutela. É, portanto, independentemente de qualquer medida judicial, incapaz desde o nascimento, até que preencha os requisitos exigidos pelo art. 9º da Lei n. 6.001/73 (idade mínima de 21 anos, conhecimento da língua portuguesa, habilitação para o exercício de atividade útil à comunidade nacional, razoável compreensão dos usos e costumes da comunhão nacional) e seja liberado por ato judicial, diretamente, ou por ato da Funai homologado pelo órgão judicial[70].

A redução da idade em que se atinge a maioridade, no atual Código Civil, para 18 anos, não afeta a exigência de idade mínima de 21 anos contida no Estatuto do Índio, por se tratar de lei especial.

Poderá o Presidente da República, por decreto, declarar a emancipação de uma comunidade indígena e de seus membros. Competente para cuidar das questões referentes aos índios é a Justiça Federal.

Os índios são classificados em: *isolados*, quando vivem em grupos desconhecidos; *em vias de integração*, quando em contato intermitente ou permanente com grupos estranhos, conservando condições de vida nativa, mas aceitando algumas práticas e modos de existência comuns aos demais

---

[69] Roberto João Elias, *Tutela civil*: regimes legais e realização prática, p. 57, n. 90.

[70] Roberto João Elias, *Tutela*, cit., p. 69, n. 113 e 114.

setores da comunhão nacional, da qual dependem cada vez mais para seu sustento; e *integrados*, quando incorporados à comunhão nacional e reconhecidos no pleno exercício dos direitos civis, mesmo que conservem usos, costumes e características de sua cultura.

Há de observar-se que a legislação brasileira dá tratamento especial ao índio, enquanto este não se integrar à comunhão nacional, posto que, uma vez ocorrida a integração, o índio é um brasileiro como todos os demais, não tendo influência sua origem numa comunidade indígena[71].

A tutela do índio não integrado à comunhão nacional tem a finalidade de protegê-lo, à sua pessoa e aos seus bens. Além da assistência da Funai, o Ministério Público Federal funcionará nos processos em que haja interesse dos índios e, inclusive, proporá as medidas judiciais necessárias à proteção de seus direitos (CF, art. 129, V). Por essa razão, não compartilhamos da opinião de Gervásio Leite, favorável a uma emancipação total dos índios, julgando ser melhor para eles se libertarem da tutela, visto que os órgãos criados para esta finalidade jamais conseguiram cumprir sua missão[72]. A melhor solução consiste em dotar os referidos órgãos dos recursos materiais e humanos necessários à consecução desse fim.

9. Modos de suprimento da incapacidade

Prescrevia o art. 84 do Código de 1916: “As pessoas absolutamente incapazes serão representadas pelos pais, tutores, ou curadores em todos os atos jurídicos; as relativamente incapazes, pelas pessoas e nos atos que este Código determina”.

O atual diploma não contém dispositivo semelhante, mas inovou, dedicando um capítulo específico aos preceitos gerais sobre a representação legal e a voluntária (arts. 115 a 120). Preceitua o art. 115 que os “*poderes de representação conferem-se por lei ou pelo interessado*”. E o art. 120 aduz: “*Os requisitos e os efeitos da representação legal são os estabelecidos nas normas respectivas; os da representação voluntária são os da Parte Especial deste Código*”. Esta última é disciplinada no capítulo concernente ao mandato, uma vez que, em nosso sistema jurídico, a representação é da essência desse contrato (cf. art. 653).

---

71 Antônio Chaves, O índio, *RF*, 264/35-6.

72 A emancipação do índio, *Revista de Informação Legislativa do Senado Federal*, n. 60, p. 159.

Desse modo, os requisitos e os efeitos da representação legal encontram-se nas normas respectivas. Dispõe, com efeito, o art. 1.634, VII, do Código Civil que compete aos pais, na qualidade de detentores do poder familiar, quanto à pessoa dos filhos menores, "*...VII – representá-los, até aos dezesseis anos, nos atos da vida civil, e assisti-los, após essa idade, nos atos em que forem partes, suprindo-lhes o consentimento*". Essa regra é repetida no art. 1.690: "*Compete aos pais, e na falta de um deles ao outro, com exclusividade, representar os filhos menores de dezesseis anos, bem como assisti-los até completarem a maioridade ou serem emancipados*".

No que concerne aos menores sob tutela, dispõe o art. 1.747, I, do Código Civil, que compete ao tutor "*representar o menor, até os dezesseis anos, nos atos da vida civil, e assisti-lo, após essa idade, nos atos em que for parte*". O aludido dispositivo aplica-se também, *mutatis mutandis*, aos curadores e aos curatelados, por força do art. 1.774 do mesmo diploma, que determina a aplicação, à curatela, das disposições concernentes à tutela.

A incapacidade absoluta acarreta a proibição total, pelo incapaz, do exercício do direito. Fica ele inibido de praticar qualquer ato jurídico ou de participar de qualquer negócio jurídico. Estes serão praticados ou celebrados pelo representante legal do absolutamente incapaz, sob pena de nulidade (art. 166, I).

A incapacidade relativa permite que o incapaz pratique atos da vida civil, desde que assistido por seu representante legal, sob pena de anulabilidade (art. 171, I). Certos atos, porém, pode praticar sem a assistência deste, como visto no n. 7.2, *retro*. Quando necessária a assistência, ambos participam do ato: o relativamente incapaz e seu representante. Se necessário for assinar algum documento, ambos o assinarão. Se faltar a assinatura de um deles, o ato será anulável.

10. Sistema de proteção aos incapazes

O Código Civil contém um sistema de proteção aos incapazes. Em vários dispositivos constata-se a intenção do legislador em protegê-los, a começar pelos transcritos no item anterior. Com efeito, importante proteção jurídica dos hipossuficientes realiza-se por meio da representação e da assistência, que lhes dá a necessária segurança, quer em relação à sua pessoa, quer em relação ao seu patrimônio, possibilitando o exercício de seus direitos[73].

73 Maria Helena Diniz, *Curso*, cit., v. 1, p. 205.

O curador, por exemplo, exerce um *munus* público, visto que a curatela é um instituto de interesse público[74] destinado à proteção dos maiores que: a) por causa transitória ou permanente, não puderem exprimir sua vontade; b) apresentarem embriaguez habitual e dependência de tóxico; c) forem pródigos ou nascituros (CC, arts. 1.767 e 1.779).

Há outras medidas tutelares que integram o referido sistema de proteção, especialmente nos capítulos concernentes ao poder familiar, à tutela, à prescrição, às nulidades e outros. Destacam-se as seguintes: 1) não corre a prescrição contra os absolutamente incapazes (art. 198, I); 2) o mútuo feito a menor não pode ser reavido (art. 588), salvo nos casos do art. 589; 3) pode o menor ou o interdito recobrar dívida de jogo, que voluntariamente pagou (art. 814, *in fine*); 4) ninguém pode reclamar o que, por uma obrigação anulada, pagou a um incapaz, se não provar que reverteu em proveito dele a importância paga (art. 181); 5) partilha em que há incapazes não pode ser convencionada amigavelmente (art. 2.015)[75].

Perde, porém, a referida proteção o menor, entre dezesseis e dezoito anos, que proceder de forma incorreta, ocultando dolosamente a sua idade, ou declarando-se maior, no ato de obrigar-se (art. 180). Nessa linha, poderão, ainda, os incapazes em geral ser responsabilizados civilmente, subsidiária e equitativamente, pela prática de atos ilícitos lesivos a terceiros (art. 928).

Também o art. 1.692 do Código Civil contém expressiva regra de proteção aos menores: "*Sempre que no exercício do poder familiar colidir o interesse dos pais com o do filho, a requerimento deste ou do Ministério Público o juiz lhe dará curador especial*".

O novel diploma prevê, nesse particular, no art. 119, outra hipótese de anulabilidade, ao proclamar: "*É anulável o negócio concluído pelo representante em conflito de interesses com o representado, se tal fato era ou devia ser do conhecimento de quem com aquele tratou*". O parágrafo único estabelece o prazo de decadência de cento e oitenta dias, a contar da conclusão do negócio ou da cessação da incapacidade, para pleitear-se a anulação. O dispositivo protege, também, a boa-fé do terceiro, ao exigir, para a configuração da anulabilidade, o conhecimento, de sua parte, do aludido conflito de interesses.

---

[74] Washington de Barros Monteiro, *Curso de direito civil*: direito de família, 32. ed., v. 2, p. 330.

[75] Maria Helena Diniz, *Curso*, cit., v. 1, p. 226.

No direito romano, maior era a proteção jurídica concedida aos incapazes. Admitia-se o benefício de restituição (*restitutio in integrum*), que consiste na possibilidade de se anular o negócio válido, mas que se revelou prejudicial ao incapaz. Segundo Beviláqua, trata-se de "benefício concedido aos menores e às pessoas que se lhes equiparam, a fim de poderem anular quaisquer outros atos válidos sob outros pontos de vista, nos quais tenham sido lesadas"[76].

Se, porventura, o genitor alienasse bem imóvel pertencente ao menor, com observância de todos os requisitos legais, inclusive autorização judicial, mesmo assim o negócio poderia ser anulado se se apurasse, posteriormente, que o incapaz acabou prejudicado (pela valorização do imóvel, por exemplo, em razão de um fato superveniente).

Como tal benefício representava um risco à segurança dos negócios e à própria economia, não foi acolhido pelo Código Civil de 1916, que proclamava, de forma categórica, no art. 8º: "Na proteção que o Código Civil confere aos incapazes não se compreende o benefício de restituição". O nosso ordenamento jurídico rechaçou, portanto, o aludido benefício, que igualmente não é previsto no Código de 2002.

Malgrado o atual diploma não contenha dispositivo semelhante ao supratranscrito art. 8º, a impossibilidade de se anular um negócio válido somente para se beneficiar o menor, sem que tenha havido qualquer causa de nulidade ou de anulabilidade, decorre do próprio sistema jurídico, bem como da assimilação desse princípio pela doutrina e pela jurisprudência.

Hoje, portanto, se o negócio foi validamente celebrado, observados os requisitos da representação e da assistência e autorização judicial, quando necessária, não se poderá pretender anulá-lo se, posteriormente, revelar-se prejudicial ao incapaz.

11. Cessação da incapacidade

Cessa a incapacidade desaparecendo os motivos que a determinaram. Assim, por exemplo, quando a causa é a menoridade, desaparece pela *maioridade* e pela *emancipação*.

---

[76] *Teoria*, cit., p. 90.

11.1. Maioridade

A maioridade começa aos 18 anos completos, tornando-se a pessoa apta para as atividades da vida civil que não exigirem limite especial, como as de natureza política[77]. Cessa a menoridade (art. 5º, *caput*) no primeiro momento do dia em que o indivíduo perfaz os 18 anos. Se nascido no dia 29 de fevereiro de ano bissexto, completa a maioridade no dia 1º de março. Se se ignora a data do nascimento, necessário se torna o exame médico. Na dúvida, porém, pende-se pela capacidade (*in dubio pro capacitate*)[78].

O limite de 18 anos foi adotado também no Código Civil português de 1966 (arts. 122 e 130, com a redação dada pelo Dec.-Lei n. 496, de 25-11-1977), no Código Civil italiano, no Código Civil argentino (art. 126, na redação que lhe deu a Lei n. 17.711, de 22-4-1968) e em várias legislações modernas, mas não encontra correspondência em diversos sistemas jurídicos, visto decorrer de mera opção legislativa e não de algum critério científico. Assim, por exemplo, a plenitude da capacidade civil é alcançada, no direito suíço, aos 20 anos (CC, art. 14); no alemão (CC, art. 2º), aos 21; no espanhol, aos 23 (CC, art. 320); no chileno, aos 25 (CC, art. 266).

O critério é unicamente etário: leva-se em conta somente a idade, mesmo havendo, em determinados casos, maturidade precoce. Não há diferença de tratamento em relação ao sexo, aplicando-se o mesmo limite ao homem e à mulher.

Essa capacidade de natureza civil não deve ser confundida com a disciplinada em leis especiais, como a capacidade eleitoral, que hoje se inicia, facultativamente, aos 16 anos (CF, art. 14, § 1º, II, *c*; Código Eleitoral, art. 4º), nem com a idade limite para o serviço militar (17 anos, para fins de alistamento e prestação do serviço militar, segundo o art. 73 da Lei n. 4.375/64, reproduzido no Dec. n. 57.654/66) ou com a prevista no Estatuto da Criança e do Adolescente (Lei n. 8.069, de 13-7-1990, art. 2º, parágrafo único) para a aplicação de suas normas às pessoas entre 18 e 21 anos de idade, nos casos expressos em lei e excepcionalmente. Igualmente não deve ser confundida com a idade em que tem início a responsabilidade penal. Se esta vier a ser antecipada para os 16 anos, como pretendem alguns, em nada tal redução afetará a maioridade civil, que permanecerá regida por dispositivo específico do Código Civil.

---

[77] *V.* Constituição Federal, art. 14, § 3º, alínea *a,* que fixa a idade mínima de 35 anos para Presidente, Vice-Presidente da República e Senador.

[78] Washington de Barros Monteiro, *Curso*, cit., v. 1, p. 66.

No direito anterior, a maioridade civil era atingida aos 21 anos. O atual Código antecipou-a para 18 anos, ensejando a equiparação com a maioridade criminal, trabalhista e eleitoral. Entendeu o legislador que os jovens de hoje amadurecem mais cedo, em decorrência das circunstâncias da vida contemporânea, como os modernos meios de comunicação, incluindo-se os recursos da informática, que conduzem a uma precoce formação cultural e a uma prematura experiência de vida. Desse modo, aos 18 anos os jovens passaram a responder civilmente pelos danos causados a terceiros, ficando autorizados a praticar validamente todos os atos da vida civil sem a assistência de seu representante legal, como adotar uma criança, por exemplo, desde que sejam 16 anos mais velhos que o adotado (art. 1.618).

Os críticos da aludida antecipação apegam-se à complexidade da vida moderna, argumentando que a fixação de um limite maior de idade não visa senão proteger os interesses daquele que, em razão da pouca experiência de vida, pode ter o seu patrimônio e as suas relações jurídicas desprovidas da necessária tutela.

Com efeito, em contraposição às eventuais vantagens que possam advir da antecipação da maioridade civil para 18 anos, como a uniformização, equiparando-a à maioridade penal e outras, bem como a dispensa da assistência do representante legal para a prática dos atos da vida civil, já mencionadas, alguns inconvenientes podem ser apontados. O Ministério Público, por exemplo, já não intervém nas ações que envolvem interesses de menores de 21 anos, que completaram 18, na condição de curador e defensor dos interesses do incapaz. Cessa para estes, também, nessa idade, em regra, o direito de continuar recebendo pensão alimentícia[79].

11.2. Emancipação

Clóvis define emancipação como a aquisição da capacidade civil antes da idade legal[80]. Consiste, desse modo, na antecipação da aquisição da capacidade de fato ou de exercício (aptidão para exercer, por si só, os atos da vida civil). Pode decorrer de concessão dos pais ou de sentença do juiz, bem como de determinados fatos a que a lei atribui esse efeito.

---

[79] Carlos Roberto Gonçalves, Inovações do Projeto do Código Civil, *Rev. da Escola Paulista de Magistratura,* n. 4, 1998, p. 44-46.

[80] *Código Civil*, cit., obs. ao art. 9º.

Dispõe o parágrafo único do art. 5º do Código Civil em vigor que cessará, para os menores, a incapacidade:

"I – pela concessão dos pais, ou de um deles na falta do outro, mediante instrumento público, independentemente de homologação judicial, ou por sentença do juiz, ouvido o tutor, se o menor tiver dezesseis anos completos;

II – pelo casamento;

III – pelo exercício de emprego público efetivo;

IV – pela colação de grau em curso de ensino superior;

V – pelo estabelecimento civil ou comercial, ou pela existência de relação de emprego, desde que, em função deles, o menor com dezesseis anos completos tenha economia própria".

O menor, sendo emancipado, deixa de ser incapaz. Porém, segundo o Enunciado n. 530, aprovado na VI Jornada de Direito Civil, "A emancipação, por si só, não elide a incidência do Estatuto da Criança e do Adolescente".

Conforme a sua causa ou origem, a emancipação pode ser de três espécies: voluntária, judicial e legal.

11.2.1. Emancipação voluntária

A emancipação *voluntária* é a concedida pelos pais, se o menor tiver 16 anos completos (art. 5º, parágrafo único, I). No Código de 1916, a maioridade era atingida aos 21 anos e os pais só podiam emancipar filhos que já tivessem completado 18 anos. A emancipação *judicial* é a deferida por sentença, ouvido o tutor, em favor do tutelado que já completou 16 anos. E a emancipação *legal* é a que decorre de determinados fatos previstos na lei, como consta do dispositivo legal retrotranscrito.

A emancipação *voluntária* decorre de ato unilateral dos pais, reconhecendo ter seu filho maturidade necessária para reger sua pessoa e seus bens e não necessitar mais da proteção que o Estado oferece ao incapaz. Só pode conceder emancipação quem esteja na titularidade do poder familiar, uma vez que sua concessão é atributo deste[81]. Não constitui direito do menor, que não tem o direito de exigi-la nem de pedi-la judicialmente, mas benesse concedida pelos genitores. Com efeito, a lei fala em *concessão* dos pais, e em *sentença* do juiz no caso do menor sob tutela, que pressupõe o exame, pelo magistrado, dos motivos ensejadores do pedido.

---

[81] Silvio Rodrigues, *Direito civil*, cit., v. 1, p. 55-56; Caio Mário da Silva Pereira, *Instituições*, cit., v. 1, p. 183.

A outorga do benefício deve ser feita por ambos os pais[82], ou por um deles na falta do outro. A impossibilidade de qualquer deles participar do ato, por se encontrar em local ignorado ou por outro motivo relevante, deve ser devidamente justificada. Se divergirem entre si, a divergência deverá ser dirimida pelo juiz. Este somente decidirá qual vontade deve prevalecer. A concessão continuará sendo dos pais, se o juiz decidir em favor da outorga.

Quanto à *forma*, é expressamente exigido o *instrumento público*, independentemente de homologação judicial (art. 5º, parágrafo único, I)[83].

Tal espécie de emancipação só não produz, segundo a jurisprudência, inclusive a do Supremo Tribunal Federal[84], o efeito de isentar os pais da obrigação de indenizar as vítimas dos atos ilícitos praticados pelo menor emancipado, para evitar emancipações maliciosas. Entende-se que os pais não podem, por sua exclusiva vontade, retirar de seus ombros responsabilidade ali colocada pela lei. Essa afirmação só se aplica, pois, às emancipações voluntariamente outorgadas pelos pais, não às demais espécies.

A emancipação só deve ser outorgada pelos pais em função do interesse do menor. Por essa razão, pode ser anulada se ficar comprovado que aqueles só praticaram o ato para exonerar-se do dever alimentar. Washington de Barros Monteiro extraiu da jurisprudência várias hipóteses em que se entendeu que deve ser denegada: "*a*) se através dela se colima outro fim que não o interesse do emancipado; *b*) se este não possui necessário discernimento para reger sua pessoa e administrar seus bens; *c*) se o mesmo não

[82] Malgrado no Código de 1916 somente o pai podia conceder a emancipação (a mãe só poderia fazê-lo se aquele fosse morto), a Lei dos Registros Públicos (Lei n. 6.015/73) já havia, no art. 89, alterado esse sistema, proclamando que a emancipação seria concedida por ato "dos pais". Posteriormente, essa modificação foi sacramentada pela Constituição Federal, quando dispôs sobre a isonomia entre os cônjuges no casamento.

[83] No direito anterior já entendiam alguns autores que a emancipação deveria ser concedida por instrumento público, para dar maior segurança ao ato. No entanto, não havia nenhum dispositivo de lei que exigisse essa forma. Ao contrário: o art. 90 da Lei n. 6.015/73 admitia o instrumento particular. Hoje, com a entrada em vigor do Código Civil de 2002, não há mais lugar para essa discussão, pois o novo diploma exige expressamente o instrumento público.

[84] "Ainda que o filho menor púbere seja emancipado, o pai, não obstante, é responsável pela reparação do dano por ele causado" (*RTJ*, 62/108). "A emancipação por outorga dos pais não exclui, por si só, a responsabilidade decorrente de atos ilícitos do filho" (*RSTJ*, 115/275). "Não é nulo, mas ineficaz, o ato da emancipação em face de terceiros e do menor. Desavém ao pai utilizá-la para descartar-se da responsabilidade pelos atos do filho menor na idade em que os riscos se maximizam" (*RT*, 639/172). Ainda no mesmo sentido: *RT*, 494/92; *JTACSP*, Revista dos Tribunais, 102/79.

fundamenta o pedido e ignora fatos essenciais sobre seus haveres, como a qualidade e quantidade; *d*) se requerida a emancipação com exclusiva finalidade de liberar bens clausulados até a maioridade"[85].

A emancipação, em qualquer de suas formas, é irrevogável. Não podem os pais, que voluntariamente emanciparam o filho, voltar atrás. Irrevogabilidade, entretanto, não se confunde com invalidade do ato (nulidade ou anulabilidade decorrente de coação, p. ex.), que pode ser reconhecida na ação anulatória.

11.2.2. Emancipação judicial

A única hipótese de emancipação judicial, que depende de sentença do juiz, é a do menor sob tutela que já completou 16 anos de idade. Entende o legislador que tal espécie deve ser submetida ao crivo do magistrado, para evitar emancipações destinadas apenas a livrar o tutor dos ônus da tutela e prejudiciais ao menor, que se encontra sob influência daquele, nem sempre satisfeito com o encargo que lhe foi imposto. O tutor, desse modo, não pode emancipar o tutelado.

O procedimento é o previsto nos arts. 719 e s. do Código de Processo Civil (cf. art. 725, I). Requerida a emancipação, serão "citados todos os interessados, bem como intimado o Ministério Público, nos casos do art. 178, para que se manifestem, querendo, no prazo de 15 (quinze) dias". Provando o menor que tem capacidade para reger sua pessoa e seus bens, o juiz concederá a emancipação, por sentença, depois de verificar a conveniência do deferimento para o bem do incapaz, formando livremente o seu convencimento sem a obrigação de seguir o critério da legalidade estrita (CPC, art. 723, parágrafo único). A emancipação só deve ser concedida em consideração ao interesse do menor[86].

As emancipações *voluntária* e *judicial* devem ser registradas em livro próprio do 1º Ofício do Registro Civil da comarca do domicílio do menor, anotando-se também, com remissões recíprocas, no assento de nascimento (CC, art. 9º, II; LRP, art. 107, § 1º). *Antes do registro, não produzirão efeito* (LRP, art. 91, parágrafo único). Quando concedida por sentença, deve o juiz comunicar, de ofício, a concessão ao oficial do Registro Civil. A emancipação *legal* (casamento, emprego público etc.) independe de registro e produzirá efeitos desde logo, isto é, a partir do ato ou do fato que a provocou.

---

[85] *Curso*, cit., p. 68.

[86] Silvio Rodrigues, *Direito civil*, cit., p. 56.

11.2.3. Emancipação legal

A emancipação legal decorre, como já mencionado, de determinados acontecimentos a que a lei atribui esse efeito. O primeiro deles é o *casamento*.

O casamento válido produz o efeito de emancipar o menor (art. 5º, parágrafo único, II). Se a sociedade conjugal logo depois se dissolver pela viuvez ou pela separação judicial, não retornará ele à condição de incapaz. O casamento nulo, entretanto, não produz nenhum efeito (art. 1.563). Proclamada a nulidade, ou mesmo a anulabilidade[87], o emancipado retorna à situação de incapaz, salvo se o contraiu de boa-fé. Nesse caso, o casamento será putativo em relação a ele e produzirá todos os efeitos de um casamento válido, inclusive a emancipação (art. 1.561).

O casamento acarreta o fim da incapacidade civil como natural consequência da constituição da família. Não é razoável que a sociedade doméstica seja administrada por um estranho, isto é, pelo pai ou tutor, porque um de seus membros é incapaz. Aquele que assume a responsabilidade do casamento e constitui a própria família não deve, pois, simultaneamente permanecer submetido à autoridade alheia[88].

A idade mínima para o casamento do homem e da mulher é 16 anos, com autorização dos representantes legais (art. 1.517). Excepcionalmente, porém, será permitido o casamento de quem não alcançou a idade núbil, mediante suprimento judicial de idade, para evitar imposição ou cumprimento de pena criminal, em crimes contra os costumes, por exemplo, ou em caso de gravidez, segundo dispõe o art. 1.520 do Código Civil. A Lei n. 11.106, de 28 de março de 2005, porém, revogou, além de outros

---

[87] O casamento anulável produz todos os efeitos enquanto não anulado por decisão judicial transitada em julgado. Até então tem validade resolúvel, que se tornará definitiva se decorrer o prazo decadencial sem que tenha sido ajuizada ação anulatória. Porém, a sentença que anula o casamento tem efeitos retroativos, considerando-se os cônjuges como se jamais o tivessem contraído. Produz efeitos iguais à decretação da nulidade, desfazendo o matrimônio como se nunca houvesse existido, salvo caso de putatividade.

Pontes de Miranda afirma, com efeito, que a anulação do casamento "produz efeitos iguais à decretação da nulidade, salvo onde a lei civil abriu explícita exceção" (*Tratado de direito privado*, v. 8, § 823, n. 1, p. 7). Assim, ficam como não ocorridos os efeitos que de um casamento válido decorreriam. Tal como o nulo, não há o efeito de antecipação da maioridade pela emancipação, salvo caso de putatividade. Nesse mesmo sentido, manifestam-se Clóvis Beviláqua, Antunes Varela, José Lamartine Corrêa de Oliveira, dentre outros (Carlos Roberto Gonçalves, Coleção Sinopses Jurídicas, *Direito de família*, 2019, v. 2, p. 53).

[88] Caio Mário da Silva Pereira, *Instituições*, cit., v. 1, p. 183-184; Silvio Rodrigues, *Direito civil*, cit., v. 1, p. 57; Washington de Barros Monteiro, *Curso*, cit., v. 1, p. 68.

dispositivos, o inciso VII do art. 107 do Código Penal. Com isso, o casamento deixou de evitar a imposição ou o cumprimento de pena criminal nos crimes contra os costumes de *ação penal pública*. Nesses delitos, a parte inicial do aludido art. 1.520 do Código Civil de 2002, que permitia o casamento de quem não atingiu a idade núbil, com o fim de evitar a imposição ou o cumprimento de pena criminal, deixou de fazer sentido, não tendo mais como produzir efeitos. Assim, emancipa-se a jovem que tem a sua idade suprida pelo juiz, na hipótese de gravidez, e se casa com menos de 16 anos de idade, afirmou SILVIO RODRIGUES[89].

Posteriormente, entretanto, em 13 de março de 2019, foi publicada no *Diário Oficial da União* a Lei n. 13.811/2019, que altera o art. 1.520 do Código Civil, para impossibilitar, *em qualquer caso* (inclusive, portanto, no caso de gravidez), o casamento de menores de 16 anos. O referido dispositivo legal passou a vigorar com a seguinte redação:

"Art. 1.520. Não será permitido, em qualquer caso, o casamento de quem não atingiu a idade núbil, observado o disposto no art. 1.517 deste Código".

As regras sobre capacidade constantes da Parte Geral do Código Civil são de caráter geral e sucumbem ante regras especiais. Desse modo, por exemplo, a jovem que se casava com 14 ou 15 anos de idade, antes da vigência da mencionada Lei n. 13.811/2019, mediante alvará judicial de suprimento de idade, não poderia, mesmo emancipada, obter logo título de eleitora, porque o Código Eleitoral exige, para tanto, idade mínima de 16 anos. Da mesma forma, não poderia receber carteira de habilitação para dirigir automóveis, pois a idade mínima exigida pelo Código de Trânsito Brasileiro é 18 anos. Pelo mesmo motivo poderia ter o seu ingresso obstado em locais que, segundo o Estatuto da Criança e do Adolescente, só podem ser frequentados por maiores de 18 anos.

Decidiu o Tribunal de Justiça do Rio Grande do Sul que o fato de conviver em união estável não é motivo para conceder emancipação à jovem menor de apenas 15 anos de idade. Afinal, afirmou o relator, esse regime de união se equipara ao casamento somente para a finalidade de constituir família[90].

No tocante ao *exercício de emprego público efetivo,* malgrado dominante a corrente que exige tratar-se de emprego efetivo, afastando os interinos, contratados, diaristas, mensalistas etc., têm algumas decisões abrandando o rigor da lei, entendendo que deve prevalecer o *status* de servidor público,

---

[89] Silvio Rodrigues, *Direito civil*, cit., v. 1, p. 57.

[90] Ap. 70.042.308.163, 7ª C. Cív., rel. Des. VASCONCELLOS CHAVES, j. 29-6-2011.

qualquer que seja o serviço ou a função administrativa e o modo de sua investidura. O fato de ter sido admitido no serviço público já denota maturidade e discernimento, máxime quando a simples existência de relação de emprego, com estabelecimento de economia própria, é hoje suficiente para a emancipação (art. 5º, parágrafo único, V).

A regra inspira-se na ideia de que, "se o próprio Poder Público reconhece no indivíduo a maturidade para representá-lo, ainda que numa área pequena de sua atividade, incompreensível seria continuar a tratá-lo como incapaz"[91].

Pondera Vicente Ráo que o texto legal não deve ser interpretado restritivamente, para só admitir a emancipação quando o menor exercer em caráter efetivo cargo público de provimento efetivo, mas também quando o exercer em comissão, ou interinamente, ou por estágios, pois estes modos de provimento não se confundem com as missões, as funções, as comissões e os encargos meramente transitórios. Aduz o renomado jurista que o menor se emancipa sempre que adquirir o *status* de servidor público, exercendo constantemente qualquer serviço ou função administrativa, seja qual for o modo de sua investidura[92].

Entende Sílvio de Salvo Venosa que, "diferentemente da situação do casamento, se o funcionário exonerar-se ou for demitido do cargo público, deixa de prevalecer a cessação da incapacidade. Esta só é concedida em razão de o funcionário 'exercer' o cargo público, ressalvando-se os direitos de terceiros"[93].

Parece-nos, todavia, que não se deve dar ao texto em questão a referida interpretação gramatical. A expressão "exercício de emprego público efetivo" não tem, *permissa venia*, a extensão que lhe foi dada, significando apenas que o menor tomou posse em emprego público efetivo. Não se compreende que o Estado, depois de reconhecer que o agente público tem maturidade suficiente para representá-lo, e por isso o emancipou, venha a tratá-lo posteriormente como incapaz porque pediu exoneração do cargo que ocupava, como se tivesse perdido o siso ou o amadurecimento anteriormente reconhecido. Eventual burla ou fraude praticada pelo menor, em conluio com suposto empregador, será reprimida pela anulação da emancipação.

Preleciona, com efeito, Caio Mário da Silva Pereira que, "*em qualquer caso* a emancipação é irrevogável, e, uma vez concedida, habilita o beneficiado para os atos civis" (grifo nosso). Silvio Rodrigues, por sua vez, diz

---

[91] Silvio Rodrigues, *Direito civil*, cit., v. 1, p. 58.

[92] *O direito e a vida dos direitos*, reedição, 1960, v. 1, p. 95.

[93] *Curso*, cit., p. 183.

que a emancipação cria uma "situação irreversível"[94]. Embora estivessem comentando outras hipóteses, os mencionados autores não abriram nenhuma exceção, nem mesmo quando cuidaram da emancipação pelo exercício de cargo público efetivo.

Esse modo de emancipação constava do Código Civil de 1916 e do projeto do atual diploma. E se justificava plenamente, porque a maioridade começava aos 21 anos de idade. No entanto, tendo havido, à última hora, emenda para reduzi-la para 18 anos, que acabou aprovada, não mais se justifica a sua manutenção, por ter-se tornado inócuo. Passou despercebido o reflexo de tal mudança neste capítulo. Aos 18 anos, hoje, as pessoas já são maiores e capazes. E é essa a idade mínima exigida para se ingressar no funcionalismo público, em caráter efetivo, como exige a lei. Dificilmente esta admitirá o acesso, nessas condições, ao maior de 16 e menor de 18 anos.

A *colação de grau em curso de ensino superior*, e o *estabelecimento civil ou comercial*, ou a *existência de relação de emprego*, desde que, em função deles, o menor com 16 anos completos tenha economia própria, justificam a emancipação, por demonstrar maturidade própria do menor, afastando, nas duas últimas hipóteses, as dificuldades que a subordinação aos pais acarretaria, na gestão dos negócios, ou no exercício do emprego particular, ao mesmo tempo em que tutela o interesse de terceiros, que de boa-fé com eles estabeleceram relações comerciais.

Dificilmente uma pessoa consegue colar grau em curso de nível superior com menos de 18 anos de idade, a não ser os gênios, que se submeteram a procedimento especial para avaliação dessa circunstância junto ao Ministério da Educação. Raramente, também, alguém consegue estabelecer-se civil ou comercialmente antes dos 18 anos. O Código Comercial exigia essa idade mínima, para o exercício do comércio. O Código Civil de 2002 diz que "*podem exercer a atividade de empresário os que estiverem em pleno gozo da capacidade civil e não forem legalmente impedidos*" (art. 972). Essa capacidade, segundo dispõe o art. 5º, parágrafo único, V, do novo diploma, ora em estudo, pode ser antecipada, desde que o menor, em função dessa atividade, "tenha economia própria".

A economia própria, segundo Rubens Requião, corresponde ao estado econômico de independência do menor, que decorre da propriedade de bens

[94] *Instituições*, cit., v. 1, p. 183; *Direito civil*, cit., v. 1, p. 58.

que ele adquire proveniente do seu trabalho, de herança não administrável pelo pai, ou alguma doação ou legado, nessas condições. Tendo a disposição desses bens e se estabelecendo, em exercício profissional do comércio, o menor adquire plena capacidade[95]. Já decidiu o Tribunal de Justiça de São Paulo que "não pratica comércio com economia própria menor que se estabelece em razão de sucessão *causa mortis*, por não se encontrar essa hipótese contemplada e elencada entre as causas previstas na lei"[96].

A Lei n. 12.399, de 1º de abril de 2011, acrescenta o § 3º ao art. 974 do Código Civil, para dispor que o Registro Público de Empresas Mercantis a cargo das Juntas Comerciais "*deverá registrar contratos ou alterações contratuais de sociedade que envolva sócio incapaz, desde que atendidos, de forma conjunta, os seguintes pressupostos: I – o sócio incapaz não pode exercer a administração da sociedade; II – o capital social deve ser totalmente integralizado; III – o sócio relativamente incapaz deve ser assistido e o absolutamente incapaz deve ser representado por seus representantes legais*".

A possibilidade do menor com 16 anos completos se emancipar pela existência de *relação de emprego*, desde que, em função dele, tenha economia própria, constitui inovação do Código de 2002, que pode aumentar consideravelmente o número de pessoas emancipadas, pois não se exige que o menor seja registrado como empregado, admitindo-se, pois, a relação de emprego informal. Serão beneficiados, por exemplo, os jovens cantores, atores de rádio e televisão, praticantes de esporte profissional e outros, que precocemente se destacarem profissionalmente, conseguindo manter economia própria.

Para existir relação de emprego capaz de emancipar o menor entre 16 e 18 anos de idade é necessário que não se trate de trabalho eventual, devendo o empregado prestar serviços de forma constante e regular ao empregador, com subordinação hierárquica, ou jurídica, mediante contraprestação.

EXTINÇÃO DA PERSONALIDADE NATURAL

Sumário: 12. Modos de extinção. 12.1. Morte real. 12.2. Morte simultânea ou comoriência. 12.3. Morte civil. 12.4. Morte presumida.

---

[95] *Direito comercial*, v. 1, p. 86.

[96] *RT*, 723/323.

12. Modos de extinção

Preceitua o art. 6º do Código Civil que "*a existência da pessoa natural termina com a morte; presume-se esta, quanto aos ausentes, nos casos em que a lei autoriza a abertura de sucessão definitiva*".

Somente com a morte real termina a existência da pessoa natural, que pode ser também simultânea (comoriência). Doutrinariamente, pode-se falar em: morte real, morte simultânea ou comoriência, morte civil e morte presumida.

12.1. Morte real

A morte real é apontada no art. 6º do Código Civil como responsável pelo término da existência da pessoa natural. A sua prova faz-se pelo atestado de óbito[97] ou por ação declaratória de morte presumida, sem decretação de ausência (art. 7º), podendo, ainda, ser utilizada a *justificação de óbito* prevista no art. 88 da Lei dos Registros Públicos (Lei n. 6.015/73), quando houver certeza da morte em alguma catástrofe, não sendo encontrado o corpo do falecido.

A morte real – que ocorre com o diagnóstico de paralisação da atividade encefálica, segundo o art. 3º da Lei n. 9.434/97, que dispõe sobre o transplante de órgãos – extingue a capacidade e dissolve tudo (*mors omnia solvit*), não sendo mais o morto sujeito de direitos e obrigações. Acarreta a extinção do poder familiar, a dissolução do vínculo matrimonial, a abertura da sucessão, a extinção dos contratos personalíssimos, a extinção da obrigação de pagar alimentos, que se transfere aos herdeiros do devedor (CC, art. 1.700) etc.

Lembra, todavia, WASHINGTON DE BARROS MONTEIRO, que "não é completo o aniquilamento do *de cujus* pela morte. Sua vontade sobrevive por meio do testamento. Ao cadáver é devido respeito, havendo no Código Penal dispositivos que reprimem crimes contra os mortos (arts. 209 a 212). Militares e servidores públicos podem ser promovidos *post mortem* e aquinhoados com medalhas e condecorações. A falência pode ser decretada,

[97] Lei dos Registros Públicos, art. 77: "Nenhum sepultamento será feito sem certidão do oficial de registro do lugar do falecimento, extraída após a lavratura do assento de óbito, em vista do atestado de médico, se houver no lugar, ou, em caso contrário, de duas pessoas qualificadas que tiverem presenciado ou verificado a morte".

embora morto o comerciante (Dec. Lei n. 7.661, de 21-6-1945, art. 3º, n. I e art. 9º, n. I). Por fim, existe a possibilidade de reabilitar-se a memória do morto"[98].

12.2. Morte simultânea ou comoriência

A comoriência é prevista no art. 8º do Código Civil. Dispõe este que, se dois ou mais indivíduos falecerem na mesma ocasião (não precisa ser no mesmo lugar), não se podendo averiguar qual deles morreu primeiro, "*presumir-se-ão simultaneamente mortos*". Idêntica solução encontra-se no Código alemão (art. 20), no novo Código italiano e no Código português de 1966 (art. 8º, n. 2).

Alguns países, todavia, adotaram outros critérios. O direito romano estabelecia uma variedade de presunções que complicavam a solução. Acontece o mesmo com o direito francês. Ambos, baseados em fatores arbitrários, presumem que a mulher morre mais cedo do que o homem, que o mais velho morre antes do mais novo etc., chegando a entrar em detalhes sobre as diversas situações que podem ocorrer.

No entanto, não há base científica para essas presunções. Se a morte é causada pelo mesmo evento, não há motivo para que se estabeleça uma presunção de sobrevivência em razão do laço de parentesco, do sexo ou da idade. Melhor, portanto, a solução do nosso direito[99].

Quando duas pessoas morrem em determinado acidente, somente interessa saber qual delas morreu primeiro se uma for herdeira ou beneficiária da outra. Do contrário, inexiste qualquer interesse jurídico nessa pesquisa.

O principal efeito da presunção de morte simultânea é que, não tendo havido tempo ou oportunidade para a transferência de bens entre os comorientes, um não herda do outro. Não há, pois, transferência de bens e direitos entre comorientes. Por conseguinte, se morrem em acidente casal sem descendentes e ascendentes, sem se saber qual morreu primeiro, um não herda do outro. Assim, os colaterais da mulher ficarão com a meação dela, enquanto os colaterais do marido ficarão com a meação dele[100].

---

[98] *Curso*, cit., v. 1, p. 72.

[99] Caio Mário da Silva Pereira, *Instituições*, cit., v. 1, p. 150.

[100] "Falecendo no mesmo acidente o segurado e o beneficiário e inexistindo prova de que a morte não foi simultânea, não haverá transmissão de direitos entre os dois, sendo inadmissível, portanto, o pagamento do valor do seguro aos sucessores do beneficiário. É preciso que o beneficiário exista ao tempo do sinistro" (*RT*, 587/121).

Essa presunção, todavia, é relativa e poderá ser afastada por laudo médico ou outra prova segura do momento da morte real (cf. TJSP, Apel. 9179145-82.2008.8.26.0000, 25ª Câm. Dir. Priv., rel. Des. Hugo Crepaldi, j. 20-6-2012). Diversa seria a solução se houvesse prova de que um faleceu pouco antes do outro. O que viveu um pouco mais herdaria a meação do outro e, por sua morte, a transmitiria aos seus colaterais. O diagnóstico científico do momento exato da morte, modernamente representado pela paralisação da atividade cerebral, circulatória e respiratória, só pode ser feito por médico legista. Se este não puder estabelecer o exato momento das mortes, porque os corpos se encontram em adiantado estado de putrefação, por exemplo, presumir-se-á a morte simultânea, com as consequências já mencionadas. A situação de dúvida que o art. 8º pressupõe é a incerteza invencível[101].

Tendo em vista, porém, que "o juiz apreciará livremente a prova" (CPC, art. 371), cumpre-lhe, em primeiro plano, "de ofício ou a requerimento das partes, determinar as provas necessárias ao julgamento do mérito" (CPC, art. 370), ou seja, apurar, pelos meios probatórios regulares, desde a inquirição de testemunhas até os processos científicos empregados pela medicina legal, se alguma das vítimas precedeu na morte às outras. Na falta de um resultado positivo, vigora a presunção da simultaneidade da morte, sem se atender a qualquer ordem de precedência, em razão da idade ou do sexo.

12.3. Morte civil

A morte civil existiu na Idade Média, especialmente para os condenados a penas perpétuas e para os que abraçavam a profissão religiosa, permanecendo recolhidos, e que permaneceu até a Idade Moderna. As referidas pessoas eram privadas dos direitos civis e consideradas mortas para o mundo. Embora vivas, eram tratadas pela lei como se mortas fossem. Foi, porém, sendo abolida pelas legislações, não logrando sobreviver no direito moderno[102].

[101] "A presunção legal de comoriência estabelecida quando houver dúvida sobre quem morreu primeiro só pode ser afastada ante a existência de prova inequívoca de premoriência" (*RT*, 639/62). "Por ser uma presunção relativa, a comoriência pode ser devidamente afastada quando existirem provas suficientes a atestar que a morte de uma das vítimas antecedeu às demais, especialmente através da colheita dos testemunhos daqueles que presenciaram o sinistro. No caso, é imperioso o afastamento da presunção legal de morte simultânea, ante a ampla e bem conduzida instrução processual que resultou em robusta prova da pré-morte do genitor em relação aos filhos" (TJPR, Ac. 1.234.978-3, rel. Des. Ivanise Martins, j. 15-4-2015).

[102] Caio Mário da Silva Pereira, *Instituições*, cit., v. 1, p. 148; Washington de Barros Monteiro, *Curso*, cit., v. 1, p. 70.

Pode-se dizer que há um resquício da morte civil no art. 1.816 do Código Civil, que trata o herdeiro, afastado da herança, como se ele "*morto fosse antes da abertura da sucessão*". Mas somente para afastá-lo da herança. Conserva, porém, a personalidade, para os demais efeitos. Também na legislação militar pode ocorrer a hipótese de a família do indigno do oficialato, que perde o seu posto e respectiva patente, perceber pensões, como se ele houvesse falecido (Dec.-Lei n. 3.038, de 10-2-1941).

12.4. Morte presumida

A morte presumida pode ser com ou sem declaração de ausência. Presume-se a morte, quanto aos ausentes, nos casos em que a lei autoriza a abertura de *sucessão definitiva* (CC, art. 6º, 2ª parte). O art. 37 permite que os interessados requeiram a *sucessão definitiva* e o levantamento das cauções prestadas dez anos depois de passada em julgado a sentença que concede a abertura da sucessão provisória. Pode-se, ainda, requerer a *sucessão definitiva*, provando-se que o ausente conta 80 anos de idade, e que de cinco datam as últimas notícias dele (art. 38).

A declaração de ausência, ou seja, de que o ausente desapareceu de seu domicílio sem dar notícia de seu paradeiro e sem deixar um representante, produz efeitos patrimoniais, permitindo a abertura da sucessão provisória e, depois, a definitiva. Na última hipótese, constitui causa de dissolução da sociedade conjugal, nos termos do art. 1.571, § 1º.

Prescreve, com efeito, o aludido dispositivo legal que "*o casamento válido só se dissolve pela morte de um dos cônjuges ou pelo divórcio, aplicando-se a presunção estabelecida neste Código quanto ao ausente*". Se este estiver vivo e aparecer, depois de presumida a sua morte e aberta a sucessão definitiva, com a dissolução da sociedade conjugal, e seu cônjuge houver contraído novo matrimônio, prevalecerá o último, diferentemente do que ocorre no direito italiano, que declara nulo o segundo casamento se o ausente retorna, sendo considerado, porém, casamento putativo, gerando todos os efeitos civis.

A solução do Código Civil brasileiro mostra-se melhor, pois a esposa, em virtude da ausência, já constituiu nova família, sendo desarrazoado dissolvê-la para tentar restabelecer uma ligação já deteriorada pelo tempo.

A lei que concedeu anistia às pessoas que perderam os seus direitos políticos por terem participado da Revolução de 1964 (Lei n. 6.683, de 28-8-1979) abriu uma exceção, permitindo aos familiares daqueles que desapareceram e os corpos não foram encontrados a propositura de ação de declaração de ausência para todos os efeitos, inclusive pessoais, sendo a sentença irrecorrível.

O art. 7º do Código Civil permite a declaração de morte presumida, para todos os efeitos, *sem decretação de ausência*:

"I – se for extremamente provável a morte de quem estava em perigo de vida;

II – se alguém, desaparecido em campanha ou feito prisioneiro, não for encontrado até dois anos após o término da guerra.

Parágrafo único. A declaração da morte presumida, nesses casos, somente poderá ser requerida depois de esgotadas as buscas e averiguações, devendo a sentença fixar a data provável do falecimento".

Quando os parentes requerem apenas a declaração de ausência, para que possam providenciar a abertura da sucessão provisória e, depois, a definitiva (CC, art. 22), não estão pretendendo que se declare a morte do ausente, mas apenas que ele se encontra desaparecido e não deixou representante para cuidar de seus negócios. Na hipótese do art. 7º retrotranscrito, pretende-se, ao contrário, que se declare a morte que se supõe ter ocorrido, *sem decretação de ausência.* Em ambos os casos, a sentença declaratória de ausência e a de morte presumida serão registradas em registro público (CC, art. 9º, IV).

Dispõe o Enunciado n. 614 da VIII Jornada de Direito Civil: "Os efeitos patrimoniais da presunção de morte posterior à declaração da ausência são aplicáveis aos casos do art. 7º, de modo que, se o presumivelmente morto reaparecer nos dez anos seguintes à abertura da sucessão, receberá igualmente os bens existentes no estado em que se acharem".

A Lei dos Registros Públicos (Lei n. 6.015/73, art. 88) prevê um procedimento de justificação, destinado a suprir a falta do atestado de óbito, que não pode ser fornecido pelo médico em razão de o corpo do falecido não ter sido encontrado. Preceitua, com efeito, a referida lei:

"Art. 88. Poderão os juízes togados admitir justificação para o assento de óbito de pessoas desaparecidas em naufrágio, inundação, incêndio, terremoto ou qualquer outra catástrofe, quando estiver provada a sua presença no local do desastre e não for possível encontrar-se o cadáver para exame.

Parágrafo único. Será também admitida a justificação no caso de desaparecimento em campanha, provados a impossibilidade de ter sido feito o registro nos termos do art. 85 e os fatos que convençam da ocorrência do óbito".

O procedimento a ser observado, nesse caso, é o previsto nos arts. 381 e s. do Código de Processo Civil, específico para a justificação da existência de algum fato ou relação jurídica (cf. § 5º).

O Código Civil amplia, no art. 7º, I e II, as hipóteses de morte presumida, usando expressão genérica: "*Quem estava em perigo de vida*". Desse modo, abrange não somente aqueles que desapareceram em alguma catástrofe, como também os que estavam *em perigo de vida* decorrente de qualquer situação, sendo extremamente provável a sua morte. Nesse caso, somente poderá ser requerida a declaração de morte presumida "*depois de esgotadas as buscas e averiguações, devendo a sentença fixar a data provável do falecimento*".

INDIVIDUALIZAÇÃO DA PESSOA NATURAL

13. Modos de individualização

Já se disse que o homem é um ser gregário por natureza. Não vive isolado, mas em grupos, por uma necessidade natural de convivência e para alcançar melhores resultados no trabalho e na produção. Desse convívio nascem as relações jurídicas, negociais e familiares principalmente. É essencial que os sujeitos dessas diversas relações sejam individualizados, perfeitamente identificados, como titulares de direitos e deveres na ordem civil. Essa identificação interessa não só a eles, mas também ao Estado e a terceiros, para maior segurança dos negócios e da convivência familiar e social.

Os principais elementos individualizadores da pessoa natural são: o *nome*, designação que a distingue das demais e a identifica no seio da sociedade; o *estado*, que indica a sua posição na família e na sociedade política; e o *domicílio*, que é a sua sede jurídica.

13.1. Nome

O vocábulo "nome", como elemento individualizador da pessoa natural, é empregado em sentido amplo, indicando o nome completo. Integra a personalidade, individualiza a pessoa não só durante a sua vida como também após a sua morte, e indica a sua procedência familiar. No dizer de JOSSERAND, o nome é uma etiqueta colocada sobre cada um de nós; ele dá a chave da pessoa toda inteira[103].

13.1.1. Conceito

Nome é a designação ou sinal exterior pelo qual a pessoa identifica-se no seio da família e da sociedade. WASHINGTON DE BARROS MONTEIRO o considera a expressão mais característica da personalidade, o elemento inalienável e imprescritível da individualidade da pessoa, não se concebendo, na vida social, ser humano que não traga um nome[104]. Consoante a lição de LIMONGI FRANÇA, nome é "a designação pela qual se identificam e distinguem as pessoas naturais, nas relações concernentes ao aspecto civil da sua vida jurídica"[105].

Destacam-se, no estudo do nome, um aspecto público e um aspecto individual.

O *aspecto público* decorre do fato de o Estado ter interesse em que as pessoas sejam perfeita e corretamente identificadas na sociedade pelo nome, e, por essa razão, disciplina o seu uso na Lei dos Registros Públicos (Lei n. 6.015/73), proibindo a alteração do prenome, salvo exceções expressamente admitidas (art. 58) e o registro de prenomes suscetíveis de expor ao ridículo os seus portadores (art. 55, parágrafo único).

O aspecto *individual* consiste no direito ao nome, no poder reconhecido ao seu possuidor de por ele designar-se e de reprimir abusos cometidos por terceiros[106]. Preceitua, com efeito, o art. 16 do Código Civil que "*toda pessoa tem direito ao nome, nele compreendidos o prenome e o sobrenome*". Esse direito abrange o de usá-lo e de defendê-lo contra usurpação, como no caso de direito autoral, e contra exposição ao ridículo. O uso desses direitos é protegido mediante ações, que podem ser propostas independentemente da ocorrência de dano material, bastando que haja interesse moral.

---

[103] *Cours de droit civil positif français*, v. 1, n. 207 e s.; Caio Mário da Silva Pereira, *Instituições*, cit., v. 1, p. 155; Washington de Barros Monteiro, *Curso*, cit., v. 1, p. 88.

[104] *Curso*, cit., v. 1, p. 88.

[105] *O nome civil das pessoas naturais*, p. 22.

[106] Caio Mário da Silva Pereira, *Instituições*, cit., v. 1, p. 156; Maria Helena Diniz, *Curso*, cit., v. 1, p. 240.

Têm dupla finalidade as ações relativas ao uso do nome: a) a *retificação*, para que seja preservado o verdadeiro; b) a *contestação*, para que terceiro não use o nome, ou o não exponha ao desprezo público[107].

Dispõe, com efeito, o art. 17 do Código Civil que "*o nome da pessoa não pode ser empregado por outrem em publicações ou representações que a exponham ao desprezo público, ainda quando não haja intenção difamatória*". Por sua vez, preceitua o art. 18 do mesmo diploma, tutelando também a honra objetiva: "*Sem autorização, não se pode usar o nome alheio em propaganda comercial*".

Mesmo aqueles que negam a natureza jurídica do nome civil admitem a concepção do nome comercial como um direito autônomo, exclusivo, do comerciante, que pode impedir que outro o utilize no exercício da profissão mercantil, e suscetível de alienação com a transferência do fundo de comércio. Diversamente do nome civil, que é inalienável, como direito da personalidade, o *nome comercial* integra-se no "fundo" como propriedade incorpórea e é cessível juntamente com este[108].

Os literatos e os artistas muitas vezes identificam-se pelo *pseudônimo ou codinome,* um nome fictício adotado, diferente do seu nome civil verdadeiro (p. ex.: George Sand, El Grecco, Gabriela Mistral, Di Cavalcanti, Marc Twain, José Sarney etc.), que se assemelha a *heterônimo* (nome imaginário, que um criador identifica como o autor de obras suas e que, à diferença do pseudônimo, designa alguém com qualidades e tendências diferentes das desse criador, como os diversos usados por FERNANDO PESSOA). Dispõe o art. 19 do Código Civil que "*o pseudônimo adotado para atividades lícitas goza da proteção que se dá ao nome*". Também o art. 74 do Código Civil português proclama que o "*pseudônimo, quando tenha notoriedade, goza da proteção conferida ao próprio nome*".

JOSÉ CARLOS MOREIRA ALVES, na Exposição de Motivos à Parte Geral do Anteprojeto de Código Civil, relata que "não se acolheu a restrição que se acha no art. 74 do novo Código Civil português ('quando tenha notoriedade'), mas se preferiu seguir a fórmula sugerida por Juan M. Semon (*El derecho al seudónimo*, p. 87), que tem a vantagem de proteger pseudônimos

---

[107] Orlando Gomes, *Introdução ao direito civil*, p. 141.

Tem a jurisprudência entendido que, havendo duplicidade de assentos de nascimento, o cancelamento deve recair sobre o mais recente (cf. STJ, AREsp 1.038.086-PE, *DJe* 27-9-2017; TJDF, Apel. 17.2011.8.07.007, *DJe* 21-8-2013; *RT*, 602/214, 551/230, 528/230; *RJTJSP*, Lex, 136/275).

[108] Caio Mário da Silva Pereira, *Instituições*, cit., v. 1, p. 157.

sempre que adotados para atividades lícitas, ainda que não tenham alcançado notoriedade, ou a importância do nome"[109].

Embora não sejam tais designações o nome civil de quem as usa, integram a sua personalidade no exercício de suas atividades literárias ou artísticas, e, em razão dos interesses valiosos que se ligam à sua identificação autoral, a projeção jurídica do nome estende-se ao pseudônimo. É inegável a sua importância por identificar os seus portadores no mundo das letras e das artes, desde que seja constante e legítimo, mesmo que não tenha alcançado a notoriedade[110].

A tutela do nome, destarte, alcança o pseudônimo (art. 19), propiciando o direito à indenização em caso de má utilização, inclusive em propaganda comercial, ou com o intuito de obter proveito político, artístico, eleitoral ou religioso.

13.1.2. Natureza jurídica

Divergem os autores sobre a natureza jurídica do nome. Dentre as várias teorias existentes sobressaem-se: a) a da propriedade; b) a da propriedade *sui generis*; c) a negativista; d) a do sinal distintivo revelador da personalidade; e e) a do direito da personalidade.

Alguns entendem tratar-se de uma *forma de propriedade,* tendo como titular a família ou o seu portador. Essa corrente, contudo, é inaceitável, porque a propriedade é alienável e tem características que não se compatibilizam com o nome: é prescritível e de caráter patrimonial. O nome, ao contrário, é inalienável, pois ninguém pode dele dispor, e de natureza extrapatrimonial. Somente poderia prosperar a tese em relação ao nome comercial, que tem valor pecuniário e é suscetível de alienação com o fundo de comércio[111].

Outros falam em propriedade *sui generis*, o que é o mesmo que nada explicar[112].

---

109 *A Parte Geral*, cit., p. 72.

110 Maria Helena Diniz, *Curso*, cit., v. 1, p. 244; Caio Mário da Silva Pereira, *Instituições*, cit., v. 1, p. 157.

111 Cunha Gonçalves, *Tratado de direito civil*, v. 1, p. 207; Washington de Barros Monteiro, *Curso*, cit., v. 1, p. 89; Pablo Stolze Gagliano e Rodolfo Pamplona Filho, *Novo curso*, cit., p. 330.

112 Baudry-Lacantinerie, *Précis de droit civil*, v. 1, p. 788; Washington de Barros Monteiro, *Curso*, cit., v. 1, p. 89.

Orlando Gomes critica a *teoria do estado*, segundo a qual o nome não passa de um simples sinal distintivo e exterior do estado da pessoa, dizendo que a explicação "não satisfaz porque, em síntese, a possibilidade de mudança do nome a infirma, atestando a sua artificiosidade".

O notável civilista baiano menciona ainda a *teoria negativista*, que tem o prestígio de Savigny, Ihering e Clóvis Beviláqua. Para estes o nome não apresenta os caracteres de um direito, não merecendo proteção jurídica. Todavia, se o nome serve como designação da personalidade, capaz de diferenciar as pessoas, não há como se lhe negar a natureza de um direito de caráter "*sui generis*, submetido a regras especiais, compreendido no sistema de proteção da personalidade"[113].

Washington de Barros Monteiro filia-se à teoria que considera o nome um sinal distintivo revelador da personalidade, defendida por Josserand[114].

A teoria mais aceita e que melhor define a natureza jurídica do nome é a que o considera um "direito da personalidade", ao lado de outros, como o direito à vida, à honra, à liberdade etc., teoria esta sustentada por Ferrara[115], Ruggiero[116] e Fadda e Bensa[117], dentre outros, e, entre nós, principalmente por Limongi França[118], Caio Mário[119] e Silvio Rodrigues[120]. O nome representa, sem dúvida, um direito inerente à pessoa humana e constitui, portanto, um direito da personalidade. Desse modo é tratado no Código de 2002, que inovou, dedicando um capítulo próprio aos direitos da personalidade, nele disciplinando o direito e a proteção ao nome e ao pseudônimo, assegurados nos arts. 16 a 19 do referido diploma.

13.1.3. Elementos do nome

Proclama o art. 16 do Código Civil que "*toda pessoa tem direito ao nome, nele compreendidos o prenome e o sobrenome*". O nome completo compõe-se, pois, de dois elementos: *prenome* (antigamente denominado *nome de batismo*) e *sobrenome* ou *apelido familiar* (também denominado *nome de família* ou simplesmente *nome*).

---

[113] *Introdução*, cit., v. 1, p. 140.

[114] *Curso*, cit., v. 1, p. 89.

[115] *Trattato di diritto civile italiano*, v. 1, p. 344.

[116] *Instituições de direito civil*, v. 1, p. 590.

[117] *Note ao diritto della Pandette*, de Windscheid, v. 4, p. 160-163.

[118] *O nome*, cit., p. 102.

[119] *Instituições*, cit., v. 1, p. 155.

[120] *Direito civil*, cit., v. 1, p. 72.

Em alguns casos, usa-se também o *agnome*, sinal que distingue pessoas pertencentes a uma mesma família que têm o mesmo nome (Júnior, Neto, Sobrinho etc.). A Lei dos Registros Públicos (Lei n. 6.015/73) diz apenas que os gêmeos e irmãos que tiverem o mesmo prenome deverão ser registrados com prenome duplo ou com nome completo diverso, "de modo que possam distinguir-se" (art. 63 e parágrafo único). Nada impede, pois, que a distinção de nomes entre pessoas ligadas pelo parentesco seja feita mediante a utilização de agnomes ordinais, como o fez conhecido intérprete da música popular brasileira, que deu ao filho o nome de Roberto Carlos Braga Segundo.

Axiônimo é designação que se dá à forma cortês de tratamento ou à expressão de reverência, como, por exemplo: Exmo. Sr., Vossa Santidade etc. Os *títulos de nobreza*, como *conde*, *comendador* e outros, usados em alguns países, completam o nome da pessoa, servindo para sua identificação. Por essa razão, integram-no para todos os efeitos. Algumas vezes acrescentam-se ao nome *títulos acadêmicos*, *eclesiásticos* ou *qualificações de dignidade oficial*, como professor, doutor, monsenhor, desembargador etc. Integram também o nome as partículas *de*, *do*, *da*, e seus correspondentes em idiomas estrangeiros, consideradas sinal de nobreza em certos países[121].

13.1.3.1. Prenome

Prenome é o nome próprio de cada pessoa e serve para distinguir membros da mesma família. Pode ser simples (José, João) ou composto. Este pode ser duplo (José Roberto, João Carlos, p. ex.), triplo ou quádruplo, como ocorre em algumas famílias reais (p. ex.: Caroline Louise Marguerite, princesa de Mônaco). Irmãos não podem ter o mesmo prenome, a não ser que seja duplo, estabelecendo a distinção[122].

O prenome pode ser livremente escolhido pelos pais, desde que não exponha o filho ao ridículo. Prescreve o art. 55, parágrafo único, da Lei n. 6.015, de 31 de dezembro de 1973, que "os oficiais do registro civil não registrarão nomes suscetíveis de expor ao ridículo os seus portadores. Quando os pais não se conformarem com a recusa do oficial, este submeterá por

---

121 Orlando Gomes, *Introdução*, cit., p. 138; Washington de Barros Monteiro, *Curso*, cit., v. 1, p. 91.

122 Lei n. 6.015, de 31 de dezembro de 1973 (Lei dos Registros Públicos), art. 63, parágrafo único.

escrito o caso, independente da cobrança de quaisquer emolumentos, à decisão do juiz competente".

Essa regra aplica-se também aos *apelidos populares*, que o art. 58 da mencionada lei, com a redação determinada pela Lei n. 9.708, de 18 de novembro de 1998, denomina *apelidos públicos notórios* e que podem substituir o prenome oficial. A recusa do oficial em proceder ao registro, por dever de ofício, não deve limitar-se ao prenome, mas sim estender-se às combinações de todo o nome, quando esdrúxulas e ridículas, pois outra não pode ter sido a intenção do legislador, que deve ser sempre perquirida pelo intérprete[123].

13.1.3.2. Sobrenome

Sobrenome é sinal que identifica a procedência da pessoa, indicando a sua filiação ou estirpe. Enquanto o prenome é a designação do indivíduo, o sobrenome é o característico de sua família, transmissível por sucessão. É também conhecido como *patronímico,* sendo ainda chamado de *apelido familiar*, como se observa no art. 56 da Lei n. 6.015/73. Este dispositivo impede, como regra, a sua alteração. Há exceções, porém, a essa proibição, como se verá adiante.

As pessoas já nascem com o apelido familiar herdado dos pais, não sendo, pois, escolhido por estes, como ocorre com o prenome. Adquirem-no, assim, com o nascimento. Dispõe, com efeito, o art. 55 da referida lei que, se "o declarante não indicar o nome completo, o oficial lançará adiante do prenome escolhido o nome do pai, e, na falta, o da mãe, se forem conhecidos e não o impedir a condição de ilegitimidade, salvo reconhecimento no ato".

Não mais se justifica, ante o princípio da isonomia constitucional, que o oficial lance, de ofício, somente o sobrenome do pai no registro de nascimento do filho. Deve o aludido dispositivo ser interpretado à luz da Constituição Federal, lançando-se o nome de ambos, genitor e genitora.

---

[123] Vejam-se alguns exemplos de nomes completos extravagantes, extraídos dos arquivos do antigo INPS e divulgados pela imprensa: Antonio Manso Pacífico de Oliveira Sossegado, Céu Azul do Sol Poente, Dezêncio Feverêncio de Oitenta e Cinco, João da Mesma Data, João Cara de José, Casou de Calças Curtas, Joaquim Pinto Molhadinho, Lança Perfume Rodometálico da Silva, Manuelina Terebentina Capitulina de Jesus do Amor Divino, Neide Navinda Navolta Pereira, Remédio Amargo, Restos Mortais de Catarina, Rolando Pela Escada Abaixo, Um Dois Três de Oliveira Quatro, Vitória Carne e Osso e outros.

Verifica-se, assim, que mesmo na hipótese de a criança ser registrada somente com prenome, o sobrenome faz parte, por lei, de seu nome completo, podendo o escrivão lançá-lo de ofício adiante do prenome escolhido pelos pais. Por conseguinte, o registro, com indicação do sobrenome, tem caráter puramente declaratório. Pode ser o do pai, o da mãe, ou de ambos. Pode ser simples ou composto, como, por exemplo, "Telles Correa", "Pinheiro Franco", "Chinelato e Almeida" etc.

Alcunha é apelido depreciativo que se põe a alguém, geralmente tirado de alguma particularidade física ou moral. *Cognome* é palavra que qualifica pessoa ou coisa, em regra usada como sinônima de alcunha. O *epíteto* pode ser aposto ao nome como designação qualificativa, como D. Pedro, "o justiceiro", por exemplo. *Hipocorístico* é diminutivo do nome, muitas vezes mediante o emprego dos sufixos "inho" e "inha", que denota intimidade familiar, como Zezinho (José), Betinho (Roberto), Gabi (Gabriela), Tião (Sebastião).

O registro de filhos havidos fora do matrimônio é regido pelos arts. 59 e 60 da Lei n. 6.015/73, de 31 de dezembro de 1973 (Lei dos Registros Públicos): não será lançado o nome do pai sem que este expressamente autorize. Hoje, a Lei n. 8.560, de 29 de dezembro de 1992, obriga os oficiais do Registro Civil a remeter ao juiz os dados sobre o suposto pai, que será convocado para reconhecer voluntariamente o filho. Não o fazendo, os dados serão encaminhados ao Ministério Público, que poderá promover a ação de investigação de paternidade. O reconhecimento dos filhos havidos fora do casamento é irrevogável e será feito pelos modos previstos no art. 1.609 do Código Civil, que admite inclusive que se faça por escrito particular, a ser arquivado em cartório, e também por qualquer espécie de testamento.

O Conselho Nacional de Justiça (CNJ) publicou, no dia 17 de fevereiro de 2012, o Provimento 16, que permite às mães, mesmo sem a presença do homem, registrar seus filhos. Além de mães, pessoas maiores de 18 anos, que não têm o nome do pai no registro civil, poderão procurar os cartórios e indicar o nome do genitor. Após a indicação, o juiz escutará a mãe e notificará o pai. Se o reconhecimento não for espontâneo, o Ministério Público ou a Defensoria Pública irá propor a ação de investigação de paternidade.

No mesmo sentido a Lei n. 13.112, de 30 de março de 2015, que autoriza a mulher a registrar nascimento do filho em igualdade de condições com o homem. A referida lei alterou a Lei dos Registros Públicos, que garantia ao pai a iniciativa de registrar o filho nos primeiros 15 dias de vida.

Só em caso de omissão ou impedimento do pai depois desse período a mãe poderia substituí-lo e registrar o recém-nascido.

Atualmente, portanto, o pai ou a mãe, isoladamente ou em conjunto, devem proceder ao registro no prazo de 15 dias. Se um dos dois não cumprir a exigência dentro desse período, o outro terá 45 dias para realizar a declaração.

13.1.4. Imutabilidade do nome

13.1.4.1. Retificação de prenome

O art. 58 da Lei dos Registros Públicos, em sua redação original, dispunha que o prenome era imutável. Todavia, permitia, no parágrafo único, a retificação, em caso de evidente *erro gráfico*, bem como a sua mudança, no caso do parágrafo único do art. 55, que proíbe o registro de nomes que possam *expor a ridículo os seus portadores*.

A imutabilidade do prenome é salutar, devendo ser afastada somente em caso de necessidade comprovada, como nas hipóteses suprarreferidas, e não simplesmente porque ele não agrada ao seu portador. A facilitação da mudança pode ser realmente nociva aos interesses sociais[124].

A retificação do prenome em caso de *evidente erro gráfico* e de outros "erros que não exijam qualquer indagação para a constatação imediata de necessidade de sua correção" se processa com base no art. 110 e parágrafos da Lei n. 6.015/73 (Lei dos Registros Públicos), com a redação dada pela Lei n. 12.100, de 27 de novembro de 2009, que preveem para a hipótese um *procedimento sumário*, no próprio cartório, com manifestação "conclusiva" do Ministério Público e correção "de ofício pelo oficial de registro no próprio cartório onde se encontrar o assentamento".

A mudança do prenome, no caso do parágrafo único do art. 55, se o oficial não o houver impugnado por *expor ao ridículo o seu portador*, bem como outras alterações dependem de distribuição, perante o juiz, de *procedimento de retificação de nome*, na forma do art. 109 da mencionada lei. Incluem-se nesse caso as hipóteses de pessoas do sexo masculino registradas com nome feminino e vice-versa. Tem a jurisprudência admitido a retificação não só do prenome como também de outras partes esdrúxulas do nome.

---

124 Washington de Barros Monteiro, *Curso*, cit., v. 1, p. 92.

A Lei n. 9.708, de 18 de novembro de 1998, deu ao art. 58 da Lei dos Registros Públicos a seguinte redação: "O prenome será definitivo, admitindo-se, todavia, a sua substituição por apelidos públicos notórios". Na primeira parte, a nova redação segue, em princípio, a regra anterior, ao prescrever que o prenome será definitivo, de modo a evitar eventuais alterações indesejáveis para a segurança das relações jurídicas[125].

Por sua vez, a Lei n. 9.807, de 13 de julho de 1999, deu nova redação ao parágrafo único do referido artigo, prescrevendo que a "substituição do prenome será ainda admitida em razão de fundada coação ou ameaça decorrente da colaboração com a apuração de crime, por determinação, em sentença, de juiz competente, ouvido o Ministério Público".

A jurisprudência já vinha admitindo a substituição do prenome oficial pelo *prenome de uso*. Se a pessoa é conhecida de todos por prenome diverso do que consta de seu registro, a alteração pode ser requerida em juízo, pois prenome imutável, segundo os tribunais, é aquele que foi posto em uso e não o que consta do registro[126].

Os *apelidos públicos notórios*, porém, somente eram acrescentados entre o prenome, que era imutável, e o sobrenome, como aconteceu com Luiz Inácio "Lula" da Silva e Maria da Graça "Xuxa" Meneghel, por exemplo. Agora, no entanto, podem eles substituir o prenome, se quiserem. Se o desejar, Edson Arantes do Nascimento poderá passar a chamar-se Pelé Arantes do Nascimento, por exemplo[127].

Atualmente, portanto, o prenome oficial tanto pode ser substituído, conforme o caso, por apelido popular, na forma dos exemplos citados e

---

[125] Washington de Barros Monteiro, *Curso*, cit., v. 1, p. 92.

[126] *RT*, 537/75.

V. ainda: "O uso de um nome por longo tempo, sem dolo e com notoriedade, outorga ao seu portador o direito de obter a retificação do registro civil. Substituição de *Benedita* por *Silvia Stéfani*. Admissibilidade" (*JTJ*, Lex, 240/125). "Identifica-se justo motivo no pleito da recorrente de alteração do prenome, pois é conhecida no meio social em que vive, desde criança, por nome diverso daquele constante do registro de nascimento, circunstância que tem lhe causado constrangimentos" (alteração do prenome Raimunda para Danielle) (STJ, REsp 1.217,166-MA, 4ª T., rel. Min. Marco Buzzi, *DJe* 24-3-2017).

"Inclusão de prenome de uso antes do que consta do assento, resultando em prenome composto. Substituição de *Francisca* por *Fabyana Francisca*. Admissibilidade" (*RT*, 777/377).

[127] "Alteração de prenome. Pretendida substituição por apelido público e notório. Admissibilidade. Inteligência do art. 58 da Lei 6.015/73, com a redação dada pela Lei 9.708/98" (*RT*, 767/311).

de acordo com a lei, como por outro prenome, pelo qual a pessoa é conhecida no meio social em que vive, com base no permissivo criado pela jurisprudência.

Malgrado a nova redação dada ao mencionado art. 58, não se nega a possibilidade de ainda se obter a retificação do prenome em caso de *evidente erro gráfico*[128] e de *exposição de seu portador ao ridículo*[129], porque não foram revogados os arts. 109 e 110 da Lei dos Registros Públicos, já mencionados, que cuidam do procedimento a ser observado nesses casos, bem como porque continua proibido, pelo parágrafo único do art. 55 da mesma lei, o registro de nomes extravagantes. Se assim é, e se o oficial do cartório não impugnou, como devia, o registro na ocasião de sua lavratura, pode o portador do nome esdrúxulo, que o expõe ao ridículo, pleitear a sua mudança.

A Lei n. 9.807, de 13 de julho de 1999, acrescentou também ao art. 57 da Lei n. 6.015/73 o seguinte parágrafo:

"§ 7º Quando a alteração de nome for concedida em razão de fundada coação ou ameaça decorrente de colaboração com a apuração de crime, o juiz competente determinará que haja a averbação no registro de origem de menção da existência de sentença concessiva da alteração, sem a averbação

---

[128] "Nome. Erro de grafia. É admissível a alteração do assento de casamento se o nome estiver comprovadamente errado" (*RT*, 609/67); "Admite-se a retificação de grafia de prenome incorretamente feita no assento de nascimento" (*RT*, 478/97); "Se o prenome lançado no Registro Civil não representa a forma correta de grafia do nome originário, a retificação é de ser admitida" (*RT*, 581/190); "Correção de nome com grafia incorreta (*Arceu* para *Alceu*). Comprovação do equívoco cartorário. Admissibilidade. Direitos da personalidade que compreendem também o de utilizar o nome correto" (*JTJ*, Lex, 236/197).

[129] "O prenome é suscetível de retificação ou mudança quando, por qualquer modo, expuser a ridículo seu portador. Mudança de *Creunildes* para *Cléo*, nome de uso, deferida em face das circunstâncias fáticas" (*RT*, 623/40).

Tem-se decidido que, malgrado o prenome não exponha o seu portador ao ridículo, pode ser substituído ou alterado se, "de tão indesejado, causa constrangimento e distúrbios psicológicos a seu portador" (*RT*, 791/218). No mesmo sentido: "É admissível a alteração de prenome que imponha constrangimento ao seu titular. Circunstância que depende de noção subjetiva, que somente este pode aferir" (*JTJ*, Lex, 232/182).

Lembra Washington de Barros Monteiro que os tribunais têm admitido a substituição de nomes como Mussolini, Hitler e Lúcifer (*Curso*, cit., v. 1, p. 93). Noticiaram os jornais que, após a catástrofe que abalou Nova York no dia 11 de setembro de 2001, um pai tentou registrar o filho, em São Paulo, repetindo-se o fato na Alemanha, com o nome de *Osama Bin Laden*, tendo os pedidos sido denegados a bem dos filhos.

do nome alterado, que somente poderá ser procedida mediante determinação posterior, que levará em consideração a cessação da coação ou ameaça que deu causa à alteração".

Pode haver mudança do prenome também em caso de adoção, pois o art. 47, § 5º, do Estatuto da Criança e do Adolescente, com a redação que lhe foi dada pela Lei n. 12.010/2009, dispõe que a sentença concessiva de adoção "conferirá ao adotado o nome do adotante e, a pedido de qualquer deles, poderá determinar a modificação do prenome". A alteração nesse caso poderá ser total, abrangendo o prenome e o sobrenome.

Além das hipóteses citadas, de alterações de prenome permitidas pela lei, outras há, criadas pela jurisprudência, que não se limitou a deferir a substituição do prenome oficial pelo de uso, mas ampliou as possibilidades de mudança, estendendo-a a outras situações consideradas justas e necessárias.

Têm os tribunais, com efeito, autorizado a *tradução de nomes estrangeiros*, para facilitar o aculturamento dos alienígenas que vêm fixar-se no Brasil. A Lei n. 6.815, de 19 de agosto de 1980, que define a situação jurídica do estrangeiro no Brasil, prevê, no art. 43, a possibilidade de alteração do nome, administrativamente, por ato do Ministro da Justiça, em duas hipóteses: a) se tiver sentido pejorativo ou expuser ao ridículo o titular; b) se for de pronunciação e compreensão difíceis e puder ser traduzido ou adaptado à prosódia da língua portuguesa. Dispõe, ainda, que o nome que estiver comprovadamente errado poderá também ser corrigido. Em caso de recusa ao pedido, caberá recurso do interessado à Justiça Federal.

Na realidade, somente poderá ser alterado o prenome do estrangeiro, pois o sobrenome representa o sinal ou estirpe da família[130].

Todavia, o nome não pode ser alterado só por vontade da pessoa. Faz-se mister justificar as razões excepcionais para que seja afastada a regra do art. 58 da Lei de Registros Públicos, segundo o qual "o prenome será definitivo". O mero desejo pessoal do indivíduo, por si só, isto é, sem qualquer peculiaridade e sem a demonstração de que cause qualquer tipo de

---

[130] Marcelo Guimarães Rodrigues, Do nome civil, *RT*, 765/755.

V. também: "É permitida a substituição do prenome de origem estrangeira desde que sua pronúncia exponha seu titular ao ridículo" (*RT*, 543/192). E ainda na *RT*, 443/146, deferimento da seguinte mudança: *Kumio Shotaro* para *Paulo Shotaro*.

constrangimento à autora perante a sociedade, não justifica o afastamento do princípio da imutabilidade do prenome[131].

13.1.4.2. Adições intermediárias

Igualmente, tem sido admitida a inclusão de *alcunha* ou *apelidos notórios,* como já referido, para melhor identificação de pessoas, populares ou não, bem como o acréscimo de mais um prenome ou de sobrenome materno, para solucionar problemas de *homonímia*.

Com efeito, é possível alterar o nome completo, sem prejudicar o prenome (que em princípio é definitivo e imutável, salvo as exceções mencionadas) e o sobrenome. Permite o art. 56 da Lei dos Registros Públicos que o interessado, *no primeiro ano* após ter atingido a maioridade civil (dezoito anos, ou antes, se houve emancipação), altere o nome, pela via administrativa e por decisão judicial (LRP, art. 110), desde que "não prejudique os apelidos de família".

Costumam-se acrescentar, como já dito, mais um prenome ou nomes intermediários, como o sobrenome materno, o dos avós etc., bem como apelidos populares pelos quais a pessoa é conhecida. Justifica-se a inclusão de alcunha ou apelido como consequência do entendimento de que o nome de uso deve prevalecer sobre o de registro. Em vez de substituir o prenome, pode assim o interessado requerer a adição do apelido, como no caso já citado do Presidente Luiz Inácio "Lula" da Silva. Se o nome é ridículo, ou contém erro gráfico, pode ser mudado, antes disso, pela via própria, sendo o seu portador representado ou assistido pelo representante legal.

Decorrido o prazo decadencial de um ano após a maioridade, essas alterações ainda poderão ser feitas, não mais administrativamente, mediante apresentação do pedido em cartório, mas, "por exceção e motivadamente", em ação de retificação de nome, conforme preceitua o art. 57 da Lei dos Registros Públicos, que permite também, no § 1º, a inclusão do nome abreviado, usado como firma comercial.

A *homonímia*, como retromencionado, tem sido uma justificativa utilizada e aceita para a referida alteração, motivadamente, do nome, pois é causadora de confusões e prejuízos. Entendo, outrossim, que o pedido de inclusão do prenome materno, sem prejuízo do paterno, deve ser deferido

---

131 STJ, REsp 1.728.039, 3ª T., rel. Min. Marco Aurélio Bellize, *Revista Consultor Jurídico*, 4-7-2018.

sem maiores indagações, por encontrar amparo no princípio da isonomia constitucional. Constitui direito dos filhos portar o sobrenome de ambos os pais.

Nessa linha, decidiu o Superior Tribunal de Justiça:

"Direito civil. Interesse de menor. Alteração de registro civil. Possibilidade.

— Não há como negar a uma criança o direito de ter alterado seu registro de nascimento para que dele conste o mais fiel retrato da sua identidade, sem descurar que uma das expressões concretas do princípio fundamental da dignidade da pessoa humana é justamente ter direito ao nome, nele compreendido o prenome e o nome patronímico.

— É conferido ao menor o direito a que seja acrescido ao seu nome o patronímico da genitora se, quando do registro do nascimento, apenas o sobrenome do pai havia sido registrado.

— É admissível a alteração no registro de nascimento do filho para a averbação do nome de sua mãe que, após a separação judicial, voltou a usar o nome de solteira; para tanto, devem ser preenchidos dois requisitos: (i) justo motivo; (ii) inexistência de prejuízos para terceiros"[132].

Tem sido admitida, inclusive, a inversão dos apelidos de família, colocando-se o nome do pai antes do da mãe, por inexistir norma escrita regulando expressamente a ordem de colocação dos nomes de família, mas arcaico costume que não se compatibiliza com a nova ordem constitucional[133].

13.1.4.3. Mudanças no sobrenome

O *sobrenome* ou *patronímico*, por outro lado, em razão do princípio, que é de ordem pública, da estabilidade do nome, só deve ser alterado em

---

[132] STJ, REsp 1.069.864/DF, 3ª T., rel. Min. Nancy Andrighi, j. 18-12-2008.

[133] "O acréscimo do sobrenome materno omitido no assento de nascimento, após o nome do pai, por não encontrar qualquer vedação legal, tem sido admitido reiteradamente" (*RT*, 775/345). *V.* ainda: "Assento de nascimento. Patronímico materno. Acréscimo. Admissibilidade. Mãe que não usa mais o patronímico do pai da requerente. Recurso provido" (*JTJ*, Lex, 244/170). "Nome. Acréscimo do patronímico materno. Admissibilidade. Direito do filho em face da lei, presente a circunstância de seu nascimento legítimo" (*RT*, 662/72). "A lei não faz nenhuma exigência de observância de uma determinada ordem no que tange aos pedidos de família, seja no momento do registro do nome do indivíduo, seja por ocasião da sua posterior retificação. Também não proíbe que a ordem do sobrenome dos filhos seja distinta daquela presente no sobrenome dos pais" (STJ, REsp 1.323.677/MA, 3ª T., rel. Min. Nancy Andrighi, j. 5-2-2013).

casos excepcionais[134]. Se o nome civil da pessoa natural é signo de identidade social, nele guarda particular relevo o patronímico, porque situando o portador como membro de determinado grupo familiar, desvela o traço não arbitrário, mas histórico de sua estirpe, de sua individualização social, e, por isso, desempenha decisivo papel de ordem jurídica e prática, como componente mais importante do nome[135].

Todavia, como afirma WALTER CENEVIVA, "a lei limitou a mutabilidade de modo não absoluto"[136]. Desse modo, decidiu o Superior Tribunal de Justiça que "o nome pode ser modificado desde que motivadamente justificado". No caso em julgamento, além do abandono pelo pai, o autor da ação sempre foi conhecido por outro patronímico, o da mãe. O pedido de retificação do registro para exclusão do patronímico paterno foi deferido, ao fundamento de que "a jurisprudência tem sido sensível ao entendimento de que o que se pretende com o nome civil é a real individualização da pessoa perante a família e a sociedade"[137].

O mesmo Excelso Tribunal, em outra oportunidade, deferiu pedido de adição do apelido de família do padrasto da autora da ação, em face dos relevantes motivos sociais e familiares invocados, considerando o fato de ter sido criada desde tenra idade por aquele, querendo, por isso, se apresentar com o mesmo nome usado pela mãe e pelo marido dela[138].

Também o Tribunal de Justiça do Rio de Janeiro permitiu o acréscimo de sobrenome do padrasto ao nome de adolescente, que perdeu o pai quando criança, tendo o referido apelido sido também adotado por sua genitora, quando do novo casamento, bem como pelos irmãos resultantes desse enlace matrimonial, tornando, assim, mais harmonioso o relacionamento familiar, sem prejuízo de seus apelidos de família[139].

---

[134] "A alteração do nome é permitida em caráter excepcional quando não prejudicar os apelidos de família. É a regra contida nos arts. 56 e 57 da Lei 6.015/73, mas repita-se, desde que não importe em prejuízo ao patronímico de família, ou seja, não pode ser suprimido nem modificado, uma vez que não pertence exclusivamente ao detentor, mas a todo grupo familiar, como entidade" (*RT*, 693/121).

[135] Ferrara, *Tratatto*, cit., v. 1, p. 562, n. 116; Colin e Capitant, *Cours élémentaire de droit civil français*, v. 1, p. 355.

[136] *Lei dos Registros Públicos comentada*, n. 150, p. 110.

[137] *RSTJ*, 104/341.

[138] *RSTJ*, 145/255.

[139] *RT*, 792/377. Sobre a possibilidade de a viúva obter a exclusão do patronímico do varão, em razão de seu falecimento, *v. RT*, 802/361, ao fundamento de inexistência de qualquer vedação legal.

Posteriormente, a Lei n. 11.924, de 17 de abril de 2009, acrescentou ao art. 57 da Lei dos Registros Públicos o § 8º, dispondo que o "enteado ou a enteada, havendo motivo ponderável e na forma dos §§ 2º e 7º deste artigo, poderá requerer ao juiz competente que, no registro de nascimento, seja averbado o nome de família de seu padrasto ou de sua madrasta, desde que haja expressa concordância destes, sem prejuízo de seus apelidos de família".

A propósito, o Tribunal de Justiça do Rio de Janeiro, ao deferir a substituição do sobrenome paterno do apelante pelo patronímico do padrasto, que o criou desde tenra idade, ausente a convivência e os laços afetivos com o pai biológico e a família paterna, frisou que as circunstâncias do caso demonstram que a modificação se faz necessária para a preservação da dignidade da pessoa humana[140].

Registre-se que a Lei n. 13.484, de 26 de setembro de 2017, deu nova redação ao art. 97 da Lei n. 6.015/73, dispensando a manifestação do Ministério Público para a lavratura das averbações, salvo se o "oficial suspeitar de fraude, falsidade ou má-fé nas declarações ou na documentação apresentada para fins de *averbação*". Neste caso, ele "não praticará o ato pretendido e submeterá o caso ao representante do Ministério Público para manifestação, com a indicação, por escrito, dos motivos da suspeita".

A referida lei alterou também a redação do art. 110 da Lei dos Registros Públicos, desjudicializando o procedimento ao dispor que a retificação do registro, da averbação ou da anotação será feita pelo oficial "de ofício ou a requerimento do interessado, mediante petição assinada pelo interessado, representante legal ou procurador, independentemente de prévia autorização judicial ou manifestação do Ministério Público, nos casos de:

I – erros que não exijam qualquer indagação para a constatação imediata de necessidade de sua correção;

II – erro na transposição dos elementos constantes em ordens e mandados judiciais, termos ou requerimentos, bem como outros títulos a serem registrados, averbados ou anotados, e o documento utilizado para a referida averbação e/ou retificação ficará arquivado no registro no cartório;

III – inexatidão da ordem cronológica e sucessiva referente à numeração do livro, da folha, da página, do termo, bem como da data do registro;

IV – ausência de indicação do Município relativo ao nascimento ou naturalidade do registrado, nas hipóteses em que existir descrição precisa do endereço do local do nascimento;

---

140 TJRJ, Ap. 0000969-16.2013.8.19.0079, 2ª C., rel. Des. Claudia Telles, j. 12-3-2014.

V – elevação de Distrito a Município ou alteração de suas nomenclaturas por força de lei.

(Parágrafos 1º a 4º revogados.)

§ 5º Nos casos em que a retificação decorra de erro imputável ao oficial, por si ou por seus prepostos, não será devido pelos interessados o pagamento de selos e taxas".

Dispõe o Provimento n. 82/2019 da Corregedoria do Conselho Nacional de Justiça que a modificação do nome do genitor no registro de nascimento e no de casamento dos filhos, em decorrência de casamento, separação, divórcio, pode ser requerida em cartório, mediante a apresentação da respectiva certidão. Destarte, passou a ser permitido em todo o país a correção do sobrenome dos genitores nos registros de nascimento e de casamentos dos filhos, sem o necessário ajuizamento de ação de retificação. O aludido Provimento aduz que é "direito da personalidade ter um nome, nele compreendidos o prenome e o sobrenome e que ter o patronímico familiar dos seus genitores consiste no retrato da identidade da pessoa, em sintonia com princípio fundamental da dignidade humana", acrescentando que também poderá ser feito em cartório o acréscimo do patronímico de genitor ao nome do filho menor de idade, quando houver alteração do nome do genitor em decorrência de separação, divórcio ou viuvez, ou nos casos em que o filho tiver sido registrado apenas com o patronímico do outro genitor. Todavia se o filho for maior de 16 anos, o acréscimo do patronímico exigirá o seu consentimento.

Entretanto, o Provimento em apreço não afasta a aplicação, pelos Oficiais, do parágrafo único do art. 97 da LRP, que impede a averbação quando houver suspeita de fraude, falsidade ou má-fé no requerimento, devendo o caso ser submetido ao Ministério Público para manifestação.

13.1.4.4. Outras hipóteses

O nome completo pode também sofrer alterações, dentre outras hipóteses, no casamento e na separação judicial e no divórcio, na adoção, no reconhecimento de filho, na união estável, no abandono afetivo e no caso de transexualismo.

Dispunha o art. 240 do Código Civil de 1916 que a mulher assumia, pelo *casamento*, os "apelidos do marido". Tal regra se revestia de obrigatoriedade e acarretava a mudança do nome da mulher no registro civil e em todos os seus documentos. A Lei n. 6.515, de 26 de dezembro de 1977, deu nova redação ao aludido dispositivo legal, introduzindo parágrafo único que conferia à mulher o direito de "acrescer" aos seus os apelidos do marido.

A Lei do Divórcio previa, porém, nos arts. 5º e 17, a perda desse direito, pela mulher, se condenada na ação de separação judicial ou se tomasse a iniciativa da separação por ruptura da vida em comum. O atual Código Civil, aprovado na vigência da Constituição Federal de 1988, reitera o princípio da igualdade dos cônjuges no casamento (CF, arts. 5º, I, e 226, § 5º), permitindo que o marido também use o sobrenome da mulher, como já vinha admitindo a jurisprudência[141], não a penalizando com a perda do nome do marido nas hipóteses mencionadas. É possível acrescentar o sobrenome do cônjuge ao nome civil durante a convivência conjugal, por intermédio de ação de retificação de registro civil, conforme os procedimentos do art. 109 da Lei n. 6.015/73, não podendo a opção dada pelo legislador estar limitada à data da celebração do casamento[142].

Dispõe, com efeito, o § 1º do art. 1.565 do diploma em vigor que "*qualquer dos nubentes, querendo, poderá acrescer ao seu o sobrenome do outro*". E mais adiante, no § 2º do art. 1.571, prescreve que, "*dissolvido o casamento pelo divórcio direto ou por conversão, o cônjuge poderá manter o nome de casado; salvo, no segundo caso, dispondo em contrário a sentença de separação judicial*".

Na realidade, o novo diploma perfilha o "sistema mitigado de culpa", no dizer de SILMARA J. A. CHINELATO E ALMEIDA[143], pois o art. 1.578 possibilita ao cônjuge vencido conservar o nome do outro cônjuge, como regra, que será excepcionada se houver três requisitos cumulativos: 1) ser vencido na ação de separação judicial; 2) requerimento expresso do vencedor; 3) não ocorrência de: a) evidente prejuízo para identificação; b) manifesta distinção entre seu nome de família e o dos filhos havidos da união dissolvida; e c) dano grave reconhecido na decisão judicial.

---

[141] "Tendo a Constituição da República, em seu artigo 226, parágrafo 5º, assegurado a igualdade entre marido e mulher quanto aos direitos e deveres que resultam do casamento, nada impede que o marido venha a adotar, quando do casamento, o apelido de família da mulher" (*JTJ*, Lex, 149/100). *Vide* ainda: "O ordenamento jurídico prevê expressamente a possibilidade de averbação, no termo de nascimento do filho, da alteração do patronímico materno em decorrência do casamento, o que enseja a aplicação da mesma norma à hipótese inversa – princípio da simetria –, ou seja, quando a genitora, em decorrência de divórcio ou separação, deixa de utilizar o nome de casada (Lei n. 8.560/92, art. 3º, parágrafo único). Possibilidade, assim, de alteração, no registro de nascimento da recorrente, para dele constar o nome de solteira de sua genitora, excluindo o patronímico de seu ex-padrasto" (STJ, REsp 1.072.402/MG, 4ª T., rel. Min. LUIS FELIPE SALOMÃO, 4-12-2012).

[142] STJ, REsp 910.094/SC, j. 4-9-2012.

[143] Do nome da mulher casada, família e cidadania, *Revista do IBDFAM*, Anais, 2002, p. 299.

Tal sistema representa, sem dúvida, um avanço em relação ao anterior, pois admite a conservação do nome como regra, e não como exceção. Contudo, não recepciona o entendimento de alguns autores da atualidade[144], que sustentam incorporar-se o patronímico do marido à identidade da mulher, quando esta o adota no casamento. Se o tivesse acolhido, o cônjuge conservaria o patronímico adquirido com o casamento, como regra, em qualquer situação, podendo a ele renunciar se e quando não o houvesse incorporado em sua identidade.

Embora já se tenha decidido, no direito anterior, que a possibilidade de um cônjuge "acrescer" ao seu o sobrenome do outro não impedia que o cônjuge simplesmente substituísse o seu apelido familiar pelo do outro cônjuge[145], predominava o entendimento de que a lei não permitia que o cônjuge, ao adotar o patronímico do outro, abandonasse os próprios[146].

A clareza do § 1º do art. 1.565 do atual Código Civil não deixa dúvida de que o cônjuge, ao se casar, pode permanecer com o seu nome de solteiro; mas, se quiser adotar os apelidos do consorte, não poderá suprimir o seu próprio sobrenome. Essa interpretação se mostra a mais apropriada em face do princípio da estabilidade do nome, que só deve ser alterado em casos excepcionais, princípio esse que é de ordem pública.

Desse entendimento comungam MARIA HELENA DINIZ[147] e SILVIO RODRIGUES[148], em comentários ao dispositivo do novo diploma suprarreferido. Adverte o último: "Note-se que a lei não permite que a mulher, ao casar-se, tome o patronímico do marido, abandonando os próprios. Apenas lhe faculta *acrescentar* ao seu o nome de família do esposo".

O cônjuge perde o direito de conservar o sobrenome do outro, se o casamento for declarado *nulo,* pois somente o casamento válido confere esse beneplácito. Entende MARCELO GUIMARÃES RODRIGUES que tal perda ocorre mesmo que se trate de *casamento putativo*, assim entendido o contraído de boa-fé (CC, art. 1.561), pois seus efeitos civis, relativamente a

---

[144] Gustavo Tepedino, O papel da culpa na separação e no divórcio, in *Temas de direito civil*, p. 369; Eduardo Oliveira Leite, Mulher separada. Continuidade do uso do nome do marido, Parecer, *RT*, 780/103: Silmara J. A Chinelato e Almeida, *Do nome da mulher casada*: direito de família e direitos da personalidade.

[145] *RT*, 577/119 e 593/122.

[146] *RT*, 785/345.

[147] *Curso*, cit., v. 1, p. 187.

[148] *Direito civil*, cit., v. 6, p. 143.

ambos os cônjuges, deixarão de existir, retroagindo a sentença à data da celebração (efeito *ex tunc*), para restituir as partes ao *statu quo ante*[149].

No entanto, os efeitos dessa espécie de casamento são todos os de um válido, para o cônjuge de boa-fé, produzidos até a data da sentença que lhe ponha termo. A eficácia da decisão manifesta-se *ex nunc*, sem retroatividade, e não *ex tunc*, não afetando os direitos até então adquiridos. Essa situação faz com que o casamento putativo assemelhe-se à dissolução do matrimônio pelo divórcio. Os efeitos do casamento cessam para o futuro, sendo considerados produzidos todos os que se tenham verificado até a data da sentença que lhe ponha fim[150].

Se a putatividade "consiste em assegurar ao cônjuge de boa-fé os efeitos do casamento válido, e entre estes se encontra o direito a alimentos, sem limitação do tempo", como já decidiu o Supremo Tribunal Federal[151], por igual razão se deve incluir no referido rol o direito do cônjuge de boa-fé de conservar o nome do consorte[152].

Na *adoção,* que hoje é de uma só espécie (Lei n. 12.010/2009), equiparada à adoção plena ou estatutária do direito anterior, o adotado não pode conservar o sobrenome de seus pais de sangue, como consequência do desligamento dos vínculos de parentesco determinado no art. 41, *caput*, do Estatuto da Criança e do Adolescente, sendo acrescentado ao seu, obrigatoriamente, o do adotante, como dispõe expressamente o § 5º do art. 47 do referido diploma, com a redação dada pela Lei n. 12.010/2009: "*A sentença conferirá ao adotado o nome do adotante e, a pedido de qualquer deles, poderá determinar a modificação do prenome*".

A *multiparentalidade*, todavia, tem sido acolhida em casos especiais. O Tribunal de Justiça do Rio Grande do Sul, *verbi gratia*, no pedido de adoção formulado pelo padrasto da autora, que perdeu o pai biológico aos dois anos de idade, reconheceu a multiparentalidade, a fim de manter os

---

149 Marcelo Guimarães Rodrigues, *Do nome*, cit., p. 749.

150 José Lamartine Corrêa de Oliveira, *Direito de família*, p. 278-279.

151 *RTJ*, 89/495, por maioria.

152 Vejam-se, no mesmo sentido:

"Por conseguinte, se a mulher estava de boa-fé ao convolar as núpcias e houver adotado o nome do marido, poderá conservá-lo mesmo após a declaração de nulidade ou a anulação do casamento putativo" (Hésio Fernandes Pinheiro, O nome civil da mulher casada, *RT*, 185/530).

"Ainda não é tudo: se é a mulher o cônjuge inocente, subsiste em seu favor a hipoteca legal, assistindo-lhe, outrossim, direito de conservar os apelidos do marido, adotados pelo casamento" (Washington de Barros Monteiro, *Curso*, cit., v. 2, p. 109).

sobrenomes do pai adotante e do biológico. Frisou o relator que a pretensão dos autores (adotante e adotada) deveria ser acolhida, já que inexiste vedação legal para o reconhecimento de duas paternidades (ou maternidades), quando observada a existência de dois vínculos. "Observada a hipótese da existência de dois vínculos paternos, caracterizada está a possibilidade de reconhecimento da multiparentalidade"[153].

O Supremo Tribunal Federal, em julgamento realizado no dia 21 de setembro de 2016, negou pedido de reconhecimento da preponderância da paternidade socioafetiva sobre a biológica, fixando tese de repercussão geral. A decisão admitiu a multiparentalidade, com a manutenção dos pais afetivos e biológicos. Proclamou a referida Corte que a existência de pai socioafetivo não tira deveres do pai biológico, como o de pagar alimentos[154].

O *reconhecimento do filho* faz com que este passe a pertencer ao grupo familiar do genitor ou genitora que o reconheceu, com direito de usar o apelido familiar do referido grupo. Preserva-se com isso a unidade familiar e evitam-se constrangimentos para o filho reconhecido. Também pode haver alteração do nome dos descendentes, com o mesmo objetivo, quando ocorre alteração do próprio nome dos ascendentes.

O vigente Código Civil, infelizmente, não disciplina o uso do nome do companheiro, na *união estável* ou *companheirismo*. Deveria, porém, tê-lo feito porque a hipótese é tratada na Lei n. 6.015/73 (Lei dos Registros Públicos) de forma insatisfatória, embora avançada para a época em que foi elaborada. O art. 57, § 2º, da referida lei dispõe que "a mulher solteira, desquitada ou viúva, que viva com homem solteiro, desquitado ou viúvo, excepcionalmente e havendo motivo ponderável, poderá requerer ao juiz competente que, no registro de nascimento, seja averbado o patronímico de seu companheiro, sem prejuízo dos apelidos próprios, de família, desde que haja impedimento legal para o casamento, decorrente do estado civil de qualquer das partes ou de ambas".

Nos parágrafos seguintes exige-se, ainda, expressa concordância do companheiro, vida em comum durante cinco anos, ou menos se existirem filhos da união, bem como que, quando desquitado o companheiro, a ex-esposa tenha sido condenada ou haja renunciado ao uso dos apelidos do marido, ainda que dele receba pensão alimentícia.

---

153 TJRS, 8ª C. Cív., rel. Des. Alzir Felippe Schmitz, j. 16-7-2015, disponível em: <http://www.conjur.com.br>. Acesso em: 15 set. 2015.

154 STF, RE 898.060, rel. Min. Luiz Fux, *Revista Consultor Jurídico*, 22-9-2016.

Se não houver impedimento algum para o casamento, porque ambos são solteiros, por exemplo, um não poderá usar o sobrenome do outro, mesmo que haja autorização deste. Só com o casamento tal objetivo será alcançado. O dispositivo em questão, além de não prever a possibilidade de o companheiro usar o patronímico da companheira, cria muitas dificuldades para a sua adoção mesmo por esta. Não bastasse, o texto encontra-se ultrapassado, porque o desquite (*rectius*: separação judicial) não constitui mais óbice à celebração do casamento, após a instituição do divórcio no País.

Todavia, já se decidiu que a lei não obriga o desquitado a promover a conversão – o que criaria obstáculo ao aditamento do nome –, e que "a simples possibilidade de o companheiro obter o divórcio não elide a pretensão"[155]. Parece-nos, contudo, mais acertada decisão que considera ter perdido eficácia normativa o art. 57, § 2º, da Lei n. 6.015/73, com o advento do art. 226, §§ 3º e 6º, da Constituição em vigor, pois o efeito jurídico da averbação do patronímico do companheiro estava subordinado à verificação da hipótese de impedimento matrimonial radicado na indisssolubilidade do vínculo, que deixou de existir. De modo que, "não havendo nenhum obstáculo *irremovível* ao matrimônio dos requerentes porque à companheira já é dado obter o divórcio, não podem reclamar tutela que o ordenamento jurídico só outorgava sob o pressuposto da indissolubilidade do vínculo"[156].

Nessa linha, decidiu a Terceira Turma do Superior Tribunal de Justiça que é possível a alteração de registro de nascimento para a inclusão do sobrenome de companheiro, mesmo quando ausente comprovação de impedimento legal para o casamento, conforme exigia o art. 57, § 2º, da Lei dos Registros Públicos. Para a relatora, Min. Nancy Andrighi, a consolidação da união estável no cenário jurídico nacional, com a Constituição de 1988, deu nova abrangência ao conceito de família e impôs ao Judiciário a necessidade de adaptar à nova ordem jurídica a interpretação das leis produzidas no ordenamento anterior. Isso se dá com a Lei n. 6.015/73, anterior à instituição legal do divórcio. "A mera leitura do art. 57, § 2º, da Lei n. 6.015, feita sob o prisma do art. 226, § 3º, da Constituição, mostra a completa inadequação daquele texto de lei, o que exige a adoção de posicionamento mais consentâneo à realidade constitucional e social hoje existente", concluiu[157].

---

155 *RT*, 546/65. No mesmo sentido: Yussef Said Cahali, *Divórcio e separação*, p. 733 e 1311.

156 TJSP, 2ª Câmara de Direito Privado, Ap. Cív. 120.341-1, j. 12-6-1990.

157 STJ, 3ª T., REsp 1.206.656/GO, rel. Min. Nancy Andrighi, j. 16-10-2012.

O Superior Tribunal de Justiça também permitiu a exclusão do sobrenome paterno, nos casos de abandono afetivo do genitor, afirmando que "o direito da pessoa de portar um nome que não lhe remeta às angústias decorrentes do abandono paterno e, especialmente, corresponda à sua realidade familiar, sobrepõe-se ao interesse público de imutabilidade do nome, já excepcionado pela própria Lei de Registros Públicos. Sendo assim, nos moldes preconizados pelo STJ, considerando que o nome é elemento da personalidade, identificador e individualizador da pessoa na sociedade e no âmbito familiar, conclui-se que o abandono pelo genitor caracteriza o justo motivo de o interessado requerer a alteração de seu nome civil, com a respectiva exclusão completa dos sobrenomes paternos. Precedentes citados: REsp 66.643-SP, 4ª T., *DJe* 21-10-1997, e REsp 401.138-MG, 3ª T., *DJe* 26-6-2003" (REsp 1.304.718-SP, 3ª T., rel. Min. Paulo de Tarso Sanseverino, *DJe* 5-2-2015).

O *transexualismo* tem sido invocado, também, em pedidos de retificação de nome e de sexo no registro civil. A doutrina e a jurisprudência se orientaram, durante muitos anos, no sentido de não admitir a troca de nome e de sexo, ao fundamento de que a ablação de órgão para constituição do de sexo oposto não se mostra suficiente para a transformação, pois a conceituação de *mulher* decorre da existência, no interior do corpo, dos órgãos genitais femininos: dois ovários, duas trompas que conectam com o útero, glândulas mamárias e algumas glândulas acessórias etc.

Desse modo, só se admitia a retificação do registro civil para a mudança de sexo quando tivesse havido engano no ato registral ou após exames periciais e intervenções cirúrgicas para a determinação do sexo correto[158].

Decisão pioneira foi proferida no Processo n. 621/89 da 7ª Vara da Família e Sucessões de São Paulo, deferindo a mudança de nome masculino para feminino, de transexual que se havia submetido a cirurgia plástica, com extração do órgão sexual masculino e inserção de vagina, mas indeferindo a mudança do sexo, no registro, exigindo que constasse, no lugar de sexo masculino, a expressão *transexual*, para evitar que este se habilitasse para o casamento induzindo em erro terceiros, pois em seu organismo não estavam presentes todos os caracteres do sexo feminino.

Posteriormente, várias decisões foram proferidas, especialmente no Estado do Rio Grande do Sul, permitindo a mudança no registro civil do

[158] *RT*, 662/149.

nome e do sexo de transexual[159]. Também em São Paulo foram proferidas algumas decisões nesse mesmo sentido, sendo de se destacar a seguinte:

"Ainda que não se admita a existência de erro no registro civil, não se pode negar que a utilização de nome masculino por transexual que se submeta a cirurgia de mudança de sexo o expõe ao ridículo, razão pela qual admite-se a modificação para o *prenome feminino* que o autor da pretensão vem se utilizando para se identificar, nos moldes do art. 55, parágrafo único, c/c o art. 109 da Lei 6.015/73.

"A Constituição Federal de 1988, em seu art. 5º, X, inclui entre os direitos individuais, a inviolabilidade da intimidade, da vida privada, da honra e da imagem das pessoas, fundamento legal autorizador da *mudança do sexo* jurídico de transexual que se submeteu a cirurgia de mudança de sexo, pois patente seu constrangimento cada vez que se identifica como pessoa de sexo diferente daquela que aparenta ser"[160].

A 3ª Turma do Superior Tribunal de Justiça, por sua vez, em julgamento realizado em 13 de outubro de 2009, permitiu que um transexual mudasse seu nome (de Clauderson para Patrícia) e gênero na certidão de nascimento, sem que nela constasse anotação sobre a decisão judicial. O registro de que a designação de sexo foi alterada judicialmente deverá figurar apenas nos livros cartorários. A relatora, Ministra Nancy Andrighi, afirmou que a anotação sobre a alteração na certidão de nascimento significaria a continuidade da exposição da pessoa a situações constrangedoras e discriminatórias. Observou, ainda, que a cirurgia de transgenitalização foi incluída recentemente na lista de procedimentos custeados pelo Sistema Único de Saúde (SUS) e o Conselho Federal de Medicina reconhece o transexualismo como um transtorno de identidade sexual, e a cirurgia como uma solução terapêutica. Se o Estado consente com a cirurgia, aduziu, deve prover os meios necessários para que a pessoa tenha uma vida digna. Por isso, é preciso adequar o sexo jurídico ao aparente, isto é, à identidade[161].

Na IV Jornada de Direito Civil, realizada pelo CJF/STJ, foi aprovado o Enunciado 276, do seguinte teor: "O art. 13 do Código Civil, ao permitir a disposição do próprio corpo por exigência médica, autoriza as cirurgias

---

159 TJRS, Ap. Cív. 70000.585.836, rel. Des. Sérgio Fernando de Vasconcellos Chaves, j. 31-5-2000; TJRS, Ap. Cív. 598.404.887, rel. Des. Eliseu Gomes Torres, j. 10-3-1999.

160 *RT*, 790/155. *V.*, ainda, da mesma Corte, mudança de nome e de sexo: Resc. de acórdão n. 218.101-4/0, 1º Grupo, rel. Des. Paulo Hungria, j. 11-2-2003.

161 *Consultor Jurídico*. Disponível em: <www.conjur.com.br>. Acesso em: 15 out. 2009.

de transgenitalização, em conformidade com os procedimentos estabelecidos pelo Conselho Federal de Medicina, e a consequente alteração do prenome e do sexo no Registro Civil".

A Quarta Câmara de Direito Privado do Tribunal de Justiça de São Paulo autorizou, em agosto de 2013, a mudança de nome no registro civil de transexual, antes mesmo da mudança de sexo. Frisou o relator, Des. Maia da Cunha, que "exigir-se que se aguarde a realização da cirurgia é, com a devida vênia, atentar contra a dignidade da pessoa humana, prevista no art. 1º, III, da Constituição Federal"[162]. No mesmo sentido decidiram os Tribunais de Justiça de Minas Gerais[163] e do Rio Grande do Sul[164].

Correta a decisão, visto que a transexualidade deve ser constatada em avaliação psiquiátrica, e não em exame físico. Esse entendimento foi consagrado pelo Superior Tribunal de Justiça, em julgamento realizado em 9 de maio de 2017. Ressaltou o relator, Min. Luis Felipe Salomão, que, à luz do princípio fundamental da dignidade da pessoa humana, o direito dos transexuais à retificação do sexo no registro civil não pode ficar condicionado à exigência de realização da operação de transgenitalização, "para muitos inatingível do ponto de vista financeiro, ou mesmo inviável do ponto de vista médico". Acrescentou o ilustre relator que, "Independentemente da realidade biológica, o registro civil deve retratar a identidade de gênero psicossocial da pessoa transexual, de quem não se pode exigir a cirurgia de transgenitalização para o gozo de um direito". Ressalte-se que a averbação no registro civil deve ser feita no assentamento de nascimento original, com a indicação da determinação judicial, proibida a inclusão da expressão "transexual", do sexo biológico e dos motivos das modificações (cf. *Informativo de Legislação Federal* de 10-5-2017, GEN Jurídico).

---

[162] TJSP, Ap. 0007491-04.2013.8.26.0196-Franca, rel. Des. Maia da Cunha. Disponível em: <http://www.ibdfam.org.br>. Acesso em: 22 ago. 2013. *Vide*, ainda, da mesma Corte Estadual: "Retificação de registro civil. Pedido de alteração do prenome e do sexo civil em virtude de transexualismo. A cirurgia de transgenitalização não é requisito para a retificação de assento ante o seu caráter secundário" (Apel. n. 1002592-51.2016.8.26.0127, 10ª C. Dir. Priv., rel. Des. J. B. Paula Lima, j. 12-12-2017).

No mesmo sentido decisão da 5ª Câmara de Direito Privado do mesmo Tribunal, em aresto relatado pelo Des. James Siano, conforme publicação disponível em: <http://www.conjur.com.br>. Acesso em: 13 fev. 2014.

[163] TJMG, Ac 1.0521.13.010479-2/001, rel. Des. Edilson Fernandes, 6ª C. Cív., j. 22-4-2014.

[164] TJRS, 7ª Câm. Cív., rel. Des. Sandra Brisolara Medeiros, disponível em: <http://ibdfam.org.br/noticias/TJRS>. Acesso em: 15 out. 2015.

No dia 15 de agosto de 2018, o Supremo Tribunal Federal reafirmou jurisprudência da Corte, permitindo que o transgênero mude seu nome e gênero no registro civil, mesmo sem procedimento cirúrgico de redesignação de sexo. A alteração poderá ser feita por meio de decisão judicial ou diretamente no cartório. A tese definida, sob o regime de *repercussão geral*, foi a seguinte: "O transgênero tem direito fundamental subjetivo à alteração de seu prenome e de sua classificação de gênero no registro civil, não se exigindo, para tanto, nada além da manifestação da vontade do indivíduo, o qual poderá exercer tal faculdade tanto pela via judicial como diretamente pela via administrativa" (RE 670.422-RS, rel. Min. Dias Toffoli, publicado no seu *Informativo* n. 911).

O Decreto n. 51.180, de 14 de janeiro de 2010, do Município de São Paulo, dispõe sobre "a inclusão e uso do *nome social* de pessoas travestis e transexuais nos registros municipais relativos a serviços públicos prestados no âmbito da Administração Direta e Indireta". Entende-se por "nome social", conforme o § 1º, "aquele pelo qual travestis e transexuais se reconhecem, bem como são identificados por sua comunidade e em seu meio social". O art. 3º do aludido decreto considera "dever da Administração Pública Municipal Direta e Indireta respeitar o *nome social* do travesti ou transexual, sempre que houver, usando-o para se referir a essas pessoas, evitando, no trato social, a utilização do respectivo nome civil".

O objetivo do decreto em apreço, como se observa, é o de demonstrar respeito à dignidade do travesti ou transexual, proporcionando a sua inclusão social por intermédio da adoção do *nome social*.

A permissão do uso do nome social pelo travesti ou transexual tem sido observada em órgãos do Ministério da Saúde e em diversos Estados brasileiros. O Conselho Federal de Psicologia, igualmente, aprovou resolução que assegura a psicólogos transexuais e travestis do País o direito de usar o *nome social* em documentos profissionais, incluindo a carteira de identidade.

Por sua vez, o Decreto n. 8.727, de 29 de abril de 2016, da Presidência da República permite que travestis e transexuais usem o nome social no serviço público federal. Segundo o texto, os registros dos sistemas de informação, cadastros, programas, serviços, fichas, formulários, prontuários e congêneres de órgãos e das entidades da administração pública federal deverão conter o campo "nome social" em destaque, acompanhado do nome civil, que será utilizado apenas para fins administrativos internos. Aduz o aludido decreto que "Os órgãos e as entidades da administração pública federal direta, autárquica e fundacional, em seus atos e procedimentos, deverão adotar o nome social da pessoa travesti ou transexual, de acordo com seu requerimento e com o disposto neste Decreto. É vedado o uso de expressões pejorativas e discriminatórias para referir-se a pessoas travestis ou transexuais".

Na verdade, o transexual não se confunde com o travesti ou com o homossexual. Trata-se de um indivíduo anatomicamente de um sexo, que acredita firmemente pertencer ao outro sexo[165]. A sua condição somente pode ser constatada, pois, por avaliação psiquiátrica. Quando o transexual mantém relação sexual com alguém do sexo masculino, acredita firmemente estar se relacionando com pessoa do sexo oposto[166].

Anote-se que o art. 13 do Código Civil proíbe a ablação de órgãos do corpo humano realizada em transexuais, malgrado a legitimidade para reclamar do ato e de suas consequências, em juízo, seja exclusivamente do paciente, que dispõe do próprio corpo e poderá dar-se por satisfeito com o resultado.

13.2. Estado

A palavra "estado" provém do latim *status*, empregada pelos romanos para designar os vários predicados integrantes da personalidade[167]. Constitui, assim, a soma das qualificações da pessoa na sociedade, hábeis a produzir efeitos jurídicos. Segundo Clóvis, é o modo particular de existir. É uma situação jurídica resultante de certas qualidades inerentes à pessoa[168].

13.2.1. Aspectos

No direito romano dava-se grande importância ao estado das pessoas, sendo considerado qualidade particular que determinava a capacidade. O *status* apresentava-se então sob três aspectos: liberdade, cidade e família (*status libertatis, status civitatis* e *status familiae*). Gozava de capacidade plena o indivíduo que reunia os três estados. A sua falta acarretava a *capitis diminutio*, que podia ser mínima, média e máxima.

No direito moderno sobreviveram apenas os dois últimos, nacionalidade ou estado político e o estado familiar. Contudo, influenciada pela

---

165 Aracy Augusta Leme Klabin, Transexualismo, *Revista de Direito Civil*, 17/27.

166 A respeito do nome de transexual, *v.*: Tereza R. Vieira, *Mudança de sexo*: aspectos médicos, psicológicos e jurídicos, p. 138; José F. O da Silveira, *O transexualismo na justiça*; Antônio Chaves, *Direito à vida e ao próprio corpo*; São Paulo, Revista dos Tribunais, 1994; Maria Helena Diniz, *O estado atual do biodireito*, p. 235-242.

167 Washington de Barros Monteiro, *Curso*, cit., v. 1, p. 77.

168 *Teoria*, cit., p. 70.

tríplice divisão adotada no direito romano, a doutrina em geral[169] distingue três ordens de estado: o individual ou físico, o familiar e o político[170].

Estado individual é o modo de ser da pessoa quanto à idade, ao sexo, à cor, à altura, à saúde (são ou insano e incapaz) etc. Diz respeito a aspectos ou particularidades de sua constituição orgânica que exercem influência sobre a capacidade civil (homem, mulher, maioridade, menoridade etc.).

Estado familiar é o que indica a sua situação na família, em relação ao matrimônio (solteiro, casado, viúvo, divorciado) e ao parentesco, por consanguinidade ou afinidade (pai, filho, irmão, sogro, cunhado etc.). Malgrado os autores em geral não considerem o estado de *companheiro*, a união estável é reconhecida como entidade familiar pela Constituição Federal. Trata-se de situação que produz efeitos jurídicos, conferindo a quem nela se encontra direito a alimentos, a meação, a benefícios previdenciários etc. Trata-se, pois, de qualidade jurídica a que não se pode negar a condição de *estado familiar*.

Estado político é a qualidade que advém da posição do indivíduo na sociedade política, podendo ser nacional (nato ou naturalizado) e estrangeiro. Dispõe a Constituição Federal, no art. 12, que são brasileiros:

"I – natos:

a) os nascidos na República Federativa do Brasil, ainda que de pais estrangeiros, desde que estes não estejam a serviço de seu país;

---

[169] Planiol e Ripert, *Traité pratique de droit civil français*, v. I, n. 401; Orlando Gomes, *Introdução*, cit., p. 141; Washington de Barros Monteiro, *Curso*, cit., v. 1, p. 78; Clóvis Beviláqua, *Teoria*, cit., p. 71; Maria Helena Diniz, *Curso*, cit., p. 229.

[170] Planiol define *estado* como "certas qualidades da pessoa, que a lei toma em consideração para ligar-lhes efeitos jurídicos". E acrescenta que essas qualidades devem ser inerentes às pessoas, mas não dependentes de sua profissão (*Traité pratique*, cit., n. 13). Por sua vez, Kohler (*Lehrbuch*, I, § 121) inclui também as qualidades profissionais na ideia de estado. Assim, as qualidades de *funcionário, comerciante, sacerdote* etc., são estados para o civilista alemão, e não têm a mesma qualidade para o francês (apud Clóvis Beviláqua, *Teoria*, cit., p. 70, nota 1).

Entre nós, Limongi França observa que a maioria dos autores omite a referência ao estado profissional, mas "a verdade é que a esfera da profissão, da atividade econômica, assim como a da sociedade política, da sociedade doméstica, e a da própria pessoa, constitui um dos campos fundamentais em que se desenvolve o complexo das relações jurídicas". No estado profissional, aduz, "inclui-se o de *funcionário público, de empregador, de empregado, de sacerdote, de profissional liberal, de trabalhador autônomo, de militar* etc. São conhecidas as muitas prerrogativas concernentes a esses diversos modos de existir da pessoa dentro da esfera econômica" (*Manual de direito civil*, v. 1, p. 146-147).

Clóvis Beviláqua pensa, todavia, de modo diverso: "A doutrina de Planiol parece mais jurídica. Quando hoje falamos do estado *civil* em oposição ao estado *religioso*, alude-se apenas à profissão, sem a ela se ligarem efeitos jurídicos" (*Teoria*, cit., p. 70, nota 1).

b) os nascidos no estrangeiro, de pai brasileiro ou mãe brasileira, desde que qualquer deles esteja a serviço da República Federativa do Brasil;

c) os nascidos no estrangeiro de pai brasileiro ou de mãe brasileira, desde que sejam registrados em repartição brasileira competente ou venham a residir na República Federativa do Brasil e optem, em qualquer tempo, depois de atingida a maioridade, pela nacionalidade brasileira;

II – naturalizados:

a) os que, na forma da lei, adquiram a nacionalidade brasileira, exigidas aos originários de países de língua portuguesa apenas residência por um ano ininterrupto e idoneidade moral;

b) os estrangeiros de qualquer nacionalidade residentes na República Federativa do Brasil há mais de quinze anos ininterruptos e sem condenação penal, desde que requeiram a nacionalidade brasileira".

Foi publicada, no dia 25 de maio de 2017, a Lei de Migração (Lei n. 13.445/2017), que revogou expressamente o Estatuto do Estrangeiro (Lei n. 6.815/80) e a Lei n. 818/49, que regulava a aquisição, perda e reaquisição da nacionalidade.

Cumpre distinguir nacionalidade de cidadania, adverte WASHINGTON DE BARROS MONTEIRO. Em nosso sistema legislativo, segundo afirmam ESPÍNOLA e ESPÍNOLA FILHO, o conceito de cidadania está reservado à qualidade de possuir e exercer direitos políticos. Cidadão e eleitor são, pois, palavras sinônimas, em nossa Constituição. Quem não é eleitor não é cidadão, posto tenha a nacionalidade brasileira[171].

13.2.2. Caracteres

O estado liga-se intimamente à pessoa e, por isso, constitui a sua imagem jurídica. E a imagem está mais próxima de nós do que a nossa própria sombra[172].

As principais características ou atributos do estado são:

a) *Indivisibilidade* – Assim como não podemos ter mais de uma personalidade, do mesmo modo não nos é possível possuir mais de um estado. Por essa razão, diz-se que ele é *uno* e *indivisível*, não obstante composto de elementos plúrimos. Ninguém pode ser, simultaneamente, casado e solteiro,

---

[171] *Curso*, cit., v. 1, p. 84.

[172] Henri, Léon e Jean Mazeaud, *Leçons de droit civil*, v. 1, p. 469.

maior e menor, brasileiro e estrangeiro. A obtenção de dupla nacionalidade constitui exceção à regra[173].

b) *Indisponibilidade* – O estado civil, como visto, é um reflexo de nossa personalidade e, por essa razão, constitui relação fora de comércio: é inalienável e irrenunciável, em consequência. Isso não impede a sua mutação, diante de determinados fatos estranhos à vontade humana ou como emanação dela, preenchidos os requisitos legais. Assim, menor pode tornar-se maior, solteiro pode passar a casado, este pode tornar-se viúvo etc. Modificam-se, nesses casos, os elementos que o integram, sem prejuízo da unidade substancial, que é inalterável.

c) *Imprescritibilidade* – Não se perde nem se adquire o estado pela prescrição. O estado é elemento integrante da personalidade e, assim, nasce com a pessoa e com ela desaparece. Por isso, as ações de estado são imprescritíveis. Se, por um lado, não se perde um estado pela prescrição, por outro não se pode obtê-lo por usucapião[174].

O estado civil, como preleciona MARIA HELENA DINIZ[175], "recebe proteção jurídica de ações de estado, que têm por escopo criar, modificar ou extinguir um estado, constituindo um novo, sendo, por isso, personalíssimas, intransmissíveis e imprescritíveis, requerendo, sempre, a intervenção estatal. É o que se dá com a interdição, separação judicial, divórcio, anulação de casamento etc., que resultam de sentença judicial ou de ato notarial".

13.3. Domicílio

A noção de domicílio é de grande importância no direito. Como as relações jurídicas se formam entre pessoas, é necessário que estas tenham um local, livremente escolhido ou determinado pela lei, onde possam ser encontradas para responder por suas obrigações. Todos os sujeitos de direito devem ter, pois, um lugar certo, no espaço, de onde irradiem sua atividade jurídica. Esse ponto de referência é o seu *domicílio* (do latim *domus*, casa ou morada)[176].

O vocábulo "domicílio" tem significado jurídico relevante em todos os ramos do direito, especialmente no direito processual civil. Malgrado o seu conceito e a sua disciplina se encontrem no direito civil, interessa bas-

[173] Serpa Lopes, *Curso*, cit., p. 277; Maria Helena Diniz, *Curso*, cit., v. 1, p. 193.

[174] Serpa Lopes, *Curso*, cit., p. 278.

[175] *Curso*, cit., v. 1, p. 259.

[176] Vicente Ráo, *O direito*, cit., n. 150; Washington de Barros Monteiro, *Curso*, cit., v. 1, p. 134; Silvio Rodrigues, *Direito civil*, cit., v. 1, p. 103.

tante ao direito processual civil, para determinação do foro competente. O foro comum, conforme prescreve o art. 46 do Código de Processo Civil, é o do domicílio do réu. Este é o primeiro critério para a determinação da competência, de caráter comum ou geral, havendo foros especiais, como, por exemplo, o foro de domicílio ou residência do alimentando, para a ação em que se pedem alimentos (art. 53, II), e outros.

Ainda: o foro do domicílio do autor da herança, no Brasil, é o competente para o inventário e a partilha, mesmo que o óbito tenha ocorrido no estrangeiro (CPC, art. 48); o foro do último domicílio do ausente é o competente para as ações em que for réu, como para o inventário de seus bens (CPC, art. 49); o do domicílio ou da residência do alimentando é o indicado para a ação em que se pedem alimentos (CPC, art. 53, II) etc.

No direito internacional privado é a lei do domicílio que regula o estado, a capacidade das pessoas, o nome e o direito de família (LINDB, art. 7º). No campo do direito civil, no livro do direito de família, encontra-se a exigência de que os proclamas de casamento sejam publicados no domicílio dos nubentes (CC, art. 1.527); e, no direito das obrigações, desponta, dentre outras regras, a do art. 327 do Código Civil, que manda efetuar-se o pagamento no domicílio do devedor, em falta de convenção das partes.

Em vários outros ramos do direito encontram-se regras que utilizam a ideia de domicílio, como, por exemplo, no direito processual penal (CPP, art. 72), no direito constitucional (CF, art. 14, § 3º, IV), no direito eleitoral (CE, art. 42, parágrafo único), no direito tributário (CTN, art. 127), no direito do trabalho (CLT, art. 469), no direito processual do trabalho (CLT, art. 651, § 1º) e outros.

13.3.1. Domicílio da pessoa natural

O Código Civil trata conjuntamente do domicílio da pessoa natural e da pessoa jurídica no Título III do Livro I da Parte Geral.

13.3.1.1. Conceito

Clóvis Beviláqua define domicílio da pessoa natural como "o lugar onde ela, de modo definitivo, estabelece a sua residência e o centro principal da sua atividade"[177]. Pode-se simplesmente dizer que é o local onde o indivíduo responde por suas obrigações, ou o local em que estabelece a sede principal de sua residência e de seus negócios.

---

[177] *Teoria*, cit., p. 142.

O domicílio, em última análise, é a sede jurídica da pessoa, onde ela se presume presente para efeitos de direito e onde pratica habitualmente seus atos e negócios jurídicos[178].

Nas definições apontadas sobressaem-se duas ideias: a de morada e a de centro de atividade; a primeira, pertinente à família, ao lar, ao ponto onde o homem se recolhe para a vida íntima e o repouso; a segunda, relativa à vida externa, às relações sociais, ao desenvolvimento das faculdades de trabalho, que todo homem possui[179].

O Código Civil brasileiro, seguindo o modelo do suíço, define domicílio no art. 70, *verbis*:

"Art. 70. O domicílio da pessoa natural é o lugar onde ela estabelece a sua residência com ânimo definitivo".

E, no art. 72, *caput*, acolhendo a segunda ideia mencionada, concernente à atividade externa da pessoa, especialmente a de natureza profissional, dispõe:

"Art. 72. É também domicílio da pessoa natural, quanto às relações concernentes à profissão, o lugar onde esta é exercida".

O conceito de domicílio civil se compõe, pois, de dois elementos: o objetivo, que é a *residência*, mero estado de fato material; e o subjetivo, de caráter psicológico, consistente no *ânimo definitivo*, na intenção de aí fixar-se de modo permanente. A conjunção desses dois elementos forma o domicílio civil.

A residência é, portanto, apenas um elemento componente do conceito de domicílio, que é mais amplo e com ela não se confunde. Residência, como foi dito, é simples estado de fato, sendo o domicílio uma situação jurídica. Residência, que indica a radicação do indivíduo em determinado lugar[180], também não se confunde com *morada*[181] ou *habitação*, local que a

---

[178] Washington de Barros Monteiro, *Curso*, cit., v. 1, p. 136; Maria Helena Diniz, *Curso*, cit., v. 1, p. 194.

[179] Clóvis Beviláqua, *Teoria*, cit., p. 143.

[180] Washington de Barros Monteiro, *Curso*, cit., v. 1, p. 137.

[181] *Morada*, segundo o *Novo Dicionário Aurélio da Língua Portuguesa*, é o mesmo que *habitação, moradia* (2. ed., 39ª impressão, p. 1158). Consoante a lição de Celso Agrícola Barbi, "a residência é mais do que morada. Exige um elemento objetivo, isto é, a habitualidade, a permanência um pouco prolongada, a estabilidade" (*Comentários ao Código de Processo Civil*, v. 1, n. 533, p. 314).

Já se decidiu, em ação de separação judicial, que "não basta a morada, é preciso a residência para que a situação de alojamento possa ser determinante do foro para a ação de separação" (*JTJ*, Lex, 245/221).

pessoa ocupa esporadicamente, como a casa de praia ou de campo, ou o hotel em que passa uma temporada, ou mesmo o local para onde se mudou provisoriamente até concluir a reforma de sua casa. É mera relação de fato, de menor expressão que *residência*.

Uma pessoa pode ter um só domicílio e mais de uma residência. Pode ter também mais de um domicílio, pois o Código Civil brasileiro, adotando o critério das legislações alemã, austríaca, grega e chilena, dentre outras, e afastando-se da orientação do direito francês, admite a *pluralidade domiciliar*[182]. Para tanto, basta que tenha diversas residências onde *alternadamente viva*, como dispõe o art. 71 do Código Civil.

Diversamente do que dispunha o Código Civil de 1916, o novo não mais considera como domicílio o *centro de ocupação habitual*. É certo, porém, como acentua José Carlos Moreira Alves, que o atual Código, seguindo, no particular, o novo Código Civil português (art. 83º), não afasta totalmente o centro de ocupação habitual do conceito de domicílio, pois consagra, no art. 72, o *domicílio profissional*[183], ao proclamar que "*é também domicílio da pessoa natural, quanto às relações concernentes à profissão, o lugar onde esta é exercida*".

O parágrafo único do aludido dispositivo legal prevê mais uma hipótese de domicílio plúrimo, ao dispor que, "*se a pessoa exercitar profissão em lugares diversos, cada um deles constituirá domicílio para as relações que lhe corresponderem*".

Dessa forma, se uma pessoa, por exemplo, morar com sua família em São Paulo, tendo escritórios em cidades contíguas, como Santo André e Diadema, onde comparece em dias alternados, em qualquer desses três lugares poderá ser acionada (CPC, art. 46, § 1º).

Admite-se, também, que uma pessoa possa ter domicílio sem possuir residência determinada, ou em que esta seja de difícil identificação. Preleciona Orlando Gomes que, nesses casos, para resguardar o interesse de terceiros, vem-se adotando a teoria do *domicílio aparente*, segundo a qual, no dizer de Henri De Page, "aquele que cria as aparências de um domicílio em um lugar pode ser considerado pelo terceiro como tendo aí seu verdadeiro domicílio"[184].

---

182 Arminjon-Nolde-Wolff, *Traité de droit comparé*, v. 2, p. 275 apud Washington de Barros Monteiro, *Curso*, cit., v. 1; Planiol, Ripert e Savatier, *Traité élémentaire de droit civil*, t. 1, n. 137; Clóvis Beviláqua, *Teoria*, cit., p. 144; Orlando Gomes, *Introdução*, cit., p. 158; Silvio Rodrigues, *Direito civil*, cit., v. 1, p. 105; Maria Helena Diniz, *Curso*, cit., v. 1, p. 195.

183 *A Parte Geral*, cit., p. 75.

184 *Introdução*, cit., p. 159.

A propósito, preceitua o art. 73 do Código Civil: "*Ter-se-á por domicílio da pessoa natural, que não tenha residência habitual, o lugar onde for encontrada*". É o caso, por exemplo, dos ciganos e andarilhos, ou de caixeiros viajantes, que passam a vida em viagens e hotéis e, por isso, não têm residência habitual. Considera-se domicílio o lugar onde forem encontrados. Parece-nos mais adequada à hipótese a expressão *domicílio ocasional*, empregada por VICENTE RÁO[185].

As pessoas podem mudar de domicílio. Para que a mudança se caracterize não basta trocarem de endereço. É necessário que estejam imbuídas da "*intenção manifesta de o mudar*", como exige o art. 74 do Código Civil. Essa intenção é aferida por sua conduta e, segundo dispõe o parágrafo único do mencionado dispositivo legal, resultará do que declarar "*às municipalidades dos lugares, que deixa, e para onde vai, ou, se tais declarações não fizer, da própria mudança, com as circunstâncias que a acompanharem*".

Essas circunstâncias podem ser, por exemplo: a matrícula dos filhos em escola da nova localidade, a transferência de linha telefônica, a abertura de contas bancárias, posse em cargo público etc.

Perde-se o domicílio, porém, não só pela sua *mudança*, mas também por *determinação de lei* (quando venha a ocorrer uma hipótese de domicílio legal que prejudique o anterior) e pela *vontade ou eleição das partes,* nos contratos, no que respeita à execução das obrigações deles resultantes (CC, art. 78)[186].

13.3.1.2. Espécies

O primeiro domicílio da pessoa, que se prende ao seu nascimento, é denominado *domicílio de origem* e corresponde ao de seus pais, à época.

O domicílio pode ser: a) *voluntário*; e b) *necessário* ou *legal*. O *voluntário*, por sua vez, pode ser *geral* (escolhido livremente) e *especial* (fixado com base no contrato, sendo denominado, conforme o caso, *foro contratual* ou de *eleição*).

O domicílio voluntário *geral* ou *comum* é aquele que depende da vontade exclusiva do interessado. Qualquer pessoa, não sujeita a domicílio necessário, tem a liberdade de estabelecer o local em que pretende instalar a sua residência com ânimo definitivo, bem como de mudá-lo, quando lhe convier (CC, art. 74).

O domicílio especial pode ser o do *contrato,* a que alude o art. 78 do Código Civil, e o de *eleição,* disciplinado no art. 63 do Código de Processo

---

185 *O direito...*, cit., v. 1.

186 Maria Helena Diniz, *Curso*, cit., v. 1, p. 197.

Civil. O primeiro é a sede jurídica ou o local especificado no contrato para o cumprimento das obrigações dele resultantes. O *foro de eleição* é o escolhido pelas partes para a propositura de ações relativas às referidas obrigações e direitos recíprocos.

Prescreve o mencionado art. 63 do Código de Processo Civil que as partes "podem modificar a competência em razão do valor e do território, elegendo foro onde será proposta ação oriunda de direitos e obrigações". Aduz o § 1º que "A eleição de foro só produz efeito quando constar de instrumento escrito e aludir expressamente a determinado negócio jurídico". Complementa o § 2º: "*O foro contratual obriga os herdeiros e sucessores das partes*"[187].

Duas questões concernentes ao foro de eleição merecem destaque. A primeira diz respeito à possibilidade de a parte por este favorecida abrir mão do benefício e ajuizar a ação no foro do domicílio do réu. A jurisprudência tem proclamado, com efeito, que a eleição de foro não inibe que o credor prefira o foro do domicílio do devedor, quando diverso daquele[188].

A segunda questão versa sobre a não admissão do foro de eleição nos *contratos de adesão*, salvo demonstrando-se a inexistência de prejuízo para o aderente. Com efeito, a sua validade pressupõe a observância do princípio da igualdade dos contratantes, não respeitado nos contratos dessa espécie.

O Superior Tribunal de Justiça tem considerado ineficaz a cláusula de eleição de foro, em contratos de adesão[189]: a) "quando constitui um

---

[187] Súmula 335 do Supremo Tribunal Federal: "É válida a cláusula de eleição do foro para os processos oriundos do contrato". Todavia, "tratando-se de relação de consumo, a competência é a do domicílio do consumidor, que não pode ser alterada por cláusula de eleição de foro" (TJRS, Conflito de Competência n. 70.079.457.917, 11ª Câm. Cív., rel. Des. Bayard Barcellos, j. 7-11-2018).

[188] "Possibilidade do demandante em optar pelo foro de eleição ou do domicílio do réu. Inexistência de demonstração pela embargante de prejuízo ao exercício do seu direito de defesa, diante da demanda ter curso na comarca de sua sede, ao invés do foro de eleição. Precedentes do STJ" (TJRJ, AgI 001.124.505.262.011.881.190.000, *DJe* 29-1-2019). "O foro de eleição não obsta à propositura de ação no foro do domicílio do réu, não cabendo a este excepcionar o juízo" (*RT*, 665/134; *JTA*, 92/365). "No caso de eleição de foro, tal circunstância não impede seja a ação intentada no domicílio do réu, e com razão maior quando este, ao excepcionar o foro, não demonstrou a existência de prejuízo" (STJ, REsp 10.998/DF, 3ª T., rel. Min. Nilson Naves, *DJU*, 9-3-1992, p. 2.573). "A circunstância de haver o arrendador levado a protesto os títulos relacionados com o contrato de 'leasing' no domicílio do arrendatário importa em renúncia tácita ao foro de eleição e do local de pagamento" (STJ, REsp 39.280-2/RS, 4ª T., rel. Min. Dias Trindade, *DJU*, 13-12-1993, p. 27.470).

[189] Cf. Theotonio Negrão, *Código de Processo Civil e legislação processual em vigor*, p. 213, nota 3b ao art. 111.

obstáculo à parte aderente, dificultando-lhe o comparecimento em juízo"[190]; b) se é "abusiva, resultando especial dificuldade para a outra parte"[191]; c) se o outro contratante "presumivelmente não pôde discutir cláusula microscopicamente impressa de eleição de foro"[192].

A mesma Corte, considerando que o art. 51, IV, do Código de Defesa do Consumidor declara nula de pleno direito a cláusula abusiva, que coloque o consumidor em desvantagem exagerada, ou seja incompatível com a boa-fé e a equidade, tem proclamado: "A cláusula de eleição de foro inserida em contrato de adesão não prevalece se 'abusiva', o que se verifica quando constatado que da prevalência de tal estipulação resulta inviabilidade ou especial dificuldade de acesso ao Judiciário. Pode o juiz, de ofício, declinar de sua competência em ação instaurada contra consumidor quando a aplicação daquela cláusula dificultar gravemente a defesa do réu em juízo"[193].

Esse entendimento foi consolidado pela Lei n. 11.280, de 16 de fevereiro de 2006, que introduziu parágrafo único ao art. 112 do Código de Processo Civil de 1973, dispondo que "a nulidade da cláusula de eleição de foro, em contrato de adesão, pode ser declarada de ofício pelo juiz, que declinará de competência para o juízo de domicílio do réu". Por sua vez, o art. 63, § 3º, do atual Código de Processo Civil, de 2015, dispõe: "Antes da citação, a cláusula de eleição de foro, se abusiva, pode ser reputada ineficaz de ofício pelo juiz, que determinará a remessa dos autos ao juízo do foro de domicílio do réu". A declaração de ineficácia não deve, todavia, ser proclamada de forma indiscriminada, mas à luz das circunstâncias do caso concreto.

Nessas hipóteses, tem-se entendido não incidir a Súmula 33 do Superior Tribunal de Justiça, segundo a qual "a incompetência não pode ser declarada de ofício". Quando, no entanto, não há prejuízo para o aderente, que é, por exemplo, empresa de considerável porte, tem sido admitido o foro de eleição em contrato de adesão, não cabendo ao juiz suscitar de ofício a sua incompetência[194].

Domicílio *necessário* ou *legal* é o determinado pela lei, em razão da condição ou situação de certas pessoas. Nesses casos, deixa de existir liberdade

---

190 REsp 41.540/RS, 3ª T., rel. Min. Costa Leite, *DJU*, 9-5-1994.

191 REsp 40.988-8/RJ, 3ª T., rel. Min. Eduardo Ribeiro, *DJU*, 9-5-1994, p. 10.870.

192 REsp 34.186/RS, 4ª T., rel. Min. Athos Carneiro, *DJU*, 2-8-1993, p. 14.257.

193 *RSTJ*, 140/330 e 129/212. No mesmo sentido: *RT*, 774/319, 780/380, 781/277, 784/284, 787/276 e 315, 791/364, 794/331.

194 STJ, 2ª S., CComp. 13.632-6/MG, rel. Min. Ruy Rosado de Aguiar, *DJU*, 25-9-1995, p. 31.059.

de escolha. O art. 76 do Código Civil dispõe que têm "*domicílio necessário o incapaz, o servidor público, o militar, o marítimo e o preso*". Acrescenta o parágrafo único:

"*O domicílio do incapaz é o do seu representante ou assistente; o do servidor público, o lugar em que exercer permanentemente suas funções; o do militar, onde servir, e, sendo da Marinha ou da Aeronáutica, a sede do comando a que se encontrar imediatamente subordinado; o do marítimo, onde o navio estiver matriculado; e o do preso, o lugar em que cumpre a sentença*".

Observa-se, no tocante ao *incapaz* menor, tutelado ou curatelado, que o domicílio obrigatório lhe é imposto em razão do estado de dependência em que se encontra e, no caso do *preso*, em decorrência de sua situação especial. Nos demais casos, a atribuição provém da profissão ou atividade exercida.

No sistema da pluralidade domiciliar, acolhido pelo nosso direito, as pessoas não perdem automaticamente o domicílio que antes possuíam ao receberem, por imposição legal, o novo. Tal poderá ocorrer se porventura se estabelecerem com residência definitiva no local do domicílio legal. Se, por exemplo, indivíduo domiciliado em cidade contígua a São Paulo for aprovado em concurso nesta realizado e se tornar servidor público, mas conservar o domicílio familiar, terá, na realidade, dois domicílios, ou domicílio plúrimo, podendo ser procurado em qualquer deles[195].

Há outras hipóteses de domicílio necessário na lei civil: a) o de cada cônjuge, será o do casal (art. 1.569); b) o agente diplomático do Brasil que, citado no estrangeiro, alegar extraterritorialidade sem designar onde tem, no país, o seu domicílio poderá ser demandado no Distrito Federal ou no último ponto do território brasileiro onde o teve (art. 77); c) o viúvo sobrevivente conserva o domicílio conjugal, enquanto, voluntariamente, não adquirir outro (*RF*, 159/81)[196].

13.3.2. Domicílio da pessoa jurídica

A rigor, a pessoa jurídica de direito privado não tem residência, mas sede ou estabelecimento, que se prende a um determinado lugar. Trata-se de *domicílio especial*, que pode ser livremente escolhido "*no seu estatuto*

[195] Caio Mário da Silva Pereira, *Instituições*, cit., v. 1, p. 239.

[196] Maria Helena Diniz, *Curso*, cit., v. 1, p. 196.

ou atos constitutivos". Não o sendo, o seu domicílio será "*o lugar onde funcionarem as respectivas diretorias e administrações*" (CC, art. 75, IV). Este será o local de suas atividades habituais, onde os credores poderão demandar o cumprimento das obrigações.

A Súmula 363 do Supremo Tribunal Federal proclama que "a pessoa jurídica de direito privado pode ser demandada no domicílio da agência ou estabelecimento em que se praticou o ato".

Com efeito, o art. 75, § 1º, do Código Civil admite a pluralidade de domicílio dessas entidades, prescrevendo: "*Tendo a pessoa jurídica diversos estabelecimentos em lugares diferentes, cada um deles será considerado domicílio para os atos nele praticados*". Desse modo, se a pessoa jurídica tiver filiais, agências, departamentos ou escritórios, situados em comarcas diferentes, poderá ser demandada no foro em que tiver praticado o ato. Assim também dispõe o art. 53, III, *a* e *b*, do Código de Processo Civil[197].

Nessa linha, decidiu o Superior Tribunal de Justiça: "O art. 75 do CC/2002, como se vê, reconhece a possibilidade de pluralidade de domicílios para a pessoa jurídica de direito privado, visando, sobretudo, a facilitar a propositura de ação judicial contra a sociedade"[198].

Se a administração, ou diretoria, tiver a sede no estrangeiro, haver-se-á por domicílio da pessoa jurídica o lugar do estabelecimento situado no Brasil onde as obrigações foram contraídas, correspondente a cada agência (CC, art. 75, § 2º).

As pessoas jurídicas de direito público interno têm por domicílio a sede de seu governo. Assim, dispõe o art. 75 do Código Civil que o domicílio da União é o Distrito Federal; dos Estados e Territórios, as respectivas capitais; e do Município, o lugar onde funcione a administração municipal.

Consoante dispõe o art. 51, *caput*, do Código de Processo Civil, em consonância com o art. 109, §§ 1º e 2º da Constituição Federal, "É competente o foro de domicílio do réu para as causas em que seja autora a União". Se a União for a demandada, aduz o parágrafo único, "a ação poderá ser proposta no foro de domicílio do autor, no de ocorrência do ato ou fato que originou a demanda, no de situação da coisa ou no Distrito Federal". É competente o foro de domicílio do réu para as causas em que seja autor

---

197 "Devedora com sede e filial sob jurisdições diversas. Competente para processar e julgar o feito é o juiz do lugar onde se acha a agência ou sucursal, quanto às obrigações que ela contraiu" (STJ, *RT*, 654/194).

"A Súmula 363 do Supremo Tribunal Federal aplica-se também às empresas públicas" (*RSTJ*, 90/41).

198 STJ, REsp 1.580.075-RJ, 3ª T., rel. Min. Nancy Andrighi, j. 11-12-2018.

Estado ou o Distrito Federal. Se Estado ou o Distrito Federal for o demandado, a ação poderá ser proposta no foro de domicílio do autor, no de ocorrência do fato que originou a demanda, no de situação da coisa ou na capital do respectivo ente federado (CPC, art. 52 e parágrafo único).

14. Atos do registro civil

Registro civil é a perpetuação, mediante anotação por agente autorizado, dos dados pessoais dos membros da coletividade e dos fatos jurídicos de maior relevância em suas vidas, para fins de autenticidade, segurança e eficácia. Tem por base a publicidade, cuja função específica é provar a situação jurídica do registrado e torná-la conhecida de terceiros[199].

No registro civil, efetivamente, pode-se encontrar a história civil da pessoa, por assim dizer, a biografia jurídica de cada cidadão, na expressão de Nicola e Francesco Stolfi[200].

Há notícias dessa prática na Bíblia, entre os gregos e romanos e entre os povos civilizados em geral. Todavia, a origem do registro moderno encontra-se na Idade Média, na praxe adotada pelos padres cristãos de anotar o batismo, o casamento e o óbito dos fiéis, não só para melhor conhecê-los como também para controle e escrituração dos dízimos recebidos. Por essa razão, durante séculos, inclusive no Brasil, a perpetuação dos momentos principais da vida civil, ou seja, do nascimento, do casamento e do óbito, ficou a cargo da Igreja. A prova da idade entre nós, durante o Império, era feita pelo batistério, de valor probante considerado incontestável[201].

A secularização do Registro Civil teve início com o Decreto n. 9.886, de 7 de março de 1888, motivada pelo surgimento de outras religiões e pela constatação de que os assentos eclesiásticos mostravam-se insuficientes para atender às necessidades públicas. Hoje a matéria é regida pelo Código Civil, que se limitou a determinar o registro dos fatos essenciais ligados ao estado das pessoas, e pela Lei n. 6.015, de 31 de dezembro de 1973, que dispõe sobre os Registros Públicos, especificados no art. 1º, § 1º, e que são os seguintes:

"I – o registro civil de pessoas naturais;

II – o registro civil das pessoas jurídicas;

---

[199] Washington de Barros Monteiro, *Curso*, cit., v. 1, p. 74.

[200] *Il nuovo Codice Civile commentato*, 1939, prefazione, XIV.

[201] Caio Mário da Silva Pereira, *Instituições*, cit., v. 1, p. 151.

III – o registro de títulos e documentos;

IV – o registro de imóveis".

O art. 9º do Código Civil, por sua vez, indica os atos sujeitos a registro público:

"I – os nascimentos, casamentos e óbitos;

II – a emancipação por outorga dos pais ou por sentença do juiz;

III – a interdição por incapacidade absoluta ou relativa; [registre-se que este inciso deve ser adaptado ao Estatuto da Pessoa com Deficiência – Lei n. 13.146/2015 –, pelo qual são absolutamente incapazes somente os menores de 16 anos, não sujeitos a curatela];

IV – a sentença declaratória de ausência e de morte presumida".

O registro civil, por sua importância na vida das pessoas, interessa a todos: ao próprio registrado, a terceiros que com ele mantenham relações e ao Estado. Os principais fatos da vida humana, como o nascimento, o casamento, o óbito, a separação judicial e o divórcio são ali retratados e fixados de forma perene.

São *averbados* em registro público: a) as sentenças que decretarem a nulidade ou anulação do casamento, o divórcio, a separação judicial e o restabelecimento da sociedade conjugal; e b) os atos judiciais ou extrajudiciais que declararem ou reconhecerem a filiação (CC, art. 10). A letra *c* do mencionado art. 10, que impunha a averbação dos atos judiciais ou extrajudiciais de adoção, foi revogada pela Lei Nacional da Adoção (Lei n. 12.010/2009). *Averbação* é qualquer anotação feita à margem do registro, para indicar as alterações ocorridas no estado jurídico do registrado.

Proclama o Enunciado n. 272 da IV Jornada de Direito Civil: "Não é admitida em nosso ordenamento jurídico a adoção por ato extrajudicial, sendo indispensável a atuação jurisdicional, inclusive para a adoção de maiores de dezoito anos". Por seu turno, o Enunciado n. 273 dispõe: "Tanto na adoção bilateral quanto na unilateral, quando não se preserva o vínculo com qualquer dos genitores originários, deverá ser averbado o cancelamento do registro originário de nascimento do adotado, lavrando-se novo registro. Sendo unilateral a adoção, e sempre que se preserva o vínculo originário com um dos genitores, deverá ser averbada a substituição do nome do pai ou mãe naturais pelo nome do pai ou mãe adotivos".

São obrigados a fazer a declaração de nascimento, pela ordem: a) os pais; b) o parente mais próximo; c) os administradores de hospitais ou os médicos e parteiras; d) pessoa idônea da casa em que ocorrer o parto; e e) as pessoas encarregadas da guarda do menor (LRP, art. 52).

A Lei n. 13.112, de 30 de março de 2015, autoriza a mulher a registrar nascimento do filho em igualdade de condições com o homem. A referida lei alterou a Lei dos Registros Públicos, que garantia ao pai a iniciativa de registrar o filho nos primeiros 15 dias de vida. Só em caso de omissão ou impedimento do pai depois desse período a mãe poderia substituí-lo e registrar o recém-nascido.

Atualmente, portanto, o pai ou a mãe, isoladamente ou em conjunto, devem proceder ao registro no prazo de 15 dias. Se um dos dois não cumprir a exigência dentro desse período, o outro terá 45 dias para realizar a declaração.

O Registro Civil está a cargo de pessoas que recebem delegação do poder público e são denominadas Oficiais do Registro Civil das Pessoas Naturais. Outras pessoas têm, também, competência para exercer essas funções, como o comandante de aeronaves, que pode lavrar certidão de nascimento e dos óbitos que ocorrerem a bordo (Código Brasileiro de Aeronáutica, art. 173), bem como as autoridades consulares (LINDB, art. 18).

O procedimento registral é especificado nos arts. 29 a 113 da Lei dos Registros Públicos (Lei n. 6.015/73). Anote-se ainda a existência de leis especiais que também cuidam de registro civil: a) o Estatuto da Criança e do Adolescente, art. 102, § 1º, que, combinado com o art. 62 da Lei dos Registros Públicos, dispõe sobre registro de menor abandonado, sob jurisdição do juiz da infância e juventude; b) o Decreto-Lei n. 7.845, de 9 de agosto de 1945, que estabelece providências que facilitem, para fins eleitorais, o registro de nascimento; c) o Decreto-Lei n. 5.860, de 30 de setembro de 1943, que determina a expulsão do território nacional de estrangeiro que fizer falsa declaração perante o Registro Civil, para o fim de atribuir-se, ou a seus filhos, a nacionalidade brasileira (art. 2º); e d) a Lei n. 3.764, de 25 de abril de 1960, que prevê rito sumaríssimo para retificações no Registro Civil[202].

Podem ser acrescentadas ainda as seguintes: Lei n. 11.789, de 2 de outubro de 2008, que proíbe a inserção nas certidões de nascimento e de óbito de expressões que indiquem condição de pobreza ou semelhantes e altera as Leis n. 6.015, de 31 de dezembro de 1973 (LRP), e 8.935, de 18 de novembro de 1994; e Lei n. 11.790, de 2 de outubro de 2008, que altera o art. 46 da Lei n. 6.015, de 31 de dezembro de 1973 (LRP), para permitir o registro da declaração de nascimento fora do prazo legal diretamente nas serventias extrajudiciais.

A Lei n. 12.058, de 13 de outubro de 2009, instituiu o registro civil único, pelo qual cada cidadão brasileiro, nato ou naturalizado, será identificado em suas relações com a sociedade e com os organismos governamentais e privados com o número único de Registro de Identidade Civil.

---

[202] Washington de Barros Monteiro, *Curso*, cit., v. 1, p. 76.

A referida lei instituiu o Cadastro Nacional de Registro de Identificação Civil, destinado a conter o número único de Registro de Identidade Civil, acompanhado dos dados de identificação de cada cidadão, tendo sido regulamentada pelo Decreto n. 7.166, de 5 de maio de 2010.

A Constituição Federal de 1988 dispõe que são gratuitos para os reconhecidamente pobres, na forma da lei: a) o registro civil de nascimento; b) a certidão de óbito (art. 5º, LXXVI). Por sua vez, o Código Civil proclama, no art. 1.512: "*O casamento é civil e gratuita a sua celebração*". O parágrafo único acrescenta: "*A habilitação para o casamento, o registro e a primeira certidão serão isentos de selos, emolumentos e custas, para as pessoas cuja pobreza for declarada, sob as penas da lei*".

A Emenda Constitucional n. 54, de 20 de setembro de 2007, visando assegurar o registro nos consulados de brasileiros nascidos no estrangeiro, deu nova redação à alínea *c* do inciso I do art. 12 da Constituição Federal, considerando brasileiros natos "os nascidos no estrangeiro de pai brasileiro ou de mãe brasileira, desde que sejam registrados em repartição brasileira competente ou venham a residir na República Federativa do Brasil e optem, em qualquer tempo, depois de atingida a maioridade, pela nacionalidade brasileira".

A mesma Emenda Constitucional acrescenta, ao Ato das Disposições Constitucionais Transitórias, o art. 95, com a seguinte redação: "Os nascidos no estrangeiro entre 7 de junho de 1994 e a data da promulgação desta Emenda Constitucional, filhos de pai brasileiro ou mãe brasileira, poderão ser registrados em repartição diplomática ou consular brasileira competente ou em ofício de registro, se vierem a residir na República Federativa do Brasil".

No Estado de São Paulo, com as modificações promovidas no Provimento n. 14 da Corregedoria Geral da Justiça, em dezembro de 2012, passaram a ser registradas no Cartório de Registro das Pessoas Naturais as escrituras e as sentenças de reconhecimento de *união estável*.

Em complemento, o item 113 do aludido Provimento estabelece que "Os registros das sentenças declaratórias de reconhecimento, dissolução e extinção, bem como das escrituras públicas de contrato e distrato envolvendo união estável, serão feitos no Livro 'E', pelo Oficial do Registro Civil das Pessoas Naturais da Sede, ou onde houver, no 1º Subdistrito da Comarca em que os companheiros têm ou tiveram seu último domicílio, devendo constar: a) data do registro; b) prenome e sobrenome, datas de nascimento, profissão, indicação da numeração das Cédulas de Identidade, domicílio e residência dos companheiros; c) prenomes e sobrenomes dos pais; d) data e Registro Civil das pessoas naturais em que foram registrados os nascimentos das partes, seus casamentos e/ou uniões estáveis anteriores, assim como os óbitos de seus outros cônjuges ou companheiros, quando houver; e) data da sentença, Vara e nome do Juiz que a proferiu, quando for o caso; f) data da escritura pública, mencionando-se, no último caso, o livro, a página e o Tabelionato onde foi lavrado o ato; g) regime de bens dos companheiros".

O Provimento n. 52, de 14 de março de 2016, da Corregedoria Nacional de Justiça, autoriza o registro automático, sem necessidade de permissão judicial, de nascimento dos filhos de casais heterossexuais e homoafetivos nascidos por meio de técnicas de reprodução assistida, como fertilização *in vitro* e gestação por substituição ("barriga de aluguel"). Neste último caso, não constará no registro civil da criança o nome da gestante. Se os pais forem casados ou viverem em união estável, basta que um deles vá ao Cartório fazer o registro, munido dos documentos exigidos. Se a reprodução assistida for realizada após a morte de um dos doadores, deverá ser apresentado, ainda, termo de autorização prévia específica do falecido ou da falecida para o uso do material biológico preservado, lavrado por instrumento público.

A Medida Provisória n. 776, de 26 de abril de 2017, altera a Lei dos Registros Públicos (Lei n. 6.015/73), dando nova redação aos arts. 19, 54 e 70, para incluir a menção à "naturalidade" do registrando no assento do registro civil.

A referida lei sofreu várias alterações produzidas pela Lei n. 13.484, de 26 de setembro de 2017. Destacam-se:

a) as certidões de nascimento deverão conter a data do assento e, por extenso, a do nascimento, bem como mencionar expressamente a *naturalidade* (art. 19, § 4º);

b) os ofícios do Registro Civil das Pessoas Naturais ganharam o qualificativo de "ofícios da cidadania" e receberam autorização legal para "prestar outros serviços remunerados, na forma prevista em convênio, em credenciamento ou em matrícula com órgãos públicos e entidades interessadas" (art. 29, § 3º);

c) o assento de nascimento deverá conter a naturalidade do registrando, a qual "poderá ser do Município em que ocorreu o nascimento ou do Município de residência da mãe do registrando na data do nascimento, desde que localizado em território nacional, e a opção caberá ao declarante no ato de registro do nascimento" (art. 54);

d) o elemento da naturalidade também deverá figurar agora das certidões de casamento (art. 70);

e) a certidão de óbito poderá ser lavrada pelo oficial registrador do "lugar do falecimento ou do lugar de residência do *de cujus*, quando o falecimento ocorrer em local diverso do seu domicílio", extraída após a lavratura do assento de óbito, em vista do atestado de médico, se houver no lugar, ou, em caso contrário, de duas pessoas qualificadas que tiverem presenciado ou verificado a morte (art. 77);

f) é dispensada a manifestação do Ministério Público para a lavratura das averbações, salvo se o "oficial suspeitar de fraude, falsidade ou má-fé nas declarações ou na documentação apresentada para fins de averbação". Neste caso, ele "não praticará o ato pretendido e submeterá o caso ao representante do Ministério Público para manifestação, com a indicação, por escrito, dos motivos da suspeita" (art. 97);

g) a retificação do registro, da averbação ou da anotação será feita pelo oficial "de ofício ou a requerimento do interessado, mediante petição assinada pelo interessado, representante legal ou procurador, independentemente de prévia autorização ou manifestação do Ministério Público".

Esta última alteração, como se observa, desjudicializou o procedimento e terá cabimento nas hipóteses de:

1. "erros que não exijam qualquer indagação para a constatação imediata de necessidade de sua correção";
2. "erro na transposição dos elementos constantes em ordens e mandados judiciais, termos ou requerimentos, bem como outros títulos a serem registrados, averbados ou anotados, e o documento utilizado para a referida averbação e/ou retificação ficará arquivado no registro no cartório";
3. "inexatidão da ordem cronológica e sucessiva referente à numeração do livro, da folha, da página, do termo, bem como da data do registro";
4. "ausência de indicação do Município relativo ao nascimento ou naturalidade do registrado, nas hipóteses em que existir descrição precisa do endereço do local do nascimento";
5. "elevação do Distrito a Município ou alteração de suas nomenclaturas por força de lei".

Capítulo II

DOS DIREITOS DA PERSONALIDADE

Sumário: 1. Conceito. 2. Fundamentos dos direitos da personalidade. 3. Características dos direitos da personalidade. 4. Disciplina no Código Civil. 4.1. Da proteção aos direitos da personalidade. 4.2. Os atos de disposição do próprio corpo. 4.3. O tratamento médico de risco. 4.4. O direito ao nome. 4.5. A proteção à palavra e à imagem. 4.6. A proteção à intimidade.

1. Conceito

Certas prerrogativas individuais, inerentes à pessoa humana, aos poucos foram reconhecidas pela doutrina e pelo ordenamento jurídico, bem como protegidas pela jurisprudência. São direitos inalienáveis, que se encontram fora do comércio, e que merecem a proteção legal.

A concepção dos direitos da personalidade apoia-se na ideia de que, a par dos direitos economicamente apreciáveis, destacáveis da pessoa de seu titular, como a propriedade ou o crédito contra um devedor, outros há, não menos valiosos e merecedores da proteção da ordem jurídica, inerentes à pessoa humana e a ela ligados de maneira perpétua e permanente. São os *direitos da personalidade*, cuja existência tem sido proclamada pelo direito natural, destacando-se, dentre outros, o direito à vida, à liberdade, ao nome, ao próprio corpo, à imagem e à honra[1].

Embora desde a Antiguidade já houvesse preocupação com o respeito aos direitos humanos, incrementada com o advento do Cristianismo, o reconhecimento dos direitos da personalidade como categoria de direito subjetivo é relativamente recente, como reflexo da Declaração dos Direitos do Homem, de 1789 e de 1948, das Nações Unidas, bem como da Convenção Europeia de 1950.

---

[1] Caio Mário da Silva Pereira, *Instituições de direito civil*, v. 1, p. 152; Silvio Rodrigues, *Direito civil*, v. 1, p. 61; Mazeaud e Chabas, *Leçons de droit civil*, v. 2, t. 1, n. 624.

No âmbito do direito privado sua evolução tem-se mostrado lenta. No Brasil, têm sido tutelados em leis especiais e principalmente na jurisprudência, a quem coube a tarefa de desenvolver a proteção à intimidade do ser humano, sua imagem, seu nome, seu corpo e sua dignidade[2].

O grande passo para a proteção dos *direitos da personalidade*[3] foi dado com o advento da Constituição Federal de 1988, que expressamente a eles se refere no art. 5º, X, nestes termos:

"X – são invioláveis a intimidade, a vida privada, a honra e a imagem das pessoas, assegurado o direito a indenização pelo dano material ou moral decorrente de sua violação".

Tem-se afirmado que os direitos da personalidade constituem herança da Revolução Francesa, que pregava os lemas liberdade, igualdade e fraternidade. A evolução dos direitos fundamentais, desse modo, costuma ser dividida em *três gerações* ou *dimensões*, que guardam correspondência com os referidos lemas. A primeira geração tem relação com a *liberdade;* a segunda, com a *igualdade,* dando-se ênfase aos direitos sociais; e a terceira, com a *fraternidade ou solidariedade,* surgindo os direitos ligados à pacificação social (direitos do trabalhador, direitos do consumidor etc.). Cogita-se, ainda, na doutrina, da existência de uma quarta geração, que decorreria das inovações tecnológicas, relacionadas com o *patrimônio genético* do indivíduo, bem como de direitos de uma quinta geração, que decorreriam da *realidade virtual.*

O Código Civil dedicou um capítulo novo aos direitos da personalidade (arts. 11 a 21), visando, no dizer de Miguel Reale, "à sua salvaguarda, sob múltiplos aspectos, desde a proteção dispensada ao nome e à imagem até o direito de se dispor do próprio corpo para fins científicos ou altruísticos". Aduziu o Coordenador do Projeto do novo estatuto civil que, "tratando-se de matéria de per si complexa e de significação ética essencial, foi preferido o enunciado de poucas normas dotadas de rigor e

---

2 Maria Helena Diniz, *Curso de direito civil brasileiro*, v. 1, p. 153; Silvio Rodrigues, *Direito civil*, cit., v. 1, p. 62.

3 A expressão "direitos da personalidade" foi consagrada pela legislação nacional e desfruta da predileção da doutrina. Há, contudo, na doutrina alienígena, o emprego de outras expressões, como "direitos fundamentais da pessoa", "direitos subjetivos essenciais", "direitos personalíssimos", "direitos sobre a própria pessoa" etc., como mencionam Pablo Stolze Gagliano e Rodolfo Pamplona Filho (*Novo curso de direito civil*: parte geral, p. 184).

clareza, cujos objetivos permitirão os naturais desenvolvimentos da doutrina e da jurisprudência"[4].

Francisco Amaral define os direitos da personalidade como "direitos subjetivos que têm por objeto os bens e valores essenciais da pessoa, no seu aspecto físico, moral e intelectual". Por sua vez, Maria Helena Diniz, com apoio na lição de Limongi França, os conceitua como "direitos subjetivos da pessoa de defender o que lhe é próprio, ou seja, a sua *integridade física* (vida, alimentos, próprio corpo vivo ou morto, corpo alheio vivo ou morto, partes separadas do corpo vivo ou morto); a sua *integridade intelectual* (liberdade de pensamento, autoria científica, artística e literária); e a sua *integridade moral* (honra, recato, segredo profissional e doméstico, identidade pessoal, familiar e social)"[5].

2. Fundamentos dos direitos da personalidade

Uma corrente pouco prestigiada, defendida por Nicola Coviello, nega a própria existência dos direitos da personalidade, afirmando ser inconcebível admitir-se alguém tendo direitos cujo objeto seria sua própria pessoa[6].

Todavia, como obtempera Silvio Rodrigues, toda a doutrina nacional e estrangeira que se ocupa da matéria reconhece a existência desses direitos inalienáveis, que estão fora do comércio e merecem a proteção da lei contra as ameaças e agressões da autoridade e de particulares[7].

Os direitos da personalidade dividem-se em duas categorias: os *inatos*, como o direito à vida e à integridade física e moral, e os *adquiridos*, que decorrem do *status* individual e existem na extensão da disciplina que lhes foi conferida pelo direito positivo.

A escola positivista insurge-se contra a ideia da existência de direitos da personalidade *inatos*, sustentando decorrer a personalidade não da realidade psicofísica, mas da sua concepção jurídico-normativa[8].

---

4 *O Projeto do Novo Código Civil*, p. 65.

5 Francisco Amaral, *Direito civil*: introdução, p. 243; Maria Helena Diniz, *Curso*, cit., v. 1, p. 135.

6 *Doctrina general del derecho civil*, n. 9, p. 27.

7 *Direito civil*, cit., v. 1, p. 64; Adriano de Cupis, *Os direitos da personalidade*; Marty e Reynaud, *Droit civil*, t. 1, n. 330; Orlando Gomes, *A reforma do Código Civil*, n. 40 e s.; Walter Moraes, Direito da personalidade, in *Enciclopédia Saraiva do Direito*, São Paulo, Saraiva, v. 26, p. 29.

8 Adriano de Cupis, *Os direitos*, cit., 1961.

Tal ideia, no entanto, é combatida por falta de adequação ao nosso ordenamento jurídico[9]. A escola de direito natural, diversamente, é ardorosa defensora desses direitos inerentes à pessoa humana, prerrogativas individuais que as legislações modernas reconhecem e a jurisprudência, lucidamente, vem protegendo.

Nessa ordem de ideias, os doutrinadores em geral entendem que caberia "ao Estado apenas reconhecê-los e sancioná-los em um ou outro plano do direito positivo – em nível constitucional ou em nível de legislação ordinária –, dotando-os de proteção própria, conforme o tipo de relacionamento a que se volte, a saber: contra o arbítrio do poder público ou as incursões de particulares"[10].

3. Características dos direitos da personalidade

Dispõe o art. 11 do Código Civil que, com "*exceção dos casos previstos em lei, os direitos da personalidade são intransmissíveis e irrenunciáveis, não podendo o seu exercício sofrer limitação voluntária*".

Na realidade são, também, absolutos, ilimitados, imprescritíveis, impenhoráveis, inexpropriáveis e vitalícios. Vejamos:

a) *Intransmissibilidade* e *irrenunciabilidade* – Essas características, mencionadas expressamente no dispositivo legal supratranscrito, acarretam a *indisponibilidade* dos direitos da personalidade. Não podem os seus titulares deles dispor, transmitindo-os a terceiros, renunciando ao seu uso ou abandonando-os, pois nascem e se extinguem com eles, dos quais são inseparáveis. Evidentemente, ninguém pode desfrutar em nome de outrem bens como a vida, a honra, a liberdade etc.

Alguns atributos da personalidade, contudo, admitem a cessão de seu uso, como a imagem, que pode ser explorada comercialmente, mediante retribuição pecuniária. Os direitos autorais e o relativo à imagem, com efeito, "por interesse negocial e da expansão tecnológica, entram na circulação jurídica e experimentam temperamentos, sem perder seus caracteres

---

9 Caio Mário da Silva Pereira, *Instituições*, cit., v. 1, p. 153, nota 19; Orlando Gomes, *Introdução*, cit., n. 77 e 78.

10 Carlos Alberto Bittar, *Os direitos da personalidade*, 3. ed., Forense Universitária, 1999, p. 7.

intrínsecos. É o que se apura na adaptação de obra para novela ou no uso da imagem para a promoção de empresas"[11].

Pode-se autorizar, contratualmente, não só a edição de obra literária, como também a inserção, em produtos, de marcas, desenhos ou qualquer outra criação intelectual. Permite-se, também, a cessão gratuita de órgãos do corpo humano, para fins altruísticos e terapêuticos[12].

Pode-se concluir, pois, que a indisponibilidade dos direitos da personalidade não é absoluta, mas relativa. Nessa direção, o Enunciado 4 da I Jornada de Direito Civil promovida pelo Conselho da Justiça Federal: "O exercício dos direitos da personalidade pode sofrer limitação voluntária, desde que não seja permanente nem geral".

Por outro lado, malgrado os direitos da personalidade, em si, sejam personalíssimos (direito à honra, à imagem etc.) e, portanto, intransmissíveis, a pretensão ou o direito de exigir a sua reparação pecuniária, em caso de ofensa, transmite-se aos sucessores, nos termos do art. 943 do Código Civil. Nessa linha, já decidiu o Superior Tribunal de Justiça, percucientemente: "O direito de ação por dano moral é de natureza patrimonial e, como tal, transmite-se aos sucessores da vítima"[13].

b) *Absolutismo* – O caráter absoluto dos direitos da personalidade é consequência de sua oponibilidade *erga omnes*. São tão relevantes e necessários que impõem a todos um dever de abstenção, de respeito. Sob outro ângulo, têm caráter *geral*, porque inerentes a toda pessoa humana.

c) *Não limitação* – É ilimitado o número de direitos da personalidade, malgrado o Código Civil, nos arts. 11 a 21, tenha se referido expressamente apenas a alguns. Reputa-se tal rol meramente exemplificativo, pois não esgota o seu elenco, visto ser impossível imaginar-se um *numerus clausus* nesse campo.

---

[11] Josaphat Marinho, Os direitos da personalidade no Projeto de Novo Código Civil Brasileiro, *Boletim da Faculdade de Direito da Universidade de Coimbra*, 2000, p. 257.

[12] Maria Helena Diniz, *Curso*, cit., v. 1, p. 120.

[13] *RSTJ*, 71/183. *Vide* ainda: "Ainda que o dano moral seja personalíssimo – e por isso intransmissível – o direito de ação para buscar a indenização pela violação moral transmite-se com o falecimento do titular do direito. Portanto, os seus herdeiros têm legitimidade ativa para buscar a reparação. O direito à indenização por violação moral transmite-se com o falecimento do titular do direito, ou seja, tanto os herdeiros quanto o espólio têm legitimidade ativa para ajuizar ação de reparação por danos morais. O direito que se sucede é o de ação, de caráter patrimonial, e não o direito moral em si, personalíssimo por natureza e, portanto intransmissível" (STJ, REsp 1.071.158-RJ, 3ª T., rel. Min. Nancy Andrighi, disponível em: <www.editoramagister.com>. Acesso em: 22 dez. 2011).

Não se limitam eles aos que foram expressamente mencionados e disciplinados no novo diploma, podendo ser apontados ainda, exemplificativamente, o direito a alimentos, ao planejamento familiar, ao leite materno, ao meio ambiente ecológico, à velhice digna, ao culto religioso, à liberdade de pensamento, ao segredo profissional, à identidade pessoal etc.[14].

O progresso econômico-social e científico poderá dar origem também, no futuro, a outras hipóteses, a serem tipificadas em norma. Na atualidade, devido aos avanços científicos e tecnológicos (Internet, clonagem, imagem virtual, monitoramento por satélite, acesso imediato a notícias e manipulação da imagem e voz por computador), a personalidade passa a sofrer novas ameaças que precisarão ser enfrentadas, com regulamentação da sua proteção. O direito de personalidade vai, pois, além das prerrogativas catalogadas na Constituição e na legislação ordinária[15].

d) *Imprescritibilidade* – Essa característica é mencionada pela doutrina em geral pelo fato de os direitos da personalidade não se extinguirem pelo uso e pelo decurso do tempo nem pela inércia na pretensão de defendê-los.

Embora o *dano moral* consista na lesão a um interesse que visa à satisfação de um bem jurídico extrapatrimonial contido nos direitos da personalidade, como a vida, a honra, o decoro, a intimidade, a imagem etc.[16], a pretensão à sua reparação está sujeita aos prazos prescricionais estabelecidos em lei, por ter caráter patrimonial.

Já decidiu, com efeito, o Superior Tribunal de Justiça que "o direito de ação por dano moral é de *natureza patrimonial* e, como tal, transmite-se aos sucessores da vítima"[17]. Não se pode, pois, afirmar que é imprescritível a pretensão à reparação do dano moral, embora consista em ofensa a direito da personalidade.

---

[14] *V.* especificação e classificação dos direitos da personalidade apresentada por Limongi França, *Manual de direito civil*, v. 1, p. 411-413.

[15] Erasmo M. Ramos, Estudo comparado do direito de personalidade no Brasil e na Alemanha, *RT*, 799/11-32.

[16] Eduardo Zannoni, *El daño en la responsabilidad civil*, p. 239.

[17] *RSTJ*, 71/183. *V.* também trabalho de Mário Moacyr Porto, publicado na *RT*, 661/7, sob o título "Dano por ricochete", no qual afirma, apoiado em Léon Mazeaud (*Recueil Critique Dalloz*, 1943, p. 46): "A dor não é 'bem' que componha o patrimônio transmissível do *de cujus*. Mas me parece de todo em todo transmissível, por direito hereditário, o direito de ação que a vítima, ainda viva, tinha contra o seu ofensor. Tal direito é de natureza patrimonial".

V. também: Carlos Roberto Gonçalves, *Responsabilidade civil*, p. 549, n. 97.1.3.

e) *Impenhorabilidade* – Se os direitos da personalidade são inerentes à pessoa humana e dela inseparáveis, e por essa razão indisponíveis, certamente não podem ser penhorados, pois a constrição é o ato inicial da venda forçada determinada pelo juiz para satisfazer o crédito do exequente.

Todavia, como foi dito no item sob letra *a*, *retro*, a indisponibilidade dos referidos direitos não é absoluta, podendo alguns deles ter o seu uso cedido para fins comerciais, mediante retribuição pecuniária, como o direito autoral e o direito de imagem, por exemplo. Nesses casos, os reflexos patrimoniais dos referidos direitos podem ser penhorados.

f) *Não sujeição a desapropriação* – Os direitos da personalidade inatos não são suscetíveis de desapropriação, por se ligarem à pessoa humana de modo indestacável. Não podem dela ser retirados contra a sua vontade nem o seu exercício sofrer limitação voluntária (CC, art. 11).

g) *Vitaliciedade* – Os direitos da personalidade inatos são adquiridos no instante da concepção e acompanham a pessoa até sua morte. Por isso, são vitalícios. Mesmo após a morte, todavia, alguns desses direitos são resguardados, como o respeito ao morto, à sua honra ou memória e ao seu direito moral de autor, por exemplo.

A propósito, preceitua o art. 12, parágrafo único, do atual Código Civil que, em se tratando de morto, terá legitimação para requerer que cesse a ameaça, ou a lesão a direito da personalidade, e reclamar perdas e danos, sem prejuízo de outras sanções previstas em lei, "*o cônjuge sobrevivente, ou qualquer parente em linha reta, ou colateral até o quarto grau*".

O Enunciado n. 275 da *IV Jornada de Direito Civil* dispõe: "O rol dos legitimados de que tratam os arts. 12, parágrafo único, e 20, parágrafo único do Código Civil também compreende o companheiro".

4. Disciplina no Código Civil

Todo um capítulo novo foi dedicado aos *direitos da personalidade* no atual Código Civil, visando à sua salvaguarda, sob múltiplos aspectos. Tal importante inovação representa um grande progresso e coloca o novo diploma, nesse campo, entre os mais avançados do mundo.

A Constituição Federal de 1988 já havia redimensionado a noção de respeito à dignidade da pessoa humana, consagrada no art. 1º, III, e proclamado que "são invioláveis a intimidade, a vida privada, a honra e a imagem das pessoas, assegurado o direito a indenização pelo dano material ou moral decorrente de sua violação" (art. 5º, X).

O Código Civil, no referido capítulo, disciplina os atos de disposição do próprio corpo (arts. 13 e 14), o direito à não submissão a tratamento médico de risco (art. 15), o direito ao nome e ao pseudônimo (arts. 16 a 19), a proteção à palavra e à imagem (art. 20) e a proteção à intimidade (art. 21). E, no art. 52, preceitua: *"Aplica-se às pessoas jurídicas, no que couber, a proteção dos direitos da personalidade"*.

Malgrado o avanço que representa a disciplina dos referidos direitos em capítulo próprio, o referido Código mostrou-se tímido a respeito de assunto de tamanha relevância, dando-lhe reduzido desenvolvimento, preferindo não correr o risco de enumerá-los taxativamente e optando pelo enunciado de "poucas normas dotadas de rigor e clareza, cujos objetivos permitirão os naturais desenvolvimentos da doutrina e da jurisprudência"[18].

Pode ser mencionado, exemplificativamente, como direito da personalidade não regulamentado legalmente, o denominado "*Direito ao Esquecimento*", na Internet – tema polêmico que tem sua origem associada a dois interesses: a) de ressocialização de criminosos que já tenham cumprido a pena que lhes foi imposta e b) a proteção da pessoa quanto a informações vexatórias ou inverídicas relativas a fatos passados. A propósito, dispõe o Enunciado 531 da VI Jornada de Direito Civil do Superior Tribunal de Justiça: "A tutela da dignidade da pessoa humana na sociedade da informação inclui o direito ao esquecimento".

Na ponderação de Bruno Miragem[19], "no âmbito da proteção de dados pessoais, o uso e a divulgação dos dados naturalmente devem ser limitados a critérios de adequação temporal e finalidade, de modo a consagrar-se o direito ao esquecimento, cuja violação geral gera a responsabilidade por eventuais danos que venha a causar. Nesse sentido, aliás, o art. 7º, X, da Lei n. 12.965/2014 (Marco Civil da Internet) estabelece como direito do usuário de internet a 'exclusão definitiva dos dados pessoais que tiver fornecido a determinada aplicação da internet, a seu requerimento, ao término da relação entre as partes, ressalvadas as hipóteses de guarda obrigatória de registros previstas nesta Lei'". As questões que permanecem sob discussão residem, em relação à internet, sobre quem tem o dever de promover a adequação, exclusão ou restrição de acesso sobre dados pessoais que não atendam aos critérios mencionados. E, nestes termos, a quem é imputável a responsabilidade no caso de desatendimento desses critérios, considerando as atividades que caracterizam os denominados provedores de busca e os provedores de conteúdo.

---

[18] Miguel Reale, *O Projeto*, cit., p. 65.

[19] *Direito Civil*: responsabilidade civil, Saraiva, 2015, p. 836.

O direito ao esquecimento, todavia, não pode representar censura prévia, segundo a jurisprudência. Embora cabível e apto a reparar violações, não deve embasar proibição de futura publicação, sob pena de censura prévia. Nesse diapasão, o Superior Tribunal de Justiça negou o pedido de grupo de pessoas que visavam proibir editora de publicar reportagens sobre crime nacionalmente conhecido[20].

Por sua vez, o Supremo Tribunal Federal aprovou a seguinte tese, com repercussão geral: "É incompatível com a Constituição a ideia de um direito ao esquecimento, assim entendido como o poder de obstar, em razão da passagem do tempo, a divulgação de fatos ou dados verídicos e licitamente obtidos e publicados em meios de comunicação social analógicos ou digitais". Esse foi o entendimento firmado pela maioria da aludida Corte Superior, em 11 de fevereiro de 2021, tendo como relator o Ministro Dias Toffoli.

4.1. Da proteção aos direitos da personalidade

O respeito à dignidade humana encontra-se em primeiro plano, entre os fundamentos constitucionais pelos quais se orienta o ordenamento jurídico brasileiro na defesa dos direitos da personalidade (CF, art. 1º, III). Segue-se a especificação dos considerados de maior relevância – intimidade, vida privada, honra e imagem das pessoas – com a proclamação de que é "assegurado o direito a indenização pelo dano material ou moral decorrente de sua violação" (art. 5º, X).

Nessa linha, dispõe o art. 12 e parágrafo único do Código Civil: "*Pode-se exigir que cesse a ameaça, ou a lesão, a direito da personalidade, e reclamar perdas e danos, sem prejuízo de outras sanções previstas em lei. Em se tratando de morto, terá legitimação para requerer a medida prevista neste artigo o cônjuge sobrevivente, ou qualquer parente em linha reta, ou colateral até o quarto grau*".

Tendo em vista o disposto no art. 226, § 3º, da Constituição Federal, o Enunciado 275 da IV Jornada de Direito Civil realizada pelo Conselho da Justiça Federal proclama: "O rol dos legitimados de que tratam os artigos 12, parágrafo único, e 20, parágrafo único, do Código Civil, também compreende o companheiro".

Como se observa, destinam-se os direitos da personalidade a resguardar a dignidade humana, por meio de medidas judiciais adequadas, que devem ser ajuizadas pelo ofendido ou pelo lesado indireto. Estas podem ser de natureza *preventiva*, cautelar, objetivando suspender os atos que ofendam a integridade

---

[20] STJ, REsp 1.736.803, 3ª T., rel. Min. Villas Bôas Cueva, in *Revista Consultor Jurídico*, 4-5-2020.

física, intelectual e moral, ajuizando-se em seguida a ação principal, ou de natureza *cominatória*, com fundamento nos arts. 497 e 536, § 4º, do Código de Processo Civil, destinadas a evitar a concretização da ameaça de lesão[21].

Pode também ser movida desde logo a ação de indenização por danos materiais e morais, de natureza *repressiva*, com pedido de antecipação de tutela[22], como tem sido admitido. Em ação movida contra administradora de plano de saúde, que se negava a autorizar tratamento médico-hospitalar do associado, decidiu o Tribunal de Justiça de São Paulo: "Nos casos de urgência urgentíssima, em que o julgador é posto ante a alternativa de prover ou perecer o direito que no momento apresenta-se apenas provável, ou confortado com prova de simples verossimilhança, se o índice de plausibilidade do direito for suficientemente consistente, entre permitir irremediável destruição ou tutelá-lo como simples aparência, esta última solução torna-se perfeitamente legítima"[23].

Em caso símile, em que foi alegada exclusão de cobertura, concedeu o mesmo Tribunal a pretendida antecipação da tutela para que a paciente

---

21 Carlos Alberto Bittar, *Reparação do dano moral*, p. 148; Maria Helena Diniz, *Curso*, cit., v. 1, p. 131.

Flávio Luiz Yarshell pondera que, "quando se trata de *prevenir* a perpetração do ilícito (impedindo que o dano moral venha a se consumar), ou mesmo de fazer *cessar* a violação que está em curso (impedindo sua reiteração ou agravamento), não há dúvida de que a intervenção judicial pode dar-se mediante a imposição de prestações de *fazer* e *não fazer*. Trata-se de atuar sobre a conduta do autor da violação, para que se abstenha da prática do ato ilícito; ou para que cesse a violação já iniciada; ou ainda para que, desde logo, desfaça a materialidade ou o resultado de seu ato ilícito, potencial ou concretamente gerador de um dano moral" (Dano moral: tutela preventiva (ou inibitória), sancionatória e específica, *Revista do Advogado*, 49/62).

22 A tutela antecipada pode ser buscada, exemplificativamente: "a) para o cancelamento dos efeitos da inscrição do nome de pessoa perante o Serviço de Proteção ao Crédito ou a inclusão do seu nome na relação do sistema Serasa, indicando a existência de impedimento ao crédito quando, evidentemente, essa providência se mostre indevida; b) para suspender o protesto indevido de título de crédito; c) para impedir ou suspender a publicação de fotografia, divulgação de voz, entrevista ou programa com conotação vexatória ou ofensiva da imagem da pessoa; d) para impedir a publicação de fotografia, entrevista, inquirição ou divulgação de reportagem com imagens de crianças e adolescentes, por força de vedação expressa no Estatuto da Infância e Juventude, etc." (Rui Stoco, Tutela antecipada nas ações de reparação de danos, *Informativo Jurídico Incijur*, p. 24 e 25).

23 AgI 97.779-4/SP, 10ª Câmara de Direito Privado, rel. Des. Ruy Camilo, j. 24-11-1998. *Vide* ainda: "Plano de saúde. Rescisão unilateral sob o argumento de inadimplência. Sentença de procedência parcial. Recurso da autora pleiteando a fixação de danos morais. Situação que autoriza a fixação de indenização por danos morais, diante do evidente abuso" (TJSP, Apel. 0010065-32.2014.8.26.0659, *DJe* 14-8-2017).

pudesse realizar transplante autólogo, ante diagnóstico de mal conhecido como doença de Hodgkin, por considerá-lo meio terapêutico necessário para consecução de quimioterapia autorizada pela ré, havendo verossimilhança do alegado e perigo de dano irreparável[24].

A violação do direito da personalidade que causa dano à pessoa acarreta, pois, a responsabilidade civil extracontratual do agente, decorrente da prática de ato ilícito. O direito subjetivo à sua reparação é interpretado de acordo com os ditames constitucionais, pois a responsabilidade pela violação do direito de personalidade não permanece exclusivamente no nível civil[25].

Pode-se afirmar que, além do próprio ofendido, quando este sofre o gravame, poderão reclamar a reparação do dano, dentre outros, seus herdeiros, seu cônjuge ou companheira e os membros de sua família a ele ligados afetivamente, provando o nexo de causalidade, o prejuízo e a culpa, quando não se tratar de hipótese de culpa presumida ou de responsabilidade independente de culpa.

4.2. Os atos de disposição do próprio corpo

Dispõe o art. 13 do Código Civil:

"Art. 13. Salvo por exigência médica, é defeso o ato de disposição do próprio corpo, quando importar diminuição permanente da integridade física, ou contrariar os bons costumes.

Parágrafo único. O ato previsto neste artigo será admitido para fins de transplante, na forma estabelecida em lei especial".

Por sua vez, prescreve o art. 14:

"Art. 14. É válida, com objetivo científico, ou altruístico, a disposição gratuita do próprio corpo, no todo ou em parte, para depois da morte.

Parágrafo único. O ato de disposição pode ser livremente revogado a qualquer tempo".

---

[24] *JTJ*, Lex, 234/259.

Confiram-se, ainda: "Tutela antecipada. Indenização. Sequelas decorrentes de queimaduras pós-radioterapia. Obrigação de fazer. Relevância do fundamento da demanda. Suficiência para a concessão" (*JTJ*, Lex, 225/232); "Tutela antecipatória. Pretendida exclusão do nome de devedor de cadastros de proteção ao crédito. Admissibilidade se o inadimplente discute, judicialmente, cláusula contratual de cumprimento da sua obrigação, alterada unilateralmente pelo credor" (*RT*, 782/291).

V. também: *RT*, 770/281, 771/259; 772/260, 774/268.

[25] Erasmo M. Ramos, *Estudo*, cit., p. 31.

O direito à *integridade física* compreende a proteção jurídica à vida, ao próprio corpo vivo ou morto, quer na sua totalidade, quer em relação a tecidos, órgãos e partes suscetíveis de separação e individualização, quer ainda ao direito de alguém submeter-se ou não a exame e tratamento médico.

A vida humana é o bem supremo. Preexiste ao direito e deve ser respeitada por todos. É bem jurídico fundamental, uma vez que se constitui na origem e no suporte dos demais direitos. Sua extinção põe fim à condição de ser humano e a todas as manifestações jurídicas que se apoiam nessa condição[26]. O *direito à vida* deve ser entendido como o *direito ao respeito à vida* do próprio titular e de todos[27].

A proteção jurídica da vida humana e da integridade física tem como objetivo primordial a preservação desses bens jurídicos, que são protegidos pela Constituição Federal (art. 1º, III, e 5º, III), pelo Código Civil (arts. 12 a 15, 186 e 948 a 951) e pelo Código Penal, que pune, nos arts. 121 a 128, quatro tipos de crimes contra a vida (homicídio, induzimento, instigação ou auxílio a suicídio, infanticídio e aborto), e, no art. 129, o crime de lesões corporais.

Essa proteção começa, conforme dispõe o art. 2º do Código Civil, desde a concepção (*v. Começo da personalidade natural*, n. 6, *retro*) e se estende até a morte, modernamente representada pela paralisação da atividade cerebral, circulatória e respiratória.

O valor da vida torna extremamente importante a sua defesa contra os riscos de sua destruição, defesa esta que passa pela proibição de matar, de induzir a suicídio, de cometer aborto e eutanásia, envolvendo ainda as práticas científicas da engenharia genética, no tocante principalmente a transplantes de órgãos humanos, transferência de genes, reprodução assistida, esterilização e controle da natalidade, bem como cirurgias plásticas, tratamentos médicos, práticas esportivas perigosas etc.[28].

O *direito ao próprio corpo* abrange tanto a sua integralidade como as partes dele destacáveis e sobre as quais exerce o direito de disposição. Consideram-se, assim, coisas de propriedade do titular do respectivo corpo. O corpo humano sem vida é cadáver, coisa fora do comércio, insuscetível de apropriação, mas passível de disposição na forma da lei. Os elementos destacados do corpo deixam de ser objeto dos direitos da personalidade. Por outro lado, passam a integrá-lo os elementos ou produtos, orgânicos ou inorgânicos, que nele se incorporaram, como enxertos e próteses[29].

---

[26] Francisco Amaral, *Direito civil*, cit., p. 254.

[27] Maria Helena Diniz, *Curso*, cit., v. 1, p. 120.

[28] Francisco Amaral, *Direito civil*, cit., p. 255; Orlando Gomes, *Introdução*, cit., p. 134.

[29] Francisco Amaral, *Direito civil*, cit., p. 257; R. Capelo de Souza, *O direito geral de personalidade*, p. 216, nota 428.

O parágrafo único do art. 13 retrotranscrito permite a realização de transplante de partes do corpo humano, *na forma estabelecida em lei especial.*

A lei que atualmente disciplina os transplantes é a Lei n. 9.434, de 4 de fevereiro de 1997, que dispõe sobre "a remoção de órgãos, tecidos e partes do corpo humano para fins de transplante e tratamento e dá outras providências", com as alterações determinadas pela Lei n. 10.211, de 23 de março de 2001.

O art. 9º e parágrafos da Lei n. 9.434/97, regulamentada pelo Decreto n. 2.268, de 30 de junho de 1997, permitem à pessoa juridicamente capaz dispor *gratuitamente* de tecidos, órgãos e partes do próprio corpo vivo, para fins terapêuticos ou para transplantes, desde que o ato não represente risco para a sua integridade física e mental e não cause mutilação ou deformação inaceitável. Só é permitida a doação em caso de órgãos duplos (rins), partes regeneráveis de órgão (fígado) ou tecido (pele, medula óssea), cuja retirada não prejudique o organismo do doador nem lhe provoque mutilação ou deformação.

O art. 14 e parágrafo único do Código Civil tratam da disposição *post mortem* gratuita do próprio corpo, disciplinada nos arts. 3º ao 9º da Lei n. 9.434/97. Nesse caso, a retirada das partes doadas para transplante ou tratamento deverá ser precedida de diagnóstico de morte encefálica, constatada e registrada na forma da lei (art. 3º). Os mencionados dispositivos legais consagram, nitidamente, o *princípio do consenso afirmativo*, pelo qual cada um deve manifestar sua vontade de doar seus órgãos e tecidos para depois de sua morte, com objetivo científico ou terapêutico, tendo o direito de, a qualquer tempo, revogar livremente essa doação feita para tornar-se eficaz após a morte do doador[30].

A retirada de tecidos, órgãos e partes do corpo do falecido dependerá da autorização de qualquer parente maior, da linha reta ou colateral até o 2º grau, ou do cônjuge sobrevivente, firmada em documento subscrito por duas testemunhas presentes à verificação da morte (Lei n. 9.434/97, art. 4º). Em se tratando de pessoa falecida juridicamente incapaz, a remoção de seus órgãos e tecidos apenas poderá ser levada a efeito se houver anuência expressa de ambos os pais ou por seu representante legal (Lei n. 9.434/97, art. 5º). E se o corpo for de pessoa não identificada, proibida está a remoção *post mortem* de seus órgãos e tecidos (Lei n. 9.434/97, art. 6º).

A Lei n. 10.211/2001, ao exigir a autorização dos familiares do falecido para realizar o transplante, afastou a presunção de que todas as pessoas

---

[30] Maria Helena Diniz, *Curso*, cit., v. 1, p. 125.

eram doadoras potenciais. Para enfatizar que a decisão de disposição do próprio corpo constitui ato personalíssimo do disponente, o Enunciado 277 da IV Jornada de Direito Civil realizada pelo Conselho da Justiça Federal dispõe: "O art. 14 do Código Civil, ao afirmar a validade da disposição gratuita do próprio corpo, com objetivo científico ou altruístico, para depois da morte, determinou que a manifestação expressa do doador de órgãos em vida prevalece sobre a vontade dos familiares; portanto, a aplicação do art. 4º da Lei n. 9.434/97 ficou restrita à hipótese de silêncio do potencial doador".

Desse modo, se, em vida, a pessoa manifestou expressamente a vontade de não ser doadora de órgãos, a retirada destes não se realizará nem mesmo com a autorização dos familiares.

É indispensável, ainda, que após a remoção de partes do corpo, o cadáver seja condignamente recomposto e entregue a seus familiares ou responsáveis legais para sepultamento (Lei n. 9.434/97, art. 8º). A comercialização de órgãos do corpo humano é expressamente vedada pela Constituição Federal (art. 199, § 4º).

Na visão de corrente mais conservadora, ao vedar a disposição do próprio corpo, se tal fato contrariar os *bons costumes*, o art. 13 do Código Civil, *in fine*, proíbe a ablação de órgãos do corpo humano realizada em *transexuais,* malgrado a legitimidade para reclamar do ato e de suas consequências, em juízo, seja exclusivamente do paciente, que dispõe do próprio corpo e poderá dar-se por satisfeito com o resultado. Silvio Rodrigues, a propósito, depois de lembrar que o aludido dispositivo legal condiciona a liceidade da intervenção cirúrgica ao fato de não importar em diminuição permanente da integridade física, ou contrariar os bons costumes, manifesta o entendimento de que, entretanto, "só quem tem legitimidade para valer-se da ação de reparação de dano é o próprio paciente, que dispõe do próprio corpo; e parece evidente que, na hipótese da operação ser satisfatória, a vítima da intervenção jamais ingressará no pretório"[31].

A Resolução n. 1.955/2010 do Conselho Federal de Medicina, todavia, não considera ilícita a realização de cirurgias que visam à adequação do sexo, autorizando-as. "A Constituição Federal de 1988, por sua vez, em seu art. 5º, X, inclui entre os direitos individuais a inviolabilidade da intimidade, da vida privada, da honra e da imagem das pessoas, fundamento legal autorizador da mudança do sexo jurídico de transexual que se submeteu a cirurgia de mudança de sexo, pois patente seu constrangimento cada vez que se

---

[31] *Direito civil*, cit., v. 1, p. 70.

identifica como pessoa de sexo diferente daquela que aparenta ser"[32]. Em conformidade com tal posicionamento, aprovou-se, na IV Jornada de Direito Civil, realizada pelo CJF/STJ, o Enunciado 276, retromencionado, do seguinte teor: "O art. 13 do Código Civil, ao permitir a disposição do próprio corpo por exigência médica, autoriza as cirurgias de transgenitalização, em conformidade com os procedimentos estabelecidos pelo Conselho Federal de Medicina, e a consequente alteração do prenome e do sexo no Registro Civil". (*Vide*, no capítulo anterior, no item 13.1.4.4, "Outras hipóteses", a parte referente aos casos de transexualismo e correção ou adequação de sexo.)

4.3. O tratamento médico de risco

O art. 15 do Código Civil consagra importante direito da personalidade ao dispor:

"Art. 15. Ninguém pode ser constrangido a submeter-se, com risco de vida, a tratamento médico ou a intervenção cirúrgica".

A regra obriga os médicos, nos casos mais graves, a não atuarem sem prévia autorização do paciente, que tem a prerrogativa de se recusar a se submeter a um tratamento perigoso. A sua finalidade é proteger a inviolabilidade do corpo humano.

Vale ressaltar, *in casu*, a necessidade e a importância do fornecimento de informação detalhada ao paciente sobre o seu estado de saúde e o tratamento a ser observado, para que a autorização possa ser concedida com pleno conhecimento dos riscos existentes.

A exigência de fornecimento de informação pelo profissional da medicina está ligada aos *princípios da transparência* e do *dever de informar*, previstos no Código de Defesa do Consumidor. O primeiro, expresso no *caput* do art. 4º do diploma consumerista, traduz-se na obrigação do fornecedor e do prestador de serviços de dar ao consumidor a oportunidade de conhecer os produtos e serviços que são oferecidos. E também gerará, no contrato, a obrigação de propiciar-lhe o conhecimento prévio de seu conteúdo.

O *dever de informar*, previsto no art. 6º, III, do referido diploma, obriga o fornecedor a prestar todas as informações acerca do produto e do serviço, suas características, qualidades, riscos, preços etc., de maneira clara e precisa, não se admitindo falhas ou omissões. Esse princípio é deta-

---

[32] *TJSP, RT*, 790/155. *V.*, ainda, da mesma Corte, mudança de nome e de sexo: Resc. de acórdão n. 218.101-4/0, 1º Grupo, rel. Des. Paulo Hungria, j. 11-2-2003.

lhado no art. 31, que enfatiza a necessidade de serem fornecidas informações corretas, claras, precisas e ostensivas sobre os produtos ou serviços, "bem como sobre os riscos que apresentam à saúde e segurança dos consumidores". Trata-se de um dever exigido mesmo antes do início de qualquer relação[33].

Na impossibilidade de o doente manifestar a sua vontade, deve-se obter a autorização escrita, para o tratamento médico ou a intervenção cirúrgica de risco, de qualquer parente maior, da linha reta ou colateral até o 2º grau, ou do cônjuge, por analogia com o disposto no art. 4º da Lei n. 9.434/97, que cuida da retirada de tecidos, órgãos e partes do corpo de pessoa falecida.

Se não houver tempo hábil para ouvir o paciente ou para tomar essas providências, e se tratar de emergência que exige pronta intervenção médica, como na hipótese de parada cardíaca, por exemplo, terá o profissional a obrigação de realizar o tratamento, independentemente de autorização, eximindo-se de qualquer responsabilidade por não tê-la obtido. Mesmo porque o Código Penal (art. 146, § 3º, I) não considera crime de constrangimento ilegal "a intervenção médica ou cirúrgica, sem o consentimento do paciente ou de seu representante legal, se justificada por iminente perigo de vida"[34].

Responsabilidade haverá somente se a conduta médica mostrar-se inadequada, fruto de imperícia, constituindo-se na causa do dano sofrido pelo paciente ou de seu agravamento.

Do mesmo modo, em atenção ao princípio do respeito à personalidade humana, ninguém pode ser compelido a submeter-se a uma narcoanálise ou sujeitar-se a uma perícia hematológica. O Código Civil dispõe, a esse respeito, no art. 232, que "*a recusa à perícia médica ordenada pelo juiz poderá suprir a prova que se pretendia obter com o exame*".

A jurisprudência já se adiantara, pois vinha proclamando, em ações de investigação de paternidade, que "a recusa ilegítima à perícia médica pode suprir a prova que se pretendia lograr com o exame frustrado"[35]. O Superior Tribunal de Justiça, na mesma linha de entendimento, vem decidindo que "a recusa do investigado em submeter-se ao exame de DNA, aliado à comprovação de relacionamento sexual entre o investigado e a mãe do autor impúbere, gera a presunção de veracidade das alegações postas na exordial"[36].

---

[33] Luiz Antonio Rizzatto Nunes, *Comentários ao Código de Defesa do Consumidor*, p. 105 e 114.

[34] Pablo Stolze Gagliano e Rodolfo Pamplona Filho, *Novo curso*, cit., p. 204.

[35] TJSP, *JTJ*, Lex, 201/128 e 210/202.

[36] *RSTJ*, 135/315.

Aprofundando-se no tema da recusa do paciente, Caio Mário da Silva Pereira indaga se uma pessoa pode recusar-se "a receber sangue alheio, por motivo de convicção filosófica e religiosa". Em seguida, pondera que "a questão tem sido levada à Justiça, a quem cabe decidir, resguardando a responsabilidade do médico, que opinará se a transfusão é indispensável à sobrevivência do paciente". Lembra, por fim, que "casos já houve, dramáticos, em que um indivíduo recusa receber sangue alheio, para si ou para pessoa de sua família", aduzindo que "a matéria, pela disparidade de posições, permanece ainda no campo opinativo, aguardando novos elementos, científicos ou jurídicos, como um problema do Direito no segundo milênio"[37].

O Tribunal de Justiça de São Paulo teve a oportunidade de apreciar interessante caso de uma jovem que dera entrada no hospital inconsciente e necessitando de aparelhos para respirar, encontrando-se sob iminente risco de morte, em estado comatoso, quando lhe foram aplicadas as transfusões de sangue. Por questões religiosas, afirmou ela em juízo, na ação de reparação por danos morais movida contra o hospital e o médico que a salvou, que preferia a morte a receber a transfusão de sangue que poderia evitar a eliminação física. Outra pessoa havia apresentado ao médico, no momento da internação, um documento que vedava a terapia da transfusão, previamente assinado pela referida jovem e que permanecia com o portador, para eventual emergência.

Entendeu o Tribunal, ao confirmar a sentença de improcedência da ação, que à apelante, embora o direito de culto que lhe é assegurado pela Lei Maior, não era dado dispor da própria vida, de preferir a morte a receber a transfusão de sangue, "a risco de que se ponha em xeque direito dessa ordem, que é intangível e interessa também ao Estado, e sem o qual os demais, como é intuitivo, não têm como subsistir"[38].

---

[37] *Direito civil*: alguns aspectos de sua evolução, p. 33.

[38] TJSP, Ap. 123.430.4-4-00-Votorantim/Sorocaba, 3ª C. de Direito Privado, rel. Des. Flávio Pinheiro.

Em seu voto, o Des. Waldemar Nogueira Filho cita a lição de José Frederico Marques, no sentido de que "a ordem jurídica considera o suicídio como ato ilícito, embora não punível" e que "a outra conclusão não leva o que dispõe o art. 146, § 3, n. II, do Código Penal, que considera lícita a *coação exercida para impedir o suicídio*, justamente por ser ato destinado a evitar a prática de uma conduta ilícita".

Menciona ainda o referido Desembargador o ensinamento de Canotilho e Vital Moreira, trazido à colação por Frederico Augusto D'Ávila Riani (O direito à vida e a negativa de transfusão de sangue baseada na liberdade de crença, *Revista Imes*, ano 1, n. 1, jul./dez. 2000): "Os direitos fundamentais só podem ser restringidos quanto tal se torne indispensável, para salvaguardar

Sublinhe-se que a Resolução n. 1.021/80 do Conselho Federal de Medicina e os arts. 46 e 56 do Código de Ética Médica autorizam os médicos a realizar transfusão de sangue em seus pacientes, independentemente de consentimento, *se houver iminente perigo de vida.* Destarte, a convicção religiosa só deve ser considerada se tal perigo, na hipótese, não for iminente e houver outros meios de salvar a vida do doente.

Nesse tema, afirma Walter Ceneviva, de modo incisivo: "A garantia à vida é plena, irrestrita, posto que dela defluem as demais, até mesmo contra a vontade do titular, pois é contrário ao interesse social que alguém disponha da própria vida"[39].

A questão, todavia, é altamente controvertida, havendo respeitável corrente doutrinária e jurisprudencial que defende, com fundamento no princípio constitucional da dignidade da pessoa humana, o direito do paciente de escolher o tipo de tratamento médico que deseja ou não receber e inclusive o de não se sujeitar à transfusão de sangue. Essa corrente tem se baseado no reconhecimento da validade do denominado "Testamento Vital" ou, mais corretamente, "Diretivas Antecipadas da Vontade", regulamentadas pela citada Resolução do Conselho Federal de Medicina e que aguarda disciplina legislativa (*Vide* v. 7 desta Coleção, *Direito das Sucessões*, Título III, Capítulo V, n. 5).

---

outros direitos ou interesses constitucionalmente protegidos", e que, "no fundo, a problemática da restrição dos direitos fundamentais supõe sempre um conflito positivo de normas constitucionais, a saber entre uma norma consagradora de certo direito fundamental e outra norma consagradora de outro direito ou de diferente interesse constitucional. A regra de solução do conflito é a da máxima observância dos direitos fundamentais envolvidos e da sua mínima restrição compatível com a salvaguarda adequada do outro direito fundamental ou outro interesse constitucional em causa" (*Fundamentos da Constituição*, Coimbra Editora, 1991, p. 134).

Foi mencionada, também, a lição de Teori Albino Zavascki, dando conta que "os direitos fundamentais não são absolutos, dado que sofrem, além de *restrições escritas* na própria Constituição, também restrições não escritas, mas *imanentes* ao sistema, já que inevitavelmente impostas pela necessidade prática de harmonizar a convivência entre direitos fundamentais eventualmente em conflito". Nessa ordem, aduz que a concordância prática entre os direitos tensionados entre si é obtida mediante regras de solução estabelecidas ou por via da legislação ordinária ou pela via judicial direta. Em qualquer caso, finaliza, "considerada a inexistência de hierarquia, no plano normativo, entre os direitos fundamentais previstos na Constituição, a solução do conflito há de ser estabelecida mediante a devida *ponderação dos bens e valores* concretamente colidentes, de modo a que se identifique uma relação específica de prevalência de um deles" (Antecipação da tutela e colisão de direitos fundamentais, in *Reforma do Código de Processo Civil*, Saraiva, coord. Min. Sálvio de Figueiredo Teixeira, Saraiva, p. 144-145.

[39] *Direito constitucional brasileiro*, p. 46, n. 2.

A propósito, preleciona Álvaro Villaça Azevedo[40] que o referido documento, "portado pelas Testemunhas de Jeová, possui validade jurídica plena, sendo que declara as diretrizes antecipadas para tratamento de saúde que devem ser seguidas pelos médicos, bem como nomeia validamente dois procuradores para cuidarem da preservação de sua vontade expressa no mesmo documento que devem ser observadas quando da inconsciência do paciente. Assim, a não observância das diretrizes prévias do paciente constantes no documento, bem como a desconsideração do papel do procurador, sujeitará o profissional de saúde a ser responsabilizado no âmbito legal e ético".

Nesse sentido, o Tribunal de Justiça de São Paulo, ao apreciar pedido de um hospital para realizar transfusão sanguínea forçada em paciente Testemunha de Jeová portadora de câncer – o que equivaleria, na prática, a tortura e tratamento desumano – declarou: "Considera-se válida a declaração manuscrita da agravante copiada a fls. 26. bem como em documento impresso da própria agravada (fls. 66); ela é clara no sentido de que está ciente dos riscos a que se submete, bem como diz: 'Não autorizo o tratamento indicado, transfusão, de acordo com meus dogmas e crenças religiosas'. Veja-se, como exemplo na legislação, o art. 10 da Lei 9.434/97 e o artigo 15 do Código Civil"[41].

A questão, como dito, é controvertida. A mesma Corte Estadual, mais recentemente, proclamou: "Em que pesem as referidas convicções religiosas da apelante que, não obstante lhe são asseguradas constitucionalmente, a verdade é que a vida deve prevalecer acima de qualquer liberdade de crença religiosa". Ao manter a sentença de primeiro grau, o relator, Des. Marrey Uint, afirmou que, se há necessidade médica de fazer a transfusão de sangue, sob pena de risco de morte da paciente, "deve o profissional responsável deliberar sobre a efetiva necessidade de adotar ou não o procedimento"[42].

Questões correlatas podem ainda ser lembradas, como o direito-dever do indivíduo de agir em legítima defesa, que consiste na reação contra agressão injusta, bem como o dever de não se suicidar ou se mutilar (autolesão)[43].

---

[40] Autonomia do paciente e direito de escolha de tratamento médico sem transfusão de sangue. *Parecer Jurídico*, 2010.

[41] TJSP, AgI 065.972-63.2013.8.26.0000. j. 9-4-2013.

[42] TJSP, 3ª Câm. Dir. Priv., rel. Des. Marrey Uint, in *Revista Consultor Jurídico*, 25-9-2019.

[43] Francisco Amaral, *Direito civil*, cit., p. 256.

4.4. O direito ao nome

O direito e a proteção ao nome e ao pseudônimo são assegurados nos arts. 16 a 19 do Código Civil e foram comentados no n. 13.1, *retro*, ao qual nos reportamos.

Acrescenta-se que o direito ao nome é espécie dos direitos da personalidade, pertencente ao gênero do *direito à integridade moral*, pois todo indivíduo tem o direito à identidade pessoal, de ser reconhecido em sociedade por denominação própria. Tem ele caráter absoluto e produz efeito *erga omnes*, pois todos têm o dever de respeitá-lo[44]. Dele deflui para o titular a prerrogativa de reivindicá-lo, quando lhe é negado. Um dos efeitos da procedência da ação de investigação de paternidade, por exemplo, é atribuir ao autor o nome do investigado, que até então lhe fora negado[45].

Em outras situações de recusa do nome cabe ação para o interessado, podendo ser lembradas as seguintes hipóteses: a) a impugnação, por parte de uma repartição pública, da assinatura formada por esse nome; b) a obstinação de um editor em mal ortografar esse nome na capa das obras do seu titular; c) o ato de um jornalista que desfigura esse nome em seus artigos ou editoriais; d) a negação de um funcionário da Junta Comercial a fazer constar esse nome numa firma; e) o vandalismo de um malfeitor que arranca a placa da casa do titular, placa essa que continha o seu nome[46].

4.5. A proteção à palavra e à imagem

A transmissão da *palavra* e a divulgação de *escritos* já eram protegidas pela Lei n. 9.610, de 19 de fevereiro de 1998, que hoje disciplina toda a matéria relativa a direitos autorais.

O art. 20 do Código Civil, considerando tratar-se de direitos da personalidade, prescreve que tais atos poderão ser proibidos, a requerimento do autor e sem prejuízo da indenização que couber, "*se lhe atingirem a honra, a boa fama ou a respeitabilidade, ou se se destinarem a fins comerciais, salvo se autorizadas, ou se necessárias à administração da justiça ou à manutenção da ordem pública*".

Complementa o parágrafo único que, em se "*tratando de morto ou de ausente, são partes legítimas para requerer essa proteção o cônjuge, os ascendentes ou os descendentes*".

---

44 Francisco Amaral, *Direito civil*, cit., p. 264.

45 Silvio Rodrigues, *Direito civil*, cit., v. 1, p. 72-73.

46 Limongi França, *O nome civil*, cit., p. 329.

A proteção à *transmissão da palavra* abrange a *tutela da voz*, que é a emanação natural de som da pessoa, também protegida como direito da personalidade, como dispõe o inciso XXVIII, *a*, do art. 5º da Constituição Federal, *verbis*:

"XXVIII – são assegurados, nos termos da lei:

a) a proteção às participações individuais em obras coletivas e à reprodução da imagem e voz humanas, inclusive nas atividades desportivas".

O mesmo tratamento é dado à exposição ou à utilização da *imagem* de uma pessoa, que o art. 5º, X, da Constituição Federal considera um direito inviolável. A reprodução da imagem é emanação da própria pessoa e somente ela pode autorizá-la.

A Carta Magna foi explícita em assegurar, ao lesado, direito a indenização por dano material ou moral decorrente da violação da intimidade, da vida privada, da honra e da *imagem* das pessoas. Nos termos do art. 20 do Código Civil, a reprodução de imagem para *fins comerciais*, sem autorização do lesado, enseja o direito a indenização, ainda que não lhe tenha atingido a honra, a boa fama ou a respeitabilidade.

A parte lesada pelo uso não autorizado de sua palavra ou voz, ou de seus escritos, bem como de sua imagem, pode obter ordem judicial interditando esse uso e condenando o infrator a reparar os prejuízos causados. O art. 20 do Código Civil, retromencionado, contém, como se observa, duas ressalvas. A primeira permitindo esse uso se necessário "*à administração da justiça ou à manutenção da ordem pública*"; a segunda, restringindo a proibição às hipóteses de a divulgação da palavra ou da imagem atingir "*a honra, a boa fama ou a respeitabilidade da pessoa, ou se destinar a fins comerciais*"[47].

---

[47] Silvio Rodrigues, *Direito civil*, cit., v. 1, p. 74.

A liberdade de informação, um dos cânones constitucionais, tem sido invocada para a divulgação da imagem de pessoas notórias, quando esta se torna de interesse público pela significação intelectual, moral, artística ou política, bem como dos que exercem cargos públicos de destaque, sem que tais circunstâncias constituam permissão para devassa da privacidade.

Também justifica a limitação do direito à imagem a necessidade de se atender a interesses da segurança pública, da saúde pública e da administração da justiça. A divulgação de um acontecimento público, como um comício, um *show*, uma festa, por exemplo, não configura violação ao direito de imagem quando esta não é destacada, apenas fazendo parte do cenário, ficando evidenciada a intenção de divulgar o evento e não quem integra a cena.

Já decidiu o Tribunal de Justiça de São Paulo: "Dano moral. Publicação de notícia ofensiva à imagem de Delegado de Polícia. Fato que diz respeito ao interesse público, devendo ser exposto ao conhecimento de todos. Ação improcedente" (*RJTJSP*, Lex, 145/108).

O direito à própria imagem integra, pois, o rol dos direitos da personalidade. No sentido comum, imagem é a representação pela pintura, escultura, fotografia, filme etc. de qualquer objeto e, inclusive, da pessoa humana, destacando-se, nesta, o interesse primordial que apresenta o rosto.

Sobre o direito à própria imagem, não pode ser aceita, segundo Antônio Chaves, a definição segundo a qual seria o direito de impedir que terceiros venham a conhecer a imagem de uma pessoa, pois não se pode impedir que outrem conheça a nossa imagem, e sim que a use contra a nossa vontade, nos casos não expressamente autorizados em lei, agravando-se evidentemente a lesão ao direito quando tenha havido exploração dolosa, culposa, aproveitamento pecuniário, e, pior que tudo, desdouro para o titular da imagem[48].

A proteção do direito à imagem resultou de um longo e paulatino trabalho pretoriano, visto não decorrer de texto expresso. À falta de melhor esteio, invocava-se o art. 666, X, do Código Civil de 1916, que focalizava, no entanto, antes uma limitação do direito do pintor e do escultor, em favor do proprietário de retratos ou bustos de encomenda particular e da própria pessoa representada e seus sucessores imediatos. Deu-lhe nova redação o art. 49, I, *f*, da Lei n. 5.988/73, que regulava os direitos autorais, posteriormente revogada pela Lei n. 9.610/98.

A Constituição Federal de 1988 veio afastar qualquer dúvida que porventura ainda pudesse pairar a respeito da tutela do direito à própria imagem.

Com efeito, a referida Constituição, como já foi dito, declara invioláveis "a intimidade, a vida privada, a honra e a *imagem* das pessoas, assegurado o direito a indenização pelo dano material ou moral decorrente de sua violação" (art. 5º, X). E o inciso V do mesmo dispositivo assegura "o direito de resposta, proporcional ao agravo, além da indenização por dano material, moral ou à imagem.

A nova Carta erigiu, assim, expressamente, o direito à própria imagem à condição de direito individual, conexo ao da vida, integrando o conjunto dos "direitos à privacidade", juntamente com o direito à intimidade, à vida privada e à honra[49]. Via de regra, as decisões judiciais têm determinado que

---

[48] *RT*, 451/12.

[49] Segundo José Afonso da Silva, a "inviolabilidade da imagem da pessoa consiste na tutela do aspecto físico, como é perceptível visivelmente, segundo Adriano de Cupis, que acrescenta: 'Essa reserva pessoal, no que tange ao aspecto físico – que, de resto, reflete também personalidade moral do indivíduo – satisfaz uma exigência espiritual de isolamento, uma necessidade eminentemente moral" (*Curso de direito constitucional positivo*, p. 186, n. 12).

o *quantum* da verba indenizatória seja arbitrado na fase de execução, por perito ligado ao ramo.

A tutela à voz não exige que esteja atrelada à imagem, podendo ganhar individualidade, para identificar o seu portador. Do mesmo modo, o direito à imagem é autônomo. Embora possa estar conexo a outros bens, como a intimidade, a identidade, a honra etc., não constitui parte integrante destes. É possível, com efeito, ofender-se a imagem sem atingir a intimidade ou a honra das pessoas[50].

O Superior Tribunal de Justiça tem decidido que o "retrato de uma pessoa não pode ser exposto ou reproduzido, sem o consentimento dela, em decorrência do direito à própria imagem, atributo da pessoa física e desdobramento do direito da personalidade"[51]. E, ainda, que "o uso de imagem para fins publicitários, sem autorização, pode caracterizar dano moral se a exposição é feita de forma vexatória, ridícula ou ofensiva ao decoro da pessoa retratada"[52].

Saliente-se que o art. 20 do Código Civil não exige, em sua parte final, que a reprodução de imagem para *fins comerciais*, sem autorização do lesado, enseje o direito a indenização, que lhe tenha atingido a honra ou a respeitabilidade. O Superior Tribunal de Justiça, mesmo antes da entrada em vigor do atual diploma, já havia decidido, nessa linha: "Cuidando-se de direito à imagem, o ressarcimento se impõe pela só constatação de ter havido a utilização sem a devida autorização. O dano está na utilização indevida... O dano, neste caso, é a própria utilização para que a parte aufira lucro com a imagem não autorizada de outra pessoa"[53].

---

[50] Maria Helena Diniz, *Curso*, cit., v. 1, p. 127.

[51] *RSTJ*, 68/358.

No mesmo sentido decidiu o Tribunal de Justiça de São Paulo: "A exploração comercial de fotografia, sem autorização do fotografado, constitui violação do direito à própria imagem, que é direito da personalidade, e, como tal, configura dano moral indenizável. Não se presume nunca a autorização tácita, de caráter gratuito, para uso comercial de fotografia, quando o fotografado não seja modelo profissional" (AgI 97.702-4-Pompeia, 2ª Câmara de Direito Privado, rel. Des. Cezar Peluso, j. 21-11-2000).

V., ainda, na mesma linha: *RT*, 464/226, 558/230, 629/106, 747/408, 782/236; *JTJ*, Lex, 204/85, 208/155.

[52] REsp 230.268-0/SP, 3ª T., rel. Min. Pádua Ribeiro, j. 13-3-2001.

[53] REsp 138.883, 3ª T., rel. Min. Menezes Direito, j. 4-8-1998, *RT*, 760/211. *Vide* ainda: "A princípio, a simples utilização de imagem da pessoa, sem seu consentimento, gera o direito ao ressarcimento das perdas e danos, independentemente de prova do prejuízo. Súmula 403/STJ" (STJ, REsp 801.109, rel. Min. Raul Araújo, *DJe* 12-3-2013).

O dispositivo em apreço tutela, pois, o direito à imagem e os direitos a ele conexos. A propósito, o Supremo Tribunal Federal, em junho de 2015, afastou a censura prévia das biografias não autorizadas, julgando "procedente ação direta de inconstitucionalidade para dar interpretação conforme a Constituição aos arts. 20 e 21 do Código Civil, sem redução de texto, para, a) em consonância com os direitos fundamentais à liberdade de pensamento e de sua expressão, de criação artística, produção científica, declarar inexigível o consentimento da pessoa biografada relativamente a obras biográficas literárias ou audiovisuais, sendo por igual desnecessária autorização de pessoas retratadas como coadjuvantes (ou de seus familiares, em caso de pessoas falecidas); b) reafirmar o direito à inviolabilidade da intimidade, da privacidade, da honra e da imagem da pessoa, nos termos do inciso X do art. 5º da Constituição da República, cuja transgressão haverá de se reparar mediante indenização".

4.6. A proteção à intimidade

Dispõe o art. 21 do atual Código Civil:

"Art. 21. *A vida privada da pessoa natural é inviolável, e o juiz, a requerimento do interessado, adotará as providências necessárias para impedir ou fazer cessar o ato contrário a esta norma*".

O dispositivo, em consonância com o disposto no art. 5º, X, da Constituição Federal, suprarreferido, protege todos os aspectos da intimidade da pessoa, concedendo ao prejudicado a prerrogativa de pleitear que cesse o ato abusivo ou ilegal.

Caso o dano, material ou moral, já tenha ocorrido, o direito à indenização é assegurado expressamente pela norma constitucional mencionada.

A proteção à vida privada visa resguardar o direito das pessoas de intromissões indevidas em seu lar, em sua família, em sua correspondência, em sua economia etc. O direito de estar só, de se isolar, de exercer as suas idiossincrasias se vê hoje, muitas vezes, ameaçado pelo avanço tecnológico, pelas fotografias obtidas com teleobjetivas de longo alcance, pelas minicâmeras, pelos grampeamentos telefônicos, pelos abusos cometidos na Internet e por outros expedientes que se prestam a esse fim.

Desse modo, o art. 21 do atual diploma, retrotranscrito, e o art. 5º, X, da Constituição Federal, protegem a zona espiritual íntima e reservada das pessoas[54],

---

[54] Maria Helena Diniz, *Curso*, cit., v. 1, p. 130, Silvio Rodrigues, *Direito civil*, cit., v. 1, p. 75; Orlando Gomes, *Introdução*, cit., p. 136; Carlos Alberto Bittar, *Os direitos*, cit., p. 107.

assegurando-lhes o direito ao recato e a prerrogativa de tomar as providências necessárias para impedir ou fazer cessar o ato lesivo, ou exigir a reparação do dano já consumado[55].

A proteção dos dados pessoais foi regulamentada pela Lei n. 13.709, de 14 de agosto de 2018. A mencionada lei, que contém 65 artigos e entrará em vigor em agosto de 2020, dispõe "sobre o tratamento de dados pessoais, inclusive nos meios digitais, por pessoa natural ou por pessoa jurídica de direito público ou privado, com o objetivo de proteger os direitos fundamentais de liberdade e de privacidade e o livre desenvolvimento da personalidade da pessoa natural" (art. 1º). A disciplina da proteção de dados pessoais tem como fundamento, segundo o art. 2º, "I – o respeito à privacidade; II – a autodeterminação informativa; III – a liberdade de expressão, de informação, de comunicação e de opinião; IV – a inviolabilidade da intimidade, da honra e da imagem; V – o desenvolvimento econômico e tecnológico e a inovação; VI – a livre iniciativa, a livre concorrência e a defesa do consumidor; e VII – os direitos humanos, o livre desenvolvimento da personalidade, a dignidade e o exercício da cidadania pelas pessoas naturais".

A referida lei, dispõe o art. 3º, "aplica-se a qualquer operação de tratamento realizada por pessoa natural ou por pessoa jurídica de direito público ou privado, independentemente do meio, do país de sua sede ou do país onde estejam localizados ao dados, desde que: I – a operação de tratamento seja realizada no território nacional; II – a atividade de tratamento tenha por

---

Maria Helena Diniz elenca, exemplificativamente, como ofensas à intimidade, os seguintes fatos: violação de domicílio ou de correspondência (CF, arts. 5º, XII, 1ª alínea; 136, § 1º, I; 139, III, 1ª alínea); uso de drogas ou de meios eletrônicos para obrigar alguém a revelar fatos de sua vida particular ou segredo profissional; emprego de binóculos para espiar o que ocorre no interior de uma casa; instalação de aparelhos (microfones, gravadores, fotocopiadores, filmadoras) para captar sub-repticiamente conversas ou imagens ou para copiar documentos, dentro de uma residência ou repartição; intrusão injustificada no retraimento ou isolamento de uma pessoa, observando-a, seguindo-a, chamando-a continuamente pelo telefone, escrevendo-lhe etc.; interceptação de conversas telefônicas (CF, arts. 5º, XII, 2ª alínea, 136, § 1º, I, *c;* Lei n. 9.296/96); violação a diário íntimo; desrespeito à dor pela perda de entes queridos; a situação indevassável de pudor; divulgação de enfermidades, de segredo profissional, da vida amorosa etc.

[55] Já se decidiu: "Imprensa. Liberdade. Limite. Divulgação de procedimento judicial. Processo que corre em segredo de justiça. Direito da intimidade das pessoas que não pode ser violado. Possibilidade somente da divulgação da existência do processo e sua tramitação. A lei poderá restringir a publicidade dos atos processuais quando a defesa da intimidade ou o interesse social o exigirem" (*RJTJSP,* Lex, 155/240).

objeto a oferta ou o fornecimento de bens ou serviços ou o tratamento de dados de indivíduos localizados no território nacional; III – os dados pessoais objeto do tratamento tenham sido coletados no território nacional".

Não se aplica a referida lei ao tratamento de dados pessoais (art. 4º): "I – realizado por pessoa natural para fins exclusivamente particulares e não econômicos; II – realizado para fins exclusivamente: a) jornalísticos e artísticos; ou b) acadêmicos, aplicando-se a esta hipótese os arts. 7º e 11 desta Lei; III – realizado para fins exclusivos de: a) segurança pública; b) defesa nacional; c) segurança do Estado; ou d) atividades de investigação e repressão de infrações penais; ou IV – provenientes de fora do território nacional e que não sejam objeto de comunicação, uso compartilhado de dados com agentes de tratamento brasileiros ou objeto de transferência internacional de dados com outro país que não o de proveniência, desde que o país de proveniência proporcione grau de proteção de dados pessoais adequado ao previsto nesta Lei (...)".

Ressalte-se que nas Disposições Finais e Transitórias a lei em apreço promove alterações na Lei n. 12.965, de 23 de abril de 2014, que trata do Marco Civil da Internet.

Na Jurisprudência em Teses, o Superior Tribunal de Justiça, em 29 de novembro de 2019, divulgou 12 teses por ele consolidadas, quais sejam:

"1) O dano moral extrapatrimonial atinge direitos de personalidade do grupo ou da coletividade como realidade massificada, não sendo necessária a demonstração da dor, da repulsa, da indignação, tal qual fosse um indivíduo isolado.

2) A imunidade conferida ao advogado para o pleno exercício de suas funções não possui caráter absoluto, devendo observar os parâmetros da legalidade e da razoabilidade, não abarcando violações de direitos da personalidade, notadamente da honra e da imagem de outras partes ou de profissionais que atuem no processo.

3) A voz humana encontra proteção nos direitos da personalidade, seja como direito autônomo ou como parte integrante do direito à imagem ou do direito à identidade pessoal.

4) O reconhecimento do estado de filiação é direito personalíssimo, indisponível e imprescritível, assentado no princípio da dignidade da pessoa humana.

5) A regra no ordenamento jurídico é a imutabilidade do prenome, um direito da personalidade que designa o indivíduo e o identifica perante a sociedade, cuja modificação revela-se possível, no entanto, nas hipó-

teses previstas em lei, bem como em determinados casos admitidos pela jurisprudência.

6) O transgênero tem direito fundamental subjetivo à alteração de seu prenome e de sua classificação de gênero no registro civil, exigindo-se, para tanto, nada além da manifestação de vontade do indivíduo, em respeito aos princípios da identidade e da dignidade da pessoa humana, inerentes à personalidade.

7) É possível a modificação do nome civil em decorrência do direito à dupla cidadania, de forma a unificar os registros à luz dos princípios da verdade real e da simetria.

8) A continuidade do uso do sobrenome do ex-cônjuge, à exceção dos impedimentos elencados pela legislação civil, afirma-se como direito inerente à personalidade, integrando-se à identidade civil da pessoa e identificando-a em seu entorno social e familiar.

9) O direito ao nome, enquanto atributo dos direitos da personalidade, torna possível o restabelecimento do nome de solteiro após a dissolução do vínculo conjugal em decorrência da morte.

10) Em caso de uso indevido do nome da pessoa com intuito comercial, o dano moral é *in re ipsa*.

11) Não se exige a prova inequívoca da má-fé da publicação (*actual malice*), para ensejar a indenização pela ofensa ao nome ou à imagem de alguém.

12) Os pedidos de remoção de conteúdo de natureza ofensiva a direitos da personalidade das páginas de internet, seja por meio de notificação do particular ou de ordem judicial, dependem da localização inequívoca da publicação (*Universal Resource Locator – URL*), correspondente ao material que se pretende remover".

Esta é a segunda edição feita pela aludida Corte, que na primeira já havia divulgado 11 teses, conforme a *Revista Consultor Jurídico*, quais sejam:

"1) O exercício dos direitos da personalidade pode sofrer limitação voluntária, desde que não seja permanente nem geral. (Enunciado 4 da I Jornada de Direito Civil do CJF)

2) A pretensão de reconhecimento de ofensa a direito da personalidade é imprescritível.

3) A ampla liberdade de informação, opinião e crítica jornalística reconhecida constitucionalmente à imprensa não é um direito absoluto, encontrando limitações, tais como a preservação dos direitos da personalidade.

4) No tocante às pessoas públicas, apesar de o grau de resguardo e de tutela da imagem não ter a mesma extensão daquela conferida aos particulares, já que comprometidos com a publicidade, restará configurado o abuso do direito do uso da imagem quando se constatar a vulneração da intimidade ou da vida privada.

5) Independe de prova do prejuízo a indenização pela publicação não autorizada de imagem de pessoa com fins econômicos ou comerciais. (Súmula 404/STJ)

6) A divulgação de fotografia em periódico (impresso ou digital) para ilustrar matéria acerca de manifestação popular de cunho político-ideológico ocorrida em local público não tem intuito econômico ou comercial, mas tão-somente informativo, ainda que se trate de sociedade empresária, não sendo o caso de aplicação da Súmula 403/STJ.

7) A publicidade que divulgar, sem autorização, qualidades inerentes a determinada pessoa, ainda que sem mencionar seu nome, mas sendo capaz de identificá-la, constitui violação a direito da personalidade. (Enunciado 278 da IV Jornada de Direito Civil do CJF)

8) O uso e a divulgação, por sociedade empresária, de imagem de pessoa física fotografada isoladamente em local público, em meio a cenário destacado, sem nenhuma conotação ofensiva ou vexaminosa, configura dano moral decorrente de violação do direito à imagem por ausência de autorização do titular.

9) O uso não autorizado da imagem de menores de idade gera dano moral *in re ipsa*.

10) A tutela da dignidade da pessoa humana na sociedade da informação inclui o direito ao esquecimento, ou seja, o direito de não ser lembrado contra sua vontade, especificamente no tocante a fatos desabonadores à honra. (*Vide* Enunciado 531 da IV Jornada de Direito Civil do CJF.)

11) Quando os registros da folha de antecedentes do réu são muito antigos, admite-se o afastamento de sua análise desfavorável, em aplicação à teoria do direito ao esquecimento.

Capítulo III
DA AUSÊNCIA

Sumário: 1. Introdução. 2. Da curadoria dos bens do ausente. 3. Da sucessão provisória. 4. Da sucessão definitiva. 5. Do retorno do ausente. 6. Ausência como causa de dissolução da sociedade conjugal.

1. Introdução

A *ausência* foi deslocada do livro do "Direito de Família", onde se situava no Código de 1916, para a Parte Geral do novo, onde encontra sua sede natural.

Ausente é a pessoa que desaparece de seu domicílio sem dar notícia de seu paradeiro e sem deixar um representante ou procurador para administrar-lhe os bens (CC, art. 22). Protege o Código, através de medidas acautelatórias, inicialmente o seu patrimônio, pois quer esteja ele vivo, quer esteja morto, é importante considerar o interesse social de preservar os seus bens, impedindo que se deteriorem, ou pereçam (arts. 22 a 25). Prolongando-se a ausência e crescendo as possibilidades de que haja falecido, a proteção legal volta-se para os herdeiros, cujos interesses passam a ser considerados (arts. 25 a 38).

A esse respeito, observa Silvio Rodrigues que o ordenamento jurídico, em face da ausência, procura, "de início, preservar os bens deixados pelo ausente, para a hipótese de seu eventual retorno; ao depois, transcorrido um período de tempo, sem que o ausente regresse, o legislador, desacoroçoado de esperar sua volta, passa a cuidar do interesse de seus herdeiros"[1].

O Código Civil de 1916 colocou os ausentes no rol dos absolutamente incapazes (art. 5º, IV), tendo sido por isso bastante criticado. O objetivo era tutelar o patrimônio da pessoa que desaparecia de casa e não informava o seu paradeiro. Para evitar que dilapidasse o seu patrimônio onde estivesse (porque o desaparecimento nessas condições é, em regra, indício de perturbação mental), e pudesse retomá-lo em caso de eventual retorno, era decla-

[1] *Direito civil*, v. 1, p. 78.

rado absolutamente incapaz pelo juiz, e os atos de disposição do patrimônio que eventualmente praticasse eram considerados nulos.

Moreira Alves comenta a mudança e a não alusão aos ausentes como absolutamente incapazes no atual Código, dizendo que, "em verdade, não o são, tanto que gozam de plena capacidade de fato no lugar onde eventualmente se encontram"[2].

2. Da curadoria dos bens do ausente

Constatado o desaparecimento do indivíduo, sem que tenha deixado procurador com poderes para administrar os seus bens e sem que dele haja notícia, o juiz, a requerimento de qualquer interessado, ou do Ministério Público, declarará a ausência[3], e nomear-lhe-á *curador* (CC, art. 22). Também será este nomeado quando o ausente deixar mandatário que não queira ou não possa exercer ou continuar o mandato, ou se os seus poderes forem insuficientes (art. 23).

Dispõe o art. 25, *caput*, do novo diploma que "*o cônjuge do ausente, sempre que não esteja separado judicialmente, ou de fato por mais de dois anos antes da declaração da ausência, será o seu legítimo curador*". Em falta de cônjuge, a escolha recairá, em ordem preferencial, nos pais e nos descendentes (art. 25, § 1º). Dentre estes, os mais próximos precedem os mais remotos (§ 2º). Na falta das pessoas mencionadas, o juiz nomeará curador dativo (§ 3º). Penso, no entanto, que, malgrado a omissão do Código, em falta de cônjuge e existindo companheira, esta deverá ser nomeada, aplicando-se o art. 226, § 3º, da Constituição Federal.

Nesse sentido o Enunciado 97 da I Jornada de Direito Civil realizada pelo Conselho da Justiça Federal: "No que tange à tutela especial da família, as regras do Código Civil que se referem apenas ao cônjuge devem ser estendidas à situação jurídica que envolve o companheirismo, como, por exemplo, na hipótese de nomeação de curador dos bens do ausente (art. 25 do CC)".

A situação do ausente passa por três fases. Na primeira, subsequente ao desaparecimento, o ordenamento jurídico procura preservar os bens por ele deixados, para a hipótese de seu eventual retorno, como já dito. É a fase

---

[2] *A Parte Geral do Projeto do Código Civil brasileiro*, p. 71.

[3] A sentença declaratória de ausência deve ser registrada no registro civil de pessoas naturais (LRP, arts. 29, VI, e 94).

da *curadoria do ausente*, em que o curador cuida de seu patrimônio. Na segunda fase, prolongando-se a ausência, o legislador passa a preocupar-se com os interesses de seus sucessores, permitindo a abertura da *sucessão provisória*. Finalmente, depois de longo período de ausência, é autorizada a abertura da *sucessão definitiva*.

A curadoria do ausente fica restrita aos bens, não produzindo efeitos de ordem pessoal. Equipara-se à morte (é chamada de "morte presumida") somente para o fim de permitir a abertura da sucessão, mas a esposa do ausente não é considerada viúva. Para se casar, terá de promover o divórcio, citando o ausente por edital, salvo se se tratar de pessoa voltada a atividades políticas e tiver sido promovida a justificação prevista na Lei n. 6.683, de 28 de agosto de 1979, que concedeu anistia aos políticos envolvidos na Revolução de 1964.

Comunicada a ausência ao juiz, este determinará a arrecadação dos bens do ausente e os entregará à administração do curador nomeado. A curadoria dos bens do ausente prolonga-se pelo período de um ano, durante o qual serão publicados editais na rede mundial de computadores, no sítio do tribunal a que estiver vinculado e na plataforma de editais do Conselho Nacional de Justiça, onde permanecerá por 1 (um) ano, ou, não havendo sítio, no órgão oficial e na imprensa da comarca, durante 1 (um) ano, reproduzida de dois em dois meses, anunciando a arrecadação e chamando o ausente a entrar na posse de seus bens (CPC, art. 745, *caput*). Decorrido o prazo, sem que o ausente reapareça, ou se tenha notícia de sua morte, ou se ele deixou representante ou procurador, "poderão os interessados requerer a abertura da sucessão provisória, observando-se o disposto em lei" (§ 1º).

Cessa a curadoria: a) pelo comparecimento do ausente, do seu procurador ou de quem o represente[4]; b) pela certeza da morte do ausente; c) pela sucessão provisória. A abertura desta, com a partilha dos bens, faz cessar, portanto, a curadoria do ausente. Daí por diante, segue-se o procedimento especial dos §§ 2º, 3º e 4º do citado art. 745 do Código de Processo Civil.

3. Da sucessão provisória

Presentes os pressupostos exigidos no art. 26 do Código Civil, legitimam-se para requerer a abertura da sucessão provisória: "*I – o cônjuge não sepa-*

[4] Se o ausente retorna ao seu domicílio fazendo desaparecer a causa da declaração da ausência, deve ser feita averbação no registro público (LRP, art. 104).

rado judicialmente; II – os herdeiros presumidos, legítimos ou testamentários; III – os que tiverem sobre os bens do ausente direito dependente de sua morte; IV – os credores de obrigações vencidas e não pagas" (CC, art. 27).

Malgrado, novamente, a omissão do Código, não se pode negar à *companheira* esse direito, em face do art. 227, § 6º, da Constituição Federal e de sua eventual condição de herdeira (CC, art. 1.790).

Dispõe o art. 28 do Código Civil que "*a sentença que determinar a abertura da sucessão provisória só produzirá efeito cento e oitenta dias depois de publicada pela imprensa; mas, logo que passe em julgado*[5]*, proceder-se-á à abertura do testamento, se houver, e ao inventário e partilha dos bens, como se o ausente fosse falecido*"[6]. Esse prazo suplementar de seis meses é concedido ao ausente para que, ao ter conhecimento das reais e sérias consequências de seu desaparecimento, possa mudar de ideia e talvez retornar.

Os bens serão entregues aos herdeiros, porém, em caráter provisório e condicional, ou seja, desde que prestem *garantias* da restituição deles, mediante penhores ou hipotecas equivalentes aos quinhões respectivos, em razão da incerteza da morte do ausente[7]. Se não o fizerem, não serão imitidos na posse, ficando os respectivos quinhões sob a administração do curador ou de outro herdeiro designado pelo juiz e que preste dita garantia (CC, art. 30, § 1º)[8]. O excluído da posse provisória poderá, contudo, "*justificando falta de meios, requerer lhe seja entregue metade dos rendimentos do quinhão que lhe tocaria*" (art. 34).

Os ascendentes, os descendentes e o cônjuge, todavia, uma vez provada a sua qualidade de herdeiros, poderão, independentemente de garantia,

---

[5] Deverá ser averbada no registro civil de pessoas naturais (LRP, art. 104, parágrafo único).

[6] Súmula 331 do Supremo Tribunal Federal: "É legítima a incidência do imposto de transmissão *causa mortis* no inventário por morte presumida".

[7] No silêncio da lei, a escolha da espécie de caução cabe ao obrigado a prestá-la, não podendo o juiz impor que ela seja feita em dinheiro (*RJTJSP*, Lex, 125/331).

Afirma Alcides de Mendonça Lima que a garantia exigida pela lei é a real, equivalente aos quinhões respectivos. A doutrina entende, contudo, que, em face dos poderes conferidos ao juiz pelo art. 1.109 do Código de Processo Civil, pode ser admitida outra modalidade de caução que não a real (*Comentários ao Código de Processo Civil*, v. 12, p. 401).

[8] Os ascendentes, os descendentes e o cônjuge, uma vez provada a sua qualidade de herdeiros, poderão, independentemente de garantia, entrar na posse dos bens do ausente (art. 30, § 2º, do CC). Recurso provido para dispensar a exigência de garantia ao cônjuge para imissão na posse dos bens do ausente (TJSP, AgI 0043212-23.2013.8.26.0000, 10ª Câm. Dir. Priv., rel. Des. Carlos Alberto Garbi, j. 30-4-2013).

entrar na posse dos bens do ausente (art. 30, § 2º). Os imóveis do ausente só se poderão *alienar*, não sendo por desapropriação, ou *hipotecar*, quando o ordene o juiz, para lhes evitar a ruína (art. 31).

Prescreve o art. 33, *caput*, que o descendente, o ascendente ou o cônjuge que for sucessor provisório do ausente fará seus todos os frutos e rendimentos dos bens que couberem a este; os outros sucessores, porém, deverão capitalizar metade desses frutos e rendimentos, na forma do disposto no art. 29, com a fiscalização do Ministério Público e prestação anual de contas ao juiz.

Inovação digna de nota apresenta o parágrafo único do art. 33 do Código de 2002, que assim dispõe:

"*Art. 33. (...)*

Parágrafo único. Se o ausente aparecer, ficando provado que a ausência foi voluntária e injustificada, perderá ele, em favor do sucessor, sua parte nos frutos e rendimentos".

Por sua vez, prescreve o art. 36 do mesmo diploma:

"*Art. 36. Se o ausente aparecer, ou se lhe provar a existência, depois de estabelecida a posse provisória, cessarão para logo as vantagens dos sucessores nela imitidos, ficando, todavia, obrigados a tomar as medidas assecuratórias precisas, até a entrega dos bens a seu dono*".

Declarada a ausência, durante os dez anos em que se prolonga a sucessão provisória, o reaparecimento leva à "extinção do processo, devendo os bens que se encontram na posse dos herdeiros retornar ao seu proprietário"[9].

Cessará a sucessão provisória pelo comparecimento do ausente e converter-se-á em *definitiva*: a) quando houver certeza da morte do ausente; b) dez anos depois de passada em julgado a sentença de abertura da sucessão provisória; c) quando o ausente contar oitenta anos de idade e houverem decorridos cinco anos das últimas notícias suas (CC, arts. 37 e 38).

4. Da sucessão definitiva

Poderão os interessados, dez anos depois de passada em julgado a sentença que concedeu a abertura da sucessão provisória, requerer a definitiva e o *levantamento das cauções* prestadas.

Também pode ser requerida a sucessão definitiva provando-se que o ausente conta oitenta anos de idade e decorreram cinco anos das últimas

[9] TJSP, 10ª Câm. Dir. Priv., rel. Des. Carlos Alberto Garbi, j. 25-4-2017.

notícias suas (CC, arts. 37 e 38). Essa presunção leva em conta a expectativa média de vida do brasileiro, estimada em setenta anos.

Observa-se que o prolongado período de ausência modifica a postura do legislador, que abandona a posição de preocupação com o interesse do ausente, para atentar precipuamente para o interesse de seus sucessores, a quem confere a prerrogativa de pleitear a conversão da sucessão provisória em definitiva, levantando as cauções prestadas[10].

5. Do retorno do ausente

Aberta a sucessão definitiva, os sucessores deixam de ser provisórios, adquirindo o domínio dos bens, mas resolúvel, porque se o ausente regressar "*nos dez anos seguintes à abertura da sucessão definitiva, ou algum de seus descendentes ou ascendentes, aquele ou estes haverão só os bens existentes no estado em que se acharem, os sub-rogados em seu lugar, ou o preço que os herdeiros e demais interessados houverem recebido pelos bens alienados depois daquele tempo*" (CC, art. 39).

Pode-se dizer, na realidade, que tal sucessão, como diz Silvio Rodrigues, é *quase definitiva*, pois a lei ainda admite a hipótese, agora remotíssima, de retorno do ausente. E ordena que, se este reaparecer nos dez anos seguintes à abertura da sucessão definitiva, haverá "só os bens existentes e no estado em que se encontrarem. Se tais bens tiverem sido alienados, o ausente haverá o preço que os herdeiros e demais interessados tiverem por eles recebido. Se, por ordem judicial, houverem sido vendidos os bens do ausente e convertido o produto da venda em imóveis ou títulos da dívida pública, opera-se, na hipótese, a sub-rogação real, ou seja, os bens adquiridos tomam o lugar, no patrimônio do ausente, dos bens que foram alienados para com seu produto adquirir aqueles"[11].

Dispõe o Enunciado 614 da VIII Jornada de Direito Civil do Conselho da Justiça Federal: "Os efeitos patrimoniais da presunção de morte posterior à declaração da ausência são aplicáveis aos casos do art. 7º, de modo que, se o presumivelmente morto reaparecer nos dez anos seguintes à abertura da sucessão, receberá igualmente os bens existentes no estado em que se acharem".

---

[10] Silvio Rodrigues, *Direito civil*, cit., v. 1, p. 81.

[11] *Direito civil*, cit., v. 1, p. 81-82.

Se o retorno do ausente ocorrer antes, ou seja, durante o período da sucessão provisória, e ficar provado que o desaparecimento foi voluntário e injustificado, perderá ele, em favor dos sucessores, sua parte nos frutos e rendimentos (CC, art. 33, parágrafo único). Por outro lado, cessarão imediatamente as vantagens dos sucessores imitidos na posse provisória, e terão de restituí-la ao que se encontrava desaparecido, bem como tomar as medidas assecuratórias precisas, até a entrega dos bens a este (art. 36).

Retornando o ausente no período da curadoria de seus bens, esta cessará automaticamente, recuperando ele todos os seus bens.

6. Ausência como causa de dissolução da sociedade conjugal

A declaração de ausência, ou seja, de que o ausente desapareceu de seu domicílio sem dar notícia de seu paradeiro e sem deixar um representante, produz efeitos patrimoniais, permitindo a abertura da sucessão provisória e, depois, a definitiva, como visto. Na última hipótese, constitui causa de dissolução da sociedade conjugal, nos termos do art. 1.571, § 1º, do Código Civil. Prescreve, com efeito, o aludido dispositivo legal:

"Art. 1.571. (...)

§ 1º O casamento válido só se dissolve pela morte de um dos cônjuges ou pelo divórcio, aplicando-se a presunção estabelecida neste Código quanto ao ausente".

A *morte presumida* do ausente se configura "*nos casos em que a lei autoriza a abertura de sucessão definitiva*" (CC, art. 6º, segunda parte). A abertura desta poderá ser requerida "*dez anos depois de passada em julgado a sentença que concede a abertura da sucessão provisória*" ou provando-se que "*o ausente conta oitenta anos de idade, e que de cinco datam as últimas notícias dele*" (arts. 37 e 38). Antes disso, os efeitos da declaração de ausência serão apenas patrimoniais, limitando-se a permitir a abertura da sucessão provisória.

O cônjuge do ausente não precisa aguardar tanto tempo, ou seja, mais de dez anos, para ver o seu casamento legalmente desfeito e contrair novas núpcias, podendo antes requerer o divórcio direto, com base na separação de fato por mais de dois anos (CC, art. 1.580, § 2º), requerendo a citação do ausente por edital. No entanto, se, por razões de ordem pessoal, preferir esperar o retorno do ausente, não necessitará, não ocorrendo tal regresso, e desde que preenchidos os requisitos para a abertura da sucessão definitiva, requerer seja declarada dissolvida a sua sociedade conjugal, pois estará configurada a morte presumida daquele e rompido o vínculo matrimonial *ex vi legis*. Nesse caso, poderá habilitar-se a novo casamento.

Não traz o diploma de 2002 expressa solução para a eventual hipótese de o presumido morto retornar, estando o seu ex-cônjuge já casado com terceira pessoa. No entanto, estando legalmente dissolvido o primeiro casamento, contraído com o ausente, prevalecerá o último, diferentemente do que ocorre no direito italiano (CC italiano, art. 68), que declara nulo o segundo casamento se o ausente retorna, sendo considerado, porém, casamento putativo, gerando todos os efeitos civis.

Nesse sentido a manifestação de Yussef Cahali[12]: "Entende-se assim que, no sistema ora implantado em nosso direito, a declaração judicial da ausência de um dos cônjuges produz os efeitos de morte real do mesmo no sentido de *tornar irreversível a dissolução da sociedade conjugal*; o seu retorno a qualquer tempo em nada interfere no novo casamento do outro cônjuge, que tem preservada, assim, a sua plena validade".

A solução do Código Civil brasileiro parece melhor, como já dissemos anteriormente (*v.* no Cap. I, *Morte presumida*, n. 12.4, *retro*), pois a esposa, em virtude da ausência, já constituiu nova família, sendo desarrazoado dissolvê-la para tentar restabelecer uma ligação já deteriorada pelo tempo.

---

[12] *Divórcio e separação*, p. 70.

Título II

DAS PESSOAS JURÍDICAS

1. Conceito

Como já exposto anteriormente (*v. Conceito de direito*, *retro*), o homem é um ser eminentemente social. Não vive isolado, mas em grupos. A associação é inerente à sua natureza. Nem sempre as necessidades e os interesses do indivíduo podem ser atendidos sem a participação e cooperação de outras pessoas, em razão das limitações individuais. Desde a unidade tribal dos tempos primitivos até os tempos modernos essa necessidade de se agrupar para atingir uma finalidade, para alcançar um objetivo ou ideal comum, tem sido observada.

O direito não podia ignorar essas unidades coletivas, criadas pela evolução histórica ou pela vontade dos homens, e passou então a discipliná-las, para que possam participar da vida jurídica como sujeitos de direitos, a exemplo das pessoas naturais, dotando-as, para esse fim, de personalidade própria.

A razão de ser, portanto, da pessoa jurídica está na necessidade ou conveniência de os indivíduos unirem esforços e utilizarem recursos coletivos para a realização de objetivos comuns, que transcendem as possibilidades individuais. Essa constatação motivou a organização de pessoas e bens, com o reconhecimento do direito, que atribui personalidade ao grupo, distinta da de cada um de seus membros, passando este a atuar na vida jurídica com personalidade própria[1].

A necessária individualização, com efeito, "só se efetiva se a ordem jurídica atribui *personalidade* ao grupo, permitindo que atue em nome próprio, com capacidade jurídica igual à das pessoas naturais". Surge, assim, "a necessidade de personalizar o grupo, para que possa proceder como uma unidade, participando do comércio jurídico com individualidade"[2]. A personificação "do ente abstrato destaca a vontade coletiva do grupo, das vontades individuais dos participantes, de tal forma que o seu querer é uma "resultante" e não mera justaposição das manifestações volitivas isoladas"[3].

A pessoa jurídica é, portanto, proveniente desse fenômeno histórico e social. Consiste num conjunto de pessoas ou de bens, dotado de personalidade jurídica própria e constituído na forma da lei, para a consecução de fins comuns. Pode-se afirmar, pois, que *pessoas jurídicas são entidades a que a lei confere personalidade, capacitando-as a serem sujeitos de direitos e obrigações*. A sua principal característica é a de que atuam na vida jurídica com personalidade diversa da dos indivíduos que as compõem (CC, art. 50, *a contrario sensu,* e art. 1.024).

Cada país adota uma denominação para essas entidades. Na França e na Suíça chamam-se "pessoas morais". Em Portugal, "pessoas coletivas". Na Argentina, que adotou a expressão proposta por Teixeira de Freitas, "entes de existência ideal". No Brasil, na Alemanha, na Espanha e na Itália, dentre outros países, preferiu-se a expressão "pessoas jurídicas". Inúmeras outras designações, porém, são lembradas pelos autores, como "pessoas civis", "místicas", "abstratas", "compostas", "universidade de bens e de pessoas" etc. A denominação "pessoas jurídicas", todavia, é a menos imperfeita e a

---

1 Arnoldo Wald, *Curso de direito civil brasileiro*, v. 1, p. 146; Francisco Amaral, *Direito civil*, Introdução, p. 269-270; Pontes de Miranda, *Tratado de direito privado*, v. 1, p. 280.

2 Orlando Gomes, *Introdução ao direito civil*, p. 162-163.

3 Caio Mário da Silva Pereira, *Instituições de direito civil*, v. 1, p. 186.

que mais frequentemente se usa, porque acentua o ambiente jurídico que possibilita a sua existência[4].

2. *Natureza jurídica*

Embora subsistam teorias que negam a existência da pessoa jurídica (*teorias negativistas*), não aceitando possa uma associação formada por um grupo de indivíduos ter personalidade própria[5], outras, em maior número (*teorias afirmativistas*), procuram explicar esse fenômeno pelo qual um grupo de pessoas passa a constituir uma unidade orgânica, com individualidade própria reconhecida pelo Estado e distinta das pessoas que a compõem.

As diversas teorias afirmativistas existentes podem ser reunidas em dois grupos: o das teorias da ficção e o das teorias da realidade.

2.1. Teorias da ficção

As concepções ficcionistas, que são em grande número, desfrutaram largo prestígio no século XIX e podem ser divididas em duas categorias: teoria da "ficção legal" e teoria da "ficção doutrinária". Para a primeira,

---

[4] Clóvis Beviláqua, *Teoria geral do direito civil*, p. 101; Maria Helena Diniz, *Curso de direito civil brasileiro*, v. 1, p. 281.

Caio Mário da Silva Pereira critica a denominação "pessoas morais", por ter "menor força de expressão, por não encontrar sua razão de ordem no conteúdo de moralidade que as anima". Considera também inaceitável a expressão "pessoa coletiva", "por se impressionar apenas com a sua aparência externa" e "por excluir de sua abrangência todas as personalidades constituídas de maneira diversa de outra coletividade de indivíduos, o que se dá com as fundações, criadas mediante uma destinação patrimonial a um dado fim". Considera também inadequada a distinção feita por Teixeira de Freitas entre "pessoas de existência ideal" e "pessoas jurídicas", dando este último nome somente às pessoas jurídicas de direito público. Em sua opinião, que se mostra correta, a denominação "pessoas jurídicas", sem ser a mais perfeita, é a mais expressiva de todas (*Instituições*, cit., p. 187-188).

[5] As teorias negativistas não admitem possam as pessoas jurídicas ser sujeitos de direito, entendendo que só as pessoas naturais podem ter essa qualidade. Dentre os seus adeptos destacam-se Ihering, que considerava verdadeiros sujeitos de direito os indivíduos que compõem o órgão associativo, sendo este apenas forma especial de manifestação exterior da vontade daqueles; Brinz e Bekker, que veem no fato associativo um patrimônio destinado a um fim; Planiol e Barthélémy, que abstraem o aspecto subjetivo do fenômeno, para apresentá-lo como forma de condomínio ou propriedade coletiva. Essas teorias têm hoje valor puramente histórico e ilustrativo (Orlando Gomes, *Introdução*, cit., p. 164; Clóvis Beviláqua, *Teoria*, cit., p 105).

desenvolvida por Savigny, a pessoa jurídica constitui uma criação artificial da lei, um ente fictício, pois somente a pessoa natural pode ser sujeito da relação jurídica e titular de direitos subjetivos. Desse modo, só entendida como uma ficção pode essa capacidade jurídica ser estendida às pessoas jurídicas, para fins patrimoniais.

A pessoa jurídica, concebida dessa forma, não passa de simples conceito, destinado a justificar a atribuição de certos direitos a um grupo de pessoas físicas. Constrói-se, desse modo, uma ficção jurídica, uma abstração que, diversa da realidade, assim é considerada pelo ordenamento jurídico[6].

A teoria da "ficção doutrinária" é uma variação da anterior. Afirmam os seus adeptos, dentre eles Vareilles-Sommières[7], que a pessoa jurídica não tem existência real, mas apenas intelectual, ou seja, na inteligência dos juristas, sendo assim uma mera ficção criada pela doutrina.

As teorias da ficção não são, hoje, aceitas. A crítica que se lhes faz é a de que não explicam a existência do Estado como pessoa jurídica. Dizer-se que o Estado é uma ficção legal ou doutrinária é o mesmo que dizer que o direito, que dele emana, também o é. Tudo quanto se encontre na esfera jurídica seria, portanto, uma ficção, inclusive a própria teoria da pessoa jurídica[8].

2.2. Teorias da realidade

Para os defensores da "teoria da realidade", que representa uma reação contra a "teoria da ficção", as pessoas jurídicas são realidades vivas e não mera abstração, tendo existência própria como os indivíduos. Divergem os seus adeptos apenas no modo de apreciar essa realidade, dando origem a várias concepções, dentre as quais se destacam as seguintes:

a) Teoria da *realidade objetiva* ou *orgânica* – Sustenta que a pessoa jurídica é uma realidade sociológica, ser com vida própria, que nasce por imposição das forças sociais. De origem germânica (Gierke e Zitelmann), proclama que a *vontade*, pública ou privada, é capaz de dar vida a um

---

[6] Francisco Amaral, *Direito civil*, cit., p. 275; Clóvis Beviláqua, *Teoria*, cit., p. 103-104; Savigny, *Traité de droit romain*, v. 2, § 85; M. M. de Serpa Lopes, *Curso de direito civil*, v. 1, p. 296; Caio Mário da Silva Pereira, *Instituições*, cit., p. 189.

[7] *Les personnes morales*, p. 147.

[8] Washington de Barros Monteiro, *Curso de direito civil*, v. 1, p. 103; Caio Mário da Silva Pereira, *Instituições*, cit., v. 1, p. 190; Maria Helena Diniz, *Curso*, cit., v. 1, p. 207.

organismo, que passa a ter existência própria, distinta da de seus membros, capaz de tornar-se sujeito de direito, real e verdadeiro[9].

A crítica que se lhe faz é que ela não esclarece como os grupos sociais, que não têm vida própria e personalidade, que é característica do ser humano, podem adquiri-la e se tornarem sujeitos de direitos e obrigações. Ademais, reduz o papel do Estado a mero conhecedor de realidades já existentes, desprovido de maior poder criador[10].

b) Teoria da *realidade jurídica* ou *institucionalista* – Defendida por Hauriou, assemelha-se à da realidade objetiva pela ênfase dada ao aspecto sociológico. Considera as pessoas jurídicas como organizações sociais destinadas a um serviço ou ofício, e por isso personificadas. Parte da análise das relações sociais, não da vontade humana, constatando a existência de grupos organizados para a realização de uma ideia socialmente útil, as instituições, sendo estas grupos sociais dotados de ordem e organização próprias[11].

Merece a mesma crítica feita à teoria anteriormente comentada. Nada esclarece sobre as sociedades que se organizam sem a finalidade de prestar um serviço ou de preencher um ofício, nem sobre aquelas infensas ao poder autonormativo do grupo, como as fundações, cuja constituição decorre fundamentalmente da vontade do instituidor.

c) Teoria da *realidade técnica* – Entendem seus adeptos, especialmente Saleilles e Colin e Capitant, que a personificação dos grupos sociais é expediente de ordem técnica, a forma encontrada pelo direito para reconhecer a existência de grupos de indivíduos, que se unem na busca de fins determinados. A personificação é atribuída a grupos em que a lei reconhece vontade e objetivos próprios. O Estado, reconhecendo a necessidade e a conveniência de que tais grupos sejam dotados de personalidade própria, para poder participar da vida jurídica nas mesmas condições das pessoas naturais, outorga-lhes esse predicado.

A personalidade jurídica é, portanto, um atributo que o Estado defere a certas entidades havidas como merecedoras dessa benesse. O Estado não

---

[9] Vicente Ráo, *O direito e a vida dos direitos*, v. 1, n. 114; Silvio Rodrigues, *Direito civil*, v. 1, p. 88.

[10] Francisco Amaral, *Direito civil*, cit., p. 276; Frederico de Castro y Bravo, *Derecho civil de España*, p. 264.

[11] Maurice Hauriou, *La théorie de l'institution et de la fondation*; Planiol e Ripert, *Traité pratique de droit civil français*.

outorga esse benefício de maneira arbitrária, mas sim tendo em vista determinada situação, que já encontra devidamente concretizada, e desde que se observem determinados requisitos por ele estabelecidos.

Malgrado a crítica que se lhe faz, de ser positivista e, assim, desvinculada de pressupostos materiais, é a que melhor explica o fenômeno pelo qual um grupo de pessoas, com objetivos comuns, pode ter personalidade própria, que não se confunde com a de cada um de seus membros e, portanto, a que melhor segurança oferece. É a teoria adotada pelo direito brasileiro, como se depreende do art. 45 do Código Civil, que disciplina o começo da existência legal das pessoas jurídicas de direito privado, bem como dos arts. 51, 54, VI, 61, 69 e 1.033 do mesmo diploma[12].

3. Requisitos para a constituição da pessoa jurídica

A formação da pessoa jurídica exige uma pluralidade de pessoas ou de bens e uma finalidade específica (elementos de ordem *material*), bem como um ato constitutivo e respectivo registro no órgão competente (elemento *formal*). Pode-se dizer que são quatro os requisitos para a constituição da pessoa jurídica: a) vontade humana criadora (intenção de criar uma entidade distinta da de seus membros; b) elaboração do ato constitutivo (estatuto ou contrato social); c) registro do ato constitutivo no órgão competente; d) liceidade de seu objetivo.

A *vontade humana* materializa-se no ato de constituição, que deve ser escrito. São necessárias duas ou mais pessoas com vontades convergentes, ligadas por uma intenção comum (*affectio societatis*).

O *ato constitutivo* é requisito formal exigido pela lei e se denomina *estatuto*, em se tratando de associações, que não têm fins lucrativos; *contrato social*, no caso de sociedades, simples ou empresárias, antigamente denominadas *civis* e *comerciais*; e *escritura pública* ou *testamento*, em se tratando de fundações (CC, art. 62).

O ato constitutivo deve ser levado a *registro* para que comece, então, a existência legal da pessoa jurídica de direito privado (CC, art. 45). Antes

[12] Henri de Page, *Traité élémentaire de droit civil belge*, v. 1, p. 613; Planiol e Ripert, *Traité*, cit., v. 1, n. 71; Washington de Barros Monteiro, *Curso*, cit., v. 1, p. 104; Francisco Amaral, *Direito civil*, cit., p. 277; Caio Mário da Silva Pereira, *Instituições*, cit., v. 1, p. 195; Silvio Rodrigues, *Direito civil*, cit., v. 1, p. 88.

do registro, não passará de mera "sociedade de fato" ou "sociedade não personificada", equiparada por alguns ao nascituro, que já foi concebido mas que só adquirirá personalidade se nascer com vida. No caso da pessoa jurídica, se o seu ato constitutivo for registrado.

A *liceidade* de seu objetivo é indispensável para a formação da pessoa jurídica. Deve ele ser, também, determinado e possível. Nas sociedades em geral, civis ou comerciais, o objetivo é o lucro pelo exercício da atividade. Nas fundações os fins só podem ser: "I – assistência social; II – cultura, defesa e conservação do patrimônio histórico e artístico; III – educação; IV – saúde; V – segurança alimentar e nutricional; VI – defesa, preservação e conservação do meio ambiente e promoção do desenvolvimento sustentável; VII – pesquisa científica, desenvolvimento de tecnologias alternativas, modernização de sistemas de gestão, produção e divulgação de informações e conhecimentos técnicos e científicos; VIII – promoção da ética, da cidadania, da democracia e dos direitos humanos; IX – atividades religiosas" (CC, art. 62, parágrafo único, com a redação dada pela Lei n. 13.151/2015). E nas associações, de fins não econômicos (art. 53), os objetivos colimados são de natureza cultural, educacional, esportiva, religiosa, filantrópica, recreativa, moral etc. Objetivos ilícitos ou nocivos constituem causa de extinção da pessoa jurídica (art. 69)[13].

A existência das pessoas jurídicas de direito público decorre, todavia, de outros fatores, como a lei e o ato administrativo, bem como de fatos históricos, de previsão constitucional e de tratados internacionais, sendo regidas pelo direito púbico e não pelo Código Civil[14].

3.1. Começo da existência legal

A pessoa jurídica resulta da vontade humana, sem necessidade de qualquer ato administrativo de autorização, salvo em casos especiais (p. ex., nos previstos nos arts. 1.123 a 1.125 e 1.128 a 1.141 do CC). O impulso volitivo, coletivo nas associações e sociedades e individual nas fundações, formaliza-se no ato constitutivo, como já dito, que pode ser *estatuto* ou *contrato social*, conforme a espécie de pessoa jurídica a ser criada.

O contrato social é a convenção por meio da qual duas ou mais pessoas se obrigam reciprocamente a conjugar esforços, contribuindo, com bens ou

---

[13] Caio Mário da Silva Pereira, *Instituições*, cit., v. 1, p. 186; Francisco Amaral, *Direito civil*, cit., p. 286; Maria Helena Diniz, *Curso*, cit., v. 1, p. 230.

[14] Francisco Amaral, *Direito civil*, cit., p. 287; Maria Helena Diniz, *Curso*, cit., v. 1, p. 229.

serviços, para a consecução de fim comum mediante o exercício de atividade econômica, e a partilhar, entre si, os resultados (CC, art. 981). Essa manifestação anímica deve observar os requisitos de validade dos negócios jurídicos, exigidos no art. 104 do Código Civil[15].

A declaração de vontade pode revestir-se de *forma pública* ou *particular* (CC, art. 997), exceto no caso das fundações, que só podem ser criadas por escritura pública ou testamento (CC, art. 62). Certas pessoas jurídicas, por estarem ligadas a interesses de ordem coletiva, ainda dependem, como visto, de prévia autorização ou aprovação do Governo Federal, como, por exemplo, empresas estrangeiras, agências ou estabelecimentos de seguros, caixas econômicas, cooperativas, instituições financeiras, sociedades de exploração de energia elétrica, de riquezas minerais, de empresas jornalísticas etc. (CF, arts. 21, XII, *b*; 192, I, II, IV; 176, § 1º; e 223).

A existência legal, no entanto, das pessoas jurídicas de direito privado só começa efetivamente com o registro de seu ato constitutivo no órgão competente. Dispõe, com efeito, o art. 45 do Código Civil:

"*Art. 45. Começa a existência legal das pessoas jurídicas de direito privado com a inscrição do ato constitutivo no respectivo registro, precedida, quando necessário, de autorização ou aprovação do Poder Executivo, averbando-se no registro todas as alterações por que passar o ato constitutivo*"[16].

O registro do contrato social de uma sociedade empresária faz-se na Junta Comercial, que mantém o Registro Público de Empresas Mercantis. Os estatutos e os atos constitutivos das demais pessoas jurídicas de direito

[15] Maria Helena Diniz, *Curso*, cit., v. 1, p. 230.

[16] A atribuição de personalidade às pessoas jurídicas pode obedecer a três critérios: o da *livre formação*, o do *reconhecimento* e o das *disposições normativas*. O primeiro considera a emissão de vontade dos seus membros suficiente para lhe dar existência. O segundo exige o reconhecimento do Estado como requisito de aquisição da personalidade. O terceiro, o das *disposições normativas,* ocupa posição intermédia: outorga poder criador à vontade, independentemente de chancela estatal, desde que observadas as condições legais predeterminadas. O direito brasileiro segue este último sistema: confere à vontade poder criador da pessoa jurídica, permanecendo a personalidade em estado potencial, até que sejam preenchidas as exigências legais (elaboração do ato constitutivo e o seu registro no órgão competente), quando então adquire *status* jurídico (Caio Mário da Silva Pereira, *Instituições*, cit., v. 1, p. 211-212; Enneccerus, Kipp e Wolff, *Tratado de derecho civil*, v. 1, § 99, p. 457; Vicente Ráo, *O direito*, cit., v. 2, n. 125-130; Pablo Stolze Gagliano e Rodolfo Pamplona Filho, *Novo curso de direito civil*, v. 1, p. 234).

privado são registrados no Cartório de Registro Civil das Pessoas Jurídicas, como dispõem os arts. 1.150 do Código Civil e 114 e s. da Lei dos Registros Públicos (Lei n. 6.015/73). Mas os das sociedades simples de advogados só podem ser registrados na OAB – Ordem dos Advogados do Brasil (EOAB, arts. 15 e 16, § 3º).

O art. 114, I, da Lei dos Registros Públicos usa, impropriamente, a expressão "sociedades civis, religiosas, pias, morais, científicas ou literárias", dizendo que o seu estatuto será registrado no Registro Civil de Pessoas Jurídicas, quando a expressão correta é "associações civis, ...".

O registro no órgão competente, além de servir de prova, tem, pois, natureza constitutiva, por ser atributivo da personalidade, da capacidade jurídica. Em casos especiais de necessidade de autorização do governo, o registro só será efetivado depois da chancela ter sido expressa e previamente obtida, sob pena de nulidade do ato[17].

A capacidade jurídica adquirida com o registro estende-se a todos os campos do direito, não se limitando à esfera patrimonial. O art. 52 do Código Civil dispõe, com efeito, que "*a proteção aos direitos da personalidade*" aplica-se às pessoas jurídicas. Tem, portanto, direito ao nome, à boa reputação, à própria existência, bem como o de ser proprietária e usufrutuária (direitos reais), de contratar (direitos obrigacionais) e de adquirir bens por sucessão *causa mortis*.

O art. 46, I a VI, do Código Civil indica os dados ou elementos que deve conter o registro. Este declarará: "*I – a denominação, os fins, a sede, o tempo de duração e o fundo social, quando houver; II – o nome e a individualização dos fundadores ou instituidores, e dos diretores; III – o modo por que se administra e representa, ativa e passivamente, judicial e extrajudicialmente; IV – se o ato constitutivo é reformável no tocante à administração, e de que modo; V – se os membros respondem, ou não, subsidiariamente, pelas obrigações sociais; VI – as condições de extinção da pessoa jurídica e o destino do seu patrimônio, nesse caso*".

O procedimento registral, porém, é disciplinado no art. 121 da Lei dos Registros Públicos[18].

---

[17] Maria Helena Diniz, *Curso*, cit., v. 1, p. 234; Francisco Amaral, *Direito civil*, cit., p. 288.

[18] A lei exige de algumas pessoas jurídicas também uma outra espécie de registro, apenas para fins cadastrais e de reconhecimento de validade de sua atuação. Tal ocorre com os *partidos políticos* e os *sindicatos*. Os primeiros devem ser inscritos no Tribunal Superior

As pessoas jurídicas atuam mediante os órgãos previstos no estatuto e no contrato social, que são, em geral, a diretoria e a assembleia geral ou o conselho deliberativo. Esses órgãos não representam propriamente a pessoa jurídica, que não é incapaz, mas apenas a *presentam,* como preleciona Pontes de Miranda[19].

Os direitos e deveres das pessoas jurídicas decorrem dos atos de seus diretores no âmbito dos poderes que lhes são concedidos no ato constitutivo. Preceitua o art. 47 do Código Civil, a propósito:

"Art. 47. Obrigam a pessoa jurídica os atos dos administradores, exercidos nos limites de seus poderes definidos no ato constitutivo".

Segundo o Enunciado n. 145 da *III Jornada de Direito Civil,* "O art. 47 não afasta a aplicação da teoria da aparência".

Comenta Anderson Schreiber:

"De fato, afigura-se merecedora de tutela a confiança legítima investida por terceiro diante de circunstâncias objetivas que indiquem que a pessoa que celebra o negócio em nome da pessoa jurídica efetivamente possui poderes para fazê-lo. Nesse caso, a pessoa jurídica restará vinculada à conduta do administrador aparente, tal qual ocorreria se celebrado por administrador regularmente dotado de poderes"[20].

O cancelamento do registro da pessoa jurídica, nos casos de dissolução ou cassação da autorização para seu funcionamento, não se promove, mediante averbação, no instante em que é dissolvida, mas depois de *encerrada sua liquidação* (CC, art. 51). O direito de anular a sua constituição por defeito do ato respectivo pode ser exercido dentro do prazo decadencial de três anos, contado da publicação e sua inscrição no registro (art. 45, parágrafo único).

Preceitua o art. 49-A do Código Civil, incluído pela Lei n. 13.874, de 2019, denominada Lei da Liberdade Econômica:

Eleitoral, por força do disposto no art. 17, § 2º, da Constituição Federal e no art. 7º da Lei n. 9.096, de 19 de setembro de 1995. As entidades sindicais devem comunicar a sua criação ao Ministério do Trabalho, apenas para controle do sistema da unicidade sindical previsto no art. 8º, I e II, da Constituição Federal.

19 *Tratado*, cit., v. 1, § 97.

20 *Código Civil comentado*: doutrina e jurisprudência, diversos autores, Editoras GEN e FORENSE, 2021, p. 44.

"A pessoa jurídica não se confunde com os seus sócios, associados, instituidores ou administradores.

Parágrafo único. A autonomia patrimonial das pessoas jurídicas é um instrumento lícito de alocação e segregação de riscos, estabelecido pela lei com a finalidade de estimular empreendimentos, para a geração de empregos, tributo, renda e inovação em benefício de todos".

3.2. Sociedades irregulares ou de fato

Sem o registro de seu ato constitutivo a pessoa jurídica será considerada irregular, mera associação ou sociedade de fato, sem personalidade jurídica, ou seja, mera relação contratual disciplinada pelo estatuto ou contrato social.

Efetivado o registro, porém, a pessoa jurídica começa a existir legalmente, passando a ter aptidão para ser sujeito de direitos e obrigações e a desfrutar de capacidade patrimonial, com vida própria e patrimônio que não se confunde com o de seus membros. A regularização da sociedade de fato, com o registro de seu ato constitutivo, não produz, todavia, efeitos pretéritos, não retroagindo estes ao período anterior, em que permaneceu como sociedade de fato. Aplicam-se-lhe nessa fase os princípios reguladores da sociedade irregular[21].

O Código Civil disciplina a sociedade irregular ou de fato no livro concernente ao Direito de Empresa, como "sociedade não personificada". Dispõe, inicialmente, o art. 986 do referido diploma: "*Enquanto não inscritos os atos constitutivos, reger-se-á a sociedade, exceto por ações em organização, pelo disposto neste Capítulo, observadas, subsidiariamente e no que com ele forem compatíveis, as normas da sociedade simples*". Tal regra aplica-se também às associações que já exercem atividades não lucrativas, mas ainda não têm existência legal.

Por sua vez, dispõe o art. 990 do Código Civil que todos "*os sócios respondem solidária e ilimitadamente pelas obrigações sociais*". O referido dispositivo exclui aquele, que contratou pela sociedade, do benefício de ordem previsto no art. 1.024, segundo o qual os bens particulares dos sócios não poderão ser executados por débitos da sociedade, senão depois de executados os bens sociais.

Esses dispositivos mereceram de Fábio Ulhoa Coelho o comentário de que "todos os sócios da sociedade empresária irregular deveriam ser responsabilizados pelas obrigações sociais de forma direta, não se exigin-

[21] Caio Mário da Silva Pereira, *Instituições*, cit., v. 1, p. 218.

do dos credores sociais o anterior exaurimento do patrimônio dela. Ocorre que a lei trata diferentemente os sócios da sociedade empresária, enquanto não regularizado o registro, atribuindo responsabilidade *subsidiária* à generalidade dos sócios e *direta* somente ao que se apresentar como seu representante (CC/2002, arts. 989 e 990). Observe-se que, na sociedade registrada regularmente, a responsabilidade dos sócios será sempre subsidiária, mesmo que ilimitada. Isto é, tirante a do sócio que atua como representante da sociedade empresária irregular, em todas as demais situações a regra é a da subsidiariedade"[22].

O patrimônio das sociedades não personificadas responde pelas obrigações, mas os seus sócios têm o dever de concorrer com os seus haveres, na dívida comum, proporcionalmente à sua entrada, nos casos previstos em lei (CPC, art. 795). A responsabilidade incidente sobre o acervo repercute no patrimônio dos sócios, confundindo-se os direitos e as obrigações daquelas com os destes.

Os sócios, nas relações entre si ou com terceiros, apenas poderão provar a existência da sociedade por escrito, "*mas aos terceiros será permitida a utilização de qualquer meio de prova*" (CC, art. 987). Os bens sociais respondem pelos atos de gestão praticados por qualquer dos sócios, exceto se houver sido celebrado pacto limitativo de poderes, que somente terá eficácia contra terceiro, no entanto, se este o conhecer ou devesse conhecê-lo (art. 989).

Prescreve o art. 75, IX, do Código de Processo Civil que serão representadas em juízo, ativa e passivamente, "a sociedade e a associação irregulares e outros entes organizados sem personalidade jurídica, pela pessoa a quem couber a administração dos seus bens". Têm legitimidade, pois, para cobrar em juízo os seus créditos, não podendo o devedor arguir a irregularidade de sua constituição para se furtar ao pagamento da dívida e, assim, enriquecer-se ilicitamente[23].

---

[22] *Curso de direito comercial*, v. 2, p. 17.

[23] "As sociedades despersonalizadas são representadas em juízo por quem exerce o poder de administração de seus bens ou, ou no caso de não os possuir, por aquele que a administre de fato, conduzindo seus destinos" (Nelson Nery Junior e Rosa Maria Andrade Nery, *Código de Processo Civil comentado*, p. 280); "Podem litigar em juízo as 'pessoas formais', as sociedades de fato, as sociedades ainda sem personalidade jurídica, ou já sem personalidade jurídica" (STJ, 4ª T., REsp 1.551/MG, rel. Min. Athos Carneiro, *DJU*, 9-4-1990, p. 2.743); "O representante de consórcio de automóveis sem personalidade jurídica tem qualidade para estar em juízo em nome do consórcio" *(RT*, 476/153; *JTACSP*, 34/120).

Não obstante, por não serem sujeitos de direitos, não podem, em seu nome, figurar como parte em contrato de compra e venda de imóvel nem praticar atos extrajudiciais que impliquem alienação de imóveis, porque o Registro Imobiliário não poderá proceder ao registro[24].

É competente "para a ação em que for ré sociedade ou associação sem personalidade jurídica" o foro do lugar "onde exerce suas atividades" (CPC, art. 53, III, *c*).

3.3. Grupos despersonalizados

Nem todo grupo social constituído para a consecução de fim comum é dotado de personalidade. Alguns, malgrado possuam características peculiares à pessoa jurídica, carecem de requisitos imprescindíveis à personificação. Reconhece-se-lhes o direito, contudo, na maioria das vezes, da representação processual.

A lei prevê, com efeito, certos casos de universalidades de direito e de massas de bens identificáveis como unidade que, mesmo não tendo personalidade jurídica, podem gozar de capacidade processual e ter legitimidade ativa e passiva para acionar e serem acionadas em juízo. São entidades que se formam independentemente da vontade dos seus membros ou em virtude de um ato jurídico que os vincule a determinados bens, sem que haja a *affectio societatis*.

O atual Código Civil considera universalidade de direito o complexo de relações jurídicas de uma pessoa, dotadas de valor econômico (art. 91). O diploma de 1916 (art. 57) mencionava expressamente o patrimônio e a herança, mas outras lhes são equiparadas, como a massa falida, o acervo comum dos bens do casal, o fundo de comércio, o fundo mútuo de ações, o condomínio etc.[25].

O Código de Processo Civil determina a representação processual, entre outros, da massa falida pelo administrador judicial, da herança jacente ou vacante pelo seu curador, do espólio pelo inventariante, da sociedade e da associação irregulares e outros entes organizados sem personalidade jurídica pela pessoa a quem couber a administração dos seus bens, do condomínio pelo administrador ou pelo síndico (art. 75, V, VI, VII, IX e XI). A

---

[24] *RT*, 428/250; Maria Helena Diniz, *Curso*, cit., v. 1, p. 236.

[25] Maria Helena Diniz, *Curso*, cit., v. 1, p. 250; Orlando Gomes, *Introdução*, cit., p. 173; Arnoldo Wald, *Curso*, cit., p. 161; Sílvio de Salvo Venosa, *Direito civil*, v. 1, p. 220.

jurisprudência também admite que os consórcios e os vários fundos existentes no mercado de capitais (fundos de ações, de pensão, de imóveis) possam ser representados em juízo pelos seus administradores[26].

Dentre os diversos grupos despersonalizados destacam-se:

a) A *família*, indubitavelmente a mais importante entidade não personificada. O agrupamento familiar, caracterizado pelo conjunto de pessoas e pela massa comum de bens, não constitui uma pessoa jurídica, "não só por sua reduzida composição numérica, mas, também, porque sua atividade jurídica, mesmo na esfera patrimonial, pode ser exercida razoavelmente sem essa personificação"[27].

Cada membro da família conserva a sua individualidade e os seus bens próprios, malgrado a identidade de interesses e do vínculo de sangue porventura existente. Não há responsabilidade patrimonial da família por eventuais débitos, mas apenas a de seus integrantes.

b) A *massa falida*. Assim passa a ser denominado o acervo de bens pertencentes ao falido (*massa falida objetiva*), após a sentença declaratória de falência decretando a perda do direito à administração e à disposição do referido patrimônio, bem como o ente despersonalizado voltado à defesa dos interesses gerais dos credores (*massa falida subjetiva*).

Embora não tenha personalidade jurídica, não podendo por isso ser titular de direitos reais nem contrair obrigações, exerce a massa falida os direitos do falido, podendo agir inclusive contra ele. É o seu substituto no campo processual, sendo representada por um administrador judicial (CPC, art. 75, V)[28]. Registre-se que a atual lei que regula a recuperação judicial (Lei

---

[26] "Consórcio. Interposição de ação por consorciado, em que é postulada a restituição do montante das prestações pagas, monetariamente atualizado, contra a administradora. Competência da empresa que administra o consórcio na arrecadação e aplicação dos recursos dos participantes, bem assim na aquisição e entrega dos respectivos veículos. Aplicação do art. 12, VII, do CPC" (STJ, *RT*, 784/205).

[27] Orlando Gomes, *Introdução*, cit., p. 173.

[28] Fábio Ulhoa Coelho esclarece que "a expressão 'massa falida' encontra-se na lei em dois sentidos diferentes: subjetivo e objetivo. A massa falida subjetiva (também chamada de *massa passiva* ou *dos credores*) é o sujeito de direito despersonalizado voltado à defesa dos interesses gerais dos credores de uma sociedade empresária falida. Ressalte-se, ela não é pessoa jurídica, apta à prática dos atos jurídicos em geral, mas um sujeito de direito despersonalizado, que apenas pode praticar atos compatíveis com as suas finalidades (Cap. 16, item 2.1.; cf. Toledo, 1990)". "...A massa falida *objetiva*, por sua vez, é o conjunto de bens arrecadados do patrimônio da sociedade falida. É chamada, também, de *massa ativa*. Não

n. 11.101, de 9-2-2005) dispõe, no art. 81, § 2º, que "as sociedades falidas serão representadas na falência por seus administradores ou liquidantes".

c) As heranças *jacente* e *vacante*, disciplinadas nos arts. 1.819 a 1.823 do Código Civil, constituem o conjunto de bens deixados pelo *de cujus*, enquanto não entregue a sucessor devidamente habilitado. Quando se abre a sucessão sem que o *de cujus* tenha deixado testamento, e não há conhecimento da existência de algum herdeiro, diz-se que a herança é *jacente* (art. 1.819). Não tem esta personalidade jurídica, consistindo num acervo de bens administrado por um curador até a habilitação dos herdeiros. Entretanto, reconhece-se-lhes legitimação ativa e passiva para comparecer em juízo (CPC, art. 75, VI).

Serão declarados *vacantes* os bens da herança jacente se, promovida a arrecadação e praticadas todas as exigências legais, não aparecerem herdeiros, ou se todos os chamados a suceder a ela renunciarem (CC, arts. 1.820 e 1.823).

d) O *espólio* é o complexo de direitos e obrigações do falecido, abrangendo bens de toda natureza. Essa massa patrimonial não personificada surge com a abertura da sucessão, sendo representada no inventário inicialmente, ativa e passivamente, pelo administrador provisório, até a nomeação do inventariante (CPC, arts. 614 e 75, VII), sendo identificada como uma unidade até a partilha, com a atribuição dos quinhões hereditários aos sucessores (CPC, arts. 618 e 655).

Com o julgamento da partilha cessa a comunhão hereditária, desaparecendo a figura do espólio, que será substituída pelo herdeiro a quem coube o direito ou a coisa. Segue-se daí que o espólio não tem legitimidade para propor ação, depois de julgada a partilha[29].

e) As *sociedades e associações sem personalidade jurídica,* denominadas *sociedades e associações de fato* ou *irregulares,* serão representadas em juízo, ativa e passivamente, "pela pessoa a quem couber a administração dos seus bens" (CPC, art. 75, IX). São as entidades já criadas e em funcionamento que,

---

se confunde com a comunhão de interesses dos credores (massa falida subjetiva), embora a lei chame esta e aquele indistinta e simplesmente de 'massa falida' (*Curso*, cit., 3. ed., v. 3, p. 303-304).

[29] *Revista de Processo*, 46/220 e 52/246; *RT*, 632/141; *JTACSP*, 108/351). Julgada a partilha, já não existe espólio (*RJTJSP*, 101/266, 102/221), que por isso não pode recorrer (*JTACSP*, 101/104), não sendo mais cabível ajuizar-se ação em nome deste (*JTACSP*, Lex, 146/241). Os herdeiros recebem a causa no estado em que se acha (*RT*, 505/71). "Espólio. Administração dos bens conferida a herdeiro não inventariante, que já foi destituído da inventariança por incapacidade. Ilegalidade" (*RT*, 789/323).

no entanto, não têm existência legal por falta de registro no órgão competente ou por falta de autorização legal (CC, art. 986), estudadas no item anterior.

f) O *condomínio*, que pode ser *geral* (tradicional ou comum) e *edilício* (CC, arts. 1.314 a 1.358). O primeiro, sem dúvida, não tem personalidade jurídica. Não passa de propriedade comum ou copropriedade de determinada coisa, cabendo a cada condômino uma parte ideal.

Diverge a doutrina, no entanto, no tocante à natureza jurídica do condomínio em edificações, também chamado de edilício ou horizontal. Expressiva corrente lhe nega a condição de pessoa jurídica, dela fazendo parte, dentre outros, CAIO MÁRIO DA SILVA PEREIRA e JOÃO BATISTA LOPES, autores de consagradas monografias sobre o tema[30]. Outros autores, todavia, a admitem, principalmente pelo fato de a Lei n. 4.591/64 dispor, no art. 63, § 3º, que, "no prazo de 24 horas após a realização do leilão final, o condomínio, por decisão unânime da Assembleia Geral em condições de igualdade com terceiros, terá preferência na aquisição dos bens, caso em que serão adjudicados ao condomínio".

Tal dispositivo vem sendo entendido como admissão implícita da personalidade do condomínio, autorizando-o a tornar-se proprietário dos bens adjudicados, como assevera MARIA HELENA DINIZ[31]. Aduz esta, com apoio em JOSÉ LAMARTINE CORRÊA DE OLIVEIRA[32], que o condomínio em edificações tem, pois, personalidade jurídica, com aptidão à titularidade de direitos, deveres e pretensões, uma vez que somente pessoas jurídicas podem praticar atos de aquisição. Pode, assim, empregar pessoas, possuir contas bancárias, reparar danos resultantes de atos ilícitos praticados por seus representantes, prepostos ou empregados etc.[33].

---

[30] Caio Mário da Silva Pereira, *Condomínio e incorporações*, p. 73; João Batista Lopes, *Condomínio*, p. 55-57.

[31] "No condomínio há uma *affectio societatis* similar à fundação, expressa no documento constitutivo, na incorporação ou na convenção inicial, além da existência permanente; daí ser uma nova figura de pessoa jurídica, com irrecusável aptidão à titularidade de direitos, deveres e pretensões" (Maria Helena Diniz, *Curso*, cit., v. 1, p. 352).

[32] *A dupla crise da pessoa jurídica*, p. 208.

[33] O condomínio, representado pelo síndico (CPC, art. 12, IX), tem legitimidade "para pleitear reparação de danos por defeitos de construção ocorridos na área comum do edifício, bem como na área individual de cada unidade habitacional, podendo defender tanto os interesses coletivos quanto os individuais homogêneos dos moradores" (*RSTJ*, 104/334), e ainda "para propor ação de indenização por danos ao prédio que afetem a todos os condôminos" (STJ, REsp 72.482/SP, 4ª T., rel. Min. RUY ROSADO, *DJU*, 8-4-1996, p. 10474). "O

Parece-nos, no entanto, que o fato de o citado art. 63, § 3º, da Lei n. 4.591/64 permitir a adjudicação de bens ao condomínio horizontal não confere a este, por si, a condição de pessoa jurídica, tratando-se de solução anômala, ditada por razões de conveniência prática. Na realidade, conflita tal dispositivo com o sistema da referida lei, que tem como elementos constitutivos as unidades autônomas, como propriedade exclusiva de cada condômino.

4. Classificação da pessoa jurídica

A pessoa jurídica pode classificar-se quanto à nacionalidade, à sua estrutura interna e à função (ou à órbita de sua atuação).

a) Quanto à *nacionalidade*, divide-se em nacional e estrangeira. É nacional a sociedade organizada de conformidade com a lei brasileira e que tenha no País a sede de sua administração (CC, art. 1.126; CF, arts. 176, § 1º, e 222). A sociedade estrangeira, qualquer que seja o seu objeto, não pode, sem autorização do Poder Executivo, funcionar no País, ainda que por estabelecimentos subordinados, podendo, todavia, ressalvados os casos expressos em lei, ser acionista de sociedade anônima brasileira (CC, art. 1.134).

b) Quanto à *estrutura interna*, a pessoa jurídica pode ser: *corporação* (*universitas personarum*) e *fundação* (*universitas bonorum*). A corporação caracteriza-se pelo seu aspecto eminentemente pessoal. Constitui um conjunto de pessoas, reunidas para melhor consecução de seus objetivos. Na fundação o aspecto dominante é o material: compõe-se de um patrimônio personalizado, destinado a um determinado fim.

A origem das corporações é romana, a das fundações é medieval[34]. O que as distingue basicamente é que as primeiras visam à realização de fins internos, estabelecidos pelos sócios. Os seus objetivos são voltados para o interesse e o bem-estar de seus membros, visando atingir, pois, fins internos e comuns. As fundações, ao contrário, têm objetivos externos, estabelecidos pelo instituidor. Nas corporações também existe patrimônio, mas é elemento secundário, apenas para a realização de um fim. Nas fundações, o patrimônio é elemento essencial.

---

condomínio tem capacidade para estar em juízo, ainda que não tenha sido registrado, pois o teor do art. 12, VII, do CPC permite que a sociedade de fato possa estar em juízo, dispondo, portanto, de capacidade de ser parte, como autora, ré, assistente ou opoente" (*RT*, 776/288).

[34] Alberto Trabucchi, *Istituzioni di diritto civile*, p. 109; Francisco Amaral, *Direito civil*, cit., p. 283.

As corporações dividem-se em *associações* e *sociedades*. Estas podem ser *simples* e *empresárias*, antigamente denominadas *civis* e *comerciais*. Como no sistema do atual Código Civil todas as sociedades são civis, optou o legislador pela nova designação supramencionada (cf. art. 982).

As *associações* não têm fins lucrativos, mas religiosos, morais, culturais, assistenciais, desportivos ou recreativos. As *sociedades simples* têm fim econômico e visam lucro, que deve ser distribuído entre os sócios. São constituídas, em geral, por profissionais de uma mesma área (escritórios de engenharia, de advocacia etc.) ou por prestadores de serviços técnicos. As *sociedades empresárias* também visam lucro. Distinguem-se das sociedades simples porque têm por objeto o exercício de atividade própria de empresário sujeito ao registro previsto no art. 967 do Código Civil.

As *fundações* constituem um acervo de bens, que recebe personalidade para a realização de fins determinados. Compõem-se de dois elementos: o patrimônio e o fim (estabelecido pelo instituidor e não lucrativo).

c) Quanto à *função* ou à *órbita de sua atuação*, as pessoas jurídicas dividem-se em: de direito público e de direito privado. As de *direito público* podem ser: de *direito público externo* e de *direito público interno*. As de *direito privado* são as *corporações* (associações, sociedades simples e empresárias) e as *fundações* (CC, art. 44).

São pessoas jurídicas de *direito público externo* os Estados da comunidade internacional, ou seja, todas as pessoas que forem regidas pelo direito internacional público: as diversas nações, inclusive a Santa Sé, que é a cúpula governativa da Igreja Católica, e organismos internacionais como a ONU, a OEA, a FAO, a Unesco etc. A propósito, dispõe o art. 42 do Código Civil:

"*Art. 42. São pessoas jurídicas de direito público externo os Estados estrangeiros e todas as pessoas que forem regidas pelo direito internacional público*".

As pessoas jurídicas de *direito público interno* podem classificar-se em: *da administração direta* (União, Estados, Distrito Federal, Territórios, Municípios) e *da administração indireta* (autarquias, fundações públicas e demais entidades de caráter público criadas por lei). São órgãos descentralizados, criados por lei, com personalidade própria para o exercício de atividade de interesse público.

Proclama o art. 41 do atual Código Civil, com efeito, que são pessoas jurídicas de direito interno: "*I – a União; II – os Estados, o Distrito Federal e os Territórios; III – os Municípios; IV – as autarquias, inclusive as associações públicas; V – as demais entidades de caráter público criadas por lei*".

O texto original do aludido dispositivo mencionava, no inciso IV, apenas as autarquias. A expressão "*inclusive as associações públicas*" foi acrescentada pela Lei n. 11.107, de 6 de abril de 2005, que dispõe sobre normas gerais de contratação de consórcios públicos. Por conseguinte, as associações públicas deverão ser submetidas ao mesmo regime jurídico das autarquias, qual seja, o regime de direito público.

Entre as inovações trazidas pela referida lei federal destaca-se a atribuição de personalidade jurídica aos consórcios públicos, através da constituição de associação pública ou de pessoa jurídica de direito privado. Como associação pública, o consórcio terá personalidade jurídica de direito público e, portanto, estará sujeito, como foi dito, ao regime de direito público, como se infere da nova redação dada ao aludido inciso IV do art. 41 do Código de 2002.

O novo diploma adotou fórmula genérica, inspirada no Código Civil do México, art. 25, II, ao se referir às "*demais entidades de caráter público criadas por lei*"[35]. Enquadram-se nesse conceito as fundações públicas e as agências reguladoras, estas últimas com natureza de autarquias especiais[36].

Acrescenta o parágrafo único do supratranscrito art. 41 do Código Civil: "*Salvo disposição em contrário, as pessoas jurídicas de direito público, a que se tenha dado estrutura de direito privado, regem-se, no que couber, quanto ao seu funcionamento, pelas normas deste Código*".

4.1. Pessoas jurídicas de direito privado

São pessoas jurídicas de direito privado, na versão original do art. 44 do Código Civil em vigor: "*I – as associações; II – as sociedades; III – as fundações*". Os partidos políticos e os sindicatos também têm, segundo os arts. 8º e 17, I a IV, §§ 1º a 4º, da Constituição Federal, e arts. 511 e 512 da Consolidação das Leis do Trabalho, a natureza de associação civil.

Tratamento novo foi dado ao tema, um dos pontos em que o Código Civil de 1916 se revelava lacunoso e vacilante, como assevera Miguel Reale, coordenador dos trabalhos da comissão elaboradora do projeto do novo estatuto civil, aduzindo: "Fundamental, por sua repercussão em todo o sistema, é uma precisa distinção entre as pessoas jurídicas de fins não econômicos (associações e fundações) e as de escopo econômico (socieda-

---

[35] José Carlos Moreira Alves, *A Parte Geral do Projeto de Código Civil brasileiro*, p. 73.

[36] Pablo Stolze Gagliano e Rodolfo Pamplona Filho, *Novo curso*, cit., v. 1, p. 252.

de simples e sociedade empresária), aplicando-se a estas, no que couber, as disposições concernentes às associações"[37].

A Lei n. 10.825, de 22 de dezembro de 2003, deu nova redação ao aludido art. 44, incluindo as organizações religiosas e os partidos políticos (incisos IV e V), sendo que a Lei n. 12.441, de 12 de julho de 2011, acrescentou o inciso VI, para incluir a "EIRELI" ("Empresa Individual de Responsabilidade Limitada") no rol das pessoas jurídicas de direito privado. Essa última lei introduziu no Código Civil o art. 980-A, que autoriza a criação da empresa individual de responsabilidade limitada. A redação atual, pois, do citado art. 44 é a seguinte:

"*São pessoas jurídicas de direito privado:*

I – as associações;

II – as sociedades;

III – as fundações;

IV – as organizações religiosas;

V – os partidos políticos;

VI – as empresas individuais de responsabilidade limitada".

A referida Lei n. 10.825, de 2003, acrescentou o § 1º, declarando que "*são livres a criação, a organização, a estruturação interna e o funcionamento das organizações religiosas, sendo vedado ao poder público negar-lhes reconhecimento ou registro dos atos constitutivos e necessários ao seu funcionamento*".

A citada lei transformou ainda em § 2º o primitivo parágrafo único, pelo qual "*as disposições concernentes às associações aplicam-se subsidiariamente às sociedades que são objeto do Livro II da Parte Especial*". E acrescentou, por fim, o § 3º, proclamando: "*Os partidos políticos serão organizados e funcionarão conforme o disposto em lei específica*".

4.1.1. As associações

As associações são pessoas jurídicas de direito privado constituídas de pessoas que reúnem os seus esforços para a realização de fins não econômicos. Nesse sentido, dispõe o art. 53 do atual diploma civil: "*Constituem-se as associações pela união de pessoas que se organizem para fins não*

[37] *O Projeto do Novo Código Civil*, p. 65.

econômicos". A definição legal ressalta o seu aspecto eminentemente pessoal (*universitas personarum*).

Não há, entre os membros da associação, direitos e obrigações recíprocos, nem intenção de dividir resultados, sendo os objetivos altruísticos, científicos, artísticos, beneficentes, religiosos, educativos, culturais, políticos, esportivos ou recreativos[38]. A Constituição Federal garante a liberdade de associação para fins lícitos (CF, art. 5º, XVII)[39].

O traço distintivo entre sociedades e associações reside, como visto, no fato de estas não visarem lucro. Mas "*as disposições concernentes às associações aplicam-se, subsidiariamente, às sociedades que são objeto do Livro II da Parte Especial deste Código*" (CC, art. 44, parágrafo único).

A circunstância de uma associação eventualmente realizar negócios para manter ou aumentar o seu patrimônio, sem, todavia, proporcionar ganhos aos associados não a desnatura, sendo comum a existência de entidades recreativas que mantêm serviço de venda de refeições aos associados, de cooperativas que fornecem gêneros alimentícios e conveniências a seus integrantes, bem como agremiações esportivas que vendem uniformes, bolas etc. aos seus componentes[40].

A redação do retrotranscrito art. 53, ao referir-se a "fins não econômicos", é imprópria, pois toda e qualquer associação pode exercer ou participar de atividades econômicas. O que deve ser vedado é que essas atividades tenham finalidade lucrativa.

De acordo com o Enunciado 615 da VIII Jornada de Direito Civil: "As associações civis podem sofrer transformação, fusão, incorporação ou cisão".

O art. 54 do Código Civil dispõe que o estatuto das associações conterá, sob pena de nulidade: "*I – a denominação, os fins e a sede da associação; II – os requisitos para a admissão, demissão e exclusão dos associados; III – os direitos e deveres dos associados; IV – as fontes de recursos para*

---

38 "As entidades de classe têm legitimidade ativa para defender, em juízo, os interesses e direitos coletivos de seus associados" (*RSTJ*, 140/536). "Associações religiosas. Nomes. Proteção. Inexistência. Formal e materialmente, não há norma que proteja nome de associação destinada a desenvolver atividade religiosa, de fins, portanto, não econômicos. Inaplicabilidade do Código de Propriedade Industrial, ainda que sob as luzes dos arts. 4º da Lei de Introdução e 126 do Código de Processo Civil" (*RSTJ*, 141/305).

39 Francisco Amaral, *Direito civil*, cit., p. 283.

40 Caio Mário da Silva Pereira, *Instituições*, cit., v. 1, p. 215; Maria Helena Diniz, *Curso*, cit., v. 1, p. 289.

sua manutenção; V – o modo de constituição e de funcionamento dos órgãos deliberativos; VI – as condições para a alteração das disposições estatutárias e para a dissolução; VII – a forma de gestão administrativa e de aprovação das respectivas contas" (redação dada pela Lei n. 11.127, de 28-6-2005).

Destaque especial deve ser dado à previsão da exclusão de associado, que *"só é admissível havendo justa causa, assim reconhecida em procedimento que assegure direito de defesa e de recurso, nos termos previstos no estatuto"*, conforme dispõe o art. 57 do Código Civil, com a redação conferida pela Lei n. 11.127, de 28-6-2005. A referida lei revogou o parágrafo único e suprimiu a segunda parte do dispositivo, segundo a qual, sendo omisso o estatuto, poderia também ocorrer a exclusão do associado se fosse reconhecida a existência de motivos graves, em deliberação fundamentada, pela maioria absoluta dos presentes à assembleia geral especialmente convocada para esse fim.

A quebra da *affectio societatis*, por ser esta elemento essencial a qualquer associação ou sociedade, pode constituir justa causa para a referida exclusão. A expressão "justa causa" exige demonstração fática, decisão fundamentada, tomada pela maioria, conforme *quorum* estabelecido no estatuto, com respeito ao contraditório e ao direito à ampla defesa.

É permitido ao associado retirar-se a qualquer tempo, sem necessidade de justificar o pedido, pois "ninguém poderá ser compelido a associar-se ou a permanecer associado" (CF, art. 5º, XX). Pode o estatuto impor certas condições para a retirada, como o cumprimento de obrigações sociais eventualmente assumidas, mas não poderá obrigar o associado a permanecer filiado à entidade[41].

Dispunha o art. 59 do Código Civil que compete privativamente à assembleia geral: "I – eleger os administradores; II – destituir os administradores; III – aprovar as contas; VI – alterar o estatuto".

Tal regramento provocou enorme polêmica entre os interessados, pois fazia distinções que não existiam no Código de 1916. Este dizia que as assembleias poderiam deliberar por maioria de votos entre os presentes. Já a nova lei exigia, para a destituição de administradores e alterações de estatuto,

[41] "Previdência privada. Previ. Devolução de contribuições. O associado que se retira da entidade previdenciária porque demitido do Banco do Brasil, tem o direito de receber a restituição das contribuições vertidas em seu favor, devidamente corrigidas por índices que revelam a realidade da desvalorização da moeda" (*RSTJ*, 142/368).

a presença da maioria absoluta dos associados para deliberação em primeira convocação, e de um terço dos associados nas convocações seguintes, com aprovação por dois terços dos presentes (CC, art. 59, parágrafo único).

A fixação da competência privativa da assembleia geral para assuntos de grande relevância, entre os quais a eleição dos administradores, exigia que se definisse a composição dessa assembleia. O art. 55 do aludido diploma estabelece que os associados devem ter direitos iguais, mas acrescenta que o estatuto poderá instituir categorias com vantagens especiais. Poderá este, assim, apesar de os associados deverem ter direitos iguais, criar posições privilegiadas ou conferir direitos preferenciais para certas categorias de membros, como, por exemplo, a dos fundadores, que não poderão ser alterados sem o seu consenso, mesmo que haja decisão assemblear aprovando tal alteração.

A interpretação literal do mencionado art. 59 do Código Civil poderia inviabilizar as atividades de associações com grande número de participantes, como os clubes de futebol, por exemplo, que não conseguirão reunir milhares de associados para votar.

Ora, sendo a assembleia órgão que toma decisões por meio de votação, somente se pode considerar como seu participante quem pode votar. Parecia razoável o entendimento de que o denominado Conselho de Administração, do qual emanam as diretrizes básicas atinentes à administração e às decisões fundamentais, fosse eleito pela assembleia geral. Todavia, quando se tratasse de apontar aqueles que seriam encarregados de executar os atos, seria lícito que a individualização pertencesse ao conselho e desde que a escolha ficasse restrita entre os que o compõem[42].

Nessa linha o pensamento de Miguel Reale[43]: "Não é dito, assim, que os cargos que compõem a Diretoria da associação devam ser eleitos pela assembleia geral, para cada um deles, podendo o estatuto social estabelecer a escolha por ela de todos os componentes de um Conselho, cabendo a este, depois, a designação, dentre os seus membros, dos titulares dos cargos de direção".

Tal entendimento foi acolhido pelo Tribunal de Justiça de São Paulo nestes termos: "O art. 59 do novo Código Civil não leva à convicção certa e induvidosa de que a eleição dos dirigentes de associações e clubes desportivos, em assembleia geral, respeitados os princípios constitucionais da autonomia de organização e fundamento (art. 217, I, CF) e da liberdade de

---

[42] Rafael Gentil, As associações e suas eleições, *Tribuna do Direito*, p. 12, nov. 2004.

[43] As associações no novo Código Civil, *Informativo Incijur*, n. 45, abr. 2003, p. 1.

associação (art. 5º, XVII, CF), só possa ser a direta, pelos próprios sócios, e não a indireta, em dois ou mais pleitos"[44].

Atendendo aos reclamos gerais, a Lei n. 11.127, de 28 de junho de 2005, deu nova redação ao aludido art. 59 do Código Civil, do seguinte teor:

"Compete privativamente à assembleia geral:

I – destituir os administradores;

II – alterar o estatuto.

Parágrafo único. Para as deliberações a que se referem os incisos I e II deste artigo é exigido deliberação da assembleia especialmente convocada para esse fim, cujo quorum *será o estabelecido no estatuto, bem como os critérios de eleição dos administradores".*

A referida lei adaptou também a redação do art. 60 do aludido diploma, prescrevendo que *"a convocação dos órgãos deliberativos far-se-á na forma do estatuto, garantido a 1/5 (um quinto) dos associados o direito de promovê-la".*

A Lei n. 14.010, de 10 de junho de 2020, que dispõe sobre o Regime Jurídico Emergencial e Transitório das relações jurídicas de Direito Privado (RJET) no período da pandemia do coronavírus (Covid-19), estatui, no art. 5º:

"A assembleia geral, inclusive para os fins do art. 59 do Código Civil, até 30 de outubro de 2020, poderá ser realizada por meios eletrônicos, independentemente de previsão nos atos constitutivos da pessoa jurídica.

Parágrafo único. A manifestação dos participantes poderá ocorrer por qualquer meio eletrônico indicado pelo administrador, que assegure a identificação do participante e a segurança do voto, e produzirá todos os efeitos legais".

A qualidade de associado, segundo prescreve o art. 56 do Código, *"é intransmissível, se o estatuto não dispuser o contrário"*. Poderá este, portanto, autorizar a transmissão, por ato *inter vivos* ou *causa mortis*, dos direitos dos associados a terceiro. A transferência de quota ou fração ideal do patrimônio da associação, pertencente ao titular, ao adquirente ou ao herdeiro, não importará, de *per si*, na atribuição a estes da qualidade de associados, salvo disposição diversa do estatuto (art. 56, parágrafo único).

Significa dizer que a transmissão patrimonial não importará, em regra, na atribuição da qualidade de associado, sujeita ao preenchimento de determinados requisitos exigidos no estatuto. Este pode, no entanto, permitir a sucessão no quadro associativo, havendo transmissão da quota social.

---

[44] AgI. 293.980-4/0/SP, 2ª Câm. Dir. Priv., rel. Des. J. ROBERTO BEDRAN, j. 5-8-2003.

Em caso de dissolução da associação, os bens remanescentes serão destinados "*à entidade de fins não econômicos designada no estatuto, ou, omisso este, por deliberação dos associados, a instituição municipal, estadual ou federal, de fins idênticos ou semelhantes*" (CC, art. 61). Podem os associados, pelo estatuto ou por sua própria deliberação, antes da destinação dos referidos bens remanescentes, "*receber em restituição, atualizado o respectivo valor, as contribuições que tiverem prestado ao patrimônio da associação*" (art. 61, § 1º)[45].

4.1.2. As sociedades

O atual Código Civil unificou as obrigações civis e comerciais no Livro II, concernente ao *direito de empresa,* disciplinando as sociedades, em suas diversas formas, no Título II (arts. 981 e s.).

Celebram *contrato de sociedade* as pessoas que reciprocamente se obrigam a contribuir, com bens ou serviços, para o exercício de atividade econômica e a partilha, entre si, dos resultados. A atividade pode restringir-se à realização de um ou mais negócios determinados (art. 981 e parágrafo único).

As sociedades podem ser *simples* e *empresárias,* expressões estas que substituíram a antiga divisão em sociedades civis e comerciais. Como no sistema do atual Código Civil todas as sociedades são civis, foi adotada a nova denominação mencionada (cf. art. 982). Registra Miguel Reale que, "com a instituição da *sociedade simples*, cria-se um modelo jurídico capaz de dar abrigo ao amplo espectro das atividades de fins econômicos não empresariais, com disposições de valor supletivo para todos os tipos de sociedade"[46]. Como é a própria pessoa jurídica a empresária – e não os seus sócios –, o correto é falar-se "sociedade empresária", e não "sociedade empresarial" (isto é, "de empresários")[47].

---

[45] "Dissolução. Admissibilidade. Torcida organizada. Associações de torcedores que, perdendo a ideologia primitiva, consistente no incentivo a uma equipe esportiva, transformou-se em instituição organizada para difusão do pânico e terror em espetáculos desportivos. Ilicitude que compromete o equilíbrio de forças para o exercício da cidadania. Arts. 1º, III, e 217 da CF" (*RT*, 786/163). "É cabível, na dissolução de associação, a destinação de patrimônio remanescente à entidade de fins não econômicos designada em estatuto. Previsão expressa no art. 61 do Código Civil" (TJDF, 20160110889259 DF 0025371-35.2016.8.07.0001, j. 10-4-2018). "Apurada dissolução irregular da associação executada, cabe o redirecionamento da execução contra os membros da sua diretoria, aplicando-se, por analogia, a Súmula n. 435 do STJ" (TRF-4. AgI 5039969-55.2018.4.04.0000, *DJe* 12-2-2019).

[46] *O Projeto*, cit., p. 79.

[47] Fábio Ulhoa Coelho, *Curso*, cit., v. 1, p. 64.

As *sociedades simples* são constituídas, em geral, por profissionais que atuam em uma mesma área ou por prestadores de serviços técnicos (clínicas médicas e dentárias, escritórios de advocacia, instituições de ensino etc.) e têm fim econômico ou lucrativo. Mesmo que eventualmente venham a praticar atos próprios de empresários, tal fato não altera a sua situação, pois o que se considera é a atividade principal por elas exercida.

As *sociedades empresárias* também visam lucro, mas distinguem-se das sociedades simples porque têm por objeto o exercício de atividade própria de empresário sujeito ao registro previsto no art. 967 do Código Civil. Considera-se empresário, diz o art. 966, "*quem exerce profissionalmente atividade econômica organizada para a produção ou a circulação de bens ou de serviços*".

SYLVIO MARCONDES, reportando-se ao projeto do atual Código, esclarece: "No Projeto de Código Civil, a associação e as sociedades têm um tratamento diverso, inclusive pela natureza jurídica dos respectivos institutos. A associação é ato de união de pessoas... Não há entre os associados, direitos e obrigações recíprocos. Ao passo que a sociedade é contrato, cuja natureza parece hoje bem assentada na doutrina de ASCARELLI: um contrato plurilateral, dadas as relações dos sócios, reciprocamente, entre si, dos sócios com a sociedade, da sociedade com terceiros e dos sócios com terceiros. É nesta qualificação de contrato plurilateral que o projeto define a sociedade..."[48].

Observa-se que o novo diploma, na parte referente ao direito de empresa, aboliu a figura do comerciante individual e do prestador autônomo de serviços, do modo como eram considerados. Empresa e estabelecimento são conceitos diversos, embora essencialmente vinculados, distinguindo-se ambos do empresário ou da sociedade empresária, que são os titulares da empresa.

As sociedades empresárias assumem as formas de: sociedade em nome coletivo, sociedade em comandita simples, sociedade em comandita por ações, sociedade limitada, sociedade anônima ou por ações (arts. 1.039 a 1.092). Foram fixadas, em termos gerais, as normas caracterizadoras das *sociedades anônimas* e das *cooperativas*, para ressalva de sua integração no sistema do Código Civil, embora disciplinadas em lei especial. As transformações por que vêm passando as primeiras justifica a edição de lei especial, por sua direta vinculação com a política financeira do País.

---

[48] *Questões de direito mercantil*, p. 13-14.

Equipara-se à sociedade empresária a sociedade que tenha por fim exercer atividade própria de empresário rural, que seja constituída de acordo com um dos tipos de sociedade empresária e que tenha requerido sua inscrição no Registro de Empresas de sua sede (CC, art. 984).

O caráter facultativo do empresário rural "atende à realidade atual do campo, em que verdadeiras empresas agregam capital e trabalho exclusivamente para a exploração agrícola, pecuária e extrativa. É fruto da evolução do anteprojeto nas comissões legislativas por que passou, acabando por receber tratamento facultativo, não proposto originariamente"[49].

4.1.3. As fundações

As fundações, como já foi dito (*v.* n. 4, *retro*), constituem um acervo de bens, que recebe personalidade jurídica para a realização de fins determinados, de interesse público, de modo permanente e estável. Na dicção de Clóvis, "consistem em complexos de bens (*universitates bonorum*) dedicados à consecução de certos fins e, para esse efeito, dotados de personalidade"[50]. Decorrem da vontade de uma pessoa, o instituidor, e seus fins, de natureza religiosa, moral, cultural ou assistencial, são imutáveis[51].

As fundações podem ser particulares e públicas. Estas são instituídas pelo Estado, pertencendo os seus bens ao patrimônio público, com destinação especial, regendo-se por normas próprias de direito administrativo. As fundações particulares são reguladas no Código Civil, arts. 62 a 69. Dispõe o primeiro:

"Art. 62. Para criar uma fundação, o seu instituidor fará, por escritura pública ou testamento, dotação especial de bens livres, especificando o fim a que se destina, e declarando, se quiser, a maneira de administrá-la".

A fundação compõe-se, assim, de dois elementos: o patrimônio e o fim. Este é estabelecido pelo instituidor e não pode ser lucrativo, mas social, de interesse público. A propósito, inovou o Código de 2002 ao prescrever, no parágrafo único do supratranscrito art. 62, que a "*fundação somente poderá constituir-se para fins religiosos, morais, culturais ou de assistência*". A limitação, inexistente no Código de 1916, tem a vantagem de impedir a instituição de fundações para fins menos nobres ou mesmo fúteis[52].

---

[49] Luiz Antonio Soares Hentz, *Direito de empresa no Código Civil de 2002*, p. 28.

[50] *Teoria*, cit., p. 117.

[51] Francisco Amaral, *Direito civil*, cit., p. 285.

[52] José Carlos Moreira Alves, *A Parte Geral*, cit., p. 74.

Registre-se que se vem entendendo que a enumeração aparentemente restritiva dos fins de uma fundação, no citado dispositivo legal, é meramente exemplificativa, admitindo-se possa ela se prestar a outras finalidades, desde que afastado o caráter lucrativo. Nessa trilha, o Enunciado 9 da Jornada de Direito Civil promovida pelo Centro de Estudos Judiciários do Conselho de Justiça Federal, *verbis*: "O art. 62, parágrafo único, do Código Civil deve ser interpretado de modo a excluir apenas as fundações de fins lucrativos". Por sua vez, o Enunciado 8 proclama que "a constituição de fundação para fins científicos, educacionais ou de promoção do meio ambiente está compreendido" no aludido dispositivo.

Posteriormente, todavia, a Lei n. 13.151, de 28 de julho de 2015, regulamentou a questão, ampliando os fins nobres das fundações, nestes termos: "A fundação somente poderá constituir-se para fins de: I – assistência social; II – cultura, defesa e conservação do patrimônio histórico e artístico; III – educação; IV – saúde; V – segurança alimentar e nutricional; VI – defesa, preservação e conservação do meio ambiente e promoção do desenvolvimento sustentável; VII – pesquisa científica, desenvolvimento de tecnologias alternativas, modernização de sistemas de gestão, produção e divulgação de informações e conhecimentos técnicos e científicos; VIII – promoção da ética, da cidadania, da democracia e dos direitos humanos; IX – atividades religiosas".

A necessidade de que os bens sejam livres é intuitiva, pois a incidência de qualquer ônus ou encargo sobre eles colocaria em risco a própria existência da instituição, na eventualidade de se desfalcarem ou virem a desaparecer, frustrando a realização de seus objetivos[53].

A constituição da fundação se desdobra em quatro fases:

1) A do *ato de dotação* ou de instituição, que compreende a reserva ou destinação de bens livres, com indicação dos fins a que se destinam e a maneira de administrá-los. Far-se-á por ato *inter vivos* (escritura pública) ou *causa mortis* (testamento), como dispõe o mencionado art. 62. O patrimônio há de ser apto a produzir rendas ou serviços que possibilitem a consecução dos fins visados pelo instituidor, sob pena de se frustrar a iniciativa.

Sendo a fundação proveniente de uma liberalidade, os credores podem eventualmente anulá-la por fraude, se lesiva aos seus interesses (CC, art. 158), assim como os herdeiros necessários, se configurada a inoficiosidade (CC, art. 549). Pode o instituidor, enquanto a fundação não adquirir personalidade

53 Caio Mário da Silva Pereira, *Instituições*, cit., v. 1, p. 225.

pelo registro de seu estatuto, revogar a dotação formalizada por escritura pública, visto que até então os bens permanecem em seu patrimônio. Se o meio utilizado for o testamento, pode também o instituidor, nessa hipótese, revogá-lo. Após a sua morte, todavia, não poderão os seus herdeiros pretender neutralizar a sua vontade, a não ser no ponto que lhes ofendeu a legítima.

Dispõe o art. 63 do Código Civil que, quando "*insuficientes para constituir a fundação, os bens a ela destinados serão, se de outro modo não dispuser o instituidor, incorporados em outra fundação que se proponha a fim igual ou semelhante*". Denota-se a intenção de respeitar a vontade do instituidor. Se a fundação por ele idealizada não puder ser concretizada por esse motivo, os bens a ela destinados serão aproveitados em outra instituição de mesmo fim, dando-lhe eficácia ou incrementando o seu patrimônio.

Essa solução oferece vantagens comparada à do art. 25 do Código Civil de 1916, que determinava a conversão dos bens insuficientes em títulos da dívida pública, até que, aumentados com os rendimentos ou novas dotações, perfizessem capital bastante.

Não obstante a opinião de Clóvis, de que assim se atenderia perfeitamente à vontade do instituidor e se facilitariam as manifestações de generosidade individual, o atual Código optou, segundo Moreira Alves, pela orientação do Código Civil suíço, art. 83, terceira parte, "até porque, enquanto se procura aumentar o capital (nem sempre se consegue), os bens ficam improdutivos para o fim beneficente a que se destinam, o que não é compatível com o interesse social". Demais, por esse sistema, somente "no caso de se verificar a impossibilidade de realizar o fim do instituto projetado é que se dará a incorporação dos bens ao patrimônio de outras fundações"[54].

O patrimônio da fundação pode ser constituído por diversas espécies de bens (imóveis, móveis, créditos etc.), devendo o instituidor, feita a dotação por escritura pública, transferir-lhes a propriedade, ou outro direito real, sobre eles, sob pena de serem registrados em nome dela por mandado judicial (CC, art. 64).

Ocorre que, mesmo com a criação direta da entidade pelo ato de dotação, ficará o bem no patrimônio do instituidor, até o momento em que se operar a constituição da pessoa jurídica da fundação, mediante um procedimento complexo. A situação é semelhante à doação feita ao nascituro ou à prole eventual, em que igualmente vigora uma condição suspen-

---

[54] José Carlos Moreira Alves, *A Parte Geral*, cit., p. 74.

siva, de cujo implemento dependerá no futuro a aquisição da propriedade pelo destinatário[55].

2) A da *elaboração do estatuto*, que pode ser *direta* ou *própria* (pelo próprio instituidor) ou *fiduciária* (por pessoa de sua confiança, por ele designada). Preleciona, com efeito, WASHINGTON DE BARROS MONTEIRO: "Duas são as modalidades de formação, a *direta* e a *fiduciária*. Na primeira, o próprio instituidor pessoalmente a tudo provê; na segunda, ele entrega a outrem a organização da obra projetada"[56].

Estatui o art. 65 do Código Civil:

"Art. 65. Aqueles a quem o instituidor cometer a aplicação do patrimônio, em tendo ciência do encargo, formularão logo, de acordo com as suas bases (art. 62), o estatuto da fundação projetada, submetendo-o, em seguida, à aprovação da autoridade competente, com recurso ao juiz.

Parágrafo único. Se o estatuto não for elaborado no prazo assinado pelo instituidor, ou, não havendo prazo, em cento e oitenta dias, a incumbência caberá ao Ministério Público".

O instituidor pode, assim, elaborar o estatuto por inteiro, como pode formular-lhe somente as bases, ou seja, as cláusulas gerais, que deverão ser desenvolvidas pelo administrador que aceitou a incumbência[57].

Se o instituidor não elabora o estatuto nem indica quem deva fazê-lo, o Ministério Público poderá tomar a iniciativa. O mesmo acontecerá se a pessoa designada não cumprir o referido encargo, no prazo que lhe foi assinalado pelo instituidor, ou, não havendo prazo, dentro em cento e oitenta dias (CC, art. 65 e parágrafo único).

3) A da *aprovação do estatuto*. O estatuto é encaminhado ao Ministério Público Estadual da localidade, que é a autoridade competente a que se refere o art. 65 do Código Civil, para aprovação (CC, art. 66). Antes, verificará se o objeto é lícito (CC, arts. 65, 66 e 69; LRP, art. 155), se foram observadas as bases fixadas pelo instituidor e se os bens são suficientes (CC, art. 63). O § 1º do art. 66 do Código de 2002 inovou ao atribuir a fiscalização das fundações ao Ministério Público Federal, se funcionarem no Distrito Federal, ou em Território. O Supremo Tribunal Federal, todavia, em

---

55 Ruggiero e Maroi, *Istituzioni di diritto privato*, 1955, v. 1, § 42; Caio Mário da Silva Pereira, *Instituições*, cit., v. 1, p. 226.

56 *Curso*, cit., v. 1, p. 126.

57 Renan Lotufo, *Código Civil comentado*, v. 1, p. 173.

dezembro de 2006, no julgamento da ADIn 2.794, tendo como relator o Min. Sepúlveda Pertence, declarou a inconstitucionalidade do aludido dispositivo, ao fundamento de que as atribuições do Ministério Público não poderiam ser alteradas por meio de lei ordinária, como o atual Código Civil, mas somente por meio de lei complementar, conforme prevê o § 5º do art. 128 da Constituição Federal.

O Ministério Público, em trinta dias (CPC, art. 178), aprovará o estatuto, indicará modificações que entender necessárias ou lhe denegará a aprovação. Nos dois últimos casos, pode o interessado requerer ao juiz o suprimento da aprovação (CC, art. 65). O juiz, antes de suprir a aprovação, poderá também fazer modificações no estatuto, a fim de adaptá-lo aos fins pretendidos pelo instituidor (CPC, art. 764, § 2º). Da decisão do juiz também cabe recurso, que é o de apelação, à instância superior. Igualmente compete ao juiz aprovar o estatuto quando este é elaborado pelo órgão do Ministério Público, suprindo a omissão do instituidor ou da pessoa por ele encarregada de cumprir o encargo (CC, art. 67, III).

Qualquer alteração no estatuto deve ser submetida à aprovação do Ministério Público, devendo-se observar os requisitos exigidos no art. 67 do Código Civil. É mister, assim, que a reforma: "*I – seja deliberada por dois terços dos competentes para gerir e representar a fundação; II – não contrarie ou desvirtue o fim desta; III – seja aprovada pelo órgão do Ministério Público, e, caso este a denegue, poderá o juiz supri-la, a requerimento do interessado*".

O Código de 1916 era menos exigente: bastava que a reforma fosse deliberada pela maioria absoluta (metade, mais um) dos competentes para gerir e representar a fundação. A maioria agora, segundo o novo diploma, deve ser qualificada (dois terços).

Os fins ou objetivos da fundação não podem, todavia, ser modificados, nem mesmo pela vontade unânime de seus dirigentes. São inalteráveis, porque somente o instituidor pode especificá-los e sua vontade deve ser prestigiada (CC, art. 62). Não podem aqueles também alienar, por qualquer forma, os bens da fundação, que são inalienáveis, porque sua existência é que assegura a concretização dos fins visados pelo instituidor, salvo determinação em sentido diferente do instituidor[58].

Mas a inalienabilidade não é absoluta. Comprovada a necessidade da alienação, pode ser esta, em casos especiais, autorizada pelo juiz compe-

---

[58] Arnoldo Wald, *Curso*, cit., p. 158.

tente, com audiência do Ministério Público, aplicando-se o produto da venda na própria fundação, em outros bens destinados à consecução de seus fins, de acordo com a jurisprudência. Feita sem autorização judicial é nula. Com autorização judicial pode ser feita, ainda que a inalienabilidade tenha sido imposta pelo instituidor[59].

Em alguns Estados da Federação, todavia, têm as fundações optado pela via administrativa, após a necessária autorização do Conselho Curador ou outro órgão interno da Fundação com poderes para deliberar pela alienação de ativos. A Fundação requer ao Curador de Fundações a instauração de procedimento administrativo com a finalidade de obter a autorização para a transação. Autorizada a alienação, a Fundação estará habilitada a procurar no mercado o melhor negócio. Caso, no entanto, a decisão do Curador seja pela negativa do pedido, poderá a Fundação recorrer ao Poder Judiciário, mediante o incidente processual denominado suprimento judicial.

Esse posicionamento – até hoje, ao que consta, não confrontado em juízo – assenta-se na interpretação de que as atribuições do Promotor ou Curador de Fundações são abrangentes e incluem, tacitamente, a de autorizar tais alienações, pois vão desde a permissão para a criação da Fundação até a autorização para a abertura ou o fechamento de livros, para a aprovação ou rejeição das contas e até mesmo para a extinção da Fundação, dentre outros poderes inerentes ao exercício das funções de *velamento*.

Todavia, como assinala Gustavo Saad Diniz[60], "O que se revela como pano de fundo dessa questão, no entanto, é a inexistência de regulamentação específica acerca da alienação ou aquisição de bens pela fundação. A integração interpretativa é feita pela própria jurisprudência, conforme decidiu o STJ no REsp 303.707: 'Para a validade da alienação do patrimônio da fundação, é imprescindível a autorização judicial com a participação do órgão ministerial, formalidade que se suprimida acarreta nulidade do ato negocial, pois a tutela do Poder Público – sob a forma de participação do Estado-juiz, mediante autorização judicial –, é de ser exigida'".

---

[59] Washington de Barros Monteiro, *Curso*, cit., v. 1, p. 128. *V.* ainda: "Para a validade da alienação do patrimônio da fundação é imprescindível a autorização judicial com a participação do órgão ministerial, formalidade que se suprimida acarreta a nulidade do ato negocial, pois a tutela do Poder Público – sob a forma de participação do Estado-juiz, mediante autorização judicial –, é de ser exigida" (*RSTJ*, 156/253); "Os bens da fundação, que não sejam destinados à alienação, são inalienáveis, por implícita ou explícita cláusula de ato fundacional" (STF, *RT*, 153/324).

[60] *Direito das fundações privadas*, p. 304.

Se a alteração estatutária não houver sido aprovada por unanimidade, "*os administradores da fundação, ao submeterem o estatuto ao órgão do Ministério Público, requererão que se dê ciência à minoria vencida para impugná-la, se quiser, em dez dias*" (CC, art. 68). Poderão os vencidos arguir, por exemplo, além de eventual nulidade, a desnecessidade da alteração, que ela contraria os fins da fundação ou causa prejuízo à instituição. Permite-se, assim, que o Judiciário exerça o controle da legalidade do ato, visto que ao Ministério Público compete apenas o dever de fiscalizar, e não o direito de decidir.

Tendo em vista que as fundações exercem, via de regra, atividades filantrópicas e assistenciais, de interesse público, quer a lei que ao juiz sejam trazidas as razões que levaram a minoria a se opor à reforma estatutária, habilitando-o, assim, a uma decisão conforme o interesse social. A impugnação deve ser apresentada dentro do prazo decadencial de dez dias[61].

O Ministério Público, encarregado de velar pelas fundações (CC, art. 66), poderá propor medidas judiciais para remover o improbo administrador da fundação, ou lhe pedir contas que está obrigado a prestar, e até mesmo para extingui-la, se desvirtuar as suas finalidades e tornar-se nociva (art. 69). Todavia, não poderá intervir na administração da entidade, exigindo, por exemplo, que esta deixe de concretizar qualquer contrato ou ajuste sem a aceitação da Promotoria de Fundações[62].

4) A do *registro*, que se faz no Registro Civil das Pessoas Jurídicas (CC, art. 1.150; LRP, art. 114, I). É indispensável, pois só com ele começa a fundação a ter existência legal (CC, art. 45). O art. 46 do atual Código exige que o registro declare, dentre outros dados, "*o nome e a individualização dos fundadores ou instituidores, e dos diretores*" (inciso II, que não constava do diploma de 1916) e "*as condições de extinção da pessoa jurídica e o destino do seu patrimônio, nesse caso*".

Dispõe o art. 115 da Lei dos Registros Públicos que "não poderão ser registrados os atos constitutivos de pessoas jurídicas, quando o seu objeto ou circunstâncias relevantes indiquem destino ou atividade ilícitos, ou contrários, nocivos ou perigosos ao bem público, à segurança do Estado e

---

[61] *Novo Código Civil comentado*, coordenação de Ricardo Fiuza, p. 81; José Olympio de Castro Filho, *Comentários ao Código de Processo Civil*, v. 10, p. 309.

[62] TJDFT, 3ª Vara Cível, Proc. 2009.01.1.197698-4, *DJE*, j. 16-1-2010. No mesmo sentido: STJ, REsp 7757/SP, 1ª T., rel. Min. Asfor Rocha, j. 16-11-1994; REsp 243.691/MG, 4ª T., rel. Min. Sálvio de Figueiredo Teixeira, j. 21-3-2000; REsp 151.097/SP, 3ª T., rel. Min. Menezes Direito, *DJU* 29-3-1999, p. 165; REsp 246.709/MG, 3ª T., rel. Min. Menezes Direito, j. 26-1-2000; REsp 151.097/SP, 3ª T., rel. Min. Menezes Direito, j. 29-3-1999.

da coletividade, à ordem pública ou social, à moral e aos bons costumes". O desvirtuamento posterior ao registro, passando a fundação a exercer atividade ilícita ou nociva, constitui causa de dissolução, cabendo ao Ministério Público a iniciativa, se não o fizerem os sócios ou alguns deles[63].

As fundações extinguem-se nas seguintes hipóteses: a) se se tornar ilícito o seu objeto[64]; b) se for impossível a sua manutenção; c) quando vencer o prazo de sua existência (CPC, art. 765; CC, art. 69). A primeira hipótese é rara, mas poderá ocorrer, se houver grave e criminoso desvio de finalidade ou mudança no ordenamento jurídico, tornando ilícito fato que antes não era. A impossibilidade decorre, via de regra, de problemas financeiros, decorrentes muitas vezes de mudanças na política econômica do país, ou de má administração. A inutilidade da finalidade pode ocorrer principalmente quando o fim colimado já foi alcançado, como no caso de erradicação de determinada moléstia que a fundação visava combater, por exemplo.

A lei não estabelece prazo para a duração da fundação, mas o instituidor pode fixá-lo. Só neste caso se aplica, pois, a hipótese de extinção da fundação em consequência do vencimento do prazo de sua existência.

Nos casos mencionados cabe ao Ministério Público ou a qualquer interessado promover a extinção da fundação e possibilitar, com isso, o atendimento de outras finalidades, com a incorporação do patrimônio a outra fundação de fim semelhante. Dispõe, com efeito, o art. 69 do Código Civil:

"Art. 69. Tornando-se ilícita, impossível ou inútil a finalidade a que visa a fundação, ou vencido o prazo de sua existência, o órgão do Ministério Público, ou qualquer interessado, lhe promoverá a extinção, incorporando-se o seu patrimônio, salvo disposição em contrário no ato constitutivo, ou no estatuto, em outra fundação, designada pelo juiz, que se proponha a fim igual ou semelhante".

Com a extinção da fundação, nas hipóteses mencionadas, o patrimônio terá o destino previsto pelo instituidor, no ato constitutivo. Se não foi feita essa previsão, o art. 69 supratranscrito determina que seja incorporado em outra fundação (municipal, estadual ou federal, aplicando-se por analogia o art. 61 do mesmo diploma), designada pelo juiz, que se proponha a fim igual ou semelhante.

---

63 Sílvio de Salvo Venosa, *Direito civil*, cit., v. 1, p. 237.

64 "Necessidade de extinção diante de falta de legalidade, configurada ante a não prestação de contas, ausência de auditoria externa e registro, além de não se submeter à obrigatória fiscalização anual pela promotoria de fundações de que trata o Código Civil" (TJRJ, Apel. 0006206-71.2013.8.19.0001, 19ª Câm. Cív., rel. Des. Eduardo Paiva, j. 22-7-2014).

A lei não esclarece qual o destino do patrimônio, se não existir nenhuma fundação de fins iguais ou semelhantes. Nesse caso, entende a doutrina que os bens serão declarados vagos e passarão, então, ao Município ou ao Distrito Federal, se localizados nas respectivas circunscrições, incorporando-se ao domínio da União quando situados em território federal, aplicando-se por analogia o disposto no art. 1.288 do Código Civil[65].

Os atos de administração podem ser praticados em desacordo com os estatutos e as normas legais reguladoras, sujeitando os administradores à responsabilidade administrativa, civil ou penal. "Pelas características de uma fundação privada, sobretudo por lidar com um patrimônio vinculado a uma finalidade social, é possível dizer que a administração da entidade está adstrita aos princípios da legalidade, impessoalidade, moralidade, publicidade, economicidade e da eficiência (art. 4º, I, da Lei n. 9.790/99)"[66].

Cada um dos administradores é responsável pelos prejuízos causados em virtude do não cumprimento dos deveres impostos a eles por lei ou pelo estatuto. Todavia, um administrador não é responsável por atos ilícitos de outros administradores, salvo se com eles for conivente, se negligenciar em descobri-los ou se, deles tendo conhecimento, deixar de agir para impedir a sua prática. Exime-se de responsabilidade o administrador dissidente que faça consignar sua divergência em ata de reunião do órgão de administração (Lei n. 6.404/76, art. 158, § 1º).

A ação de responsabilidade poderá ser proposta pela própria fundação, através de sua administração, ou pelo Ministério Público.

4.1.4. As organizações religiosas

A justificativa para a expressa menção, em separado, das *organizações religiosas* está basicamente no fato de não poderem ser consideradas associações, por não se enquadrarem na definição legal do art. 53 do mesmo diploma, uma vez que não têm fins econômicos *stricto sensu*. Não podem também ser sociedades, porque a definição do art. 981 as afasta totalmente dessa possibilidade. Poderiam enquadrar-se como fundações, pois assim o permite o parágrafo único do art. 62. Todavia, a instituição de uma fundação tem de seguir, além das normas do atual Código, lei específica que trata desse tipo de orga-

[65] Caio Mário da Silva Pereira, *Instituições*, cit., v. 1, p. 228; Sílvio de Salvo Venosa, *Direito civil*, cit., v. 1, p. 241.

[66] Gustavo Saad Diniz, *Direito das fundações privadas*, p. 400.

nização, cujas normas inviabilizam, para as igrejas, sua instituição.

Uma entidade religiosa não pode limitar-se a ter apenas um fim, pois a sua própria manutenção já presume movimento financeiro. Não é este, no entanto, o seu fim teleológico. Uma entidade religiosa tem fins pastorais e evangélicos e envolve a complexa questão da fé. A simples inclusão das igrejas como meras associações civis, com a aplicação da legislação a estas pertinentes, causaria sério embaraço ao exercício do direito constitucional de liberdade de crença. Sendo destinadas ao culto e à adoração, não possuem elas apenas as características das outras associações, constituídas para o exercício conjunto de atividades humanas cujo objetivo é a satisfação de interesses e necessidades terrenas, materiais. Seu funcionamento é distinto, seus interesses diversos, suas atividades diferentes.

Devem, assim, aplicar-se às organizações religiosas, como pessoas jurídicas de direito privado, as normas referentes às associações, mas apenas naquilo em que houver compatibilidade. Assinala o Enunciado 143 da III Jornada de Direito Civil promovida pelo Centro de Estudos Judiciários do Conselho de Justiça Federal: "A liberdade de funcionamento das organizações religiosas não afasta o controle de legalidade e legitimidade constitucional de seu registro, nem a possibilidade de reexame, pelo Judiciário, da compatibilidade de seus atos com a lei e com seus estatutos". A propósito, decidiu o Tribunal de Justiça do Rio Grande do Sul, que foi com o espírito "de proteção às entidades religiosas que a Lei Federal n. 10.825, de 2003, alterou o art. 44 do Código Civil, a fim de incluir as organizações religiosas e os partidos políticos, como pessoas jurídicas de direito privado e, ao mesmo tempo, acrescentar o parágrafo primeiro, o qual veda ao poder público a negativa do reconhecimento, ou registro dos atos constitutivos e necessários ao seu funcionamento. A vedação presente em tal artigo não pode ser considerada como absoluta, cabendo ao Judiciário tutelar interesses a fim de certificar-se, precipuamente, do cumprimento da legislação pátria, vale dizer, há que se averiguar se a organização religiosa atende os requisitos necessários ao registro do ato constitutivo"[67].

Dispõe o art. 47 do Código Civil: "Obrigam a pessoa jurídica os atos dos administradores, exercidos nos limites de seus poderes definidos no ato constitutivo". Desse modo, a organização religiosa responde pelos atos de sua diretoria nos limites dos poderes a ela conferidos pelo estatuto social,

---

[67] Ap. 70.027.034.164/Canoas, 5ª C. Cív., rel. Des. Lopes do Canto, j. 21-1-2009.

o qual deve estabelecer quais os atos que pode ela praticar sem autorização de convocação de assembleia geral.

4.1.5. Partidos políticos

Quanto aos partidos políticos, têm eles natureza própria. Seus fins são políticos, não se caracterizando pelo fim econômico ou não. Assim, não podem ser associações ou sociedades, nem fundações, porque não têm fim cultural, assistencial, moral ou religioso. Não obstante, o Enunciado 142 da III Jornada de Direito Civil retromencionada proclama: "Os partidos políticos, sindicatos e associações religiosas possuem natureza associativa, aplicando-se-lhes o Código Civil". Os partidos políticos serão regidos pela Lei n. 9.096/95, que regulamenta os arts. 14, § 3º, V, e 17 da Constituição Federal.

A natureza jurídica dos partidos políticos era, outrora, de pessoa jurídica de direito público. Com a promulgação da atual Constituição Federal, passaram eles a ser considerados pessoas de direito privado, que adquirem personalidade jurídica na forma da lei civil, consoante os termos dos arts. 17, § 2º, da referida Carta Magna, e 1º da Lei dos Partidos Políticos. Desse modo, como toda e qualquer associação civil, a personalidade jurídica é adquirida mediante a inscrição dos atos constitutivos no cartório civil de registro de pessoas jurídicas. Efetuado o registro, o partido adquire personalidade jurídica, devendo providenciar o registro de seu estatuto no Tribunal Regional Eleitoral.

Assinale-se, por derradeiro, que o Enunciado 144 da III Jornada de Direito Civil enfatiza: "A relação das pessoas jurídicas de direito privado, estabelecida no art. 44, incisos I a V, do Código Civil, não é exaustiva". Considera-se que o Código de 2002 adota um sistema aberto, alicerçado em cláusulas gerais, devendo as relações jurídicas previstas em lei ser consideradas abertas, com rol exemplificativo.

5. Desconsideração da personalidade jurídica

O ordenamento jurídico confere às pessoas jurídicas personalidade distinta da dos seus membros. Esse princípio da autonomia patrimonial possibilita que sociedades empresárias sejam utilizadas como instrumento para a prática de fraudes e abusos de direito contra credores, acarretando-lhes prejuízos.

Pessoas inescrupulosas têm-se aproveitado desse princípio, com a intenção de se locupletarem em detrimento de terceiros, utilizando a pessoa jurídica como uma espécie de "capa" ou "véu" para proteger os seus negócios escusos.

A reação a esses abusos ocorreu em diversos países, dando origem à teoria da desconsideração da personalidade jurídica, que recebeu o nome de *disregard doctrine* ou *disregard of legal entity*, no direito anglo-americano; *abus de la notion de personnalité sociale*, no direito francês; teoria do *superamento della personalità giuridica*, na doutrina italiana; teoria da *penetração – Durchgriff der juristischen Personen*, na doutrina alemã.

Permite tal teoria que o juiz, em casos de fraude e de má-fé, desconsidere o princípio de que as pessoas jurídicas têm existência distinta da dos seus membros e os efeitos dessa autonomia, para atingir e vincular os bens particulares dos sócios à satisfação das dívidas da sociedade (*lifting de corporate veil*, ou seja, erguendo-se o véu da personalidade jurídica)[68].

Pode o juiz, nesses casos, como bem esclarece Fábio Ulhoa Coelho, "deixar de aplicar as regras de separação patrimonial entre sociedade e sócios, ignorando a existência da pessoa jurídica num caso concreto, porque é necessário coibir a fraude perpetrada graças à manipulação de tais regras. Não seria possível a coibição se respeitada a autonomia da sociedade. Note-se, a decisão judicial que desconsidera a personalidade jurídica da sociedade não desfaz o seu ato constitutivo, não o invalida, nem importa a sua dissolução. Trata, apenas e rigorosamente, de suspensão episódica da eficácia desse ato. Quer dizer, a constituição da pessoa jurídica não produz efeitos apenas no caso em julgamento, permanecendo válida e inteiramente eficaz para todos os outros fins... Em suma, a aplicação da teoria da desconsideração não importa dissolução ou anulação da sociedade"[69].

Cumpre distinguir, pois, *despersonalização* de *desconsideração* da personalidade jurídica. A primeira acarreta a dissolução da pessoa jurídi-

---

[68] "Desconsideração da personalidade jurídica. Admissibilidade. Sociedade por quotas de responsabilidade limitada. Existência de sérios indícios de que houve dissolução irregular da sociedade visando ou provocando lesão patrimonial a credores. Possibilidade de que a penhora recaia sobre bens dos sócios" (*RT*, 785/373). "Empresa executada que se encontra fechada. Circunstância que, por si só, não constitui prova irrefutável do encerramento irregular ou ilícito de suas atividades, nem violação da lei ou do contrato social com propósito escuso" (*RT*, 790/296). "Pretendido comprometimento de bens particulares dos sócios por atos praticados pela sociedade. Admissibilidade somente se houver prova de que a empresa tenha sido utilizada como instrumento para a realização de fraude ou abuso de direito" (*RT*, 771/258, 773/263, 784/282, 791/257).

[69] *Curso*, cit., v. 2, p. 40-42.

ca ou a cassação da autorização para seu funcionamento, enquanto na segunda "subsiste o princípio da autonomia subjetiva da pessoa coletiva, distinta da pessoa de seus sócios ou componentes, mas essa distinção é afastada, provisoriamente e tão só para o caso concreto"[70].

Enfatizou o Superior Tribunal de Justiça que "A criação teórica da pessoa jurídica foi avanço que permitiu o desenvolvimento da atividade econômica, ensejando a limitação dos riscos do empreendedor ao patrimônio destacado para tal fim. Abusos no uso da personalidade jurídica justificaram, em lenta evolução jurisprudencial, posteriormente incorporada ao direito positivo brasileiro, a tipificação de hipóteses em que se autoriza o levantamento do véu da personalidade jurídica para atingir o patrimônio de sócios que dela dolosamente se prevaleceram para lesar credores. Tratando-se de regra de exceção, de restrição ao princípio da autonomia patrimonial da pessoa jurídica, interpretação que melhor se coaduna com o art. 50 do Código Civil é a que rege sua aplicação a casos extremos, em que a pessoa jurídica tenha sido mero instrumento para fins fraudulentos por aqueles que a idealizaram, valendo-se dela para encobrir os ilícitos que propugnam seus sócios ou administradores. Entendimento diverso conduziria, no limite, em termos práticos, ao fim da autonomia patrimonial da pessoa jurídica, ou seja, regresso histórico incompatível com a segurança jurídica e com o vigor da atividade econômica. Com esses fundamentos, não estando consignado no acórdão estadual que a dissolução da sociedade tinha por fim fraudar credores ou ludibriar terceiros, não se configurando, portanto, desvio da finalidade social ou confusão patrimonial para que prevaleça a tese adotada pelo acórdão paradigma e, por conseguinte, restabelecer o acórdão especialmente recorrido"[71].

Como no Brasil não havia nenhuma lei que expressamente autorizasse a aplicação de tal teoria entre nós, valiam-se os tribunais, para aplicá-la, analogicamente, da regra do art. 135 do Código Tributário Nacional, que responsabiliza pessoalmente os diretores, gerentes ou representantes de pessoas jurídicas de direito privado por créditos correspondentes a obrigações tributárias resultantes de atos praticados com "excesso de poderes ou infração de lei, contrato social ou estatutos".

Na doutrina, Rubens Requião foi o primeiro jurista brasileiro a tratar da referida doutrina entre nós, no final dos anos 1960, sustentando a sua

---

[70] Fábio Konder Comparato, *O poder de controle na sociedade anônima*, p. 283.

[71] Embargos de Divergência no AgReg. no REsp 1.306.553-SC, 2ª Seção, j. 10-12-2014, *DJe* 12-12-2014.

utilização pelos juízes, independentemente de específica previsão legal[72]. E o primeiro diploma a se referir a ela é o Código de Defesa do Consumidor (Lei n. 8.078, de 11-9-1990) que, no art. 28 e seus parágrafos, autoriza o juiz a desconsiderar a personalidade jurídica da sociedade quando, "em detrimento do consumidor, houver abuso de direito, excesso de poder, infração da lei, fato ou ato ilícito ou violação dos estatutos ou contrato social", bem como nos casos de "falência, estado de insolvência, encerramento ou inatividade da pessoa jurídica provocados por má administração". E, ainda, "sempre que sua personalidade for, de alguma forma, obstáculo ao ressarcimento de prejuízos causados aos consumidores"[73].

A Lei n. 9.605, de 12 de fevereiro de 1998, que dispõe sobre atividades lesivas ao meio ambiente, também permite a desconsideração da pessoa jurídica "sempre que sua personalidade for obstáculo ao ressarcimento de prejuízos causados à qualidade do meio ambiente" (art. 4º).

Dentre as regras disciplinadoras da vida associativa em geral, previstas no Código Civil, destaca-se a que dispõe sobre a repressão do uso indevido da personalidade jurídica, quando esta for desviada de seus objetivos socioeconômicos para a prática de atos ilícitos ou abusivos. Prescreve, com efeito, o art. 50:

"Art. 50. Em caso de abuso da personalidade jurídica, caracterizado pelo desvio de finalidade, ou pela confusão patrimonial, pode o juiz decidir, a requerimento da parte, ou do Ministério Público quando lhe couber intervir no processo, que os efeitos de certas e determinadas relações de obrigações sejam estendidos aos bens particulares dos administradores ou sócios da pessoa jurídica".

Malgrado o dispositivo transcrito não utilize a expressão "desconsideração da personalidade jurídica", a redação original do Projeto de Código Civil e as emendas apresentadas demonstram que a intenção do legislador era a de incorporá-la ao nosso direito.

A Lei n. 13.874, de 20 de setembro de 2019, confirmando a Medida Provisória n. 881, de 30 de abril de 2019, intitulada "Declaração de Direitos

[72] *Aspectos modernos de direito comercial*, v. 1, p. 67-86.

[73] "Desconsideração da personalidade jurídica. Verdadeiro consórcio não autorizado. Valor das prestações pago à pessoa dos sócios, inexistindo prova que tenha sido repassado à sociedade. Circunstâncias que caracterizam abuso de poder e em decretação da falência por má administração. Aplicação do art. 28 da Lei n. 8.078/90" (*RT*, 786/331).

de Liberdade Econômica", com o intuito de desburocratizar o exercício da livre-iniciativa, iniciativa e de acolher expressamente a teoria da desconsideração da personalidade jurídica, dispôs, no art. 49-A:

"A pessoa jurídica não se confunde com os seus sócios, associados, instituidores ou administradores.

Parágrafo único. A autonomia patrimonial das pessoas jurídicas é um instrumento lícito de alocação e segregação de riscos, estabelecido pela lei com a finalidade de estimular empreendimentos, para a geração de empregos, tributo, renda e inovação em benefício de todos".

Ao mesmo tempo, deu nova redação, no art. 7º, ao *caput* do mencionado art. 50 do Código Civil, inserindo cinco parágrafos:

"Art. 50. Em caso de abuso da personalidade jurídica, caracterizado pelo desvio de finalidade ou pela confusão patrimonial, pode o juiz, a requerimento da parte, ou do Ministério Público quando lhe couber intervir no processo, desconsiderá-la para que os efeitos de certas e determinadas relações de obrigações sejam estendidos aos bens particulares de administradores ou de sócios da pessoa jurídica beneficiados direta ou indiretamente pelo abuso.

§ 1º Para fins do disposto neste artigo, desvio de finalidade é a utilização dolosa da pessoa jurídica com o propósito de lesar credores e para a prática de atos ilícitos de qualquer natureza.

§ 2º Entende-se por confusão patrimonial a ausência de separação de fato entre os patrimônios, caracterizada por:

I – cumprimento repetitivo pela sociedade de obrigações do sócio ou do administrador ou vice-versa;

II – transferência de ativos ou de passivos sem efetivas contraprestações, exceto o de valor proporcionalmente insignificante; e

III – outros atos de descumprimento da autonomia patrimonial.

§ 3º O disposto no caput *e nos § 1º e § 2º deste artigo também se aplica à extensão das obrigações de sócios ou de administradores à pessoa jurídica.*

§ 4º A mera existência de grupo econômico sem a presença dos requisitos de que trata o caput *deste artigo não autoriza a desconsideração da personalidade da pessoa jurídica.*

§ 5º Não constitui desvio de finalidade a mera expansão ou a alteração da finalidade original da atividade econômica específica da pessoa jurídica".

A desconsideração da personalidade jurídica está subordinada a efetiva demonstração do abuso da personalidade jurídica, caracterizado pelo desvio de finalidade ou pela confusão patrimonial, e o benefício direto ou indireto obtido pelo sócio[74].

Segundo o Enunciado n. 283 da *IV Jornada de Direito Civil*, "É cabível a desconsideração da personalidade jurídica denominada 'inversa' para alcançar bens de sócio que se valeu da pessoa jurídica para ocultar ou desviar bens pessoais, com prejuízo a terceiros".

Para o Superior Tribunal de Justiça "não cabe condenação em honorários de sucumbência em decisões interlocutórias que resolvem incidente de desconsideração da personalidade jurídica"[75].

A doutrina e a jurisprudência reconhecem a existência, no direito brasileiro, de duas teorias da desconsideração: a) a "teoria maior", que prestigia a contribuição doutrinária e em que a comprovação da fraude e do abuso por parte dos sócios constitui requisito para que o juiz possa ignorar a autonomia patrimonial das pessoas jurídicas; e b) a "teoria menor", que considera o simples prejuízo do credor motivo suficiente para a desconsideração. Esta última não se preocupa em verificar se houve ou não utilização fraudulenta do princípio da autonomia patrimonial nem se houve ou não abuso da personalidade. Se a sociedade não possui patrimônio, mas o sócio é solvente, isso basta para responsabilizá-lo por obrigações daquela.

A teoria "maior", por sua vez, divide-se em *objetiva* e *subjetiva*. Para a *primeira*, a confusão patrimonial constitui o pressuposto necessário e suficiente da desconsideração. Basta, para tanto, a constatação da existência de bens de sócio registrados em nome da sociedade, e vice-versa. A teoria *subjetiva*, todavia, não prescinde do elemento anímico, presente nas hipóteses de desvio de finalidade e de fraude. É pressuposto inafastável para a desconsideração o abuso da personalidade jurídica.

Foi adotada, aparentemente, a linha objetivista de Fábio Konder Comparato, que não se limita às hipóteses de fraude e abuso, de caráter subjetivo e de difícil prova. Segundo a concepção objetiva, o pressuposto da desconsideração se encontra, precipuamente, na confusão patrimonial. Desse modo, se pelo exame da escrituração contábil ou das contas bancárias apurar-se que a sociedade paga dívidas do sócio, ou este recebe créditos dela, ou o inverso, ou constatar-se a existência de bens de sócio registrados em nome da sociedade, e vice-versa, comprovada estará a referida confusão.

---

[74] STJ, REsp 1.838.009-RJ, 3ª T., rel. Min. Moura Ribeiro, j. 19-11-2019.

[75] STJ, REsp 1.845.536-SC, 3ª. T., rel. p/acórdão Min. Marco Aurélio Bellizze, j. 26-5-2020.

Segundo Fábio Ulhoa Coelho, a formulação objetiva facilita a tutela dos interesses de credores ou terceiros lesados pelo uso fraudulento do princípio da autonomia patrimonial. Observa-se que se admite a desconsideração da personalidade jurídica "para coibir atos aparentemente lícitos. A ilicitude somente se configurará quando o ato deixa de ser imputado à pessoa jurídica da sociedade e passa a ser imputado à pessoa física responsável pela manipulação fraudulenta ou abusiva do princípio da autonomia patrimonial"[76].

Marlon Tomazette, por sua vez, discorrendo sobre o atual Código, afirma: "Ao contrário do que possa parecer, nosso Código não acolhe a concepção objetiva da teoria, pois a confusão patrimonial não é fundamento suficiente para a desconsideração, sendo simplesmente um meio importantíssimo de comprovar o abuso da personalidade jurídica, que ocorre nas hipóteses do abuso de direito e da fraude. Destarte, o necessário para a desconsideração é o abuso da personalidade jurídica, que pode ser provado inclusive pela configuração de uma confusão patrimonial"[77].

Configura-se a confusão patrimonial quando a sociedade paga dívidas do sócio, ou este recebe créditos dela, ou o inverso, não havendo suficiente distinção, no plano patrimonial, entre pessoas – o que se pode verificar pela escrituração contábil ou pela movimentação de contas de depósito bancário. Igualmente constitui confusão, a ensejar a desconsideração da personalidade jurídica da sociedade, a existência de bens de sócio registrados em nome da sociedade, e vice-versa. Mas, como ressalta Fábio Ulhoa Coelho, "ela não exaure as hipóteses em que cabe a desconsideração, na medida em que nem todas as fraudes se traduzem em confusão patrimonial"[78].

Assiste razão ao mencionado autor quando, na sequência, sustenta que a formulação subjetiva da teoria da desconsideração deve ser adotada "como o critério para circunscrever a moldura de situações em que cabe aplicá-la, ou seja, ela é a mais ajustada à teoria da desconsideração. A formulação objetiva, por sua vez, deve auxiliar na facilitação da prova pelo demandante. Quer dizer, deve-se presumir a fraude na manipulação da autonomia patrimonial da pessoa jurídica se demonstrada a confusão entre os patrimônios dela e de um ou mais de seus integrantes, mas não se deve deixar de des-

[76] Fábio Ulhoa Coelho, *Curso*, cit., v. 2, p. 43-44.

[77] A desconsideração da personalidade jurídica: A teoria, o Código de Defesa do Consumidor e o Novo Código Civil, *RT*, 794/76.

[78] *Curso*, cit., v. 2, p. 44.

considerar a personalidade jurídica da sociedade, somente porque o demandado demonstrou ser inexistente qualquer tipo de confusão patrimonial, se caracterizada, por outro modo, a fraude".

Nessa linha, têm os tribunais determinado a desconsideração da personalidade jurídica nos casos em que a promiscuidade patrimonial é demonstrada, autorizando a penhora de bens dos sócios, pois se trata de eloquente indicativo de fraude[79].

Decidiu o Superior Tribunal de Justiça que "a teoria da desconsideração da personalidade jurídica (*disregard doctrine*), conquanto encontre amparo no direito positivo brasileiro, deve ser aplicada com cautela, diante da previsão de autonomia e existência de patrimônios distintos entre as pessoas físicas e jurídicas". O relator, Min. Aldir Passarinho Júnior, lembrou que a jurisprudência da referida Corte em regra dispensa ação autônoma para se levantar o véu da pessoa jurídica, mas somente em casos de abuso de direito, desvio de finalidade ou confusão patrimonial é que se permite tal providência. Adota-se, assim, ressaltou, "a 'teoria maior' acerca da desconsideração da personalidade jurídica, a qual exige a configuração objetiva de tais requisitos para sua configuração"[80].

Efetivamente, a desconsideração da pessoa jurídica exige comprovação de fraude, abuso de direito, desvio de finalidade ou confusão patrimonial para que se aplique a mencionada teoria, não se podendo aceitar como tal a mera insolvência da pessoa jurídica ou dissolução irregular da empresa. A propósito, proclamou o Superior Tribunal de Justiça, que o fato de o credor não ter recebido seu crédito frente à sociedade, em decorrência de insuficiência do patrimônio social, não é requisito bastante para autorizar a desconsideração da pessoa jurídica[81].

A excepcionalidade da aplicação da aludida teoria vem reconhecida no Enunciado 146 da II Jornada de Direito Civil do Conselho Nacional de Justiça, segundo o qual "Nas relações civis, interpretam-se restritivamente os parâmetros de desconsideração da personalidade jurídica previstos no art. 50".

---

79 TACSP, AgI 835.768-2/São José do Rio Preto, 9ª Câm., rel. Juiz João Carlos Garcia; TJRS, Ap. 597.013.036, 3ª Câm., rel. Des. José Carlos Teixeira Giorgis, j. 27-11-1997; STJ, REsp 767.021/RJ, 1ª T., rel. Min. José Delgado, *DJU*, 12-9-2005.

80 STJ, REsp 1.098.712, 4ª T., rel. Min. Aldir Passarinho Júnior, disponível em: <www.editoramagister.com. Acesso em: 5 jul. 2010.

81 STJ, REsp 1.395.288/SP, 3ª T., rel. Min. Nancy Andrighi, j. 11-2-2014.

Mas a desconsideração da personalidade jurídica não é sucedâneo da ação pauliana. Não se assemelha ela à ação revocatória falencial ou à ação pauliana, seja em suas casas justificadoras, seja em suas consequências. A primeira (revocatória) visa ao reconhecimento de ineficácia de determinado negócio jurídico tido como suspeito, e a segunda (pauliana), à invalidação de ato praticado em fraude a credores, servindo ambos os instrumentos como espécies de interditos restitutórios, no desiderato de devolver à massa, falida ou insolvente, os bens necessários ao adimplemento dos credores, agora em igualdade de condições (arts. 129 e 130 da Lei n. 11.101/2005 e arts. 165 do Código Civil). A desconsideração da personalidade jurídica, por sua vez, não consubstancia extinção da pessoa jurídica, tampouco anulação/revogação de atos específicos praticados por ela, ainda que verificados os vícios a que faz alusão o art. 50 do Código Civil. Em realidade, cuida-se de superação de uma ficção jurídica, que é a empresa, sob cujo véu se esconde a pessoa natural do sócio[82].

Não se justifica, assim, pelo simples fato de a fraude contra credores ter sido praticada por uma pessoa jurídica, aplicar-se a desconsideração da personalidade jurídica em lugar da anulação do negócio jurídico[83].

É possível reconhecer-se o abuso da personalidade jurídica, e aplicar a *disregard doctrine*, no processo de execução, sem necessidade de processo autônomo, quando não encontrados bens do devedor e estiverem presentes os pressupostos que autorizam a sua invocação, requerendo-se a penhora diretamente em bens do sócio (ou da sociedade, em caso de desconsideração inversa). O redirecionamento da ação exige, contudo, citação do novo executado, se não participou da lide[84].

---

[82] STJ, REsp 1.180.714/RJ, 4ª T., rel. Min. Luis Felipe Salomão, *Revista Consultor Jurídico*, 17-4-2018.

[83] Renato Franco de Campos, Desconsideração da personalidade jurídica: limitações e aplicação no direito de família e sucessões. Dissertação de mestrado (USP), 2014, p. 95-96.

[84] Calixto Salomão Filho, *O novo direito societário*, p. 109. Confira-se a jurisprudência: "Penhora em bens de sócio da empresa executada. Inocorrência da citação, em nome próprio, como responsável pelo débito. Inadmissibilidade. Corrente dominante na jurisprudência no sentido de que a constrição judicial só pode recair sobre bem do sócio tendo este sido regularmente citado para integrar a relação jurídico-processual (*RJTJSP*, 93/85 e 288, 107/106) – o que inocorreu no caso dos autos" (*JTACSP*, 114/153-154). No mesmo sentido: *RT*, 785/378. *V.* ainda: "Falência. Extensão dos efeitos da falência de uma empresa a outra. Aplicação da teoria da desconsideração da personalidade jurídica. Possibilidade. Hipótese em que a empresa não foi intimada a integrar a lide. Inadmissibilidade. Violação aos princípios constitucionais do devido processo legal, do contraditório e da ampla defesa" (TJSP, *Boletim da AASP*,

A propósito, dispõe o art. 134 do Código de Processo Civil que o "incidente de desconsideração é cabível em todas as fases do processo de conhecimento, no cumprimento de sentença e na execução fundada em título executivo extrajudicial". E o art. 135 complementa: "Instaurado o incidente, o sócio ou a pessoa jurídica será citado para manifestar-se e requerer as provas cabíveis no prazo de 15 (quinze) dias.

O aludido diploma, ao tratar do pedido de desconsideração da personalidade jurídica como espécie do gênero "intervenção de terceiros" e, ao mesmo tempo, qualificá-lo como *incidente*, torna superado o entendimento de que não se exige prévia oitiva do terceiro, cujo patrimônio se quer penhorar. Essa oitiva, agora, torna-se necessária, tornando prévia a oportunidade de manifestação.

Salienta Flávio Luiz Yarshell[85] que, "embora o pleito de desconsideração – tal como concebido pelo novo CPC – possa ser deduzido e resolvido de forma *incidental*, isso somente ocorrerá se o requerimento de inclusão do responsável não ocorrer desde logo na petição inicial. Se esta última hipótese ocorrer, embora sejam inconfundíveis débito e responsabilidade, fato é que a pretensão de desconsideração passará a integrar o objeto do processo (...) Ao acolher o pedido o que o juiz faz é reconhecer a responsabilidade patrimonial e, dessa forma, liberar os meios executivos sobre o patrimônio de pessoa que não figura como devedor".

Proclama a Súmula n. 430 do Superior Tribunal de Justiça: "O inadimplemento da obrigação tributária pela sociedade não gera, por si só, a responsabilidade solidária do sócio-gerente". Torna-se evidente, pois, que a mera inadimplência no pagamento das obrigações tributárias não acarreta, por si só, a responsabilidade dos sócios e o consequente redirecionamento da execução fiscal para os sócios da empresa devedora.

A mesma Corte editou também a Súmula 435, concernente ao mesmo tema: "Presume-se dissolvida irregularmente a empresa que deixar de funcionar no seu domicílio fiscal, sem comunicação aos órgãos competentes,

---

2292, 2 a 8/2002, p. 2467-2468). "Execução. Responsabilidade patrimonial. Art. 592, CPC. Obrigação e responsabilidade (*schuld* e *haftung*). *Disregard doctrine.* A responsabilidade pelo pagamento do débito pode recair sobre devedores não incluídos no título judicial exequendo e não participantes da relação processual de conhecimento, considerados os critérios previstos no art. 592 do CPC, sem que haja, com isso, ofensa à coisa julgada" (*RSTJ*, 141/456).

[85] Incidente de desconsideração da personalidade jurídica: busca de sua natureza jurídica. *Carta Forense*, maio/2015, p. A4.

legitimando o redirecionamento da execução fiscal para o sócio-gerente". Esta súmula procura resolver os casos em que tem aplicação o art. 135 do Código Tributário Nacional, que considera os administradores "pessoalmente responsáveis pelos créditos correspondentes a obrigações tributárias resultantes de atos praticados com excesso de poderes ou infração de lei, contrato social ou estatutos". Entende o Superior Tribunal de Justiça, pois, que a dissolução irregular da sociedade sem comunicação aos órgãos oficiais caracteriza "infração à lei", possibilitando a cobrança das dívidas dos sócios administradores, mediante o redirecionamento da execução contra eles.

No tocante ainda ao redirecionamento da execução contra o sócio, entendeu o Superior Tribunal de Justiça que tal ato deve dar-se "no prazo de cinco anos da citação da pessoa jurídica, sendo inaplicável o disposto no art. 40 da Lei n. 6.830/80, que, além de referir-se ao devedor, e não ao responsável tributário, deve harmonizar-se com as hipóteses previstas no art. 174 do Código Tributário Nacional, de modo a não tornar imprescritível a dívida fiscal". Segundo lembrou a relatora, Ministra Eliana Calmon, não obstante a citação válida de a pessoa jurídica interromper a prescrição em relação aos responsáveis solidários, no caso de redirecionamento da execução fiscal, há prescrição intercorrente se decorridos mais de cinco anos entre a citação da empresa e a citação pessoal dos sócios, de modo a não tornar imprescritível a dívida fiscal. Mantém-se, portanto, salientou, "as conclusões da decisão agravada, no sentido de que, decorridos mais de cinco anos após a citação da empresa, dá-se a prescrição intercorrente, inclusive para sócios"[86].

Caracteriza-se a *desconsideração inversa* quando é afastado o princípio da autonomia patrimonial da pessoa jurídica para responsabilizar a sociedade por obrigação do sócio, como, por exemplo, na hipótese de um dos cônjuges, ao adquirir bens de maior valor, registrá-los em nome de pessoa jurídica sob seu controle, para livrá-los da partilha a ser realizada nos autos da separação judicial. Ao se desconsiderar a autonomia patrimonial, será possível responsabilizar a pessoa jurídica pelo devido ao ex-cônjuge do sócio[87].

É comum verificar, nas relações conjugais e de uniões estáveis, que os bens adquiridos para o uso dos consortes ou companheiros, móveis e imóveis, encontram-se registrados em nome de empresas de que participa um deles.

---

[86] STJ, AgI 1.247.311, 2ª T., rel. Min. Eliana Calmon, disponível em: <www.editoramagister.com>. Acesso em: 23 mar. 2010.

[87] Fábio Ulhoa Coelho, *Curso*, cit., v. 2, p. 45.

Como observa Guillermo Julio Borda, é fácil encontrar, nas relações afetivas entre marido e mulher, "manobras fraudatórias de um dos cônjuges que, valendo-se da estrutura societária, esvazia o patrimônio da sociedade conjugal em detrimento do outro (no mais das vezes o marido em prejuízo da esposa) e, assim, com colaboração de terceiro, reduzem a zero o patrimônio do casal"[88].

Por essa razão merece acolhimento pedido da mulher para que seja autorizada a quebra do sigilo bancário de pessoa jurídica que tem como um dos sócios o seu ex-marido, mesmo que o casamento tenha sido celebrado sob o regime da comunhão universal. É que, mesmo não sendo sócia da empresa, há copropriedade das cotas sociais. Malgrado existam limitações que impedem o ex-cônjuge de exercer o pleno direito de propriedade em relação a patrimônio constituído por cotas de sociedade limitada, não é desarrazoado, como decidiu o Superior Tribunal de Justiça, "o pedido de acesso aos extratos das contas correntes da sociedade empresarial, porquanto ele se caracteriza como comedida e limitada salvaguarda da recorrente quanto ao efetivo patrimônio representado pelas cotas sociais do ex-casal"[89].

Aduziu a aludida Corte que "É inarredável o fato de que essa circunstância, não raras vezes, também dá azo à manipulação patrimonial por parte do ex-cônjuge, sócio da sociedade empresarial, que, se valendo dessa situação ímpar, pode fazer minguar o patrimônio pessoal – imediatamente partilhável com a ex-cônjuge –, em favor da empresa, onde ele, *a priori*, fica indisponibilizado para o casal, mas que, sabe-se, pode ser indiretamente usufruído pelo sócio".

Não raras vezes, também, o pai esconde seu patrimônio pessoal, na estrutura societária da pessoa jurídica, com o reprovável propósito de esquivar-se do pagamento de pensão alimentícia devida ao filho. A aplicação da teoria da desconsideração da pessoa jurídica, quando se configurar

---

88 *La persona jurídica y el corrimiento del velo societario*, p. 85. *Vide*, a propósito: "Execução de acordo judicial envolvendo alimentos e valores devidos à ex-consorte a título de meação. Pedido de desconsideração inversa da personalidade jurídica, a fim de viabilizar a penhora de imóvel (apartamento) de propriedade da empresa da qual o executado é irrecusavelmente dono. Utilização pessoal e exclusiva do bem pelo devedor. Confusão patrimonial evidente" (TJSC, AgI 2011.059371-2, 4ª Câm., rel. Des. Torret Rocha, j. 3-5-2012); "Desconsideração da pessoa jurídica. Citação dos sócios em prejuízo de quem foi decretada a desconsideração. Desnecessidade. Ampla defesa e contraditório garantidos com a intimação da constrição" (STJ, REsp 1.096.604/DF, 4ª T., rel. Min. Luis Felipe Salomão, j. 2-8-2012).

89 STJ, 3ª T., rel. Min. Nancy Andrighi, *Revista Consultor Jurídico*, 3-10-2016.

o abuso praticado pelo marido, companheiro ou genitor em detrimento dos legítimos interesses de seu cônjuge, companheiro ou filho, constituirá um freio às fraudes e aos abusos promovidos sob o véu protetivo da pessoa jurídica.

Igualmente no campo do direito das sucessões podem ocorrer abusos que justificam a aplicação da aludida teoria, especialmente nas hipóteses de utilização de pessoas jurídicas por genitores que pretendem beneficiar alguns filhos em detrimento de outros, frustrando o direito à herança destes. A aplicação da teoria da desconsideração inversa poderá também ser invocada pelo prejudicado, para obter o reconhecimento de seu direito integral à herança.

A respeito da desconsideração inversa, enfatizou o Superior Tribunal de Justiça:

"A desconsideração inversa da personalidade jurídica caracteriza-se pelo afastamento da autonomia patrimonial da sociedade, para, contrariamente do que ocorre na desconsideração da personalidade propriamente dita, atingir o ente coletivo e seu patrimônio social, de modo a responsabilizar a pessoa jurídica por obrigações do sócio controlador.

Considerando-se que a finalidade da *disregard doctrine* é combater a utilização indevida do ente societário por seus sócios, o que pode ocorrer também nos casos em que o sócio controlador esvazia o seu patrimônio pessoal e o integraliza na pessoa jurídica, conclui-se, de uma interpretação teleológica do art. 50 do CC/2002, ser possível a desconsideração inversa da personalidade jurídica, de modo a atingir bens da sociedade em razão de dívidas contraídas pelo sócio controlador, conquanto preenchidos os requisitos previstos na norma"[90].

O art. 133, § 2º, do atual Código de Processo Civil, ao tratar do incidente da desconsideração da personalidade jurídica, proclama:

"§ 2º Aplica-se o disposto neste Capítulo à hipótese de desconsideração inversa da personalidade jurídica".

A 4ª Turma do Superior Tribunal de Justiça, alinhando-se à posição já adotada pela 3ª Turma (ambas compõem a 2ª Seção), decidiu que a pessoa jurídica tem legitimidade para impugnar a desconsideração de sua persona-

---

[90] STJ, REsp 948.117/MS, 3ª T., rel. Min. Nancy Andrighi, *DJE*, 3-8-2010.

lidade jurídica, especialmente quando a empresa se distancia de sua finalidade original, de forma fraudulenta, e isso afeta seu patrimônio moral[91].

Tal entendimento aplica-se sobretudo às hipóteses de desconsideração inversa.

O § 3º do art. 50 do Código Civil, acrescentado pela citada Lei n. 13.874, de 20 de setembro de 2019, trata de hipótese de desconsideração inversa da pessoa jurídica, dispondo que tal modalidade "também se aplica à extensão das obrigações de sócios ou de administradores à pessoa jurídica" – certamente quando desviam bens próprios para esta, com finalidades fraudatórias.

6. Responsabilidade das pessoas jurídicas

A responsabilidade jurídica por danos em geral pode ser penal e civil. A primeira é prevista, como inovação em nosso ordenamento, na Lei n. 9.605, de 12 de fevereiro de 1998, que trata dos crimes ambientais.

O Código Penal brasileiro mostrava-se desatualizado para reprimir os abusos contra o meio ambiente, visto que ao tempo de sua elaboração não havia, ainda, preocupação com o problema ecológico. Urgia, portanto, que se reformulasse a legislação pertinente (Código Penal, Código de Águas, Código Florestal, Código de Caça, Código de Pesca, Código de Mineração) para que medidas de caráter preventivo e repressivo fossem estabelecidas no âmbito penal, capazes de proteger a sanidade do ambiente não só contra os atos nocivos de pessoas individuais como também de entidades responsabilizadas pelos delitos ecológicos.

A citada Lei n. 9.605/98 veio atender a esse reclamo, responsabilizando administrativa, civil e penalmente as pessoas jurídicas "nos casos em que a infração seja cometida por decisão de seu representante legal ou contratual, ou de seu órgão colegiado, no interesse ou benefício da sua entidade" (art. 3º), não excluída "a das pessoas físicas, autoras, coautoras ou partícipes do mesmo fato" (parágrafo único). As penas aplicáveis são: multa, restritivas de direitos e prestação de serviços à comunidade (art. 21).

---

91 STJ, REsp 1.208.852, 4ª T., rel. Min. Luis Felipe Salomão, disponível em: <www.conjur.com.br>. Acesso em: 20 maio. 2015.

6.1. Responsabilidade das pessoas jurídicas de direito privado

No âmbito civil, a responsabilidade da pessoa jurídica pode ser contratual e extracontratual, sendo para esse fim equiparada à pessoa natural. Na órbita contratual essa responsabilidade, de caráter patrimonial, emerge do art. 389 do Código Civil: *"Não cumprida a obrigação, responde o devedor por perdas e danos, mais juros e atualização monetária segundo índices oficiais regularmente estabelecidos, e honorários de advogado"*. Também o Código de Defesa do Consumidor responsabiliza de forma objetiva as pessoas jurídicas pelo fato e por vício do produto e do serviço (arts. 12 e s. e 18 e s.).

No campo extracontratual, a responsabilidade delitual ou aquiliana provém dos arts. 186, 187 e 927, bem como dos arts. 932, III, e 933 do Código Civil, que reprimem a prática de atos ilícitos e estabelecem, para o seu autor, a obrigação de reparar o prejuízo causado, impondo a todos, indiretamente, o dever de não lesar a outrem (*neminem laedere*).

No sistema da responsabilidade subjetiva, deve haver nexo de causalidade entre o dano indenizável e o ato ilícito praticado pelo agente. Só responde pelo dano, em princípio, aquele que lhe der causa. É a responsabilidade por fato próprio, que deflui do art. 186 do Código Civil. A lei, entretanto, estabelece alguns casos em que o agente deve suportar as consequências do fato de terceiro. Nesse particular, estabelece o art. 932, III, do Código Civil, que são também responsáveis pela reparação civil "*o empregador ou comitente, por seus empregados, serviçais e prepostos, no exercício do trabalho que lhes competir, ou em razão dele*". Acrescenta o art. 933 que essa responsabilidade independe de culpa, sendo, portanto, objetiva.

Há outros casos de responsabilidade objetiva em nosso diploma civil, podendo ser lembrados os previstos nos arts. 929, 930, 936, 937, 938, 939 e 940, bem como o parágrafo único do art. 927, que trata da obrigação de reparar o dano, independentemente de culpa, nos casos especificados em lei, ou quando a atividade normalmente desenvolvida pelo autor do dano implicar, por sua natureza, risco para os direitos de outrem. Inúmeras leis esparsas também sancionam a responsabilidade objetiva: a Lei de Acidentes do Trabalho, o Código Brasileiro de Aeronáutica, a Lei n. 6.938/81 (que cuida dos danos causados ao meio ambiente), o Código de Defesa do Consumidor e outras.

Toda pessoa jurídica de direito privado, tenha ou não fins lucrativos, responde pelos danos causados a terceiros, qualquer que seja a sua natureza e os seus fins (corporações e fundações). Sobreleva a preocupação em não deixar o dano irressarcido. Responde, assim, a pessoa jurídica civilmente pelos atos de seus dirigentes ou administradores, bem como de seus empregados ou prepostos que, nessa qualidade, causem dano a outrem[92].

Não encontramos razão para concordar com a afirmação de SILVIO RODRIGUES[93], aceita por MARIA HELENA DINIZ[94], de que, por não existir no atual Código regra semelhante à do art. 1.522 do Código de 1916, a presunção de culpa dos administradores não mais milita e, por esse motivo, "a responsabilidade das pessoas jurídicas por atos de seus administradores, quer se trate de sociedades, quer de associações, só emerge se o autor da ação demonstrar a culpa da pessoa jurídica, quer *in vigilando*, quer *in eligendo*".

O referido art. 1.522 dizia que a responsabilidade do patrão ou preponente por ato de seus empregados ou prepostos abrangia as pessoas jurídicas que exerciam exploração industrial, tendo a doutrina interpretado que eram dessa espécie as que exerciam atividade lucrativa. Excluía, portanto, as de fins não lucrativos. Como a sociedade evoluiu, desenvolvendo-se economicamente e passando a viver em derredor das pessoas jurídicas, cristalizou-se a ideia de não se deixar as vítimas irressarcidas. Desse modo, o referido art. 1.522 veio a ser interpretado na jurisprudência como concernente a todas as pessoas jurídicas de direito privado.

Assentada essa premissa, o atual Código não vislumbrou a necessidade de fazer mais qualquer distinção, deixando por isso de estabelecer regra semelhante àquele dispositivo. Daí não se há de inferir, *data venia*, que os arts. 932 e 933, que preveem responsabilidade independente de culpa por ato de empregados e administradores, não se aplicam às associações, que não visam lucro, mas somente às que exercem atividades lucrativas. Seria um retrocesso não imaginado pelo legislador e que colocaria o Código de 2002 na contramão dos novos rumos tomados pela responsabilidade civil.

A pessoa jurídica de direito privado responde como preponente pelos atos de seus empregados ou prepostos (responsabilidade por fato de terceiro), como também pelos de seus órgãos (diretores, administradores,

---

92 Caio Mário da Silva Pereira, *Responsabilidade civil*, p. 126-131.

93 *Direito civil*, cit., v. 1, p. 95-96.

94 *Curso*, cit., v. 1, p. 240.

assembleias etc.), o que vai dar na responsabilidade direta ou por fato próprio[95]. A responsabilidade direta da pessoa jurídica coexiste com a responsabilidade individual do órgão culposo. Em consequência, a vítima pode agir contra ambos. Já se decidiu que "o administrador de pessoa jurídica só responde civilmente pelos danos causados pela empresa a terceiros quando tiver agido com dolo ou culpa, ou, ainda, com violação da lei ou dos estatutos"[96].

6.2. Responsabilidade das pessoas jurídicas de direito público

6.2.1. Evolução histórica

A responsabilidade civil das pessoas jurídicas de direito público passou por diversas fases: a) a da *irresponsabilidade* do Estado, representada pela frase universalmente conhecida: *The King can do not wrong*; b) a *civilista*, representada pelo art. 15 do Código Civil de 1916[97], que responsabilizava civilmente as pessoas jurídicas de direito público pelos atos de seus representantes, que nessa qualidade causassem danos a terceiros. Nessa fase, a vítima tinha o ônus de provar culpa ou dolo do funcionário. Assegurou-se ao Estado ação regressiva contra este último; c) a *publicista*, a partir de 1946, quando a questão passou a ser tratada em nível de direito público, regulamentada na Constituição Federal. A responsabilidade passou a ser *objetiva*, mas na modalidade do *risco administrativo* (não na do risco integral, em que o Estado responde em qualquer circunstância), sendo tranquila nesse sentido a atual jurisprudência[98].

---

95 Henri de Page, *Traité*, cit., v. 1, n. 509.

96 *RT*, 628/138.

97 José de Aguiar Dias, *Da responsabilidade civil*, 4. ed., p. 607, n. 201.

98 "Indenização. Fuga do presidiário e homicídios por ele praticados que não foram ocasionais, mas resultantes de predisposição do fugitivo, movido por sentimento de vingança. Verba devida pelo Estado à família de uma das vítimas, em face da responsabilidade objetiva, fundada no risco administrativo" (STF, *RT*, 783/199; *RTJ*, 55/50). "Indenização. Sinistro ocasionado pela falta de serviço na conservação de estrada. Comprovação do nexo de causalidade entre a lesão e o ato da Administração. Verba devida. Aplicação da teoria do risco administrativo, nos termos do art. 37, § 6º, da CF (*RT*, 777/365, 611/221). "Indenização. Morte de filho menor em creche municipal. Desnecessidade da cogitação da licitude ou ilicitude do fato e de culpa dos funcionários. Suficiência do nexo de causalidade entre o fato lesivo e a atitude da referida creche. Aplicação da teoria do risco administrativo. Verba devida pelo Município" (*RT*, 780/348).

Assim, a vítima não tem mais o ônus de provar culpa ou dolo do funcionário. Mas se admite a inversão do ônus da prova. O Estado exonerar-se-á da obrigação de indenizar se provar culpa exclusiva da vítima, força maior ou fato exclusivo de terceiro. Em caso de culpa concorrente da vítima, a indenização será reduzida pela metade. Segundo preleciona Hely Lopes Meirelles, "enquanto não evidenciar a culpabilidade da vítima, subsiste a responsabilidade objetiva da Administração. Se total a culpa da vítima, fica excluída a responsabilidade da Fazenda Pública; se parcial, reparte-se o '*quantum*' da indenização"[99].

Assinala Yussef Said Cahali que, "se, no plano do direito privado, o caso fortuito e a força maior se confundem nas suas consequências, para excluir igualmente a responsabilidade, diverso deve ser o tratamento dos dois institutos no âmbito da responsabilidade civil do Estado. Aqui se impõe – como adverte Themístocles Cavalcanti – a distinção entre caso fortuito e força maior, porque, se a força maior decorre de um fato externo, estranho ao serviço, o caso fortuito provém do seu mau funcionamento, de uma causa interna, inerente ao próprio serviço; admite-se, por conseguinte, a exclusão da responsabilidade no caso de força maior, subsistindo, entretanto, no caso fortuito, por estar incluído este último no risco do serviço"[100].

6.2.2. A Constituição Federal de 1988

Atualmente, o assunto está regulamentado no art. 37, § 6º, da Constituição Federal, que trouxe duas inovações em relação às Constituições anteriores: substituiu a expressão "funcionários" por "agentes", mais ampla[101], e estendeu essa responsabilidade objetiva às pessoas jurídicas de direito privado prestadoras de serviço público, como as concessionárias e as sociedades privadas permissionárias, por exemplo.

O atual Código Civil tratou do assunto no art. 43, *verbis*: "*As pessoas jurídicas de direito público interno são civilmente responsáveis por atos dos seus agentes que nessa qualidade causem danos a terceiros, ressalvado*

---

[99] *Direito administrativo brasileiro*, p. 561. No mesmo sentido: *RT*, 613/63, 757/308.

[100] *Responsabilidade civil do Estado*, p. 55.

[101] A substituição do vocábulo "funcionário" pelo vocábulo "agente" atende sugestão de Miguel Seabra Fagundes no sentido de que, "do gari e do praça de pré ao Presidente da República, todo e qualquer servidor estatal compromete, quando agindo nessa qualidade, a responsabilidade civil por dano a terceiro, da entidade a que serve" (O direito administrativo na futura Constituição, *Revista de Direito Administrativo*, 168/5, n. 4).

direito regressivo contra os causadores do dano, se houver, por parte destes, culpa ou dolo". Acrescentou, apenas, a palavra "interno", não trazendo nenhuma inovação, mesmo porque, como já se afirmou, esta matéria é hoje tratada em nível constitucional.

Tem sido decidido, em face do texto constitucional, que a "pessoa jurídica de direito privado, na qualidade de concessionária de serviço público, responde imediata e diretamente pelos danos que as empresas contratadas causarem a terceiros, não se necessitando indagar da culpa ou dolo, pois sua responsabilidade está ancorada na culpa objetiva e surge do fato lesivo, conforme dispõe o art. 37, § 6º, da Constituição Federal. Desse modo, o Estado responde apenas *subsidiariamente*, e não solidariamente, pelos danos causados pela prestadora de serviços públicos, uma vez exauridos os recursos financeiros e o patrimônio desta. A má escolha da entidade acarreta a responsabilidade subsidiária do Estado, caso aquela se torne insolvente[102].

YUSSEF SAID CAHALI admite a responsabilidade direta e solidária do Poder Público, desde que demonstrado ter a falha na escolha ou na fiscalização da concessionária ou permissionária sido identificada como a causa imediata do evento danoso. Como exemplos de hipóteses mais frequentes, o referido autor menciona as de "omissão de fiscalização das atividades econômicas privadas sujeitas a autorização governamental (estabelecimentos de crédito e financiamento; companhias de seguros, estabelecimentos de ensino, venda de fogos de artifício em estabelecimentos particulares), ou sob controle direto da Administração (manutenção de elevadores dos edifícios públicos)"[103].

Pode o Estado alegar, além da força maior (danos inevitáveis, decorrentes de fenômenos da natureza, como raio, tempestade etc.), da culpa da vítima, exclusiva ou concorrente, também o fato exclusivo de terceiro, pois

---

[102] *RT*, 745/278.

Celso Antônio Bandeira de Mello entende que a responsabilidade direta é da concessionária, porque gere o serviço por sua conta, risco e perigo. Aduz que, contudo, pode dar-se o fato de o concessionário encontrar-se em situação de insolvência e, nesse caso, "parece indubitável que o Estado terá de arcar com os ônus daí provenientes. Pode-se, então, falar em responsabilidade subsidiária (não solidária) existente em certos casos, isto é, naqueles em que os gravames suportados por terceiros hajam procedido do exercício, pelo concessionário, de uma atividade que envolveu poderes especificamente do Estado" (*Prestação de serviços públicos e administração indireta*, p. 57-58).

[103] *Responsabilidade civil*, cit., p. 158.

a Constituição Federal o responsabiliza objetivamente apenas pelos danos que os seus *agentes* causarem a outrem, agindo nessa qualidade.

Não o responsabiliza por atos praticados por terceiros, como assaltos em via pública, atos predatórios etc., que não são *causados* por seus agentes. A Constituição não adotou a teoria do risco integral[104]. O Poder Público só poderá ser responsabilizado nesses casos se restar provado que a sua omissão concorreu diretamente para o dano, deixando de realizar obras ou de tomar outras providências indispensáveis, que lhe incumbiam (se os policiais, p. ex., alertados a tempo, omitiram-se e, negligentemente, nenhuma providência tomaram para evitar o assalto). Neste caso, a responsabilidade estatal será definida pela teoria da *culpa anônima* da administração.

Assim, em caso de furto de veículo estacionado nas imediações de feira livre, em que se alegava falha no serviço de policiamento em logradouros públicos, a ação foi julgada improcedente em virtude da inexistência da demonstração de imperícia ou descuido dos agentes responsáveis pela segurança pública[105]. E assim tem sido decidido em outros casos, se a omissão em que incorreu a autoridade, relacionada com o dever de efetuar policiamento eficaz, foi genérica e não específica, em relação às vítimas.

Embora alguns autores afirmem que a ação só pode ser movida contra a pessoa jurídica e não contra o funcionário, o Supremo Tribunal Federal já decidiu que esse entendimento se aplica unicamente às ações fundadas na responsabilidade *objetiva*. Mas, se o autor se dispõe a provar a culpa ou dolo do servidor (responsabilidade *subjetiva*), abrindo mão de uma vantagem, poderá movê-la diretamente contra o causador do dano, principalmente porque a execução contra o particular é menos demorada. Se preferir movê-la contra ambos, terá também de arcar com o ônus de descrever a modalidade de culpa do funcionário e de provar a sua existência[106].

---

104 "Indenização. Furto de veículo estacionado livremente, à noite, em via pública. Inocorrência da denominada *faute du service*, quando o Poder Público devia agir e não agiu, agiu mal ou tardiamente. Ordenamento jurídico, ademais, que não adotou a teoria do risco integral. Verba indevida" (*RT*, 782/235; *JTJ*, Lex, 232/95). "Furto de veículo estacionado em local abarcado pelo sistema 'zona azul'. Obrigação de indenizar inexistente. Potencial do contrato esgotado com a venda do talão autorizador do estacionamento e recebimento do respectivo preço" (*JTJ*, Lex, 152/91).

105 *RT*, 757/162.

106 *RTJ*, 92/144, 96/240, 106/1.185.

Registre-se a propósito que a referida Corte decidiu, no julgamento do RE 1.027.633-SP, que “Possui repercussão geral a controvérsia alusiva ao alcance do art. 37, § 6º, da Carta Federal, no que admitia a possibilidade de particular, prejudicado pela atuação da Administração Pública, formalizar ação judicial contra o agente público responsável pelo ato lesivo”. Trata a Repercussão Geral 940 da responsabilidade civil subjetiva do agente público por danos causados a terceiros, no exercício de atividade pública.

O Superior Tribunal de Justiça tem proclamado ser possível, por expressa disposição legal e constitucional, a *denunciação da lide* ao funcionário, mesmo que o Estado, na contestação, alegue culpa exclusiva da vítima, sendo defeso ao juiz condicioná-la à confissão de culpa do denunciante[107].

Tem repelido, portanto, a corrente restritivista, que não admite a denunciação da lide nesses casos, porque a discussão sobre a culpa ou dolo na lide secundária (entre o Estado e o seu funcionário, regressivamente) significaria introduzir um elemento novo na demanda, retardando a solução da lide principal entre a vítima e o Estado. E também porque não seria correto o Estado assumir posições antagônicas no mesmo processo: na lide principal, ao contestar, alegando culpa exclusiva da vítima; e, na lide secundária, atribuindo culpa ou dolo ao seu funcionário.

6.2.3. Responsabilidade por atos omissivos

Cabe ação contra o Estado mesmo quando não se identifique o funcionário causador do dano, especialmente nas hipóteses de omissão da administração. Estes casos são chamados de “culpa anônima” da administração (enchentes em São Paulo, que não foram solucionadas pelas diversas administrações, p. ex.).

Malgrado a opinião de Bandeira de Mello, no sentido de que o Estado somente responde de forma objetiva nos casos de ação (não de omissão)[108],

---

[107] *RT*, 759/417.

[108] Assevera Bandeira de Mello que, quando o comportamento lesivo é comissivo, os danos são *causados* pelo Estado. Causa é o evento que produz certo resultado. No caso de dano por comportamento comissivo, a responsabilidade do Estado é *objetiva*. Quando “o comportamento lesivo é omissivo, os danos são causados pelo Estado, mas por evento alheio a ele. A omissão é condição do dano, porque propicia a sua ocorrência. Condição é o evento cuja ausência enseja o surgimento do dano. No caso de dano por comportamento omissivo, a responsabilidade do Estado é *subjetiva*” (Responsabilidade extracontratual do Estado por comportamentos administrativos, *RT*, 552/11-20). Confira-se a jurisprudência: “Indenização. Acidente ocorrido após

a jurisprudência não faz essa distinção. O Supremo Tribunal Federal já decidiu que a atividade administrativa a que alude o art. 37, § 6º, da Constituição Federal, abrange tanto a conduta comissiva como a omissiva. No último caso, desde que a omissão seja a causa direta e imediata do dano.

Um dos julgamentos refere-se a acidente ocorrido nas dependências de escola municipal, por omissão da administração em evitar que uma criança, durante o recreio, atingisse o olho de outra, acarretando-lhe a perda total do globo ocular direito[109]. Em outro caso, relatado pelo Ministro Moreira Alves, a mesma Corte manteve esse entendimento, afirmando que "não ofende o art. 37, § 6º, da Constituição Federal, acórdão que reconhece o direito de indenizar à mãe do preso assassinado dentro da própria cela por outro detento". O Estado, com base nesse entendimento, foi responsabilizado objetivamente pela *omissão* no serviço de vigilância dos presos[110].

O Tribunal de Justiça de São Paulo, por sua vez, condenou o Estado a pagar indenização ao autor, abordado por policiais e preso em virtude de mandado de prisão que já havia cumprido, entendendo que houve falha por omissão na prestação de serviço (Sistema de Cadastro Nacional de Mandados de Prisão desatualizado)[111].

---

o condutor do carro perder o controle do automóvel ao cruzar um buraco. Condição da pista e sinalização vertical ruins, além de não haver acostamento nem sinalização horizontal, o que evidencia a omissão do Estado em manter as condições de trafegabilidade. Configurada a responsabilidade do Estado por conduta omissiva por falta de conservação em vias" (TRF, 1ª Reg., Proc. 2007.36.00.010479, rel. Des. Jirair Meguerian, *Revista Consultor Jurídico*, 25-5-2018). "Comprovada e incontroversa a morte do genitor de criança quando se encontrava sob a custódia do Estado, recolhido a estabelecimento prisional, e não configurada qualquer excludente da responsabilidade, faz jus o filho ao ressarcimento pelos danos morais e materiais por ele experimentados em razão da falta de observância pelo Estado de seu dever específico de proteção ao preso sob sua guarda, deixando de preservar a sua integridade física e moral" (TJMG, Apel. 1.0313.11.002955-7/003, 7ª Câm. Cív., rel. Des. Peixoto Henriques, j. 30-1-2018).

109 RE 109.615/RJ, rel. Min. Celso de Mello.

110 *RT*, 765/88.

111 TJSP, Apel. 1015772-65.2016.8.26.0344, 9ª Câm. Dir. Priv., rel. Des. Oswaldo Luiz Palu, *DJe* 21-3-2018. Na mesma linha, a referida Corte condenou o Estado por omissão, consistente na detenção de homônimo, que permaneceu em cárcere por três dias, quando uma análise mais atenta da qualificação de ambos bastaria para evitar a ocorrência (filiação paterna, idade, local e data de nascimento diversos) (TJSP, Apel. 3002109-85.2013.8.26.0581, 5ª Câm. Dir. Priv., *DJe* 29-4-2015). E o Superior Tribunal de Justiça, por sua vez, proclamou: "Ação de responsabilidade contra a administração, em que se requer indenização por danos decorrentes de acidente em escola pública – Jurisprudência do STJ que admite o pensionamento diante da redução da capacidade de trabalho – Acidente em escola – Perda da visão

A ação deve ser proposta dentro do prazo prescricional de três anos (CC, art. 206, § 3º, V). Decidiu o Superior Tribunal de Justiça, antes da vigência do atual estatuto civil, que, se o ato do qual pode exsurgir a responsabilidade civil do Estado está sendo objeto de processo criminal, "o lapso prescricional da ação de reparação de danos começa a fluir, excepcionalmente, da data do trânsito em julgado da sentença penal, à qual o próprio Código de Processo Civil confere executoriedade (art. 584, II)"[112].

Essa orientação foi acolhida no art. 200 do atual Código Civil, que dispõe: "*Quando a ação se originar de fato que deva ser apurado no juízo criminal, não correrá a prescrição antes da respectiva sentença definitiva*".

6.2.4. Danos decorrentes de atos judiciais

6.2.4.1. Atos judiciais em geral

A antiga tese da irreparabilidade do prejuízo causado pelo ato judicial danoso vem, aos poucos, perdendo terreno para a da responsabilidade objetiva, que independe de culpa do agente, consagrada na Constituição Federal.

Durante muito tempo entendeu-se que o ato do juiz é uma manifestação da soberania nacional. O exercício da função jurisdicional encontra-se acima da lei, e os eventuais desacertos do juiz não poderão envolver a responsabilidade civil do Estado. No entanto, soberania não quer dizer irresponsabilidade. A responsabilidade estatal decorre do princípio da igualdade dos encargos sociais, segundo o qual o lesado fará jus a uma indenização toda vez que sofrer um prejuízo causado pelo funcionamento do serviço público.

A independência da magistratura também não é argumento que possa servir de base à tese da irresponsabilidade estatal, porque a responsabilidade seria do Estado e não atingiria a independência funcional do magistrado. O juiz só pode ser pessoalmente responsabilizado se houver dolo ou fraude de sua parte e, ainda, quando, sem justo motivo, recusar, omitir ou retardar providência que deva ordenar de ofício ou a requerimento da parte (CPC, art. 143, I e II).

– Responsabilidade da Administração – Pensionamento devido" (AgInt. no AREsp 1.180.321-RS, 2ª T., rel. Min. Francisco Falcão, *DJe* 26-3-2018).

112 REsp 137.942/RJ, 2ª T., rel. Min. Ari Pargendler, j. 5-2-1998.

Tem-se decidido, com efeito, que "a responsabilidade civil do magistrado somente se configura quando se apura tenha ele agido por dolo ou fraude e não pelo simples fato de haver errado. A independência funcional, inerente à Magistratura, tornar-se-ia letra morta se o juiz, pelo fato de ter proferido decisão neste ou naquele sentido, pudesse ser acionado para compor perdas e danos em favor da parte A ou da parte B pelo fato de a decisão ser reformada pela instância superior"[113].

Nas hipóteses em que a lei prevê a responsabilidade pessoal do magistrado, poderá o lesado, por atuar aquele como órgão estatal, exercendo função pública, acioná-lo diretamente, ou o Estado, ou ainda ambos, em razão da solidariedade estabelecida pelo ato ilícito[114].

Igualmente, não constitui obstáculo à admissibilidade da responsabilidade estatal a imutabilidade da coisa julgada, pois "o fato de ser o Estado condenado a pagar indenização decorrente de dano ocasionado por ato judicial não implica mudança na decisão judicial. A decisão continua a valer para ambas as partes; a que ganhou e a que perdeu continuam vinculadas aos efeitos da coisa julgada, que permanece intangível. É o Estado que terá que responder pelo prejuízo que a decisão imutável ocasionou a uma das partes, em decorrência de erro judiciário"[115].

Cumpre distinguir as diversas atividades desenvolvidas no âmbito do Poder Judiciário. O gênero "funções judiciais" comporta diversas espécies, como as funções "jurisdicionais" ("contenciosas" ou "voluntárias") e as "administrativas". Neste último caso, o juiz ou o tribunal atua como se fosse um agente administrativo. É quando, por exemplo, concede férias a servidor,

---

[113] *RJTJSP*, 48/95; Caio Mário da Silva Pereira, *Responsabilidade civil*, cit., p. 151. Ainda: "Indenização. Pretensão embasada em *error in judicando*. Inadmissibilidade. Reparação devida somente quando o erro judiciário decorrer de dolo ou culpa e não em razão de julgamento injurídico ou equivocado ou que venha a ser modificado pela instância superior" (*RT*, 790/245).

[114] *RTJ*, 105/225. *Vide* ainda: "Em benefício da própria sociedade, não se pode cogitar de responsabilidade objetiva do juiz pelas decisões tomadas no curso de um processo judicial. Se os juízes tivessem de decidir sob uma espada ameaçando-os de responsabilidade pessoal em caso de erro, as decisões não seriam tomadas com liberdade para aplicar o Direito aos fatos. O art. 111, I, do CPC/1973, em norma reproduzida pelo art. 143, I, do CPC/2015, e, em especial, o art. 49, I, da Lei Orgânica da Magistratura Nacional – LOMAN (LC n. 35/79), estabelecem a responsabilidade pessoal do magistrado apenas quando ele proceder com dolo ou fraude" (STJ, REsp 1.221.997-AM, 2ª T., rel. Min. Herman Benjamin, *DJe* 5-2-2018).

[115] Maria Sylvia Zanella Di Pietro, *Direito administrativo*, p. 364.

realiza concurso para provimento de cargos ou faz tomada de preços para a aquisição de materiais ou prestação de serviços. A responsabilidade do Estado, então, não difere da dos atos da Administração Pública[116].

Segundo Mário Moacyr Porto, "não é indispensável a verificação da ocorrência de culpa dos juízes e funcionários para que se caracterize a responsabilidade do Estado. Basta que o serviço se revele falho, deficiente, inoperante, para que o Poder Público responda pelo mau desempenho da prestação judicial a que está obrigado". Acrescenta, transcrevendo trechos das Constituições espanhola, portuguesa, italiana, iugoslava e soviética, que "há, hoje, uma tendência universal para se responsabilizar o Estado pelo insatisfatório funcionamento dos seus serviços judiciários"[117].

Os representantes do Ministério Público receberam o mesmo tratamento que o art. 143, do Código de Processo Civil dispensa aos magistrados. Dispõe, com efeito, o art. 181 do referido diploma legal:

"Art. 181. O membro do Ministério Público será civil e regressivamente responsável quando agir com dolo ou fraude no exercício de suas funções".

O Superior Tribunal de Justiça enfatizou que "os membros do Ministério Público, por serem agentes políticos e gozarem de um regime especial de responsabilidade civil – que se destina à não interferência no livre e independente exercício de seu mister –, não são, quando agirem com culpa, responsáveis diretos pelos danos que causarem a terceiros atuando em suas atividades funcionais. Para haver responsabilidade direta e pessoal do Promotor de Justiça, segundo o art. 85 do CPC [atual art. 181], é preciso que o atente tenha agido com dolo ou fraude, excedendo, portanto, sobremaneira os limites de sua atuação funcional"[118].

6.2.4.2. Erro judiciário

A responsabilidade do Estado em decorrência de erro judiciário é expressamente reconhecida no art. 5º, LXXV, da Constituição Federal, nestes termos: "O Estado indenizará o condenado por erro judiciário, assim como o que ficar preso além do tempo fixado na sentença". Impondo ao Estado a obrigação de indenizar àquele que "ficar preso além do tempo fixado na sentença", estará implicitamente também assegurando ao

---

116 Themístocles Brandão Cavalcanti, *Tratado de direito administrativo*, p. 439; Léon Duguit, *Traité de droit constitutionnel*, p. 538; Yussef Said Cahali, *Responsabilidade civil*, cit., p. 219-220.

117 *Temas de responsabilidade civil*, p. 155-156.

118 STJ, REsp 1.435.582/MG, 3ª T., rel. Min. Nancy Andrighi, *DJe* 10-6-2014.

sentenciado o direito de ser indenizado em virtude de prisão sem sentença condenatória.

Tem sido deferida a indenização em hipóteses que o erro judicial fica desde logo evidenciado, como a do indivíduo que permaneceu preso, injustamente, sem motivação aparente[119], ou com excesso de tempo, por omissão, esquecimento ou equívoco; a do que tenha sido detido pela autoridade policial, com evidente abuso de autoridade – prisão sem formalidades legais, não relaxamento de prisão ilegal etc.; a do que foi preso por engano decorrente de homonímia[120] etc.

Sustentam alguns que a desconstituição do julgado, pela revisão criminal ou pela ação rescisória, é condição para o ajuizamento da ação de indenização, ao argumento de que a tese contrária acarretaria a incerteza jurídica, com a desestabilização dos julgados, tendo-se de fazer *tabula rasa* do instituto da coisa julgada[121]. No entanto, como já mencionado, a coisa julgada não constitui obstáculo à indenização do dano ocasionado por ato judicial, por não implicar mudança na decisão. É o Estado que terá de responder pelo prejuízo que a decisão imutável ocasionou a uma das partes, em decorrência do erro judiciário.

A propósito, afirma Yussef Said Cahali: "Sempre afirmamos, porém, que a preterição do pedido incidente na revisão criminal, ou a própria inexistência de uma prévia revisão criminal, não deve constituir óbice para o exercício da ação indenizatória por erro judiciário". E prossegue: "O Código de Processo Penal, em seu art. 630, faculta ao interessado requerer ao Tribunal de Justiça que reconheça o seu direito a essa indenização. Entretanto, quando não for feita essa reclamação no tempo próprio, o interessado não decai do direito de exigir a indenização por ação ordinária (*RT*, 329:744)"[122].

---

[119] *RT*, 511/88; *JTJ*, Lex, 225/87.

[120] *RT*, 464/101. *Vide* ainda: "Ação indenizatória. Danos morais. Denúncia criminal de terceira pessoa. Homonímia. Erro judiciário. Responsabilidade objetiva. Dever de indenizar evidenciado" (TJRS, Apel. 70.060.938.487, 5ª Câm., rel. Des. Isabel Dias Almeida, *DJe* 1º-10-2014). "Réu que ficou preso durante três anos e, posteriormente, foi absolvido por falta de provas. Manutenção da prisão preventiva por prazo excessivo, com violação do princípio da dignidade humana. Cabível a indenização por danos morais, a ser paga pelo Estado" (STJ, REsp 1.655.800, *Revista Consultor Jurídico*, 1º-7-2018).

[121] Rui Stoco, *Responsabilidade civil*, p. 543.

[122] *Responsabilidade civil*, cit., p. 601.

Tem-se entendido que a "configuração de erro judiciário, para efeito de indenização, não se compatibiliza com a absolvição pela inexistência de prova suficiente para condenação. Decisão com o suporte processual no art. 386, VI, do CPP, não é demonstrativa da certeza da inocência do réu. É técnica processual que se apoia na dúvida, em que prefere o erro judiciário que desfavorece a sociedade ao erro judiciário que ofenda o denunciado"[123]. Não cabe indenização nesse caso, ainda que tenha sido decretada a prisão preventiva do réu, se o foi corretamente, com base nos elementos dos autos[124].

Reconhecida a responsabilidade civil do Estado pelo erro judiciário, a indenização há de ser a mais completa possível, abrangendo os prejuízos materiais e morais que sofreu o ofendido, e que serão apurados por arbitramento[125]. Nenhuma indenização, contudo, será devida "se o erro ou a injustiça da condenação proceder de ato ou falta imputável ao próprio impetrante, como a confissão ou a ocultação de prova em seu poder" (CPP, art. 630, § 2º, *a*).

A ressalva contida na letra *b* do mencionado § 2º do art. 630, no sentido de que "a indenização não será devida, se a acusação houver sido meramente privada", não foi recepcionada pela nova Constituição, que não estabelece nenhuma distinção entre os processos criminais em que terá falhado a prestação jurisdicional[126].

Entende Yussef Said Cahali que a referida ressalva "já não mais prevalece diante da literalidade do art. 5º, LXXV, da Constituição de 1988, que não estabelece nenhuma distinção entre os processos criminais em que terá falhado a máquina judiciária na prestação jurisdicional. Aqui, a iniciativa

---

[123] TJRS, Embs. 597.222652-Capital, j. 5-3-1999; *v.* ainda: "Erro judiciário. Inocorrência. Prisão em flagrante mantida no curso do processo. Absolvição do réu pelo Tribunal do Júri por negativa de autoria. Circunstância que, por si só, não vicia, nem torna exacerbada a prisão cautelar. Ação improcedente" (*JTJ*, Lex, 237/55).

[124] "Prisão preventiva. Decisão fundamentada. Absolvição, posterior, por falta de provas. Fato que, por si só, não significa erro na decisão monocrática. Dever de indenizar inexistente. Ato de persecução criminal que repousa em juízo provisório" (*JTJ*, Lex, 226/119); "Erro judiciário. Inocorrência. Dolo ou culpa não comprovados. *Persecutio criminis* e prisão processual que constituem atividade legal. Ação improcedente" (*JTJ*, Lex, 238/59).

[125] *RJTJSP*, 137/238.

[126] A propósito do aludido dispositivo, que considerava estranhável, já dizia Mário Moacyr Porto: "Ora, quem julga é o juiz, é o Estado, pouco importando que a ação tenha se instaurado por iniciativa do Ministério Público ou queixa privada. A restrição, ao que parece, é de todo descabida" (Responsabilidade do Estado pelos atos de seus juízes, *RT*, 563/14).

da ação penal de que resultou a sentença condenatória desconstituída representa a causa remota do dano sofrido pelo ofendido; a causa imediata, eficiente e adequada, e que se sobrepõe àquela, é representada pelo erro judiciário na prolação da sentença condenatória. O que se pode admitir, apenas, é que, tendo a Justiça sido induzida em erro por fato imputável ao querelante, contra este caberia ação de regresso"[127].

6.2.5. Danos decorrentes de atos legislativos

Diversos autores sustentam a tese da irresponsabilidade do Estado por atos legislativos causadores de dano injusto. Argumenta-se com a soberania do Poder Legislativo e a imunidade parlamentar. As funções do Legislativo, como poder soberano, são sempre legais. Outros, porém, em posição diversa, admitem que o Estado responde sempre por atos danosos, causados quer por lei inconstitucional, quer por lei constitucional.

6.2.5.1. Danos causados por lei inconstitucional

Em princípio, a lei, enquanto norma genérica, abstrata e impessoal, ato legislativo típico, não pode causar prejuízo a ninguém. Eventual lesão de direito subjetivo decorrerá diretamente de sua aplicação e apenas indiretamente dela. Seus efeitos dependem, portanto, da efetiva incidência sobre o caso concreto, não da lei em tese.

Se a lei inconstitucional acarreta dano aos particulares, "caberá a responsabilidade do Estado, desde que a inconstitucionalidade tenha sido declarada pelo Poder Judiciário. O que é imprescindível é que se verifique o nexo causal entre a lei inconstitucional e o dano ocorrido"[128]. Assim, como já decidiu o Supremo Tribunal Federal, o "Estado responde civilmente por danos causados aos particulares pelo desempenho inconstitucional da função de legislar"[129].

6.2.5.2. Danos causados por lei constitucionalmente perfeita

Entretanto, sobreleva indagar da responsabilidade do Estado em face da atividade legislativa normal, visto que mesmo a lei constitucionalmente perfeita pode causar um dano injusto aos particulares ou a uma certa categoria de particulares.

---

[127] *Responsabilidade civil*, cit., p. 609.

[128] José Cretella Júnior, Responsabilidade civil do Estado legislador, *Responsabilidade civil – Doutrina e jurisprudência*, coord. Yussef Said Cahali, p. 181.

[129] RE 153.464, rel. Min. Celso de Mello, *RDP*, 189/305.

Como já frisado, a questão não pode ser solucionada *in genere*, mas examinada *in specie*. Pode ser citada, como exemplo, a situação em que o Estado estabelece em seu benefício um monopólio industrial ou comercial de certa atividade, que assim fica interdita aos particulares, importando na eliminação de empreendimentos já existentes, com prejuízo para a economia privada; ou, ainda, a do particular que desfruta de certas vantagens econômicas asseguradas por um ato legislativo, que é modificado ou revogado, resultando para ele a supressão ou diminuição daquelas vantagens.

Em tais hipóteses tem a jurisprudência reconhecido a responsabilidade ressarcitória do Estado. O fundamento é o mesmo princípio constitucional que proclama a responsabilidade objetiva da Administração pelo dano causado, independentemente de apuração de culpa do servidor, que somente será cogitada para determinação do direito de regresso[130].

Tem sido proclamado pelos tribunais que as Câmaras Municipais não têm personalidade jurídica, não podendo integrar o polo passivo de ação indenizatória. A ação deve ser movida "contra a Fazenda Municipal, que, unitariamente, representa os órgãos do poder em nível de Município"[131].

Da mesma forma, tal como se dá no plano federal, também no plano estadual não se pode acionar uma Secretaria, a Assembleia Legislativa, o Tribunal de Justiça ou o Tribunal de Contas. Nesse sentido, decidiu o Supremo Tribunal Federal: "Nessa ordem de considerações, os apelantes não poderiam dirigir sua pretensão contra a Assembleia Legislativa, que não tem orçamento, não tem receita e não pode ter despesa. Deveria demandar a Fazenda Pública, que é o mesmo Estado no seu aspecto financeiro"[132].

6.2.5.3. Imunidade parlamentar

No tocante à imunidade parlamentar, decidiu o Tribunal de Justiça de São Paulo que os arts. 29, VIII, e 53 da Constituição Federal dizem respeito tão somente à não possibilidade de ser o membro do Poder Legislativo

---

130 Yussef Said Cahali, *Responsabilidade civil*, cit., p. 234; José Cretella Júnior, Responsabilidade, cit., p. 190; Caio Mário da Silva Pereira, *Responsabilidade*, cit., p. 148; *Revista dos Tribunais*, 431/141; *Julgados do JTACSP*, 17/28; *Revista de Direito Administrativo*, 8/133, 20/142, 144/162.

131 *RJTJSP*, 122/52, 131/124.

132 *RTJ*, 65/799.

processado criminalmente, sem prévia licença de sua Casa, não se estendendo à responsabilidade civil. Não afasta, assim, o direito do cidadão comum de acioná-lo civilmente por palavras e ofensas que lhe tenham causado prejuízos[133].

Diverso, porém, o entendimento do Supremo Tribunal Federal, que vem proclamando: "A imunidade parlamentar prevista no art. 53, *caput*, da CF ('Os Deputados e Senadores são invioláveis por suas opiniões, palavras e votos') alcança a responsabilidade civil decorrente dos atos praticados por parlamentares no exercício de suas funções. É necessário, entretanto, analisar-se caso a caso as circunstâncias dos atos questionados para verificar a relação de pertinência com a atividade parlamentar"[134].

A Emenda Constitucional n. 35, de 20 de dezembro de 2001, deu nova redação ao art. 53 da Constituição Federal, para responsabilizar os deputados e senadores por crimes comuns, permitindo que sejam submetidos a julgamento pelo Supremo Tribunal Federal, limitando a imunidade parlamentar, civil e penalmente, aos atos legislativos, por "opiniões, palavras e votos".

Por sua vez, assentou o Superior Tribunal de Justiça: "Reparação por danos morais. Atos praticados por deputado federal. Ofensas veiculadas pela imprensa e por aplicações de internet. Alcance de limitações. Violência à mulher. As opiniões ofensivas proferidas por deputados federais e veiculadas por meio da imprensa, em manifestações que não guardam nenhuma relação com o exercício do mandato, não estão abarcadas pela imunidade material prevista no art. 53 da CF/88 e são aptas a gerar dano moral"[135].

7. *Extinção da pessoa jurídica*

As pessoas jurídicas nascem, desenvolvem-se, modificam-se e extinguem-se. Nas sociedades comerciais, as modificações compreendem a transformação, a incorporação e a fusão. As sociedades civis devem manter a forma específica[136].

O começo da existência legal das pessoas jurídicas de direito privado se dá com o registro do ato constitutivo no órgão competente (CC, art. 45),

---

133 Ap. 86.878-4-Santos, j. 31-8-1999.

134 RE 140.867/MS, j. 3-6-1996; RE 210.907/RJ, j. 12-8-1998; RE 220.687/MG, j. 13-4-1999.

135 STJ, REsp 1.642.310/DF, 3ª T., rel. Min. Nancy Andrighi, *DJe* 18-8-2017.

136 Antônio Chaves, *Lições de direito civil*; parte geral, v. 4, p. 333.

mas o seu término pode decorrer de diversas causas, especificadas nos arts. 54, VI, segunda parte, 69, 1.028, II, e 1.033 e s. O ato de dissolução pode assumir quatro formas distintas, conforme a natureza e a origem, correspondentes às seguintes modalidades de extinção:

a) *Convencional* – por deliberação de seus membros, conforme *quorum* previsto nos estatutos ou na lei. A vontade humana criadora, hábil a gerar uma entidade com personalidade distinta da de seus membros, é também capaz de extingui-la. Dispõe o art. 1.033 do Código Civil que a sociedade se dissolve quando ocorrer a "*deliberação dos sócios, por maioria absoluta, na sociedade de prazo indeterminado*" (inciso III). Na de prazo determinado, quando houver "*consenso unânime dos sócios*" (inciso II). Neste último caso, se a minoria desejar que ela continue, impossível será a sua dissolução por via amigável. Por outro lado, a minoria não conseguirá dissolvê-la, a não ser recorrendo às vias judiciais, quando haja causa de anulação de sua constituição, tenha-se exaurido o fim social ou se verifique a sua inexequibilidade (CC, art. 1.034, I e II).

Podem ainda quadrar-se à modalidade "convencional" a dissolução da pessoa jurídica pelo "*vencimento do prazo de duração, salvo se, vencido este e sem oposição de sócio, não entrar a sociedade em liquidação, caso em que se prorrogará por tempo indeterminado*" (CC, art. 1.033, I: por abstenção ou omissão em iniciar o processo de dissolução, o prazo de existência da sociedade será automaticamente prorrogado por tempo indeterminado); pela "*falta de pluralidade de sócios*", se a sociedade simples não for "*reconstituída no prazo de cento e oitenta dias*" (art. 1.033, IV); pela *morte* de sócio, "*se os sócios remanescentes optarem pela dissolução da sociedade*" (art. 1.028, II); por "*outras causas de dissolução*" previstas no "*contrato*" (art. 1.035), como, por exemplo, o implemento de *condição resolutiva* (arts. 127 e 128).

A falta de pluralidade de sócios "aplica-se nos casos em que a sociedade seja constituída, apenas, por dois sócios. Se um dos sócios vier a falecer ou se retirar voluntariamente, a sociedade poderá continuar existindo pelo prazo de 180 dias ou seis meses. Findo esse prazo, se o quadro social não puder ou não for recomposto, com o ingresso de um novo sócio, a sociedade deve ser dissolvida"[137].

b) *Legal* – em razão de motivo determinante na lei (arts. 1.028, II, 1.033 e 1.034), como, *verbi gratia*, a decretação da falência (Lei n. 11.101, de

[137] Ricardo Fiuza, *Novo Código*, cit., p. 933.

9-2-2005), a morte dos sócios[138] (CC, art. 1.028) ou o desaparecimento do capital, nas sociedades de fins lucrativos. As associações, que não os têm, não se extinguem pelo desaparecimento do capital, que não é requisito de sua existência.

c) *Administrativa* – quando as pessoas jurídicas dependem de autorização do Poder Público e esta é cassada (CC, art. 1.033), seja por infração a disposição de ordem pública ou prática de atos contrários aos fins declarados no seu estatuto (art. 1.125), seja por se tornar ilícita, impossível ou inútil a sua finalidade (art. 69, primeira parte). Pode, nesses casos, haver provocação de qualquer do povo ou do Ministério Público (CPC de 1939, art. 676, que continua em vigor, juntamente com todo o procedimento para a *dissolução e liquidação da sociedade*, por força do disposto no art. 1.218 do CPC de 1973 e no art. 1.046, § 3º, do novo CPC).

d) *Judicial* – quando se configura algum dos casos de dissolução previstos em lei ou no estatuto, especialmente quando a entidade se desvia dos fins para que se constituiu, mas continua a existir, obrigando um dos sócios a ingressar em juízo. Dispõe o art. 1.034 do Código Civil que a sociedade pode ser dissolvida judicialmente, a requerimento de qualquer dos sócios, quando: "*I – anulada a sua constituição; II – exaurido o fim social, ou verificada a sua inexequibilidade*". O rol é meramente exemplificativo, pois pode ser dissolvida por sentença, se necessário, em qualquer das hipóteses previstas nos arts. 69, primeira parte, 1.028, II, 1.033 e 1.035[139].

---

[138] "Morte de sócio. Cláusula que prevê a continuação da sociedade com os sócios remanescentes e, excepcionalmente, faculta a admissão do herdeiro em substituição. Faculdade dependente do consenso entre a maioria dos sócios que restou e o herdeiro, sem o que restará a este receber, tão somente, os haveres que o *de cujus* possuía na sociedade" (*RT*, 771/216); "Sociedade civil. Dissolução pela morte de um dos únicos sócios. Representação dos interesses da sociedade que cabe ao sócio supérstite ou ao terceiro a quem este outorgou poderes para tanto, até a apuração dos haveres" (*RT*, 792/277). "Sociedade por quotas de responsabilidade limitada. Sócio. Falecimento. Herdeiro. Participação na sociedade. Impossibilidade" (*RSTJ*, 135/434).

[139] "Sociedade por cotas de responsabilidade limitada. Dissolução parcial. Legitimidade passiva. Na ação de dissolução parcial, a sociedade deve figurar no polo passivo da demanda" (*RSTJ*, 132/391). "Ação de dissolução parcial da sociedade ajuizada por sócio retirante. Desnecessidade da citação da sociedade comercial, a título de litisconsorte passivo, juntamente com os sócios remanescentes, por se tratar de sociedade por quotas de responsabilidade limitada, com apenas três sócios, cujos interesses se confundem com os da sociedade" (STJ, *RT*, 781/192). "Ação de dissolução parcial e exclusão de sócio. Pretendido trâmite em segredo de justiça. Possibilidade se pode revelar, a potenciais concorrentes, dados e números

O processo de extinção da pessoa jurídica realiza-se pela dissolução e pela liquidação. Esta refere-se ao patrimônio e concerne ao pagamento das dívidas e à partilha entre os sócios. Se o destino dos bens não estiver previsto no ato constitutivo, a divisão e a partilha serão feitas de acordo com os princípios que regem a partilha dos bens da herança (CPC/73, art. 1.218, VII; CPC/2015, art. 1.046, § 3º)[140].

Dispõe o art. 51 do Código Civil que, nos casos de dissolução da pessoa jurídica ou cassada a autorização para seu funcionamento, "*ela subsistirá para os fins de liquidação, até que esta se conclua*". O cancelamento da inscrição da pessoa jurídica no registro não se promove, portanto, quando ela é dissolvida, mas depois de encerrada sua liquidação. Segundo o § 3º do mencionado art. 51, somente após o encerramento da liquidação "*promover-se-á o cancelamento da inscrição da pessoa jurídica*".

A jurisprudência, inclusive do Supremo Tribunal Federal, já vinha afirmando que a sociedade dissolvida permanece na integralidade de sua personalidade até o final da liquidação, apenas para o término das negociações pendentes. O art. 51 do Código Civil reafirma, pois, tese acolhida na jurisprudência, sobre a intangibilidade da personalidade jurídica até o final da liquidação, que se mostra conforme o precedente art. 207 da Lei das Sociedades Anônimas, ao dispor que a companhia dissolvida conserva a personalidade jurídica até a extinção, com o fim de proceder à liquidação[141].

---

cuja divulgação, em circunstâncias normais, somente circulariam no restrito âmbito da empresa e de seus sócios. Sigilo comercial, ademais, que é protegido por lei" (*RT*, 773/392). "Dissolução parcial. Haveres do sócio retirante. Diminuição do capital social. Pagamento de uma só vez. Presunção de infidelidade que não justifica a imposição ao recebimento do crédito em parcelas" (*JTJ*, Lex, 246/280). "Sociedade anônima. Grupo familiar. Inexistência de lucros e de distribuição de dividendos há vários anos. Quebra da *affectio societatis*. Dissolução parcial. Sócios minoritários. Possibilidade" (*RSTJ*, 146/323).

[140] Francisco Amaral, *Direito civil*, cit., p. 290-291; "Sociedade por quotas. Dissolução e liquidação. Legitimidade ativa *ad causam*. Cônjuge meeiro. Partilha. Separação judicial" (*RSTJ, 148*:277).

[141] Renan Lotufo, *Código*, cit., p. 147.

Livro II
DOS BENS

Sumário: 1. Objeto da relação jurídica. 2. Bens corpóreos e incorpóreos. 3. Patrimônio. 4. Classificação dos bens. 4.1. Bens considerados em si mesmos. 4.1.1. Bens imóveis e bens móveis. 4.1.1.1. Bens imóveis. 4.1.1.2. Bens móveis. 4.1.2. Bens fungíveis e infungíveis. 4.1.3. Bens consumíveis e inconsumíveis. 4.1.4. Bens divisíveis e indivisíveis. 4.1.5. Bens singulares e coletivos. 4.2. Bens reciprocamente considerados. 4.2.1. Bens principais e acessórios. 4.2.2. As diversas classes de bens acessórios. 4.2.2.1. Os produtos. 4.2.2.2. Os frutos. 4.2.2.3. As pertenças. 4.2.2.4. As benfeitorias. 4.3. Bens quanto ao titular do domínio: públicos e particulares. 4.4. Bens quanto à possibilidade de serem ou não comercializados: bens fora do comércio e bem de família.

1. Objeto da relação jurídica

A Parte Geral do Código Civil trata das *pessoas*, naturais e jurídicas, como sujeitos de direito; dos *bens*, como objeto das relações jurídicas que se formam entre os referidos sujeitos; e dos *fatos jurídicos*, disciplinando a forma de criar, modificar e extinguir direitos, tornando possível a aplicação da Parte Especial.

Todo direito tem o seu objeto. Como o direito subjetivo é poder outorgado a um titular, requer um objeto. Sobre o objeto desenvolve-se o poder de fruição da pessoa. Objeto da relação jurídica é tudo o que se pode submeter ao poder dos sujeitos de direito, como instrumento de realização de suas finalidades jurídicas. Em sentido estrito compreende os bens objeto dos direitos reais e também as ações humanas denominadas prestações.

Em sentido amplo esse objeto pode consistir em coisas (nas relações reais), em ações humanas (nas relações obrigacionais) e também em certos atributos da personalidade, como o direito à imagem, bem como em determinados direitos, como o usufruto de crédito, a cessão de crédito, o poder familiar, a tutela etc.[1].

Bem, em sentido filosófico, é tudo o que satisfaz uma necessidade humana[2]. Juridicamente falando, o conceito de coisas corresponde ao de bens, mas nem sempre há perfeita sincronização entre as duas expressões. Às vezes, coisas são o gênero e os bens, a espécie; outras vezes, estes são o gênero e aquelas, a espécie; outras, finalmente, são os dois termos usados como sinônimos, havendo então entre eles coincidência de significação[3].

Observa Clóvis que "a palavra *coisa*, ainda que, sob certas relações, corresponda, na técnica jurídica, ao termo *bem*, todavia dele se distingue. Há bens jurídicos, que não são coisas: a liberdade, a honra, a vida, por exemplo. E, embora o vocábulo *coisa* seja, no domínio do direito, tomado em sentido mais ou menos amplo, podemos afirmar que designa, mais particularmente, os bens que são, ou podem ser, objeto de direitos reais. Neste sentido dizemos *direito das coisas*"[4].

Coisa é o gênero do qual *bem* é espécie. É tudo que existe objetivamente, com exclusão do homem. *Bens* são coisas que, por serem úteis e raras, são suscetíveis de apropriação e contêm valor econômico. Somente interessam ao direito coisas suscetíveis de apropriação exclusiva pelo homem. As que existem em abundância no universo, como o ar atmosférico e a água dos oceanos, por exemplo, deixam de ser bens em sentido jurídico[5].

Segundo Clóvis Beviláqua, "bens são valores materiais ou imateriais que servem de objeto a uma relação jurídica"[6]. Há, com efeito, bens imateriais que também são suscetíveis de apropriação e de utilização econômica, como os direitos autorais, de invenção etc.

---

[1] Francisco Amaral, *Direito civil*, Introdução, p. 298.

[2] "Filosoficamente, *bem* é tudo quanto pode proporcionar ao homem qualquer satisfação. Nesse sentido se diz que a saúde é um bem, que a amizade é um bem, que Deus é o sumo bem. Mas, se filosoficamente, saúde, amizade e Deus são bens, na linguagem jurídica não podem receber tal qualificação" (Washington de Barros Monteiro, *Curso de direito civil*, v. 1, p. 144).

[3] Carmelo Scuto, *Istituzioni di diritto privato*: parte generale, v. 1, p. 291.

[4] Clóvis Beviláqua, *Teoria geral do direito civil*, p. 152.

[5] Silvio Rodrigues, *Direito civil*, v. 1, p. 116; Washington de Barros Monteiro, *Curso*, cit., p. 144-145; Sylvio M. Marcondes Machado, *Limitação da responsabilidade de comerciante individual*, n. 70.

[6] *Código Civil dos Estados Unidos do Brasil comentado*, edição histórica, art. 43.

O Código Civil de 1916 não distinguia os termos *coisa* e *bem*, usando ora um, ora outro, ao se referir ao objeto do direito. O novo, ao contrário, utiliza sempre, na parte geral, a expressão *bens*, evitando o vocábulo *coisa*, que é conceito mais amplo do que o de *bem*, no entender de José Carlos Moreira Alves, que se apoia na lição de Trabucchi[7].

Bens, portanto, são coisas materiais, concretas, úteis aos homens e de expressão econômica, suscetíveis de apropriação, bem como as de existência imaterial economicamente apreciáveis.

Certas coisas, insuscetíveis de apropriação pelo homem, como o ar atmosférico, o mar etc., são chamadas de *coisas comuns*. Não podem ser objeto de relação jurídica. Portanto, sendo possível sua apropriação em porções limitadas, tornam-se objeto do direito (gases comprimidos, água fornecida pela Administração Pública).

As coisas sem dono (*res nullius*), porque nunca foram apropriadas, como a caça solta, os peixes, podem sê-lo, pois acham-se à disposição de quem as encontrar ou apanhar, embora essa apropriação possa ser regulamentada para fins de proteção ambiental.

A coisa móvel abandonada (*res derelicta*) foi objeto de relação jurídica, mas o seu titular a lançou fora, com a intenção de não mais tê-la para si. Nesse caso, pode ser apropriada por qualquer outra pessoa[8].

2. Bens corpóreos e incorpóreos

Os romanos faziam a distinção entre bens corpóreos e incorpóreos. Tal classificação não foi acolhida pela nossa legislação e pela generalidade dos códigos por considerarem os modernos juristas, como o fazia Teixeira De Freitas[9], inexato separar, de um lado, a coisa, como objeto material sobre que recai o direito, fazendo-se abstração do próprio direito (*res corporales*),

[7] José Carlos Moreira Alves, *A Parte Geral do Projeto de Código Civil brasileiro*, p. 137; Alberto Trabucchi, *Istituzioni di diritto civile*, 13. ed., n. 58, p. 366, *verbis*: "Il primo titolo del libro terzo del Codice tratta dei beni, definiti come le cose che possono formare oggetto di diritti. Il legislatore ha dunque preferito definire il bene anzichè la cosa; *bene* è l'oggetto di cui tiene conto il diritto, mentre il termine di *cosa* conserva il senso vastissimo di entità materiale o immateriale".

[8] Caio Mário da Silva Pereira, *Instituições de direito civil*, v. 1, p. 254-255.

[9] *Esboço*, observações ao art. 317.

e, do outro lado, colocar os direitos, prescindindo-se do objeto dos direitos reais. Clóvis Beviláqua afirmou que essa divisão não foi incluída no Código de 1916 “por falta de interesse prático”[10].

Bens *corpóreos* são os que têm existência física, material e podem ser tangidos pelo homem. *Incorpóreos* são os que têm existência abstrata ou ideal, mas valor econômico, como o direito autoral, o crédito, a sucessão aberta, o fundo de comércio etc. São criações da mente reconhecidas pela ordem jurídica. O critério distintivo para os romanos era a tangibilidade ou a possibilidade de serem tocados. Atualmente, porém, esse procedimento seria inexato, por excluir coisas perceptíveis por outros sentidos, como os gases, que não podem ser atingidos materialmente com as mãos, e nem por isso deixam de ser coisas corpóreas. Hoje também se consideram bens materiais ou corpóreos as diversas formas de energia, como a eletricidade, o gás, o vapor[11].

Malgrado não contemplada na lei com dispositivos específicos, a classificação dos bens em corpóreos e incorpóreos tem a sua importância, porque a relação jurídica pode ter por objeto uma coisa de existência material ou um bem de existência abstrata. Demais, alguns institutos só se aplicam aos primeiros. Em geral, os direitos reais têm por objeto bens corpóreos. Quanto à forma de transferência, estes são objeto de compra e venda, doação, permuta. A alienação de bens incorpóreos, todavia, faz-se pela cessão. Daí falar-se em cessão de crédito, cessão de direitos hereditários etc. Na cessão faz-se abstração dos bens sobre os quais incidem os direitos que se transferem[12].

Tradicionalmente, a posse tem sido entendida como reportada a coisa material, corpórea. Entretanto, a jurisprudência tem admitido remédio possessório versando aquisição, ou não, de linha telefônica, redutível, todavia, à mera disputa sobre o direito ao aparelho e, por mera implicação ou consequência virtual, ao uso do serviço ensejado por ele[13], assim como se tem admitido usucapião para a aquisição de direitos sobre linha telefônica[14].

---

[10] *Teoria*, cit., p. 156.

[11] Caio Mário da Silva Pereira, *Instituições*, cit., v. 1, p. 256; Francisco Amaral, *Direito civil*, cit., p. 302; Enneccerus, Kipp e Wolff, *Tratado de derecho civil*, v. 1, n. 114.

[12] Francisco Amaral, *Direito civil*, cit., p. 303.

[13] *JTACSP*, 68/64, 78/100, 101/64; *RT*, 341/326, 348/410.

[14] *RSTJ*, 67/437.

Em direito, a expressão *propriedade* é mais ampla do que *domínio*, porque abrange também os bens incorpóreos. Além do direito autoral, do crédito, do fundo de comércio, já mencionados, são também exemplos desta última espécie de bens o *software* e o *know-how*, produtos da moderna tecnologia. *Software* é palavra utilizada para designar programa de computador (Lei n. 9.609, de 19-2-1998, art. 1º). *Know-how* é conhecimento técnico de valor econômico, concernente à indústria ou ao comércio (Lei n. 9.279, de 14-5-1996).

3. Patrimônio

Os bens corpóreos e os incorpóreos integram o patrimônio da pessoa. Em sentido amplo, o conjunto de bens, de qualquer ordem, pertencentes a um titular, constitui o seu *patrimônio*. Em sentido estrito, tal expressão abrange apenas as relações jurídicas ativas e passivas de que a pessoa é titular, aferíveis economicamente.

Patrimônio, segundo a doutrina, é o complexo das relações jurídicas de uma pessoa, que tiverem valor econômico. CLÓVIS, acolhendo essa noção, comenta: "Assim, compreendem-se no patrimônio tanto os elementos ativos quanto os passivos, isto é, os direitos de ordem privada economicamente apreciáveis e as dívidas. É a atividade econômica de uma pessoa, sob o seu aspecto jurídico, ou a projeção econômica da personalidade civil"[15].

O patrimônio restringe-se, assim, aos bens avaliáveis em dinheiro. Nele não se incluem as qualidades pessoais, como a capacidade física ou técnica, o conhecimento, a força de trabalho, porque são considerados simples fatores de obtenção de receitas, quando utilizados para esses fins, malgrado a lesão a esses bens possa acarretar a devida reparação.

Igualmente não integram o patrimônio as relações afetivas da pessoa, os direitos personalíssimos, familiares e públicos não economicamente apreciáveis, denominados direitos *não patrimoniais*. A diferença entre as mencionadas espécies de bens reflete-se na lei, quando esta, por exemplo, diz que só "*quanto a direitos patrimoniais de caráter privado se permite a transação*" (CC, art. 841). O nome comercial e o fundo de comércio integram o patrimônio porque são direitos. A clientela, embora com valor, não o integra[16].

---

15 *Teoria*, cit., p. 153.

16 João Eunápio Borges, *Curso de direito comercial terrestre*, p. 195; Rubens Requião, *Curso de direito comercial*, v. 1, p. 228-229; Francisco Amaral, *Direito civil*, cit., p. 327; Caio Mário da Silva Pereira, *Instituições*, cit., v. 1, p. 249-250.

Malgrado autores de renome, como Enneccerus[17], entendam que o patrimônio da pessoa não inclui o seu passivo, prepondera o entendimento na doutrina de que abrange ele tanto o ativo como o passivo, constituindo uma universalidade de direito. Não se pode, com efeito, conceber o indivíduo sem patrimônio, sabendo-se que todo homem em sociedade efetua negócios e participa de relações jurídicas de expressão econômica. Sendo o patrimônio a projeção econômica da personalidade, e por não se admitir a pessoa sem patrimônio, não se pode dele excluir as suas obrigações, ou seja, o seu lado passivo[18].

Segundo a teoria *clássica* ou *subjetiva*, o patrimônio é uma universalidade de direito, unitário e indivisível, que se apresenta como projeção e continuação da personalidade. Para a teoria *realista*, também denominada *moderna* ou *da afetação*, o patrimônio seria constituído apenas pelo ativo e também não seria unitário e indivisível, mas formado de vários núcleos separados, conjuntos de bens destinados a fins específicos, como, por exemplo, o dote, os bens reservados, a massa falimentar, a herança etc.

Não há, todavia, razão para romper com a concepção tradicional da unidade do patrimônio, como assevera Caio Mário da Silva Pereira, com a qual se concilia a ideia de poderem existir, no patrimônio, massas de bens objetivamente considerados: bens dotais, bens de ausentes, bens da herança etc. O que há – aduz o citado autor, com apoio em Clóvis Beviláqua – "é a distinção de bens de procedência diversa no mesmo patrimônio"[19].

Francisco Amaral, por sua vez, também critica a teoria da afetação: "Nada há que impeça destacarem-se determinados bens do patrimônio geral para se afetarem a fim específico. Tais bens, entretanto, continuam no patrimônio geral da pessoa. Em face disso pode-se reiterar que: 1) uma pessoa tem apenas um patrimônio; 2) toda pessoa tem necessariamente um patrimônio"[20].

Sobreleva a importância da noção de patrimônio quando se observa que nela se baseia um princípio norteador do direito das obrigações: *o patrimônio do devedor responde por suas dívidas*. É o patrimônio do devedor,

---

[17] *Tratado*, cit., § 125.

[18] Clóvis Beviláqua, *Teoria*, cit., p. 153; Planiol, Ripert e Boulanger, *Traité élémentaire de droit civil*, v. 1; Caio Mário da Silva Pereira, *Instituições*, cit., p. 246-247; Renan Lotufo, *Código Civil comentado*, v. 1, p. 203; Francisco Amaral, *Direito civil*, cit., p. 327.

[19] *Instituições*, cit., v. 1, p. 248 e 252.

[20] *Direito civil*, cit., 2018, p. 458-459.

com efeito, que responde por suas obrigações e que constitui a garantia geral dos credores, tenham elas se originado da prática de atos lícitos, como os contratos e as declarações unilaterais da vontade, ou de atos ilícitos.

É de registrar, igualmente, forte tendência no sentido de se adotar uma nova postura em relação ao patrimônio, cuja tutela jurídica deve ter como escopo precípuo a dignidade da pessoa humana. A proteção de um patrimônio mínimo vai ao encontro dessa tendência, como se pode verificar, *verbi gratia*, na proteção ao bem de família (Lei n. 8.009/90 e CC, arts. 1.711 a 1.722); no óbice à prodigalidade mediante a vedação da doação da totalidade do patrimônio, sem que se resguarde um mínimo (CC, art. 548); na previsão da impenhorabilidade de determinados bens (CPC, arts. 833 e 834) e em outros dispositivos que reconhecem como necessária tal proteção, para o desenvolvimento das atividades humanas[21].

4. Classificação dos bens

A classificação dos bens é feita segundo critérios de importância científica, pois a inclusão de um bem em determinada categoria implica a aplicação automática de regras próprias e específicas, visto que não se podem aplicar as mesmas regras a todos os bens.

O legislador enfoca e classifica os bens sob diversos critérios, levando em conta as suas características particulares. Ora considera as qualidades físicas ou jurídicas que revelam (mobilidade, fungibilidade, divisibilidade), ora as relações que guardam entre si (principais e acessórios), ora a pessoa do titular do domínio (públicos e particulares). Pode um bem enquadrar-se em mais de uma categoria, conforme as características que ostenta. É possível, com efeito, determinado bem ser, concomitantemente, móvel e consumível, como a moeda, e imóvel e público, como a praça, por exemplo[22].

O Código Civil, no Livro II da Parte Geral, em título único, disciplina os bens em três capítulos diferentes[23]:

---

[21] Cristiano Chaves de Farias e Nelson Rosenvald, *Direito civil*: teoria geral, p. 348.

[22] Washington de Barros Monteiro, *Curso*, cit., v. 1, p. 146.

[23] Os romanos, num estágio inicial, dividiam os bens em *res mancipi* e *res nec mancipi*, isto é, coisas que exigiam ou não o emprego da *mancipatio*, que era um processo solene, para a sua transferência. As primeiras eram as consideradas, à época, de maior valor, como as terras cultivadas, as servidões que as beneficiavam, as casas, os animais de tração e até mesmo os

I – Dos bens considerados em si mesmos.

II – Dos bens reciprocamente considerados.

III – Dos bens públicos.

Considerados em si mesmos (Capítulo I), os bens distribuem-se por cinco seções:

I – Dos bens imóveis.

II – Dos bens móveis.

III – Dos bens fungíveis e consumíveis.

IV – Dos bens divisíveis.

V – Dos bens singulares e coletivos.

Reciprocamente considerados (Capítulo II), os bens são principais e acessórios. Entram nesta última classe os produtos, frutos, benfeitorias e pertenças. Quanto à *titularidade do domínio*, podem ser públicos (Capítulo III) e particulares, dividindo-se os primeiros em bens de uso comum do povo, de uso especial e dominicais (art. 99).

O Código Civil de 1916 contemplava, em outros dois capítulos, as coisas fora do comércio (*extra commercium*) e o bem de família. Moreira Alves, na Exposição de Motivos à Parte Geral do Anteprojeto do novo Código Civil, esclarece que retirou dele os capítulos concernentes às coisas que estão fora do comércio (Capítulo IV) e ao bem de família (Capítulo V) "por entender despiciendo o primeiro, e mal colocado o segundo instituto", deslocando-o para a Parte Especial, no livro referente ao direito de família[24].

4.1. Bens considerados em si mesmos

Sob esta ótica podem ser:

---

escravos, por exemplo. As *res nec mancipi*, que não tinham a mesma importância econômica e não despertavam maior interesse (móveis, animais de pequeno porte etc.), eram transferidas sem nenhuma formalidade, bastando a tradição (*traditio*). Só muito mais tarde foi que o direito romano teve a sua atenção voltada para a existência de coisas que são fixas e de outras que se movem, e para a importância dessa distinção, passando a classificá-las em imóveis e móveis (Clóvis Beviláqua, *Teoria*, cit., p. 159; Washington de Barros Monteiro, *Curso*, cit., v. 1, p. 147; Caio Mário da Silva Pereira, *Instituições*, cit., v. 1, p. 259-260; José Carlos Moreira Alves, *Direito romano*, 5. ed., Rio de Janeiro, Forense, 1983, v. 1, p. 174-176; José Cretella Júnior, *Curso de direito romano*, 20. ed., Rio de Janeiro, Forense, 1997, p. 156).

[24] *A Parte Geral*, cit., p. 69.

4.1.1. *Bens imóveis e bens móveis*

É a mais importante classificação, fundada na efetiva natureza dos bens.

Os bens imóveis, denominados *bens de raiz*, sempre desfrutaram de maior prestígio, ficando os móveis relegados a plano secundário. No entanto, a importância do bem móvel tem aumentado sensivelmente no moderno mundo dos negócios, em que circulam livremente os papéis e valores dos grandes conglomerados econômicos, sendo de grande importância para a economia o crédito, as energias, as ações de companhias particulares, os títulos públicos, as máquinas, os veículos etc.

Os principais efeitos práticos dessa distinção, que denotam a sua importância, são:

a) Os bens móveis são adquiridos, em regra, por simples tradição, enquanto os imóveis dependem de escritura pública e registro no Cartório de Registro de Imóveis (CC, arts. 108, 1.226 e 1.227).

b) A propriedade imóvel pode ser adquirida também pela acessão, pela usucapião e pelo direito hereditário (CC, arts. 1.238 a 1.244, 1.248 e 1.784); e a mobiliária pela usucapião, ocupação, achado de tesouro, especificação, confusão, comistão, adjunção (CC, arts. 1.260 a 1.274).

c) Os bens imóveis exigem, para serem alienados, hipotecados ou gravados de ônus real, a anuência do cônjuge, exceto no regime da separação absoluta (CC, art. 1.647, I), o mesmo não acontecendo com os móveis.

d) Usucapião de bens imóveis requer prazos mais dilatados (5, 10 e 15 anos) do que a de bens móveis (três e cinco anos), conforme dispõe a Constituição Federal, nos arts. 183 e 191, e o Código Civil, nos arts. 1.238, 1.239, 1.240, 1.242, 1.260 e 1.261.

e) Hipoteca é direito real de garantia reservado aos imóveis, com exceção dos navios e das aeronaves (CC, art. 1.473), enquanto o penhor é reservado aos móveis (art. 1.431).

f) Só os imóveis são sujeitos à concessão da superfície (art. 1.369), enquanto só os móveis prestam-se ao contrato de mútuo (art. 586).

g) No direito tributário, os imóveis estão sujeitos ao imposto de sisa (ITBI – Imposto de Transmissão de Bens Imóveis, em caso de alienação *inter vivos*), bem como aos impostos territorial, predial e de transmissão *mortis causa*, enquanto a venda de móveis é geradora de ICM – Imposto de Circulação de Mercadorias, de imposto sobre produtos industrializados e de transmissão *mortis causa*.

h) No direito penal, somente os móveis podem ser objeto de furto ou roubo (CP, arts. 155 e 157).

i) No direito processual civil, as ações reais imobiliárias exigem a citação de ambos os cônjuges (CPC, art. 73, § 1º).

j) São maiores as exigências legais para a venda de bens imóveis pertencentes a incapazes sob o poder familiar, tutela e curatela, do que para a dos bens móveis.

k) Somente imóveis podem ser objeto de bem de família (CC, art. 1.711).

4.1.1.1. Bens imóveis

Segundo CLÓVIS, chamam-se imóveis os bens "que se não podem transportar, sem destruição, de um para outro lugar".

Esse conceito, verdadeiro em outros tempos, vale hoje para os *imóveis propriamente ditos* ou *bens de raiz*, como o solo e suas partes integrantes, mas não abrange os imóveis por determinação legal, nem as edificações que, separadas do solo, conservam sua unidade, podendo ser removidas para outro local (CC, arts. 81, I, e 83). O avanço da engenharia e da ciência em geral deu origem a modalidades de imóveis que não se ajustam à referida definição.

O próprio CLÓVIS acrescenta que nessa noção "se acham, originariamente, o solo e suas partes integrantes; mas a ação do homem, incorporando ao solo objetos de várias espécies, segundo as necessidades da vida, ampliou a noção de imobilidade. Depois, para cercar de garantias especiais certos direitos, tratou-os como bens imóveis"[25].

O Código Civil de 1916 permitia classificar-se os bens imóveis em: imóveis por *natureza*, por *acessão física*, por *acessão intelectual* e por *disposição legal* (arts. 43 e 44). O atual diploma assim descreve, no art. 79, os bens imóveis:

"*Art. 79. São bens imóveis o solo e tudo quanto se lhe incorporar natural ou artificialmente*".

E o art. 80 complementa o enunciado, mencionando os imóveis assim considerados, para os efeitos legais:

---

[25] *Teoria*, cit., p. 160.

"Art. 80. Consideram-se imóveis para os efeitos legais:

I – os direitos reais sobre imóveis e as ações que os asseguram;

II – o direito à sucessão aberta".

Desse modo, além dos assim considerados para os efeitos legais, são bem imóveis, segundo o atual Código Civil, o solo e tudo quanto se lhe incorporar natural ou artificialmente, ou seja, o solo e suas acessões, que podem ser naturais ou artificiais. Podem, portanto, os bens imóveis em geral ser classificados desta forma: imóveis por natureza, por acessão natural, por acessão artificial e por determinação legal.

Não há alusão, no supratranscrito art. 79 do atual Código Civil, aos imóveis por *destinação do proprietário*, ou por *acessão intelectual*, como eram denominados, no Código de 1916 (art. 43, III), aqueles que o proprietário imobilizava por sua vontade, mantendo-os intencionalmente empregados em sua exploração industrial, aformoseamento, ou comodidade, como as máquinas (inclusive tratores) e ferramentas, os objetos de decoração, os aparelhos de ar-condicionado etc. A razão é que o atual Código acolhe, seguindo a doutrina moderna, o conceito de *pertença*[26], que se encontra no art. 93: são "*os bens que, não constituindo partes integrantes, se destinam, de modo duradouro, ao uso, ao serviço ou ao aformoseamento de outro*".

a) *Imóveis por natureza* – A rigor, somente o solo, com sua superfície, subsolo e espaço aéreo, é imóvel por natureza. Tudo o mais que a ele adere deve ser classificado como imóvel por acessão.

A evolução do conceito de propriedade, que deve atender à sua função social, determinou mudanças nesse conceito. Prescreve efetivamente a Constituição Federal de 1988, no art. 176: "As jazidas, em lavra ou não, e demais recursos minerais e os potenciais de energia hidráulica constituem propriedade distinta da do solo, para efeito de exploração ou aproveitamento, e pertencem à União, garantida ao concessionário a propriedade do produto da lavra".

Também o Código de Águas (Dec. n. 24.643, de 10-7-1934, com as modificações do Dec.-Lei n. 852/38) e o Código de Mineração (Dec.-Lei n. 227, de 28-2-1967, com a alteração da Lei n. 9.314/96) ditam regras sobre a propriedade e o uso do solo e suas adjacências[27].

---

[26] José Carlos Moreira Alves, *A Parte Geral*, cit., p. 76.

[27] Dispõe o art. 145 do Código de Águas: "As quedas d'água e outras fontes de energia hidráulica são bens imóveis e tidas como coisas distintas e não integrantes das terras em que

O art. 1.229 do atual Código dispõe que "*a propriedade do solo abrange a do espaço aéreo e subsolo correspondentes, em altura e profundidade úteis ao seu exercício*". E o art. 1.230, ajustado ao preceito constitucional citado, ressalva que "*a propriedade do solo não abrange as jazidas, minas e demais recursos minerais, os potenciais de energia hidráulica, os monumentos arqueológicos e outros bens referidos por leis especiais*". Aduz o parágrafo único: "*O proprietário do solo tem o direito de explorar os recursos minerais de emprego imediato na construção civil, desde que não submetidos a transformação industrial, obedecido o disposto em lei especial*".

b) *Imóveis por acessão natural* – Incluem-se nessa categoria as árvores e os frutos pendentes, bem como todos os acessórios e adjacências naturais. Compreende as pedras, as fontes e os cursos de água, superficiais ou subterrâneos, que corram naturalmente. As árvores, quando destinadas ao corte, são consideradas bens "móveis por antecipação"[28].

Mesmo que as árvores tenham sido plantadas pelo homem, deitando suas raízes no solo são imóveis. Ainda quando a raiz não tenha brotado, e porque a intenção do semeador é obter plantas que produzam utilidades, "a semente, desde que é lançada na terra para germinar, é considerada incorporada ao solo". Não assim os tesouros, ainda que enterrados no subsolo, porque não constituem partes integrantes dele. Da mesma forma, não serão imóveis as árvores plantadas em vasos, porque removíveis[29].

A natureza pode fazer acréscimos ao solo, que a ele aderem, sendo tratados juridicamente como acessórios dele. O fenômeno pode dar-se pela formação de ilhas, aluvião, avulsão, abandono de álveo, sendo considerado modo originário de aquisição da propriedade, criado por lei (CC, art. 1.248, I a IV), em virtude do qual tudo o que se incorpora a um bem fica pertencendo ao seu proprietário. Predomina, na espécie, o princípio segundo o

---

se encontrem. Assim, a propriedade superficial não abrange a água, o álveo do curso no trecho em que se acha a queda d'água, nem a respectiva energia hidráulica, para o efeito de seu aproveitamento industrial". Por sua vez, preceitua o art. 84 do Código de Mineração: "A jazida é bem imóvel, distinto do solo onde se encontra, não abrangendo a propriedade deste o minério ou a substância mineral útil que a constitui".

[28] Washington de Barros Monteiro, *Curso*, cit., v. 1, p. 150; Caio Mário da Silva Pereira, *Instituições*, cit., v. 1, p. 266; Francisco Amaral, *Direito civil*, cit., p. 307; Silvio Rodrigues, *Direito civil*, v. 1, p. 122. "Árvores vendidas para corte são bens móveis por antecipação e para sua alienação independem de outorga uxória" (*RT*, 227/231, 209/476).

[29] Clóvis Beviláqua, *Teoria*, cit., p. 162.

qual *a coisa acessória segue a principal*. Trata-se de acessões *físicas* ou *naturais*, por decorrerem de fenômenos naturais, sendo justaposições de imóvel a imóvel.

c) *Imóveis por acessão artificial ou industrial* – Acessão significa justaposição ou aderência de uma coisa a outra. O homem também pode incorporar bens móveis, como materiais de construção e sementes, ao solo, dando origem às acessões *artificiais* ou *industriais*. As construções e plantações são assim denominadas porque derivam de um comportamento ativo do homem, isto é, do trabalho ou indústria do homem. Constituem, igualmente, modo originário de aquisição da propriedade imóvel. Toda construção ou plantação existente em um terreno presume-se feita pelo proprietário e à sua custa, até que se prove o contrário (CC, art. 1.253).

Acessão artificial ou industrial é, pois, tudo quanto o homem incorporar permanentemente ao solo, como a semente lançada à terra, os edifícios e as construções, de modo que se não possa retirar sem destruição, modificação, fratura ou dano. Nesse conceito não se incluem, portanto, as construções provisórias, que se destinam a remoção ou retirada, como os circos e parques de diversões, as barracas de feiras, os pavilhões etc.[30].

Dispõe o art. 81 do Código Civil:

"*Art. 81. Não perdem o caráter de imóveis:*

I – as edificações que, separadas do solo, mas conservando a sua unidade, forem removidas para outro local;

II – os materiais provisoriamente separados de um prédio, para nele se reempregarem".

---

[30] Clóvis Beviláqua, *Teoria*, cit., p. 162; Caio Mário da Silva Pereira, *Instituições*, cit., v. 1, p. 262; Francisco Amaral, *Direito civil*, cit., p. 308. *Jurisprudência*: "No processo expropriatório, se o valor da terra nua for indenizado pecuniariamente, o mesmo há de ocorrer com as acessões" (*RT*, 753/383). "Imposto *causa mortis*. Base de cálculo que deve incidir sobre o valor venal da terra e não sobre o da terra nua, tendo-se em conta a regra do art. 43, II, do CC (*de 1916*), que considera imóvel as acessões que é tudo aquilo que o homem incorpora ao prédio" (*JTJ*, Lex, 241/223). "Comodato. Equipamentos de posto de gasolina (bombas, tanques de armazenagem e postes de propaganda) cedidos pela empresa distribuidora de petróleo para possibilitar a venda de seus produtos. Bens que não podem ser considerados imóveis por acessão física artificial, pois não se incorporam permanentemente ao solo. Circunstância que torna legítima a eleição de foro do contrato" (*RT*, 770/395). "Penhora. Condomínio. Constrição incidente sobre os elevadores do prédio. Impenhorabilidade. Bens que são considerados como coisa comum dos proprietários, incorporados ao imóvel" (*RT*, 783/298).

O que se considera é a finalidade da separação, a destinação dos materiais. Assim, o que se tira de um prédio para novamente nele incorporar pertencerá ao imóvel e será imóvel[31]. Coerentemente, aduz o art. 84:

"*Art. 84. Os materiais destinados a alguma construção, enquanto não forem empregados, conservam sua qualidade de móveis; readquirem essa qualidade os provenientes da demolição de algum prédio*".

O inciso I do art. 81 supratranscrito trata de hipótese mais comum em países como os Estados Unidos, em que as pessoas mudam de cidade ou de bairro e transportam a casa pré-fabricada para assentarem-na na nova localidade. A finalidade do dispositivo é salientar que, mesmo durante o transporte, a casa ou o edifício continuará sendo imóvel para efeitos legais.

d) *Imóveis por determinação legal* – O art. 80 do Código Civil assim considera: "*I – os direitos reais sobre imóveis e as ações que os asseguram; II – o direito à sucessão aberta*". São também denominados imóveis *por disposição legal* ou *para os efeitos legais*.

Trata-se de bens incorpóreos, imateriais (direitos), que não são, em si, móveis ou imóveis. O legislador, no entanto, para maior segurança das relações jurídicas, os considera imóveis[32]. Segundo SILVIO RODRIGUES, configura-se, na hipótese, uma ficção da lei. Trata-se de direitos vários a que, por circunstâncias especiais, a lei atribui a condição de imóveis[33]. O direito, nesses casos, como ocorre em outras oportunidades, cria sua realidade, que não confere com a realidade física[34].

Os direitos reais sobre imóveis, de gozo (servidão, usufruto etc.) ou de garantia (penhor, hipoteca), são considerados imóveis pela lei, bem como as ações que os asseguram. Toda e qualquer transação que lhes diga respeito exige o registro competente (art. 1.227), bem como a autorização do cônjuge, nos termos do art. 1.747, I, do Código Civil.

O direito abstrato à sucessão aberta é considerado bem imóvel, ainda que os bens deixados pelo *de cujus* sejam todos móveis. Neste caso, o que se considera imóvel não é o direito aos bens componentes da herança, mas o direito a esta, como uma unidade. A lei não cogita das coisas que estão

---

[31] Ulpiano, *Digesto*, Liv. XIX e XXXII (*ad edictum*).

[32] Clóvis Beviláqua, *Teoria*, cit., p. 160; Washington de Barros Monteiro, *Curso*, cit., v. 1, p. 149; Francisco Amaral, *Direito civil*, cit., p. 310.

[33] *Direito civil*, cit., v. 1, p. 126.

[34] Renan Lotufo, *Código Civil*, cit., p. 211.

na herança, mas do direito a esta. Somente depois da partilha é que se poderá cuidar dos bens individualmente[35].

A renúncia da herança é, portanto, renúncia de imóvel e deve ser feita por escritura pública ou termo nos autos (CC, art. 1.806), mediante autorização do cônjuge, se o renunciante for casado, e recolhimento da sisa. Pelo mesmo motivo cessão de direitos hereditários deve ser feita por escritura pública, com autorização do cônjuge se o cedente for casado[36].

4.1.1.2. Bens móveis

O art. 82 do Código Civil considera móveis "*os bens suscetíveis de movimento próprio, ou de remoção por força alheia, sem alteração da substância ou da destinação econômico-social*". Trata-se dos *móveis por natureza*, que se dividem em *semoventes* e *propriamente ditos.* Ambos são corpóreos. Outros são móveis *para os efeitos legais* (CC, art. 83), sendo que a doutrina menciona ainda a existência de *móveis por antecipação.*

a) *Móveis por natureza* – Segundo Clóvis, móveis por natureza "são os bens que, sem deterioração na substância, podem ser transportados de um lugar para outro, por força própria ou estranha"[37].

Merece destaque a expressão "sem alteração da destinação econômico-social" introduzida no citado art. 82 do atual Código. Uma casa pré-fabricada, por exemplo, enquanto exposta à venda ou transportada, não pode ser considerada imóvel, malgrado conserve a sua unidade ao ser removida para outro

---

35 Caio Mário da Silva Pereira, *Instituições*, cit., v. 1, p. 264; Francisco Amaral, *Direito civil*, cit., p. 310.

36 "A renúncia à herança e a cessão dos direitos hereditários, esta sendo ato traslativo de direitos reais sobre imóveis, exigem instrumento público" (*RT*, 370/166). "Direitos hereditários. Renúncia. Nulidade. Efetuação por procurador judicial. Necessidade de poderes especiais e expressos, indicando-se o objeto da renúncia. Possibilidade de ser efetuada somente através de instrumento público" (*RJTJSP*, 131/315). "A formalização das renúncias se faz por escritura pública ou termo judicial. Da mesma forma, admite-se a lavratura de termo nos autos como sucedâneo da escritura, nas cessões de direitos hereditários. Assim já decidiu o Egrégio STF em caso de renúncia translativa ou 'in favorem'" (*RT*, 672/103). "Doação. Meação a filhos herdeiros por termo nos autos. Admissibilidade. Recurso provido" (TJSP, AgI 29.465-4/8-Marília, j. 25-9-1996). "Herança. Renúncia. Efetivação por instrumento particular. Inadmissibilidade. Ato que exige forma solene, cuja ausência gera a sua invalidade" (*RT*, 696/94; *JTJ*, Lex, 188/199). "Direitos hereditários. Renúncia e adjudicação a terceiro. Prática por marido sem o consentimento da mulher. Bem imóvel comum. Ineficácia do negócio jurídico dispositivo" (*JTJ*, Lex, 195/48).

37 *Teoria*, cit., p. 166-167.

local, segundo os dizeres do art. 81, I, do Código Civil, posto que destinada à comercialização, sem nunca ter sido antes assentada sobre as fundações construídas pelo adquirente. Quando isto acontecer, será considerada imóvel, em face da nova destinação econômico-social que lhe foi conferida, sujeita ao pagamento do imposto predial, não exigido do fabricante e do comerciante[38].

a.1) *Semoventes* – São os suscetíveis de movimento próprio, como os animais. Movem-se de um local para outro por força própria. Recebem o mesmo tratamento jurídico dispensado aos bens móveis propriamente ditos. Por essa razão, pouco ou nenhum interesse prático há em distingui-los. Observa-se, todavia, uma tendência de se conceder um tratamento especial aos animais de estimação. O Superior Tribunal de Justiça, sem acolher propriamente a tese da plena humanização do animal, aplicou no caso *sub judice*, de separação do casal e disputa da guarda de animal doméstico, as mesmas regras aplicáveis à guarda de filhos, deferindo ao ex-companheiro direito de acesso à cadela adquirida durante a relação do casal[39].

a.2) *Móveis propriamente ditos* – São os que admitem remoção por força alheia, sem dano, como os objetos inanimados, não imobilizados por sua destinação econômico-social. Clóvis aponta como exemplos: "Moedas, títulos da dívida pública e de dívida particular, mercadorias, ações de companhias, alfaias, objetos de uso etc."[40].

Dispõe o art. 84 do Código Civil que os "*materiais destinados a alguma construção, enquanto não forem empregados, conservam sua qualidade de móveis; readquirem essa qualidade os provenientes da demolição de algum prédio*". Estes últimos, todavia, não perdem o caráter de imóveis, se houver a intenção de reempregá-los na reconstrução do prédio demolido. Nesse campo, assume papel importante e determinante a intenção do dono.

O *gás*, podendo ser transportado por via de tubulação ou de embotijamento, caracteriza-se como bem corpóreo, sendo considerado bem móvel. A corrente elétrica, embora não tenha a mesma corporalidade, recebe também o tratamento de bem móvel. Com efeito, o Código Penal equipara a energia elétrica, ou qualquer outra dotada de valor econômico, a coisa móvel (art. 155, § 3º). Como acentua Caio Mário da Silva Pereira, no "direito

---

38 Renan Lotufo, *Código Civil*, cit., p. 217.

39 STJ, REsp 713.167-SP, 4ª T., rel. Min. Luis Felipe Salomão, j. 19-6-2018.

40 *Teoria*, cit., p. 167.

moderno qualquer energia natural, elétrica inclusive, que tenha valor econômico, considera-se bem móvel"[41].

Assimilando essa orientação, o atual Código Civil incluiu "*as energias que tenham valor econômico*" no rol dos bens móveis para os efeitos legais (art. 83, I)[42].

Os navios e as aeronaves são bens móveis propriamente ditos. Podem ser imobilizados, no entanto, somente para fins de hipoteca, que é direito real de garantia sobre imóveis (CC, art. 1.473, VI e VII; Código Brasileiro de Aeronáutica – Lei n. 7.565, de 19-12-1986, art. 138).

b) *Móveis por determinação legal* – O art. 83 do Código Civil considera móveis para os efeitos legais: "*I – as energias que tenham valor econômico; II – os direitos reais sobre objetos móveis e as ações correspondentes; III – os direitos pessoais de caráter patrimonial e respectivas ações*".

São bens imateriais, que adquirem essa qualidade jurídica por disposição legal. Podem ser cedidos, independentemente de outorga uxória ou marital. Incluem-se, nesse rol, o fundo de comércio, as quotas e ações de sociedades empresárias, os direitos do autor (Lei n. 9.610/98, art. 3º), os créditos em geral etc. A Lei n. 9.279/96, que dispõe sobre a propriedade industrial, também a considera, no art. 5º, coisa móvel, abrangendo os direitos oriundos do poder de criação e invenção do indivíduo.

Quanto aos direitos reais, mencionados no inciso II do citado art. 83 do Código Civil, compreendem tanto os de gozo e fruição sobre objetos móveis (propriedade, usufruto etc.), como os de garantia (penhor, hipoteca etc.) e as ações a eles correspondentes.

O inciso III refere-se aos direitos pessoais, ou direitos de obrigação, de caráter patrimonial, que são suscetíveis de circulação jurídica, e respectivas ações. As ações que os asseguram, pelo nosso direito positivo, são também tratadas como bens móveis, e não apenas elementos tutelares dos

---

[41] *Instituições*, cit., v. 1, p. 266.

[42] O direito francês (cf. Planiol, Ripert e Boulanger, *Traité*, cit., n. 2.678) e o direito italiano (o art. 814, *elettricità: energia naturale che abbia valore economico*) também equiparam as energias que tenham valor econômico a coisa móvel. Por sua vez, o art. 906 do Código de Quebec proclama: "Sont réputées meubles corporels les ondes ou l'énergie maitrisées par l'être humain et mises à son service, quel que soit le caractère mobilier ou immobilier de leur source".

direitos. São mencionadas porque o direito a elas é um direito material, que, se inexistir, a decisão será pela carência ou ausência do direito[43].

c) *Móveis por antecipação* – A doutrina refere-se, ainda, a esta terceira categoria de bens móveis. São bens incorporados ao solo, mas com a intenção se separá-los oportunamente e convertê-los em móveis, como as árvores destinadas ao corte e os frutos ainda não colhidos. Observa-se, nesses casos, aos quais podem somar-se as safras não colhidas[44], a vontade humana atuando no sentido de mobilizar bens imóveis, em função da finalidade econômica. Podem ainda ser incluídos nessa categoria os imóveis que, por sua ancianidade, são vendidos para fins de demolição.

4.1.2. Bens fungíveis e infungíveis

Bens fungíveis são "*os móveis que podem substituir-se por outros da mesma espécie, qualidade e quantidade*", dispõe o art. 85 do Código Civil, como o dinheiro e os gêneros alimentícios em geral, por exemplo. *Infungíveis* são os que não têm esse atributo, como o quadro de um pintor célebre, uma escultura famosa etc.

O atual Código adotou a orientação de só conceituar o indispensável, não fazendo alusão a noções meramente negativas, como as de bens infungíveis, inconsumíveis e indivisíveis. Não é, porém, pelo fato de o mencionado art. 85 só haver definido bem fungível que, por isso, deixam de existir os bens infungíveis. Mesmo porque se define o bem fungível para distingui-lo do infungível[45].

---

[43] Caio Mário da Silva Pereira, *Instituições*, cit., v. 1, p. 267; Renan Lotufo, *Código Civil*, cit., p. 220.

[44] Segundo Agostinho Alvim, as árvores e frutos só aderem ao imóvel, enquanto não sejam "objeto de negócio autônomo" (*Comentários ao Código Civil*, v. 1, p. 223, n. 4). Decidiu o Tribunal de Justiça de São Paulo: "Ação que versa sobre contrato de venda e compra de safra de laranjas, as quais constituem coisas móveis futuras, também ditas 'móveis por antecipação'. Competência do Primeiro Tribunal de Alçada Civil, relativa a coisa móvel. Remessa dos autos determinada" (*JTJ*, Lex, 217/25).

[45] José Carlos Moreira Alves, a propósito, esclarece: "O Projeto segue o critério de só conceituar o indispensável. Assim, conceitua bem móvel e bem imóvel, porque este não pode ser definido com a negativa da afirmação que traduz a ideia encerrada naquele. Quando isso não sucede, e portanto o segundo conceito seria a forma simplesmente negativa do primeiro, o Projeto só define este. Economia de textos, sem qualquer desvantagem para o sentido. Nem se pretenda que, só por haver definido bem fungível, com isso deixam de

A fungibilidade é característica dos bens móveis, como o menciona o referido dispositivo legal. Segundo CLÓVIS, a doutrina mais autorizada a considera própria dos móveis "porque somente neles pode ser bem apreciada a equivalência dos substitutos, somente eles são as *res quae in genero suo functionem recipiunt per solutionem*. Esta foi a doutrina seguida pelo Código Civil brasileiro e por vários Códigos Civis modernos"[46].

Pode ocorrer, no entanto, que, em certos negócios, a fungibilidade venha a alcançar os imóveis, como, por exemplo, no ajuste, entre sócios de um loteamento, sobre eventual partilha em caso de desfazimento da sociedade, quando o que se retira receberá certa quantidade de lotes. Enquanto não lavrada a escritura, será ele credor de coisas fungíveis, determinadas apenas pela espécie, qualidade e quantidade[47].

A fungibilidade é o resultado da comparação entre duas coisas que se consideram equivalentes. Os bens fungíveis são substituíveis porque são idênticos, econômica, social e juridicamente. A característica advém, pois, da *natureza* das coisas.

Todavia, pode resultar também da *vontade das partes*. A moeda é um bem fungível. Determinada moeda, porém, pode tornar-se infungível para um colecionador. Um boi é infungível e, se emprestado a um vizinho para serviços de lavoura, deve ser devolvido. Se, porém, foi destinado ao corte, poderá ser substituído por outro. Uma cesta de frutas e uma garrafa de vinho nobre são bens fungíveis. Mas, emprestados para ornamentação, transformam-se em infungíveis, não podendo ser substituídos por outros da mesma espécie, configurando-se, na hipótese, o comodato *ad pompam vel ostentationem*, segundo a linguagem dos romanos[48].

A classificação dos bens em fungíveis e infungíveis tem importância prática, por exemplo, na distinção entre mútuo, que só recai sobre bens

---

existir, para o Projeto, os bens infungíveis. O deixar de dar uma definição desnecessária – Código não é livro de doutrina – não implica ter abolido o conceito contrário ao definido. Até porque só se define o bem fungível para distingui-lo do infungível, que é o qualificativo único que se relaciona com aquele, sob o mesmo critério de classificação" (*A Parte Geral*, cit., p. 136).

46 *Teoria*, cit., p. 167.

47 Caio Mário da Silva Pereira, *Instituições*, cit., v. 1, p. 269.

48 Clóvis Beviláqua, *Teoria*, cit., p. 168; Francisco Amaral, *Direito civil*, cit., p. 312; Washington de Barros Monteiro, *Curso*, cit., v. 1, p. 153; Caio Mário da Silva Pereira, *Instituições*, cit., p. 269; Maria Helena Diniz, *Curso*, cit., v. 1, p. 389.

fungíveis (CC, art. 586), e comodato, que tem por objeto bens infungíveis (CC, art. 579). E, também, dentre outras hipóteses, na fixação do poder liberatório da coisa entregue em cumprimento da obrigação. A compensação só se efetua entre dívidas líquidas, vencidas e de coisas fungíveis (CC, art. 369), por exemplo.

No direito das obrigações também se classificam as obrigações de fazer em fungíveis e infungíveis. Estas são aquelas em que o devedor não pode se fazer substituir por outra pessoa, porque assim foi convencionado ou porque foram celebradas *intuitu personae*, isto é, em razão das qualidades pessoais do devedor (profissionais, artísticas, intelectuais etc.), sendo, portanto, personalíssimas.

As ações possessórias são fungíveis entre si. Dispõe, com efeito, o art. 554 do Código de Processo Civil que a "propositura de uma ação possessória em vez de outra não obstará a que o juiz conheça do pedido e outorgue a proteção legal correspondente àquela, cujos pressupostos estejam provados"[49]. O direito processual admite, em certos casos, a fungibilidade dos recursos[50].

4.1.3. Bens consumíveis e inconsumíveis

Proclama o art. 86 do Código Civil que são consumíveis "*os bens móveis cujo uso importa destruição imediata da própria substância, sendo também considerados tais os destinados à alienação*".

Infere-se do conceito que os bens podem ser consumíveis *de fato* (natural ou materialmente consumíveis) e *de direito* (juridicamente consumíveis). Tais qualidades levam em conta o sentido econômico dos bens. Os cujo uso importa destruição imediata da própria substância, como os gêneros alimentícios, por exemplo, são consumíveis *de fato*. Extinguem-se pelo uso normal, exaurindo-se num só ato. Os que se destinam à alienação, como as mercadorias de um supermercado, são consumíveis *de direito*.

[49] "O juiz pode converter o interdito proibitório em manutenção (*RT*, 503/110; *RJTJESP*, 46/216). Mas a possessória não pode ser julgada como ação de imissão de posse, que é ação petitória" (*RT*, 612/106; *JTACSP*, 102/91).

[50] "Para que seja aplicado o princípio da fungibilidade recursal é necessário que o recorrente não tenha incidido em erro grosseiro" (*RSTJ*, 37/464). "Configura-se o erro grosseiro pela interposição de recurso impertinente, em lugar daquele expressamente previsto em norma jurídica própria" (*RSTJ*, 132/1374). "Se a jurisprudência ainda não se tornou perfeitamente uniforme, o erro da parte pode apresentar-se escusável e assim ser relevado, ainda que o recurso impróprio haja sido interposto após findo o prazo para o recurso próprio" (*RSTJ*, 43/348).

Inconsumíveis são os bens que podem ser usados continuadamente, ou seja, os que permitem utilização contínua, sem destruição da substância. A rigor, a utilização mais ou menos prolongada acaba por consumir qualquer objeto, ainda que leve bastante tempo. Entretanto, no sentido jurídico, bem consumível é apenas o que desaparece com o primeiro uso; não é, porém, juridicamente consumível a roupa, que lentamente se gasta com o uso ordinário[51].

Clóvis Beviláqua bem esclarece a distinção: "Entre os bens que *usu consumuntur*, uns consomem-se de fato, *naturalmente*, como os alimentos, outros apenas *juridicamente*, como as mercadorias de um armazém, que se destinam à alienação. Assim, como têm lembrado os autores, há coisas que, segundo o destino que lhes derem, serão consumíveis ou inconsumíveis. Tais são, por exemplo, os livros, que, nas prateleiras de uma livraria, serão consumíveis por se destinarem à alienação, e, nas estantes de uma biblioteca, serão inconsumíveis, porque aí se acham para serem lidos e conservados"[52].

A consuntibilidade não decorre apenas da natureza do bem, mas igualmente de sua destinação econômico-jurídica. Pode, assim, o bem consumível de fato tornar-se inconsumível pela *vontade das partes*, como um comestível ou uma garrafa de bebida rara emprestados para uma exposição (*ad pompam vel ostentationem*), que devem ser devolvidos. Assim também, um bem inconsumível de fato pode transformar-se em juridicamente consumível, como os livros (que não desaparecem pelo fato de serem utilizados) colocados à venda nas prateleiras de uma livraria.

Certos direitos não podem recair, em regra, sobre bens consumíveis. É o caso do usufruto. Quando, no entanto, tem por objeto bens consumíveis, passa a denominar-se "usufruto impróprio" ou "quase usufruto", sendo neste caso o usufrutuário obrigado a restituir, findo o usufruto, os que ainda existirem e, dos outros, o equivalente em gênero, qualidade e quantidade, ou, não sendo possível, o seu valor, estimado ao tempo da restituição (CC, art. 1.392, § 1º).

A consuntibilidade, que diz respeito ao uso a que o bem se destina, não se confunde com a fungibilidade, que é o resultado da comparação entre duas coisas, que se consideram equivalentes. Os dois conceitos têm sido confundidos, porque em geral os bens consumíveis são fungíveis. Os gêneros alimentícios e as bebidas são naturalmente consumíveis e, ao

---

[51] Torrente, *Manuale di diritto privato*, p. 85, apud Washington de Barros Monteiro, *Curso*, cit., v. 1, p. 154.

[52] *Teoria*, cit., p. 168.

mesmo tempo, fungíveis; o dinheiro é fungível e juridicamente consumível. Há, entretanto, bens fungíveis não naturalmente consumíveis, como livros didáticos, móveis etc.[53].

O advento do Código de Defesa do Consumidor (Lei n. 8.078, de 11-9-1990) deu extraordinário realce aos bens consumíveis, por dispor exatamente sobre as relações de consumo na economia de massa, visando à proteção do consumidor.

4.1.4. Bens divisíveis e indivisíveis

Bens divisíveis, diz o art. 87 do Código Civil, "*são os que se podem fracionar sem alteração na sua substância, diminuição considerável de valor, ou prejuízo do uso a que se destinam*".

São divisíveis, portanto, os bens que se podem partir em porções reais e distintas, formando cada qual um todo perfeito, na dicção do art. 52 do Código de 1916. Um relógio, por exemplo, é bem indivisível, pois cada parte não conservará as qualidades essenciais do todo, se for desmontado.

Preleciona CLÓVIS que o conceito de divisibilidade adotado pelo estatuto civil "ajusta-se bem às coisas corpóreas; mas o direito estendeu a ideia de indivisibilidade às coisas incorpóreas, e até às próprias relações jurídicas. Assim é que as obrigações podem ser divisíveis ou indivisíveis, segundo a natureza das respectivas prestações"[54].

O atual Código introduziu, na divisibilidade dos bens, o critério da *diminuição considerável do valor*, seguindo a melhor doutrina e por ser,

---

[53] Clóvis Beviláqua, *Teoria*, cit., p. 168; Francisco Amaral, *Direito civil*, cit., p. 315. Decidiu o Superior Tribunal de Justiça: "Tratando-se de coisas não apenas fungíveis como consumíveis, porque destinadas diretamente à alienação pela compradora depositária no exercício de seu ramo normal de mercancia, aplicam-se ao depósito as regras do mútuo, sendo incabível a ação de depósito" (REsp 11.799/SP, 4ª T., rel. Min. ATHOS CARNEIRO, *DJU*, 30-11-1992, p. 22617). "Alienação fiduciária. Bens fungíveis e consumíveis (comerciáveis). Inadmissibilidade. Uniformização pela 2ª Seção" (REsp 19.915-MG-ED, *DJU*, 17-12-1992, p. 24.207). No mesmo sentido: *RSTJ*, 65/444. Assim, não podem ser alienados fiduciariamente bens que compõem o estoque de comércio da devedora (*RSTJ*, 15/366) ou que constituem mercadoria comerciável da empresa vendedora (*RSTJ*, 28/426). Por sua vez, decidiu o extinto 1º Tribunal de Alçada Civil de São Paulo: "Contrato de mútuo. Penhor mercantil. Depósito irregular de bens fungíveis e consumíveis. Prisão civil. Inadmissibilidade, pois trata-se de segregação por dívida, vedada constitucionalmente" (*RT*, 783/313).

[54] *Teoria*, cit., p. 169.

socialmente, o mais defensável, no dizer da Comissão Revisora, cujo relatório adverte: "O texto do Projeto, introduzindo, na divisibilidade dos bens, o critério da diminuição considerável do valor, não só segue a melhor doutrina (*vide*, por exemplo, Ferrara, *Trattato di Diritto Civile Italiano*, vol. I, n. 175, p. 836; Crome, *Parte Generale del Diritto Privato Francese Moderno*, trad. Ascoli-Cammeo, § 19, p. 207; Ruggiero-Maroi, *Istituzioni di Diritto Privato*, v. I, 8. ed. p. 500/501), mas é socialmente o mais defensável. Atente-se para a hipótese de 10 pessoas herdarem um brilhante de 50 quilates, que, sem dúvida, vale muito mais do que 10 brilhantes de 5 quilates; se esse brilhante for divisível (e, a não ser pelo critério da diminuição sensível do valor, não o será), qualquer dos herdeiros poderá prejudicar todos os outros, se exigir a divisão da pedra"[55].

Dispõe o art. 88 do Código Civil que os "*bens naturalmente divisíveis podem tornar-se indivisíveis por determinação da lei ou por vontade das partes*". Constata-se, assim, que os bens podem ser indivisíveis:

a) *por natureza*: os que se não podem fracionar sem alteração na sua substância, diminuição de valor ou prejuízo do uso, como o animal, o relógio, um quadro, um brilhante etc.;

b) *por determinação legal*: quando a lei expressamente impede o seu fracionamento, como no caso das servidões prediais (CC, art. 1.386), da hipoteca (art. 1.421) e do direito dos coerdeiros quanto à propriedade e posse da herança, até a partilha (art. 1.791) etc.;

c) *por vontade das partes* (convencional): neste caso, o acordo tornará a coisa comum indivisa por prazo não maior que cinco anos, suscetível de prorrogação ulterior (CC, art. 1.320, § 1º). Se a indivisão for estabelecida pelo doador ou pelo testador, não poderá exceder de cinco anos (§ 2º).

No primeiro caso, a indivisibilidade é física ou material; no segundo, é jurídica; no terceiro, é convencional. Os imóveis rurais, por lei, não podem ser divididos em frações inferiores ao módulo regional. A Lei n. 6.766, de 19 de dezembro de 1979 (Lei do Parcelamento do Solo Urbano), também proíbe o desmembramento em lotes cuja área seja inferior a 125 m^2, exigindo frente mínima de 5 m (art. 4º, II).

As obrigações também são divisíveis ou indivisíveis conforme seja divisível ou não o objeto da prestação (CC, arts. 257 e 258).

---

[55] José Carlos Moreira Alves, *A Parte Geral*, cit., p. 137.

A importância da distinção entre bens divisíveis e indivisíveis repercute em vários setores do direito, especialmente no que concerne aos condomínios, pois, conforme a divisibilidade ou indivisibilidade da coisa, diferente será o procedimento para a sua extinção (CC, arts. 1.320 e 1.322). O condômino, no condomínio tradicional, não pode alienar a sua *parte indivisa* a estranho, devendo respeitar o direito de preferência dos seus consortes. Se o bem é *divisível*, nada impede que venda a sua parte a estranho, sem dar preferência aos demais comunheiros, pois estes, se não desejarem compartilhar o bem com aquele, poderão requerer a sua divisão (CC, art. 504).

Como assinala Francisco Amaral, tanto "a divisibilidade quanto a indivisibilidade podem converter-se na qualidade oposta. Bem materialmente divisível pode transformar-se, pela vontade das partes, em idealmente indivisível. Também a coisa materialmente indivisível pode ser dividida em partes ideais, como no condomínio"[56].

4.1.5. Bens singulares e coletivos

Preceitua o art. 89 do Código Civil: "*São singulares os bens que, embora reunidos, se consideram de* per si*, independentemente dos demais*". São singulares, portanto, quando considerados na sua individualidade, como um cavalo, uma árvore, uma caneta, um papel ou um crédito, *verbi gratia.*

A árvore pode ser bem singular ou coletivo, conforme seja encarada individualmente ou agregada a outras, formando um todo, uma universalidade de fato (uma floresta). Já uma caneta, por exemplo, só pode ser bem singular, porque a reunião de várias delas não daria origem a um bem coletivo. Ainda que reunidas, seriam consideradas de *per si*, independentemente das demais.

Os bens são normalmente singulares. O Código de 2002 inovou ao conceituar unicamente essa espécie, reproduzindo, *ipsis litteris*, o que dispunha o art. 54, I, do diploma de 1916. O inciso II dizia que as coisas são "coletivas, ou universais, quando se encaram agregadas em todo".

A doutrina classifica os bens singulares em simples e compostos. *Simples* quando suas partes, da mesma espécie, estão ligadas pela própria natureza, como um cavalo, uma árvore; *compostos,* quando as suas partes se acham

[56] *Direito civil*, cit., 2018, p. 444.

ligadas pela indústria humana, como um edifício. "As coisas simples que formam a coisa composta, mantendo sua identidade, denominam-se partes integrantes. Se perdem a identidade, chamam-se partes componentes. As partes integrantes, como as peças de máquinas, podem ser separadas do todo, as componentes, como o cimento de uma parede, não"[57].

Os bens coletivos são chamados, também, de universais ou universalidades e abrangem as *universalidades de fato* e as *universalidades de direito*. São os que, sendo compostos de várias coisas singulares, se consideram em conjunto, formando um todo, uma unidade, que passa a ter individualidade própria, distinta da dos seus objetos componentes, como um rebanho, uma floresta etc.

O art. 90 do Código Civil considera universalidade de fato "*a pluralidade de bens singulares que, pertinentes à mesma pessoa, tenham destinação unitária*". Mencione-se, como exemplo, uma biblioteca, um rebanho, uma galeria de quadros. Determinados bens só têm valor econômico e jurídico quando agregados: um par de sapatos ou de brincos, por exemplo.

Acrescenta o parágrafo único do aludido dispositivo legal que os "*bens que formam essa universalidade podem ser objeto de relações jurídicas próprias*". A universalidade de fato distingue-se dos bens compostos pelo fato de ser uma pluralidade de bens autônomos a que o proprietário dá uma destinação unitária, podendo ser alienados conjuntamente, em um único ato, ou individualmente, na forma do citado parágrafo único[58].

Por sua vez, o art. 91 proclama constituir universalidade de direito "*o complexo de relações jurídicas, de uma pessoa, dotadas de valor econômico*". É a hipótese da herança, do patrimônio, do fundo de comércio, da massa falida etc. A distinção fundamental entre a universalidade de fato e a de direito está em que a primeira se apresenta como um conjunto ligado pelo entendimento particular (decorre da vontade do titular), enquanto a segunda decorre da lei, ou seja, da pluralidade de bens corpóreos e incorpóreos a que a lei, para certos efeitos, atribui o caráter de unidade, como na herança, no patrimônio, na massa falida etc.[59].

---

[57] Francisco Amaral, *Direito civil*, cit., 2018, p. 446.

[58] Alberto Trabucchi, *Commentario breve al Codice Civile*, Padova, CEDAM, 1997, p. 758.

[59] Silvio Rodrigues, *Direito civil*, cit., v. 1, p. 134; Alberto Trabucchi, *Commentario*, cit., p. 758-759.

4.2. Bens reciprocamente considerados

Depois de visualizar os bens em sua própria individualidade, o legislador muda de critério, no Capítulo II do título concernente às diferentes classes de bens, e os considera reciprocamente, levando em conta a relação entre uns e outros. E, dessa forma, classifica-os em *principais* e *acessórios*.

Nesse capítulo o legislador distingue bem principal de acessório e formula o conceito de pertenças e de benfeitorias, fazendo ainda referência a outras modalidades de acessórios, como os frutos e os produtos, compreendidos nos primeiros os rendimentos.

4.2.1. Bens principais e acessórios

Considerados uns em relação aos outros, os bens classificam-se em principais e acessórios.

Principal é o bem que tem existência própria, autônoma, que existe por si. *Acessório* é aquele cuja existência depende do principal. Assim, o solo é bem principal, porque existe sobre si, concretamente, sem qualquer dependência. A árvore é acessório, porque sua existência supõe a do solo, onde foi plantada.

A acessoriedade pode existir entre coisas e entre direitos, pessoais ou reais. Os contratos de locação e de compra e venda, por exemplo, são principais. A fiança e a cláusula penal, neles estipuladas, são acessórios. A hipoteca e outros direitos reais são acessórios em relação ao bem ou contrato principal.

Prescreve o art. 92 do Código Civil:

"*Art. 92. Principal é o bem que existe sobre si, abstrata ou concretamente; acessório, aquele cuja existência supõe a do principal*".

O critério para distinguir o bem principal é a sua função econômica, em razão da qual se estabelece a relação de dependência que caracteriza a acessoriedade[60]. Orlando Gomes pondera, no entanto, que não há um traço distintivo único, ocorrendo variações que, na prática, dificultam a diferenciação, pois a superioridade que caracteriza o bem principal revela-se

---

[60] Christian Atias, *Droit civil*: les biens, p. 21; Francisco Amaral, *Direito civil*, cit., p. 319; Caio Mário da Silva Pereira, *Instituições*, cit., v. 1, p. 275; Orlando Gomes, *Introdução ao direito civil,* p. 202.

também pela extensão e pela qualidade, sendo que muita vez o bem acessório tem valor superior ao principal[61].

Aponta Washington de Barros Monteiro um caso em que o acessório domina o principal: hipoteca é acessório em relação à dívida garantida, mas nesse caso, por exceção, o acessório prevalece sobre o principal, "devido à importância social adquirida pelo referido direito real de garantia"[62].

Em consequência da mencionada distinção, como regra, o bem acessório segue o destino do principal (*acessorium sequitur suum principale*). Para que tal não ocorra é necessário que tenha sido convencionado o contrário (venda de veículo, convencionando-se a retirada de alguns acessórios) ou que de modo contrário estabeleça algum dispositivo legal, como o art. 1.284 do Código Civil, pelo qual os frutos pertencem ao dono do solo onde caírem e não ao dono da árvore.

Importantes consequências decorrem da referida regra, podendo ser apontadas as seguintes:

a) A natureza do acessório é a mesma do principal. Se o solo é imóvel, a árvore a ele anexada também o é. Trata-se do *princípio da gravitação jurídica*, pelo qual um bem atrai outro para sua órbita, comunicando-lhe seu próprio regime jurídico[63].

b) O acessório acompanha o principal em seu destino. Assim, extinta a obrigação principal, extingue-se também a acessória; mas o contrário não é verdadeiro. Vejam-se os exemplos: a nulidade da obrigação principal importa a da cláusula penal; a obrigação de dar coisa certa abrange seus acessórios, salvo se o contrário resultar do título ou das circunstâncias do caso (CC, art. 233); na cessão de um crédito abrangem-se todos os seus acessórios, salvo disposição em contrário (art. 287); salvo disposição em contrário, o usufruto estende-se aos acessórios da coisa e seus acrescidos (art. 1.392).

c) O proprietário do principal é proprietário do acessório. Confira-se: até a tradição, pertence ao devedor a coisa, com os seus melhoramentos e acrescidos, pelos quais poderá exigir aumento no preço (CC, art. 237); a posse do imóvel faz presumir, até prova contrária, a das coisas móveis que nele estiverem (art. 1.209); os frutos e mais produtos da coisa pertencem, ainda quando separados, ao seu proprietário (art. 1.232); no capítulo

---

61 *Introdução*, cit., p. 202.

62 *Curso*, cit., v. 1, p. 157.

63 Clóvis Beviláqua, *Teoria*, cit., p. 175.

concernente às acessões (arts. 1.248 e s.) predomina o princípio em virtude do qual tudo o que se incorpora a um bem fica pertencendo ao seu proprietário, podendo o fato ocorrer por formação de ilhas, aluvião, avulsão, abandono de álveo, plantações e construções.

4.2.2. As diversas classes de bens acessórios

Dispõe o art. 95 do Código Civil que, apesar de "*ainda não separados do bem principal, os frutos e produtos podem ser objeto de negócio jurídico*".

Compreendem-se, pois, na grande classe dos bens acessórios, os produtos e os frutos.

4.2.2.1. Os produtos

Produtos "são as utilidades que se retiram da coisa, diminuindo-lhe a quantidade, porque não se reproduzem periodicamente, como as pedras e os metais, que se extraem das pedreiras e das minas"[64]. Distinguem-se dos frutos porque a colheita destes não diminui o valor nem a substância da fonte, e a daqueles sim.

A diferença é importante em matéria de usufruto, que só dá direito à percepção dos frutos (CC, art. 1.394). Adverte, porém, Clóvis Beviláqua que, "quando a relação jurídica se estabelece em atenção à exploração de alguma pedreira ou mina, e quando o usufruto se constitui sobre mina ou pedreira em exploração, os produtos consideram-se frutos. São, nesses casos, produtos normais da coisa. De modo que os produtos, quando são utilidades provenientes de uma riqueza posta em atividade econômica, seguem a natureza dos frutos. A distinção, todavia, tem interesse jurídico, porque somente na relação que acaba de ser considerada, o produto se submete aos preceitos estabelecidos para o fruto"[65].

Em face dessa assertiva, devem os produtos ser tratados como frutos, a que tem direito o possuidor de boa-fé, malgrado o art. 1.214 do Código Civil só se refira a estes.

Prescreve o art. 1.232 do Código Civil que os "*frutos e mais produtos da coisa pertencem, ainda quando separados, ao seu proprietário, salvo se, por*

[64] Clóvis Beviláqua, *Teoria*, cit., p. 175-176.

[65] *Teoria*, cit., p. 176. No mesmo sentido: Orlando Gomes, *Introdução*, cit., p. 203; Francisco Amaral, *Direito civil*, cit., p. 321; Maria Helena Diniz, *Curso de direito civil brasileiro*, v. 1, p. 406; Renan Lotufo, *Código Civil*, cit., p. 244.

preceito jurídico especial, couberem a outrem". Legislação especial transformou os minerais em bens principais. O art. 176 da Constituição Federal dispõe que as jazidas pertencem à União, constituindo propriedade distinta da do solo para efeito de exploração ou aproveitamento industrial, sendo assegurada ao proprietário deste, participação nos resultados da lavra (§ 2º).

4.2.2.2. Os frutos

Frutos são as utilidades que uma coisa periodicamente produz. Nascem e renascem da coisa, sem acarretar-lhe a destruição no todo ou em parte (*fructus est quidquid nasci et renasci potest*), como as frutas brotadas das árvores, os vegetais espontaneamente fornecidos pelo solo, as crias dos animais etc. Caracterizam-se, assim, por três elementos: a) *periodicidade*; b) *inalterabilidade da substância* da coisa principal; e c) *separabilidade* desta[66].

Dividem-se os frutos, quanto à *origem*, em:

a) *Naturais* – São os que se desenvolvem e se renovam periodicamente, em virtude da força orgânica da própria natureza, como os frutos das árvores, os vegetais, as crias dos animais etc.

b) *Industriais* – Assim se denominam os que aparecem pela mão do homem, isto é, os que surgem em razão da atuação ou indústria do homem sobre a natureza, como a produção de uma fábrica.

c) *Civis* – São os rendimentos produzidos pela coisa, em virtude de sua utilização por outrem que não o proprietário, como os juros e os aluguéis.

Clóvis Beviláqua classifica os frutos, quanto ao seu *estado*, em: *pendentes*, enquanto unidos à coisa que os produziu; *percebidos* ou *colhidos*, depois de separados; *estantes*, os separados e armazenados ou acondicionados para venda; *percipiendos*, os que deviam ser mas não foram colhidos ou percebidos; e *consumidos*, os que não existem mais porque foram utilizados[67].

Orlando Gomes considera essa classificação a mais importante divisão dos frutos, devido aos seus efeitos práticos, principalmente no que concerne à posse[68]. Efetivamente, o possuidor de boa-fé tem direito, enquanto ela durar, aos frutos percebidos, não aos pendentes, nem aos colhidos por

---

[66] Francisco San Thiago Dantas, *Programa de direito civil*, v. 1, p. 236; Francisco Amaral, *Direito civil*, cit., p. 319-320.

[67] *Teoria*, cit., p. 175.

[68] *Introdução*, cit., p. 203.

antecipação (CC, art. 1.214). O possuidor de má-fé não tem direito aos frutos, devendo restituir os colhidos e percebidos (art. 1.216).

4.2.2.3. As pertenças

O atual Código Civil incluiu, no rol dos bens acessórios, as *pertenças*, ou seja, os bens móveis que, não constituindo partes integrantes (como o são os frutos, produtos e benfeitorias), estão afetados por forma duradoura ao serviço ou ornamentação de outro, como os tratores destinados a uma melhor exploração de propriedade agrícola e os objetos de decoração de uma residência, por exemplo.

Prescreve, com efeito, o art. 93 do referido diploma:

"Art. 93. São pertenças os bens que, não constituindo partes integrantes, se destinam, de modo duradouro, ao uso, ao serviço ou ao aformoseamento de outro".

Por sua vez, o art. 94 mostra a distinção entre *parte integrante* (frutos, produtos e benfeitorias) e *pertenças*, ao proclamar:

"Art. 94. Os negócios jurídicos que dizem respeito ao bem principal não abrangem as pertenças, salvo se o contrário resultar da lei, da manifestação de vontade, ou das circunstâncias do caso".

Verifica-se, pela interpretação *a contrario sensu* do aludido dispositivo, que a regra "o acessório segue o principal" aplica-se somente às partes integrantes, já que não é aplicável às pertenças.

Na prática, já se tem verificado que, mesmo sem disposição em contrário, as pertenças, como o mobiliário, por exemplo, não acompanham o imóvel alienado ou desapropriado. A modificação introduzida, tendo em vista que se operou a unificação parcial do direito privado, atenderá melhor aos interesses comerciais[69].

O conceito de pertença está muito próximo do conceito de bens *imóveis por destinação do proprietário* ou por *acessão intelectual* a que aludia o art. 43, III, do Código Civil de 1916[70]. É objetivo e depende,

---

[69] José Carlos Moreira Alves, *A Parte Geral*, cit., p. 41.

[70] No Código Civil de 1916 o vocábulo "pertenças" era empregado apenas no art. 1.189, I, que dizia ser o locador obrigado a "entregar ao locatário a coisa alugada, com suas pertenças, em estado de servir ao uso a que se destina, e a mantê-la nesse estado, pelo tempo do contrato, salvo cláusula expressa em contrário".

consequentemente, das concepções sociais[71]. São coisas que não formam partes integrantes e também não são fundamentais para a utilização do bem principal[72].

O Superior Tribunal de Justiça decidiu que o equipamento de monitoramento acoplado a caminhão "consubstancia uma pertença, a qual atende, de modo duradouro, à finalidade econômico-social do referido veículo, destinando-se a promover a sua localização e, assim, reduzir os riscos de perecimento produzidos por eventuais furtos e roubos, a que, comumente, estão sujeitos os veículos utilizados para o transporte de mercadorias, caso dos autos. Trata-se, indiscutivelmente, de 'coisa ajudante' que atende ao uso do bem principal. Enquanto concebido como pertença, a destinação fática do equipamento de monitoramento em servir o caminhão não lhe suprime a individualidade e autonomia – o que permite, facilmente, a sua retirada – tampouco exaure os direitos sobre ela incidentes, como o direito de propriedade, outros direitos reais ou o de posse"[73].

Na sequência, frisou o relator que "o inadimplemento do contrato de empréstimo para aquisição de caminhão dado em garantia, a despeito de importar na consolidação da propriedade do mencionado veículo nas mãos

---

[71] BGB, § 107, alínea *l*, *in fine*.

[72] A respeito da distinção entre partes integrantes e pertenças confira-se a lição de Vicente Ráo: "Qualificam-se como *partes integrantes* as coisas acessórias: *a*) que por sua natural conexão com a coisa principal com esta formam um só todo e são desprovidas de existência material própria; *b*) que à coisa principal por tal modo estão unidas que, dela separadas, esta ficaria incompleta. Compreendem-se entre as primeiras (letra *a*), além de outras e salvas as restrições legais, os produtos orgânicos ou inorgânicos do solo; entre as segundas (letra *b*) se incluem certas partes de um organismo vivo, ou as coisas artificiais como os edifícios em relação ao solo.

Tanto os imóveis, quanto os móveis, podem ter partes integrantes: assim também se definem, de fato, a lã dos carneiros, as peças de um relógio, a encadernação de um livro. Ora, acrescentam os autores, máxima segundo a qual *acessorium sequitur principal, acessorium cedit principali,* só se aplica, em rigor, às coisas acessórias que fazem parte integrante das coisas principais.

Chamam-se *pertences* as coisas destinadas e emprestadas ao uso, ao serviço, ou ao ornamento duradouro de outra coisa, a qual, segundo a opinião comum, continuaria a ser considerada como completa, ainda que estes acessórios lhe faltassem: tais são as coisas imóveis por destino, os acessórios que servem ao uso das coisas móveis como o estojo das joias, a bainha da espada etc. Ora, para essa categoria de acessórios, a máxima citada acima não tem aplicação rigorosa e absoluta, comportando, ao contrário, as limitações prescritas pela lei, em atenção aos fins a que esses acessórios se destinam" (*O direito e a vida dos direitos*, reedição, 1960, v. 2, n. 195).

[73] STJ, REsp 1.667.227-RS, 3ª T., rel. Min. Marco Aurélio Bellizze, *DJe* 29-6-2018.

do credor fiduciante, não conduz ao perdimento da pertença em favor deste. O equipamento de monitoramento, independentemente do destino do caminhão, permanece com a propriedade de seu titular".

4.2.2.4. As benfeitorias

Também se consideram bens acessórios todas as *benfeitorias*, qualquer que seja o seu valor (CC, art. 96).

Desde o direito romano classificam-se em três grupos as despesas ou os melhoramentos que podem ser realizados nas coisas: a) despesas ou benfeitorias necessárias (*impensae necessariae*); b) despesas ou benfeitorias úteis (*impensae utiles*); c) despesas ou benfeitorias de luxo (*impensae voluptuariae*).

A importância jurídica da distinção revela-se especialmente nos efeitos da posse e no direito de retenção (CC, art. 1.219), no usufruto (arts. 1.392 e 1.404, § 2º), na locação (art. 578), na extinção do condomínio (art. 1.322), no direito de família (art. 1.660, IV), no direito das obrigações (arts. 453 e 878) e no direito das sucessões (art. 2.004, § 2º). Quem deve restituir um bem tem direito ao reembolso das despesas nele realizadas. Assim, o possuidor, de boa ou de má-fé, tem direito à indenização das benfeitorias necessárias. Só o tem o de boa-fé, se a benfeitoria for útil. Embora as voluptuárias não sejam indenizáveis, pode o possuidor levantá-las (*jus tollendi*). Apenas ao possuidor de boa-fé se admite o exercício do direito de retenção (arts. 1.219 e 1.220).

O Código Civil brasileiro considera *necessárias* as benfeitorias que "têm por fim conservar o bem ou evitar que se deteriore"; *úteis,* as que "aumentam ou facilitam o uso do bem"; e *voluptuárias*, as de "mero deleite ou recreio, que não aumentam o uso habitual do bem, ainda que o tornem mais agradável ou sejam de elevado valor" (art. 96).

Essa classificação não tem caráter absoluto, pois uma mesma benfeitoria pode enquadrar-se em uma ou outra espécie, dependendo das circunstâncias. Uma piscina, por exemplo, pode ser considerada benfeitoria voluptuária em uma casa ou condomínio, mas útil ou necessária em uma escola de natação.

Sob duplo ponto de vista pode-se qualificar de *necessária* uma benfeitoria: a) quando se destina à *conservação* da coisa; b) quando visa permitir sua *normal exploração*.

Quanto à letra "a", o possuidor pode realizar despesas de *conservação* da coisa, seja para *impedir que pereça* ou se deteriore, seja para *conservá-la juridicamente. Impedem o perecimento* despesas para dar suficiente solidez a uma residência, para cura das enfermidades dos animais etc. Destinam-se a *conservar a coisa juridicamente* as efetuadas para o cancelamento de uma hipoteca, liberação de qualquer outro ônus real, pagamento de foros e impostos, promoção de defesa judicial etc.[74].

No tocante à letra "b", são também melhoramentos ou benfeitorias necessárias as realizadas para permitir a *normal exploração* econômica da coisa, como, por exemplo, a adubação, o esgotamento de pântanos, as culturas de toda espécie, as máquinas e instalações etc. O conceito de melhoramento necessário neste último sentido adquiriu uma extraordinária amplitude no comércio moderno: a função social dos direitos, especialmente de propriedade, exige que os bens sejam explorados segundo sua destinação natural. Pouca utilidade social teria a conservação material ou jurídica simplesmente estática das coisas, quando na verdade essa espécie de conservação é apenas o fundamento de sua conservação dinâmica, ou seja, de sua exploração econômica[75].

O conceito de benfeitorias *úteis* é negativo: as que não se enquadram na categoria de necessárias, mas aumentam objetivamente o valor do bem[76]. Para o Código Civil brasileiro, como já dito, são *úteis* as benfeitorias que

---

[74] Tanto a conservação material como a jurídica constituem despesas ou benfeitorias necessárias. A esse respeito é muito claro o Código Civil alemão, que se refere, em seu § 944, às "despesas realizadas na coisa" ("die auf die Sache gemachten notwendigen Verwendungen"), isto é, despesas de conservação material; e, no § 995, às despesas para "liberar a coisa de seus ônus" ("die der Besitzer zur Bestreitung von Lasten der Sache macht"), vale dizer, despesas de conservação jurídica.

[75] Arturo Valencia Zea, *La posesion*, p. 374-375. Também Wolff e Raiser advertem que "benfeitorias necessárias" são "as indispensáveis para conservar e explorar a coisa, de modo normal e na forma da exploração anterior", sintetizando o entendimento da jurisprudência alemã, que considera benfeitoria necessária toda despesa ou melhoramento que constitua um meio adequado para manter viva a exploração da coisa e, inclusive, para lhe dar uma forma mais proveitosa (*Sachenrecht*, 1957, § 5, in *Lehrbuch des Burgerlichen Rechts*, de Enneccerus, Kipp e Wolff, 1957-1962, n. 86, nota 2). Também § 5º na trad. espanhola de Pérez y Alguer.

[76] Wolff e Raiser, *Sachenrecht*, cit., n. 86. A noção de que o conceito de benfeitoria útil alcança os melhoramentos não necessários, mas que aumentam o valor comercial da coisa, é pacífica na doutrina em geral (cf. Planiol, Ripert e Picard, Los bienes, in *Tratado práctico de derecho civil francés*, trad. de Díaz Cruz, La Habana, 1942), tendo sido acolhida por alguns Códigos, como o colombiano, cujo art. 966, segunda parte, reza: "Só se consideram melhorias úteis as que aumentam o valor venal da coisa"; e também o Código do México, cujo art. 818 dispõe: "São benfeitorias úteis as que, sem ser necessárias, aumentam o preço ou o valor da coisa".

aumentam ou facilitam o uso do bem. Assim, por exemplo, o acrescentamento de um banheiro ou de uma garagem à casa, que obviamente aumenta o seu valor comercial.

Voluptuárias são as benfeitorias que só consistem em objetos de luxo e recreio, como jardins, mirantes, fontes, cascatas artificiais, bem como aquelas que não aumentam o valor venal da coisa, no mercado em geral, ou só o aumentam em proporção insignificante, como preceitua o § 2º do art. 967 do Código Civil colombiano.

Benfeitorias não se confundem com *acessões industriais* ou *artificiais*, previstas nos arts. 1.253 a 1.259 do Código Civil e que constituem construções e plantações. Benfeitorias são obras ou despesas feitas em bem *já existente*. As acessões industriais são obras que criam *coisas novas*, como a edificação de uma casa, e têm regime jurídico diverso, sendo um dos modos de aquisição da propriedade imóvel. A pintura ou os reparos feitos em casa já existente constituem benfeitorias.

Apesar de acarretarem consequências diversas, a jurisprudência vem reconhecendo o direito de retenção ao possuidor também nos casos de acessões industriais, malgrado a legislação o tenha previsto somente para a hipótese de ter sido feita alguma benfeitoria necessária ou útil (CC, art. 1.219)[77].

Dispõe o art. 97 do Código Civil: "*Não se consideram benfeitorias os melhoramentos ou acréscimos sobrevindos ao bem sem a intervenção do proprietário, possuidor ou detentor*". Esses acréscimos são acessões naturais e ocorrem em virtude de aluvião, avulsão, formação de ilhas e abandono de álveo (CC, art. 1.248). Nessas hipóteses, "não há benfeitorias, mas acréscimos decorrentes de fatos eventuais e inteiramente fortuitos. Não são eles indenizáveis, porque, para a sua realização, não ocorre qualquer esforço do possuidor ou detentor. Sendo obra exclusiva da natureza, quem lucra é o proprietário do imóvel, sem compensação alguma para quem quer que seja"[78].

Igualmente não se consideram benfeitorias ou bens acessórios: a pintura em relação à tela, a escultura em relação à matéria-prima e a escritura ou outro qualquer trabalho gráfico em relação à matéria-prima que os recebe, considerando-se o maior valor do trabalho em relação ao do bem principal (CC, art. 1.270, § 2º). Em casos de confecção de obra de arte,

---

77 STF, *RTJ*, 60/179; *RSTJ*, 17/293.

78 Washington de Barros Monteiro, *Curso*, cit., v. 1, p. 161.

portanto, em que o valor da mão de obra exceda consideravelmente o preço da matéria-prima, existe o interesse social em preservá-la e em prestigiar o trabalho artístico.

4.3. Bens quanto ao titular do domínio: públicos e particulares

O art. 98 do Código Civil considera públicos "*os bens do domínio nacional pertencentes às pessoas jurídicas de direito público interno*". Os particulares são definidos por exclusão: "*Todos os outros são particulares, seja qual for a pessoa a que pertencerem*".

Os bens públicos foram classificados em três categorias: a) bens de uso comum do povo; b) bens de uso especial; c) bens dominicais (CC, art. 99). Os de uso comum e os de uso especial são bens do domínio público do Estado.

Bens de uso comum do povo são os que podem ser utilizados por qualquer um do povo, sem formalidades (*res communis omnium*). Exemplificativamente, o Código Civil menciona "*os rios, mares, estradas, ruas e praças*" (art. 99, I).

Não perdem essa característica, se o Poder Público regulamentar seu uso, ou torná-lo oneroso, instituindo cobrança de pedágio, como nas rodovias (art. 103)[79]. A Administração pode também restringir ou vedar o seu uso, em razão de segurança nacional ou de interesse público, interditando uma estrada, por exemplo, ou proibindo o trânsito por determinado local[80].

---

[79] Preleciona, a propósito, Celso Antônio Bandeira de Mello: "Dependendo do que as leis estabeleçam, o uso comum pode ser gratuito ou remunerado. Assim, a circulação de veículos nas estradas é livre, mas seus condutores, para fazê-lo, terão que pagar o 'pedágio' acaso estabelecido" (*Curso de direito administrativo*, p. 567). Por sua vez, sustenta Luiz Guilherme Marinoni que "a cobrança de pedágio não configura violação ao direito constitucional de liberdade de locomoção, por tratar-se de um condicionamento à utilização de bem público de uso comum" (Parecer sobre ação que ataca cobrança de pedágio, *RT*, 777/120-141).

Já decidiu o Tribunal de Justiça de São Paulo: "Pedágio. Cobrança. Interdição da Estrada Velha do Mar, obrigando o usuário desta a se utilizar da Via Anchieta. Pretendida ilegalidade do pedágio. Preço público, e não taxa. Tarifa criada por legislação ordinária, quando em recesso a Assembleia Legislativa. Rejeição da tese de que a cobrança estaria condicionada à existência de alternativa viária desimpedida" (*RJTJSP*, 40/124).

[80] "Universidade de São Paulo. Cidade Universitária. Fechamento à visitação pública nos finais de semana e feriados. Admissibilidade. Patrimônio da Autarquia, cujos bens são da categoria 'bens especiais'. Art. 66, inciso II, do CC (*de 1916*). Acesso, portanto, restrito e limitado. Ação civil pública improcedente. Recurso não provido" (*JTJ*, Lex, 207/12).

O povo somente tem o direito de usar tais bens, mas não tem o seu domínio. Este pertence à pessoa jurídica de direito público. Mas é um domínio com características especiais, que lhe confere a guarda, administração e fiscalização dos referidos bens, podendo ainda reivindicá-los.

Segundo alguns autores, não haveria propriamente um direito de propriedade, mas um poder de gestão. Todavia, foram afastadas as doutrinas que negavam a existência do direito de propriedade do Estado em relação aos bens do domínio público. Passou-se a adotar a tese da *propriedade pública* que, segundo HAURIOU, não é, em sua essência, diferente da propriedade privada, mas a existência da *afetação* dos bens lhe imprime características particulares[81].

Bens de uso especial são os que se destinam especialmente à execução dos serviços públicos. São os edifícios onde estão instalados os serviços públicos, inclusive os das autarquias, e os órgãos da administração (repartições públicas, secretarias, escolas, ministérios etc. – CC, art. 99, II). São utilizados exclusivamente pelo Poder Público.

Bens dominicais ou do patrimônio disponível são os que constituem o patrimônio das pessoas jurídicas de direito público, como objeto de direito pessoal, ou real, de cada uma dessas entidades (CC, art. 99, III). Sobre eles o Poder Público exerce poderes de proprietário. Incluem-se nessa categoria as terras devolutas, as estradas de ferro, oficinas e fazendas pertencentes ao Estado.

Não estando afetados a finalidade pública específica, os bens dominicais podem ser alienados por meio de institutos de direito privado ou de direito público (compra e venda, legitimação de posse etc.), observadas as exigências da lei (CC, art. 101).

Os bens dominicais são do domínio privado do Estado. Se nenhuma lei houvesse estabelecido normas especiais sobre essa categoria de bens, seu regime jurídico seria o mesmo que decorre do Código Civil para os bens pertencentes aos particulares. Sendo alienáveis, estariam inteiramente no comércio jurídico de direito privado e poderiam ser objeto de usucapião e de direitos reais, como também poderiam ser objeto de penhora e de contratos como os de locação, comodato, permuta, arrendamento.

No entanto, "o fato é que as normas do direito civil aplicáveis aos bens dominicais sofreram inúmeros 'desvios' ou derrogações impostos por normas

---

[81] Washington de Barros Monteiro, *Curso*, cit., v. 1, p. 162; Maria Sylvia Zanella di Pietro, *Direito administrativo*, 7. ed., p. 431 e 436.

publicísticas". Assim, se afetados a finalidade pública específica, não podem ser alienados. Em caso contrário, podem ser alienados por meio de institutos do direito privado, como compra e venda, doação, permuta, ou do direito público. Tais bens encontram-se, portanto, "no comércio jurídico de direito privado e de direito público"[82].

Os requisitos para alienação, na esfera federal, constam do art. 17 da Lei n. 8.666, de 21 de junho de 1993, que exige, sob pena de invalidade do ato, demonstração de *interesse público*, *prévia avaliação*, *licitação* e *autorização legislativa*. Este último requisito somente é exigível quando se trate de bem imóvel. Por sua vez, a Lei n. 9.636, de 15 de maio de 1998, exige autorização do Presidente da República para a alienação de bens imóveis da União (art. 23).

Dispõe o parágrafo único do art. 99 do Código Civil que, não "*dispondo a lei em contrário, consideram-se dominicais os bens pertencentes às pessoas jurídicas de direito público a que se tenha dado estrutura de direito privado*". Nesse caso, podem ser alienados pelos institutos típicos do direito civil, como se pertencessem a um particular qualquer.

No silêncio da lei, portanto, os bens do domínio privado do Estado submetem-se ao regime do direito privado. Já dizia Pontes de Miranda: "Na falta de regras jurídicas sobre bens dominicais, incidem as de direito privado, ao passo que, na falta de regras jurídicas sobre bens públicos *stricto sensu* (os de uso comum e os de uso especial), são de atender-se os princípios gerais de direito público"[83].

Os bens públicos de "*uso comum do povo e os de uso especial são inalienáveis, enquanto conservarem a sua qualificação, na forma que a lei determinar*" (CC, art. 100).

Os citados bens apresentam a característica da inalienabilidade e, como consequência desta, a imprescritibilidade, a impenhorabilidade e a impossibilidade de oneração. Mas a inalienabilidade não é absoluta, a não ser com relação àqueles que, por sua própria natureza, são insuscetíveis de valoração patrimonial, como os mares, as praias, os rios navegáveis etc. Os suscetíveis de valoração patrimonial podem perder a inalienabilidade que lhes é peculiar pela *desafetação*, "na forma que a lei determinar" (CC, art. 100).

---

[82] Maria Sylvia Zanella di Pietro, *Direito administrativo*, cit., p. 427.

[83] *Tratado de direito privado*, t. 2, p. 136.

Desafetação é noção inerente ao Direito Administrativo. É a alteração da destinação do bem, "visando incluir bens de uso comum do povo, ou bens de uso especial, na categoria de bens dominicais, para possibilitar a alienação, nos termos das regras do Direito Administrativo, ou até mesmo para as raras hipóteses, como a do terremoto que destrói a edificação da creche pública, restando só o terreno, como exemplificado por Diogenes Gasparini (*Direito administrativo*, p. 485) e acolhido por Celso Antônio Bandeira de Mello (*Curso de direito administrativo*, p. 612)"[84]. Deve ser feita por lei ou por ato administrativo praticado na conformidade da lei.

José Cretella Júnior entende que os bens especiais são passíveis de *desafetação tácita*, compreendida "como vontade presente e concordante, porém não manifesta, por parte do Estado que, não só se opõe, como ainda permite o aparecimento de certas circunstâncias unívocas que completam a inércia inexpressa do Poder Público (...) Verifica-se a desafetação tácita quando a *res* deixa de servir o seu fim de utilidade pública para integrar o rol do domínio privado da Administração, como, por exemplo, a velha estrada que, pela abertura de outra com a mesma utilidade, deixa de ser utilizada para o trânsito, ou a fortaleza que, por obsoleta e desguarnecida, passa a não oferecer garantias, sendo, por isso, abandonada"[85].

Por sua vez, preceitua o art. 101 do Código Civil que os "*bens públicos dominicais podem ser alienados, observadas as exigências da lei*".

A alienabilidade, característica dos bens dominicais, também não é absoluta, porque podem perdê-la pelo instituto da *afetação*, que é ato ou fato pelo qual um bem passa da categoria de bem do domínio privado do Estado para a categoria de bem do domínio público. Vale observar que a alienação, quando não ocorre a afetação, sujeita-se às exigências da lei (CC, art. 101).

Pelos conceitos de afetação e desafetação, preleciona Maria Sylvia Zanella di Pietro, "verifica-se que uma e outra podem ser *expressas* ou *tácitas*. Na primeira hipótese, decorrem de ato administrativo ou de lei; na segunda, resultam de atuação direta da Administração, sem manifestação expressa de sua vontade, ou de fato da natureza. Por exemplo, a

[84] Renan Lotufo, *Código Civil*, cit., p. 256.

[85] José Cretella Júnior, *Direito administrativo brasileiro*, p. 851-852.

Administração pode baixar decreto estabelecendo que determinado imóvel, integrado na categoria dos bens dominicais, será destinado à instalação de uma escola; ou pode simplesmente instalar essa escola no prédio, sem qualquer declaração expressa. Em um e outro caso, o bem está afetado ao uso especial da Administração, passando a integrar a categoria de bem de uso especial. A operação inversa também pode ocorrer, mediante declaração expressa ou pela simples desocupação do imóvel, que fica sem destinação"[86].

Dispõe, ainda, o art. 102 do Código Civil que os *"bens públicos não estão sujeitos a usucapião"*. Nesse mesmo sentido já proclamava anteriormente a Súmula 340 do Supremo Tribunal Federal: "Desde a vigência do Código Civil, os bens dominicais, como os demais bens públicos, não podem ser adquiridos por usucapião". Trata-se de um daqueles "desvios" que sofreu o regime jurídico dos bens dominicais.

Anderson Schreiber observa que a jurisprudência do Superior Tribunal de Justiça "tem invocado a vedação constitucional e legal à usucapião de bens públicos (arts. 183, § 3º, e 191, parágrafo único, da CR; art. 102 do CC) para afirmar a impossibilidade de posse particular sobre bens públicos. Sustenta-se que a impossibilidade de aquisição da propriedade pública pela posse demonstraria o caráter precário do direito do particular, caracterizando verdadeira detenção. Nessa esteira, o STJ editou em 2018 a Súmula n. 619, segundo a qual: "A ocupação indevida de bem público configura mera detenção, de natureza precária, insuscetível de retenção ou indenização por acessões e benfeitorias"[87].

Encontra-se hoje totalmente superada a discussão que outrora se travou no País a respeito da possibilidade de bens públicos serem adquiridos por usucapião, mormente os dominicais, visto que a Constituição de 1988 veda expressamente, nos arts. 183, § 3º, e 191, parágrafo único, tal possibilidade, tanto no que concerne aos imóveis urbanos como aos rurais.

4.4. Bens quanto à possibilidade de serem ou não comercializados: bens fora do comércio e bem de família

O *bem de família* foi deslocado, no atual Código Civil, para o direito de família, estando regulamentado nos arts. 1.711 a 1.722. Será analisado,

---

[86] Maria Sylvia Zanella Di Pietro, *Direito administrativo*, 21. ed., 2008, p. 638.

[87] *Código Civil comentado*: doutrina e jurisprudência, cit., p. 79.

portanto, no volume 6 desta obra, concernente à matéria tratada no Livro IV do referido diploma.

O Código de 1916 dedicou um capítulo, com um único artigo, às "coisas que estão fora do comércio". Dizia o art. 69 do referido estatuto: "São coisas fora do comércio as insuscetíveis de apropriação, e as legalmente inalienáveis".

O vocábulo *comércio* era empregado no sentido jurídico, significando "a possibilidade de compra e venda, a liberdade de circulação, o poder de movimentação dos bens. *Coisas no comércio* são, por conseguinte, as que se podem comprar, vender, trocar, doar, dar, alugar, emprestar etc.; *fora do comércio* são aquelas que não podem ser objeto de relações jurídicas, como as mencionadas"[88].

Esse capítulo não foi reproduzido no atual Código, de 2002, "por despiciendo", no entender de José Carlos Moreira Alves[89].

Todavia, pode-se dizer que se encontram na situação de bens *extra commercium*, por não poderem ser objeto de relações jurídicas negociais, mesmo não mencionados expressamente, os bens: a) *naturalmente* inapropriáveis: os insuscetíveis de apropriação pelo homem, como o ar atmosférico, a luz solar, a água do mar etc.; b) *legalmente* inalienáveis: bens públicos de uso comum e de uso especial, bens de incapazes, bens das fundações, lotes rurais de dimensões inferiores ao módulo regional (Lei n. 4.947/66, art. 10, § 2º), bem de família (CC, art. 1.711), bens tombados, terras ocupadas pelos índios (CF, art. 231, § 4º) etc.; e c) indisponíveis pela *vontade humana*: deixados em testamento ou doados, com cláusula de inalienabilidade (CC, arts. 1.848 e 1.911).

Aduza-se que o ar atmosférico e a água do mar que puderem ser captados, em pequenas porções, podem ser comercializados, porque houve a apropriação.

Prescreve o art. 1.911 do Código Civil que a cláusula de inalienabilidade, imposta aos bens por ato de liberalidade, implica impenhorabilidade e incomunicabilidade. Já dispunha, anteriormente, a Súmula 49 do Supremo Tribunal Federal: "A cláusula de inalienabilidade inclui a incomunicabilidade dos bens". Embora não mencionado, abrangia, também, a impenhorabilidade.

---

[88] Washington de Barros Monteiro, *Curso*, cit., v. 1, p. 164.

[89] *A Parte Geral*, cit., p. 69.

Incluem-se na categoria dos bens legalmente inalienáveis os valores e *direitos da personalidade*, preservados em respeito à dignidade humana, como a liberdade, a honra, a vida etc. (CC, art. 11), bem como os *órgãos do corpo humano*, cuja comercialização é expressamente vedada pela Constituição Federal (art. 199, § 4º).

Apenas a título ilustrativo são citados, resumidamente, acórdãos pertinentes ao tema, do Supremo Tribunal Federal e do Superior Tribunal de Justiça:

"A dignidade da pessoa humana e a proteção à família exigem que se ponham ao abrigo da constrição e da alienação forçada determinados bens. É o que ocorre com o bem de família do fiador, destinado à sua moradia, cujo sacrifício não pode ser exigido a pretexto da satisfazer o crédito de locador de imóvel comercial ou de estimular a livre iniciativa" (STF, RE 605.709-SP, rel. Min. Rosa Weber, j. 12-6-2018).

"A regra da impenhorabilidade do bem de família trazida pela Lei 8.009/90 deve ser examinada à luz do princípio da boa-fé objetiva, que, além de incidir em todas as relações jurídicas, constitui diretriz interpretativa para as normas do sistema jurídico pátrio. Nesse contexto, caracterizada fraude à execução na alienação do único imóvel dos executados, em evidente abuso de direito e má-fé, afasta-se a norma protetiva do bem de família, que não pode conviver, tolerar e premiar a atuação dos devedores em desconformidade com cânone da boa-fé objetiva" (STJ, REsp 1.575.243-DF, 3ª T., rel. Min. Nancy Andrighi, *DJe* 2-4-2018).

"Hipótese em que a recorrida é titular de crédito vinculado a negócio jurídico que, embora não implique a transmissão da propriedade, está estritamente ligado à sua aquisição, na medida em que o aporte financeiro vertido à associação é indispensável à efetiva construção do imóvel de todos os associados com suas respectivas áreas comuns, aporte esse sem o qual os recorrentes sequer teriam a expectativa de concretizar a titularidade do bem de família, tendo em vista a falência da construtora originariamente contratada para aquela finalidade. Se todos os associados se obrigaram perante a associação a custear o término da construção do todo, isso é, das três torres que compõem o condomínio, não há como imputar os pagamentos realizados por cada um dos associados a uma determinada torre ou unidade. Assim como outros associados cumpriram a obrigação de contribuir para a construção da torre onde se localiza a unidade dos recorrentes, estão estes igualmente obrigados a contribuir para a construção das demais torres e devidas unidades, sendo inadmissível, à luz da boa-fé objetiva, que, a pretexto de proteger o bem de família dos recorrentes, se sacrifique outros possíveis bens de família de tantos outros associados" (STJ, REsp 1.658.601-SP, 3ª T., rel. Min. NANCY ANDRIGHI, j. 13-8-2019).

"Entre as exceções à impenhorabilidade do bem de família previstas nesse comando incluem-se as dívidas relativas à empreitada para construção parcial do imóvel. Para os efeitos estabelecidos no dispositivo legal (inciso II do art. 3º da Lei n. 8.009/90), o financiamento referido pelo legislador abarca operações de crédito destinadas à aquisição ou construção do imóvel residencial, podendo essas serem *stricto sensu* – decorrente de uma operação na qual a financiadora, mediante mútuo/empréstimo, fornece recursos para outra a fim de que essa possa executar benfeitorias ou aquisições específicas, segundo o previamente acordado – como aquelas em sentido amplo, nas quais se inclui o contrato de compra e venda em prestações, o consórcio ou a empreitada com pagamento parcelado durante ou após a entrega da obra, pois todas essas modalidades, viabilizam a aquisição/construção do bem pelo tomador que não pode ou não deseja pagar o preço à vista" (STJ, REsp 1.221.372-RS, 4ª T., rel. Min. MARCOS BUZZI, j. 15-10-2019).

Livro III
DOS FATOS JURÍDICOS

Título I
DO NEGÓCIO JURÍDICO

Capítulo I
DISPOSIÇÕES GERAIS

1. Fato jurídico em sentido amplo

O Código Civil de 1916, no Livro III, concernente aos "Fatos jurídicos", tratava, nas "Disposições preliminares", da aquisição, conservação, modificação e extinção de direitos, e, em seguida, no Título I, dos "Atos jurídicos".

O atual Código substituiu a expressão genérica "ato jurídico" pela designação específica "negócio jurídico", porque somente este é rico em conteúdo e justifica uma pormenorizada regulamentação, aplicando-se-lhe os preceitos constantes do Livro III. Alterou, também, a ordem das matérias.

Como esclarece Moreira Alves, o novo diploma, depois de estabelecer os requisitos de validade do negócio jurídico, cuida de "dois aspectos ligados à manifestação de vontade: a interpretação do negócio jurídico e a representação. Em seguida, disciplina a condição, o termo e o encargo, que são autolimitações da vontade, isto é, uma vez apostos à manifestação de vontade, tornam-se inseparáveis dela. Finalmente, a parte patológica do negócio jurídico: defeitos e invalidade"[1].

A denominação "Dos fatos jurídicos", dada ao Livro III, foi mantida, abrangendo os fatos jurídicos em geral, ou seja, os fatos jurídicos em sentido amplo e suas espécies, como se verá a seguir.

1.1. Conceito

O direito também tem o seu ciclo vital: nasce, desenvolve-se e extingue-se. Essas fases ou momentos decorrem de fatos, denominados *fatos jurídicos*, exatamente por produzirem efeitos jurídicos. Nem todo acontecimento constitui fato jurídico. Alguns são simplesmente fatos, irrelevantes para o direito. Somente o acontecimento da vida relevante para o direito, mesmo que seja fato ilícito, pode ser considerado fato jurídico.

Nessa ordem, exemplifica Caio Mário: "A chuva que cai é um fato, que ocorre e continua a ocorrer, dentro da normal indiferença da vida jurídica, o que não quer dizer que, algumas vezes, este mesmo fato não repercuta no campo do direito, para estabelecer ou alterar situações jurídicas. Outros se passam no domínio das ações humanas, também indiferentes ao direito: o indivíduo veste-se, alimenta-se, sai de casa, e a vida jurídica se mostra alheia a estas ações, a não ser quando a locomoção, a alimentação, o vestuário provoquem a atenção do ordenamento legal"[2].

Verifica-se, assim, que todo fato, para ser considerado jurídico, deve passar por um juízo de valoração. O ordenamento jurídico, que regula a atividade humana, é composto de normas jurídicas, que preveem hipóteses de fatos e consequentes modelos de comportamento considerados relevantes e que, por isso, foram normatizados. Estes, depois de concretizados, servem de suporte fático para a incidência da norma e o surgimento do fato jurídico.

---

[1] *A Parte Geral do Projeto de Código Civil brasileiro*, p. 101.

[2] Caio Mário da Silva Pereira, *Instituições de direito civil*, v. 1, p. 291.

Fato jurídico em sentido amplo é, portanto, todo acontecimento da vida que o ordenamento jurídico considera relevante no campo do direito.

Para ser erigido à categoria de fato jurídico basta que esse fato do mundo – mero evento ou conduta – seja relevante "à vida humana em sua interferência intersubjetiva, independentemente de sua natureza. Tanto o simples evento natural como o fato do animal e a conduta humana podem ser suporte fático de norma jurídica e receber um sentido jurídico"[3].

Essa correspondência entre o fato e a norma, que qualifica o primeiro como fato jurídico, recebe várias denominações nos diversos setores do direito, como: suporte fático, tipificação legal, hipótese de incidência, subsunção, fato gerador, *Tatbestand* (no direito alemão), *fattispecie* (no direito italiano), *supuesto de hecho* (no direito espanhol) etc.[4].

1.2. Espécies

Os fatos jurídicos em sentido amplo podem ser classificados em: a) fatos *naturais* ou fatos jurídicos *stricto sensu*; e b) fatos *humanos* ou atos jurídicos *lato sensu*. Os primeiros decorrem de simples manifestação da natureza e os segundos da atividade humana.

Os *fatos naturais*, também denominados *fatos jurídicos em sentido estrito*, por sua vez, dividem-se em: a.1) *ordinários,* como o nascimento e a morte, que constituem respectivamente o termo inicial e final da personalidade,

---

[3] Marcos Bernardes de Mello, *Teoria do fato jurídico. Plano da existência,* p. 38-39.

[4] Preleciona Miguel Reale que o "*fato*, em suma, figura, primeiro, como *espécie de fato prevista na norma* (*Fattispecie, Tatbestand*) e, depois, como *efeito* juridicamente qualificado, em virtude da correspondência do fato concreto ao fato-tipo genericamente modelado na regra de direito: desse modo, o *fato* está no início e no fim do processo normativo, como *fato-tipo*, previsto na regra, e como *fato concreto*, no momento de sua aplicação". Arremata Reale afirmando que "fato jurídico é todo e qualquer fato que, na vida social, venha a corresponder ao modelo de comportamento ou de organização configurado por uma ou mais normas de direito" (*Lições preliminares de direito*, p. 198-199).

José de Oliveira Ascensão, por sua vez, ressalta que o "elemento dinamizador da ordem jurídica é o facto. Os factos alteram as situações existentes, provocando efeitos de direito. Facto jurídico é por isso todo o facto que produz efeitos de direito" (*O direito*: introdução e teoria geral – uma perspectiva luso-brasileira, p. 14).

Para Renan Lotufo, fatos jurídicos "são aqueles fatos a que o Direito atribui relevância jurídica, no sentido de mudar as relações anteriores a eles e de configurar novas situações, a que correspondem novas qualificações jurídicas" (*Código Civil comentado*, v. 1, p. 265).

bem como a maioridade, o decurso do tempo, todos de grande importância, e outros; a.2) *extraordinários*, que se enquadram, em geral, na categoria do fortuito e da força maior: terremoto, raio, tempestade etc.[5].

Os *fatos humanos* ou *atos jurídicos em sentido amplo* são ações humanas que criam, modificam, transferem ou extinguem direitos e dividem-se em: b.1) *lícitos*; e b.2) *ilícitos*.

Lícitos são os atos humanos a que a lei defere os efeitos almejados pelo agente. Praticados em conformidade com o ordenamento jurídico, produzem efeitos jurídicos *voluntários*, queridos pelo agente. Os *ilícitos*, por serem praticados em desacordo com o prescrito no ordenamento jurídico, embora repercutam na esfera do direito, produzem efeitos jurídicos *involuntários*, mas impostos por esse ordenamento. Em vez de direito, criam deveres, obrigações. Hoje se admite que os atos ilícitos integram a categoria dos atos jurídicos pelos efeitos que produzem (são definidos no art. 186 e geram a obrigação de reparar o dano, como dispõe o art. 927, ambos do CC).

Os *atos lícitos* dividem-se em: b.1.1) *ato jurídico em sentido estrito* ou *meramente lícito*; b.1.2) *negócio jurídico*; e b.1.3) *ato-fato jurídico*. Nos dois primeiros, exige-se uma manifestação de vontade.

No *negócio jurídico,* num contrato de compra e venda, por exemplo, a ação humana visa diretamente alcançar um fim prático permitido na lei, dentre a multiplicidade de efeitos possíveis. Por essa razão é necessária uma vontade qualificada, sem vícios.

No *ato jurídico em sentido estrito*, o efeito da manifestação da vontade está predeterminado na lei, como ocorre com a notificação, que constitui em mora o devedor, o reconhecimento de filho, a tradição, a percepção dos frutos, a ocupação, o uso de uma coisa etc., não havendo, por isso, qualquer dose de escolha da categoria jurídica. A ação humana se baseia não numa vontade qualificada, mas em simples intenção, como quando alguém fisga um peixe, dele se tornando proprietário graças ao instituto da ocupação[6].

---

[5] "Caso fortuito ou força maior. Excesso de chuvas. No presente caso, concluir que o excesso de chuvas e a escassez de mão de obra configuram fatos extraordinários e imprevisíveis, traduzindo-se como hipótese de caso fortuito e força maior, demanda o reexame do conjunto fático-probatório dos autos. Incidência da Súmula n. 7/STJ" (REsp 1.700.455-SP, 4ª T., rel. Min. Luis Felipe Salomão, *DJe* 1º-12-2017).

[6] Alguns autores classificam os atos jurídicos em sentido estrito em atos materiais e participações. Atos *materiais* ou *reais* consistem em manifestações da vontade sem destinatário e

O ato material dessa captura não demanda a vontade qualificada que se exige para a formação de um contrato. Por essa razão, nem todos os princípios do negócio jurídico, como os vícios do consentimento e as regras sobre nulidade ou anulabilidade, aplicam-se aos atos jurídicos em sentido estrito não provenientes de uma declaração de vontade, mas de simples intenção (CC, art. 185)[7].

No *ato-fato jurídico* ressalta-se a consequência do ato, o fato resultante, sem se levar em consideração a vontade de praticá-lo. Muitas vezes, o efeito do ato não é buscado nem imaginado pelo agente, mas decorre de uma conduta e é sancionado pela lei, como no caso da pessoa que acha, casualmente, um tesouro. A conduta do agente não tinha por fim imediato adquirir-lhe a metade, mas tal acaba ocorrendo, por força do disposto no art. 1.264 do Código Civil, ainda que se trate de um absolutamente incapaz.

É que há certas ações humanas que a lei encara como fatos, sem levar em consideração a vontade, a intenção ou a consciência do agente, demandando apenas o ato material de achar. Assim, o louco, pelo simples achado do tesouro, torna-se proprietário de parte dele. Essas ações são denominadas pela doutrina *atos-fatos jurídicos*, expressão divulgada por Pontes de Miranda.

2. *Negócio jurídico*

A expressão "negócio jurídico" não é empregada no Código Civil no sentido comum de operação ou transação comercial, mas como uma das espécies em que se subdividem os atos jurídicos lícitos.

O Código de 1916 referia-se ao ato jurídico de forma genérica, sem distinguir as suas subespécies, dentre elas o negócio jurídico, porque a teoria que o concebeu desenvolveu-se na Alemanha e na Áustria, posteriormente à sua entrada em vigor.

---

sem finalidade específica, como no caso de ocupação, derrelição, fixação de domicílio, confusão, especificação, acessão, pagamento indevido etc. Os efeitos decorrentes desses atos estão predeterminados na lei. *Participações* consistem em declarações para ciência ou comunicação de intenções ao destinatário, como a notificação, a intimação, a interpelação, a oposição, a denúncia, a confissão, a recusa etc. (Orlando Gomes, *Introdução ao direito civil*, p. 224-225; Maria Helena Diniz, *Curso de direito civil brasileiro*, v. 1, p. 489; Francisco Amaral, *Direito civil*: introdução, 2018, p. 463).

[7] José Carlos Moreira Alves, *A Parte Geral*, cit., p. 98 e 138.

2.1. Conceito

O primeiro tratamento legal ao negócio jurídico deu-se no Código Civil alemão (BGB), quando se lhe conferiu um regime jurídico específico. O referido diploma permitiu, segundo KARL LARENZ, que se formulasse o seguinte conceito: "Negócio jurídico é um ato, ou uma pluralidade de atos, entre si relacionados, quer sejam de uma ou de várias pessoas, que tem por fim produzir efeitos jurídicos, modificações nas relações jurídicas no âmbito do Direito Privado"[8].

MIGUEL REALE, por sua vez, preleciona que "negócio jurídico é aquela espécie de ato jurídico que, além de se originar de um ato de vontade, implica a *declaração expressa da vontade*, instauradora de uma relação entre dois ou mais sujeitos tendo em vista um objetivo protegido pelo ordenamento jurídico. Tais atos, que culminam numa relação intersubjetiva, não se confundem com os atos jurídicos em sentido estrito, nos quais não há acordo de vontade, como, por exemplo, se dá nos chamados atos materiais, como os da ocupação ou posse de um terreno, a edificação de uma casa no terreno apossado etc. Um contrato de compra e venda, ao contrário, tem a forma específica de um negócio jurídico..."[9].

ANTÔNIO JUNQUEIRA DE AZEVEDO, depois de criticar a teoria voluntarista, que dá ênfase à manifestação da vontade como elemento fundamental do negócio jurídico, e também a teoria objetivista, que vislumbra no negócio jurídico antes um meio concedido pelo ordenamento jurídico para a produção de efeitos jurídicos que propriamente um ato de vontade – dissensão esta agravada com o debate entre a teoria da vontade[10] (*Willenstheorie*) e a teoria da declaração (*Erklarungstheorie*) –, conceitua o negócio jurídico, sob o critério estrutural e encarando-o como fato jurídico concreto, como "todo fato jurídico consistente em declaração de vontade, a que o ordenamento jurídico atribui os efeitos designados como queridos, respeitados os pressupostos de existência, validade e eficácia impostos pela norma jurídica que sobre ele incide"[11].

---

[8] *Derecho civil*: parte general, p. 421.

[9] *Lições*, cit., p. 206-207.

[10] A teoria da vontade é dominante no direito brasileiro, como se constata pela leitura do art. 85 do Código Civil de 1916, reproduzido no novo diploma no art. 112, com mudança de redação: "Nas declarações de vontade se atenderá mais à intenção nelas consubstanciada do que ao sentido literal da linguagem".

[11] *Negócio jurídico. Existência, validade e eficácia*, p. 16.

Para Renan Lotufo, "negócio jurídico é o meio para a realização da autonomia privada, ou seja, a *atividade* e *potestade* criadoras, modificadoras ou extintoras de relações jurídicas entre particulares"[12].

De forma precisa e adequada, Francisco Amaral, por seu turno, assevera: "Por negócio jurídico deve-se entender a declaração de vontade privada destinada a produzir efeitos que o agente pretende e o direito reconhece. Tais efeitos são a constituição, modificação ou extinção de relações jurídicas, de modo vinculante, obrigatório para as partes intervenientes". Acrescenta o culto civilista: "De qualquer modo, o negócio jurídico é o meio de realização da autonomia privada, e o contrato é o seu símbolo"[13].

Cumpre a esta altura relembrar que o exercício da autonomia privada não tem mais o caráter individualista que norteou o Código Civil de 1916. O atual diploma afastou-se dessas concepções para seguir orientação compatível com a socialização do direito contemporâneo, cujas diretrizes foram traçadas na Constituição de 1988, especialmente no tocante à função social da propriedade e ao respeito à dignidade da pessoa humana.

O princípio da *socialidade,* acolhido pelo atual Código Civil, reflete a prevalência dos valores coletivos sobre os individuais. E o da *eticidade* prioriza, além de outros critérios éticos, a equidade e a boa-fé nos contratos. "Nesse sentido, é posto o princípio do equilíbrio econômico dos contratos como base ética de todo o direito obrigacional..." "Reconhece-se, assim, a possibilidade de se resolver um contrato em virtude do advento de situações imprevisíveis, que inesperadamente venham alterar os dados do problema, tornando a posição de um dos contratantes excessivamente onerosa"[14] (CC, art. 478).

Nessa linha, dispõe o art. 421 do Código Civil, com a redação conferida pela Lei n. 13.874/2019:

"A liberdade de contratar será exercida em razão e nos limites da função social do contrato.

Parágrafo único. Nas relações contratuais privadas, prevalecerão o princípio da intervenção mínima e a excepcionalidade da revisão contratual".

Complementa o art. 421-A:

"Os contratos civis e empresariais presumem-se paritários e simétricos até a presença de elementos concretos que justifiquem o afastamento

---

[12] *Código Civil*, cit., p. 271.

[13] *Direito civil*, cit., 2018, p. 465-466.

[14] Miguel Reale, *O Projeto do Novo Código Civil*, p. 9.

dessa presunção, ressalvados os regimes jurídicos previstos em leis especiais, garantido também que:

I – as partes negociantes poderão estabelecer parâmetros objetivos para a interpretação das cláusulas negociais e de seus pressupostos de revisão ou de resolução;

II – a alocação de riscos definida pelas partes deve ser respeitada e observada; e

III – a revisão contratual somente ocorrerá de maneira excepcional e limitada".

Por sua vez proclama o art. 422 do mesmo diploma:

"Os contratantes são obrigados a guardar, assim na conclusão do contrato, como em sua execução, os princípios de probidade e boa-fé"[15].

2.2. Finalidade negocial

No negócio jurídico a manifestação da vontade tem finalidade negocial, que abrange a aquisição, conservação, modificação ou extinção de direitos.

O art. 81 do Código Civil de 1916 dizia que "todo o ato lícito, que tenha por fim imediato adquirir, resguardar, transferir, modificar ou extinguir direitos, se denomina ato jurídico". Na verdade, hoje denomina-se *negócio jurídico*, por haver o intuito negocial.

2.2.1. Aquisição de direitos

Ocorre a *aquisição* de um direito com a sua incorporação ao patrimônio e à personalidade do titular. Pode ser originária ou derivada.

---

[15] Francisco Amaral preleciona que o exercício da autonomia privada "deve limitar-se, de modo geral, pela ordem pública e pelos bons costumes e, em particular, pela utilidade que possa ter na consecução dos interesses gerais da comunidade, com vistas ao desenvolvimento econômico e ao seu bem-estar social. O que se pretende, enfim, é a realização da justiça social, sem prejuízo da liberdade da pessoa humana". Aduz que tudo isso implica a redução do âmbito de atuação da autonomia privada e que o problema desta "é, portanto e somente, um problema de limites que se colocam, por exemplo, com o dever ou a proibição de contratar, a necessidade de aceitar regulamentos predeterminados, a inserção ou substituição de cláusulas contratuais, o princípio da boa-fé, os preceitos de ordem pública, os bons costumes, a justiça contratual, as disposições sobre abuso de direito etc., tudo isso a representar as exigências crescentes de solidariedade e de socialidade" (*Direito civil*, cit., 2018, p. 142 e 564).

a) *Originária* – quando se dá sem qualquer interferência do anterior titular. Ocorre, por exemplo, na ocupação de coisa sem dono (*res derelicta* ou *res nullius* – CC, art. 1.263), na avulsão (art. 1.251) etc.

b) *Derivada* – quando decorre de transferência feita por outra pessoa. Nesse caso, o direito é adquirido com todas as qualidades ou os defeitos do título anterior, visto que ninguém pode transferir mais direitos do que tem. A aquisição se funda numa relação existente entre o sucessor e o sucedido. O contrato de compra e venda serve de exemplo. O bem é transmitido com todos os vícios e ônus reais porventura existentes, como sucede na venda *a non domino*, na alienação de imóvel gravado com hipoteca ou servidão etc.

A aquisição pode ser ainda: a) *gratuita*, quando só o adquirente aufere vantagem, como acontece na sucessão hereditária; e b) *onerosa*, quando se exige do adquirente uma contraprestação, possibilitando a ambos os contratantes a obtenção de benefícios, como ocorre na compra e venda, na locação etc.

Quanto à sua extensão, a aquisição pode ser: a) *a título singular*, que ocorre no tocante a bens determinados: em relação ao comprador, na sucessão *inter vivos*, e em relação ao legatário, na sucessão *causa mortis*; e b) *a título universal*, quando o adquirente sucede o seu antecessor na totalidade de seus direitos, como se dá com o herdeiro[16].

Dispunha o art. 74 do Código Civil de 1916 que, "na aquisição de direitos se observarão estas regras: I – adquirem-se os direitos mediante ato do adquirente ou por intermédio de outrem; II – pode uma pessoa adquiri-los para si, ou para terceiro; III – dizem-se atuais os direitos completamente adquiridos, e futuros os cuja aquisição não se acabou de operar".

O atual Código não reproduziu o aludido dispositivo, que continha simples proposições doutrinárias consideradas desnecessárias e até incongruentes. O inciso I, por exemplo, mostrava-se impreciso, porquanto existem direitos que podem ser adquiridos sem a participação de qualquer pessoa, como sucede no caso da aluvião e da avulsão (CC, arts. 1.250 e 1.251). O inciso II era redundante, estando já contido no anterior. E o inciso III distinguia, sem necessidade, direitos atuais de direitos futuros, passando a definir os primeiros como os direitos *completamente* adquiridos, como se possível a existência de direito incompletamente adquirido[17].

---

[16] M. M. de Serpa Lopes, *Curso de direito civil*, v. 1, p. 345-346; Maria Helena Diniz, *Curso*, cit., v. 1, p. 431.

[17] Washington de Barros Monteiro, *Curso de direito civil*, v. 1, p. 176.

Direito *atual* é o direito subjetivo já formado e incorporado ao patrimônio do titular, podendo ser por ele exercido. O seu conceito entrosa-se com o de direito adquirido, definido no art. 6º, § 2º, da Lei de Introdução às Normas do Direito Brasileiro.

Direito *futuro* é o que ainda não se constituiu. Denomina-se *deferido* quando a sua aquisição depende somente do arbítrio do sujeito. É o que sucede com o direito de propriedade, por exemplo, quando a sua aquisição depende apenas do registro do título aquisitivo. Diz-se *não deferido* quando a sua consolidação se subordina a fatos ou condições falíveis. A eficácia de uma doação já realizada pode depender de um fato futuro falível, como, por exemplo, a safra futura ou o casamento do donatário.

Algumas vezes o direito se forma gradativamente. Na fase preliminar, quando há apenas esperança ou possibilidade de que venha a ser adquirido, a situação é de *expectativa de direito*. Consiste esta, pois, na mera possibilidade de se adquirir um direito, como a que têm os filhos de suceder a seus pais quando estes morrerem. Enquanto os ascendentes viverem, não têm aqueles nenhum direito sobre o patrimônio que lhes será deixado.

Quando, no entanto, é ultrapassada a fase preliminar e se acha, inicial e parcialmente, cumprida ou realizada a situação fática exigida pela norma, nasce o *direito eventual*. Já há um interesse, ainda que embrionário ou incompleto, protegido pelo ordenamento jurídico. É um direito concebido, mas ainda pendente de concretização, a ser efetivada pelo próprio interessado (elemento de natureza interna), como a aceitação de proposta de compra e venda (CC, art. 434) ou o exercício do direito de preferência.

Direito condicional difere do eventual porque já se encontra em situação mais avançada, ou seja, completamente constituído, intrinsecamente perfeito. Somente a sua eficácia depende do implemento da condição estipulada, de um evento futuro e incerto (elemento de natureza externa)[18].

O art. 130 do Código Civil emprega a expressão "direito eventual" no sentido genérico de direito ainda em formação e não concretizado, abrangendo o direito condicional, *verbis*: "*Ao titular de direito eventual, nos casos de condição suspensiva ou resolutiva, é permitido praticar os atos destinados a conservá-lo*".

---

[18] Maria Helena Diniz, *Curso*, cit., v. 1, p. 433; Francisco Amaral, *Direito civil*, cit., p. 198-199; Serpa Lopes, *Curso*, cit., v. 1, p. 348-352.

2.2.2. Conservação de direitos

Para resguardar ou conservar seus direitos, muitas vezes necessita o titular tomar certas medidas ou providências preventivas ou repressivas, judiciais ou extrajudiciais. As relações econômicas e sociais tornam inevitáveis e constantes o conflito de interesses e a violação de direitos.

As medidas de caráter *preventivo* visam garantir e acautelar o direito contra futura violação. Podem ser de natureza *extrajudicial*, para assegurar o cumprimento de obrigação creditícia, por exemplo, como as garantias reais (hipoteca, penhor, alienação fiduciária em garantia etc.) e as pessoais (fiança, aval), bem como de natureza *judicial*, correspondentes às medidas cautelares previstas no Código de Processo Civil (arresto, sequestro, caução, busca e apreensão, protesto, notificação, interpelação etc.).

As medidas de caráter *repressivo* visam restaurar o direito violado. A pretensão é deduzida em juízo por meio da ação. Ao Poder Judiciário compete dirimir os conflitos de interesses, salvo as hipóteses de escolha pelas partes do sistema de mediação e arbitragem. A todo direito deve corresponder uma ação que o assegure. Nessa linha, dispõe a Constituição Federal que "a lei não excluirá da apreciação do Poder Judiciário lesão ou ameaça a direito" (art. 5º, XXXV).

A defesa privada ou autotutela só é admitida excepcionalmente porque pode conduzir a excessos. É prevista no art. 188, I e II, do Código Civil, concernentes à legítima defesa, ao exercício regular de um direito e ao estado de necessidade, e no capítulo da posse, em que se permite ao possuidor fazer uso da legítima defesa e do desforço imediato, para manter-se ou restituir-se por sua própria força, contanto que o faça logo e não se exceda (art. 1.210, § 1º)[19].

2.2.3. Modificação de direitos

Os direitos subjetivos nem sempre conservam as características iniciais e permanecem inalterados durante sua existência. Podem sofrer mutações quanto ao seu objeto, quanto à pessoa do sujeito e, às vezes, quanto a ambos os aspectos. A manifestação da vontade, com finalidade negocial, pode objetivar não apenas a aquisição e a conservação de direitos, mas também sua modificação.

---

[19] Washington de Barros Monteiro, *Curso*, cit., v. 1, p. 178-182; Francisco Amaral, *Direito civil*, cit., p. 207-209; Maria Helena Diniz, *Curso*, cit., v. 1, p. 326-327.

A propósito, assevera SERPA LOPES: "Sem sacrifício de sua integridade específica e lógica, os direitos são suscetíveis de modificação, quer em relação aos seus respectivos titulares, quer em relação ao seu conteúdo. Essa modificação pode ocorrer, seja para elevar a intensidade da eficácia do negócio jurídico, seja para diminuí-la, enquanto que se pode encontrar igualmente uma categoria que não implique nem em aumento nem em diminuição dessa eficácia, como no caso de apenas ser alterada a cláusula referente ao lugar da execução da obrigação"[20].

A modificação dos direitos pode ser objetiva e subjetiva. É *objetiva* quando diz respeito ao seu objeto. Pode ser *qualitativa*: o conteúdo do direito se converte em outra espécie, sem que aumentem ou diminuam as faculdades do sujeito. É o caso, por exemplo, do credor por dívida em dinheiro que anui em receber determinado objeto, do mesmo valor, a título de dação em pagamento. Pode ser, também, *quantitativa*: o objeto aumenta ou diminui no volume ou extensão, sem também alterar a qualidade do direito. Sucede tal fato, *verbi gratia*, quando o proprietário de um terreno ribeirinho constata o acréscimo nele havido em decorrência do fenômeno da aluvião.

A modificação dos direitos é *subjetiva* quando concerne à pessoa do titular, permanecendo inalterada a relação jurídica primitiva. A alteração do sujeito pode dar-se *inter vivos* ou *causa mortis*. A cessão de crédito, a desapropriação e a alienação são exemplos da primeira hipótese. Na sucessão *causa mortis* desaparece o titular do direito, que se transmite *incontinenti* aos herdeiros com a morte do *de cujus*.

Certos direitos, por serem personalíssimos, constituídos *intuitu personae*, são insuscetíveis de modificação subjetiva, como sucede com os direitos de família puros[21].

Pode ocorrer modificação subjetiva no polo passivo da relação jurídica, em casos como os de assunção de dívida (pai que assume dívida do filho, responsabilidade do herdeiro dentro das forças da herança), sem alteração de sua substância[22].

---

[20] *Curso*, cit., v. 1, p. 353.

[21] O Superior Tribunal de Justiça, em acórdão relatado pelo Min. WALDEMAR ZVEITER (RE 269/RS), admitiu válida a pretensão dos filhos, substituindo o pai, em investigar a filiação deste, junto ao avô, dirigindo a lide contra os referidos herdeiros, malgrado se tratasse de direito personalíssimo, argumentando com a preocupação hoje existente em se buscar, nesse campo, a verdade real.

[22] Maria Helena Diniz, *Curso*, cit., v. 1, p. 621; Caio Mário da Silva Pereira, *Instituições*, cit., v. 1, p. 296-298.

2.2.4. *Extinção de direitos*

Por diversas razões podem extinguir-se os direitos. Costumam ser mencionadas, dentre outras, as seguintes: o perecimento do objeto sobre o qual recaem, alienação, renúncia, abandono, falecimento do titular de direito personalíssimo, prescrição, decadência, confusão, implemento de condição resolutiva, escoamento do prazo, perempção da instância e desapropriação.

Algumas causas de extinção dos direitos podem ser *subjetivas* (quando o direito é personalíssimo e morre o seu titular), outras *objetivas* (perecimento do objeto sobre o qual recaem) e outras, ainda, concernentes ao *vínculo jurídico* (perecimento da pretensão ou do próprio direito material, como na prescrição e na decadência).

Nem todas as causas mencionadas podem ser consideradas negócio jurídico, pois muitas delas decorrem da lei e de fatos alheios à vontade das partes, como o perecimento do objeto provocado por um raio e a desapropriação.

Anota Caio Mário que alguns autores distinguem extinção e perda dos direitos. Dá-se a *perda do direito* quando ele se destaca do titular e passa a subsistir com outro sujeito; e a *extinção*, quando desaparece, não podendo ser exercido pelo sujeito atual, nem por outro qualquer[23].

2.3. Teoria do negócio jurídico

A teoria do negócio jurídico nasceu no século XVIII, sendo desenvolvida pelos pandectistas alemães. A adoção do termo "negócio jurídico" é atribuída a Nettelbladt, em 1749. No entanto, deve-se a Savigny a sua explicitação como "espécie de fatos jurídicos que não são apenas ações livres, mas em que a vontade dos sujeitos se dirige imediatamente à constituição ou extinção de uma relação jurídica"[24].

A concepção do negócio jurídico como figura autônoma foi acolhida no Código Civil alemão (BGB), o primeiro diploma legal a lhe conferir um regime específico, sob a denominação de *Rechtsgeschäfte*. Posteriormente, passou à doutrina italiana, à espanhola e à portuguesa. O Código Civil brasileiro de 1916 seguiu, porém, a doutrina unitária francesa, não

---

[23] Caio Mário da Silva Pereira, *Instituições*, cit., v. 1, p. 299.

[24] Francesco Calasso, *Il negozio giuridico*, p. 340; Friedrich Karl von Savigny, *Sistema del derecho romano atual*, t. 2, p. 202.

o distinguindo do ato jurídico. Não contava Clóvis Beviláqua, à época de sua elaboração, com os subsídios que somente alguns anos mais tarde foram ministrados pela doutrina germânica para a distinção, em categoria, dos atos jurídicos lícitos. Faltava maior precisão à linha divisória entre essas duas figuras[25].

Pontes de Miranda coloca-se ao lado da posição dualista, quando assinala, ao conceituar o ato jurídico, que "a prestante função do conceito de negócio jurídico está a servir à distinção entre negócio jurídico e ato jurídico não negocial ou *stricto sensu,* naqueles casos em que o suporte fático do ato jurídico *stricto sensu* consiste em *manifestação da vontade*"[26].

Orlando Gomes, por sua vez, também afirma a predominância da concepção dualista pela qual a expressão *atos jurídicos* compreende duas categorias de fatos jurídicos *lato sensu*, a dos *negócios jurídicos* e a dos *atos jurídicos "stricto sensu"* ou atos não negociais, assinalando, ainda que dessa corrente doutrinária não se afastam quantos continuam a denominar atos jurídicos os negócios jurídicos, conceituando-os como os elementos característicos desta subespécie dos atos jurídicos *lato sensu*[27].

O Código Civil de 2002, como já dito, adota a posição dualista, com referência expressa aos negócios e aos atos jurídicos lícitos. Segundo Moreira Alves, é na disciplina dos negócios jurídicos que a Parte Geral apresenta maiores alterações em face do anterior[28].

O referido Código substituiu a expressão genérica *ato jurídico*, que era empregada no art. 81 do diploma anterior, pela designação específica *negócio jurídico,* aplicando a este todos os preceitos do Livro III da Parte Geral. E, no tocante aos atos jurídicos lícitos que não são negócios jurídicos, abriu-lhes um título, com artigo único, em que se determina, seguindo a orientação adotada no art. 295 do Código Civil português de 1966, que se lhes apliquem, no que couber, as disposições disciplinadoras do negócio jurídico.

No negócio jurídico há uma composição de interesses, um regramento bilateral de condutas, como ocorre na celebração de contratos. A manifestação de vontade tem finalidade negocial, que em geral é criar, adquirir, transferir, modificar, extinguir direitos etc.

---

[25] Francisco Amaral, *Direito civil*, cit., p. 363-366; José Abreu Filho, *O negócio jurídico e sua teoria geral*, p. 24; Renan Lotufo, *Código Civil*, cit., p. 268-271.

[26] *Tratado de direito privado*, parte geral, t. 3, p. 3.

[27] *Transformações gerais do direito das obrigações*, p. 73

[28] *A Parte Geral*, cit., p. 96.

Há, todavia, alguns *negócios jurídicos unilaterais*, em que ocorre o seu aperfeiçoamento com uma única manifestação de vontade. Podem ser citados, à guisa de exemplos, o *testamento*, a *instituição de fundação,* a *renúncia da herança,* a *procuração,* a *confissão de dívida* e outros, porque nesses casos o agente procura obter determinados efeitos jurídicos, isto é, criar situações jurídicas, com a sua manifestação de vontade.

O testamento presta-se à produção de vários efeitos: não só para o testador dispor de seus bens para depois de sua morte como também para, eventualmente, reconhecer filho havido fora do matrimônio, nomear tutor para filho menor, reabilitar indigno, nomear testamenteiro, destinar verbas para o sufrágio de sua alma etc. Na instituição da fundação, em que o instituir pode obter múltiplos efeitos, exige-se o registro como pressuposto de sua personificação, mas não se tem como essencial outra manifestação de vontade[29].

A *doação*, sendo um contrato (aperfeiçoa-se com a aceitação), não é negócio jurídico unilateral, mas bilateral, malgrado a doutrina a classifique como contrato unilateral quanto aos efeitos, porque gera obrigação somente para o doador, sendo pura. Negócios jurídicos unilaterais, contudo, são os que se aperfeiçoam com uma única manifestação de vontade (classificação quanto à origem).

2.4. Classificação dos negócios jurídicos

Os negócios jurídicos podem ser encarados e agrupados por classes, com diversidade de regimes legais, segundo vários critérios. A doutrina não se mostra uniforme no tocante à sua classificação. Em geral, consideram-se: a) número de declarantes; b) vantagens para as partes; c) momento da produção dos efeitos; d) modo de existência; e) formalidades a observar; f) número de atos necessários; g) modificações que podem produzir; h) modo de obtenção do resultado etc.[30].

---

[29] Marcos Bernardes de Mello, *Teoria*, cit., p. 176.

[30] Cariota Ferrara, *El negocio jurídico*, p. 196, apud Orlando Gomes, *Instituições*, cit., p. 263; Ramón Domminguez Aguila, *Teoría general del negocio jurídico*, p. 18-19; Washington de Barros Monteiro, *Curso*, cit., v. 1, p. 189; Francisco Amaral, *Direito civil*, cit., p. 378-383; Caio Mário da Silva Pereira, *Instituições*, cit., v. 1, p. 313-315; Orlando Gomes, *Introdução*, cit., p. 262 e s.; Serpa Lopes, *Curso*, cit., p. 360-364; Maria Helena Diniz, *Curso*, cit., v. 1, p. 491-492; José Abreu Filho, *O negócio*, cit., p. 67 e s.; Renan Lotufo, *Código Civil*, cit., p. 272-276.

Cumpre lembrar que um negócio pode enquadrar-se em mais de uma categoria, sem que haja incompatibilidade. A compra e venda, por exemplo, é negócio jurídico bilateral e, também, oneroso. Poderá ser, ainda, solene, conforme o objeto, e principal em relação ao acessório.

2.4.1. Unilaterais, bilaterais e plurilaterais

Quanto ao *número de declarantes* ou de manifestações de vontade necessárias ao seu aperfeiçoamento, os negócios jurídicos classificam-se em: unilaterais, bilaterais e plurilaterais.

Unilaterais são os que se aperfeiçoam com uma única manifestação de vontade, como ocorre no testamento, no codicilo, na instituição de fundação, na renúncia de direitos, na procuração, nos títulos de crédito, na confissão de dívida, na renúncia à herança, na promessa de recompensa etc.

Subdividem-se em receptícios e não receptícios. *Receptícios* são aqueles em que a declaração de vontade tem de se tornar conhecida do destinatário para produzir efeitos, como sucede na denúncia ou resilição de um contrato, na revogação de mandato etc. *Não receptícios* são aqueles em que o conhecimento por parte de outras pessoas é irrelevante, como se dá no testamento, na confissão de dívida etc.

Bilaterais são os que se perfazem com duas manifestações de vontade, coincidentes sobre o objeto. Essa coincidência chama-se consentimento mútuo ou acordo de vontades, que se verifica nos contratos em geral.

Subdividem-se em bilaterais simples e sinalagmáticos. *Bilaterais simples* são aqueles em que somente uma das partes aufere vantagens, enquanto a outra arca com os ônus, como ocorre na doação e no comodato, por exemplo. Concedem, assim, vantagens a uma das partes e ônus à outra. *Sinalagmáticos* são aqueles em que há reciprocidade de direitos e obrigações, estando as partes em situação de igualdade. São os que outorgam ônus e vantagens recíprocos, como na compra e venda e na locação, *verbi gratia*. Essa denominação deriva do vocábulo grego *sinalagma*, que significa contrato com reciprocidade.

Podem existir várias pessoas no polo ativo e também várias no polo passivo, sem que o contrato deixe de ser bilateral pela existência de duas partes, pois estas não se confundem com aquelas. Cada parte pode formar-se de uma ou de várias pessoas. Às vezes, a noção de *parte* coincide com a de *pessoa,* como na hipótese em que um indivíduo aluga seu imóvel a outro. Em outras, há pluralidade de indivíduos e unidade de parte no negócio jurídico. Quando duas ou mais pessoas fazem uma declaração volitiva em direção única, constituem uma só parte. Nesse caso, mesmo que haja participação coletiva de indivíduos, o negócio não será bilateral[31].

Plurilaterais são os contratos que envolvem mais de duas *partes*, como o contrato de sociedade com mais de dois sócios e os consórcios de bens móveis e imóveis. As deliberações nesses casos não decorrem de um intercâmbio de declarações convergentes, de unanimidade de manifestações, mas da soma de sufrágios, ou seja, de decisões da maioria, como sucede nas deliberações societárias, nas resultantes de assembleia geral de acionistas e dos credores que deliberam no processo de concurso.

A doutrina menciona os negócios jurídicos plurilaterais como figura diferenciada dos contratos e os trata como *acordos,* em razão de se destinarem à adoção de decisões comuns em assuntos de interesses coletivos. Os contratos pressupõem, necessariamente, interesses opostos e divergentes, que afinal se harmonizam. Nos negócios jurídicos plurilaterais ou acordos, existiriam interesses convergentes ou paralelos, como na fusão das sociedades comerciais e nos negócios de direito familiar[32].

2.4.2. Gratuitos e onerosos, neutros e bifrontes

Quanto às *vantagens patrimoniais* que podem produzir, os negócios jurídicos classificam-se em gratuitos e onerosos, neutros e bifrontes.

Negócios jurídicos *gratuitos* são aqueles em que só uma das partes aufere vantagens ou benefícios, como sucede na doação pura e no comodato, por exemplo. Nessa modalidade, outorgam-se vantagens a uma das partes sem exigir contraprestação da outra.

Nos *onerosos* ambos os contratantes auferem vantagens, às quais, porém, corresponde um sacrifício ou uma contraprestação. São dessa espécie quando impõem ônus e ao mesmo tempo acarretam vantagens a ambas as partes, ou seja, sacrifícios e benefícios recíprocos. É o que se passa com a compra e venda, a locação, a empreitada etc.

Os contratos onerosos subdividem-se em comutativos e aleatórios. *Comutativos* são os de prestações certas e determinadas. As partes podem antever as vantagens e os sacrifícios, que geralmente se equivalem, decorrentes de sua celebração, porque não envolvem nenhum risco. Os

---

[31] Caio Mário da Silva Pereira, *Instituições*, cit., v. 1, p. 314; Francisco Amaral, *Direito civil*, cit., p. 379.

[32] Emilio Betti, *Teoria geral do negócio jurídico*, t. 2, p. 189-201; José Abreu Filho, *O negócio*, cit., p. 77-78; Orlando Gomes, *Introdução*, cit., p. 279 e s.

contratos *aleatórios*, ao contrário, caracterizam-se pela incerteza, para as duas partes, sobre as vantagens e os sacrifícios que deles pode advir. É que a perda ou o lucro depende de um fato futuro e imprevisível. O risco é da essência do negócio, como no jogo e na aposta.

Já se disse que o contrato de seguro é comutativo, porque o segurado o celebra para se acobertar contra qualquer risco. No entanto, para a seguradora é sempre aleatório, pois o pagamento ou não da indenização depende de um fato eventual.

Todo negócio oneroso é bilateral, porque a prestação de uma das partes envolve uma contraprestação da outra. Mas nem todo ato bilateral é oneroso. Doação é contrato e, portanto, negócio jurídico bilateral, porém gratuito. O mesmo ocorre com o comodato e pode ocorrer com o mandato[33].

Há negócios que não podem ser incluídos na categoria dos onerosos nem dos gratuitos, pois lhes falta atribuição patrimonial. São chamados de *neutros* e se caracterizam pela destinação dos bens. Em geral, coligam-se aos negócios translativos, que têm atribuição patrimonial.

Enquadram-se nessa modalidade os negócios que têm por finalidade a vinculação de um bem, como o que o torna indisponível pela cláusula de inalienabilidade e o que impede a sua comunicação ao outro cônjuge, mediante cláusula de incomunicabilidade. A instituição do bem de família também se inclui na categoria dos negócios de destinação, isto é, de afetação de um bem a fim determinado, não se qualificando como oneroso nem como gratuito, embora seja patrimonial. A renúncia abdicativa, que não aproveita a quem quer que seja, e a doação remuneratória também podem ser lembradas[34].

Bifrontes são os contratos que podem ser onerosos ou gratuitos, segundo a vontade das partes, como o mútuo, o mandato, o depósito. A conversão só se torna possível, se o contrato é definido na lei como negócio gratuito, pois a vontade das partes não pode transformar um contrato oneroso em benéfico, visto que subverteria sua causa.

Frise-se que nem todos os contratos gratuitos podem ser convertidos em onerosos por convenção das partes. A doação e o comodato, por exemplo, ficariam desfigurados, se tal acontecesse, pois se transformariam, respectivamente, em venda e locação[35].

---

33 Silvio Rodrigues, *Direito civil*, v. 1, p. 179.

34 Orlando Gomes, *Introdução*, cit., p. 306.

35 Orlando Gomes, *Introdução*, cit., p. 307.

2.4.3. Inter vivos *e* mortis causa

Levando-se em conta o *momento da produção dos efeitos*, os negócios jurídicos dizem-se *inter vivos* e *mortis causa.*

Os negócios celebrados *inter vivos* destinam-se a produzir efeitos desde logo, isto é, estando as partes ainda vivas, como a promessa de venda e compra, a locação, a permuta, o mandato, o casamento etc.

Mortis causa são os negócios destinados a produzir efeitos após a morte do agente, como ocorre com o testamento, o codicilo e a doação estipulada em pacto antenupcial para depois da morte do doador. O evento morte nesses casos é pressuposto necessário de sua eficácia.

O seguro de vida, ao contrário do que possa parecer, é negócio *inter vivos*, em que o evento morte funciona como *termo*[36]. É que a morte somente torna *mortis causa* o negócio jurídico quando compõe o seu suporte fático como elemento integrativo, mas não quando constitui simples fator implementador de condição ou de termo. Por essa razão, também não se consideram negócios *mortis causa*: a) a doação sob condição de premoriência do doador ao donatário; b) a doação com cláusula de reversão se o donatário morrer antes do doador; c) a estipulação em favor de terceiro, para que a prestação seja cumprida depois da morte do estipulante[37].

Os negócios jurídicos *mortis causa* são sempre nominados ou típicos. Ninguém pode celebrar senão os definidos na lei e pelo modo como os regula. Não podem as partes, desse modo, valer-se da autonomia privada e realizar negócios inominados ou atípicos dessa natureza. Podem, no entanto, criar tipos novos de negócios *inter vivos*[38].

2.4.4. Principais e acessórios. Negócios derivados

Quanto ao *modo de existência*, os negócios jurídicos denominam-se principais e acessórios.

Principais são os que têm existência própria e não dependem, pois, da existência de qualquer outro, como a compra e venda, a locação, a permuta etc.

---

36 Alberto Trabucchi, *Istituzioni di diritto civile*, p. 138; Francisco Amaral, *Direito civil*, cit., p. 380.

37 Orlando Gomes, *Introdução*, cit., p. 297; Márcio Bernardes de Mello, *Teoria*, cit., p. 186.

38 José Abreu Filho, *O negócio*, cit., p. 90; Orlando Gomes, *Introdução*, cit., p. 298.

Acessórios são os que têm sua existência subordinada à do contrato principal, como se dá com a cláusula penal, a fiança, o penhor e a hipoteca, por exemplo. Em consequência, como regra seguem o destino do principal (*acessorium sequitur suum principale*), salvo estipulação em contrário na convenção ou na lei. Desse modo, a natureza do acessório é a mesma do principal. Extinta a obrigação principal, extingue-se também a acessória; mas o contrário não é verdadeiro.

Negócios *derivados* ou *subcontratos* são os que têm por objeto direitos estabelecidos em outro contrato, denominado básico ou principal (sublocação e subempreitada, p. ex.). Têm em comum com os acessórios o fato de que ambos são dependentes de outro. Diferem, porém, pela circunstância de o derivado participar da própria natureza do direito versado no contrato-base.

Nessa espécie de avença, um dos contratantes transfere a terceiro, sem se desvincular, a utilidade correspondente à sua posição contratual. O locatário, por exemplo, transfere a terceiro os direitos que lhe assistem, mediante a sublocação. O contrato de locação não se extingue. E os direitos do sublocatário terão a mesma extensão dos direitos do locatário, que continua vinculado ao locador.

2.4.5. Solenes (formais) e não solenes (de forma livre)

Em atenção às *formalidades a observar*, os negócios jurídicos apresentam-se como solenes, também chamados de formais, e não solenes ou de forma livre.

Solenes são os negócios que devem obedecer à forma prescrita em lei para se aperfeiçoarem[39]. Quando a forma é exigida como condição de validade do negócio, este é solene e a formalidade é *ad solemnitatem* ou *ad substantiam*, isto é, constitui a própria substância do ato, como a escritura pública na alienação de imóvel acima de certo valor (CC, art. 108), o testamento

---

[39] Alguns autores, como José Abreu Filho, entendem que nem sempre os negócios formais são solenes, somente possuindo tais características aqueles negócios que não prescindem da intervenção da autoridade. Quando se exige a forma escrita, tem-se somente uma formalidade, mas não obrigatoriamente a solenidade, que se configura com a intervenção de uma autoridade pública, como é próprio de uma escritura pública, e dos demais atos praticados com fórmulas sacramentais. Por essa razão o mencionado autor classifica os negócios jurídicos, quanto à forma, em formais, não formais e solenes (*O negócio*, cit., p. 101; Renan Lotufo, *Código Civil*, cit., p. 275).

como manifestação de última vontade (arts. 1.864 e s.), a renúncia da herança (art. 1.806) etc. Segundo o Enunciado n. 289 da *IV Jornada de Direito Civil*, "O valor de 30 salários mínimos constante no art. 108 do Código Civil brasileiro, em referência à forma pública ou particular dos negócios jurídicos que envolvam bens imóveis, é o atribuído pelas partes contratantes, e não qualquer outro valor arbitrado pela Administração Pública com finalidade tributária".

Todavia, determinada forma pode ser exigida apenas como prova do ato. Nesse caso se diz tratar-se de uma formalidade *ad probationem tantum*, como o é, por exemplo, a lavratura do assento do casamento no livro de registro, determinada no art. 1.536 do Código Civil. Diz-se que, em regra, a formalidade é *ad probationem* nos casos em que o resultado do negócio jurídico pode ser atingido por outro meio[40].

Não solenes são os negócios de forma livre. Basta o consentimento para a sua formação. Como a lei não reclama nenhuma formalidade para o seu aperfeiçoamento, podem ser celebrados por qualquer forma, inclusive a verbal. Podem ser mencionados como exemplos, dentre inúmeros outros, os contratos de locação e de comodato.

Em regra, os contratos têm forma livre, salvo expressas exceções. Dispõe, com efeito, o art. 107 do Código Civil que "*a validade da declaração de vontade não dependerá de forma especial, senão quando a lei expressamente a exigir*".

2.4.6. Simples, complexos e coligados

Quanto ao *número de atos necessários*, classificam-se os negócios jurídicos em simples, complexos e coligados.

Simples são os negócios que se constituem por ato único.

Complexos são os que resultam da fusão de vários atos sem eficácia independente. Compõem-se de várias declarações de vontade, que se completam, emitidas pelo mesmo sujeito, ou diferentes sujeitos, para a obtenção dos efeitos pretendidos na sua unidade.

Pode ser mencionada, como exemplo desta última modalidade, a alienação de um imóvel em prestações, que se inicia pela celebração de um compromisso de compra e venda, mas se completa com a outorga da escritura definitiva; e, ainda, o negócio que exige a declaração de vontade do autor e a de quem deve autorizá-la.

---

40 Caio Mário da Silva Pereira, *Instituições*, cit., v. 1, p. 313.

Dá-se a *complexidade objetiva* quando as várias declarações de vontade, que se completam, são emitidas pelo mesmo sujeito tendo em vista o mesmo objeto. É essencial, nessa forma de complexidade, a *identidade* tanto do *sujeito* como do *objeto* do negócio.

A *complexidade subjetiva* se caracteriza pela pluralidade de declarações de diferentes sujeitos, devendo convergir para o mesmo objeto, ou seja, ter uma única causa, mas podendo ser emitidas contemporânea ou sucessivamente[41].

O negócio jurídico complexo é único e não se confunde com o negócio *coligado*, que se compõe de vários outros, como, por exemplo, o arrendamento de posto de gasolina, coligado pelo mesmo instrumento ao contrato de locação das bombas, de comodato de área para funcionamento de lanchonete, de fornecimento de combustível, de financiamento etc. Neste caso há *multiplicidade* de negócios, conservando cada qual a fisionomia própria, mas havendo um nexo que os reúne substancialmente.

Não se trata somente de contratos perfeitamente distintos celebrados no mesmo instrumento, porque então haveria apenas união meramente formal. O que caracteriza o negócio coligado é a conexão mediante vínculo que una o conteúdo dos dois contratos[42]. É necessário que os vários negócios se destinem à obtenção de um mesmo objetivo. No exemplo supraministrado o vínculo que une todos os contratos é a exploração do posto de gasolina como um complexo comercial.

Santoro-Passarelli assinala, na análise do negócio coligado, a existência de negócios autônomos, cada qual produzindo os seus efeitos, mas todos ligados ou sincronizados para a realização da função fundamental[43]. Daí resulta, segundo José de Abreu Filho, que "os negócios coligados se apresentam sempre conexos, todos destinados à consumação de objetivos comuns. Entre eles, segundo assinalação pacífica, haverá um nexo que produz consequências peculiares, como, por exemplo, a de que a validade, a eficácia ou a execução de um deles se projete sobre a validade, a eficácia e a execução do outro"[44].

2.4.7. Dispositivos e obrigacionais

Tendo-se em conta as *modificações que podem produzir*, os negócios jurídicos distinguem-se em dispositivos e obrigacionais.

---

[41] Emilio Betti, *Teoria geral do negócio jurídico*, t. 1, p. 181; José Abreu Filho, *O negócio*, cit., p. 98.

[42] Orlando Gomes, *Introdução*, cit., p. 317.

[43] Francesco Santoro-Passarelli, *Teoria geral do direito civil*, p. 178.

[44] *O negócio*, cit., p. 100.

São *dispositivos* os utilizados pelo titular para alienar, modificar ou extinguir direitos. Com efeito, pode o titular de um direito de natureza patrimonial dispor, se para tanto tiver capacidade, de seus direitos, como, por exemplo, conceder remissão de dívida, constituir usufruto em favor de terceiro, operar a tradição etc.

Algumas vezes o indivíduo não tem poder de disposição, mas apenas de administração do bem objeto do direito disponível. O cônjuge, por exemplo, tem a titularidade de direitos patrimoniais e o direito compartilhado de administração dos bens do casal, mas não está legitimado a deles dispor, nos casos especificados em lei, senão com o consentimento de seu consorte (CC, art. 1.647).

São negócios jurídicos *obrigacionais* os que, por meio de manifestações de vontade, geram obrigações para uma ou para ambas as partes, possibilitando a uma delas exigir da outra o cumprimento de determinada prestação, como sucede nos contratos em geral. Frequentemente o negócio dispositivo completa o obrigacional. A alienação de uma propriedade, de natureza dispositiva, que se consuma com o registro do título ou da tradição, é precedida do contrato de compra e venda, de natureza obrigacional, pelo qual o adquirente se obriga a pagar o preço e o alienante a entregar a coisa objeto do negócio[45].

2.4.8. Negócio fiduciário e negócio simulado

Quanto ao *modo de obtenção do resultado,* o negócio jurídico pode ser fiduciário e simulado.

Negócio fiduciário é aquele em que alguém, o fiduciante, "transmite um direito a outrem, o fiduciário, que se obriga a devolver esse direito ao patrimônio do transferente ou a destiná-lo a outro fim"[46]. Caracteriza-se pela circunstância de que o meio utilizado transcende o fim perseguido, não se compatibilizando o aspecto econômico com o aspecto jurídico do negócio, como ocorre, por exemplo, quando "alguém transmite a propriedade de um bem com a intenção de que o adquirente o administre, obtendo dele o compromisso, por outro negócio jurídico de caráter obrigacional, de lhe restituir o bem vendido"[47].

---

[45] Orlando Gomes, *Introdução*, cit., p. 286-296; Francisco Amaral, *Direito civil*, cit., p. 380-381; José Abreu Filho, *O negócio*, cit., p. 85-87.

[46] Francisco Amaral, *Direito civil*, cit., p. 382; Karl Larenz, *Metodologia da ciência do direito*, n. 438.

[47] Orlando Gomes, *Introdução*, cit., p. 308; Otto de Souza Lima, *Negócio fiduciário*, p. 157-159.

Observa-se que, no negócio fiduciário, o meio excede o fim. Visam as partes a um fim prático, realizando um negócio cujos efeitos ultrapassam os objetivos do que foi celebrado. Há uma discrepância entre o negócio jurídico utilizado e os fins colimados. Têm ambas as partes consciência de que o referido negócio não é o apropriado e que seus efeitos excedem aos fins por elas pretendidos[48].

Malgrado o negócio jurídico seja causal, tendo um fim próprio, não sendo possível, em regra, às pessoas afastarem a *causa* ou o *fim* a que se destina, sob pena de invalidade (o efeito ou causa da compra e venda, p. ex., é a alienação da propriedade), os sistemas jurídicos permitem que se utilize o tipo contratual para alcançar escopos que sejam mais ou menos amplos do que os específicos do negócio, sem, contudo, eliminá-los[49].

Trata-se de negócio lícito e sério, perfeitamente válido, e que se desdobra em duas fases. Na primeira, ocorre verdadeiramente a transmissão de um direito pertencente ao fiduciante. Na segunda, o adquirente fiduciário se obriga a restituir o que recebeu, ou seu equivalente.

Esses negócios compõem-se de dois elementos: a confiança e o risco. A transmissão da propriedade, quando feita ao fiduciário para fins de administração, é verdadeira. Tanto que, se o fiduciário recusar-se a restituir o bem, caberá ao fiduciante somente pleitear as perdas e danos, como consequência do inadimplemento da obrigação de o devolver.

A expressão *negócio fiduciário* provém do latim *fiducia*, que significa *confiança* ou *garantia*. No direito romano, o instituto se projetava por meio de duas figuras: a fidúcia *cum amico* e a fidúcia *cum creditore*. A primeira se prendia à necessidade que sentia o proprietário da coisa de melhor explorá-la ou resguardá-la, transferindo-a para um amigo mais capacitado ou mais poderoso, com a obrigação de restituí-la depois de atingido o objetivo ou passada a situação. A segunda caracterizava-se não pela vinculação afetiva porventura existente entre fiduciante e fiduciário, mas por razões meramente de garantia[50].

---

48 Federico de Castro y Bravo, *El negocio jurídico*, p. 381; José Abreu Filho, *O negócio*, cit., p. 153.

49 Marcos Bernardes de Mello, *Teoria*, cit., p. 181-182.

50 Aderbal da Cunha Gonçalves, *Da propriedade resolúvel*; sua projeção na alienação fiduciária em garantia, p. 216-217; José Abreu Filho, *O negócio*, cit., p. 155.

No direito brasileiro tem aplicação a *alienação fiduciária em garantia*, pela qual uma das partes transfere à outra a propriedade de coisa móvel ou imóvel, como garantia de pagamento de obrigação contratual (Lei n. 4.728, de 14-7-1965, art. 66, disciplinado pelo Dec.-Lei n. 911, de 1º-10-1969, alterado pela Lei n. 10.931, de 2-8-2004; Lei n. 9.514, de 20-11-1997)[51].

O negócio fiduciário não é considerado negócio simulado, malgrado a transferência da propriedade seja feita sem a intenção de que o adquirente se torne verdadeiramente proprietário do bem. Não há a intenção de prejudicar terceiros nem de fraudar a lei.

Negócio simulado é o que tem a aparência contrária à realidade. Embora nesse ponto haja semelhança com o negócio fiduciário, as declarações de vontade são falsas. As partes aparentam conferir direitos a pessoas diversas daquelas a quem realmente os conferem. Ou fazem declarações não verdadeiras, para fraudar a lei ou o Fisco.

O negócio simulado não é, portanto, válido. O atual Código retirou-o do rol dos defeitos do negócio jurídico, em que se encontrava no diploma de 1916 (arts. 102 a 105), deslocando-o para o capítulo concernente à invalidade do negócio jurídico, considerando-o nulo (art. 167).

2.5. Interpretação do negócio jurídico

Nem sempre o contrato traduz a exata vontade das partes. Muitas vezes, a redação mostra-se obscura e ambígua, malgrado o cuidado quanto à clareza e precisão demonstrado pela pessoa encarregada dessa tarefa, em virtude da complexidade do negócio e das dificuldades próprias do vernáculo.

Por essa razão não só a lei deve ser interpretada, mas também os negócios jurídicos em geral. A execução de um contrato exige a correta compreensão da intenção das partes. Esta exterioriza-se por meio de sinais ou símbolos, dentre os quais as palavras.

Interpretar o negócio jurídico é, portanto, precisar o sentido e alcance do conteúdo da declaração de vontade. Busca-se apurar a vontade concreta das partes, não a vontade interna, psicológica, mas a vontade objetiva, o conteúdo, as normas que nascem da sua declaração[52].

---

51 *V.*, a propósito: Orlando Gomes, *Alienação fiduciária em garantia*; José Carlos Moreira Alves, *Da alienação fiduciária em garantia*.

52 Francisco Amaral, *Direito civil*, cit., p. 404.

Nos contratos e demais negócios escritos, a análise do texto conduz, em regra, à descoberta da intenção dos pactuantes. Parte-se, portanto, da declaração escrita para se chegar à vontade dos contratantes.

Quando, no entanto, determinada cláusula mostra-se obscura e passível de dúvida, alegando um dos contratantes que não representa com fidelidade a vontade manifestada por ocasião da celebração da avença, e tal alegação está demonstrada, deve-se considerar como verdadeira esta última, pois o art. 112 do Código Civil declara que, "*nas declarações de vontade se atenderá mais à intenção nelas consubstanciada do que ao sentido literal da linguagem*".

Malgrado a doutrina em geral comente, ao analisar o art. 85 do Código Civil de 1916, que o referido diploma deu prevalência à teoria da vontade sobre a da declaração, o acréscimo, ora verificado, da expressão "neles consubstanciada", inexistente naquele dispositivo, correspondente ao atual art. 112, mostra que se deve atender à intenção manifestada no contrato, e não ao pensamento íntimo do declarante[53].

Não se pode afirmar, no entanto, que a alteração representa a adoção da teoria da declaração, parecendo mesmo inoportuna essa discussão. Na realidade, não se pode aplicar separadamente a teoria da vontade e a da declaração, mas conjuntamente, visto que constituem faces de um mesmo fenômeno. Parte-se da declaração, que é forma de exteriorização da vontade, para se apurar a real intenção das partes. Esta deve, pois, ser considerada, não no sentido de pensamento íntimo dos declarantes, pois não se buscam os seus motivos psicológicos, mas sim no sentido mais adequado a uma interpretação que leve em conta a boa-fé, o contexto e o fim econômico do negócio jurídico[54].

Como observa Eduardo Espínola, "são precisamente o respeito à boa-fé e à confiança dos interessados, e a consequente responsabilidade do autor que, no caso de interpretação judicial do ato jurídico, mandam atender à intenção consubstanciada na declaração, ao invés de procurar o pensamento íntimo do declarante"[55].

Segundo Anderson Schreiber[56], "É conhecido o embate entre a *teoria da vontade* e a *teoria da declaração*. Enquanto a primeira confere primazia à vontade interna e psicológica do agente, a segunda toma como

---

53 José Carlos Moreira Alves, *A Parte Geral*, cit., p. 103.

54 Francisco Amaral, *Direito civil*, cit., p. 407; Pablo Stolze Gagliano, *Novo curso de direito civil*, p. 379.

55 Dos fatos jurídicos, in *Manual do Código Civil brasileiro*: parte geral, 2. ed., v. 3, parte 1, n. 48, p. 78.

56 *Código Civil comentado*: doutrina e jurisprudência, cit., p. 87.

ponto de partida a vontade tal qual exteriorizada na declaração. A disputa secular entre a teoria da vontade e a teoria da declaração não se resolveu com a prevalência de qualquer delas, mas com a constatação de que *a tarefa do intérprete é buscar a intenção das partes consubstanciada na declaração de vontade*".

O novo texto veio trazer o devido equilíbrio, reforçando a teoria da declaração, mas sem aniquilar a da vontade, em face da necessidade de se agilizar as relações jurídicas que, de certo modo, ficam travadas com a perquirição do conteúdo íntimo da vontade declarada.

Nessa linha, dispõe o art. 113 do atual Código (redação dada pela Lei n. 13.874/2019) que

"*Os negócios jurídicos devem ser interpretados conforme a boa-fé e os usos do lugar de sua celebração.*

§ 1º A interpretação do negócio jurídico deve lhe atribuir o sentido que:

I – for confirmado pelo comportamento das partes posterior à celebração do negócio;

II – corresponder aos usos, costumes e práticas do mercado relativas ao tipo de negócio;

III – corresponder à boa-fé;

IV – for mais benéfico à parte que não redigiu o dispositivo, se identificável; e

V – corresponder a qual seria a razoável negociação das partes sobre a questão discutida, inferida das demais disposições do negócio e da racionalidade econômica das partes, consideradas as informações disponíveis no momento de sua celebração.

§ 2º As partes poderão livremente pactuar regras de interpretação, de preenchimento de lacunas e de integração dos negócios jurídicos diversas daquelas previstas em lei".

Percebe-se, mais uma vez, uma relativização do subjetivismo na interpretação do negócio jurídico, uma vez que, se, por um lado, a investigação sobre a intenção é importante, por outro, elementos objetivos devem também ser observados[57].

Deve o intérprete presumir que os contratantes procedem com lealdade e que tanto a proposta como a aceitação foram formuladas dentro do que

[57] Rose Melo Venceslau, O negócio jurídico e suas modalidades, in *A Parte Geral do Novo Código Civil*, p. 196; Teresa Negreiros, *Fundamentos para uma interpretação constitucional do princípio da boa-fé*, p. 74.

podiam e deviam eles entender razoável, segundo a regra da boa-fé. Esta, portanto, se presume; a má-fé, ao contrário, deve ser provada. Como pauta de interpretação, a boa-fé exerce valioso papel para a exata compreensão das cláusulas do contrato e das normas legais incidentes[58]. Também devem ser considerados os usos e costumes de cada localidade.

Prescreve, ainda, o art. 114 do Código Civil que "*os negócios jurídicos benéficos e a renúncia interpretam-se estritamente*".

Benéficos ou *gratuitos* são os que envolvem uma liberalidade: somente um dos contratantes se obriga, enquanto o outro apenas aufere um benefício. A doação pura constitui o mesmo exemplo dessa espécie. Devem ter interpretação estrita porque representam renúncia de direitos.

O Código de 2002 inova ao dispor na Parte Geral quanto a critérios gerais de interpretação do negócio jurídico, não os restringindo aos contratos, como o fazia o art. 1.090 do Código de 1916. Além de se referir a todos os negócios benéficos, introduz a renúncia dentre os que ficam submetidos a uma interpretação restritiva[59].

Há outros poucos artigos esparsos no Código Civil e em leis especiais estabelecendo regras sobre interpretação de determinados negócios: quando houver no contrato de adesão cláusulas ambíguas ou contraditórias, dever-se-á adotar a interpretação mais favorável ao aderente (art. 423); a transação interpreta-se restritivamente (art. 843); a fiança não admite interpretação extensiva (art. 819); sendo a cláusula testamentária suscetível de interpretações diferentes, prevalecerá a que melhor assegure a observância da vontade do testador (art. 1.899).

Por sua vez, proclama o art. 47 do Código de Defesa do Consumidor: "As cláusulas contratuais serão interpretadas de maneira mais favorável ao consumidor". A excepcionalidade decorre de previsão específica do rol dos direitos fundamentais, como disposto no art. 5º, XXXII, combinado com o art. 170, V, da Constituição Federal.

Algumas regras práticas podem ser observadas no tocante à interpretação dos contratos: a) a melhor maneira de apurar a intenção dos contratantes é verificar o modo pelo qual o vinham executando, de comum acordo; b) deve-se interpretar o contrato, na dúvida, da maneira menos onerosa para o devedor (*in dubiis quod minimum est sequimur*); c) as cláusulas contratuais não devem ser interpretadas isoladamente, mas em conjunto com as demais; d) qualquer obscuridade é imputada a quem redigiu a estipulação, pois,

---

[58] Ruy Rosado de Aguiar, A boa-fé na relação de consumo, *Revista de Direito do Consumidor*, 14/25.

[59] Renan Lotufo, *Código Civil*, cit., p. 318.

podendo ser claro, não o foi (*ambiguitas contra stipulatorem est*); e) na cláusula suscetível de dois significados, interpretar-se-á em atenção ao que pode ser exequível (princípio do aproveitamento)[60].

3. Ato jurídico em sentido estrito

Já foi dito que, no ato jurídico em sentido estrito, o efeito da manifestação da vontade está predeterminado na lei, não havendo, por isso, qualquer dose de escolha da categoria jurídica. A ação humana se baseia não numa vontade qualificada, como sucede no negócio jurídico, mas em simples intenção.

Assim, um garoto de sete ou oito anos de idade torna-se proprietário dos peixes que pesca, graças ao instituto da ocupação, pois a incapacidade, no caso, não acarreta nulidade ou anulação do ato, ao contrário do que sucederia se essa mesma pessoa celebrasse um contrato de compra e venda. "Porque, na hipótese de ocupação, a vontade exigida pela lei não é a vontade qualificada, necessária para a realização do contrato: basta a simples intenção de tornar-se proprietário da *res nullius*, que é o peixe, e essa intenção podem tê-la todos os que possuem consciência dos atos que praticam. O garoto de seis, sete ou oitos anos tem perfeitamente consciência do ato de assenhoreamento"[61].

Quando o pai, por exemplo, reconhece a paternidade de filho havido fora do casamento, está praticando um ato jurídico em sentido estrito, não havendo nessa declaração qualquer dose de escolha de categoria jurídica, "cabendo ao genitor a prática do ato do reconhecimento, apenas. Por isso, não é possível fazer-se o reconhecimento sob condição, ou a termo, ou com encargos"[62].

Verifica-se, assim, que o ato jurídico é menos rico de conteúdo e pobre na criação de efeitos. Não constitui exercício da autonomia privada e a sua satisfação somente se concretiza pelos modos determinados na lei.

O ato jurídico é *potestativo*, isto é, o agente pode influir na esfera de interesses de terceiro, quer ele queira, quer não. De modo geral, o destinatário da manifestação da vontade a ela não adere, como na notificação, por exemplo. Às vezes, nem existe destinatário, como na transferência de do-

---

[60] Washington de Barros Monteiro, *Curso*, cit., v. 1, p. 192; Maria Helena Diniz, *Curso*, cit., v. 1, p. 496.

[61] José Carlos Moreira Alves, O Anteprojeto de 1973, *Revista de Informação Legislativa*, 40/5 e s., out./dez. 1973.

[62] Marcos Bernardes de Mello, *Teoria*, cit., p. 139.

micílio. Trata-se de atos a que a ordem jurídica confere efeitos invariáveis, adstritos tão somente ao resultado da atuação. Alguns autores os denominam *atos materiais* ou *reais*, neles incluindo a ocupação, a fixação e transferência de domicílio, a percepção de frutos etc.

Outras vezes, o ato jurídico em sentido estrito consiste apenas em declarações para a ciência de terceiros ou comunicação de intenções ou de fatos, como se dá com as notificações, intimações e interpelações, por exemplo. Têm necessariamente destinatário, mas não conteúdo negocial. Atos jurídicos dessa natureza são denominados *participações*[63].

Tanto o negócio jurídico como o ato jurídico em sentido estrito decorrem de manifestação da vontade. No negócio jurídico, essa manifestação visa diretamente alcançar um fim prático permitido na lei, dentre a multiplicidade de efeitos possíveis. Constitui ele um instrumento da vontade individual, em que as partes têm a liberdade de estruturar o conteúdo de eficácia da relação jurídica, aumentando-lhe ou diminuindo-lhe a intensidade, criando condições e termos, pactuando estipulações diversas que dão, ao negócio, o sentido próprio que pretendem. Permite ele, enfim, a escolha da categoria jurídica almejada e o autorregramento de condutas[64]. Por essa razão é necessária uma vontade qualificada, sem vícios.

No ato jurídico em sentido estrito, no entanto, o efeito da manifestação da vontade está previsto na lei e não pode ser alterado. O interessado apenas deflagra, com o seu comportamento despojado de conteúdo negocial, um efeito previamente estabelecido na lei. Não há, por isso, qualquer dose de escolha da categoria jurídica.

Bastam simples manifestações de vontade para que se concretize o suporte fático de ato jurídico em sentido estrito. Em alguns casos, a lei exige uma declaração de vontade, como no reconhecimento da paternidade. Em outros, contenta-se com a simples intenção ou comportamento do agente para tornar concreto o suporte fático preestabelecido.

Assim, quando alguém estabelece sua residência com ânimo definitivo, constitui nesse local o seu domicílio, mesmo não tendo feito nenhuma declaração nesse sentido. Nem se exige, ao menos, que o queira constituir, podendo até ignorar esse efeito provocado por sua conduta. Por outro lado, não lhe é permitido determinar em contrário, nem lhe atribuir outro efeito que não seja o previsto pela norma jurídica[65].

---

[63] Orlando Gomes, *Introdução*, cit., p. 223-226; Maria Helena Diniz, *Curso*, cit., v. 1, p. 483-484.

[64] Marcos Bernardes de Mello, *Teoria*, cit., p. 142.

[65] José Carlos Moreira Alves, *A Parte Geral*, cit., p. 98 e 138; Francisco Amaral, *Direito*

A propósito, assinala Orlando Gomes que, para a caracterização do ato jurídico *stricto sensu* ou ato *não negocial*, a lei considera não somente o fato exterior, mas, também, um fato psíquico interior. Esse fato psíquico interior, "que tanto pode consistir numa *intenção* como numa *representação mental*, segundo Enneccerus, constitui elemento indispensável à caracterização do ato não negocial. Quando consiste numa vontade, é preciso que sua manifestação, não estando compreendida na esfera da autonomia privada do agente, não se dirija ao efeito jurídico correspondente ao interesse visado, que não seja, numa palavra, *a vontade do resultado*, pois que tal vontade é, sob o ponto de vista funcional, o traço distintivo do negócio jurídico"[66].

O atual Código, acolhendo a teoria dualista, distingue o ato jurídico em sentido estrito do negócio jurídico, dedicando a este os preceitos constantes do Livro III da Parte Geral.

4. Ato-fato jurídico

Muitas vezes o efeito do ato não é buscado nem imaginado pelo agente, mas decorre de uma conduta socialmente reconhecida ou sancionada pela lei, como sucede no caso da pessoa que acha, casualmente, um tesouro. A conduta do agente não tinha por fim imediato adquirir-lhe a metade, mas tal acaba ocorrendo, por força do disposto no art. 1.264, a despeito de se tratar de pessoa privada do necessário discernimento.

É que há certas ações humanas que a lei encara como fatos, sem levar em consideração a vontade, a intenção ou a consciência do agente, demandando apenas o ato material predeterminado. Assim, o louco, pelo simples achado do tesouro, torna-se proprietário de parte dele.

Essas ações são denominadas pela doutrina *atos-fatos jurídicos*, expressão divulgada no Brasil por Pontes de Miranda[67]. No ato-fato jurídico

---

civil, cit., p. 361; José Abreu Filho, *O negócio*, cit., p. 16-19; Marcos Bernardes de Mello, *Teoria*, cit., p. 138.

66 *Transformações gerais do direito das obrigações*, p. 78-79.

67 *Tratado*, cit., v. 3, t. 2, § 209, n. 1, p. 372. Observa José Carlos Moreira Alves que outras denominações são, também, utilizadas pelos autores. Assim, Enneccerus-Nipperdey, *Lehrbuch*, cit., § 137, IV, 2, b, p. 579 – que consideram pleonástica a expressão "atos-fatos" (*Tathandlungen*), ibidem, nota 25 – preferem a denominação *Realakte*. Pontes de Miranda, porém, no *Tratado*, cit., § 21, 1, p. 373-374, considera os *atos reais* – também denominados *atos naturais* ou *atos meramente externos* – como espécie do gênero *atos-fatos jurídicos*. A designação atos meramente externos (*rein äussere Handlungen*), para indicar os atos-fatos jurídicos, se encontra em Manigk (cf. Enneccerus-Nipperdey, *Lehrbuch*, cit., § 137, IV, 2, p. 579, nota

ressalta-se a consequência do ato, o fato resultante, sem se levar em consideração a vontade de praticá-lo. Assim, por exemplo, não se considera nula a compra de um doce ou sorvete feita por uma criança de sete ou oito anos de idade, malgrado não tenha ela capacidade para emitir a vontade qualificada que se exige nos contratos de compra e venda. Em se tratando de ato dotado de ampla aceitação social, deve ser enquadrado na noção de ato-fato jurídico[68].

Segundo MOREIRA ALVES, ato-fato jurídico é espécie de ato jurídico em sentido amplo, sendo este qualquer ação que produza efeitos jurídicos. Essa categoria, aduz, se subdivide em: negócio jurídico, ato jurídico em sentido estrito e ato-fato jurídico. Com essa conotação está sendo tratado nesta obra[69].

A mencionada classificação, no entanto, enfrenta divergências doutrinárias. Alguns autores, como JOÃO BAPTISTA VILLELA e ROBERTO DE RUGGIERO, por exemplo, preferem incluir o ato-fato jurídico nos *fatos naturais*. PONTES DE MIRANDA, por sua vez, com o aplauso de MARCOS BERNARDES DE MELLO, assim justifica o seu entendimento de que não se devem classificar os atos-fatos entre os atos jurídicos: "Se, mais rente ao determinismo da natureza, o ato é recebido pelo direito como do homem (relação 'fato, homem'), com que se elide o último termo da primeira relação e o primeiro da segunda, pondo-se entre parênteses o *quid* psíquico, o ato, fato (independente da vontade) do homem, entra no mundo jurídico como ato-fato"[70].

O ato-fato jurídico pode classificar-se, segundo MARCOS BERNARDES DE MELLO, em: a) atos reais; b) atos-fatos jurídicos indenizativos; e c) atos-fatos jurídicos extintivos ou caducificantes.

Atos reais (Realakten), também denominados atos materiais (*Tathandlungen*), são aqueles que decorrem de certos acontecimentos, dando-se relevo ao fato resultante, indiferentemente de ter havido, ou não, vontade em obtê-lo. Assim, *verbi gratia*, o louco que pinta um quadro adquire a sua propriedade e não importa ao menos se ele sabia, ou não, o que estava realizando (CC, art. 1.270, § 2º). O incapaz que descobre o tesouro

---

25). *Meros atos jurídicos* é como os denomina Cariota Ferrara (*El negocio jurídico*, Madrid, 1956, p. 31) (*A Parte Geral*, cit., p. 99, nota 4).

[68] Jorge Cesa Ferreira da Silva, *A boa-fé e a violação positiva do contrato*, p. 53.

[69] *A Parte Geral*, cit., p. 138.

[70] *Tratado*, cit., v. 2, p. 372-373; Marcos Bernardes de Mello, *Teoria*, cit., p. 118.

enterrado adquire-lhe a propriedade, independentemente de ter querido, ou não, descobri-lo.

Atos-fatos jurídicos indenizativos são os casos de indenizabilidade sem ilicitude, ou sem culpa, que se configuram naquelas situações em que, de um ato humano não contrário a direito, decorre prejuízo de terceiro, com dever de indenizar. É o que sucede, por exemplo, nos casos de estado de necessidade, em que a lei permite a destruição ou deterioração de coisa alheia, ou a lesão a pessoa, a fim de remover perigo iminente, considerando o ato não contrário ao direito, mas determinando, por outro lado, a indenização ao lesado, nos termos do art. 188, II, combinado com os arts. 929 e 930 do Código Civil.

Atos-fatos extintivos ou de caducidade sem ilicitude (caducificantes) concretizam-se naquelas situações que constituem fatos jurídicos, cujo efeito consiste na extinção de determinado direito e, por consequência, da pretensão, da ação e da exceção dele decorrentes, como ocorre na decadência e na prescrição. As hipóteses em que a caducidade se dá independentemente de ato culposo, e, portanto, não constitui eficácia de ato ilícito, configuram atos-fatos jurídicos, uma vez que não se leva em consideração qualquer elemento volitivo como determinante da omissão (= inação) de que resultam[71].

O atual Código, com relação aos atos jurídicos lícitos que não sejam negócios jurídicos (ato jurídico *stricto sensu* e ato-fato jurídico), abriu-lhes um título, com artigo único, em que se determina, à semelhança do que o faz o art. 295 do Código Civil português de 1966, que se lhes apliquem, no que couber, as disposições disciplinadoras do negócio jurídico.

ELEMENTOS DO NEGÓCIO JURÍDICO

Sumário: 5. Classificação. 6. A tricotomia existência-validade-eficácia. 7. Requisitos de existência. 7.1. Declaração de vontade. 7.1.1. O silêncio como manifestação de vontade. 7.1.2. Reserva mental. 7.1.2.1. Conceito. 7.1.2.2. Efeitos. 7.2. Finalidade negocial. 7.3. Idoneidade do objeto. 8. Requisitos de validade. 8.1. Capacidade do agente. 8.2. Objeto lícito, possível, determinado ou determinável. 8.3. Forma.

[71] *Teoria*, cit., p. 112-117.

5. Classificação

A classificação tradicional dos elementos do negócio jurídico, que vem do direito romano, divide-os em: *essentialia negotii, naturalia negotii* e *accidentalia negotii.*

Elementos essenciais (*essentialia negotii*) são os estruturais, indispensáveis à existência do ato e que lhe formam a substância: a declaração de vontade nos negócios em geral; a coisa, o preço e o consentimento (*res, pretium et consensus*) na compra e venda, por exemplo.

Elementos naturais (*naturalia negotii*) são as consequências ou os efeitos que decorrem da própria natureza do negócio, sem necessidade de expressa menção. Normas supletivas já determinam essas consequências jurídicas, que podem ser afastadas por estipulação contrária. Assim, por exemplo, a responsabilidade do alienante pelos vícios redibitórios (CC, art. 441) e pelos riscos da evicção (art. 447); o lugar do pagamento, quando não convencionado (art. 327) etc.

Elementos acidentais (*accidentalia negotii*) consistem em estipulações acessórias, que as partes podem facultativamente adicionar ao negócio, para modificar alguma de suas consequências naturais, como a condição, o termo e o encargo ou modo (CC, arts. 121, 131 e 136).

Os elementos essenciais subdividem-se em *gerais* e *particulares*. Os primeiros são comuns a todos os negócios, como a declaração de vontade, por exemplo. Os particulares são peculiares a certas espécies, como a coisa, o preço e o consentimento, na compra e venda (CC, art. 482), e o instrumento de próprio punho ou mediante processo mecânico, no testamento particular (art. 1.876).

Essa classificação é até hoje utilizada, pela sua simplicidade didática.

6. A tricotomia existência-validade-eficácia

É possível distinguir, no mundo jurídico, os planos de existência, de validade e de eficácia do negócio jurídico. Malgrado esses vocábulos sejam empregados, muitas vezes, como sinônimos, é importante precisar o significado de cada um.

No plano da existência não se indaga da invalidade ou eficácia do negócio jurídico, importando apenas a realidade da existência. Tal ocorre quando este sofre a incidência da norma jurídica, desde que presentes todos os seus elementos estruturais. Se faltar, no suporte fático, um desses elementos, o fato não ingressa no mundo jurídico: é inexistente. Nele podem, porém, ingressar todos os fatos jurídicos, lícitos ou ilícitos.

O casamento celebrado por autoridade incompetente *ratione materiae*, como um delegado de polícia, por exemplo, é considerado inexistente. Por essa razão, não se indaga se é nulo ou ineficaz, nem se exige a desconstituição judicial, por se tratar de um *nada* jurídico.

O plano da existência é dos *elementos*, posto que elemento é tudo o que integra a essência de alguma coisa.

O ato existente deve passar por uma triagem quanto à sua regularidade, para ingressar no plano da validade, quando então se verificará se está perfeito ou se encontra eivado de algum vício ou defeito inviabilizante. O preenchimento de certos requisitos fáticos, como a capacidade do agente, a licitude do objeto e a forma prescrita em lei, é indispensável para o reconhecimento da validade do ato. Mesmo a invalidade pressupõe como essencial a existência do fato jurídico. Este pode, portanto, existir e não ser válido.

O plano da validade é o dos *requisitos* do negócio jurídico, porque estes são condição necessária para o alcance de certo fim.

Pode, também, o negócio jurídico existir, ser válido, mas não ter eficácia, por não ter ocorrido ainda, por exemplo, o implemento de uma condição imposta. O plano da eficácia é onde os fatos jurídicos produzem os seus efeitos, pressupondo a passagem pelo plano da existência, não, todavia, essencialmente, pelo plano da validade[72].

O atual Código Civil não adotou a tricotomia *existência-validade--eficácia*, conhecida como "Escada Ponteana", em alusão a Pontes de

---

[72] Marcos Bernardes de Mello, *Teoria*, cit., p. 79-85. O mencionado autor ainda preleciona: "Na análise das vicissitudes por que podem passar os fatos jurídicos, no entanto, é possível encontrar situações em que o ato jurídico (negócio jurídico e ato jurídico *stricto sensu*) (a) existe, é válido e é eficaz (casamento de homem e mulher capazes, sem impedimentos dirimentes, realizado perante autoridade competente), (b) existe, é válido e é ineficaz (testamento de pessoa capaz, feito com observância das formalidades legais, antes da ocorrência da morte do testador), (c) existe, é inválido e é eficaz (casamento putativo, negócio jurídico anulável, antes da decretação da anulabilidade), (d) existe, é inválido e é ineficaz (doação feita, pessoalmente, por pessoas absolutamente incapazes), ou, quando se trata de fato jurídico *stricto sensu*, ato-fato jurídico, ou fato ilícito *lato sensu*, (e) existe e é eficaz (nascimento com vida, a pintura de um quadro, o dano causado a bem alheio) ou, excepcionalmente, (f) existe e é ineficaz, porque a validade é questão que diz respeito, apenas, aos atos jurídicos lícitos" (*Teoria*, cit., p. 79).

Miranda. Na realidade, não há necessidade de mencionar os requisitos de existência, pois esse conceito encontra-se na base do sistema dos fatos jurídicos. Depois de se estabelecerem os requisitos de validade do negócio jurídico, são tratados dois aspectos ligados à manifestação da vontade: a interpretação e a representação. Em seguida, disciplinam-se a condição, o termo e o encargo, que são autolimitações da vontade, isto é, uma vez apostos à manifestação de vontade, tornam-se inseparáveis dela. Finalmente, surge a parte patológica do negócio jurídico: seus defeitos e invalidade[73].

Embora os *elementos* do negócio jurídico sejam as partes que compõem a sua estrutura, e os *requisitos*, as qualidades desses elementos, a doutrina não distingue elementos de requisitos, empregando frequentemente os termos como sinônimos. Nessa ordem, serão ambos estudados nos itens seguintes como *requisitos* de existência e de validade do negócio jurídico.

7. Requisitos de existência

Os requisitos de *existência* do negócio jurídico são os seus elementos estruturais, sendo que não há uniformidade, entre os autores, sobre a sua enumeração. Preferimos dizer que são os seguintes: a *declaração de vontade*, a *finalidade negocial* e a *idoneidade do objeto*. Faltando qualquer deles, o negócio inexiste.

---

[73] José Carlos Moreira Alves, *A Parte Geral*, cit., p. 44. Aduz o notável civilista, discorrendo a respeito do Projeto do atual Código: "Não se segue a tricotomia *existência-validade-eficácia* do negócio jurídico, posta em particular relevo, no Brasil, por Pontes de Miranda, no seu *Tratado de direito privado*. À objeção de que a sistemática que veio a preponderar seria antiquada, antepôs-se-lhe a demonstração de que a observância daquela tricotomia, que para efeito de codificação se reduziria à dicotomia *validade-eficácia*, conduziria a discrepâncias desta ordem: *a*) no capítulo 'Da validade dos negócios jurídicos', tratar-se-ia apenas dos casos de *invalidade* do negócio jurídico (nulidade e anulabilidade); *b*) no capítulo 'Da eficácia dos negócios jurídicos', não se abrangeriam todos os aspectos da eficácia, mas apenas uma parcela deles (os impropriamente denominados *elementos acidentais* do negócio jurídico). Ademais, a disciplina da condição e do termo antes das normas sobre a nulidade e a anulabilidade – como se encontra no Projeto – tem largo apoio doutrinário, especialmente entre os autores alemães da segunda metade do século passado, do início deste e dos tempos presentes, como, a título exemplificativo, Regelsberger, Wendt, Waechter, Arndts, Enneccerus-Nipperdey, Lange" (*A Parte Geral*, cit., p. 101).

7.1. Declaração de vontade

A vontade é pressuposto básico do negócio jurídico e é imprescindível que se exteriorize. Do ponto de vista do direito, somente vontade que se exterioriza é considerada suficiente para compor suporte fático de negócio jurídico. A vontade que permanece interna, como acontece como a *reserva mental*, não serve a esse desiderato, pois que de difícil, senão impossível, apuração. A declaração de vontade é, assim, o instrumento da manifestação da vontade[74].

No negócio jurídico a vontade assume uma posição especial, refletindo-se nos seus fundamentos e efeitos. Segundo Caio Mário da Silva Pereira, a "vontade interna ou real é que traz a força jurígena, mas é a sua exteriorização pela declaração que a torna conhecida, o que permite dizer que a produção de efeitos é um resultado da vontade mas que esta não basta sem a manifestação exterior"[75].

A vontade é um elemento de caráter subjetivo, que se revela através da declaração. Esta, portanto, e não aquela, constitui requisito de existência do negócio jurídico.

Pelo tradicional princípio da *autonomia da vontade* as pessoas têm liberdade de, em conformidade com a lei, celebrar negócios jurídicos, criando direitos e contraindo obrigações. Esse princípio sofre algumas limitações pelo princípio da *supremacia da ordem pública*, pois, muitas vezes, em nome da ordem pública e do interesse social, o Estado interfere nas manifestações de vontade, especialmente para evitar a opressão dos economicamente mais fortes sobre os mais fracos. Em nome desse princípio surgiram diversas leis: Lei do Inquilinato, Lei da Economia Popular, Código de Defesa do Consumidor etc.

Todas essas modificações alteraram a fisionomia tradicional do direito civil. Princípios e institutos fundamentais, como a propriedade, o contrato, o casamento etc. emigraram para o texto das Constituições, dando-se destaque à função social de que se acham revestidos.

A vontade, uma vez manifestada, obriga o contratante. Esse princípio é o da *obrigatoriedade dos contratos* (*pacta sunt servanda*) e significa que o contrato faz lei entre as partes, não podendo ser modificado pelo Judiciário. Destina-se, também, a dar segurança aos negócios em geral.

---

[74] Marcos Bernardes de Mello, *Teoria*, cit., p. 120; Francisco Amaral, *Direito civil*, cit., p. 387.

[75] *Instituições*, cit., p. 307-308.

Opõe-se a ele o princípio da *revisão dos contratos* ou da *onerosidade excessiva*, baseado na cláusula *rebus sic stantibus* e na teoria da imprevisão e que autoriza o recurso ao Judiciário para se pleitear a revisão dos contratos, ante a ocorrência de fatos extraordinários e imprevisíveis.

A manifestação da vontade pode ser expressa, tácita e presumida. *Expressa* é a que se realiza por meio da palavra, falada ou escrita, e de gestos, sinais ou mímicas, de modo explícito, possibilitando o conhecimento imediato da intenção do agente. É a que se verifica, por exemplo, na celebração de contratos verbais ou escritos, na emissão de títulos de crédito, cartas e mensagens. Os gestos e as mímicas são utilizados principalmente pelos surdos-mudos, bem como nos pregões das Bolsas de Valores.

Tácita é a declaração da vontade que se revela pelo comportamento do agente. Pode-se, com efeito, comumente, deduzir da conduta da pessoa a sua intenção. É o que se verifica, por exemplo, nos casos de aceitação da herança, que se infere da prática de atos próprios da qualidade de herdeiro (CC, art. 1.805), e da aquisição de propriedade móvel pela ocupação (art. 1.263). Mas nos contratos a manifestação da vontade só pode ser tácita quando a lei não exigir que seja expressa.

Presumida é a declaração não realizada expressamente, mas que a lei deduz de certos comportamentos do agente. Assim acontece, por exemplo, com as presunções de pagamento previstas nos arts. 322, 323 e 324 do Código Civil, de aceitação da herança quando o doador fixar prazo ao donatário para declarar se aceita ou não a liberalidade e este se omitir (art. 539), de aceitação da herança quando o herdeiro for notificado a se pronunciar sobre ela em prazo não maior de trinta dias e não o fizer (art. 1.807) etc.

Difere a manifestação tácita da vontade da presumida porque esta é estabelecida pela lei, enquanto aquela é deduzida do comportamento do agente pelo destinatário. As presunções legais são *juris tantum*, ou seja, admitem prova em contrário. Destarte, pode o agente elidi-las, provando não ter tido a vontade que a lei presume[76].

Em geral as declarações de vontade são receptícias, por se dirigirem a uma outra pessoa, que dela deve ter ciência do ato, para produzirem efeitos. Declaração *receptícia* da vontade é a que se dirige a pessoa determinada, com o escopo de levar ao seu conhecimento a intenção do declarante, sob

---

[76] Manuel Albaladejo, *El negocio jurídico*, p. 94; Francisco Amaral, *Direito civil*, cit., p. 389-390.

pena de ineficácia. Ocorre com maior frequência no campo das obrigações, especialmente na revogação do mandato (CC, arts. 682, I, e 686) e na proposta de contrato, que deve chegar ao conhecimento do oblato para que surja o acordo de vontades e se concretize o negócio jurídico (arts. 427 e 428).

Declarações *não receptícias* são as que se efetivam com a manifestação do agente, não se dirigindo a destinatário especial. Produzem efeitos independentemente da recepção e de qualquer declaração de outra pessoa. Assim ocorre, por exemplo, com a promessa de recompensa, aceitação de letra de câmbio, revogação de testamento etc.

7.1.1. O silêncio como manifestação de vontade

Em regra não se aplica ao direito o provérbio "quem cala consente". Normalmente, o silêncio nada significa, por constituir total ausência de manifestação de vontade e, como tal, não produzir efeitos. Todavia, excepcionalmente, em determinadas circunstâncias, pode ter um significado relevante e produzir efeitos jurídicos.

Dispõe o art. 111 do Código Civil, com efeito:

"*Art. 111. O silêncio importa anuência, quando as circunstâncias ou os usos o autorizarem, e não for necessária a declaração de vontade expressa*".

Portanto, o silêncio pode ser interpretado como manifestação tácita da vontade quando a lei conferir a ele tal efeito. É o que sucede, por exemplo, na doação pura, quando o doador fixa prazo ao donatário, para declarar se aceita ou não a liberalidade. Desde que o donatário, ciente do prazo, não faça, dentro dele, a declaração, entender-se-á que aceitou (CC, art. 539).

Acontece o mesmo na aceitação do mandato, quando o negócio para que foi outorgado é da profissão do mandatário, resultando do começo de execução (CC, arts. 658 e 659), ou quando o herdeiro, notificado para dizer se aceita ou não a herança, nos termos do art. 1.807 do mesmo diploma, deixa transcorrer o prazo fixado pelo juiz sem se manifestar.

O silêncio pode ser igualmente interpretado como consentimento quando tal efeito ficar convencionado em um pré-contrato ou ainda resultar dos usos e costumes, como se infere do art. 432 do Código Civil, *verbis*:

"*Art. 432. Se o negócio for daqueles em que não seja costume a aceitação expressa, ou o proponente a tiver dispensado, reputar-se-á concluído o contrato, não chegando a tempo a recusa*".

Cabe ao juiz examinar caso por caso, para verificar se o silêncio, na hipótese *sub judice*, traduz, ou não, vontade.

Também na seara processual o silêncio tem relevância na determinação da revelia, firmando a presunção de veracidade dos fatos alegados pelo autor (CPC, art. 344).

7.1.2. Reserva mental

7.1.2.1. Conceito

Ocorre *reserva mental* quando um dos declarantes oculta a sua verdadeira intenção, isto é, quando não quer um efeito jurídico que declara querer. Tem por objetivo enganar o outro contratante ou declaratário. Se este, entretanto, não soube da reserva, o ato subsiste e produz os efeitos que o declarante não desejava.

A reserva, isto é, o que se passa na mente do declarante, é indiferente ao mundo jurídico e irrelevante no que se refere à validade e eficácia do negócio jurídico.

O Código de 1916 não disciplinou a reserva mental. A doutrina pouca atenção lhe dedicou. Carvalho Santos, citando Espínola e Demogue, afirmou pouco importar "que o declarante tenha manifestado a sua vontade sob reserva mental ou reticência, pois não ficará menos ligado aos efeitos jurídicos decorrentes da declaração", concluindo que "a reserva mental não influi sobre a validade do contrato"[77].

Em época mais recente, Nelson Nery Junior desenvolveu a matéria em excelente monografia, na qual define a reserva mental como sendo "a emissão de uma declaração não querida em seu conteúdo, tampouco em seu resultado, tendo por único objetivo enganar o declaratário". Em seguida, declina os seus elementos constitutivos: "a) uma declaração não querida em seu conteúdo; b) propósito de enganar o declaratário (ou mesmo terceiros)"[78].

---

[77] J. M. de Carvalho Santos, *Código Civil brasileiro interpretado*, v. 3, p. 207. Também trataram do assunto entre nós: Serpa Lopes (*O silêncio como manifestação da vontade nas obrigações*), Pontes de Miranda (*Tratado*, cit., t. 4, § 481, n. 3, p. 412) e Moacyr de Oliveira (Reserva mental, in *Enciclopédia Saraiva do Direito*, v. 65, p. 266).

[78] *Vícios do ato jurídico e reserva mental*, p. 18. Edoardo Scuto, por sua vez, conceituou desta forma a reserva mental: "una dichiarazione non voluta nel suo contenuto ed anche nel suo risultato, ad unico scopo di inganno" (Riserva mentale, in *Novíssimo Digesto Italiano*, v. 16, p. 111).

Alguns exemplos são mencionados, ora agindo o declarante de boa-fé, ora de má-fé. Da primeira hipótese é aquele em que o declarante manifesta a sua vontade no sentido de emprestar dinheiro a um seu amigo (contrato de mútuo), porque este tinha a intenção de suicidar-se por estar em dificuldades financeiras. A intenção do declarante não é a de realizar o contrato de mútuo, mas, tão somente, salvar o amigo do suicídio. Ainda assim, o propósito de engano se encontra presente, sendo hipótese típica de reserva mental. E, da segunda hipótese, a declaração do testador que, com a preocupação de prejudicar herdeiro, dispõe em benefício de quem se diz falsamente devedor[79].

O Código Civil português, no art. 244º, assim conceitua a reserva mental: "Há reserva mental, sempre que é emitida uma declaração contrária à vontade real com o intuito de enganar o declaratário".

7.1.2.2. Efeitos

Como inovação, o atual Código Civil disciplina a reserva mental no art. 110, dando-lhe a seguinte redação:

"*Art. 110. A manifestação de vontade subsiste ainda que o seu autor haja feito a reserva mental de não querer o que manifestou, salvo se dela o destinatário tinha conhecimento*".

Infere-se que a reserva mental desconhecida da outra parte é *irrelevante* para o direito. A vontade declarada produzirá normalmente os seus efeitos, a despeito de estar conscientemente em conflito com o íntimo desejo do declarante. Considera-se somente o que foi declarado.

Se, no entanto, o declaratário conhece a reserva, a solução é outra. Ao tempo do Código de 1916, a despeito de inexistir norma reguladora do assunto, a doutrina entendia ser anulável o negócio se a reserva era conhecida da outra parte. Considerava-se caracterizada, *in casu*, a *simulação*, vício do negócio jurídico.

Nessa linha postou-se Nelson Nery Junior: "A posição que se nos afigura como a melhor, dentre aquelas defendidas pela doutrina, é a que dá à reserva mental conhecida (e não comunicado, previamente, o conhecimento ao reservante) os efeitos da simulação, tornando o negócio assim realizado suscetível de ataque por invalidade"[80].

---

[79] Moacyr de Oliveira, Reserva, cit., p. 226-227; Nelson Nery Junior, *Vícios*, cit., p. 20-21.

[80] *Vícios*, cit., p. 80.

Também o Código Civil português, no art. 244º, segunda parte, estabelece essa consequência: "A reserva não prejudica a validade da declaração, exceto se for conhecida do declaratário; neste caso, a reserva tem os efeitos da simulação".

O atual Código Civil brasileiro, todavia, adotou solução diversa, assim explicada por Moreira Alves: "... a reserva mental conhecida da outra parte não torna nula a declaração de vontade; esta inexiste, e, em consequência, não se forma o negócio jurídico". E, mais adiante: "Da reserva mental trata o art. 108 (*do Projeto, atual art. 110*), que a tem por irrelevante, salvo se conhecida do destinatário, caso em que se configura hipótese de ausência de vontade, e, consequentemente, de inexistência do negócio jurídico"[81].

Se o propósito de enganar o declaratário é elemento constitutivo da reserva mental e integra o elemento volitivo, fica ele afastado em virtude do conhecimento, por parte deste, do intuito do declarante. Configura-se hipótese de ausência de vontade de enganar. Como afirma o art. 110 retrotranscrito, *a contrario sensu*, a manifestação de vontade nesse caso não *subsiste*. Sem declaração de vontade, requisito de existência do negócio jurídico, este inexiste.

7.2. Finalidade negocial

A *finalidade negocial* ou jurídica é o propósito de adquirir, conservar, modificar ou extinguir direitos. Sem essa intenção, a manifestação de vontade pode desencadear determinado efeito, preestabelecido no ordenamento jurídico, praticando o agente, então, um ato jurídico em sentido estrito.

A existência do negócio jurídico, porém, depende da manifestação de vontade com finalidade negocial, isto é, com a intenção de produzir os efeitos supramencionados.

O negócio jurídico, como já foi dito, consiste no exercício da autonomia privada. Há um poder de escolha da categoria jurídica. Permite-se que a vontade negocial proponha, dentre as espécies, variações quanto à sua irradiação e a intensidade de cada uma. Numa compra e venda, por exemplo,

---

[81] *A Parte Geral*, cit., p. 45 e 102. Clóvis do Couto e Silva apresentou sugestão de nova redação ao atual art. 110 do novo Código, para que constasse que "a declaração de vontade *não é nula* porque o declarante haja feito a reserva mental". A ela respondeu Moreira Alves ser preferível dispor que "a declaração de vontade *subsiste*...".

podem os contratantes estabelecer termos e condições, renunciar a certos efeitos, como o da evicção, limitá-los e ainda estabelecer outras avenças.

Todas essas faculdades se inserem no contexto da finalidade negocial, pois permitem a obtenção de múltiplos efeitos, mediante a declaração de vontade, destacando-se a aquisição, modificação e extinção de direitos.

7.3. Idoneidade do objeto

A *idoneidade do objeto* é necessária para a realização do negócio que se tem em vista. Assim, se a intenção das partes é celebrar um contrato de mútuo, a manifestação de vontade deve recair sobre coisa fungível. No comodato, o objeto deve ser coisa infungível. Para a constituição de uma hipoteca é necessário que o bem dado em garantia seja imóvel, navio ou avião.

Os demais bens são inidôneos para a celebração de tal negócio. Não lograrão as partes celebrar, dar existência a um contrato de locação, por exemplo, se o objeto sobre o qual recair a declaração de vontade não tiver idoneidade para tanto, ou seja, se não se tratar de bem infungível.

A propósito, preleciona Francisco Amaral: "O objeto jurídico deve ser idôneo, isto é, deve apresentar os requisitos ou qualidades que a lei exige para que o negócio produza os efeitos desejados"[82].

Também Silvio Rodrigues coloca a *idoneidade do objeto* em relação ao negócio que se tem em vista entre os elementos estruturais do negócio jurídico, enfatizando: "Assim, só será idôneo para o negócio da hipoteca o bem imóvel, o navio, ou o avião. Os demais bens são inidôneos para serem objeto de uma hipoteca; da mesma maneira, só podem ser objeto do mútuo as coisas fungíveis, e do comodato, as infungíveis"[83].

8. *Requisitos de validade*

Para que o negócio jurídico produza efeitos, possibilitando a aquisição, modificação ou extinção de direitos, deve preencher certos requisitos, apresentados como os de sua validade. Se os possui, é válido e dele decorrem os mencionados efeitos, almejados pelo agente. Se, porém, falta-lhe um

[82] *Direito civil*, cit., 2018, p. 502.

[83] *Direito civil*, cit., v. 1, p. 171.

desses requisitos, o negócio é inválido, não produz o efeito jurídico em questão e é nulo ou anulável[84].

Os requisitos de validade do negócio jurídico, de *caráter geral*, são elencados no art. 104 do Código Civil, que dispõe:

"Art. 104. A validade do negócio jurídico requer:

I – agente capaz;

II – objeto lícito, possível, determinado ou determinável;

III – forma prescrita ou não defesa em lei".

Os requisitos de *caráter específico* são aqueles pertinentes a determinado negócio jurídico. A compra e venda, por exemplo, tem como elementos essenciais a coisa (*res*), o preço (*pretium*) e o consentimento (*consensus*).

Observa Silvio Rodrigues que, nos vários sistemas que seguiram a orientação do Código Civil francês, exige-se ainda o elemento *causa*. Não são poucos os escritores que acham esse elemento prescindível no ordenamento brasileiro. "Sob certo aspecto, a causa é um elemento técnico capaz de fazer justo o contrato. Sob outro, encarada objetivamente, ela representa a função econômico-social que caracteriza o tipo de negócio. Mister que o negócio se acomode aos fins do ordenamento jurídico, que represente um interesse prático que se coadune com o interesse social e geral"[85].

O Código Civil de 1916, à semelhança do alemão, não adotou expressamente a causa como elemento do negócio jurídico. Tal fato não significa que ela não se faça presente no sistema de nosso ordenamento jurídico, se bem que de modo implícito. A propósito, adverte Antônio Junqueira de Azevedo que, "no direito brasileiro, procura-se ignorar a noção de causa, que, entretanto, acaba surgindo, quando se distinguem os negócios causais dos abstratos, ou quando o próprio legislador se refere à 'justa causa', para a realização de certos negócios, ou, ainda, quando a jurisprudência, em certos casos de falta de causa, nos quais é impossível o recurso à falta de objeto ou a alguma regra específica, 'lembra' da noção não acolhida a fim de obter soluções equânimes"[86].

---

[84] Francisco Clementino San Thiago Dantas, *Programa de direito civil*, 3. ed., p. 225; Washington de Barros Monteiro, *Curso*, cit., v. 1, p. 187; Caio Mário da Silva Pereira, *Instituições*, cit., v. 1, p. 309; Maria Helena Diniz, *Curso*, cit., v. 1, p. 499.

[85] *Direito civil*, cit., v. 1, p. 171-172.

[86] *Negócio*, cit., p. 154; Francisco Amaral, *Direito civil*, cit., p. 418.

Malgrado o Código Civil de 1916 só cogitasse da causa em circunstâncias especiais, como, por exemplo, no art. 90, quando dizia que a falsa causa só vicia o ato se for expressa como sua razão determinante ou erigida em condição; na teoria do contrato aleatório, quando autorizava a sua anulação sob fundamento de que a parte não ignorava o desaparecimento da álea (art. 1.121); na *exceptio non inadimpleti contractus* (art. 1.092), no pagamento indevido e enriquecimento sem causa (arts. 964 e s.); na nomeação do herdeiro ou legatário, que se podia fazer por certa causa (art. 1.664) etc., na realidade não considerou, porém, a causa como requisito do negócio jurídico[87].

Não se deve, todavia, furtar-se à indagação da causa quando for necessário à realização da justiça. O atual Código Civil disciplina, nos arts. 884 a 886, como fonte da obrigação de indenizar, o enriquecimento sem causa. Esclarece Moreira Alves que, no art. 140, o referido Código corrige a impropriedade do art. 90 do diploma de 1916, "substituindo *falsa causa* por *falso motivo*". E introduz preceito novo, no capítulo concernente à invalidade do negócio jurídico, declarando-o nulo quando "*o motivo determinante, comum a ambas as partes, for ilícito*" (art. 166, III). Dá-se relevância jurídica, nesse caso, ainda segundo Moreira Alves, ao *motivo*[88].

8.1. Capacidade do agente

A *capacidade* do agente (condição subjetiva) é a aptidão para intervir em negócios jurídicos como declarante ou declaratário. Trata-se da capacidade de fato ou de exercício, necessária para que uma pessoa possa exercer, por si só, os atos da vida civil.

Agente capaz, portanto, é o que tem capacidade de exercício de direitos, ou seja, aptidão para exercer direitos e contrair obrigações na ordem civil. Esta é adquirida com a maioridade, aos 18 anos, ou com a emancipação (CC, art. 5º). Incapacidade é a restrição legal ao exercício da vida civil e pode ser de duas espécies: absoluta e relativa.

A absoluta acarreta a proibição total do exercício, por si só, do direito, sob pena de nulidade (CC, art. 166, I) e decorre tão somente da idade, como consta do art. 3º do Código Civil, com a redação dada pela Lei n. 13.146/2015.

---

87 Caio Mário da Silva Pereira, *Instituições*, cit., v. 1, p. 321-322.

88 *A Parte Geral*, cit., p. 112 e 120.

A relativa (art. 4º) acarreta a anulabilidade do ato (art. 171, I), salvo em hipóteses especiais (arts. 228, I, 666, 1.860 etc.), e também quando o incapaz é assistido por seu representante legal.

A declaração de vontade é elemento necessário à existência do negócio jurídico, enquanto a capacidade é requisito necessário à sua validade e eficácia, bem como ao poder de disposição do agente[89].

Quando o agente é maior de idade ou emancipado, mas incapaz em consequência da falta ou redução do necessário discernimento decorrentes, por exemplo, de surdo-mudez, dependência de bebida alcoólica ou de tóxicos, de prodigalidade ou da condição de excepcional, pode ser declarado interdito e, assim, incapaz para os atos da vida civil (CC, art. 1.767).

A incapacidade de exercício é suprida, porém, pelos meios legais: a representação e a assistência (CC, art. 1.634, V). Dá-se a *representação* quando uma pessoa, denominada representante, substitui outra na prática de ato ou negócio jurídico, agindo em nome e no interesse desta. Pode ser legal e convencional (CC, art. 115). No caso dos incapazes, trata-se de representação legal. Os pais são os representantes legais dos filhos (art. 1.634, V); os tutores, dos tutelados (art. 1.747, I); e os curadores, dos curatelados (art. 1.781). Em alguns casos, necessitam os mencionados representantes de prévia autorização judicial (art. 1.691).

A *assistência* aos relativamente incapazes é necessária para validar a sua manifestação de vontade. Malgrado já tenham um certo discernimento que lhes permite participar pessoalmente dos atos e negócios jurídicos, exige a lei que sejam acompanhados e assistidos por seus representantes legais, deles participando juntamente com estes.

As pessoas jurídicas participam dos negócios em geral por intermédio de quem as represente, ativa e passiva, judicial e extrajudicialmente.

A incapacidade não se confunde com os impedimentos ou *falta de legitimação*. Esta é a incapacidade para a prática de determinados atos. O ascendente, por exemplo, não estará legitimado a vender bens a um descendente enquanto não obtiver o consentimento do seu cônjuge e dos demais descendentes (CC, art. 496), embora não seja um incapaz, genericamente, para realizar negócios jurídicos. A proibição imposta ao

---

[89] Francisco Amaral, *Direito civil*, cit., p. 391.

tutor de adquirir bens do pupilo, mesmo em hasta pública, também gera um impedimento ou falta de legitimação que não importa em incapacidade genérica.

Silvio Rodrigues relembra que a "ideia de legitimação chegou ao direito privado pelas portas do processo civil, e é indispensável para explicar figuras jurídicas que não se enquadram dentro do conceito de capacidade", aduzindo que não se discutem, nessas hipóteses, "as qualidades intrínsecas da pessoa que a fazem mais ou menos apta para exercer sua autonomia privada, mas sim a posição da pessoa a respeito de determinadas coisas ou bens considerados como possíveis objetos de negócios jurídicos em geral, ou de especiais categorias de negócios"[90].

Prescreve o art. 105 do Código Civil que a "*incapacidade relativa de uma das partes não pode ser invocada pela outra em benefício próprio, nem aproveita aos cointeressados capazes, salvo se, neste caso, for indivisível o objeto do direito ou da obrigação comum*". Assim, na hipótese de as partes serem, de um lado, pessoa capaz, e de outro, simultaneamente, um capaz e um *relativamente incapaz*, só este poderá anular parcialmente o ato, só a ele aproveitando a anulação, salvo se indivisível o objeto. A rescisão por incapacidade não aproveita ao cointeressado capaz, salvo se indivisível o objeto[91]. Assim, aplicando o aludido dispositivo legal, proclamou o Tribunal de Justiça do Paraná: "Com base no art. 105 do Código Civil, a anulabilidade do negócio somente poderia ser arguida pelo próprio relativamente incapaz" – o que gerou a conclusão de validade do ato "perante a empresa ré, que inclusive admitiu que o filho dos sócios auxilia na administração da empresa"[92].

8.2. Objeto lícito, possível, determinado ou determinável

A validade do negócio jurídico requer, ainda, objeto lícito, possível, determinado ou determinável (condição objetiva).

Objeto lícito é o que não atenta contra a lei, a moral ou os bons costumes. Objeto jurídico, objeto imediato ou conteúdo do negócio é sempre uma

---

[90] *Direito civil*, cit., v. 1, p. 172-173.

[91] Francisco Amaral, *Direito civil*, cit., p. 393.

[92] TJPR, Apel. 1.328.355-5, 11ª Câm. Cív., rel. Juiz Conv. Xavier F. Guerra, *DJPR*, 27-1-2016, p. 255.

conduta humana e se denomina prestação: dar, fazer ou não fazer. Objeto material ou mediato são os bens ou as prestações sobre os quais incide a relação jurídica obrigacional.

Quando o objeto jurídico do contrato é imoral, os tribunais por vezes aplicam o princípio de direito de que ninguém pode valer-se da própria torpeza (*nemo auditur propriam turpitudinem allegans*). Ou então a parêmia *in pari causa turpitudinis cessat repetitio*, segundo a qual se ambas as partes, no contrato, agiram com torpeza, não pode qualquer delas pedir devolução da importância que pagou[93].

Tais princípios são aplicados pelo legislador, por exemplo, no art. 150 do Código Civil, que reprime o dolo ou a torpeza bilateral, e no art. 883, que nega direito à repetição do pagamento feito para obter fim ilícito, imoral, ou proibido por lei. Impedem eles que as pessoas participantes de um contrato imoral sejam ouvidas em juízo. Fora dessas hipóteses, e de outras expressamente previstas na lei, prevalece o disposto no art. 182: anulado o negócio jurídico, restituir-se-ão as partes ao estado em que antes dele se achavam. Esta não deve ser a solução, todavia, se se mostrar, no caso concreto, manifestamente injusta e contrária ao interesse social.

O objeto deve ser, também, *possível*. Quando impossível, o negócio é nulo. A impossibilidade do objeto pode ser física ou jurídica.

Impossibilidade física é a que emana de leis físicas ou naturais. Deve ser absoluta, isto é, alcançar a todos, indistintamente, como, por exemplo, a que impede o cumprimento da obrigação de colocar toda a água dos oceanos em um copo d'água. A relativa, que atinge o devedor, mas não outras pessoas, não constitui obstáculo ao negócio jurídico. Dispõe, com efeito, o art. 106 do Código Civil que "*a impossibilidade inicial do objeto não invalida o negócio jurídico se for relativa, ou se cessar antes de realizada a condição a que ele estiver subordinado*".

A *impossibilidade jurídica* do objeto ocorre quando o ordenamento jurídico proíbe, expressamente, negócios a respeito de determinado bem, como a herança de pessoa viva (CC, art. 426), de alguns bens fora do comércio, como os gravados com a cláusula de inalienabilidade etc. A ilicitude do objeto é mais ampla, pois abrange os contrários à moral e aos bons costumes.

---

[93] Silvio Rodrigues, *Direito civil*, cit., p. 174.

O objeto do negócio jurídico deve ser, igualmente, *determinado* ou *determinável* (indeterminado relativamente ou suscetível de determinação no momento da execução).

Admite-se, assim, a venda de *coisa incerta*, indicada ao menos pelo gênero e pela quantidade (CC, art. 243), que será determinada pela escolha, bem como a *venda alternativa*, cuja indeterminação cessa com a concentração (CC, art. 252).

8.3. Forma

O terceiro requisito de validade do negócio jurídico é a *forma*, que é o meio de revelação da vontade. Deve ser a prescrita em lei.

Há dois sistemas no que tange à forma como requisito de validade do negócio jurídico: o *consensualismo*, da liberdade de forma, e o *formalismo* ou da forma obrigatória. O direito romano e o alemão eram, inicialmente, formalistas. Posteriormente, por influência do cristianismo e sob as necessidades do intenso movimento comercial da Idade Média, passaram do formalismo conservador ao princípio da liberdade da forma[94].

No direito brasileiro, a forma é, em regra, livre. As partes podem celebrar o contrato por escrito, público ou particular, ou verbalmente, a não ser nos casos em que a lei, para dar maior segurança e seriedade ao negócio, exija a forma escrita, pública ou particular. O consensualismo, portanto, é a regra, e o formalismo, a exceção[95]. Dispõe, com efeito, o art. 107 do Código Civil:

"Art. 107. A validade da declaração de vontade não dependerá de forma especial, senão quando a lei expressamente a exigir".

É nulo o negócio jurídico quando "*não revestir a forma prescrita em lei*" ou "*for preterida alguma solenidade que a lei considere essencial para a sua validade*" (CC, art. 166, IV e V). Em alguns casos, a lei reclama também

[94] Francisco Amaral, *Direito civil*, cit., p. 396-397.

[95] Adverte Clóvis Beviláqua que, sendo "a forma uma valiosa garantia dos interesses, quer individuais, quer sociais, não poderá ser eliminada do direito. O ritualismo excessivo, que empecia o movimento dos negócios jurídicos, contrariando as necessidades do progresso, que os requer rápidos; as palavras sacramentais, que não podem mais ter valor perante a cultura dos nossos tempos; as solenidades absurdas e ineptas, por terem desaparecido as razões, que as reclamaram, essas a ação simplificadora da evolução jurídica eliminou; porém, manteve as formas necessárias à segurança dos negócios realizados no domínio do direito, e, por um processo de remodelação da vida jurídica, foi criando solenidades novas ou reforçando as já existentes para determinados atos" (*Teoria geral do direito civil*, p. 225).

a publicidade, mediante o sistema de Registros Públicos (CC, art. 221). Cumpre frisar que o formalismo e a publicidade são garantias do direito.

Na mesma esteira do art. 166, IV e V, do Código Civil, retrotranscrito, estabelece o art. 406 do Código de Processo Civil: "Quando a lei exigir instrumento público como da substância do ato, nenhuma outra prova, por mais especial que seja, pode suprir-lhe a falta". Por sua vez, estatui o art. 188 do mesmo diploma: "Os atos e os termos processuais independem de forma determinada, salvo quando a lei expressamente a exigir, considerando-se válidos os que, realizados de outro modo, lhe preencham a finalidade essencial".

Podem ser distinguidas três espécies de formas: forma livre, forma especial ou solene e forma contratual.

a) *Forma livre* – É a predominante no direito brasileiro (cf. CC, art. 107). É qualquer meio de manifestação da vontade, não imposto obrigatoriamente pela lei (palavra escrita ou falada, escrito público ou particular, gestos, mímicas etc.).

b) *Forma especial ou solene* – É a exigida pela lei como requisito de validade de determinados negócios jurídicos. Em regra, a exigência de que o ato seja praticado com observância de determinada solenidade tem por finalidade assegurar a autenticidade dos negócios, garantir a livre manifestação da vontade, demonstrar a seriedade do ato e facilitar a sua prova.

A forma especial pode ser única ou múltipla (plural). *Forma única* é a que, por lei, não pode ser substituída por outra. Exemplos: o art. 108 do Código Civil, que considera a escritura pública essencial à validade das alienações imobiliárias, não dispondo a lei em contrário; o art. 1.964, que autoriza a deserdação somente por meio de testamento; os arts. 1.535 e 1.536, que estabelecem formalidades para o casamento etc.

Forma múltipla ou plural diz-se quando o ato é solene mas a lei permite a formalização do negócio por diversos modos, podendo o interessado optar validamente por um deles. Como exemplos citam-se o reconhecimento voluntário do filho, que pode ser feito de quatro modos, de acordo com o art. 1.609 do Código Civil; a transação, que pode efetuar-se por termo nos autos ou escritura pública (CC, art. 842); a instituição de uma fundação, que pode ocorrer por escritura pública ou por testamento (art. 62); a renúncia da herança, que pode ser feita por escritura pública ou termo judicial (art. 1.806).

c) *Forma contratual* – É a convencionada pelas partes. O art. 109 do Código Civil dispõe que, "*no negócio jurídico celebrado com a cláusula de não valer sem instrumento público, este é da substância do ato*". Os contratantes podem, portanto, mediante convenção, determinar que o instrumento público torne-se necessário para a validade do negócio.

Ainda se diz que a forma pode ser *ad solemnitatem,* também denominada *ad substantiam*, ou *ad probationem tantum*. A primeira, quando determinada forma é da substância do ato, indispensável para que a vontade produza efeitos (*forma dat esse rei*). Exemplo: a escritura pública, na aquisição de imóvel (CC, art. 108), os modos de reconhecimento de filhos (art. 1.609) etc. A segunda, quando a forma destina-se a facilitar a prova do ato.

Alguns poucos autores criticam essa distinção, afirmando que não há mais formas impostas exclusivamente para prova dos atos. Estes ou têm forma especial, exigida por lei, ou a forma é livre, podendo, nesse caso, ser demonstrada por todos os meios admitidos em direito (CPC, art. 369).

Entretanto, a lavratura do assento de casamento no livro de registro (art. 1.536) pode ser mencionada como exemplo de formalidade *ad probationem tantum*, pois destina-se a facilitar a prova do casamento, embora não seja essencial à sua validade. CAIO MÁRIO menciona também os casos em que o resultado do negócio jurídico pode ser atingido por outro meio: assim, a obrigação de valor superior ao décuplo do maior salário mínimo vigente no País não pode ser provada exclusivamente por testemunhas, já que a lei exige ao menos um começo de prova por escrito (CPC/73, art. 401; CC, art. 227)[96].

Não se deve confundir *forma*, que é meio para exprimir a vontade, com *prova* do ato ou negócio jurídico, que é meio para demonstrar a sua existência (cf. arts. 212 e s.).

---

[96] *Instituições*, cit., v. 1, p. 313.

Capítulo II
DA REPRESENTAÇÃO

Sumário: 1. Introdução. 2. Espécies de representação. 3. Espécies de representantes. 4. Regras da representação. 5. Representação e mandato. 6. Contrato consigo mesmo (autocontratação). 6.1. Conceito. 6.2. Efeitos.

1. Introdução

O capítulo ora em estudo trata dos preceitos gerais sobre a representação legal e a voluntária. A propósito, comenta Moreira Alves que o atual diploma, suprindo lacuna do Código Civil de 1916, reservou, na Parte Geral, um capítulo para os preceitos gerais sobre a representação legal e a voluntária.

Acrescenta o emérito jurista que, "ao contrário, porém, do que ocorre no Código Civil português de 1967 – que regula a representação voluntária na Parte Geral (arts. 262º a 269º) –, o Projeto, seguindo a orientação do Código Civil brasileiro atual (*de 1916*), disciplina essa matéria no capítulo concernente ao mandato, uma vez que, em nosso sistema jurídico, a representação é da essência desse contrato. Por isso, preceitua o art. 120: 'Os requisitos e os efeitos da representação legal são os estabelecidos nas normas respectivas; os da representação voluntária são os da Parte Especial deste Código'"[1].

Os direitos podem ser adquiridos por ato do próprio interessado ou por intermédio de outrem. Quem pratica o ato é o *representante.* A pessoa em nome de quem ele atua e que fica vinculada ao negócio é o *representado.*

Representação tem o significado, pois, de atuação jurídica em nome de outrem. Constitui verdadeira legitimação para agir por conta de outrem, que nasce da lei ou do contrato. A representação legal é exercida sempre no

[1] *A Parte Geral do Projeto de Código Civil brasileiro*, p. 105.

interesse do representado, enquanto a convencional pode realizar-se no interesse do próprio representante, como sucede, por exemplo, na procuração em causa própria[2].

2. *Espécies de representação*

Dispõe o art. 115 do Código Civil:

"*Art. 115. Os poderes de representação conferem-se por lei ou pelo interessado*".

A representação, assim, pode ser *legal*, como a deferida pela lei aos pais, tutores, curadores, síndicos, administradores etc., e *convencional* ou *voluntária*, quando decorre de negócio jurídico específico: o mandato.

A representação *legal* constitui um verdadeiro *munus*, tendo em vista que o representante exerce uma atividade obrigatória, investido de autêntico poder, sendo instituída em razão da necessidade de se atribuir a alguém a função de cuidar dos interesses das pessoas incapazes. Neste caso, supre a falta de capacidade do representado e tem caráter personalíssimo, sendo indelegável o seu exercício.

Ocorre também a representação legal de pessoas capazes, em diversas situações. É conferida aos sindicatos, para a celebração de acordos coletivos; ao síndico dos condomínios em edificações ou edilícios; ao administrador da massa falida; ao inventariante etc.[3].

A representação *convencional* ou *voluntária* tem por finalidade permitir o auxílio de uma pessoa na defesa ou administração de interesses alheios e, assim, caracteriza-se pelo propósito de cooperação jurídica, que se alcança por seu intermédio. Mediante acordo de vontades, intervém na conclusão de um negócio outra pessoa que não o interessado direto e imediato.

Essa modalidade de representação estrutura-se no campo da autonomia privada mediante a outorga de procuração, que é o instrumento do mandato (CC, art. 653, segunda parte), pela qual uma pessoa investe outra no poder de agir em seu nome. Pode ser revogada a qualquer tempo pelo

---

[2] Francisco Amaral, *Direito civil*: introdução, p. 420; C. Massimo Bianca, *Diritto civile*: il contratto, Ristampa, p. 74; Orlando Gomes, *Introdução ao direito civil*, p. 379 e s.

[3] Orlando Gomes, *Introdução*, cit., p. 379-380.

representado, o que não ocorre com a representação legal, da qual não pode o representante ser privado por ato daquele[4].

O representante deve ter capacidade de fato para praticar os atos em nome do representado. O Código Civil permite que o maior de 16 e menor de 18 anos não emancipado seja mandatário, mas o mandante só poderá reclamar contra o menor, assim como o terceiro que com ele contrata, na medida do seu enriquecimento (CC, art. 666)[5].

Todas as pessoas capazes podem dar procuração mediante instrumento público ou particular, valendo este desde que tenha a assinatura do outorgante (CC, art. 654).

O mandato pressupõe a substituição de uma pessoa por outra na prática de um ato jurídico. A atuação do representante vincula o representado, que é obrigado a satisfazer todas as obrigações contraídas pelo representante, na conformidade do mandato conferido (CC, art. 675), ainda que este contrarie as instruções recebidas. Neste caso, terá o mandante ação contra o mandatário, pelas perdas e danos resultantes da inobservância das instruções (art. 679).

Por tal razão, o representante tem a obrigação de provar às pessoas, com quem trata em nome do representado, a sua qualidade e a extensão de seus poderes, sob pena de, não o fazendo, responder pelos atos que a estes excederem (CC, art. 118). Essa publicidade do fato de que a atuação se dá em nome de um representado é chamada de *contemplatio domini* ou *princípio da exteriorização* ou da *notoriedade* e constitui o núcleo central da representação[6].

3. Espécies de representantes

Há três espécies de representantes: legal, judicial e convencional.

Legal é o que decorre da lei, ou seja, aquele a quem esta confere poderes para administrar bens e interesses alheios, como pais, em relação aos

[4] Renan Lotufo, *Código Civil comentado*, v. 1, p. 321; Orlando Gomes, *Introdução*, cit., p. 381; Francisco Amaral, *Direito civil*, cit., p. 425; José Castan Tobeñas, *Derecho civil español*, v. 1, p. 742.

[5] Carvalho Santos, *Código Civil brasileiro interpretado*, 11. ed., v. 1, p. 224.

[6] Maria Helena de Brito, *A representação nos contratos internacionais – Um contributo para o estudo do princípio da coerência em direito internacional privado*, p. 96.

filhos menores (CC, arts. 115, primeira parte, 1.634, V, e 1.690), tutores, no que concerne aos tutelados (art. 1.747, I), e curadores, quanto aos curatelados (art. 1.774).

Judicial é o nomeado pelo juiz, para exercer poderes de representação no processo, como o inventariante, o síndico da falência, o administrador da empresa penhorada etc.

Convencional é o que recebe mandato outorgado pelo credor, expresso ou tácito, verbal ou escrito (CC, arts. 115, segunda parte, e 656) com poderes nele expressos, podendo ser em termos gerais ou com poderes especiais, como os de alienar, receber, dar quitação etc. (art. 661).

4. Regras da representação

O art. 116 do Código Civil dispõe:

"*A manifestação de vontade pelo representante, nos limites de seus poderes, produz efeitos em relação ao representado*".

O representante atua em nome do representado, vinculando-o a terceiros com quem tratar. Deve agir, portanto, na conformidade dos poderes recebidos. Se os ultrapassar, haverá excesso de poder, podendo por tal fato ser responsabilizado (CC, art. 118). Enquanto o representado não ratificar os referidos atos, será considerado mero gestor de negócios (CC, art. 665).

Em consequência: "a) os efeitos do negócio jurídico representativo, concretizado dentro dos limites dos poderes conferidos, repercutem, exclusivamente, na esfera jurídica do representado; b) o vínculo negocial é estabelecido apenas entre o representado e a contraparte, sendo o representante estranho ao negócio jurídico representativo celebrado; c) os efeitos, obrigações e direitos são auferidos e suportados direta e imediatamente pelo *dominus negotii*; d) as obrigações inadimplidas do *dominus negotii* não são de responsabilidade do representante, salvo quando este pessoalmente responsabilizou-se pelo cumprimento; e) o *dominus negotii* é legitimado, ativa e passivamente, para figurar na relação processual tendo por objeto o negócio jurídico representativo, no exercício do *jus persequendi in judicio*"[7].

É de se destacar o art. 119 do Código Civil, que prescreve: "*É anulável o negócio concluído pelo representante em conflito de interesses com o*

[7] Mairan Gonçalves Maia Júnior, *A representação no negócio jurídico*, p. 131-132.

representado, se tal fato era ou devia ser do conhecimento de quem com aquele tratou". O parágrafo único estabelece o prazo decadencial de cento e oitenta dias, a contar da conclusão do negócio ou da cessação da incapacidade, para pleitear-se a anulação prevista no *caput* do artigo.

Observa-se que a condição estabelecida na lei para que o negócio se considere anulável é o conhecimento, pelo terceiro beneficiado, do conflito de interesses entre representado e representante. Não se admite que, estando de boa-fé, seja ele prejudicado por ato danoso deste último. Resta ao representado, neste caso, valer-se do disposto no art. 118, para se ressarcir dos danos eventualmente sofridos.

O conflito de interesses entre representante e representado decorre, em geral, de *abuso de direito* e *excesso de poder*. O primeiro pode ocorrer em várias situações, inclusive pela atuação do representante com falta de poderes, que caracteriza o falso procurador. Configura-se também quando a representação é exercida segundo os limites dos poderes mas de forma contrária à sua destinação, que é a defesa dos interesses do representado. O excesso de poder se configura quando o representante ultrapassa os limites da atividade representativa.

Em ambos os casos, o negócio é celebrado sem poder de representação, podendo ser anulado pelo representado, se o conflito de interesses era ou devia ser do conhecimento de quem com ele tratou[8].

5. *Representação e mandato*

Estabelece o art. 653 do Código Civil:

"*Opera-se o mandato quando alguém recebe de outrem poderes para, em seu nome, praticar atos ou administrar interesses. A procuração é o instrumento do mandato*".

A doutrina em geral entende que o que caracteriza o mandato é a ideia de representação. Esta seria elemento essencial à sua configuração. Nesse sentido os pronunciamentos de Clóvis Beviláqua, Washington de Barros Monteiro, Caio Mário, Silvio Rodrigues e outros. Parece ser também o entendimento de Moreira Alves, quando afirma que o novo diploma,

[8] Mairan Gonçalves Maia Júnior, *A representação*, cit., p. 140-141; Renan Lotufo, *Código Civil*, cit., p. 337.

seguindo a orientação do Código de 1916, disciplina a representação voluntária no capítulo concernente ao mandato, "uma vez que, em nosso sistema jurídico, a representação é da essência desse contrato"[9].

Orlando Gomes, diversamente, entende que o legislador labora em equívoco quando dispõe que somente se opera o mandato quando alguém recebe de outrem poderes, para, em seu nome, praticar atos ou administrar interesses alheios.

Aduz que se impõe a distinção, pois mostra-se evidente a confusão entre procuração e representação, que não se superpõem necessariamente. "Não somente foi excluída a possibilidade da existência de mandato sem representação, visto que o mandatário há de praticar atos ou administrar interesses sempre em nome do mandante, mas também não distinguiu, no próprio mandato com representação, as duas faces da relação jurídica. Contraditoriamente o Código edita regra que admite a atuação do mandatário sem representação. Preceitua, de fato, que, se o mandatário obrar em seu próprio nome, não terá o mandante ação contra os que com ele contrataram nem estes contra o mandante. Nesta hipótese, não age em nome do mandante, deixando de configurar-se logicamente, em face da definição legal, a relação de mandato, que, entretanto, é admitida"[10].

Comungam desse entendimento Pontes de Miranda, José Paulo Cavalcanti, Fábio Maria de Mattia, Mairan Gonçalves Maia Júnior, Renan Lotufo e outros. Salienta o último, depois de mencionar também a doutrina estrangeira em abono de seu entendimento, que "pode ainda haver mandato sem representação, como nos casos em que o mandatário tem poderes para agir por conta do mandante mas em nome próprio. E há representação sem mandato, quando nasce de um negócio unilateral, a procuração, que pode ser autônoma como pode coexistir com um contrato de mandato"[11].

O atual Código Civil não adotou a *teoria da separação,* adotada no Código Civil português (arts. 258º e s.), no Código Civil alemão (BGB, §§ 164 e s.) e no Código Civil italiano (arts. 1.387 e s.), entre outros, tendo disciplinado unitariamente, na Parte Especial, o contrato de mandato e a representação voluntária. No entanto, age contraditoriamente ou de forma dúbia, como o fez o Código de 1916, quando no art. 663 trata

---

[9] *A Parte Geral*, cit., p. 105.

[10] *Introdução*, cit., p. 383 e 393.

[11] *Código Civil*, cit., p. 322.

de hipótese em que o mandatário age em seu próprio nome, mas no interesse do mandante.

A teoria da separação consagra o entendimento de que o poder de representação nasce não do mandato, mas de um negócio jurídico unilateral, autônomo e abstrato, a que a doutrina tem dado o nome de "procuração"[12]. Esclarece Orlando Gomes: "Quando o mandatário é procurador, o vínculo entre ele e o mandante é o lado interno da relação mais extensa em que participam, enquanto o lado externo se ostenta na qualidade de procurador, em razão da qual trata com terceiros. Nesta hipótese, o mandato é a relação subjacente à procuração"[13].

6. Contrato consigo mesmo (autocontratação)

6.1. Conceito

É da natureza da representação que o representante atue em nome de apenas uma das partes do negócio jurídico no qual intervém.

Todavia, pode ocorrer a hipótese de ambas as partes se manifestarem por meio do mesmo representante, configurando-se então a situação de dupla representação. O representante não figura e não se envolve no negócio jurídico, mas somente os representados.

Pode ocorrer, ainda, que o representante seja a outra parte no negócio jurídico celebrado, exercendo neste caso dois papéis distintos: participando de sua formação como representante, atuando em nome do dono do negócio, e como contratante, por si mesmo, intervindo com dupla qualidade, como ocorre no cumprimento de *mandato em causa própria*, previsto no art. 685 do Código Civil, em que o mandatário recebe poderes para alienar determinado bem, por determinado preço, a terceiros ou a si próprio.

Surge, nas hipóteses mencionadas, o negócio jurídico que se convencionou chamar de *contrato consigo mesmo* ou autocontratação. O que há, na realidade, são situações que se assemelham a negócio dessa natureza. No caso de dupla representação somente os representados adquirem direitos

---

[12] Leonardo Mattietto, A representação voluntária e o negócio jurídico da procuração, *Revista Trimestral de Direito Civil*, 2000, v. 4, p. 55-71.

[13] *Introdução*, cit., p. 383-384.

e obrigações. E, mesmo quando o representante é uma das partes, a outra também participa do ato, embora representada pelo primeiro.

Desse modo, o denominado contrato consigo mesmo configura-se "tanto na hipótese de dupla representação como quando figura o representante como titular em um dos polos da relação contratual estabelecida, sendo sujeito de direitos e obrigações"[14].

6.2. Efeitos

Dispõe o art. 117 do Código Civil:

"*Art. 117. Salvo se o permitir a lei ou o representado, é anulável o negócio jurídico que o representante, no seu interesse ou por conta de outrem, celebrar consigo mesmo.*

Parágrafo único. Para esse efeito, tem-se como celebrado pelo representante o negócio realizado por aquele em que os poderes houverem sido subestabelecidos".

Assevera Pontes de Miranda, referindo-se à autocontratação, que "não há princípio, *a priori*, que se oponha à existência, validade e eficácia de tais negócios jurídicos; nem é contra a natureza dos negócios jurídicos que o manifestante da vontade, em nome de outro, a receba em seu próprio nome, ou em nome de outro representado, nem que o manifestante da vontade, em nome próprio, a receba em nome de outrem, nem há contraindicações que possam ser mais do que sugestões, em certas espécies de negócios jurídicos, e assaz atendíveis *de iure condendo*"[15].

O atual Código Civil prevê expressamente, como visto, a possibilidade da celebração do contrato consigo mesmo, desde que a lei ou o representado autorizem sua realização. Sem a observância dessa condição, o negócio é anulável.

---

[14] Mairan Gonçalves Maia Júnior, *A representação*, cit., p. 174. Nessa linha a lição de Diez-Picazo: "La hipótesis genuina de la autocontratación se da cuando el autor del negocio o del acto jurídico interviene en él con un doble papel, de manera que una de las partes del negocio es él mismo en su propio nombre y derecho y outra de ellas actúa representada por él. Sin embargo, la hipótesis se puede producir también cuando el autor del negocio o acto jurídico interviene por sí solo sustituyendo a cada una de las partes con una diferente representación. Por ejemplo: actúa como vendedor en representación de A y como comprador en representación de B" (*La representación en el derecho privado*, p. 201).

[15] *Tratado de direito privado*, t. 3, p. 284-285.

Inspirou-se o legislador pátrio nos Códigos Civis italiano e português, que tratam desse assunto, respectivamente, nos arts. 1.395[16] e 261º, omitindo porém importante exigência, contida nestes dois artigos, de ausência de conflito de interesses.

Prescreve, com efeito, o art. 261º do Código Civil português: "É anulável o negócio celebrado pelo representante consigo mesmo, seja em nome próprio, seja em representação de terceiro, a não ser que o representado tenha especificamente consentido na celebração, ou que o negócio exclua por sua natureza a possibilidade de um conflito de interesses".

Obtempera MAIRAN MAIA, com razão, que o legislador brasileiro "melhor seguiria se, ao admitir a possibilidade da celebração do contrato consigo mesmo, condicionasse sua realização à ausência de conflitos de interesses", à semelhança dos citados Códigos português e italiano, visto que "os tribunais pátrios não têm admitido a celebração do contrato consigo mesmo quando patente o conflito de interesses estabelecido entre o *dominus negotii* e o representante. Este entendimento é consagrado na Súmula 60 do Egrégio Superior Tribunal de Justiça, do seguinte teor: 'É nula a obrigação cambial assumida por procurador do mutuário vinculado ao mutuante, no exclusivo interesse deste'"[17].

Também o art. 51, VIII, do Código de Defesa do Consumidor tem o objetivo de vedar a sujeição de uma das partes ao arbítrio da outra, reputando nula a cláusula que imponha representante ao consumidor para concluir ou realizar outro negócio jurídico.

É de se prever que, malgrado a omissão do atual Código, a jurisprudência continuará exigindo a ausência do conflito de interesses, como condição de admissibilidade do contrato consigo mesmo, como vem ocorrendo[18].

---

[16] "1.395. *Contratto com se stesso* – É annullabile il contratto che il rappresentante conclude com se stesso, in proprio e come rappresentante di un'altra parte, a meno che il rappresentato lo abbia autorizzato specificatamente ovvero il contenuto del contratto sai determinato in modo da escludere la possibilità di conflito d'interessi."

[17] *A representação*, cit., p. 176-177.

[18] "A jurisprudência do STJ consolidou entendimento no sentido de que outorga de mandato pelo mutuário à pessoa integrante do grupo mutuante ou a ele próprio, em regra, não tem validade, face ao manifesto conflito de interesses, à sujeição do ato ao arbítrio de uma das partes e à afetação da vontade. O princípio, assim consubstanciado no verbete 60-STJ e revigorado pelo legislador que, com a vigência do Código do Consumidor, passou a coibir cláusulas, cuja pactuação importe no cerceio da livre manifestação da vontade do consumidor" (REsp 45.940/RS, 3ª T., rel. Min. WALDEMAR ZVEITER, *DJU*, 5-9-1994). "A nota promissória pode,

O parágrafo único do art. 117 do Código Civil trata de hipótese em que também pode configurar-se o contrato consigo mesmo de maneira indireta, ou seja, "quando o próprio representante atua sozinho declarando duas vontades, mas por meio de terceira pessoa, substabelecendo-a (*ato pelo qual o representante transfere a outrem os poderes concedidos pelo representado a terceira pessoa*) para futuramente celebrar negócio com o antigo representante. Ocorrendo esse fenômeno, tem-se como celebrado pelo representante o negócio realizado por aquele em que os poderes houverem sido substabelecidos"[19].

Em ação anulatória ajuizada por condomínio, na qual o síndico realizou, durante seu mandato, contrato de prestação de serviço de contabilidade e de pessoal com a sociedade ré, da qual é sócio e representante legal, entendeu o Tribunal estar configurado um autocontrato. Ao realizar o citado negócio jurídico, o segundo demandado representava tanto o contratante (Condomínio autor) quanto o contratado (primeiro réu), ou seja, era o representante de ambos os contratantes (...). O ex-síndico não apresentou cópia de ata de assembleia geral ou qualquer outro documento que comprove que o autor permitiu ou aprovou a referida contratação. Julgou-se, portanto, procedente o pedido de anulação do contrato[20].

---

em tese, ser emitida por mandatário com poderes especiais. Todavia, é inválida a cambial emitida com base em mandato de extensão não especificada, outorgado pelo devedor em favor de empresa integrante do mesmo grupo financeiro a que pertence a instituição credora. Conflito efetivo de interesse entre representante e representado. Tema do contrato consigo mesmo abordado no REsp 1.294, acórdão da 3ª T. deste STJ" (REsp 2.453/MG, 4ª T., rel. Min. Barros Monteiro, *DJU*, 10-6-1991).

[19] Renan Lotufo, *Código Civil*, cit., p. 331.

[20] TJRJ, Apel. 0012510-51.2015.18.0087, 19ª Câm. Cív., rel. Des. Ferdinando Nascimento, j. 15-5-2018).

CAPÍTULO III

DA CONDIÇÃO, DO TERMO E DO ENCARGO

Sumário: 1. Introdução. 2. Condição. 2.1. Conceito. 2.2. Elementos da condição. 2.3. Condição voluntária e condição legal. 2.4. Negócios jurídicos que não admitem condição. 2.5. Classificação das condições. 2.6. Retroatividade e irretroatividade da condição. 2.7. Pendência, implemento e frustração da condição. 3. Termo. 3.1. Conceito. 3.2. Espécies. 3.3. Os prazos e sua contagem. 4. Encargo ou modo. 5. Negócio jurídico processual.

1. Introdução

Além dos elementos estruturais e essenciais, que constituem requisitos de existência e de validade do negócio jurídico, pode este conter outros elementos meramente *acidentais*, introduzidos facultativamente pela vontade das partes, não necessários à sua existência. Aqueles são determinados pela lei; estes dependem da vontade das partes. Uma vez convencionados, têm o mesmo valor dos elementos estruturais e essenciais, pois que passam a integrá-lo, de forma indissociável.

O atual Código abandonou o título "Das modalidades do ato jurídico", que constava do diploma de 1916, "por impróprio", segundo MOREIRA ALVES. Procura este explicar a nova estrutura do negócio jurídico, disciplinando-se a condição e o termo antes das normas sobre a nulidade e anulabilidade, dizendo que tal critério "tem largo apoio doutrinário, especialmente entre os autores alemães".

Aduz que a colocação das matérias justifica-se "se se atentar para a circunstância de que, depois de se estabelecerem os requisitos de validade do negócio jurídico, se trata de dois aspectos ligados à manifestação de vontade: a interpretação e a representação. Em seguida, disciplinam-se a condição, o termo e o encargo, que são autolimitações da vontade (isto é, uma vez apostos à manifestação de vontade, tornam-se inseparáveis dela). Finalmente, a parte patológica do negócio jurídico: defeitos e invalidade"[1].

[1] *A Parte Geral do Projeto de Código Civil brasileiro*, p. 101.

São três os elementos acidentais do negócio jurídico no direito brasileiro: a *condição*, o *termo* e o *encargo* ou *modo*. Essas convenções acessórias constituem autolimitações da vontade e são admitidas nos atos de natureza patrimonial em geral (com algumas exceções, como na aceitação e renúncia da herança), mas não podem integrar os de caráter eminentemente pessoal, como os direitos de família puros e os direitos personalíssimos.

Elementos acidentais são, assim, os que se acrescentam à figura típica do ato para mudar-lhe os respectivos efeitos. São cláusulas que, apostas a negócios jurídicos por declaração unilateral ou pela vontade das partes, acarretam modificações em sua *eficácia* ou em sua abrangência[2].

A constituição, modificação ou extinção das relações jurídicas, ou seja, os efeitos do negócio jurídico, colocam-se no plano de sua *eficácia*.

Segundo Vicente Ráo, a indicação no Código Civil da condição, do termo e do encargo não é taxativa, de modo que podem as partes criar elementos acessórios outros, desde que não contrariem a ordem pública, os preceitos imperativos de lei, os bons costumes e os elementos essenciais do negócio.

Aduz o notável civilista, com acuidade, que a condição "não é uma cláusula acessória como pensam alguns juristas, pois o ato condicional como um só todo se apresenta, ou seja, como unidade que se não pode partir em declaração principal e declaração acessória de vontade. Nele, uma declaração una existe que, juridicamente, se qualifica e define como declaração condicional de vontade"[3].

No mesmo sentido a lição de Francisco Amaral: "A condição, vulgarmente considerada acessória, elemento acidental do negócio jurídico, não funciona como declaração distinta da que se diz principal. Se da condição depende a sorte de todo o negócio jurídico, é evidente que ela constitui parte integrante e substancial dele"[4].

2. Condição

2.1. Conceito

Condição é o *acontecimento* futuro e incerto de que depende a eficácia do negócio jurídico. Da sua ocorrência depende o nascimento ou a extinção

[2] Francisco Amaral, *Direito civil*: introdução, p. 448.

[3] *Ato jurídico*, p. 243 e 290.

[4] *Da irretroatividade da condição suspensiva no direito civil brasileiro*, p. 80.

de um direito. Sob o aspecto formal, apresenta-se inserida nas disposições escritas do negócio jurídico, razão por que muitas vezes se define como a *cláusula* que subordina o efeito do ato jurídico a evento futuro e incerto (CC, art. 121)[5].

Nesse diapasão, ORLANDO GOMES define condição como "a disposição acessória que subordina a eficácia, total ou parcial, do negócio jurídico a acontecimento futuro e incerto". Aduz o saudoso mestre que "o vocábulo é empregado ora para designar a cláusula que contém a disposição, ora o próprio evento"[6]. Para ROBERTO DE RUGGIERO, condição é "a eventualidade futura e incerta de que se faz depender a eficácia ou a resolução do negócio jurídico"[7].

O Código Civil de 1916 definia condição no art. 114, dizendo que assim se considera "a cláusula, que subordina o efeito do ato jurídico a evento futuro e incerto". Mais adiante, no art. 117, complementava o conceito proclamando que "não se considera condição a cláusula, que não derive exclusivamente da vontade das partes, mas decorra necessariamente da natureza do direito, a que acede". O último dispositivo tinha a finalidade de excluir do conceito a *conditio juris*, mostrando que a verdadeira condição é aquela formulada no campo da autonomia privada.

ESPÍNOLA FILHO criticou a bipartição do conceito e apresentou o que considerava ideal: "Condição é a cláusula, derivada exclusivamente da vontade dos declarantes, que subordina a eficácia ou a resolução do ato jurídico a acontecimento futuro e incerto"[8].

O Código Civil italiano de 1942 adotou essa fórmula no art. 1.353, *verbis*: "Contrato condicional. As partes podem subordinar a eficácia ou a resolução de um contrato, ou de um simples pacto, a um acontecimento futuro e incerto"[9].

O atual Código Civil simplificou o conceito, ao reunir, no art. 121 (seguindo nesse passo a orientação proposta por ESPÍNOLA FILHO), as citadas disposições do Código de 1916, *verbis*:

---

[5] Francisco Amaral, *Direito civil*, cit., 2018, p. 562; Eduardo Espínola, Dos factos jurídicos, in *Manual do Código Civil brasileiro*, dirigido por Paulo de Lacerda, v. 3, Parte 2, p. 48.

[6] *Introdução ao direito civil*, p. 341.

[7] *Instituições de direito civil*, v. 1, p. 312.

[8] In *Manual*, cit., de Paulo de Lacerda, p. 48.

[9] A definição do mestre italiano Carmello Scutto mostra-se perfeita: "La condizione è un elemento estrinseco e volontario, in forza del quale si fa dipendere l'efficacia giuridica o la risoluzione de un negozio dall'avverarsi di un avvenimento futuro ed incerto" (*Teoria generale delle obbligazioni*, p. 402).

"*Art. 121. Considera-se condição a cláusula que, derivando exclusivamente da vontade das partes, subordina o efeito do negócio jurídico a evento futuro e incerto*".

A frase "derivando exclusivamente da vontade das partes" afasta do terreno das condições em sentido técnico as condições impostas pela lei (*condiciones iuris*).

Apesar de o dispositivo supratranscrito se referir à vontade *das partes* (plural), cabe ressalvar, como observou Zeno Veloso, que negócios jurídicos *unilaterais* há, como o testamento, por exemplo, que admitem disposições condicionais[10].

2.2. Elementos da condição

Os requisitos ou elementos para que haja condição na acepção técnica são: a voluntariedade, a futuridade e a incerteza. É necessário, portanto: a) que a cláusula seja voluntária; b) que o acontecimento a que se subordina a eficácia ou a resolução do ato jurídico seja futuro; c) que também seja incerto[11].

Quanto à *voluntariedade*, já foi exposto que as partes devem querer e determinar o evento, pois se a eficácia do negócio jurídico for subordinada por determinação de lei, não haverá condição, mas, sim, *conditio iuris*.

Do mesmo modo, não se considera condição o evento futuro, ainda que incerto quanto ao momento, a cuja eficácia o negócio está subordinado, mas que decorra da sua própria natureza, como, por exemplo, a morte em relação ao testamento. Sem o evento morte este não tem eficácia. No entanto, não há qualquer alteração estrutural do negócio, pois a morte é intrínseca a esse modo de manifestação de última vontade.

No que concerne à *futuridade*, preleciona Limongi França: "É de se observar que, em se tratando de fato passado ou presente, ainda que ignorado, não se considera condição. É oportuno o exemplo citado por Spencer Vampré (*Curso*, v. 1): 'Prometo certa quantia se *premiado* foi o meu bilhete de loteria que *ontem* correu'. Aí, de duas uma: ou o bilhete não foi premiado – e a declaração é ineficaz; ou o foi – e a obrigação é pura e simples (e não condicional). Cláusulas dessa natureza, *quae ad praeteritum vel praesens*

[10] *Condição, termo e encargo*, p. 18.

[11] Carlos Alberto Dabus Maluf, *As condições no direito civil*, p. 30.

tempus referentur, são denominadas condições *impróprias* e já o direito romano não as considerava condições propriamente ditas"[12].

Na realidade, malgrado chamadas de condições *impróprias*, não constituem propriamente condições.

O evento, a que se subordina o efeito do negócio, deve também ser *incerto*, podendo verificar-se ou não. Por exemplo: pagar-te-ei a dívida, se a próxima colheita não me trouxer prejuízo. Evidentemente, o resultado de uma colheita é sempre incerto. Se o fato futuro for certo, como a morte, por exemplo, não será mais condição e sim termo[13].

A incerteza não deve existir somente na mente da pessoa, mas na realidade. Há de ser, portanto, objetiva. Deve ser incerteza para todos e não apenas para o declarante. Se o acontecimento fosse certo, ainda que tal certeza não fosse conhecida das partes, teríamos uma condição necessária, que só em sentido impróprio pode dizer-se condição[14].

Francisco Amaral acrescenta um quarto requisito de existência da condição: a possibilidade. O evento, diz, "há de ser natural e juridicamente possível. Se impossível, não há incerteza e não se verificará o estado de pendência, próprio do ato condicionado"[15]. Desde o direito romano a doutrina menciona outros requisitos que se poderiam acrescentar, além da possibilidade: a licitude e não ser fato puramente potestativo. Todavia, em geral são eles omitidos porque, muito embora subentendidos, não foram expressamente indicados na definição[16].

2.3. Condição voluntária e condição legal

A condição voluntária (*conditio facti*) é estabelecida pelas partes como requisito de eficácia do negócio jurídico.

A condição legal, malgrado tenha a mesma característica, é estabelecida por lei. As *condiciones iuris* são pressupostos do negócio jurídico e

[12] Rubens Limongi França, Condição, in *Enciclopédia Saraiva do Direito,* v. 17, p. 371.

[13] Carlos Alberto Dabus Maluf, *As condições*, cit., p. 27; Angelo Falzea, *La condizione e gli elementi dell'atto giuridico*; Washington de Barros Monteiro, *Curso de direito civil*, v. 1, p. 235.

[14] Lodovico Barassi, *La teoria generale delle obbligazioni*, Le Fonti, 1946, v. 2, p. 426; Francesco Messineo, *Manuale di diritto civile e commerciale*, 1947, v. 1, § 43, p. 342.

[15] *Direito*, cit., 2018, p. 571.

[16] Héctor Lafaille, *Derecho civil*; tratado de las obligaciones, 1950, v. 2, t. 8, n. 889, p. 30-31.

não verdadeiras condições, mesmo quando as partes de modo expresso lhes façam uma referência especial.

O Código Civil de 1916 dispunha: "Não se considera condição a cláusula, que não derive exclusivamente da vontade das partes, mas decorra necessariamente da natureza do direito, a que acede" (art. 117). A finalidade do dispositivo, como já foi dito, era excluir do conceito as *condiciones iuris*. O atual Código também só considera condição a cláusula que deriva *exclusivamente da vontade das partes* (art. 121).

Limongi França, depois de chamar a *conditio iuris* de necessária, inerente à natureza do ato, apresenta o seguinte exemplo: se o comodato for gratuito[17].

Carvalho Santos, por sua vez, encarece a necessidade de a condição traduzir um elemento voluntário do negócio e depender da combinação e acordo das partes, não se podendo confundir com as disposições legais, *condiciones juris*, "que são elementos componentes do ato e que a lei exige, já para a sua existência, já para a sua eficácia, já para que produza efeitos. Por exemplo: se o testador subordinou a execução do legado à sobrevivência do legatário, isto não constituiria condição. Outro: adquiro um prédio por 50 contos se o seu proprietário se comprometer a lavrar a escritura pública. Mas, se o instrumento público é da substância desse ato (art. 134, II, *Código de 1916*), não há aí condição, por não haver liberdade de eleição; é uma formalidade obrigatória e exigida pela lei, sem a qual o ato será nulo"[18].

Pode ser lembrada, ainda, como condição legal, a necessidade de casamento subsequente para a eficácia do pacto antenupcial (CC, art. 1.653).

2.4. Negócios jurídicos que não admitem condição

As condições são admitidas nos atos de natureza patrimonial em geral, com algumas exceções, como na aceitação e renúncia da herança, mas não podem integrar os de caráter patrimonial pessoal, como os direitos de família puros e os direitos personalíssimos. Não comportam condição, por exemplo, o casamento, o reconhecimento de filho, a adoção, a emancipação etc.

---

[17] Condição, in *Enciclopédia*, cit., p. 373.

[18] *Código Civil brasileiro interpretado*, 1934, v. 3, p. 49.

Os atos que não admitem condição denominam-se *atos puros*. São, resumidamente: "a) os negócios jurídicos que, por sua função, inadmitem incerteza; b) os atos jurídicos em senso estrito; c) os atos jurídicos de família, onde não atua o princípio da autonomia privada, pelo fundamento ético social existente; d) os atos referentes ao exercício dos direitos personalíssimos". Essas exceções derivam da natureza dos interesses a proteger e da própria consideração devida à parte contrária[19].

Silvio Rodrigues, com precisão, comenta: "Negócios há, entretanto, que por sua natureza repelem a ideia de condição. São atos geralmente ligados ao Direito de Família ou ao Direito das Sucessões e que devem, desde logo, constituir-se de maneira definitiva, criando uma situação permanente. Seria inconveniente permitir que a presença de uma condição, que representa um elemento de incerteza, pendesse sobre tais atos, ameaçando sua eficácia"[20].

Francisco Amaral, por sua vez, citando Von Tuhr, refere que não comportam condição os negócios jurídicos unilaterais que devam ter eficácia imediata, não admitindo incerteza, como a aceitação e renúncia de herança (CC, art. 1.898), ou legado, a aceitação ou impugnação de inventariante ou testamenteiro, a compensação, os títulos de crédito, a revogação, a denúncia, a existência de pessoa jurídica, a procuração judicial, a interpelação, a fixação de domicílio, a gestão de negócios e a escolha nas obrigações alternativas.

O mencionado autor inclui ainda, no referido rol, os atos jurídicos em sentido estrito, em que é irrelevante o intento das partes, precisamente porque os efeitos são determinados em lei, diversamente do negócio jurídico, cuja eficácia é *ex voluntate*. São, desse modo, incondicionáveis a ratificação de casamento anulável, o reconhecimento da filiação, a aceitação de tutela e de curatela, o exercício do poder familiar, dentre outros. Igualmente, não

---

[19] Francisco Amaral, *Direito civil*, cit., p. 566-567.

[20] *Direito civil*, v. 1, p. 242. Com a sua habitual clareza, acrescenta o renomado civilista: "Ninguém pode se casar sob condição ou a termo, porque o casamento, constituindo elemento básico na estrutura da sociedade e interessando diretamente à ordem pública, deve estar liberto da ameaça de resolução. Como não tem apenas caráter contratual, mas também um aspecto institucional, não se permite que sua eficácia fique subordinada, por ajuste anterior dos nubentes, ao advento de uma circunstância incerta e futura, não prevista pela lei. Não se pode, tampouco, emancipar filho sob condição, pois, como a emancipação gera importantes efeitos na ordem social, seria inconveniente que ela pudesse desfazer-se pelo advento da condição".

admitem condição os atos pertinentes ao exercício dos direitos subjetivos personalíssimos, como o direito à vida, à integridade física, à honra, à dignidade pessoal, à liberdade de locomoção, à segurança, à legítima defesa, à liberdade de crença e de opinião, ao direito de propor ação, invocando a tutela jurisdicional do Estado[21].

2.5. Classificação das condições

Há várias espécies de condições. Podem ser classificadas: a) quanto à licitude do evento, em lícitas e ilícitas; b) quanto à possibilidade, em possíveis e impossíveis. Estas podem ser física ou juridicamente impossíveis; c) quanto à fonte de onde promanam, em casuais, potestativas e mistas. Podem ser acrescentadas, também, as perplexas e as promíscuas; d) quanto ao modo de atuação, em suspensivas e resolutivas.

a) Quanto à *licitude* – Sob esse aspecto, as condições podem ser lícitas e ilícitas. Dispõe o art. 122, primeira parte, do Código que são *lícitas*, em geral, "*todas as condições não contrárias à lei, à ordem pública ou aos bons costumes*". *A contrario sensu*, serão ilícitas todas as que atentarem contra proibição expressa ou virtual do ordenamento jurídico, a moral ou os bons costumes. Vigora, portanto, o princípio da liberdade de condicionar o nascimento ou a extinção de direitos.

É ilícita, por exemplo, a cláusula que obriga alguém a mudar de religião, por contrariar a liberdade de credo assegurada na Constituição Federal, bem como a de alguém se entregar à prostituição. Em geral, as cláusulas que afetam a liberdade das pessoas só são consideradas ilícitas quando absolutas, como a que proíbe o casamento ou exige a conservação do estado de viuvez. Sendo relativas, como a de se casar ou de não se casar com determinada pessoa, não se reputam proibidas[22].

O Código Civil, nos arts. 122 e 123, proíbe expressamente as condições que privarem de todo efeito o negócio jurídico (perplexas); as que o

---

[21] *Direito civil*, cit., p. 452-453.

[22] Washington de Barros Monteiro, *Curso*, cit., v. 1, p. 239-240. Quanto à cláusula de viuidade, preleciona Silvio Rodrigues, citando *Les Nouvelles*: "Se o marido faz doação à mulher, ou deixa-lhe legado cuja eficácia depende de manter-se ela viúva após sua morte, há que distinguir: se o seu propósito é altruísta, tendo em vista a educação dos filhos comuns, evitando que a atenção da mãe se disperse com o cuidado devido aos filhos de um segundo matrimônio, vale a condição, no caso, não considerada ilícita; se, entretanto, seu móvel é perverso, se o incita apenas o ciúme, a cláusula é imoral e não pode subsistir" (*Direito civil*, cit., v. 1, p. 249).

sujeitarem ao puro arbítrio de uma das partes (puramente potestativas); as física ou juridicamente impossíveis; e as incompreensíveis ou contraditórias.

b) Quanto à *possibilidade* – As condições podem ser possíveis e impossíveis. Estas podem ser física ou juridicamente impossíveis.

Fisicamente impossíveis são as que não podem ser cumpridas por nenhum ser humano, como no exemplo clássico "dar-te-ei 100 se tocares o céu com o dedo" ("*se digito coelum tetigeris*"). Desde que a impossibilidade física seja genérica, não restrita ao devedor, têm-se por inexistentes, quando *resolutivas* (CC, art. 124), isto é, serão consideradas não escritas. O que se reputa inexistente é a cláusula estipuladora da condição e não o negócio jurídico subjacente, cuja eficácia não fica comprometida. Dispõe, com efeito, o aludido dispositivo legal:

"*Art. 124. Têm-se por inexistentes as condições impossíveis, quando resolutivas, e as de não fazer coisa impossível*".

A razão da restrição à cláusula é que a condição *resolutiva* não coloca em dúvida o interesse das partes na realização do negócio, nem mesmo a manifestação de vontade delas, limitando-se, única e exclusivamente, a fixar o termo final do negócio[23].

A mesma solução aplica-se às juridicamente impossíveis. Condição *juridicamente impossível* é a que esbarra em proibição expressa do ordenamento jurídico ou fere a moral ou os bons costumes. Como exemplo da primeira hipótese pode ser mencionada a condição de adotar pessoa da mesma idade (CC, art. 1.619; ECA, art. 42, § 3º) ou a de realizar negócio que tenha por objeto herança de pessoa viva (CC, art. 426); e, da segunda, a condição de cometer crime ou de se prostituir.

Segundo Caio Mário, as condições juridicamente impossíveis "abrangem no seu conceito as imorais e ilícitas, e importam em subordinar o ato a um acontecimento infringente da lei ou dos bons costumes"[24].

Têm-se também por inexistentes as condições *de não fazer coisa impossível* ("*si digito coelum non tetigeris*"), aduz o supratranscrito art. 124 do Código Civil, porque não prejudicam o negócio, por falta de seriedade. Elas nem poderiam ser, na verdade, consideradas uma condição, por não suscetíveis de atingir o negócio jurídico.

---

[23] Renan Lotufo, *Código Civil comentado*, v. 1, p. 352.

[24] *Instituições de direito civil*, v. 1, p. 365.

Diversa a solução do atual Código Civil quando as condições impossíveis são *suspensivas*. Preceitua o art. 123 do referido diploma:

"*Art. 123. Invalidam os negócios jurídicos que lhes são subordinados:*

I – as condições física ou juridicamente impossíveis, quando suspensivas;

II – as condições ilícitas, ou de fazer coisa ilícita;

III – as condições incompreensíveis ou contraditórias".

Quando a condição é suspensiva, a eficácia do contrato está a ela subordinada. Se o evento é impossível, o negócio jamais alcançará a necessária eficácia. Não poderão as partes pretender que ele se concretize, pois isto jamais acontecerá.

O Código de 1916 já fulminava de nulidade o negócio jurídico, quando a sua eficácia era subordinada a condição juridicamente impossível. Justificava Clóvis a severidade de tal orientação no fato de o direito não poder amparar o que lhe é adverso. Se as partes condicionam a eficácia do negócio a uma circunstância que colide com a lei, com a ordem pública, com a moral ou os bons costumes, tal estipulação contamina todo o contrato, que, por essa razão, não pode subsistir. Assim, por exemplo, será nulo o negócio jurídico em que se estipula, como condição de sua eficácia, um segundo casamento de pessoa já casada[25].

O referido diploma, todavia, considerava inexistentes ou não escritas as condições fisicamente impossíveis e deixava subsistir o negócio a que aderiam. O Código de 2002 inovou a esse respeito, como foi dito, considerando inválido o negócio a elas subordinado, quando suspensivas, pelos fundamentos já expostos. Comenta Moreira Alves, a propósito, que o novo Código, no tocante à condição, procurou aperfeiçoar o estatuto civil de 1916, "corrigindo-lhe falhas e suprindo-lhe lacunas"[26].

O acontecimento, portanto, de que depende a eficácia do negócio, há de ser possível. Do contrário, ele se invalida pela própria natureza. Por essa razão os autores em geral declaram que, em princípio, a aposição de uma condição impossível a um ato negocial, qualquer que seja a natureza da impossibilidade, devia ter como consequência a ineficácia da declaração de vontade[27].

---

[25] *Código Civil dos Estados Unidos do Brasil comentado*, 9. ed., 1951, obs. 2 ao art. 116.

[26] *A Parte Geral*, cit., p. 106.

[27] Caio Mário da Silva Pereira, *Instituições*, cit., v. 1, p. 364. Comenta Silvio Rodrigues que a solução brasileira é contrária à solução tradicional do direito francês, em que as condições impossíveis, se apostas aos atos gratuitos, consideram-se não escritas (CC francês, art. 900),

Como frisado no item 1, *retro*, condição não é cláusula acessória, pois o negócio condicional se apresenta como unidade que se não pode partir em declaração principal e declaração acessória de vontade. Há um todo inseparável. A manifestação de vontade já nasce sujeita à condição, dela inseparável.

O Código Civil de 1916 não distinguia as condições ilícitas das condições juridicamente impossíveis, submetendo ambas a um único regime: a invalidade do ato. Segundo ZENO VELOSO, são elas, porém, substancialmente diferentes[28]. FERRARA, citado por VICENTE RÁO, preleciona que a ilicitude não se confunde com a impossibilidade natural ou jurídica, pois o ilícito é um possível proibido ou reprovado, mas não impossível[29].

Na realidade, as condições ilícitas ferem com maior gravidade o ordenamento jurídico; são condições absolutamente contrárias à lei. As condições juridicamente impossíveis permanecem, por assim dizer, à margem do ordenamento, de maneira que não podem receber proteção jurídica. Assim, ilícitas são as condições *se roubares, se matares*; enquanto juridicamente impossível seria *se emancipares aos 12 anos, se casares em comunhão de bens aos 70 anos*[30].

O Código Civil ora em vigor, seguindo orientação adotada em outros Códigos, como o italiano (art. 1.354) e o português (art. 271º), distingue a condição ilícita da juridicamente impossível nos arts. 123 e 124: a primeira sempre contaminará o negócio com a invalidade, enquanto a segunda poderá acarretar essa consequência, ou, simplesmente, ser considerada inexistente, conforme se trate de condição suspensiva ou resolutiva, respectivamente.

---

enquanto, se presas a um ato oneroso, anulam o próprio contrato (art. 1.792). E acrescenta que, no seu entender, a solução brasileira pode conduzir a graves injustiças, "pois, anulando-se uma liberalidade que se faz acompanhar de uma condição imoral, prejudica-se o beneficiário que não concorreu para a estipulação viciada. Veja-se, por exemplo, o legado em benefício de um parente, com eficácia condicionada a uma imoralidade, tal como a de não se casar jamais, mas a de viver em concubinato. O legatário não concorreu para a estipulação, porém tanto esta como todo o testamento são nulos, dada a existência da condição juridicamente impossível. Parece-me mais razoável fulminar de nulidade apenas a condição imoral, valendo o legado como disposição pura e simples, e não condicional" (*Direito civil*, cit., p. 248, nota 335).

[28] *Condição*, cit., p. 46.

[29] *Ato jurídico*, cit., p. 265.

[30] Rose Melo Venceslau, O negócio jurídico e suas modalidades, in *A Parte Geral do Novo Código Civil*, p. 204.

Cumpre registrar que o Código Civil submeteu ao mesmo tratamento jurídico as condições fisicamente impossíveis resultantes de ato *inter vivos* ou *mortis causa*.

c) Quanto à *fonte de onde promanam* – Sob esse ângulo, as condições classificam-se em casuais, potestativas e mistas, segundo promanem de evento fortuito, da vontade de um dos contraentes ou, ao mesmo tempo, da vontade de um dos contraentes e de outra circunstância, como a vontade de terceiro. Podem ser acrescentadas, também, as perplexas e as promíscuas.

Casuais são as que dependem do acaso, do fortuito, de fato alheio à vontade das partes. Opõem-se às potestativas. Exemplo clássico: "Dar-te-ei tal quantia se chover amanhã". Segundo o art. 1.169 do Código Civil francês, "condição casual é aquela que depende do acaso, não estando de qualquer modo dentro do poder do credor ou do devedor".

Por extensão, dá-se igualmente o nome de *casual* à condição que subordina a obrigação a um acontecimento que depende da vontade exclusiva de um terceiro[31].

Potestativas são as que decorrem da vontade ou do poder de uma das partes. Segundo Silvio Rodrigues, "diz-se potestativa a condição quando a realização do fato, de que depende a relação jurídica, subordina-se à vontade de uma das partes, que pode provocar ou impedir sua ocorrência"[32].

As condições potestativas dividem-se em *puramente potestativas* e *simplesmente potestativas*. Somente as *primeiras* são consideradas ilícitas pelo art. 122 do Código Civil, que as inclui entre as "*condições defesas*" por sujeitarem todo o efeito do ato "*ao puro arbítrio de uma das partes*", sem a influência de qualquer fator externo. É a cláusula *si voluero* (se me aprouver), muitas vezes sob a forma de "se eu quiser", "se eu levantar o braço" e outras, que dependem de mero capricho.

As *simplesmente* ou *meramente potestativas* são admitidas por dependerem não só da manifestação de vontade de uma das partes como também de algum acontecimento ou circunstância exterior que escapa ao seu controle. Por exemplo: "Dar-te-ei este bem se fores a Roma". Tal viagem não depende somente da vontade, mas também da obtenção de tempo e dinheiro.

Tem-se entendido que a cláusula "pagarei quando puder" ou "quando possível" não constitui arbítrio condenável. São exemplos de condições

---

[31] *Les Nouvelles, Corpus Juris Belgici, Droit Civil*, t. 4, n. 74.

[32] *Direito civil*, cit., p. 245.

simplesmente potestativas as previstas no Código Civil, art. 420, que permite às partes estipular o direito de se arrepender; art. 505, que trata da retrovenda; art. 509, concernente à venda a contento; e art. 513, que regula o direito de preempção ou preferência[33].

Mistas são as condições que dependem simultaneamente da vontade de uma das partes e da vontade de um terceiro. Exemplos: "Dar-te-ei tal quantia se casares com tal pessoa" ou "se constituíres sociedade com fulano". A eficácia da liberalidade, nesses casos, não depende somente da vontade do beneficiário, mas, também, do consentimento de terceira pessoa para o casamento ou para a constituição da sociedade.

Dispõe o art. 1.171 do Código Civil francês: "A condição mista é a que depende simultaneamente da vontade de uma das partes e da vontade de um terceiro".

As condições *puramente potestativas* podem perder esse caráter em razão de algum acontecimento inesperado, casual, que venha a dificultar sua realização. Por exemplo, é de início puramente potestativa a condição de escalar determinado morro, mas perderá esse caráter se o agente, inesperadamente, vier a padecer de algum problema físico que dificulte e torne incerto o implemento da condição. Nesse caso, a condição transforma-se em *promíscua*.

As potestativas eram chamadas de promíscuas pelos romanos porque de um momento para outro podiam deixar de sê-lo, passando a reger-se pelo acaso. Não se confundem, no entanto, com as mistas, porque nestas a combinação da vontade e do acaso é proposital[34].

O art. 122 do Código Civil inclui, ainda, entre as condições defesas, "as que privarem de todo efeito o negócio jurídico". São as condições *perplexas* ou *contraditórias,* que não fazem sentido e deixam o intérprete

---

[33] Washington de Barros Monteiro informa que a jurisprudência vem admitindo a validade das seguintes estipulações: a) pagarei a coisa adquirida quando a revender; b) da cláusula que subordina à conveniência do locatário prorrogação do contrato de locação, ao seu término, pelo mesmo prazo e aluguel; c) não se pode considerar como potestativa cláusula que, em compromisso de compra e venda, estabelece o direito de arrependimento e sujeita o promitente-vendedor à devolução em dobro do preço recebido; d) a cláusula "pagarei quando estiver ao meu alcance ou quando vender meu estabelecimento" equipara-se a termo incerto e não a condição potestativa; e) não é potestativa a cláusula "quando puder" ou "quando possível"; não se vislumbra aí o *merum arbitrium*, mas o *arbitrium boni viri* (*Curso*, cit., v. 1, p. 238).

[34] Washington de Barros Monteiro, *Curso*, cit., v. 1, p. 239.

perplexo, confuso, sem compreender o propósito da estipulação. Resultam na invalidade do próprio negócio, quer seja *inter vivos*, quer seja *mortis causa*, pela impossibilidade lógica nelas contidas, como prevê expressamente o art. 123, III, do Código Civil, *verbis*:

"*Art. 123. Invalidam os negócios jurídicos que lhe são subordinados:*

(...)

III – as condições incompreensíveis ou contraditórias".

Exemplo de condição dessa espécie: "Instituo A meu herdeiro universal, se B for meu herdeiro universal". Estando a eficácia do negócio subordinada a essa espécie de condição, jamais será ela alcançada.

d) Quanto ao *modo de atuação* – Assim considerada, a condição pode ser suspensiva ou resolutiva.

A *condição suspensiva* impede que o ato produza efeitos até a realização do evento futuro e incerto. Exemplo: "Dar-te-ei tal bem se lograres tal feito". Não se terá adquirido o direito enquanto não se verificar a condição suspensiva.

Dispõe, com efeito, o art. 125 do Código Civil:

"*Art. 125. Subordinando-se a eficácia do negócio jurídico à condição suspensiva, enquanto esta se não verificar, não se terá adquirido o direito, a que ele visa*".

Condição resolutiva é a que extingue, resolve o direito transferido pelo negócio, ocorrido o evento futuro e incerto. Por exemplo, o beneficiário da doação, depois de recebido o bem, casa-se com a pessoa que o doador proibira, tendo este conferido ao eventual casamento o caráter de condição resolutiva; ou alguém constitui uma renda em favor de outrem, enquanto este estudar.

Por outras palavras, como se expressa POLACCO, citado por WASHINGTON DE BARROS MONTEIRO, das condições suspensivas depende que o negócio jurídico tenha vida, das resolutivas, que cesse de tê-la[35]. Preceitua, efetivamente, o art. 128, primeira parte, do Código Civil: "*Sobrevindo a condição resolutiva, extingue-se, para todos os efeitos, o direito a que ela se opõe*".

A condição resolutiva pode ser *expressa* ou *tácita*. O atual Código suprimiu a referência que o parágrafo único do art. 119 do diploma de 1916 fazia à condição resolutiva tácita, por não se tratar propriamente de condição

[35] *Curso*, cit., v. 1, p. 241.

em sentido técnico, considerando-se que esta só se configura se aposta ao negócio jurídico. E a denominada condição resolutiva expressa – que é, juridicamente, condição – opera, como qualquer outra condição em sentido técnico, de pleno direito[36].

Em qualquer caso, no entanto, a resolução precisa ser judicialmente pronunciada. ORLANDO GOMES, referindo-se ao compromisso de compra e venda com cláusula resolutiva expressa, enuncia: "Não se rompe unilateralmente sem a intervenção judicial. Nenhuma das partes pode considerá-lo *rescindido*, havendo inexecução da outra. Há de pedir a *resolução*. Sem a sentença resolutória, o contrato não se dissolve, tenha como objeto imóvel loteado, ou não"[37].

Em todos os contratos bilaterais ou sinalagmáticos, presume-se a existência de uma cláusula resolutiva tácita (CC, art. 475), que não é propriamente condição e depende de interpelação, sendo denominada *condiciones juris*.

2.6. Retroatividade e irretroatividade da condição

A questão da retroatividade ou não da condição diz respeito aos efeitos *ex tunc* ou *ex nunc* da estipulação. Admitida a retroatividade, é como se o ato tivesse sido puro e simples desde a origem.

O atual Código Civil, assim como o diploma de 1916, não adota uma regra geral a respeito da retroatividade. No entanto, malgrado mantida a regra existente neste último, no sentido de que, com a superveniência da condição resolutiva, extingue-se o direito a que ela se opõe, o art. 128, que a prevê, abre uma exceção para a proteção de negócios jurídicos de execução continuada ou periódica. Preceitua, com efeito, o aludido dispositivo:

"*Art. 128. Sobrevindo a condição resolutiva, extingue-se, para todos os efeitos, o direito a que ela se opõe; mas, se aposta a um negócio de*

---

[36] José Carlos Moreira Alves, *A Parte Geral*, cit., p. 107.

[37] *Contratos*, p. 281. Também José Osório de Azevedo Júnior declara: "... haja ou não cláusula resolutiva expressa, impõe-se a manifestação judicial para a resolução do contrato" (*Compromisso de compra e venda*, p. 166). Nesse sentido a jurisprudência: "Inexiste em nosso direito a figura da rescisão automática de compromisso de compra e venda de imóvel loteado ou não (art. 1º do Dec.-Lei 745/69)" (*RT*, 594/175). Ainda: "Compromisso de compra e venda. Irregularidade no loteamento. Falta de obras de infraestrutura urbana. Mora da loteadora que pré-exclui a dos compromissários compradores. Nulidade do cancelamento do registro. *Necessidade de ação prévia de rescisão contratual*" (TJSP, Ap. 68.536-4, São Bernardo do Campo, 2ª Câm. D. Privado, rel. Des. CEZAR PELUSO, j. 1-6-1999, *v.u.*).

execução continuada ou periódica, a sua realização, salvo disposição em contrário, não tem eficácia quanto aos atos já praticados, desde que compatíveis com a natureza da condição pendente e conforme aos ditames de boa-fé".

Significa dizer que nos demais contratos, que não sejam de execução continuada ou periódica, de certo modo o Código em vigor firmou como regra a retroatividade, extinguindo-se para todos os efeitos o direito a que a condição se opõe, desde a conclusão do negócio[38].

A exceção mencionada permite dizer que, no caso de uma relação locatícia, por exemplo, ocorrendo o implemento de condição resolutiva estipulada, não perdem efeito os atos já praticados, como o pagamento de aluguéis e demais encargos. Não tendo havido estipulação contrária, o locatário não reaverá os aluguéis pagos, pois os pagamentos foram efetuados em cumprimento de obrigações contratuais válidas.

O princípio da retroatividade da condição suspensiva foi acolhido no art. 1.179, e o da condição resolutiva no art. 1.183, ambos do Código Civil francês, passando para as legislações posteriores. O Código Civil português adota como regra a retroatividade da condição nos arts. 276º e 434º. O sistema contrário, da irretroatividade, foi implantado no Código Civil alemão, no suíço, no colombiano e outros.

Todavia, praticamente não tem a questão da retroatividade grande importância, pois quer seja nos sistemas onde a regra geral é a retroatividade, quer seja onde a regra geral é a irretroatividade, são tantas as exceções, num e noutro caso, que acaba por existir mais similitude que diferença[39].

Prescreve o art. 126 do Código Civil que, "*se alguém dispuser de uma coisa sob condição suspensiva, e, pendente esta, fizer quanto àquela novas disposições, estas não terão valor, realizada a condição, se com ela forem incompatíveis*".

Se, por exemplo, feita doação sob condição suspensiva, houver posterior oferecimento em penhor, a terceiro, do mesmo bem, realizada a condição, extingue-se o penhor. Trata-se de norma de proteção do credor condicional, pois o direito condicional cria uma expectativa que não pode ser frustrada em razão de novas disposições incompatíveis com o direito visado,

---

[38] Rose Melo Venceslau, O negócio, cit., p. 212.

[39] Eduardo Espínola, Condição, in *Repertório enciclopédico do direito brasileiro*, v. 10, p. 371; Zeno Veloso, *Condição*, cit., p. 65 e s.

e de aplicação do princípio da *retroatividade* das condições, reafirmado no art. 1.359 do Código Civil: "*Resolvida a propriedade pelo implemento da condição ou pelo advento do termo, entendem-se também resolvidos os direitos reais concedidos na sua pendência, e o proprietário, em cujo favor se opera a resolução, pode reivindicar a coisa do poder de quem a possua ou detenha*".

Quem adquire domínio resolúvel está assumindo um risco, não podendo alegar prejuízo se advier a resolução. Em regra, extinguem-se os direitos constituídos *pendente conditione*, valendo apenas os atos de administração, bem como os de percepção dos frutos (CC, arts. 1.214 e s.).

A retroatividade da condição suspensiva não é aplicável, contudo, aos direitos reais, uma vez que só há transferência do domínio após a entrega do objeto sobre o qual versam ou após o registro da escritura.

2.7. Pendência, implemento e frustração da condição

As condições podem ser consideradas sob três estados. Enquanto não se verifica ou não se frustra o evento futuro e incerto, a condição encontra-se *pendente*. A verificação da condição denomina-se *implemento*. Não realizada, ocorre a *frustração* da condição.

Pendente a condição suspensiva, não se terá adquirido o direito a que visa o negócio jurídico (CC, art. 125). Na condição resolutiva, o direito é adquirido desde logo, mas pode extinguir-se, para todos os efeitos, se ocorrer o seu implemento. Mas, como visto, "*se aposta a um negócio de execução continuada ou periódica, não tem eficácia quanto aos atos já praticados, desde que compatíveis com a natureza da condição pendente e conforme aos ditames de boa-fé*" (CC, art. 128).

O art. 130 permite ao titular de direito eventual, nos casos de condição suspensiva ou resolutiva, o exercício de atos destinados a conservá-lo, como, por exemplo, a interrupção da prescrição, a exigência de caução ao fiduciário (art. 1.953, parágrafo único) etc. Embora ainda não seja pleno direito subjetivo, é um direito condicional ou expectativo, também denominado expectativa de direito.

Verificada a condição suspensiva, o direito é adquirido. Embora a incorporação ao patrimônio do titular ocorra somente por ocasião do implemento da condição, o direito condicional constituir-se-á na data da celebração do negócio, como se desde o início não fosse condicional, mas puro.

Nas disposições testamentárias subordinadas a condições suspensivas, o direito do herdeiro ou legatário só se adquire com seu implemento. Se este morre antes, o testamento caduca, não se transmitindo o direito condicional. No caso de condição resolutiva, o direito do herdeiro se extingue com o implemento da condição.

Frustrada a condição, ou seja, se o evento não se realizou no período previsto, ou é certo que não poderá realizar-se, considera-se como nunca tendo existido o negócio. Se a condição for suspensiva, o ato não produzirá efeitos, não mais subsistindo os até então verificados. Cessa a expectativa de direito. O credor devolve o que recebeu, com acessórios. O devedor restitui o preço recebido, com juros, legais ou convencionais. Se a condição for resolutiva, os efeitos tornam-se definitivos. O ato, que era condicionado, considera-se simples[40].

Dispõe o art. 129 do Código Civil:

"*Art. 129. Reputa-se verificada, quanto aos efeitos jurídicos, a condição cujo implemento for maliciosamente obstado pela parte a quem desfavorecer, considerando-se, ao contrário, não verificada a condição maliciosamente levada a efeito por aquele a quem aproveita o seu implemento*".

A lei estabelece, assim, a ficção do implemento da condição para o caso de o devedor do direito condicional descumprir o dever de agir com boa-fé, frustrando o implemento da condição ou provocando-o maliciosamente. Como exemplo pode ser mencionada a condição de pagar somente se as ações de determinada empresa alcançarem certo valor, e houver, maliciosamente, manipulação na Bolsa de Valores, pelo interessado, para evitar que o valor estipulado se verifique.

3. Termo

3.1. Conceito

Termo é o dia ou momento em que começa ou se extingue a eficácia do negócio jurídico, podendo ter como unidade de medida a hora, o dia, o mês ou o ano[41]. Termo *convencional* é a cláusula contratual que subordina a eficácia do negócio a evento futuro e *certo*.

Dispõe o art. 131 do Código Civil:

---

[40] Francisco Amaral, *Direito civil*, cit., 2018, p. 579.

[41] Clóvis Beviláqua, *Código Civil*, cit., obs. 1 ao art. 123; Francisco Amaral, *Direito civil*, cit., 2018, p. 585; Rose Melo Venceslau, O negócio, cit., p. 217.

"*Art. 131. O termo inicial suspende o exercício, mas não a aquisição do direito*".

O termo não suspende a aquisição do direito por ser evento futuro, mas dotado de certeza. Difere da condição, que subordina a eficácia do negócio a evento futuro e *incerto*. Sendo o termo um acontecimento certo, inexiste estado de pendência, não se cogitando de retroatividade, existente apenas no negócio condicional. O titular do direito a termo pode, com maior razão, exercer sobre ele atos conservatórios.

Pode ocorrer, em certos casos, a conjugação de uma condição e um termo no mesmo negócio jurídico. Por exemplo: "Dou-te um consultório se te formares em medicina até os 25 anos".

Determinados negócios não admitem termo, como a aceitação ou a renúncia da herança (CC, art. 1.808), a adoção (art. 1.626), a emancipação, o casamento, o reconhecimento de filho (art. 1.613) e outros. Também é inoponível o termo sempre que seja incompatível com a natureza do direito a que visa, como os de personalidade, os de família e os que, de modo geral, reclamam execução imediata[42].

3.2. Espécies

O termo pode ser de várias espécies.

Termo *convencional* é o aposto no contrato pela vontade das partes. Termo *de direito* é o que decorre da lei. E termo *de graça* é a dilação de prazo concedida ao devedor.

Pode ocorrer que o termo, embora certo e inevitável no futuro, seja incerto quanto à data de sua verificação. Exemplo: determinado bem passará a pertencer a tal pessoa a partir da morte de seu proprietário. A morte é certa, mas não se sabe quando ocorrerá. Neste caso, a data é incerta. Sob esse aspecto, o termo pode ser dividido em *incerto*, como no referido exemplo, e *certo*, quando se reporta a determinada data do calendário ou a determinado lapso de tempo.

Há, também, termo *inicial* ou suspensivo (*dies a quo*) e *final* ou resolutivo (*dies ad quem*). Se for celebrado, por exemplo, um contrato de locação no dia 20 de determinado mês para ter vigência no dia 1º do mês seguinte, esta data será o termo inicial. Se também ficar estipulada a data em que cessará a locação, esta constituirá o termo final.

---

[42] Francisco Amaral, *Direito civil*, cit., p. 473.

Como já foi dito, o termo inicial suspende o exercício, mas não a aquisição do direito (CC, art. 131).

O termo pode ser ainda *essencial* e *não essencial*. Diz-se que é essencial quando o efeito pretendido deva ocorrer em momento bem preciso, sob pena de, verificado depois, não ter mais valor. Exemplo: em um contrato que determine a entrega de um vestido para uma cerimônia, se o vestido for entregue depois, não tem mais a utilidade visada pelo credor[43].

Por suspender o exercício do direito, o termo assemelha-se à condição suspensiva, que produz também tal efeito. Diferem, no entanto, porque a condição suspensiva, além de suspender o exercício do direito, suspende também a sua aquisição. O termo não suspende a aquisição do direito, mas somente protela o seu exercício. A segunda diferença já foi apontada: na condição suspensiva, o evento do qual depende a eficácia do negócio é futuro e *incerto*, enquanto no termo é futuro e *certo*.

Em razão de tal semelhança, estatui o art. 135:

"*Ao termo inicial e final aplicam-se, no que couber, as disposições relativas à condição suspensiva e resolutiva*".

Desse modo, aplicam-se ao termo todas as disposições relativas às condições, desde que não contrariem a sua natureza.

E, no tocante às consequências da impossibilidade do termo (p. ex., se for estipulado o dia 31 de fevereiro ou o 367º dia do ano), constata-se uma equiparação. O termo inicial *impossível* demonstra a inexistência da vontade real de obrigar-se e gera a nulidade do negócio, a exemplo da condição suspensiva. Sendo final, o termo impossível deve ser considerado inexistente, pois demonstra que as partes não desejam que o negócio se resolva[44].

3.3. Os prazos e sua contagem

Termo não se confunde com prazo, também regulamentado pelo atual Código Civil.

Prazo é o intervalo entre o termo *a quo* e o termo *ad quem*, ou entre a manifestação de vontade e o advento do termo, estando regulamentado nos arts. 132 a 134 do Código Civil. O prazo é certo ou incerto, conforme também o seja o termo.

[43] Francisco Amaral, *Direito civil*, cit., 2018, p. 587.

[44] Zeno Veloso, *Condição*, cit., p. 90; Rose Melo Venceslau, O negócio, cit., p. 210.

Os dias, como unidade de tempo, contam-se por inteiro, da meia--noite à meia-noite seguinte. Na contagem dos prazos, exclui-se o dia do começo e inclui-se o do vencimento (art. 132). Se este cair em feriado, "*considerar-se-á prorrogado o prazo até o seguinte dia útil*" (§ 1º).

Meado considera-se, "*em qualquer mês, o seu décimo quinto dia*" (§ 2º). "*Os prazos de meses e anos expiram no dia de igual número do de início, ou no imediato, se faltar exata correspondência*" (§ 3º), como ocorre em ano bissexto. "*Os prazos fixados por hora contar-se-ão de minuto a minuto*" (§ 4º).

Nos *testamentos*, "*presume-se o prazo em favor do herdeiro*" (art. 133, primeira parte). Assim, se o testador fixar prazo para a entrega do legado, entender-se-á que foi estabelecido em favor do herdeiro, obrigado ao pagamento, e não do legatário. Nos *contratos*, presume-se "*em proveito do devedor*" (art. 133, segunda parte).

Pode, assim, o devedor renunciar ao prazo e antecipar o pagamento da dívida, para livrar-se, por exemplo, de um índice de atualização monetária que estaria vigorando na data do seu vencimento, sem que o credor possa impedi--lo. No entanto, "*se do teor do instrumento, ou das circunstâncias, resultar que o prazo se estabeleceu a benefício do credor ou de ambos os contratantes*" (art. 133, segunda parte), tal renúncia não poderá ocorrer sem a anuência do credor, salvo se a avença for regida pelo Código de Defesa do Consumidor. Permite esse Código, sem distinção, a liquidação antecipada do débito, com redução proporcional dos juros (art. 52, § 2º).

Os negócios jurídicos entre vivos, para os quais não se estabelece prazo, "*são exequíveis desde logo*". A regra, entretanto, não é absoluta, como ressalva o art. 134, pois alguns atos dependem de certo tempo, seja porque terão de ser praticados em lugar diverso, seja pela sua própria natureza.

Em um contrato de empreitada para a construção de uma casa, por exemplo, sem fixação de prazo, não se pode exigir a imediata execução e conclusão da obra, que depende, naturalmente, de certo tempo. Na compra de uma safra, o prazo necessário será a época da colheita. A obrigação de entregar bens, como animais, por exemplo, que deverão ser transportados para localidade distante, não pode ser cumprida imediatamente.

4. Encargo ou modo

Encargo ou modo é uma determinação que, imposta pelo autor de liberalidade, a esta adere, restringindo-a[45].

[45] Vicente Ráo, *Ato jurídico*, cit., p. 361.

Trata-se de cláusula acessória às liberalidades (doações, testamentos), pela qual se impõe uma obrigação ao beneficiário. É admissível, também, em declarações unilaterais da vontade, como na promessa de recompensa. Não pode ser aposta em negócio a título oneroso, pois equivaleria a uma contraprestação.

O encargo é muito comum nas doações feitas ao município, em geral com a obrigação de construir um hospital, escola, creche ou algum outro melhoramento público; e nos testamentos, em que se deixa a herança a alguém, com a obrigação de cuidar de determinada pessoa ou de animais de estimação. Em regra, é identificada pelas expressões "para que", "a fim de que", "com a obrigação de".

O modo tem a função de dar relevância ou eficácia jurídica a motivos ou interesses particulares do autor da liberalidade[46]. Reduz os efeitos desta e pode constituir-se em obrigação de dar (uma contribuição anual aos pobres, p. ex.), de fazer (construir uma creche) ou de não fazer (não demolir uma capela).

A característica mais marcante é a sua *obrigatoriedade* (cf. CC, art. 553), podendo o seu cumprimento ser exigido por meio de ação cominatória. Por outro lado, não se confunde o modo ou encargo com a situação subjetiva conhecida por *ônus*. Este não constitui obrigação devida a alguém, sendo por isso incoercível, embora necessário para a validade do ato pretendido, por exemplo, o registro de atos relacionados aos direitos reais[47].

Dispõe o art. 136 do Código Civil:

"*Art. 136. O encargo não suspende a aquisição nem o exercício do direito, salvo quando expressamente imposto no negócio jurídico, pelo disponente, como condição suspensiva*".

Por essa razão, se o beneficiário morrer antes de cumpri-lo, a liberalidade prevalece, mesmo se for instituída *causa mortis*. Tal consequência não adviria, se se tratasse de condição.

Da mesma forma, na hipótese de ser sido previsto em testamento, aberta a sucessão, o domínio e a posse dos bens deixados transmitem-se desde logo aos herdeiros nomeados, com a obrigação, porém, de cumprir o encargo a eles imposto. Se esse encargo não for cumprido, a liberalidade poderá ser revogada.

---

[46] Francisco Amaral, *Direito civil*, cit., 2018, p. 590.

[47] Rose Melo Venceslau, O negócio, cit., p. 220.

O art. 553 do Código Civil estabelece que "*o donatário é obrigado a cumprir os encargos da doação, caso forem a benefício do doador, de terceiro, ou do interesse geral*". Acrescenta o parágrafo único: "*Se desta última espécie for o encargo, o Ministério Público poderá exigir sua execução, depois da morte do doador, se este não tiver feito*".

O art. 1.938 do mesmo diploma acresce que ao legatário, nos legados com encargo, aplica-se o disposto quanto às doações de igual natureza, o mesmo acontecendo com o substituto, por força do art. 1.949. E o art. 562, primeira parte, prevê que "*a doação onerosa pode ser revogada por inexecução do encargo, se o donatário incorrer em mora*". Tal dispositivo aplica-se, por analogia, às liberalidades *causa mortis*.

O terceiro beneficiário pode exigir o cumprimento do encargo, mas não está legitimado a propor ação revocatória. Esta é privativa do instituidor, podendo os herdeiros apenas prosseguir na ação por ele intentada, caso venha a falecer depois do ajuizamento. O instituidor também pode reclamar o cumprimento do encargo. O Ministério Público só poderá fazê-lo depois da morte do instituidor, se este não o tiver feito e se o encargo foi imposto no interesse geral.

O encargo difere da *condição suspensiva* porque esta impede a aquisição do direito, enquanto aquele não suspende a aquisição nem o exercício do direito. A condição suspensiva é imposta com o emprego da partícula "se", e o encargo com as expressões "para que", "com a obrigação de" etc. A condição é suspensiva, mas não coercitiva. Ninguém pode ser obrigado a cumprir uma condição. O encargo é coercitivo e não suspensivo.

Difere, também, da *condição resolutiva*, porque não conduz, por si, à revogação do ato. O instituidor do benefício poderá ou não propor a ação revocatória, cuja sentença, de natureza desconstitutiva, não terá efeito retroativo. A condição resolutiva, no entanto, opera de pleno direito, resolvendo automaticamente o direito a que ela se opõe. O pronunciamento judicial terá caráter meramente declaratório.

O encargo pode ser imposto como condição suspensiva e com efeitos próprios deste elemento acidental, desde que tal disposição seja expressa (art. 136, segunda parte). Somente neste caso terá o efeito de suspender a aquisição e o exercício do direito. Em caso de dúvida sobre a natureza da cláusula, deve-se interpretá-la como modal por ser mais favorável ao beneficiário.

Preenchendo lacuna do Código Civil de 1916, o diploma em vigor disciplina o encargo *ilícito* ou *impossível*. Dispõe, com efeito, no art. 137:

"Art. 137. Considera-se não escrito o encargo ilícito ou impossível, salvo se constituir o motivo determinante da liberalidade, caso em que se invalida o negócio jurídico".

Esses efeitos tornam-se possíveis pelo fato de o encargo ser cláusula anexa ao negócio, cuja aquisição e exercício do direito a que visa independem do seu cumprimento[48].

Verifica-se, assim, que o encargo deve ser lícito e possível. Se fisicamente impossível ou ilícito, tem-se como inexistente. Se o seu objeto constituir-se em razão determinante da liberalidade, o defeito contaminará o próprio negócio, que será declarado nulo. Assim, por exemplo, se a doação de um imóvel é feita para que o donatário nele mantenha casa de prostituição (atividade ilícita), sendo esse o motivo determinante ou a finalidade específica da liberalidade, será invalidado todo o negócio jurídico.

5. Negócio jurídico processual

O atual Código de Processo Civil inovou, tratando do denominado "negócio jurídico processual" no art. 190, que assim dispõe:

"Versando o processo sobre direitos que admitam autocomposição, é lícito às partes plenamente capazes estipular mudanças no procedimento para ajustá-lo às especificidades da causa e convencionar sobre os seus ônus, poderes, faculdades e deveres processuais, antes ou durante o processo".

Trata-se de grande inovação da área processual, que autoriza as partes capazes, em cláusula aberta e geral, a influir diretamente sobre o procedimento e o prazo. Para que não haja abusos, o juiz, de ofício, ou a requerimento, controlará as convenções processuais, recusando-lhes aplicação em caso de nulidade, inserção abusiva em contrato de adesão ou quando alguma parte se encontre em situação de vulnerabilidade. O art. 191 estabelece que, "de comum acordo, o juiz e as partes podem fixar calendário para a prática de atos processuais, quando for o caso", acrescentando o § 1º que "O calendário vincula as partes e o juiz, e os prazos nele previstos somente serão modificados em casos excepcionais, devidamente justificados"[49].

---

[48] Zeno Veloso, *Condição*, cit., p. 110; Rose Melo Venceslau, O negócio, cit., p. 221.

[49] Marcus Vinicius Rios Gonçalves, *Curso de direito processual civil*. 17. ed. São Paulo: Saraiva, 2020, v. 1, p. 303.

Capítulo IV

DOS DEFEITOS DO NEGÓCIO JURÍDICO

Sumário: 1. Introdução. 2. Erro ou ignorância. 2.1. Conceito. 2.2. Espécies. 2.2.1. Erro substancial e erro acidental. 2.2.1.1. Características do erro substancial. 2.2.1.2. Erro substancial e vício redibitório. 2.2.2. Erro escusável. 2.2.3. Erro real. 2.2.4. Erro obstativo ou impróprio. 2.3. O falso motivo. 2.4. Transmissão errônea da vontade. 2.5. Convalescimento do erro. 2.6. Interesse negativo.

1. Introdução

A declaração de vontade é elemento estrutural ou requisito de existência do negócio jurídico. Para que este seja válido, todavia, é necessário que a vontade seja manifestada livre e espontaneamente. Pode acontecer, no entanto, que ocorra algum defeito na sua formação ou na sua declaração, em prejuízo do próprio declarante, de terceiro ou da ordem pública.

Este capítulo trata das hipóteses em que a vontade se manifesta com algum vício que torne o negócio *anulável*. Nele, o Código Civil brasileiro menciona e regula seis defeitos: erro, dolo, coação, estado de perigo, lesão e fraude contra credores. No art. 171, II, diz ser anulável o negócio jurídico que contenha tais vícios.

Dispõe o art. 178 do Código Civil: "*É de quatro anos o prazo de decadência para pleitear-se a anulação do negócio jurídico, contado: I – no caso de coação, do dia em que ela cessar; II – no de erro, dolo, fraude contra credores, estado de perigo ou lesão, do dia em que se realizou o negócio jurídico*".

Os referidos defeitos, exceto a fraude contra credores, são chamados de *vícios do consentimento* porque provocam uma manifestação de vontade não correspondente com o íntimo e verdadeiro querer do agente. Criam uma divergência, um conflito entre a vontade manifestada e a real intenção de quem a exteriorizou.

A fraude contra credores não conduz a um descompasso entre o íntimo querer do agente e a sua declaração. Mas é exteriorizada com a intenção de prejudicar terceiros. Por essa razão é considerada *vício social*.

A *simulação*, que é igualmente chamada de vício social, porque objetiva iludir terceiros ou violar a lei, constava também deste capítulo, no Código Civil de 1916. O novo, entretanto, trouxe uma relevante alteração nessa parte, disciplinando-a no capítulo que cuida da invalidade do negócio jurídico. O art. 167 do referido diploma declara *nulo* o negócio jurídico simulado, subsistindo porém o dissimulado, se válido for na substância e na forma.

Defeitos do negócio jurídico são, pois, as imperfeições que nele podem surgir, decorrentes de anomalias na formação da vontade ou na sua declaração[1].

2. *Erro ou ignorância*

2.1. Conceito

O erro consiste em uma falsa representação da realidade. Nessa modalidade de vício do consentimento o agente engana-se sozinho. Quando é induzido em erro pelo outro contratante ou por terceiro, caracteriza-se o dolo.

Poucas são as ações anulatórias ajuizadas com base no erro, porque difícil se torna penetrar no íntimo do autor para descobrir o que se passou em sua mente no momento da celebração do negócio. Por isso, são mais comuns as ações fundadas no dolo, pois o induzimento pode ser comprovado e aferido objetivamente[2].

O Código equiparou os efeitos do erro à ignorância. Erro é a ideia falsa da realidade. Ignorância é o completo desconhecimento da realidade. Nesta, a mente está *in albis*; naquele, o que nela está registrado é falso. Num e noutro caso, o agente é levado a praticar o ato ou a realizar o negócio que não celebraria por certo, ou que praticaria em circunstâncias diversas, se estivesse devidamente esclarecido[3].

---

[1] Francisco Amaral, *Direito civil*: introdução, 2018, p. 593.

[2] "Ação de anulação do negócio. Vício de consentimento. Ônus da prova. Ausência de comprovação do defeito do negócio jurídico. Improcedência do pleito anulatório. Ao autor de ação de anulação de contrato incumbe provar o defeito que imputa ao negócio, porquanto se trata de fato constitutivo do direito que afirma ter. Não se desincumbindo o requerente do ônus de provar a alegação de que celebrou o contrato em estado de erro substancial – a causa de pedir remota de sua demanda –, impõe-se a rejeição do pedido de anulação do negócio" (TJMG, Apel. 10.312.160.012.745.001, *DJe* 8-2-2019).

[3] Washington de Barros Monteiro, *Curso de direito civil*, v. 1, p. 195.

2.2. Espécies

O erro apresenta-se sob várias modalidades. Algumas são importantes para o direito, porque invalidantes dos atos e negócios jurídicos. Outras mostram-se irrelevantes, acidentais, não o contaminando. A mais importante classificação é a que o divide em substancial e acidental.

2.2.1. Erro substancial e erro acidental

Não é qualquer espécie de erro que torna anulável o negócio jurídico. Para tanto, segundo a doutrina tradicional, deve ser substancial, escusável e real. A escusabilidade do erro, no entanto, tem sido hodiernamente substituída pelo princípio da cognoscibilidade.

Erro *substancial* ou *essencial* é o que recai sobre circunstâncias e aspectos relevantes do negócio. Há de ser a causa determinante, ou seja, se conhecida a realidade, o negócio não seria celebrado.

Segundo Francisco Amaral, erro essencial, também dito substancial, "é aquele de tal importância que, sem ele, o ato não se realizaria. Se o agente conhecesse a verdade, não manifestaria vontade de concluir o negócio jurídico. Diz-se, por isso, essencial, porque tem para o agente importância determinante, isto é, se não existisse, não se praticaria o ato"[4].

Acidental é o erro que se opõe ao substancial, porque se refere a circunstâncias de somenos importância e que não acarretam efetivo prejuízo, ou seja, a qualidades secundárias do objeto ou da pessoa. Se conhecida a realidade, mesmo assim o negócio seria realizado.

O art. 143 do Código Civil é expresso no sentido de que "*o erro de cálculo apenas autoriza a retificação da declaração de vontade*". Não há, nesse caso, propriamente um vício na manifestação da vontade, mas uma distorção em sua transmissão, que pode ser corrigida.

Erro de cálculo, na definição de Massimo Bianca, citado por Renan Lotufo, é "o erro na elaboração aritmética dos dados do objeto do negócio (*errore di calcolo è solo l'errore nella elaborazione aritmetica dei dati esattamente assunti in contrato*)". Cita o mestre italiano o exemplo em que a parte fixa o preço da venda com base na quantia unitária e computa, de forma inexata, o preço global[5].

[4] *Direito civil*, cit., 2018, p. 597.

[5] *Diritto civile*: il contratto, p. 618, apud Renan Lotufo, *Código Civil comentado*, v. 1, p. 395.

O Código atual, de 2002, nesse ponto inova, permitindo a retificação da declaração de vontade em caso de mero erro de cálculo, quando as duas partes têm conhecimento do exato valor do negócio.

2.2.1.1. Características do erro substancial

Foi dito que substancial é o erro sobre circunstâncias e aspectos relevantes do negócio. Não quis o legislador deixar, no entanto, que essas circunstâncias e aspectos relevantes constituíssem conceitos vagos, a serem definidos por livre interpretação do juiz, preferindo especificá-los. Enuncia, com efeito, o art. 139 do Código Civil:

"*Art. 139. O erro é substancial quando:*

I – interessa à natureza do negócio, ao objeto principal da declaração, ou a alguma das qualidades a ele essenciais;

II – concerne à identidade ou à qualidade essencial da pessoa a quem se refira a declaração de vontade, desde que tenha influído nesta de modo relevante;

III – sendo de direito e não implicando recusa à aplicação da lei, for o motivo único ou principal do negócio jurídico".

O erro substancial pode ser, portanto:

a) Erro sobre a *natureza do negócio* (*error in negotio*) – O erro que interessa à natureza do negócio é aquele em que uma das partes manifesta a sua vontade pretendendo e supondo celebrar determinado negócio jurídico e, na verdade, realiza outro diferente (p. ex., quer *alugar* e escreve *vender*). É erro sobre a categoria jurídica. Pretende o agente praticar um ato e pratica outro.

Nessa espécie de erro ocorre, segundo Pontes de Miranda, divergência quanto à espécie de negócio, no que cada um manifestou. Há discrepância entre o significado objetivo do ato e o significado que lhe atribuiu, subjetivamente, o manifestante: o consenso sobre o conteúdo do negócio é somente aparente, porque se funda em erro[6].

Exemplos clássicos são os da pessoa que empresta uma coisa e a outra entende que houve doação; do alienante, que transfere o bem a título de venda, e o adquirente o recebe como doação; da pessoa que quer alugar e a outra parte supõe tratar-se de venda a prazo[7].

---

[6] *Tratado de direito privado*: parte geral, t. 4, p. 287.

[7] Silvio Rodrigues, *Direito civil*, v. 1, p. 188; Pontes de Miranda, *Tratado*, cit., t. 4, p. 287-288; Washington de Barros Monteiro, *Curso*, cit., v. 1, p. 196.

b) Erro sobre o *objeto principal* da declaração (*error in corpore*) – É o que incide sobre a identidade do objeto. A manifestação da vontade recai sobre objeto diverso daquele que o agente tinha em mente. Exemplos: o do comprador, que acredita esteja a adquirir um terreno que supõe valorizado, pois situado em rua importante, mas que, na verdade, tem pouco valor, porque localizado em rua do mesmo nome, porém de um pequeno vilarejo; o da pessoa que adquire um quadro de um aprendiz, supondo tratar-se de tela de um pintor famoso; ou, ainda, o do indivíduo que se propõe a alugar a sua casa da cidade e o outro contratante entende tratar-se de sua casa de campo[8].

c) Erro sobre alguma das *qualidades essenciais do objeto* principal (*error in substantia* ou *error in qualitate*) – Ocorre quando o motivo determinante do negócio é a suposição de que o objeto possui determinada qualidade que, posteriormente, se verifica inexistir. Neste caso, o erro não recai sobre a identidade do objeto, que é o mesmo que se encontrava no pensamento do agente. Todavia, não tem as qualidades que este reputava essenciais e que influíram em sua decisão de realizar o negócio.

Exemplo clássico é o mencionado no Código de JUSTINIANO, uma das fontes do direito romano, que se refere à pessoa que adquire candelabros prateados, mas de material inferior, julgando serem de prata; ou o da pessoa que adquire um quadro por alto preço, na persuasão de se tratar de original quando não passa de cópia; ou, ainda, do indivíduo que compra um relógio dourado, mas apenas folheado a ouro, como se fosse de ouro maciço[9].

d) Erro quanto à *identidade* ou à *qualidade da pessoa* a quem se refere a declaração de vontade (*error in persona*) – Concerne aos negócios jurídicos *intuitu personae*. Pode referir-se tanto à identidade quanto às qualidades da pessoa. Exige-se, no entanto, para ser invalidante, que tenha influído na declaração de vontade "*de modo relevante*" (CC, art. 139, II,

---

[8] Silvio Rodrigues, *Direito civil*, cit., v. 1, p. 189; Caio Mário da Silva Pereira, *Instituições de direito civil*, v. 1, p. 328; J. M. de Carvalho Santos, *Código Civil brasileiro interpretado*, 8. ed., v. 2, p. 294.

[9] Silvio Rodrigues, *Direito civil*, cit., p. 189; Francisco Amaral, *Direito*, cit., p. 484; Marcos Bernardes de Mello, *Teoria do fato jurídico. Plano da validade,* p. 124, nota 232.

Decidiu o Tribunal de Justiça de São Paulo: "Permuta. Imóveis residenciais. Prédio sujeito a inundações constantes. Erro substancial caracterizado. Ação anulatória julgada procedente. Sentença que se baseou na qualificação de vício redibitório. Irrelevância. Improvimento aos recursos. A contingência que torna o imóvel imprestável para habitação é apenas circunstância factual externa que, sujeitando-o a inundações constantes, preexcluiria a celebração da permuta, se os autores dela tivessem tomado conhecimento prévio" (*JTJ,* Lex, 254/133-134).

segunda parte). Exemplo: doação ou deixa testamentária a pessoa que o doador supõe, equivocadamente, ser seu filho natural ou, ainda, a que lhe salvou a vida; casamento de uma jovem de boa formação com indivíduo que vem a saber depois ser um desclassificado[10].

Essa modalidade de erro pode ocorrer em relação ao destinatário da manifestação de vontade como também ao beneficiário. Tem especial importância no casamento e nas liberalidades, como na doação e no testamento, e nos negócios onerosos celebrados *intuitu personae*, bem como naqueles fundados na confiança, como no mandato, na prestação de serviços e no contrato de sociedade[11].

Entretanto, o erro quanto à identidade somente é considerado essencial quando não se tem como apurar quem seja, realmente, a pessoa ou coisa a que se refere a manifestação de vontade. Segundo dispõe o art. 142, "*o erro de indicação da pessoa ou da coisa, a que se referir a declaração de vontade, não viciará o negócio quando, por seu contexto e pelas circunstâncias, se puder identificar a coisa ou pessoa cogitada*". No direito das sucessões há regra semelhante (art. 1.903).

Trata-se de erro acidental ou sanável. Por exemplo, o doador ou testador beneficia o seu sobrinho Antônio. Na realidade, não tem nenhum sobrinho com esse nome. Apura-se, porém, que tem um afilhado de nome Antônio, a quem sempre chamou de sobrinho. Ou, ainda, o autor da liberalidade se refere ao seu objeto, denominando-o quadro, quando em realidade é uma escultura. Trata-se de dispositivo legal que complementa o art. 138, segundo o qual a anulação de um negócio só é admissível em caso de erro substancial.

e) Erro de direito (*error juris*) – É o falso conhecimento, ignorância ou interpretação errônea da norma jurídica aplicável à situação concreta. Segundo Caio Mário, é o que se dá "quando o agente emite a declaração de vontade no pressuposto falso de que procede segundo o preceito legal"[12].

Todos os exemplos de erro até aqui fornecidos são de *erro de fato*, que recai sobre qualquer elemento ou circunstância do negócio jurídico, como

---

[10] Silvio Rodrigues, *Direito civil*, cit., v. 1, p. 190; Caio Mário da Silva Pereira, *Instituições*, cit., v. 1, p. 328; Washington de Barros Monteiro, *Curso*, cit., v. 1, p. 197.

[11] Francisco Amaral, *Direito civil*, cit., p. 484; Washington de Barros Monteiro, *Curso*, cit., p. 197-198.

[12] *Instituições*, cit., v. 1, p. 330.

objeto, pessoa, qualidade. O Código de 1916, conforme diz Clóvis Beviláqua[13], apenas se referia ao erro de fato, pois ninguém se escusa de cumprir a lei alegando que não a conhece (*ignorantia legis neminem excusat*). No entanto, malgrado alguma divergência existente, o erro de direito era admitido como substancial quando fosse o motivo principal do negócio jurídico e não houvesse a intenção, por parte do agente, de descumprir a lei.

Na realidade, o art. 3º da Lei de Introdução às Normas do Direito Brasileiro diz que a alegação de ignorância da lei não é admitida quando apresentada como justificativa para o seu descumprimento. Significa dizer, inversamente, que pode ser arguida se não houver esse propósito.

Atente-se para o comentário de Washington de Barros Monteiro: "Efetivamente, não obstante a omissão do Código e a objeção de Clóvis, o erro de direito foi acolhido pelo direito pátrio. A quase unanimidade dos autores, apoiados pela jurisprudência, o admite. Medite-se realmente neste exemplo de Andrea Torrente: acredito que uma pessoa é estrangeira, pois ignoro a legislação sobre cidadania e nacionalidade. Invocando o erro de direito, não estarei procurando subtrair-me ao comando legislativo, à força imperativa da norma; apenas buscarei demonstrar um extravio verificado no processo formativo da minha vontade".

Depois de afirmar que tal orientação é universal e predominante na atualidade jurídica brasileira, conclui o saudoso civilista que "o erro de direito, como o de fato, desde que afete a manifestação da vontade, na sua essência, vicia o consentimento"[14]. Desse modo, "não se levará, portanto, em conta *error juris* quando se almejar suspender a eficácia legal, para livrar-se das consequências de sua inobservância; mas, se se tiver por escopo evitar efeito de ato negocial, cuja formação teve interferência de vontade viciada por aquele erro, nada impedirá que se o alegue"[15].

O atual Código Civil acolheu esse entendimento, considerando substancial o erro quando, "*sendo de direito e não implicando recusa à aplicação da lei, for o motivo único ou principal do negócio jurídico*" (art. 139, III). Exemplo: pessoa que contrata a importação de determinada mercadoria ignorando existir lei que proíbe tal importação. Como tal ignorância foi a causa determinante do ato, pode ser alegada para anular o contrato, sem com isso se pretender que a lei seja descumprida.

---

[13] *Código Civil dos Estados Unidos do Brasil comentado*, 6. ed., v. 1, p. 333.

[14] *Curso*, cit., v. 1, p. 26 e 199.

[15] Maria Helena Diniz, *Lei de Introdução ao Código Civil brasileiro interpretada*, p. 89.

2.2.1.2. Erro substancial e vício redibitório

Cumpre distinguir erro sobre as qualidades essenciais do objeto de vícios redibitórios, disciplinados nos arts. 441 a 446 do Código Civil. Embora a teoria dos vícios redibitórios se assente na existência de um erro e guarde semelhança com este quanto às qualidades essenciais do objeto, não se confundem os dois institutos.

O *vício redibitório* é erro objetivo sobre a coisa, que contém um defeito oculto. O seu fundamento é a obrigação que a lei impõe a todo alienante, nos contratos comutativos, de garantir ao adquirente o uso da coisa. Provado o defeito oculto, não facilmente perceptível, cabem as ações edilícias (redibitória e *quanti minoris* ou estimatória), respectivamente para rescindir o contrato ou pedir abatimento do preço, sendo decadencial e exíguo o prazo para a sua propositura (trinta dias, se se tratar de bem móvel, e um ano, se for imóvel).

O Código de Defesa do Consumidor estabelece o prazo de trinta dias, para os casos de vícios *aparentes* em produto *não durável*; e de noventa dias, em produto *durável*, contados a partir da entrega efetiva do produto ou do término da execução dos serviços. Em se tratando de vícios *ocultos*, os prazos são os mesmos, mas a sua contagem somente se inicia no momento em que ficarem evidenciados (art. 26 e parágrafos).

O *erro quanto às qualidades essenciais do objeto* é subjetivo, pois reside na manifestação da vontade. Dá ensejo ao ajuizamento de ação anulatória, sendo de quatro anos o prazo decadencial. Se alguém adquire um relógio que funciona perfeitamente, mas não é de ouro, como o adquirente supunha (e somente por essa circunstância o adquiriu), trata-se de erro quanto à qualidade essencial do objeto. Se, no entanto, o relógio é mesmo de ouro, mas não funciona em razão do defeito de uma peça interna, a hipótese é de vício redibitório.

2.2.2. *Erro escusável*

Erro *escusável* é o erro justificável, desculpável, exatamente o contrário de erro grosseiro ou inescusável, de erro decorrente do não emprego da diligência ordinária.

Dispõe o art. 138 do Código Civil:

"*Art. 138. São anuláveis os negócios jurídicos, quando as declarações de vontade emanarem de erro substancial que poderia ser percebido por pessoa de diligência normal, em face das circunstâncias do negócio*".

Ao considerar anulável o erro "*que poderia ser percebido por pessoa de diligência normal, em face das circunstâncias do negócio*", o novo diploma explicitou a necessidade de que o erro seja escusável, adotando um padrão abstrato, o do homem médio (*homo medius*), para a aferição da escusabilidade.

Adotou, assim, o critério de comparar a conduta do agente com a da média das pessoas, malgrado a jurisprudência dominante à época da promulgação do novo estatuto civil preferisse o critério do *caso concreto*, considerando, em cada hipótese levada aos tribunais, as condições pessoais (de desenvolvimento mental, cultural, profissional etc.) de quem alega o erro. Por este último critério, pode o juiz considerar escusável, por exemplo, a alegação de erro quanto à natureza do negócio (*v. g.*, celebração de contrato de compra e venda julgando tratar-se de doação) feita por uma pessoa rústica e analfabeta e, por outro lado, considerá-la inescusável, injustificável, quando feita por um advogado.

A adoção, pelo atual Código, de um padrão abstrato, o do *homo medius*, para a aferição da escusabilidade, mereceu a procedente crítica de LAMARTINE CORRÊA: "Esse critério traz consigo toda a gama de artificialismo própria dos padrões abstratos e, no fundo, estabelece contradição com o critério concreto da mensuração da coação consagrada pelo Código Civil (*de 1916*), art. 99, e mantido pelo Anteprojeto, art. 152"[16].

O Código Civil de 1916 não dispunha sobre a escusabilidade do erro pelo fato de o legislador considerar implícito tal elemento no próprio conceito de erro. Observa SILVIO RODRIGUES que, malgrado o Projeto CLÓVIS BEVILÁQUA não contivesse tal requisito, o seu eminente autor, não obstante, condicionava, em suas obras, a alegabilidade do erro à circunstância de ele ser escusável. E arremata o mestre paulista: "A omissão de referido pressuposto na lei decorre do fato de o legislador entender que ele se encontra implícito no conceito de erro, sendo, portanto, supérfluo insistir"[17].

O Código Civil italiano adotou o princípio da recognoscibilidade (*riconoscibilità*), sujeitando a eficácia invalidante do erro não só à sua relevância, mas também ao fato de ser reconhecível pela outra parte (art. 1.492). Segue a mesma linha o Código Civil português (art. 247º)[18].

---

[16] A Parte Geral do Anteprojeto de Código Civil, *RT*, 466/269.

[17] *Direito civil*, cit., p. 190.

[18] CC português, art. 247º: "Quando, em virtude de erro, a vontade declarada não corresponda à vontade real do autor, a declaração negocial é anulável, desde que o declaratário conhe-

Malgrado o entendimento manifestado por alguns autores[19] no sentido de que o atual Código Civil brasileiro acolheu, em face da redação dada ao retrotranscrito art. 138, nitidamente o sistema italiano, sendo elemento do erro capaz de gerar anulação a cognoscibilidade pela outra parte, afirma MOREIRA ALVES que tal acolhimento não ocorreu, esclarecendo que a Comissão Elaborada e Revisora do Anteprojeto de 1972 chegou a rejeitar proposta para a adoção do aludido sistema.

Acrescenta, em seguida, o renomado professor que o equívoco em que incidiram alguns doutrinadores se deve a erro datilográfico na publicação do art. 137 e parágrafo único do Anteprojeto de 1972, correspondente ao art. 138 do atual Código, somente mais tarde corrigido.

Conclui o citado mestre: "O art. 136, diversamente do que pareceu a alguns, não adotou – como adotava o Anteprojeto parcial originário – o critério da cognoscibilidade do erro pela outra parte, como se verifica no Código italiano (art. 1.428), seguido, nesse ponto, pelo Código Civil português de 1967 (art. 247º). De fato, ao estabelecer o citado dispositivo que são anuláveis os negócios jurídicos quando as declarações de vontade emanarem de erro substancial que poderia ser percebido por pessoa de diligência normal, em face das circunstâncias do negócio, essa pessoa é a parte que erra. Explicitou-se, portanto, a necessidade de que o erro seja escusável, adotando-se um padrão abstrato – o *vir medius* – para a aferição da escusabilidade"[20].

---

cesse ou não devesse ignorar a essencialidade, para o declarante, do elemento sobre que incidiu o erro".

A posição adotada nos Códigos italiano e português visa tutelar não somente aquele que incide em erro, mas também a outra parte, que pelo efeito do erro não pode concluir o negócio. Se esta podia reconhecer o erro usando a ordinária diligência, e não podia ter fé na validade do negócio, segundo a doutrina italiana, é justo que ele seja anulado. Mas se, ao contrário, a outra parte não tinha como reconhecer a existência do erro, seria injusto imputar-lhe o risco de perder o negócio.

O Código Civil alemão (BGB) adotou critério diametralmente oposto: o ato permanece válido, dando-se ao prejudicado, porém, pretensão para a cobrança de indenização pelo chamado *interesse negativo*.

[19] Silvio Rodrigues, *Direito civil*, cit., v. 1, p. 192; José Lamartine Corrêa de Oliveira, A Parte Geral do Anteprojeto de Código Civil, *RT*, 466/269; Renan Lotufo, *Código Civil*, cit., p. 383.

[20] *A Parte Geral do Projeto de Código Civil brasileiro*, p. 110.

Esse assunto, no entanto, é polêmico. O próprio MOREIRA ALVES mudou, posteriormente, de opinião, afirmando que a redação do citado art. 138 do atual diploma exige, para a configuração do erro, a *cognoscibilidade* e não a escusabilidade. Reconheceu, porém, que a intenção da Comissão Elaboradora e Revisora era, com a redação final do dispositivo, afastar-se da cognoscibilidade e exigir a escusabilidade como requisito essencial do erro. Mas, apesar da intenção, a mencionada redação final não corresponde ao que se pretendia dizer.

Na realidade, a redação é defeituosa, em virtude de diversos erros datilográficos mencionados por MOREIRA ALVES, não permitindo afirmar, com segurança, ter o atual Código adotado o critério da cognoscibilidade. Segundo JOSÉ FERNANDO SIMÃO, que resume a opinião de diversos autores, "o Código exigiu apenas a cognoscibilidade e não a escusabilidade como requisito do erro, já que, tendo adotado a teoria da confiança, calcada na boa-fé objetiva e na eticidade, o negócio deve ser mantido, se gerou justa expectativa no declaratário, sendo que tal expectativa merece proteção jurídica. A adoção da cognoscibilidade como requisito se comprova pela dicção dos artigos 148 e 155, que, ao tratarem do dolo e da coação provinda de terceiros, seguem a mesma principiologia: o negócio só é anulável se o vício era conhecido ou poderia ser reconhecido pelo contratante beneficiado"[21].

A tendência é no sentido da prevalência dessa orientação, em razão do grande número de adesões à tese[22] e do Enunciado 12 da Jornada de Direito Civil, promovida pelo Centro de Estudos Judiciários do Conselho de Justiça Federal, do seguinte teor: "Na sistemática do art. 138, é irrelevante ser ou não escusável o erro, porque o dispositivo adota o princípio da confiança". Já há, inclusive, precedente jurisprudencial, como se pode verificar:

"O Código Civil de 2002 afastou o critério da escusabilidade, cujo exame se dava sobre o próprio emissor da vontade, trazendo para a disciplina o princípio da confiança, cujo critério aferidor passou a ser o destinatário da manifestação da vontade que, mesmo percebendo que a autora estava em erro, silenciou ao invés de adverti-la"[23].

---

[21] Requisitos do erro como vício de consentimento no Código Civil, *Novo Código Civil – Questões controvertidas*, diversos autores, v. 6, p. 462.

[22] Comungam desse entendimento, dentre outros: Humberto Theodoro Júnior, *Comentários ao novo Código Civil*, v. III, p. 42; Paulo Nader, *Curso de direito civil*, p. 476; Maria Helena Diniz, *Curso de direito civil brasileiro*, 2002, v. 1, p. 383; Silvio Rodrigues, *Direito civil*, v. I, p. 191.

[23] TJRJ, Ap. 2005.001.44423, 18ª Câm. Cív., rel. Des. CÉLIA MELIGA PESSOA, j. 13-12-2005.

Não obstante, o Superior Tribunal de Justiça, em acórdão de 19 de agosto de 2010, proclamou: "O erro que enseja a anulação de negócio jurídico, além de essencial, deve ser inescusável, decorrente da falsa representação da realidade própria do homem mediano, perdoável, no mais das vezes, pelo desconhecimento natural das circunstâncias e particularidades do negócio jurídico. Vale dizer, para ser escusável o erro deve ser de tal monta que qualquer pessoa de inteligência mediana o cometeria"[24].

2.2.3. Erro real

O erro, para invalidar o negócio, deve ser também *real*, isto é, efetivo, causador de prejuízo concreto para o interessado. Não basta, pois, ser substancial e cognoscível. Deve ainda ser real, isto é, tangível, palpável, importando efetivo prejuízo para o interessado (*non fatetur qui errat*)[25].

Assim, por exemplo, o ano de fabricação do veículo adquirido (2005, em vez de 2009) é substancial e real, porque, se o adquirente tivesse conhecimento da realidade, não o teria comprado. Tendo-o adquirido, sofreu grande prejuízo.

No entanto, se o erro dissesse respeito somente à cor do veículo (preto, em vez de azul-escuro, p. ex.), seria acidental, porque irrelevante para a definição do preço, e não tornaria o negócio anulável.

2.2.4. Erro obstativo ou impróprio

Erro *obstativo* ou *impróprio* é o de relevância exacerbada, que apresenta uma profunda divergência entre as partes, impedindo que o negócio jurídico venha a se formar. É, portanto, o que obsta a sua formação e, destarte, inviabiliza a sua existência.

As doutrinas alemã, francesa e italiana consideram tão grave o *error in negotio* e o *error in corpore*, que recaem, respectivamente, sobre a natureza do negócio (o agente quer *alugar* e escreve *vender*) e sobre o objeto principal da declaração (supõe adquirir imóvel localizado em *região central* e compra um situado na *periferia*), que os denominam erro-obstáculo, obstativo ou impróprio (*erreur obstacle, errore ostativo*), porque impedem

---

[24] STJ, REsp 744.311/MT, 4ª T., rel. Min. Luis Felipe Salomão, j. 19-8-2010.

[25] Washington de Barros Monteiro, *Curso*, cit., v. 1, p. 198; Caio Mário da Silva Pereira, *Instituições*, cit., v. 1, p. 329.

o consentimento. Não haveria vontade negocial, uma vez que tal desconformidade faria a manifestação apenas aparente, motivo pelo qual não se poderia considerá-la como existente.

O art. 119 do BGB, todavia, atribui-lhe o efeito de tornar nulo o ato, em vez de inexistente.

Consoante a lição de Santoro-Passarelli, o erro-obstáculo se traduz num vício da *vontade do ato*, excluindo a *consciência do significado do próprio ato*, de tal forma que este não é determinado, como deveria sê-lo, *por uma vontade consciente*. Ainda se consubstanciaria o erro-obstáculo, segundo o civilista italiano, se a vontade negocial falta efetivamente, ou porque é diversa na sua integridade (troca de uma declaração por outra) ou em um dos elementos que servem para *individualizar* o negócio concreto: objeto, pessoa, causa e modalidade. Conclui afirmando que o erro obstativo é sempre um erro de identidade[26].

O direito brasileiro não distingue o erro obstativo do erro vício do consentimento. O error *in negotio* e o *error in corpore* são espécies de erro substancial, que tornam anulável o negócio jurídico, como vícios do consentimento. Considera-se o erro, qualquer que seja a hipótese (*in negotio, in corpore, in substantia, in persona* ou *juris*), vício de consentimento e causa de anulabilidade do negócio jurídico.

Como assinala Caio Mário, "a doutrina legal brasileira, desacolhendo a distinção, equipara-os, por lhe parecer que o erro sobre a natureza do negócio ou sobre a identidade do objeto (*erro obstativo*) traduz, em última análise, uma declaração volitiva, cujo resultado jurídico difere do efetivo querer do agente, mas que nem por isto deixa de ser uma declaração de vontade"[27].

2.3. O falso motivo

O art. 140 do Código Civil, que cuida do chamado "erro sobre os motivos", prescreve:

"*Art. 140. O falso motivo só vicia a declaração de vontade quando expresso como razão determinante*".

---

[26] *Teoria geral do direito civil*, p. 127-128.

[27] *Instituições*, cit., v. 1, p. 327. *V.*, ainda: Marcos Bernardes de Mello, *Teoria*, cit., p. 122, nota 226; Maria Helena Diniz, *Curso de direito civil brasileiro*, v. 1, p. 515, nota 98; José Abreu Filho, *O negócio jurídico e sua teoria geral*, p. 266-268.

O atual Código corrige, assim, a impropriedade do art. 90 do diploma de 1916, substituindo *falsa causa* por *falso motivo*[28]. O motivo do negócio, ou seja, as razões psicológicas que levam a pessoa a realizá-lo, não precisa ser mencionado pelas partes.

Motivos são as ideias, as razões subjetivas, interiores, consideradas acidentais e sem relevância para a apreciação da validade do negócio. Em uma compra e venda, por exemplo, os motivos podem ser diversos: a necessidade de alienação, investimento, edificação de moradia etc. São estranhos ao direito e não precisam ser mencionados.

O erro quanto ao objetivo colimado não vicia, em regra, o negócio jurídico, a não ser quando nele figurar expressamente, integrando-o, como sua razão essencial ou determinante, como preceitua o art. 140 supratranscrito. Nesse caso, passam à condição de elementos essenciais do negócio.

O mencionado dispositivo legal permite, portanto, que as partes promovam o erro acidental a erro relevante. Os casos mais comuns são de liberalidades, com expressa declaração do motivo determinante (filiação, parentesco, p. ex.), que entretanto se revelam, posteriormente, falsos, ou de venda de fundo de comércio tendo como motivo determinante a perspectiva de numerosa freguesia, que posteriormente se verifica ser falso.

Se uma pessoa faz uma doação a outra, porque é informada de que o donatário é seu filho, a quem não conhecia, ou é a pessoa que lhe salvou a vida, e posteriormente descobre que tais fatos não são verdadeiros, a doação poderá ser anulada somente na hipótese de os referidos motivos terem sido expressamente declarados no instrumento como razão determinante. Se não o foram, não poderá ser invalidada. Não se admite, em face da dicção do citado art. 140, a anulação de negócio jurídico pela manifestação tácita da vontade[29].

2.4. Transmissão errônea da vontade

O Código Civil equipara o erro à transmissão defeituosa da vontade. Dispõe, efetivamente, o art. 141:

---

[28] José Carlos Moreira Alves, *A Parte Geral*, cit., p. 112.

[29] Washington de Barros Monteiro, *Curso*, cit., v. 1, p. 200-201; Silvio Rodrigues, *Direito civil*, cit., v. 1, p. 193-194; Francisco Amaral, *Direito civil*, cit., p. 486; Maria Helena Diniz, *Curso*, cit., 2002, v. 1, p. 387; Renan Lotufo, *Código Civil*, cit., p. 140-141.

"*Art. 141. A transmissão errônea da vontade por meios interpostos é anulável nos mesmos casos em que o é a declaração direta*".

Se o declarante não se encontra na presença do declaratário e se vale de interposta pessoa (mensageiro, núncio) ou de um meio de comunicação (fax, telégrafo, e-mail etc.) e a transmissão da vontade, nesses casos, não se faz com fidelidade, estabelecendo-se uma divergência entre o querido e o que foi transmitido erroneamente (mensagem truncada), caracteriza-se o vício que propicia a anulação do negócio.

Segundo CARVALHO SANTOS, essa regra só se aplica quando a diferença entre a declaração emitida e a comunicada seja procedente de mero acaso ou de algum equívoco, não incidindo na hipótese em que o intermediário intencionalmente comunica à outra parte uma declaração diversa da que lhe foi confiada. Neste caso, a parte que escolheu o emissário fica responsável pelos prejuízos que tenha causado à outra por sua negligência na escolha feita, ressalvada a possibilidade de o mensageiro responder em face daquele que o elegeu[30].

SILVIO RODRIGUES entende que, se a vontade foi mal transmitida pelo mensageiro, há que se apurar se houve culpa *in eligendo* ou mesmo *in vigilando* do emitente da declaração. Se afirmativa a resposta, não pode tal erro infirmar o ato, por ser inescusável[31].

2.5. Convalescimento do erro

O art. 144 do Código Civil de 2002, à semelhança dos Códigos italiano (art. 1.432) e português (art. 248º), inovando, dispõe:

"*Art. 144. O erro não prejudica a validade do negócio jurídico quando a pessoa, a quem a manifestação de vontade se dirige, se oferecer para executá-la na conformidade da vontade real do manifestante*".

Tal oferta afasta o prejuízo do que se enganou, deixando o erro de ser real e, portanto, anulável. Objetiva o referido diploma dar a máxima *efetividade* à consecução do negócio jurídico, concedendo às partes a oportunidade de executá-lo[32]. Trata-se de aplicação do *princípio da conservação* dos

[30] *Código Civil*, cit., p. 321; Ana Luiza Maia Nevares, O erro, o dolo, a lesão e o estado de perigo no novo Código Civil, in *A Parte Geral do novo Código Civil*, coord. Gustavo Tepedino, p. 266.

[31] *Direito civil*, cit., v. 1, p. 192-193.

[32] Renan Lotufo, *Código Civil*, cit., p. 396.

atos e negócios jurídicos, segundo o qual não há nulidade sem prejuízo (*pas de nullité sans grief*).

Maria Helena Diniz fornece o seguinte exemplo: "João pensa que comprou o lote n. 2 da quadra A, quando, na verdade, adquiriu o n. 2 da quadra B. Trata-se de erro substancial, mas antes de anular o negócio o vendedor entrega-lhe o lote n. 2 da quadra A, não havendo assim qualquer dano a João. O negócio será válido, pois foi possível a sua execução de acordo com a vontade real. Se tal execução não fosse possível, de nada adiantaria a boa vontade do vendedor"[33].

2.6. Interesse negativo

Questão pouco comentada, quando se estuda o erro, é a relativa ao *interesse negativo*, que decorre do fato de o vendedor ver-se surpreendido com uma ação anulatória, julgada procedente, com os consectários da sucumbência, sem que tenha concorrido para o erro do outro contratante – o que se configura injusto, máxime já tendo dado destinação ao numerário recebido.

O Código alemão prevê, para esses casos, que a doutrina chama de *interesse negativo*, uma compensação para o contratante que não concorreu para o erro (art. 122). O Código Civil brasileiro não prevê a hipótese, mas ela decorre dos princípios gerais de direito, especialmente o que protege a boa-fé.

A propósito, preleciona Pontes de Miranda: "Tratando-se de anulação por erro, por exemplo, é preciso atender-se a que o outro figurante (ainda o que se incluiu no público, como se dá na promessa de recompensa) pode ter confiado na validade da manifestação de vontade, e assim tem a técnica jurídica de atender à situação em que se colocou o que teve prejuízo por confiar (daí chamar-se interesse de confiança, *Vertrauensin-teresse*, ou interesse negativo)".

Acrescenta o notável jurista que a consciência jurídica assenta que o interesse negativo "há de ser indenizado, estando legitimado à ação de reparação o destinatário da manifestação de vontade receptícia, ou da comunicação de conhecimento"[34].

---

[33] *Curso*, cit., v. 1, p. 387.

[34] *Tratado*, cit., p. 83-89.

Na mesma linha, assinala Sílvio de Salvo Venosa que "anulação por erro redunda em situação toda especial, ou seja, *a responsabilidade é exatamente daquele que pede a anulação do negócio, já que é o único responsável por sua má destinação*. Seria sumamente injusto que o declaratário que não errou, nem concorreu para o erro do declarante, arcasse com duplo prejuízo, duplo castigo: a anulação do negócio e a absorção do prejuízo pelas importâncias a serem pagas ou devolvidas, conforme o caso, além dos ônus da sucumbência processual. Devem, portanto, os juízes atentar para essa importante particularidade ao decretar a anulação do negócio por erro"[35].

A solução só poderá ser de ordem jurisprudencial, pois a emenda de n. 176 apresentada ao Projeto de Código Civil na Câmara dos Deputados, que propunha que o erro substancial, além de acarretar a anulação do negócio jurídico, desse margem à indenização por parte do declarante, foi atacada pelo relatório da Comissão Revisora, com a observação de que o sistema seguido pelo Projeto visa a proteger melhor o terceiro de boa-fé, tomando como padrão para aferir a escusabilidade do erro a figura do homem médio.

Acrescentou-se, por outro lado, que "o sistema adotado pela emenda implica, ainda que o erro não seja culposo, a responsabilidade por parte de quem errou, embora acarrete, sempre, a anulabilidade. Ora, tendo em vista a segurança e a estabilidade dos negócios jurídicos, parece superior o sistema do Projeto, que torna mais difícil a anulação"[36].

O DOLO

Sumário: 3. Conceito. 4. Características. 5. Espécies de dolo.

3. Conceito

Dolo é o artifício ou expediente astucioso, empregado para induzir alguém à prática de um ato que o prejudica, e aproveita ao autor do dolo ou a terceiro[37]. Consiste em sugestões ou manobras maliciosamente levadas a

---

[35] *Direito civil*, v. 1, p. 358.

[36] José Carlos Moreira Alves, *A Parte Geral*, cit., p. 140-141.

[37] Clóvis Beviláqua, *Código Civil*, cit., p. 339.

efeito por uma parte, a fim de conseguir da outra uma emissão de vontade que lhe traga proveito, ou a terceiro[38].

O dolo difere do erro porque este é espontâneo, no sentido de que a vítima se engana sozinha, enquanto o dolo é provocado intencionalmente pela outra parte ou por terceiro, fazendo com que aquela também se equivoque.

Segundo os irmãos MAZEAUD, "*la victime du dol non seulement s'est trompée, mais a été trompée*" ("a vítima do dolo não está só enganada, mas também foi enganada")[39]. A rigor, o dolo não é vício de vontade, mas causa do vício de vontade[40].

O dolo civil não se confunde com o *dolo criminal*, que é a intenção de praticar um ato que se sabe contrário à lei. No direito penal, diz-se doloso o crime quando o agente quis o resultado ou assumiu o risco de produzi-lo (CP, art. 18, I). *Dolo civil*, em sentido amplo, é todo artifício empregado para enganar alguém. Distingue-se, também, do *dolo processual*, que decorre de conduta processual reprovável, contrária à boa-fé e que sujeita, tanto o autor como o réu que assim procedem, a sanções várias, como ao pagamento de perdas e danos, custas e honorários advocatícios (CPC, arts. 79 a 81).

4. Características

Já foi dito que há íntima ligação entre o erro e o dolo, porque num e noutro caso a vítima é iludida. Diferem, contudo, pelo fato de que, no erro, ela se engana sozinha, enquanto no dolo, o equívoco é provocado por outrem.

A rigor, portanto, o negócio seria anulável por erro e por dolo. Todavia, como o erro é de natureza subjetiva e se torna difícil penetrar no íntimo do autor para descobrir o que se passou em sua mente no momento da declaração de vontade, as ações anulatórias costumam ser fundadas no dolo. Ademais, esta espécie de vício do consentimento pode levar o seu autor a indenizar os prejuízos que porventura tiver causado com seu comportamento

[38] Caio Mário da Silva Pereira, *Instituições*, cit., v. 1, p. 332.

[39] *Leçons de droit civil*, 1973, v. 1, t. 2, n. 187.

[40] João de Castro Mendes, *Direito civil*: teoria geral, v. 3, p. 158; Francisco Amaral, *Direito civil*, cit., p. 487.

astucioso. Tais as razões, segundo Coviello, por que a lei disciplina separadamente erro e dolo[41].

O dolo distingue-se da *simulação.* Nesta, a vítima é lesada sem participar do negócio simulado. As partes fingem ou simulam uma situação, visando fraudar a lei ou prejudicar terceiros. No caso do dolo, a vítima participa diretamente do negócio, mas somente a outra conhece a maquinação e age de má-fé.

O dolo também não se confunde com a *fraude*, embora ambos os vícios envolvam o emprego de manobras desleais. A fraude se consuma sem a participação pessoal do lesado no negócio. No dolo, este concorre para a sua realização, iludido pelas referidas manobras. Tanto a fraude como a simulação são mais graves do que o dolo, a ponto de a última trazer, como consequência, a nulidade do negócio (CC, art. 167), enquanto o dolo acarreta apenas a sua anulabilidade.

A *coação* também apresenta maior gravidade do que o dolo, pois, não bastasse o emprego de grave ameaça, age aquela diretamente sobre a liberdade da vítima, enquanto este atua exclusivamente sobre sua inteligência[42].

5. Espécies de dolo

Há várias espécies de dolo, destacando-se as seguintes:

a) *Dolo principal* (*dolus causam dans contractui*) e *dolo acidental* (*dolus incidens*) – É a classificação mais importante. O art. 145 do Código Civil trata do primeiro, nestes termos:

"*Art. 145. São os negócios jurídicos anuláveis por dolo, quando este for a sua causa*".

Somente o dolo principal, como causa determinante da declaração de vontade, vicia o negócio jurídico. Configura-se quando o negócio é realizado somente porque houve induzimento malicioso de uma das partes. Não fosse o convencimento astucioso e a manobra insidiosa, a avença não se teria concretizado[43].

---

[41] Apud Eduardo Espínola, Dos fatos jurídicos, in *Manual do Código Civil brasileiro*, de Paulo de Lacerda, v. 3, 1ª parte, p. 307.

[42] Carmelo Scuto, *Istituzioni di diritto privato*: parte generale, v. 1, p. 387, apud Washington de Barros Monteiro, *Curso*, cit., v. 1, p. 205.

[43] Permuta. Bens imóveis. Diferença gigante de valores. Induzimento em erro. Dolo caracterizado. Indiscutível que os autores foram induzidos em erro pelos apelantes, já que os bens

É *acidental* o dolo, diz o art. 146, segunda parte, do Código Civil, "*quando, a seu despeito, o negócio seria realizado, embora por outro modo*". Diz respeito, pois, às condições do negócio. Este seria realizado independentemente da malícia empregada pela outra parte ou por terceiro, porém em condições favoráveis ao agente. Por essa razão, o dolo acidental não vicia o negócio e "*só obriga à satisfação das perdas e danos*" (art. 146, primeira parte)[44].

Assim, quando uma pessoa realiza um negócio por interesse próprio, e não em razão de induzimento feito por outrem (a avença seria realizada, portanto, independentemente da manobra astuciosa), mas o comportamento malicioso da outra parte ou do terceiro acaba influindo nas condições estipuladas, em detrimento da primeira, que adquire, por exemplo, por R$ 100.000,00 imóvel que vale R$ 50.000,00, a hipótese é de dolo acidental, mero ato ilícito, que não permite postular a invalidação do contrato, mas somente exigir a reparação do prejuízo experimentado, correspondente à diferença entre o preço pago e o real valor do bem.

Nas duas hipóteses, de dolo principal e de dolo acidental, como refere Silvio Rodrigues, "existe a deliberação de um contratante de iludir o outro. Na primeira, apenas o artifício faz gerar uma anuência que jazia inerte e que de modo nenhum se manifestaria sem o embuste; na segunda, ao contrário, o consentimento viria de qualquer maneira, só que, dada a incidência do dolo, o negócio se faz de maneira mais onerosa para a vítima do engano. Naquela, o vício do querer enseja a anulação do negócio; nesta, o ato ilícito defere a oportunidade de pedir a reparação do dano"[45].

Segundo Eduardo Espínola, para que o dolo constitua vício do consentimento é necessário: a) que haja intenção de induzir o declarante a

---

que entregaram aos recorrentes valiam R$ 1.386.859,00, ao passo que os dos apelantes foram avaliados em R$ 365.790,00. A diferença gritante espanca qualquer dúvida no particular, por ser superior a R$ 1.000.000,00. Ademais, ao tempo, o autor varão não estava mentalmente hígido" (*RT*, 557/161); "Separação consensual. Partilha. Renúncia da mulher, cujo adultério chegou ao conhecimento do marido, a todos os seus direitos, em favor de filho. Dolo e coação. Quadro indiciário robusto e demonstrativo da existência dos invocados vícios do consentimento. Tal quadro é sumamente conhecido, a impor o marido à esposa condições perante as quais deva se ter por absolutamente submissa. Anulação determinada" (*JTJ*, Lex, 149/103).

[44] "Dolo acidental. Caracterização. Venda de trator cujo ano de fabricação não correspondia ao informado e cobrado pelo revendedor. Reparação dos danos causados aos adquirentes que se impõe" (*RT*, 785/243).

[45] *Direito civil*, cit., v. 1, p. 195.

realizar o negócio jurídico; b) que os artifícios fraudulentos sejam graves; c) sejam a causa determinante da declaração de vontade; d) procedam do outro contratante, ou sejam deste conhecidos, se procedentes de terceiro[46].

O citado doutrinador não considera elemento do dolo principal a intenção de prejudicar a pessoa ludibriada. O propósito do outro contratante é de obter para si ou para outrem vantagem que não obteria não fora o artifício empregado. CLÓVIS, no entanto, com razão, entende que a essa vantagem auferida pelo ludibriador, ou por terceiro, corresponde um prejuízo para a vítima[47].

SERPA LOPES, por sua vez, considera "mais razoável o ponto de vista de CLÓVIS. O prejuízo tanto pode ser econômico como moral, e, quer de uma forma, quer de outra, é ele sempre necessário e existe virtualmente, pelo simples fato de alguém ser levado a contratar, em razão de artifícios que afetaram o seu livre querer"[48].

b) *Dolus bonus* e *dolus malus* – Vem do direito romano essa classificação.

Dolus bonus é o dolo tolerável, destituído de gravidade suficiente para viciar a manifestação de vontade. É comum no comércio em geral, onde é considerado normal, e até esperado, o fato de os comerciantes exagerarem as qualidades das mercadorias que estão vendendo. Não torna anulável o negócio jurídico, porque de certa maneira as pessoas já contam com ele e não se deixam envolver, a menos que não tenham a diligência que se espera do homem médio.

A propósito, assinala SILVIO RODRIGUES que esse procedimento dos vendedores é tão difundido que certamente uma pessoa normal não se deixará ludibriar pela manobra; somente um homem de credulidade infantil se porá a adquirir tudo o que lhe é oferecido apenas porque o vendedor apregoa enfaticamente seu produto. "De sorte que esse exagero no gabar as virtudes de uma coisa oferecida à venda não é, dada sua menor intensidade, considerado dolo pelo ordenamento jurídico, pois falta, para que se configure o vício, o requisito da gravidade"[49].

---

46 *Manual*, cit., p. 309.

47 *Código Civil*, cit., p. 363.

48 *Curso de direito civil*, v. 1, p. 387.

49 *Direito civil*, cit., v. 1, p. 196-197.

É de se ponderar, todavia, que o Código de Defesa do Consumidor proíbe a propaganda enganosa, suscetível de induzir em erro o consumidor. Desse modo, o aludido diploma não "dá salvo-conduto para o exagero", que só será tolerado se não for capaz de induzir o consumidor em erro[50].

Preleciona WASHINGTON DE BARROS MONTEIRO que, excepcionalmente, o dolo pode ter "fim lícito, elogiável e nobre, por exemplo, quando se induz alguém a tomar remédio, que recusa ingerir, e que, no entanto, lhe é necessário. O mesmo acontece quando ardilosamente se procura frustrar plano de um inimigo ou assassino. A estas armas de defesa o jurisconsulto romano atribuía o nome de *dolus bonus*, por oposição ao *dolus malus*, consistente no emprego de manobras astuciosas destinadas a prejudicar alguém"[51].

Dolus malus é o revestido de gravidade, exercido com o propósito de ludibriar e de prejudicar. É essa modalidade que se divide em dolo principal e acidental. Pode consistir em atos, palavras e até mesmo no silêncio maldoso.

Só o *dolus malus*, isto é, o grave, vicia o consentimento, acarretando a anulabilidade do negócio jurídico ou a obrigação de satisfazer as perdas e danos, conforme a intensidade da gravidade. A lei não dita regras para se distinguir o dolo tolerado daquele que vicia o consentimento. Cabe, portanto, ao juiz, no exame do caso concreto, decidir se o contratante excedeu ou não o limite do razoável.

c) *Dolo positivo* ou *comissivo* e *dolo negativo* ou *omissivo* – O procedimento doloso pode revelar-se em manobras ou ações maliciosas e em comportamentos omissivos. Daí a classificação em dolo *comissivo* (positivo) e *omissivo* (negativo), também denominado *omissão dolosa* ou, ainda, *reticência*.

Dispõe, com efeito, o art. 147 do Código Civil que, "*nos negócios jurídicos bilaterais, o silêncio intencional de uma das partes a respeito de fato ou qualidade que a outra parte haja ignorado, constitui omissão dolosa, provando-se que sem ela o negócio não se teria celebrado*".

Verifica-se, assim, que o legislador equiparou a omissão dolosa à ação dolosa, exigindo que aquela seja de tal importância que, sem ela, o ato

---

[50] Antônio Herman de Vasconcellos Benjamin, *Código Brasileiro de Defesa do Consumidor comentado pelos autores do Anteprojeto*, p. 290-291; Cláudia Lima Marques, *Contratos no Código de Defesa do Consumidor*, p. 347; Ana Luiza Maia Nevares, O erro, cit., p. 269.

[51] *Curso*, cit., v. 1, p. 204.

não se teria realizado. Provando-se, pois, tal circunstância, pode ser pleiteada a anulação do negócio jurídico.

Esteia-se o dispositivo supratranscrito no princípio da boa-fé, que deve nortear todos os negócios. Tal princípio é reiterado em outros dispositivos do Código Civil que cuidam de hipóteses de omissão dolosa, como o art. 180, que pune o menor que oculta dolosamente a sua idade, e o art. 766, que acarreta a perda do direito ao recebimento do seguro se o estipulante de seguro de vida oculta dolosamente ser portador de doença grave quando da estipulação[52].

d) *Dolo de terceiro* – O dolo pode ser proveniente do outro contratante ou de terceiro, estranho ao negócio. Dispõe o art. 148 do Código Civil:

"*Art. 148. Pode também ser anulado o negócio jurídico por dolo de terceiro, se a parte a quem aproveite dele tivesse ou devesse ter conhecimento; em caso contrário, ainda que subsista o negócio jurídico, o terceiro responderá por todas as perdas e danos da parte a quem ludibriou*".

O dolo de terceiro, portanto, somente ensejará a anulação do negócio, se a parte a quem aproveite dele tivesse ou devesse ter conhecimento. Se o beneficiado pelo dolo de terceiro não adverte a outra parte, está tacitamente aderindo ao expediente astucioso, tornando-se cúmplice. Já dizia Clóvis que "o dolo do estranho vicia o negócio, se, sendo principal, era conhecido de uma das partes, e esta não advertiu a outra, porque, neste caso, aceitou a maquinação, dela se tornou cúmplice, e responde por sua má-fé"[53].

---

[52] "Propaganda enganosa. Veículo ofertado em estado de novo. Defeitos constatados pelo comprador após dois dias da celebração da transação. A omissão dolosa das reais qualidades do veículo, que, em hipótese alguma, pode ser considerado em estado de novo, constitui causa de anulabilidade, uma vez que, se conhecesse tais defeitos, o negócio não teria sido celebrado" (*RT*, 773/344-346). "Seguro de vida. Perda do direito ao valor pelo beneficiário. Segurado que intencionalmente omitiu, ao subscrever a proposta, dado relevante sobre seu estado de saúde, capaz de influir na sua aceitação pela seguradora. Má-fé caracterizada e provada nos autos" (*RT*, 642/144; 640/186). "Omissão dolosa. Filha que colheu assinatura da mãe em documento em branco. Conduta dolosa daquela em relação a esta, que, ilaqueada em sua boa-fé, por erro e ignorância, transferiu os direitos sobre o uso de linha telefônica no pressuposto de realizar outro negócio, ou seja, a aquisição de ações da companhia telefônica. Negócio anulado" (TJSP, Ap. 013.182-4/4, Tatuí, rel. Des. Vasconcellos Pereira, j. 29-8-1996). "O silêncio intencional de um dos contratantes sobre a circunstância de se achar insolvável, e, portanto, em situação de absoluta impossibilidade de cumprir a obrigação de pagar o preço, vicia o consentimento do outro contratante, que não teria realizado o negócio se tivesse ciência do fato, configurando omissão dolosa, que torna o contrato passível de anulação" (*RT*, 545/198).

[53] *Código Civil*, cit., p. 275.

Assim, por exemplo, se o adquirente é convencido, maldosamente, por um terceiro de que o relógio que está adquirindo é de ouro, sem que tal afirmação tenha sido feita pelo vendedor, e este ouve as palavras de induzimento utilizadas pelo terceiro e não alerta o comprador, o negócio torna-se anulável.

Entretanto, se a parte a quem aproveite (no exemplo *supra*, o vendedor) não soube do dolo de terceiro, não se anula o negócio. Mas o lesado poderá reclamar perdas e danos do autor do dolo (CC, art. 148, segunda parte), pois este praticou um ato ilícito (art. 186). Se nenhuma das partes no negócio conhecia o dolo de terceiro, não há, com efeito, fundamento para anulação, pois o beneficiário, caso fosse anulado o negócio, "ver-se-ia, pois, lesado por um ato a que foi estranho e do qual nem sequer teve notícia..."[54].

Incumbe ao lesado provar, na ação anulatória, que a outra parte, beneficiada pelo dolo de terceiro, dele teve ou deveria ter conhecimento.

Caio Mário, citando Ruggiero e Colin e Capitant, menciona que, nos "atos unilaterais, porém, o dolo de terceiro afeta-lhe a validade em qualquer circunstância, como se vê, por exemplo, na aceitação e renúncia de herança, na validade das disposições testamentárias"[55].

Também Pontes de Miranda preleciona que, "nas manifestações de vontade não receptícias, não há figurantes um em frente ao outro; de modo que não há as 'partes' a que se refere o art. 95 (*do CC/1916, correspondente ao art. 148 do CC/2002*). Donde ter-se de entender o referido artigo como só referente aos atos jurídicos em cujo suporte fático há manifestações bilaterais de vontade, ou manifestação receptícia da vontade"[56].

e) *Dolo do representante* – O representante de uma das partes não pode ser considerado terceiro, pois age como se fosse o próprio representado. Quando atua no limite de seus poderes, considera-se o ato praticado pelo próprio representado. Se o representante induz em erro a outra parte, constituindo-se o dolo por ele exercido na causa do negócio, este será anulável. Sendo o dolo acidental, o negócio subsistirá, ensejando a satisfação das perdas e danos.

Dispõe o art. 149 do Código Civil:

---

[54] Manuel A. Domingues de Andrade, *Teoria geral da relação jurídica*, v. 2, p. 264; Renan Lotufo, *Código Civil*, cit., p. 148-149.

[55] *Instituições*, cit., v. 1, p. 333-334.

[56] *Tratado*, cit., p. 338.

"O dolo do representante legal de uma das partes só obriga o representado a responder civilmente até a importância do proveito que teve; se, porém, o dolo for do representante convencional, o representado responderá solidariamente com ele por perdas e danos".

O Código de 1916 tratava, no art. 96, do dolo do representante, mas não distinguia a representação legal da voluntária. O referido dispositivo não encontrava disposição semelhante em Códigos de outros países, tendo origem no art. 481 do *Esboço* de TEIXEIRA DE FREITAS.

O Código de 2002 repete a regra, mas inova ao estabelecer consequências diversas, conforme a espécie de representação: o dolo do representante *legal* só obriga o representado a responder civilmente até a importância do proveito que teve; o do representante *convencional* acarreta a responsabilidade solidária do representado. Respondendo civilmente, tem o representado, porém, ação regressiva contra o representante[57].

SILVIO RODRIGUES, já em 1974, recomendava a solução adotada pelo novo diploma, dizendo que, no caso da representação legal, a solução da lei, obrigando o representado a responder civilmente só até a importância do proveito que teve, era adequada. O tutor, o curador, o pai no exercício do pátrio poder são representantes que a lei impõe, sem que o representado, contra isso, se possa rebelar. Se estes atuam maliciosamente na vida jurídica, seria injusto que a lei sobrecarregasse com os prejuízos advindos de sua má conduta o representado que os não acolheu e que, em geral, dada a sua incapacidade, não os podia vigiar.

No caso da representação convencional, aduz o referido mestre, aquele que escolhe um representante, e lhe outorga mandato, cria um risco para o mundo exterior, pois o mandatário, usando o nome do mandante, vai agir nesse mundo de negócios criando relações de direito. Se é má a escolha, tem o mandante culpa, e o dano resultante para terceiros deve ser por ele reparado. A presunção de culpa *in eligendo* ou *in vigilando* do representado tem por consequência responsabilizá-lo solidariamente pela reparação total do dano e não apenas limitar sua responsabilidade ao proveito que teve[58].

f) *Dolo bilateral* – O dolo de ambas as partes é disciplinado no art. 150 do Código Civil, que proclama:

---

[57] Francisco Amaral, *Direito civil*, cit., p. 489.

[58] *Dos vícios do consentimento*, p. 180.

"Art. 150. Se ambas as partes procederem com dolo, nenhuma pode alegá-lo para anular o negócio, ou reclamar indenização".

Neste caso, se ambas as partes têm culpa, uma vez que cada qual quis obter vantagem em prejuízo da outra, nenhuma delas pode invocar o dolo para anular o negócio, ou reclamar indenização. Há uma compensação, ou desprezo do Judiciário, porque ninguém pode valer-se da própria torpeza (*nemo auditur propriam turpitudinem allegans*)[59].

A doutrina em geral admite, no caso de dolo bilateral, a compensação do dolo principal com o dolo acidental. Preleciona a propósito Carvalho Santos que "pouco importa que uma parte tenha procedido com dolo essencial e a outra apenas com o acidental. O certo é que ambas procederam com dolo, não havendo boa-fé, a defender"[60].

g) *Dolo de aproveitamento* – Essa espécie de dolo constitui o elemento subjetivo de outro defeito do negócio jurídico, que é a *lesão*. Configura-se quando alguém se aproveita da situação de premente necessidade ou da inexperiência do outro contratante para obter lucro exagerado, manifestamente desproporcional à natureza do negócio (CC, art. 157).

A COAÇÃO

Sumário: 6. Conceito. 7. Espécies de coação. 8. Requisitos da coação. 9. Coação exercida por terceiro.

6. Conceito

Coação é toda ameaça ou pressão injusta exercida sobre um indivíduo para forçá-lo, contra a sua vontade, a praticar um ato ou realizar um negócio. O que a caracteriza é o emprego da violência psicológica para viciar a vontade[61].

[59] Diferentemente dispõe o art. 254º, primeira parte, do Código Civil português: "O declarante cuja vontade tenha sido determinada por dolo pode anular a declaração; a anulabilidade não é excluída pelo facto de o dolo ser bilateral".

[60] *Código Civil*, cit., p. 352.

[61] "Cheque. Emissão sob coação. Garantia de dívida. Desnaturação. Se o cheque foi emitido sob coação, não com essa natureza, mas como garantia de dívida, com pleno conhecimento da financeira, impõe-se sua anulação" (*RT*, 559/132).

Não é a coação, em si, um vício da vontade, mas sim o temor que ela inspira, tornando defeituosa a manifestação de querer do agente. Corretamente, os romanos empregavam o termo *metus* (*mentis trepidatio*) e não *vis* (violência), porque é o temor infundido na vítima que constitui o vício do consentimento, e não os atos externos utilizados no sentido de desencadear o medo. Nosso direito positivo, entretanto, referindo-se a esse defeito, ora o chama de coação (art. 171, II), ora de violência (art. 1.814, III)[62].

A coação é o vício mais grave e profundo que pode afetar o negócio jurídico, mais até do que o dolo, pois impede a livre manifestação da vontade, enquanto este incide sobre a inteligência da vítima.

7. Espécies de coação

Podem ser apontadas as seguintes espécies de coação:

a) *Coação absoluta* ou *física* e *coação relativa* ou *moral* – Já o direito romano distinguia a coação absoluta ou física (*vis absoluta*) da relativa ou moral (*vis compulsiva*).

Na coação *absoluta* inocorre qualquer consentimento ou manifestação da vontade. A vantagem pretendida pelo coator é obtida mediante o emprego de força física. Por exemplo: a colocação da impressão digital do analfabeto no contrato, agarrando-se à força o seu braço. Embora, por inexistir nesse caso qualquer manifestação de vontade, os autores em geral considerem nulo o negócio, trata-se na realidade de hipótese de *inexistência* do negócio jurídico, por ausência do primeiro e principal requisito de existência, que é a declaração da vontade.

O correto enfoque é feito por Moreira Alves, quando comenta as inovações do Projeto de Código Civil, nestes termos: "No que concerne à coação, o Projeto apresenta algumas alterações de relevo, embora, à semelhança do que se verifica no Código em vigor (*de 1916*), não aluda à coação física absoluta (caso de inexistência do negócio jurídico por ausência de vontade), mas disciplina apenas a *vis compulsiva*"[63].

---

[62] Francisco Amaral, *Direito civil*, cit., p. 490; Washington de Barros Monteiro, *Curso*, cit., v. 1, p. 210.

[63] *A Parte Geral*, cit., p. 113.

A coação que constitui vício da vontade e torna anulável o negócio jurídico (CC, art. 171, II) é a *relativa* ou *moral*. Nesta, deixa-se uma opção ou escolha à vítima: praticar o ato exigido pelo coator ou correr o risco de sofrer as consequências da ameaça por ele feita. Trata-se, portanto, de uma coação psicológica. É o que ocorre, por exemplo, quando o assaltante ameaça a vítima, apontando-lhe a arma e propondo-lhe a alternativa: "A bolsa ou a vida".

b) *Coação principal* e *coação acidental* – Embora o Código Civil não faça a distinção, a doutrina entende existir coação *principal* e *acidental*, como no dolo. Aquela seria a causa determinante do negócio; esta influenciaria apenas as condições da avença, ou seja, sem ela o negócio assim mesmo se realizaria, mas em condições menos desfavoráveis à vítima.

A coação principal constitui causa de anulação do negócio jurídico; a acidental somente obriga ao ressarcimento do prejuízo.

8. Requisitos da coação

Dispõe o art. 151 do Código Civil:

"*Art. 151. A coação, para viciar a declaração da vontade, há de ser tal que incuta ao paciente temor de dano iminente e considerável à sua pessoa, à sua família, ou aos seus bens.*

Parágrafo único. Se disser respeito a pessoa não pertencente à família do paciente, o juiz, com base nas circunstâncias, decidirá se houve coação".

Verifica-se, assim, que nem toda ameaça configura a coação, vício do consentimento. Para que tal ocorra é necessário reunirem-se os requisitos estabelecidos no dispositivo supratranscrito. Assim, a coação: a) deve ser a causa determinante do ato; b) deve ser grave; c) deve ser injusta; d) deve dizer respeito a dano atual ou iminente; e) deve constituir ameaça de prejuízo à pessoa ou a bens da vítima ou a pessoa de sua família.

a) Deve ser a *causa determinante* do ato – Deve haver uma relação de causalidade entre a coação e o ato extorquido, ou seja, o negócio deve ter sido realizado somente por ter havido grave ameaça ou violência, que provocou na vítima fundado receio de dano à sua pessoa, à sua família ou aos seus bens. Sem ela, o negócio não se teria concretizado.

Se alguém, porém, foi vítima de coação, mas deu seu consentimento independente da ameaça, não se configura o aludido defeito do negócio jurídico. É possível que sua concordância tenha coincidido com a violência, sem que esta gerasse aquela[64].

Incumbe à parte que pretende a anulação do negócio jurídico o ônus de provar o nexo de causa e efeito entre a violência e a anuência.

b) Deve ser *grave* – A coação, para viciar a manifestação de vontade, há de ser de tal intensidade que efetivamente incuta na vítima um fundado temor de dano a bem que considera relevante. Esse dano pode ser moral ou patrimonial.

Para aferir a gravidade ou não da coação, não se considera o critério abstrato do *vir medius,* ou seja, não se compara a reação da vítima com a do homem médio, de diligência normal. Por esse critério, se a média das pessoas se sentir atemorizada na situação da vítima, então a coação será considerada grave.

Segue-se o critério *concreto*, ou seja, o de avaliar, em cada caso, as condições particulares ou pessoais da vítima. Algumas pessoas, em razão de diversos fatores, são mais suscetíveis de se sentir atemorizadas do que outras. Por essa razão, determina o art. 152 do Código Civil: "*No apreciar a coação, ter-se-ão em conta o sexo, a idade, a condição, a saúde, o temperamento do paciente e todas as demais circunstâncias que possam influir na gravidade dela*".

Cabe verificar se a ameaça bastou para amedrontar o indivíduo contra quem foi dirigida, não qualquer outro nem a média das pessoas. Por exemplo: um ato incapaz de abalar um homem pode ser suficiente para atemorizar uma mulher, como a ameaça incapaz de perturbar pessoa jovem e sadia pode afetar profundamente pessoa doente e idosa.

Diz o art. 153, segunda parte, do estatuto civil, que não se considera coação "*o simples temor reverencial*". Assim, não se reveste de gravidade suficiente para anular o ato o receio de desgostar os pais ou outras pessoas a quem se deve obediência e respeito, como os superiores hierárquicos.

Não se anula um negócio mediante a simples alegação do empregado, do filho ou do soldado no sentido de que foi realizado para não desgostar,

---

[64] Silvio Rodrigues, *Direito civil*, cit., p. 202. Valendo-se dessa lição, decidiu o Tribunal de Justiça de São Paulo: "Se alguém foi vítima de ameaça, mas deu seu assentimento independente dela, não se configura coação. É possível que sua concordância tenha coincidido com a violência, sem que esta gerasse aquela. Em tal hipótese, o ato sobrevive imaculado, dada a espontaneidade do querer" (*RT*, 705/97).

respectivamente, o patrão, o pai ou o coronel, quando estes constituem a contraparte ou apenas recomendaram a celebração da avença com terceiro, malgrado se reconheça a utilidade desse respeito para o relacionamento social.

Segundo Silvio Rodrigues, "quem concorda com um ato movido apenas pelo escrúpulo de desgostar parente ou superior hierárquico de certo modo se equipara ao que consente diante de ameaça infantil e irrisória, cujos feitos nenhuma pessoa normal recearia. Por isso também a lei não considera viciado o seu consenso nem permite que se desfaça o ato"[65].

Todavia, o emprego do vocábulo "simples" no dispositivo legal suprarreferido evidencia que o temor reverencial não vicia o consentimento quando desacompanhado de ameaças ou violências. Assim, no casamento, consideram-se coação, e não simples temor reverencial, as graves ameaças de castigo à filha, para obrigá-la a casar. Do mesmo modo, nas relações trabalhistas transforma-se em coação o temor reverencial do empregado quando o patrão adiciona ameaças ao seu comportamento normal.

Em conclusão: o simples temor reverencial não se equipara à coação, mas, se for acompanhado de ameaças ou violências, transforma-se em vício da vontade. E se referidas ameaças provierem de pessoas que, por sua situação, inspirem respeito e obediência (tais como os ascendentes, o marido, os superiores hierárquicos), elas não necessitam de se revestir da mesma gravidade de que se revestiriam se emanassem de outras fontes, porque o temor reverencial é, por si mesmo, uma agravante da ameaça[66].

O Código Civil de 1916 exigia também, para a configuração da coação (art. 98), que, pelo menos, houvesse equivalência entre os valores confrontados, ao dizer que o dano deveria ser "igual, pelo menos, ao receável do ato extorquido". Se menor o dano receável do ato extorquido que o resultante da ameaça não se configuraria a coação. Em outras palavras: só haveria coação se, para não perder um bem de determinado valor, o agente optasse, diante da ameaça, por anuir em negócio que lhe acarretasse prejuízo de valor mais ou menos equivalente. Se os valores em jogo fossem ostensivamente desproporcionais, não se caracterizaria o aludido vício do consentimento.

O Código de 2002 não contém essa exigência, que não consta em outras legislações e era alvo de críticas, principalmente por não considerar

[65] *Direito civil*, cit., v. 1, p. 206.

[66] Silvio Rodrigues, *Direito civil*, cit., v. 1, p. 208.

o valor de afeição e porque podem ter os bens, em alguns casos, valores heterogêneos e insuscetíveis de comparação, como sucede no caso de ameaça de um dano moral para extorquir um valor material. Em comentário ao Projeto que se transformou no mencionado diploma, afirmou MOREIRA ALVES que ele "exige que o dano temido seja iminente e considerável, não mais contendo a expressão final do art. 98 do Código Civil: 'Igual, pelo menos, ao receável do ato extorquido'"[67].

c) Deve ser *injusta* – Tal expressão deve ser entendida como ilícita, contrária ao direito, ou abusiva.

Prescreve, com efeito, o art. 153, primeira parte, do Código Civil: "*Não se considera coação a ameaça do exercício normal de um direito*". Assim, por exemplo, não constitui coação a ameaça feita pelo credor de protestar ou executar o título de crédito vencido e não pago, o pedido de abertura de inquérito policial, a intimidação feita pela mulher a um homem de propor contra ele ação de investigação de paternidade etc. Em todos esses casos, o agente procede de acordo com o seu direito.

O citado art. 153 emprega o adjetivo *normal*, referindo-se ao exercício do direito. Desse modo, configura-se a coação não apenas quando o ato praticado pelo coator contraria o direito, como também quando sua conduta, conquanto jurídica, constitui exercício anormal ou abusivo de um direito.

Assim, é injusta a conduta de quem se vale dos meios legais para obter vantagem indevida. Por exemplo: a do credor que ameaça proceder à execução da hipoteca contra sua devedora caso esta não concorde em desposá-lo; a do indivíduo que, surpreendendo alguém a praticar algum crime, ameaça denunciá-lo, caso não realize com ele determinado negócio; a do marido que surpreende a mulher em adultério e obtém dela a renúncia à sua meação em favor dos filhos para não prosseguir com a queixa-crime. O problema não se altera pelo fato de haver a vítima da coação agido com culpa[68].

d) Deve dizer respeito a *dano atual ou iminente* – A lei refere-se a dano iminente, que significa, na lição de CLÓVIS, "atual e inevitável", pois "a ameaça de um mal impossível, remoto ou evitável, não constitui coação capaz de viciar o ato"[69]. Tem ela em vista aquele prestes a se consumar, variando a apreciação temporal segundo as circunstâncias de cada caso.

---

[67] *A Parte Geral*, cit., p. 113.

[68] Silvio Rodrigues, *Direito civil*, cit., v. 1, p. 209-210.

[69] *Código Civil*, cit., obs. 2 ao art. 98 do CC/1916.

O mal é iminente sempre que a vítima não tenha meios para furtar-se ao dano, quer com os próprios recursos, quer mediante auxílio de outrem ou da autoridade pública[70]. A existência de dilatado intervalo entre a ameaça e o desfecho do ato extorquido permite à vítima ilidir-lhe os efeitos, socorrendo-se de outras pessoas.

A iminência do dano, exigida pelo Código, "não significa que a ameaça deva realizar-se imediatamente. Basta que provoque, *desde logo,* no espírito da vítima, um temor de intensidade suficiente para conduzi-la a contratar"[71].

e) Deve constituir ameaça de prejuízo à *pessoa* ou a *bens* da vítima ou a pessoas de sua *família* – A intimidação à pessoa pode ocorrer de diversas formas, como sofrimentos físicos, cárcere privado, tortura etc. Pode configurar coação também a ameaça de provocação de dano patrimonial, como incêndio, depredação, greve etc.

Pode o lesado sentir-se intimado, ainda, com ameaça de dano à pessoa de sua família. O termo "família", usado no art. 151, tem, hoje, acepção ampla, compreendendo não só a que resulta do casamento como também a decorrente de união estável. Também não se faz distinção entre graus de parentesco, seja decorrente dos laços de consanguinidade ou da adoção, qualquer que seja a sua espécie (CF, art. 227, § 6º). Para os fins de intimidação, incluem-se também as ameaças a parentes afins, como cunhados, sogros etc.

A doutrina já vinha entendendo que a referência do texto a familiares, no *Codex* anterior, era meramente exemplificativa, admitindo uma exegese ampliadora. Aceitava-se, assim, que a ameaça dirigida a pessoa não ligada ao coacto por laços familiares, como um amigo íntimo, noiva ou noivo, serviçais, podia caracterizar a coação se ficasse demonstrado que ela havia sido bastante para sensibilizá-lo e intimidá-lo.

A doutrina francesa moderna faz apenas uma restrição: se a ameaça se dirige ao cônjuge, a um ascendente ou descendente, existe uma presunção legal de que ela é eficaz para viciar o consentimento do contratante; se, entretanto, trata-se de estranho ou de parentes que não os ali enumerados, mister se faz provar que tal ameaça foi adequada para viciar a anuência.

O art. 1.436 do Código Civil italiano segue essa linha: "A violência é causa de anulação do contrato ainda quando o mal ameaçado diga

---

70 Eduardo Espínola, *Manual*, cit., p. 409.

71 Silvio Rodrigues, *Direito civil*, cit., v. 1, p. 211.

respeito à pessoa, aos bens do cônjuge do contraente ou de um descendente ou ascendente. Se o mal ameaçado diz respeito a outra pessoa, a anulação do contrato é subordinada à prudente avaliação das circunstâncias por parte do juiz".

O atual Código Civil brasileiro, inovando, adota essa orientação, dispondo, no parágrafo único do art. 151, que se a coação "*disser respeito a pessoa não pertencente à família do paciente, o juiz, com base nas circunstâncias, decidirá se houve coação*". O texto é bastante amplo, abrangendo inclusive pessoas não ligadas ao coacto por laços de amizade.

Relata Silvio Rodrigues que muitos autores têm considerado haver coação mesmo quando o mal ameaçado se dirige contra o próprio coator, como na hipótese do filho que, para obter anuência do pai, ameaça suicidar-se, ou envolver-se numa guerra, ou adotar profissão perigosa, como a de piloto de provas ou escafandrista. Entende Demolombe que se trata de uma questão de fato, que ao magistrado compete resolver. Se a violência que o filho ameaçou exercer sobre seu próprio corpo for considerada como violência exercida contra o próprio pai, é inegável a existência da coação e, portanto, do vício do consentimento[72].

9. Coação exercida por terceiro

Dispõe o art. 154 do Código Civil:

"*Art. 154. Vicia o negócio jurídico a coação exercida por terceiro, se dela tivesse ou devesse ter conhecimento a parte a que aproveite, e esta responderá solidariamente com aquele por perdas e danos*".

Segundo prescrevia o art. 101 do Código Civil de 1916, a coação exercida por terceiro sempre viciava o negócio jurídico, diferentemente do que dispunha o art. 95, concernente ao dolo de terceiro, que exigia, para tanto, o prévio conhecimento da contraparte. Essa diferença de tratamento era criticada pela doutrina. Silvio Rodrigues dizia que, "*de lege ferenda*, a solução de maior interesse social é a de não se permitir a anulação do negócio jurídico, quer se trate de coação, quer de dolo emanado de terceiro,

[72] Silvio Rodrigues, *Direito civil*, cit., v. 1, p. 213-214; Jean Charles Florent Demolombe, Traité des contrats ou des obligations conventionelles en général, in *Cours de Code Napoleón*, v. 24, t. I, n. 163; Pontes de Miranda, *Tratado dos testamentos*, v. 1, p. 189.

a menos que o outro contratante dele tenha ciência, ou pudesse ter tido ciência, se normalmente diligente"[73].

O atual Código altera substancialmente a disciplina do diploma anterior, prescrevendo o art. 155 que o negócio jurídico *subsistirá* (não podendo, pois, ser anulado), "*se a coação decorrer de terceiro, sem que a parte a que aproveite dela tivesse ou devesse ter conhecimento; mas o autor da coação responderá por todas as perdas e danos que houver causado ao coacto*".

Prevaleceu, desse modo, o princípio da boa-fé, a tutela da confiança da parte que recebe a declaração de vontade sem ter, nem podendo ter, conhecimento do mencionado vício do consentimento.

A coação exercida por terceiro só vicia o negócio e permite a sua anulação pelo lesado se a outra parte, que se beneficiou, dela teve ou devesse ter conhecimento. Há, nesse caso, uma cumplicidade do beneficiário, que responderá civilmente com o terceiro pelas perdas e danos devidos àquele, como proclama o retrotranscrito art. 154[74].

Em caso de negócio jurídico unilateral, como o testamento e a promessa de recompensa, a coação de terceiro continuará ensejando sempre a anulação, uma vez que ali não existem "partes", mas sim agente e terceiros a quem se dirige a declaração de vontade, como dissemos a respeito do dolo de terceiro, ao tratarmos das "Espécies de dolo" (*v.* item n. 5, letra *d*, *retro*), ao qual nos reportamos.

O ESTADO DE PERIGO

Sumário: 10. Conceito. 11. Distinção entre estado de perigo e institutos afins. 11.1. Estado de perigo e lesão. 11.2. Estado de perigo e estado de necessidade. 11.3. Estado de perigo e coação. 12. Elementos do estado de perigo. 13. Efeitos do estado de perigo.

[73] *Direito civil*, cit., v. 1, p. 217.

[74] "O tratamento dado pelo Código português de 1967 à coação segue rumos diversos. Alude ele à coação física (art. 246º) e à coação moral (arts. 255º e 256º), estabelecendo que, para a primeira, a sanção é a ineficácia do negócio jurídico, ao passo que a segunda o torna apenas anulável; não fixa qualquer limitação ao círculo de pessoas sobre as quais pode recair o dano cuja ameaça configura a coação moral; e não exige, quando a coação parte do beneficiário do negócio a realizar-se, que o mal ameaçado seja grave e justificado o receio da sua consumação, o que só é necessário que ocorra quando se trate de coação de terceiro, a qual, verificados esses requisitos, acarreta, sempre, a anulabilidade" (Moreira Alves, *A Parte Geral*, cit., p. 113).

10. Conceito

O Código Civil de 2002 apresenta dois institutos, no capítulo concernente aos defeitos do negócio jurídico, que não constavam do Código de 1916: o estado de perigo e a lesão.

Segundo o art. 156 do novo diploma, "*configura-se o estado de perigo quando alguém, premido da necessidade de salvar-se, ou a pessoa de sua família, de grave dano conhecido pela outra parte, assume obrigação excessivamente onerosa*". Aduz o parágrafo único: "*Tratando-se de pessoa não pertencente à família do declarante, o juiz decidirá segundo as circunstâncias*".

Constitui o estado de perigo, portanto, a situação de extrema necessidade que conduz uma pessoa a celebrar negócio jurídico em que assume obrigação desproporcional e excessiva. Ou, segundo Moacyr de Oliveira, constitui "o fato necessário que compele à conclusão de negócio jurídico, mediante prestação exorbitante"[75].

Exemplos clássicos de situação dessa espécie são os do náufrago, que promete a outrem extraordinária recompensa pelo seu salvamento, e o de Ricardo III, em Bosworth, ao exclamar: "*A horse, a horse, my kingdom for a horse*".

A doutrina menciona, ainda, outras hipóteses, como a daquele que, assaltado por bandidos, em lugar ermo, se dispõe a pagar alta cifra a quem venha livrá-lo da violência; a do comandante de embarcação, às portas do naufrágio, que propõe pagar qualquer preço a quem venha socorrê-lo; a do doente que, no agudo da moléstia, concorda com os altos honorários exigidos pelo cirurgião; a da mãe que promete toda a sua fortuna para quem lhe venha salvar o filho, ameaçado pelas ondas ou de ser devorado pelo fogo; a do pai que, no caso de sequestro, realiza maus negócios para levantar a quantia do resgate etc.[76].

Merece ser também citado exemplo de inegável atualidade e característico de estado de perigo, que é o da pessoa que se vê compelida a efetuar depósito ou a prestar garantia sob a forma de emissão de cambial ou de

---

[75] Estado de perigo, in *Enciclopédia Saraiva do Direito*, p. 504.

[76] Silvio Rodrigues, *Direito civil*, cit., v. 1, p. 218; Washington de Barros Monteiro, *Curso*, cit., v. 1, p. 212; Caio Mário da Silva Pereira, *Instituições*, cit., p. 338; Moacyr de Oliveira, *Estado*, cit., p. 506; Jean Charles Florent Demolombe, *Traité*, cit., p. 141.

prestação de fiança, exigidos por hospital, para conseguir internação ou atendimento de urgência de cônjuge ou de parente em perigo de vida.

Há no direito civil outras situações em que a necessidade atua como fundamento jurídico da solução do problema: passagem forçada, gestão de negócios, casamento nuncupativo, testamento marítimo, depósito necessário, pedido de alimentos etc.

A anulabilidade do negócio jurídico celebrado em estado de perigo encontra justificativa em diversos dispositivos do atual Código, principalmente naqueles que consagram os princípios da boa-fé e da probidade e condicionam o exercício da liberdade de contratar à função social do contrato (arts. 421 e 422).

A propósito, preleciona Teresa Ancona Lopez: "Evidentemente se o declarante se aproveitar da situação de perigo para fazer um negócio vantajoso para ele e muito oneroso para a outra parte não há como se agasalhar tal negócio. Há uma frontal ofensa à justiça comutativa que deve estar presente em todos os contratos. Ou, no dizer de Betti, deve haver uma equidade na cooperação"[77].

11. Distinção entre estado de perigo e institutos afins

A necessidade, como visto anteriormente, pode gerar e servir de fundamento a diversas situações e a institutos jurídicos que, por terem a mesma fonte, apresentam certa similitude. Podem, assim, ser considerados institutos afins do estado de perigo a lesão, o estado de necessidade e a coação, dentre outros.

11.1. Estado de perigo e lesão

As diferenças entre estado de perigo e lesão são tão sutis, que alguns doutrinadores sugerem a sua fusão num único instituto. Ainda durante a tramitação do Projeto de Código Civil no Congresso Nacional duas emendas, as de n. 183 e n. 187, propunham a supressão do atual art. 156, relativo ao estado de perigo, por entender que esse instituto, em última análise, se confundia com a *lesão*.

A elas respondeu o relatório da Comissão Revisora que os "dois institutos – o do estado de perigo e o da lesão – não se confundem. O estado

[77] O estado de perigo como defeito do negócio jurídico, *Revista do Advogado*, n. 68, p. 56.

de perigo ocorre quando alguém se encontra em perigo, e, por isso, assume obrigação excessivamente onerosa. Aludindo a ele, Espínola (*Manual do Código Civil Brasileiro*. v. 3, parte primeira, p. 396/397) dá este exemplo: 'Será alguma vez um indivíduo prestes a se afogar que promete toda a sua fortuna a quem o salve de morte iminente'".

Prossegue o aludido relatório: "A lesão ocorre quando não há estado de perigo, por necessidade de salvar-se; a 'premente necessidade' é, por exemplo, a de obter recursos. Por outro lado, admitindo o § 2º do art. 155 (*atual 157*) a suplementação da contraprestação, isso indica que ela só ocorre em contratos comutativos, em que a contraprestação é um dar (e não um fazer). A lesão ocorre quando há a *usura real*. Não há lesão, ao contrário do que ocorre com o estado de perigo, que vicie a simples oferta. Ademais, na lesão não é preciso que a outra parte saiba da necessidade ou da inexperiência; a lesão é objetiva. Já no estado de perigo é preciso que a parte beneficiada saiba que a obrigação foi assumida pela parte contrária para que esta se salve de grave dano (leva-se em conta, pois, elemento subjetivo)".

Conclui, então, o mencionado relatório: "Por isso, a existência dos dois institutos, pois só o estado de perigo ou só a lesão não bastam para coibir todas as hipóteses que se podem configurar. E a disciplina deles, conforme as hipóteses em que incidem, é diversa, como se viu acima"[78].

Podem ser destacadas, portanto, como principais, as seguintes diferenças entre estado de perigo e lesão:

a) o estado de perigo vicia a própria oferta, em razão do comprometimento da liberdade volitiva em consequência da situação de extremo risco existente no momento em que é formulada, o que dificilmente ocorre com a lesão, que se configura quando há usura real;

b) no estado de perigo o contratante se encontra na situação em que deve optar entre dois males, ou seja, ou sofrer as consequências do perigo que o ameaça ou ameaça sua família (*necessità*), ou pagar ao seu "salvador" uma quantia exorbitante, sucumbindo, dessa forma, a outro perigo – o de perder, talvez, todo seu patrimônio. Na lesão o declarante participa de um negócio desvantajoso ("manifestamente desproporcional ao valor da prestação oposta"), premido por uma necessidade econômica (*bisogno*). A necessidade de que fala a lei não é a miséria, não é a alternativa entre a fome e o negócio. Deve ser a necessidade *contratual*, de caráter patrimonial;

[78] José Carlos Moreira Alves, *A Parte Geral*, cit., p. 143-145.

c) a lesão pode decorrer da *inexperiência* do declarante, que não é requisito do estado de perigo;

d) na lesão não é necessário que a contraparte saiba da necessidade ou da inexperiência, sendo, pois, *objetivo* o defeito. O estado de perigo, além do elemento objetivo (prestação excessivamente onerosa), exige o conhecimento do perigo pela parte que se aproveitou da situação (*elemento subjetivo*);

e) a lesão admite suplementação da contraprestação, o que não sucede com o estado de perigo, em que alguém se obriga a uma prestação de dar ou fazer por uma contraprestação sempre de fazer;

f) a lesão exige desequilíbrio de prestações, enquanto o estado de perigo pode conduzir a negócios unilaterais em que a prestação assumida seja unicamente da vítima: promessa de recompensa, obrigação de testar em favor de alguém etc.[79].

11.2. Estado de perigo e estado de necessidade

Não se confundem estado de perigo e estado de necessidade, malgrado ambos tenham por fundamento jurídico a situação de necessidade. Essa circunstância não os iguala, visto que a necessidade como título constitutivo de direito aparece em inúmeras situações e diversos institutos.

O *estado de necessidade* é mais amplo, abrangendo, tanto quanto no direito penal, a exclusão da responsabilidade por danos, como prevê o art. 188, II, do Código Civil, que se refere à destruição de coisa alheia ou lesão à pessoa, envolvendo questões relacionadas com todo o direito público e privado, como a demolição de prédios, alijamento de carga durante a tempestade etc.

Exige-se que o perigo não tenha sido voluntariamente causado pelo autor do dano e que este não fosse evitável, como dispõe o art. 2.045 do Código Civil italiano, que cuida do *stato di necessità*. O afastamento ou a eliminação da necessidade gera um dano que deve ser regulado pelos casos de responsabilidade extracontratual.

O *estado de perigo*, que é um tipo de estado de necessidade, é defeito do negócio jurídico que afeta a declaração de vontade do contratante, diminuindo a sua liberdade por temor de dano à sua pessoa ou à pessoa de sua

---

[79] Teresa Ancona Lopez, O estado, cit., p. 57-58; Caio Mário da Silva Pereira, *Instituições*, cit., p. 347-351; Renan Lotufo, *Código Civil*, cit., p. 442-443; Maria Helena Diniz, *Curso*, cit., 2002, p. 398; Francisco Amaral, *Direito civil*, cit., p. 493-494.

família. A necessidade de um sujeito é desfrutada pelo outro, sem qualquer destruição. E, mesmo que o perigo tenha sido voluntariamente causado pela pessoa que a ele esteja exposta, e fosse evitável, caberá a anulação, pois a liberdade de determinação estará sempre diminuída, como consta do art. 1.447 do Código Civil italiano, que concerne ao *stato di pericolo*[80].

11.3. Estado de perigo e coação

Tão grande é a afinidade entre estado de perigo e coação que alguns autores chegam a igualar os dois institutos.

Sustenta, com efeito, parte da doutrina (Silvio Rodrigues, Orozimbo Nonato, Chironi e Abello, Fadda e Bensa) que o estado de perigo se aproxima da *coação moral*, pois a vítima não se encontra em condições de declarar livremente a sua vontade. Não se confundem, contudo, esses dois vícios do consentimento.

No estado de perigo inocorre a hipótese de um dos contratantes constranger o outro à prática de determinado ato ou a consentir na celebração de determinado contrato. O que se considera é o temor de dano iminente que faz o declarante participar de um negócio excessivamente oneroso. Leva-se em conta o elemento objetivo, ou seja, o contrato celebrado em condições abusivas, aliado à vontade perturbada, provocando o desequilíbrio que caracteriza o estado de perigo.

Na coação, apenas o aspecto subjetivo é considerado. Não se levam em conta as condições do negócio, se são abusivas ou iníquas, mas somente a vontade, que se manifesta divorciada da real intenção do declarante.

O vigente Código Civil tomou a firme posição de colocar o estado de perigo no capítulo dos defeitos do negócio jurídico, como figura autônoma, ao lado dos outros vícios da vontade, como erro, dolo, coação, e igualmente passível de anulação, deixando claro, com essa atitude, que não se confunde com nenhum deles.

12. Elementos do estado de perigo

A exegese do art. 156 do atual Código permite assim elencar os seus elementos conceituais ou estruturais:

---

[80] Adriano De Cupis, *Teoria e pratica del diritto civile*, p. 410 e s.; Teresa Ancona Lopez, O estado, cit., p. 50-51; Renan Lotufo, *Código Civil*, cit., p. 428-429.

a) *Uma situação de necessidade* – O aludido dispositivo menciona o fato de o agente estar premido da "necessidade" de salvar-se, ou a pessoa de sua família. A necessidade aparece como título justificativo ou constitutivo da pretensão anulatória. Também o art. 1.447 do Código Civil italiano menciona que a rescisão contratual se dá por ter o declarante assumido obrigações iníquas, geradas *per la necessità*. Essa necessidade acaba sendo desfrutada pelo outro contratante, como já dito.

b) *Iminência de dano atual e grave* – Obviamente o perigo de dano deve ser *atual*, iminente, capaz de transmitir o receio de que, se não for interceptado e afastado, as consequências temidas fatalmente advirão. Se não tiver essa característica, inexistirá estado de perigo, pois haverá tempo para o declarante evitar a sua consumação, sem ter de, pressionado, optar entre sujeitar-se a ele ou participar de um negócio em condições desvantajosas.

A *gravidade* do dano é também elemento integrante do conceito de estado de perigo. Será ela avaliada pelo juiz, em cada caso, objetivamente. Malgrado tomando como critério o homem médio, normal, deverá o magistrado fazer uma avaliação *in concreto* do dano e das circunstâncias ensejadoras do vício da vontade.

Como exemplifica Renan Lotufo, "um nadador profissional, perdido em uma prova em mar aberto, talvez não desperte tanto temor de molde a levar uma mãe a assumir obrigação excessiva. Mas uma criança perdida no mar pode levar a mesma mãe a entregar tudo o que possui para tê-la de volta"[81].

c) *Nexo de causalidade entre a declaração e o perigo de grave dano* – A vontade deve se apresentar distorcida em consequência do perigo de dano. A declaração eivada de vício deve ter por causa ou motivo determinante este fato.

O perigo não precisa ser concreto, desde que o agente suponha a sua existência. Assim, para caracterizar o estado de perigo "basta que o declarante *pense* que está em perigo, pois é esse o móvel de sua participação em um negócio desvantajoso. E tal suposição deve ser do conhecimento da outra parte. A certeza de estar em perigo é, pois, elemento essencial na caracterização desse tipo de defeito"[82].

---

[81] *Código Civil*, cit., p. 431.

[82] Teresa Ancona Lopez, O estado, cit., p. 54.

O dano, segundo a doutrina, não precisa ser inevitável. Basta que o agente tenha limitadíssima liberdade de determinação. Também não é necessário que a ameaça de dano seja sempre injusta, pois, se assim fosse, configurar-se-ia a coação.

Teresa Ancona Lopez, apoiada em Majorano, afirma que o fato danoso pode originar-se de um acontecimento natural, de ação humana, voluntária ou involuntária. Pode inclusive ter sido provocado pela própria pessoa exposta ao perigo. "O fato do perigo ter sido provocado pelo contratante que se aproveita do negócio distingue o estado de perigo da coação, porquanto neste vício o perigo é usado como meio de obter a declaração"[83].

d) *Incidência da ameaça do dano sobre a pessoa do próprio declarante ou de sua família* – O objeto do perigo e da ameaça devem ser os personagens mencionados. O dano possível pode ser físico e moral, ou seja, dizer respeito à integridade física do agente, à sua honra e à sua liberdade.

O art. 156 do Código Civil, do mesmo modo que o art. 151, concernente à coação, não especificou quais os parentes abrangidos pelo vocábulo "família". Deve este ser interpretado de forma ampla, como mencionado nos comentários aos *requisitos da coação* (item n. 8, letra *e*, *retro*), aos quais nos reportamos. O que deve importar é o grau de afeição existente, e que será aferido pelo juiz, capaz de desvirtuar a vontade e forçar o declarante a praticar o negócio em condições extremamente excessivas.

Mesmo em se tratando de pessoa não pertencente à família pode ocorrer o desvirtuamento da vontade do declarante, desde que o objeto do possível dano seja pessoa a quem este muito preza. Pode ser, assim, amigo íntimo, namorado, noivo, colega de trabalho etc. Caberá ao juiz decidir *segundo as circunstâncias*, como prescreve o parágrafo único do mencionado art. 156.

e) *Conhecimento do perigo pela outra parte* – No estado de perigo há, em regra, um aproveitamento da situação para obtenção de vantagem. O estado psicológico da vítima, decorrente do temor de grave dano, pode ser a causa do aproveitamento da outra parte. O sancionamento é feito pela anulação do negócio, cabendo a esta, em tese, ação para evitar o enriquecimento sem causa. Se, no entanto, o que prestou o serviço não sabia do perigo, deve-se presumir que agiu de boa-fé, não se anulando o negócio e fazendo-se a redução do excesso contido na proposta onerosa, conforme por nós preconizado no item n. 13, *infra*, ao qual nos reportamos.

---

[83] O estado, cit., p. 54.

f) *Assunção de obrigação excessivamente onerosa* – Não se trata, aqui, do princípio da onerosidade excessiva, que permite a revisão dos contratos com base na cláusula *rebus sic stantibus* ou teoria da imprevisão, em decorrência de fato superveniente extraordinário e imprevisível. É mister que as condições sejam significativamente desproporcionais, capazes de provocar profundo desequilíbrio contratual.

É importante frisar que somente se configura o defeito do negócio jurídico ora em estudo quando a obrigação assumida é *excessivamente* onerosa. Se razoável, o negócio é considerado normal e válido.

A relação sinalagmática se dá entre o serviço prestado e o pagamento, no caso excessivamente oneroso. Nesse sentido a observação de Antônio Junqueira de Azevedo: "A obrigação excessivamente onerosa é considerada em sua relação sinalagmática com o serviço prestado"[84]. O requisito objetivo dessa onerosidade excessiva há de ser examinado pelo juiz em cada caso, à vista da situação financeira da vítima, à época da vinculação[85]. A abusividade do valor da prestação deve ser avaliada de acordo com a época do negócio.

O objetivo da regra do art. 156 é afastar a proteção a um contrato abusivo entabulado em condições de dificuldade ou necessidade do declarante. O fundamento é o enorme sacrifício econômico que teria o devedor para cumprir a prestação assumida, colocando em risco, algumas vezes, todo o seu patrimônio, em consequência do desmedido desequilíbrio das prestações, e ferindo a equidade que deve estar presente em todo contrato comutativo[86].

13. Efeitos do estado de perigo

O art. 178, II, do Código Civil declara *anulável* o negócio jurídico celebrado em estado de perigo. Segundo alguns, nesse caso, a pessoa beneficiada, e que não provocara a situação de perigo, será prejudicada. Outros, no entanto, entendem que, não se anulando o negócio, a vítima experimentará um empobrecimento desproporcional ao serviço prestado.

---

[84] *Negócio jurídico e declaração negocial*, p. 203.

[85] Moacyr de Oliveira, Estado, cit., p. 506.

[86] Teresa Ancona Lopez, O estado, cit., p. 55.

O art. 1.447, segunda parte, do Código Civil italiano estabelece que o juiz, ao rescindir o negócio, pode, segundo as circunstâncias, fixar compensação equitativa à outra parte pelo serviço prestado. O Código Civil brasileiro, todavia, não contém regra semelhante, "o que implica dizer que o prestador do serviço só se ressarcirá se se configurar hipótese de enriquecimento sem causa", como explica Moreira Alves[87].

Teresa Ancona Lopez, depois de dizer que o novo legislador fez bem em manter a anulação do negócio em estado de perigo, aduz que vê, no atual dispositivo, um único inconveniente, que é a anulação pura e simples do negócio, sem a possibilidade de conservação do contrato, mediante a oferta de modificação.

Acrescenta a culta civilista paulista que a possibilidade alvitrada constitui melhor solução, "porquanto poderia evitar no estado de perigo a anulação do negócio, o que convém muito mais à segurança e à estabilidade dos negócios. Além do que, no estado de perigo, há um serviço que foi efetivamente prestado e que ficará sem o devido pagamento"[88].

Parece-nos que a solução prevista no art. 178, II, do atual Código Civil, qual seja, a anulabilidade do negócio celebrado em estado de perigo somente se aplica às hipóteses em que estejam presentes todos os requisitos exigidos no art. 156 do mesmo diploma, dentre eles o conhecimento do perigo de dano pela outra parte.

É unânime o entendimento na doutrina de que o exigido *conhecimento da outra parte* indica que se aproveita das circunstâncias para a efetivação do negócio e a realização da ação necessária. Entende-se existir má-fé na conduta do que se beneficia do temor do declarante. Daí o rigor do sancionamento, e não pela simples redução da vantagem a seus limites normais, como modo de atender ao interesse do outro contratante, na dicção de Carlos Alberto Bittar[89].

Na maioria das vezes a má-fé, efetivamente, se faz presente. Poderiam ser citados, exemplificativamente, os depósitos em dinheiro que exigem os hospitais para que o paciente possa ser atendido e internado numa emergência, a exigência feita pelo cirurgião, de pagamento de honorários excessivos,

[87] *A Parte Geral*, cit., p. 109.

[88] O estado, cit., p. 60.

[89] *Curso de direito civil*, v. 1, p. 156-157.

para atender paciente em perigo de vida etc. É a essas hipóteses que se aplicam os arts. 156 e 178, II, do atual Código, que sancionam a conduta reprovável pela anulação do negócio jurídico.

Contudo, os casos em que o prestador de serviços esteja de boa-fé, por não pretender tirar proveito do perigo de dano, ou não tê-lo provocado, como o da pessoa que, atendendo aos gritos de socorro do náufrago, arrisca a vida saltando na água para salvá-lo, quase que instintivamente, malgrado a elevada oferta feita, não se enquadram no tipo descrito no aludido art. 156, que pressupõe o conhecimento do perigo no sentido de aproveitamento da extrema necessidade do declarante.

Nessas e em outras hipóteses de boa-fé, afigura-se melhor solução a conservação do negócio com a redução do excesso contido na obrigação assumida, como preconiza considerável parte da doutrina, equilibrando-se as posições das partes. A retribuição assume, desse modo, o caráter de contrapartida ao serviço, ou a outra ação, prestada ao necessitado.

Nas outras situações, em que o negócio é anulado, conhecido o perigo e havendo o aproveitamento dessa circunstância pelo prestador do serviço, restará a este somente a invocação da teoria do enriquecimento sem causa, para obter a satisfação de seus interesses. Ao juiz compete, em concreto, analisar com rigor a prova para a exata caracterização da conduta das partes[90].

O Enunciado 148 da III Jornada de Direito Civil, promovida pelo Conselho da Justiça Federal, dispõe: "Ao 'estado de perigo' (art. 156) aplica-se, por analogia, o disposto no § 2º do art. 157". O referido dispositivo, visando à conservação contratual, proclama que não se decretará a anulação do negócio, "*se for oferecido suplemento suficiente, ou se a parte favorecida concordar com a redução do proveito*". O supratranscrito enunciado, como se vê, não faz distinção entre os casos em que o prestador de serviços esteja de boa ou de má-fé.

A LESÃO

Sumário: 14. Conceito. 15. Características da lesão. 16. Elementos da lesão. 17. Efeitos da lesão.

[90] Carlos Alberto Bittar, *Curso*, cit., v. 1, p. 157.

14. Conceito

O atual Código Civil reintroduz, no ordenamento jurídico brasileiro, de forma expressa, o instituto da lesão como modalidade de defeito do negócio jurídico caracterizado pelo vício do consentimento.

Dispõe o art. 157 do aludido diploma:

"*Art. 157. Ocorre a lesão quando uma pessoa, sob premente necessidade, ou por inexperiência, se obriga a prestação manifestamente desproporcional ao valor da prestação oposta.*

§ 1º Aprecia-se a desproporção das prestações segundo os valores vigentes ao tempo em que foi celebrado o negócio jurídico.

§ 2º Não se decretará a anulação do negócio, se for oferecido suplemento suficiente, ou se a parte favorecida concordar com a redução do proveito".

Lesão é, assim, o prejuízo resultante da enorme desproporção existente entre as prestações de um contrato, no momento de sua celebração, determinada pela premente necessidade ou inexperiência de uma das partes. Não se contenta o dispositivo com qualquer desproporção: há de ser *manifesta*.

Arnaldo Rizzardo conceitua a lesão enorme, ou simplesmente lesão, como o negócio defeituoso em que não se observa o princípio da igualdade, pelo menos aproximada, na prestação e na contraprestação, e em que não há a intenção de se fazer uma liberalidade. Revelando a falta da equidade, ou a iniquidade enorme, provoca um desequilíbrio nas relações contratuais[91].

Insere-se o instituto na teoria dos vícios, malgrado não seja, propriamente, hipótese de desconformidade entre vontade real e declarada. De fundo moral, visa ajustar o contrato a seus devidos termos, eliminando-se a distorção provocada pelo aproveitamento da necessidade, ou da inexperiência, ou da leviandade alheia. Objetiva reprimir a exploração usurária de um contratante por outro, em qualquer contrato bilateral, embora nem sempre a lei exija, para sua configuração, a atitude maliciosa do outro contratante, preocupando-se apenas em proteger o lesado, como fez o atual Código Civil brasileiro[92].

---

[91] *Da ineficácia dos atos jurídicos e da lesão no direito*, p. 70.

[92] Carlos Alberto Bittar, *Curso*, cit., v. 1, p. 155.

O instituto da lesão já era conhecido no direito romano, que previa uma ação de rescisão para venda de imóveis em que o vendedor recebesse menos da metade do justo preço (lesão enorme, *laesio enormis*). Encontra-se presente no Código de Justiniano, mencionado como pertencente às Constituições de Diocleciano e Maximiliano.

Cultivada pelos canonistas medievais que a reconheciam em matéria de usura, a lesão alcançou o direito francês, que contém princípio lesionário: sempre que o prejuízo for igual ou superior a sete doze avos do valor da coisa. No entanto, não foi recebida no Código Civil brasileiro de 1916[93].

Clóvis Beviláqua justificou sua ausência com o argumento de que a parte lesada no contrato teria outros meios para resguardar seu direito, valendo-se dos princípios concernentes ao erro, ao dolo, à coação, à simulação e a fraude. No entanto, a doutrina brasileira reclamava a necessidade de se disciplinar a lesão, como ocorre na maioria dos países.

No direito pré-codificado, a lesão era prevista em todas as Ordenações portuguesas, que exerceram influência em nosso território. De certa forma, o instituto foi revivido entre nós no Decreto-Lei n. 869/38, modificado pela Lei n. 1.521/51, que definem os crimes contra a economia popular, como lesão de cunho subjetivo. O art. 4º da lei proclamava constituir crime a *usura pecuniária ou real*, assim se considerando "obter, ou estipular, em qualquer contrato, abusando da premente necessidade, inexperiência ou leviandade de outra parte, lucro patrimonial que exceda o quinto do valor corrente ou justo da prestação feita ou prometida".

A aplicação desse dispositivo era feita, por analogia, aos contratos em geral, não apenas aos regidos pela citada Lei da Economia Popular. Posteriormente, o Código de Defesa do Consumidor (Lei n. 8.078, de 11-9-1990) veio a combater a lesão nas relações de consumo, considerando nulas de pleno direito as cláusulas que "estabeleçam obrigações consideradas iníquas, abusivas, que coloquem o consumidor em desvantagem exagerada, ou sejam incompatíveis com a boa-fé ou a equidade", presumindo-se exagerada a vantagem que "se mostra excessivamente onerosa para o consumidor, considerando-se a natureza e conteúdo do contrato, o interesse das partes e outras circunstâncias peculiares ao caso" (art. 51, IV, e § 1º, III).

O art. 39, V, do aludido diploma também considera prática abusiva "exigir do consumidor vantagem manifestamente excessiva". Contenta-se

[93] Francisco Amaral, *Direito civil*, cit., p. 493.

a legislação consumerista, para a caracterização da lesão, com a desvantagem obrigacional exagerada em detrimento do consumidor (elemento objetivo), prescindindo do elemento subjetivo ou *dolo de aproveitamento* por parte do fornecedor do produto ou serviço, que se pode dizer presumido, *in casu*.

A disciplina da lesão implantada no atual Código Civil veio atender aos reclamos da doutrina. Da forma como disciplinada, pode ser alegada por qualquer das partes contratantes e não apenas pelo vendedor, como acontece em diversas legislações. Todavia, raramente se configura esse defeito em detrimento do adquirente, que não é pressionado a comprar da mesma forma ou pelos motivos que o proprietário se vê constrangido a vender. Pode ocorrer, no entanto, em casos de pessoa muito inexperiente, que se torna passível de sofrer expressivo desfalque em seu patrimônio.

Decidiu a propósito a Terceira Turma do Superior Tribunal de Justiça: "Para a caracterização do vício da lesão exige-se a presença simultânea de elemento objetivo – a desproporção das prestações – e subjetivo – a inexperiência ou a premente necessidade, que devem ser aferidos no caso concreto. Tratando-se de negócio jurídico bilateral celebrado de forma voluntária entre particulares é imprescindível a comprovação dos elementos subjetivos, sendo inadmissível a presunção nesse sentido"[94].

O citado art. 157 do mencionado diploma tem como fonte o art. 31 do Anteprojeto de Código de Obrigações de 1941.

15. Características da lesão

A lesão, como foi dito, não se confunde com os demais vícios do consentimento.

No *erro* o agente manifesta a sua vontade ignorando a realidade ou tendo dela uma falsa ideia. Se a conhecesse ou dela tivesse ideia verdadeira, não faria o negócio. Na lesão tal não ocorre, visto que a parte tem noção da desproporção de valores. Realiza o negócio, mesmo assim, premido pela necessidade patrimonial.

Quando a outra parte induz em erro o agente, mediante o emprego de artifício astucioso, configura-se o *dolo*. Nos negócios comprometidos pela lesão, simplesmente aproveita-se uma situação especial, como de necessi-

[94] STJ, REsp 1.723.690-DF, 3ª T., rel. Min. Villas Bôas Cueva, j. 6-8-2019.

dade ou inexperiência, não havendo necessidade de que a contraparte induza a vítima à prática do ato.

Na *coação* a vítima não age livremente. A vontade é imposta por alguém, mediante grave ameaça de dano atual ou iminente. Na lesão, ela decide por si, pressionada apenas por circunstâncias especiais, provenientes da necessidade ou da inexperiência.

A lesão também distingue-se do estado de perigo, em que a vítima corre risco de vida, ou alguém de sua família, e não de dano patrimonial, sendo essencial o conhecimento do perigo pela contraparte, como comentado no item n. 11.1, *retro*, onde essa questão foi desenvolvida, e ao qual nos reportamos.

A lesão destaca-se dos demais defeitos do negócio jurídico por acarretar uma ruptura do equilíbrio contratual na fase de formação do negócio, desde o seu nascimento. E da *onerosidade excessiva* ou cláusula *rebus sic stantibus* por caracterizar-se esta pelo surgimento de fatos supervenientes à celebração do negócio, possibilitando a invocação da teoria da imprevisão para embasar a revisão, somente nos contratos de execução diferida e nos de trato sucessivo.

No direito canônico considerava-se configurada a *lesão enormíssima*, se o prejuízo ultrapassasse dois terços do valor da coisa. Se inferior, ultrapassando apenas a metade, denominava-se *lesão enorme*. Somente nesta era permitido o suplemento, isto é, a faculdade de completar o preço real.

Hoje, o vocábulo "enorme" expressa uma desproporção evidente e exagerada, inaceitável aos princípios morais e éticos que movem as consciências, não tendo a mesma conotação existente no direito romano (*laesio enormis*). A maioria dos países que consagram o instituto a denomina simplesmente de *lesão*, seja subjetiva ou objetiva. É necessário que haja uma grande desproporção entre as prestações ou obrigações assumidas pelas partes, e não pequenas e inexpressivas diferenças, mas sem vinculação a uma determinada taxa ou grau de correspondência[95].

Faz-se na doutrina, atualmente, a seguinte distinção: denomina-se a lesão de *usurária* ou *real* quando a lei exige, além da necessidade ou inexperiência do lesionado, o dolo de aproveitamento da outra, como constava expressamente do art. 4º da Lei da Economia Popular retrotranscrito; e de simplesmente *lesão* ou *lesão especial*, quando a lei limita-se à mesma exigência de obtenção de vantagem exagerada ou desproporcional, sem indagação, porém, da má-fé ou da ilicitude do comportamento da parte beneficiada.

[95] Arnaldo Rizzardo, *Da ineficácia*, cit., p. 71-72.

Esta última é a que foi adotada pelo Código em vigor, que não se importa com a má-fé da outra parte, preservando, acima de tudo, a base dos negócios, dando ênfase à justiça contratual, impondo uma regra de conteúdo ético-jurídico que se contrapõe a eventuais explorações[96].

Como assevera MOREIRA ALVES, o atual Código "não se preocupa em punir a atitude maliciosa do favorecido – como sucede no direito italiano e no português, e que, por isso mesmo, não deveriam admitir se evitasse a anulação se, modificado o contrato, desaparecesse o defeito – mas, sim, em proteger o lesado, tanto que, ao contrário do que ocorre com o estado de perigo em que o beneficiário tem de conhecê-lo, na lesão o próprio conhecimento é indiferente para que ela se configure"[97].

16. Elementos da lesão

A lesão compõe-se de dois elementos: o *objetivo*, consistente na manifesta desproporção entre as prestações recíprocas, geradoras de lucro exagerado; e o *subjetivo*, caracterizado pela "inexperiência" ou "premente necessidade" do lesado.

A desproporção das prestações estabelecidas no contrato pode ser determinada a partir de uma tarifa previamente estabelecida na lei, como um parâmetro quantitativo para a caracterização da lesão (metade do valor, sete doze avos etc.), ou ser um conceito aberto, exigindo tão somente que as prestações sejam desproporcionais, a ser definido, no caso concreto, pelo juiz[98]. Alguns Códigos, como o italiano, tarifaram a desproporção ("além da metade do justo preço"). A citada Lei da Economia Popular (Lei n. 1.521/51, art. 4º) exigia desproporção superior a um quinto do valor recebido em troca.

O ideal é que a lei destinada a disciplinar o instituto da lesão fixe apenas o critério, sem mencionar um índice preestabelecido. É que, como já dizia CAIO MÁRIO, qualquer tarifa seria arbitrária, com o inconveniente da inflexibilidade[99].

Segundo o atual Código Civil, caberá ao juiz, diante do caso concreto, averiguar essa desproporção, examinando a existência de acentuado des-

---

[96] Renan Lotufo, *Código Civil*, cit., p. 440-441. Luis Moisset de Espanhes assim se expressa a respeito da lesão: "Existe lesión cuando una persona aprovecha la necesidad, ligereza o inexperiencia de otra para obtener una prestación que está en desproporción chocante con su contraprestación".

[97] *A Parte Geral*, cit., p. 109-110.

[98] Ana Luiza Maia Nevares, O erro, cit., p. 275-276.

[99] *Lesão nos contratos*, p. 164.

nível entre as prestações devidas pelos contratantes. O momento para a verificação da lesão é o da celebração do negócio, pois o contrato é prejudicial e lesivo no seu nascedouro.

É o que prescreve o § 1º do art. 157 do aludido diploma, determinando que a apreciação da desproporção será feita "*segundo os valores vigentes ao tempo em que foi celebrado o negócio jurídico*". Fica, desse modo, afastada a possibilidade de se invocar a posterior perda de poder aquisitivo da moeda em consequência da inflação, por exemplo, bem como qualquer outro fato superveniente, que só poderá dar ensejo, em tese, à revisão da avença com suporte no princípio da onerosidade excessiva, se for extraordinário e imprevisível.

No tocante ao *elemento subjetivo*, a lesão decorre da falta de paridade entre as partes, determinada pela premente necessidade ou por inexperiência do contratante. Tais circunstâncias devem estar relacionadas exclusivamente à contratação, ou seja, àquele determinado contrato, pois uma pessoa pode ser considerada em estado de inferioridade para certos negócios, em razão de suas próprias condições pessoais, ou em razão de circunstâncias do momento da celebração, e não ser considerada como tal para outros[100].

A *necessidade* do contratante, de que fala a lei, não está relacionada às suas condições econômicas. Não é a miséria, a insuficiência habitual de meios para prover à subsistência própria ou dos seus. Não é a alternativa entre a fome e o negócio, mas a *necessidade contratual*. Ela deve estar relacionada à impossibilidade de evitar o contrato, o que independe da capacidade financeira do lesado[101].

Do mesmo modo, a *inexperiência* deve ser relacionada ao contrato, consistindo na falta de conhecimentos técnicos ou habilidades relativos à natureza da transação. Inexperiência, assim, não significa falta de cultura, pois até pessoa erudita e inteligente às vezes celebra contrato sem perceber bem o seu alcance, por não ser sua atividade comum. A lei refere-se, portanto, à inexperiência contratual ou técnica, que se aferirá tanto em relação à natureza da transação quanto à pessoa da outra parte[102].

Destarte, para a caracterização do vício da lesão exige-se a presença simultânea de elemento objetivo – a desproporção das prestações – e subjetivo – a inexperiência ou a premente necessidade, que devem ser aferidos no caso concreto. "Tratando-se de negócio jurídico bilateral celebrado de

---

[100] Ana Luiza Maia Nevares, O erro, cit., p. 278.

[101] Caio Mário da Silva Pereira, *Lesão*, cit., p. 165; Anelise Becker, *Teoria geral da lesão nos contratos*, p. 121-122.

[102] Renan Lotufo, *Código Civil*, cit., p. 442.

forma voluntária entre particulares, é imprescindível a comprovação dos elementos subjetivos, sendo inadmissível a presunção nesse sentido"[103].

Pretendeu-se, pela Emenda n. 189, apresentada ao Projeto de Código Civil, suprimir o vocábulo "inexperiência" do dispositivo que disciplina a lesão, com a finalidade de evitar confusões com o erro e a ignorância. Essa emenda, todavia, foi rejeitada pela Comissão Revisora, em seu relatório, sob o argumento de que "inexperiência não se confunde com erro, pois não se trata de desconhecimento ou falso conhecimento de uma realidade. O inexperiente conhece a desproporção, mas, por falta de experiência da vida, concorda com ela, sem atentar para as consequências maléficas"[104].

A inexperiência, contudo, deve ser analisada com cautela, para verificar se ultrapassou os limites razoáveis e passou a ser *leviandade*, como, por exemplo, em situações em que as pessoas realizam negócios de grande valor precipitadamente, sem se valer do assessoramento de advogados, quando poderiam perfeitamente procurá-los[105].

Ressalte-se que a Lei de Economia Popular, precursora do instituto da lesão no Brasil no período codificado, referia-se, no art. 4º, *b*, à leviandade, ao lado da premente necessidade e da inexperiência. O atual Código Civil, todavia, não a incluiu no rol dos elementos subjetivos da lesão, limitando-os a estes últimos, malgrado alguns autores preconizassem a sua inserção no Projeto, afirmando que a omissão trará problemas nem sempre solucionáveis no conteúdo das outras duas fórmulas. A sua inclusão era defendida como meio de defesa do patrimônio nas mãos dos incautos, que realizam alienações desastrosas em detrimento de seus familiares[106].

17. Efeitos da lesão

O Código Civil considera a lesão um vício do consentimento, que torna anulável o contrato (arts. 171, II, e 178, II). Faz, porém, uma ressalva: não se decretará a anulação do negócio "*se for oferecido suplemento suficiente, ou se a parte favorecida concordar com a redução do proveito*". Privilegia, assim, o princípio da conservação dos contratos.

---

[103] STJ, REsp 1.723.690-DF, 3ª T., rel. Min. Villas Bôas Cueva, j. 6-8-2019.

[104] Moreira Alves, *A Parte Geral*, cit., p. 145.

[105] Ana Luiza Maia Nevares, O erro, cit., p. 279.

[106] Paulo Salvador Frontini, Lesão contratual e abuso do poder econômico, *Justitia*, v. 76, p. 89.

O lesionado poderá, desse modo, optar pela *anulação* ou pela *revisão* do contrato, formulando pedido alternativo: a anulação do negócio ou a complementação do preço. O Código Civil francês vai ao encontro dessa alternância de postulações. O art. 1.681 autoriza ao comprador conservar o imóvel, pagando um suplemento do preço.

Mesmo que o autor postule somente a anulação do contrato, será facultado ao outro contratante ilidir a pretensão de ruptura do negócio, mediante o referido suplemento suficiente para afastar a manifesta desproporção entre as prestações e recompor o patrimônio daquele, salvando a avença. Competirá ao juiz decidir se o suplemento foi ou não suficiente para evitar a perpetuação do locupletamento.

Malgrado alguns tratadistas se apeguem às fontes romanas e restrinjam a aplicação do instituto aos contratos de compra e venda, pode a lesão estar presente em todo contrato bilateral e oneroso. O contrato bilateral e oneroso suscita prestações correlatas, sendo a relação entre vantagem e sacrifício decorrente da própria estrutura do negócio jurídico[107].

A possibilidade de oferecimento de suplemento suficiente, prevista no mencionado art. 157, reforça a ideia defendida pela doutrina de que a lesão só ocorre em contratos comutativos, em que a contraprestação é um dar e não um fazer, e não nos aleatórios, pois nestes as prestações envolvem risco e, por sua própria natureza, não precisam ser equilibradas.

A propósito, assevera Caio Mário da Silva Pereira: "É de sua própria natureza a inexistência de correlação das prestações, nem pode alegar ter sido lesado o alienante, se recebeu preço certo por uma coisa, cujo valor real dependerá da álea do tempo ou de outro fator. É justamente a incerteza que elimina a possibilidade de aproveitamento de uma parte em prejuízo da outra"[108].

Somente se poderá invocar a lesão nos contratos aleatórios, excepcionalmente, "quando a vantagem que obtém uma das partes é excessiva, desproporcional em relação à álea normal do contrato"[109].

O instituto da lesão está fadado a desempenhar um papel importante, ao lado da boa-fé objetiva, na revisão dos contratos, especialmente nos de natureza bancária, por exemplo, em que os seus elementos constitutivos

---

[107] Caio Mário da Silva Pereira, *Lesão*, cit., p. 174; Ana Luiza Maia Nevares, O erro, cit., p. 281.

[108] *Lesão*, cit., p. 174.

[109] Anelise Becker, *Teoria*, cit., p. 98.

podem se fazer presentes. A premente necessidade patrimonial será representada, eventualmente, pela iminência da decretação da falência do agente, ou do protesto de algum título de crédito que tenha emitido. A inexperiência poderá consistir na dificuldade para apreender o alcance de cláusulas redigidas em linguagem própria dos economistas, acarretando vantagem manifestamente desproporcional à instituição financeira.

Enfim, em qualquer negócio bilateral e oneroso em que o agente se sentir pressionado em razão da premente necessidade de realizar um negócio, assumindo obrigação manifestamente desproporcional à prestação oposta, configurar-se-á a lesão, até mesmo em negócios simples e de pequeno valor. Caracteriza-se a necessidade, por exemplo, numa época de seca, quando o lesionado paga preço exorbitante pelo fornecimento de água.

A FRAUDE CONTRA CREDORES

Sumário: 18. Conceito. 19. Elementos constitutivos. 20. Hipóteses legais. 20.1. Atos de transmissão gratuita de bens ou remissão de dívida. 20.2. Atos de transmissão onerosa. 20.3. Pagamento antecipado de dívida. 20.4. Concessão fraudulenta de garantias. 21. Ação pauliana ou revocatória. 21.1. Natureza jurídica. 21.2. Legitimidade ativa. 21.3. Legitimidade passiva. 22. Fraude não ultimada. 23. Validade dos negócios ordinários celebrados de boa-fé pelo devedor. 24. Fraude contra credores e fraude à execução.

18. Conceito

O atual Código Civil coloca no rol dos defeitos do negócio jurídico a fraude contra credores, não como vício do consentimento, mas como vício social. A simulação, que assim também é considerada e figurava ao lado da fraude contra credores no Código de 1916, foi deslocada para o capítulo da invalidade dos negócios jurídicos, como causa de nulidade absoluta.

A fraude contra credores não conduz a um descompasso entre o íntimo querer do agente e a sua declaração. A vontade manifestada corresponde exatamente ao seu desejo. Mas é exteriorizada com a intenção de prejudicar terceiros, ou seja, os credores. Por essa razão é considerada *vício social*.

A regulamentação jurídica desse instituto assenta-se no princípio do direito das obrigações segundo o qual o patrimônio do devedor responde por suas obrigações[110]. É o princípio da responsabilidade patrimonial, previsto no art. 957 do atual Código, nesses termos: "*Não havendo título legal à preferência, terão os credores igual direito sobre os bens do devedor comum*".

O patrimônio do devedor constitui a garantia geral dos credores. Se ele o desfalca maliciosa e substancialmente, a ponto de não garantir mais o pagamento de todas as dívidas, tornando-se assim insolvente, com o seu passivo superando o ativo, configura-se a fraude contra credores. Esta só se caracteriza, porém, se o devedor já for insolvente, ou tornar-se insolvente em razão do desfalque patrimonial promovido. Se for solvente, isto é, se o seu patrimônio bastar, com sobra, para o pagamento de suas dívidas, ampla é a sua liberdade de dispor de seus bens.

Fraude contra credores é, portanto, todo ato suscetível de diminuir ou onerar seu patrimônio, reduzindo ou eliminando a garantia que este representa para pagamento de suas dívidas, praticado por devedor insolvente, ou por ele reduzido à insolvência[111].

Tendo em conta que o patrimônio do devedor responde por suas dívidas, pode-se concluir que, desfalcando-o a ponto de ser suplantado por seu passivo, o devedor insolvente, de certo modo, está dispondo de valores que não mais lhe pertencem, pois tais valores se encontram vinculados ao resgate de seus débitos. Daí permitir o Código Civil que os credores possam desfazer os atos fraudulentos praticados pelo devedor, em detrimento de seus interesses[112].

19. Elementos constitutivos

Dois elementos compõem o conceito de fraude contra credores: o *objetivo* (*eventus damni*), ou seja, a própria insolvência, que constitui o ato prejudicial ao credor; e o *subjetivo* (*consilium fraudis*), que é a má-fé do devedor, a consciência de prejudicar terceiros.

[110] Segundo Francisco Amaral, a "fraude contra credor é pertinente à matéria das obrigações, na parte referente às medidas conservatórias do patrimônio do devedor, com garantia do pagamento de suas dívidas" (*Direito civil*, cit., p. 501, nota 48).

[111] Marcos Bernardes de Mello conceitua fraude contra credores como "todo o ato de disposição e oneração de bens, créditos e direitos, a título gratuito ou oneroso, praticado por devedor insolvente, ou por ele tornado insolvente, que acarrete redução de seu patrimônio, em prejuízo de credor preexistente" (*Teoria*, cit., p. 163).

[112] Silvio Rodrigues, *Direito civil*, cit., v. 1, p. 229.

Ao tratar do problema da fraude, o legislador teve de optar entre proteger o interesse dos credores ou o do adquirente de boa-fé. Preferiu proteger o interesse deste. Se ignorava a insolvência do alienante, nem tinha motivos para conhecê-la, conservará o bem, não se anulando o negócio. Desse modo, o credor somente logrará invalidar a alienação, se provar a má-fé do terceiro adquirente, isto é, a ciência deste da situação de insolvência do alienante.

Este é o elemento *subjetivo* da fraude: o *consilium fraudis*, ou conluio fraudulento. Não se exige, no entanto, que o adquirente esteja mancomunado ou conluiado com o alienante para lesar os credores deste. Basta a prova da ciência da sua situação de insolvência.

O art. 159 do Código Civil presume a má-fé do adquirente "*quando a insolvência* (do alienante) *for notória, ou houver motivo para ser conhecida do outro contratante*". A notoriedade da insolvência pode se revelar por diversos atos, como, por exemplo, pela existência de títulos de crédito protestados, de protestos judiciais contra alienação de bens e de várias execuções ou demandas de grande porte movidas contra o devedor.

Embora a insolvência não seja notória, pode o adquirente ter motivos para conhecê-la. Jorge Americano, citado por Silvio Rodrigues[113], refere-se a algumas presunções que decorrem das circunstâncias que envolvem o negócio e são reconhecidas pela jurisprudência. Assim, os contratos se presumem fraudulentos: "*a*) pela clandestinidade do ato; *b*) pela continuação dos bens alienados na posse do devedor quando, segundo a natureza do ato, deviam passar para o terceiro; *c*) pela falta de causa; *d*) pelo parentesco ou afinidade entre o devedor e o terceiro; *e*) pelo preço vil; *f*) pela alienação de todos os bens"[114].

A prova do *consilium fraudis* não sofre limitações e pode ser ministrada por todos os meios, especialmente indícios e presunções[115]. Já dizia Teixeira

[113] *Direito civil*, cit., v. 1, p. 233.

[114] Lobão, referindo-se ao direito das Ordenações, dizia que essa "fraude de ambos, com maquinação oculta, é provável por conjecturas, que induzam o ânimo do juiz a persuadir-se da fraude, quais são: 1ª) fazer-se logo depois da citação do devedor; 2ª) a amizade particular, o parentesco, o compadrio; 3ª) falta de real numeração do dinheiro, preço da compra, havendo só confissão de o haver recebido; 4ª) a ciência que o comprador tinha do litígio; ciência presumível pela diuturnidade dele, vizinhança e outras circunstâncias; 5ª) vender o devedor todos ou a melhor parte de seus bens; 6ª) ficar o devedor na posse dos bens; 7ª) se a alienação foi feita depois da sentença condenatória, ainda que antes da penhora" (*Tractado sobre as execuções por sentença*, § 305, p. 283).

[115] Mas, desde que não se cuida necessariamente de uma prova direta, real e efetiva do conhecimento, não deixa de ser recomendável uma certa prudência do julgador na apreciação

de Freitas que, para a prova da fraude, "se admitem indícios e conjecturas"[116]. Os casos mais comuns de presunção de má-fé do adquirente, por haver motivo para conhecer a má situação financeira do alienante, são os de aquisição do bem por preço vil ou de parentesco próximo entre as partes. Veja-se:

"A venda a preço vil de todo o mobiliário, pouco antes da constituição da dívida, com o posterior retorno ao patrimônio do vendedor, caracteriza fraude contra credores"[117].

"Fraude contra credores. Caracterização. Devedor que aliena imóvel a irmão e cunhada, não demonstrada a existência de outros bens que não os alienados, obstando o registro da penhora efetivada nos autos da execução. Presunção de insolvência estabelecida e reforçada pela existência de outras demandas em face do réu"[118].

Como já decidiu o Tribunal de Justiça de São Paulo, "o *consilium fraudis* nem sempre se apresenta cristalino, até porque quem dele participa procura ocultar sua verdadeira intenção. Mas emerge do conjunto de indícios e circunstâncias a revelar que o negócio subjacente, na verdade, foi o meio utilizado pelas partes para drenar os bens do devedor em detrimento de seus credores"[119].

O elemento *objetivo* da fraude é o *eventus damni*, ou seja, o prejuízo decorrente da insolvência. O autor da ação pauliana ou revocatória tem assim o ônus de provar, nas transmissões onerosas, o *eventus damni* e o *consilium fraudis*.

20. Hipóteses legais

Não apenas nas transmissões *onerosas* pode ocorrer fraude aos credores, mas também em outras três hipóteses. Vejamos as espécies de negócios jurídicos passíveis de fraude.

---

dos fatos assim deduzidos. Adverte-se, assim, que "os indícios e presunções de que resultam as respectivas provas (dolo, fraude e simulação) não podem ser degradados a meras conjecturas" (STF-*RT*, 441/281), reclamando-se "circunstâncias concretas" para o reconhecimento da notoriedade da insolvência (TJRJ, *RT*, 593/194). Porém, como acentuou Frederico Marques (*Instituições de direito processual civil*, v. 3, n. 824, p. 486), "mesmo um único indício pode ser a tal ponto grave que forme a convicção do juiz" (apud Yussef Said Cahali, *Fraudes contra credores*, p. 245).

[116] Nota 166 a Corrêa Telles, *Doutrina das ações*, § 54, p. 80.

[117] *RT*, 609/109, 611/56; *RJTJSP*, Lex, 124/33.

[118] *RT*, 794/249.

[119] *JTJ*, Lex, 201/19.

20.1. Atos de transmissão gratuita de bens ou remissão de dívida

O art. 158 do Código Civil declara que poderão ser anulados pelos credores quirografários, "*como lesivos dos seus direitos*", os "*negócios de transmissão gratuita de bens ou remissão de dívida*", quando os pratique "*o devedor já insolvente, ou por eles reduzido à insolvência, ainda quando o ignore*".

O estado de insolvência, segundo Clóvis Beviláqua, é objetivo – existe, ou não, independentemente do conhecimento, ou não, do insolvente[120]. Nesses casos os credores não precisam provar o conluio fraudulento (*consilium fraudis*), pois a lei presume a existência do propósito de fraude.

Tendo de optar entre o direito dos credores, que procuram evitar um prejuízo, *qui certant de damno vitando*, e o dos donatários (em geral, filhos ou parentes próximos do doador insolvente) que procuram assegurar um lucro, *qui certat de lucro captando*, o legislador desta vez preferiu proteger os primeiros, que buscam evitar um prejuízo.

Atos de transmissão gratuita de bens são de diversas espécies: doações; renúncia de herança; atribuições gratuitas de direitos reais e de retenção; renúncia de usufruto; o que não é correspectivo nas doações remuneratórias, nas transações e no reconhecimento de dívidas; aval de favor; promessa de doação; deixa testamentária e qualquer direito já adquirido que, por esse fato, vá beneficiar determinada pessoa[121].

O Código Civil menciona expressamente a *remissão* ou *perdão de dívida* como liberalidade que também reduz o patrimônio do devedor, sujeita à mesma consequência dos demais atos de transmissão: a anulabilidade. Os créditos ou dívidas *ativas* que o devedor tem a receber de terceiros

---

[120] *Código Civil*, cit., p. 377.

[121] Clóvis Beviláqua, *Código*, cit., p. 288; Pontes de Miranda, *Tratado*, cit., t. 4, § 494, p. 460. *V.* a jurisprudência: "Ação pauliana. Doação de único imóvel remanescente a descendente com reserva de usufruto. Solvabilidade não demonstrada pelo devedor. Consciência de que tal ato acarretaria prejuízo ao credor. Ação procedente" (*RT*, 698/180). "Fraude contra credores. Doação aos filhos menores com reserva de usufruto e administração. Assim agindo, os apelantes-réus deixaram patenteado o próprio estado de insolvência, já que, dos bens que lhes restaram, um constitui-se em moradia da família e não poderá ser objeto de constrição judicial, e outro, adquirido posteriormente, foi alienado" (*JTJ*, Lex, 185/9). "Renúncia à herança por parte do executado. Hipótese que caracteriza fraude à execução, em razão de que a ação executiva foi ajuizada em primeiro lugar, não podendo o executado, beneficiário da herança, dela abrir mão para prejudicar credores" (STJ, REsp 1.252.353/SP, 4ª T., rel. Min. Luis Felipe Salomão. Disponível em: <www.editoramagister.com>. Acesso em: 7 jun. 2013).

constituem parte de seu patrimônio. Se ele os perdoa, esse patrimônio, que é garantia dos credores, se reduz proporcionalmente. Por essa razão, seus credores têm legítimo interesse em invalidar a liberalidade, para que os créditos perdoados se reincorporem no ativo do devedor[122].

O Tribunal Regional Federal da 4ª Região, sob o entendimento de que houve fraude ao credor, confirmou a ineficácia da doação de seis imóveis feita por um devedor. Segundo a aludida Corte, o proprietário tinha uma dívida rural de R$ 4 milhões e teria tentado blindar o patrimônio passando os imóveis para o nome dos cinco filhos. Segundo o relator, Dr. Loraci Flores de Lima, não ficou comprovado nos autos que o imóvel rural é explorado diretamente pelo réu e por sua família, situação exigida para caracterizar a impenhorabilidade. Caracteriza-se a fraude contra credores, aduziu, "o negócio jurídico de transmissão gratuita de bens realizado por devedor insolvente, ou seja, a situação em que o devedor se desfaz do seu patrimônio, suprimindo completamente a garantia do cumprimento de sua obrigação de pagar"[123].

20.2. Atos de transmissão onerosa

O art. 159 do Código Civil trata dos casos de anulabilidade do negócio jurídico oneroso, exigindo, além da insolvência ou *eventus damni*, o conhecimento dessa situação pelo terceiro adquirente, qual seja, o *consilium fraudis*.

O aludido dispositivo proclama que ocorrerá a anulabilidade dos contratos onerosos, mesmo havendo contraprestação, tanto no caso de conhecimento real da insolvência pelo outro contratante, como no caso de conhecimento presumível, em face da notoriedade ou da existência de motivos para esse fato.

Como dito no item anterior, a insolvência é *notória* principalmente quando o devedor tem títulos protestados ou é réu em ações de cobrança ou execuções cambiais. É *presumida* quando as circunstâncias, mormente o preço vil e o parentesco próximo entre as partes, indicam que o adquirente conhecia o estado de insolvência do alienante. Assim, o pai que negocia com filho ou irmão insolvente não poderá arguir sua ignorância sobre a má situação econômica destes, bem como aquele que adquire imóvel por preço ostensivamente inferior ao de mercado, dentre outras hipóteses.

---

[122] Silvio Rodrigues, *Direito civil*, cit., v. 1, p. 231.

[123] *Revista Consultor Jurídico*, 2-8-2016.

Não se exige conluio entre as partes, bastando a prova da ciência dessa situação pelo adquirente. Se, no entanto, ficar evidenciado que este se encontrava de boa-fé, ignorando a insolvência do alienante, o negócio será válido.

Incumbe ao credor a prova da notoriedade ou das condições pessoais que ensejam a presunção. Como assinala Yussef Said Cahali, "doutrina e jurisprudência são concordes, no sentido de que compete, ao autor da ação pauliana, demonstrar a ocorrência do *consilium fraudis*, para o êxito da mesma; o que, de resto, mostra-se inteiramente conforme aos princípios (*onus probandi incumbit actori*), no pressuposto de que a fraude bilateral (*consilium fraudis* incluindo a *scientia fraudis* do copartícipe no contrato) representa *elemento constitutivo* da pretensão revocatória" (art. 333, I, do CPC de 1973, atual art. 373, I)[124].

20.3. Pagamento antecipado de dívida

Dispõe o art. 162 do Código Civil: "*O credor quirografário, que receber do devedor insolvente o pagamento da dívida ainda não vencida, ficará obrigado a repor, em proveito do acervo sobre que se tenha de efetuar o concurso de credores, aquilo que recebeu*".

Credor quirografário, etimologicamente, é o que tem seu crédito decorrente de um título ou documento escrito. A ele se refere o estatuto civil como aquele que tem como única garantia o patrimônio geral do devedor, ao contrário do credor privilegiado, que possui garantia especial.

O objetivo da lei é colocar em situação de igualdade todos os credores quirografários. Todos devem ter as mesmas oportunidades de receber seus créditos e de serem aquinhoados proporcionalmente. Se a dívida já estiver vencida, o pagamento não é mais do que uma obrigação do devedor e será considerado normal e válido, desde que não tenha sido instaurado o concurso de credores.

Se o devedor, todavia, salda débitos vincendos, comporta-se de maneira anormal. Presume-se, na hipótese, o intuito fraudulento e o credor beneficiado ficará obrigado a repor, em proveito do acervo, o que recebeu, instaurado o concurso de credores[125].

---

[124] *Fraudes*, cit., p. 244.

[125] Silvio Rodrigues, *Direito civil*, cit., v. 1, p. 234; Francisco Amaral, *Direito civil*, cit., p. 502-503.

Essa regra não se aplica ao credor privilegiado, que tem o seu direito assegurado em virtude da garantia especial de que é titular. Como o seu direito estaria sempre a salvo, o pagamento antecipado não causa prejuízo aos demais credores, desde que limitado ao valor da garantia.

20.4. Concessão fraudulenta de garantias

Prescreve o art. 163 do Código Civil: "*Presumem-se fraudatórias dos direitos dos outros credores as garantias de dívidas que o devedor insolvente tiver dado a algum credor*".

As garantias a que se refere o dispositivo são as reais, pois a fidejussória não prejudica os credores em concurso. A paridade que deve reinar entre os credores ficará irremediavelmente comprometida se houver outorga, a um deles, de penhor, anticrese ou hipoteca. A constituição da garantia vem situar o credor favorecido numa posição privilegiada, ao mesmo tempo que agrava a dos demais, tornando problemática a solução do passivo pelo devedor[126].

A garantia dada de certo modo sai parcialmente do patrimônio do devedor, para assegurar a liquidação do crédito hipotecário, pignoratício ou anticrético. Os demais credores, em consequência, receberão menos, para que o beneficiário da garantia receba mais. É essa desigualdade que a lei quer evitar, presumindo fraudulento o procedimento do devedor[127]. A presunção, *in casu*, resulta do próprio ato, uma vez demonstrada a insolvência do devedor, sendo *juris et de jure*.

O que se anula, na hipótese, é somente a garantia, a preferência concedida a um dos credores. Continua ele, porém, como credor, retornando à condição de quirografário. Preceitua, com efeito, o parágrafo único do art. 165 do Código Civil que, se os negócios fraudulentos anulados "*tinham por único objeto atribuir direitos preferenciais, mediante hipoteca, penhor ou anticrese, sua invalidade importará somente na anulação da preferência ajustada*".

Anote-se que somente na fraude cometida nas alienações onerosas se exige o requisito do *consilium fraudis* ou má-fé do terceiro adquirente, sendo presumido *ex vi legis* nos demais casos, ou seja, nos de alienação a título gratuito e remissão de dívidas, de pagamento antecipado de dívida e de concessão fraudulenta de garantia.

---

126 Washington de Barros Monteiro, *Curso*, cit., v. 1, p. 230.

127 Silvio Rodrigues, *Direito civil*, cit., v. 1, p. 235.

21. Ação pauliana ou revocatória

A ação anulatória do negócio jurídico celebrado em fraude contra os credores é chamada de *revocatória* ou *pauliana*, em atenção ao pretor Paulo, que a introduziu no direito romano[128]. É a ação pela qual os credores impugnam os atos fraudulentos de seu devedor.

Por definição, a ação pauliana visa prevenir lesão ao direito dos credores causada pelos atos que têm por efeito a subtração da garantia geral, que lhes fornecem os bens do devedor, tornando-o insolvente[129].

21.1. Natureza jurídica

O Código Civil de 2002 manteve o sistema do diploma de 1916, segundo o qual a fraude contra credores acarreta a *anulabilidade* do negócio jurídico. A ação pauliana, nesse caso, tem natureza *desconstitutiva* do negócio jurídico. Julgada procedente, anula-se o negócio fraudulento lesivo aos credores, determinando-se o retorno do bem, sorrateira e maliciosamente alienado, ao patrimônio do devedor.

O atual Código não adotou, assim, a tese de que se trataria de hipótese de *ineficácia relativa* do negócio, defendida por ponderável parcela da doutrina, segundo a qual, demonstrada a fraude ao credor, a sentença não anulará a alienação, mas simplesmente, como nos casos de fraude à execução, declarará a ineficácia do ato fraudatório perante o credor, permanecendo o negócio válido entre os contratantes: o executado-alienante e o terceiro adquirente.

Para essa corrente, a ação pauliana tem natureza declaratória de ineficácia do negócio jurídico em face dos credores, e não desconstitutiva. Se o devedor, depois de proferida a sentença, por exemplo, conseguir levantar numerário suficiente e pagar todos eles, o ato de alienação subsistirá, visto não existirem mais credores.

Alguns autores, como Lamartine Corrêa e Humberto Theodoro Júnior, criticaram o sistema adotado pelo atual Código no tocante aos efeitos da fraude, pois preferiam, em lugar da anulabilidade, a ineficácia relativa

---

128 Washington de Barros Monteiro, *Curso*, cit., v. 1, p. 231, nota 16; Francisco Amaral, *Direito civil*, cit., p. 503; Silvio Rodrigues, Ação pauliana ou revocatória, in *Enciclopédia Saraiva do Direito*, v. 3, p. 286 e s.

129 Yussef Said Cahali, *Fraudes*, cit., p. 130.

do negócio jurídico[130]. Para este último, o sistema adotado pelo atual Código Civil representa um retrocesso, pois o próprio direito positivo brasileiro, após o Código de 1916, já havia dispensado a esse tipo de fenômeno o tratamento adequado da ineficácia em relação à fraude praticada no âmbito do direito falimentar e do direito processual civil.

Também Yussef Said Cahali assevera que "o efeito da sentença pauliana resulta do objetivo a que colima a ação: declaração de ineficácia jurídica do negócio fraudulento"[131].

Durante a tramitação do Projeto de Código Civil na Câmara Federal foi apresentada uma emenda, a de n. 193, pretendendo que a fraude contra credores acarretasse a ineficácia do negócio jurídico fraudulento em relação aos credores prejudicados, e não a sua anulação. A isso respondeu a Comissão Revisora, em seu relatório:

"O Projeto segue o sistema adotado no Código Civil (*de 1916*), segundo o qual a fraude contra credores acarreta a anulação. Não se adotou, assim, a tese de que se trataria de hipótese de ineficácia relativa. Se adotada esta, teria de ser mudada toda a sistemática a respeito, sem qualquer vantagem prática, já que o sistema do Código (*de 1916*) nunca deu motivos a problemas, nesse particular. Ademais, o termo *revogação*, no sistema do Código Civil (*de 1916*) e do Projeto, é usado para a hipótese de dissolução de contrato pela vontade de uma só das partes contratantes (assim, no caso de revogação de doação, por ingratidão). E nesse caso a revogação opera apenas *ex nunc*, e não *ex tunc*. Nos sistemas jurídicos que admitem a revogação do negócio jurídico por fraude contra credores, admite-se que o credor retire a voz do devedor (revogação), ao passo que, em nosso sistema jurídico, se permite que o credor, alegando a fraude, peça a decretação da anulação do negócio entre o devedor e terceiro. São dois sistemas que se baseiam em concepções diversas, mas que atingem o mesmo resultado prático. Para que mudar?"[132].

Cândido Rangel Dinamarco, por sua vez, com assento na teoria da *ineficácia superveniente*, afirma que o negócio fraudulento é originariamente eficaz e só uma sentença *constitutiva negativa* tem o poder de lhe retirar a eficácia prejudicial ao credor[133].

---

[130] José Lamartine Corrêa de Oliveira, A parte geral, cit.; Humberto Theodoro Júnior, Negócio jurídico. Existência. Validade. Eficácia. Vícios. Fraude. Lesão. *RT*, 780/11.

[131] *Fraudes*, cit., p. 385.

[132] José Carlos Moreira Alves, *A Parte Geral*, cit., p. 146.

[133] *Fundamentos do processo civil moderno*, v. 1, p. 567.

A matéria, como se vê, é polêmica.

Não obstante tratar-se de questão controvertida nos tribunais, o Superior Tribunal de Justiça, encarregado de uniformizar a jurisprudência no País, nos precedentes que levaram à edição da Súmula 195, adiante transcrita (item 24), criados antes da promulgação do atual Código Civil, já vinha aplicando, por maioria de votos, a tese da anulabilidade do negócio, e não a da ineficácia[134]. A tendência é que essa orientação seja mantida na aplicação do atual Código Civil.

Malgrado tecnicamente corretas as assertivas de MOREIRA ALVES, contidas no relatório da Comissão Revisora supratranscritas, pode-se dizer que, sob o aspecto prático, a teoria da ineficácia relativa é mais apropriada, pois a declaração de que o negócio jurídico não prejudica aos credores anteriores ao ato, por ineficaz em relação a eles, é suficiente para satisfazer o interesse destes, autorizando a penhora dos bens como se ainda se encontrassem no patrimônio do executado.

Segundo ainda assinala YUSSEF SAID CAHALI, "a jurisprudência de nossos tribunais é pacífica no sentido de afirmar que a ação pauliana não é real, nem relativa a imóvel; é pessoal; visa à revogação de ato fraudulento e, eventualmente, pode versar sobre imóvel; seu objetivo é a restauração do estado jurídico anterior, isto é, a recomposição do patrimônio do devedor, que constitui a garantia do credor ameaçado pelo ato fraudulento"[135].

A desconsideração da personalidade jurídica, como já mencionado (Livro I, Título II, item 5), não é sucedâneo da ação pauliana. Não se assemelha ela à ação revocatória falencial ou à ação pauliana, seja em suas casas justificadoras, seja em suas consequências. A primeira (revocatória) visa ao reconhecimento de ineficácia de determinado negócio jurídico tido como suspeito, e a segunda (pauliana), à invalidação de ato praticado em fraude a credores, servindo ambos os instrumentos como espécies de interditos restitutórios, no desiderato de devolver à massa, falida ou insolvente, os bens necessários ao adimplemento dos credores, agora em igualdade de condições (arts. 129 e 130 da Lei n. 11.101/2005 e arts. 165 do Código

[134] REsp 20.166-8/RJ, 27.903-7/RJ, 13.322-0/RJ. O último acórdão citado tem a seguinte ementa: "Consoante a doutrina tradicional fundada na letra do Código Civil, a hipótese é de anulabilidade, sendo inviável concluir pela invalidade em embargos de terceiro, de objeto limitado, destinando-se apenas a afastar a constrição judicial sobre bem de terceiro. De qualquer sorte, admitindo-se a hipótese como de ineficácia, essa, ao contrário do que sucede com a fraude de execução, não é originária, demandando ação constitutiva que lhe retire a eficácia".

[135] *Fraudes*, cit., p. 334.

Civil. A desconsideração da personalidade jurídica, por sua vez, não consubstancia extinção da pessoa jurídica, tampouco anulação/revogação de atos específicos praticados por ela, ainda que verificados os vícios a que faz alusão o art. 50 do Código Civil. Em realidade, cuida-se de superação de uma ficção jurídica, que é a empresa, sob cujo véu se esconde a pessoa natural do sócio[136].

Não se justifica, assim, pelo simples fato de a fraude contra credores ter sido praticada por uma pessoa jurídica, aplicar-se a desconsideração da personalidade jurídica em lugar da anulação do negócio jurídico[137].

21.2. Legitimidade ativa

Estão legitimados a ajuizar ação pauliana (*legitimação ativa*):

a) os *credores quirografários* (CC, art. 158, *caput*) – Essa possibilidade decorre do fato de não possuírem eles garantia especial do recebimento de seus créditos. O patrimônio geral do devedor constitui a única garantia e a esperança que possuem de receberem o montante que lhes é devido;

b) *só os credores que já o eram ao tempo da alienação fraudulenta* (CC, art. 158, § 2º) – Os que se tornaram credores depois da alienação já encontraram desfalcado o patrimônio do devedor e mesmo assim negociaram com ele. Nada podem, pois, reclamar.

Somente os credores quirografários podem intentar a ação pauliana porque os privilegiados já têm, para garantia especial de seus créditos, bens destacados e individuados, sobre os quais incidirá a execução. Mas, já dizia Caio Mário, "se normalmente não necessita o credor privilegiado de revogar o ato praticado *in fraudem creditorum*, não está impedido de fazê-lo se militam em seu favor os requisitos da ação pauliana, entre os quais a existência do prejuízo, pois bem pode acontecer que as suas garantias sejam insuficientes, e o crédito, no que exceder delas, achar-se desguarnecido"[138].

Também Alvino Lima havia assinalado: "No entanto, se o credor hipotecário vier a sofrer um prejuízo, decorrente da alienação da coisa hipotecada,

---

136 STJ, REsp 1.180.714/RJ, 4ª T., rel. Min. Luis Felipe Salomão, *Revista Consultor Jurídico*, 17-4-2018.

137 Renato Franco de Campos, Desconsideração da personalidade jurídica: limitações e aplicação no direito de família e sucessões. Dissertação de mestrado (USP), 2014, p. 95-96.

138 *Instituições*, cit., v. 1, p. 346.

de maneira que não possa obter a sua reparação, é evidente que ele possa atacar o ato fraudulento, como qualquer credor"[139].

A jurisprudência, igualmente, vinha proclamando: "Tem-se entendido que mesmo contra o devedor que ofereceu garantia real é possível o ajuizamento de ação pauliana, na hipótese dos bens dados em garantia serem insuficientes"[140].

O Código Civil de 2002, assimilando essa orientação, e inovando em relação ao diploma de 1916, proclama, no § 1º do citado art. 158, que o direito de anular os atos fraudulentos, lesivos dos seus direitos, igualmente "*assiste aos credores cuja garantia se tornar insuficiente*".

Yussef Said Cahali lembra que a garantia pode se tornar insuficiente por diversas razões, além das já mencionadas, exemplificando: quando mostrar-se insuficiente o preço apurado na execução judicial do imóvel hipotecado, transferindo-se o interesse do credor, pelo saldo, na preservação dos demais bens que compunham o patrimônio do devedor; se se trata de segundo credor hipotecário, pois não se lhe permite o ajuizamento do executivo hipotecário sem que esteja vencida a primeira hipoteca do mesmo imóvel; quando o credor de cédula rural pignoratícia e hipotecária vê admitida a penhora do mesmo imóvel em execução movida por terceiros; e em todos os casos de extinção da hipoteca pela destruição da coisa ou deterioração ou desvalorização sem reforço, ou ainda de resolução do domínio[141].

Não pode o próprio devedor e fraudador ajuizar a ação pauliana, porque seria absurdo que pudesse agir em juízo invocando sua própria fraude. Embora esta ação compita aos credores, vítimas da fraude, porém não coletivamente, faculta-se-lhes, havendo dois ou mais credores prejudicados pelo mesmo ato fraudulento do devedor comum, a formação do litisconsórcio ativo para demandarem em conjunto, com respaldo no art. 113, II, do Código de Processo Civil, pois "a doutrina, de um modo geral, considera ocorrer conexão em tais casos"[142]. Tal fato não impede o acolhimento da demanda em relação apenas a um dos credores, e rejeição quanto aos demais, cujos créditos não eram anteriores, por exemplo.

---

[139] *A fraude no direito civil*, n. 23, p. 119.

[140] TJSP, Ap. 70.637-1, 6ª Câm. Cív., j. 15-5-1986.

[141] *Fraudes*, cit., p. 130-141.

[142] Arruda Alvim, *Código de Processo Civil comentado*, v. 2, p. 357-358.

Há consenso na doutrina de que não apenas os primitivos credores, como igualmente seus sucessores, a título singular ou universal, atingidos pelo ato fraudulento, desfrutam de legitimidade ativa para a ação revocatória[143].

21.3. Legitimidade passiva

Dispõe o art. 161 do Código Civil que a ação pauliana, "*nos casos dos arts. 158 e 159, poderá ser intentada contra o devedor insolvente, a pessoa que com ele celebrou a estipulação considerada fraudulenta, ou terceiros adquirentes que hajam procedido de má-fé*".

A ação anulatória *deve*, pois, ser intentada (legitimação passiva) contra o devedor insolvente e também contra a pessoa que com ele celebrou a estipulação considerada fraudulenta, bem como, se o bem alienado pelo devedor já houver sido transmitido a outrem, contra os terceiros adquirentes que hajam procedido de má-fé.

Embora o supratranscrito dispositivo legal use o verbo *poderá*, que dá a impressão de ser uma faculdade de o credor propor ação contra todos, na verdade ele assim *deverá* proceder para que a sentença produza efeitos em relação também aos adquirentes. De nada adianta acionar somente o alienante se o bem se encontra em poder dos adquirentes.

O art. 506 do Código de Processo Civil estabelece, com efeito, que "a sentença faz coisa julgada às partes entre as quais é dada, não prejudicando terceiros".

A doutrina em geral consolidou-se no sentido de que o devedor e o terceiro adquirente ou beneficiário devem figurar necessariamente no polo passivo da relação processual na revocatória, estabelecendo-se entre eles o litisconsórcio necessário de que trata o art. 114 do Código de Processo Civil[144]. No mesmo sentido desenvolveu-se, em termos incontroversos, a jurisprudência de nossos tribunais[145].

Desde que, pela natureza da relação jurídica, instaura-se um litisconsórcio necessário, envolvendo alienantes-devedores e adquirentes, considera-se que, quando o credor não tiver chamado a juízo o devedor ou

---

143 Yussef Said Cahali, *Fraudes*, cit., p. 351.

144 Washington de Barros Monteiro, *Curso*, cit., v. 1, p. 232; Yussef Said Cahali, *Fraudes*, cit., p. 358; Ferdinando Puglia, *Dell'azione pauliana*, 1886, § 37, p. 47.

145 *RT*, 498/183, 511/161, 559/113.

o adquirente, deve o juiz, de ofício, ordenar a integração da lide, pois é nulo o processo em que não foi citado litisconsorte necessário[146].

22. Fraude não ultimada

Quando o negócio é aperfeiçoado pelo acordo de vontades, mas o seu cumprimento é diferido para data futura, permite-se ao adquirente, que ainda não efetuou o pagamento do preço, evitar a propositura da ação pauliana, ou extingui-la, depositando-o em juízo, se for aproximadamente o corrente, requerendo a citação por edital de todos os interessados.

Nesse sentido, dispõe o art. 160 do Código Civil:

"*Art. 160. Se o adquirente dos bens do devedor insolvente ainda não tiver pago o preço e este for, aproximadamente, o corrente, desobrigar-se-á depositando-o em juízo, com a citação de todos os interessados.*

Parágrafo único. Se inferior, o adquirente, para conservar os bens, poderá depositar o preço que lhes corresponda ao valor real".

O adquirente do bem que desfalcou o patrimônio do devedor pode, desse modo, elidindo eventual presunção de má-fé, evitar a anulação do negócio. O depósito do preço equivalente ao valor de mercado da coisa impede que se considere consumada a fraude, pois demonstra a boa-fé do adquirente e que nenhuma vantagem patrimonial obteria em prejuízo dos credores. Cessa, com isso, o interesse dos credores, que, por conseguinte, perdem a legitimação ativa para propor a ação pauliana[147].

Já dizia Clóvis, referindo-se ao preço da coisa depositado em juízo: "Se inferior esse valor ao preço do mercado, o que faz supor a malícia do adquirente, podem os credores reclamar a devolução da coisa vendida ou o respectivo preço real do tempo da alienação"[148].

Essa possibilidade de suplemento do preço pelo adquirente, para evitar a anulação do negócio e conservar os bens, alvitrada pelo renomado jurista na parte final de sua lição, foi introduzida no parágrafo único do art. 160 do Código de 2002, retrotranscrito, como inovação.

---

146 *RTJ*, 80/611, 95/742; *RT*, 508/202.

147 Silvio Rodrigues, *Direito civil*, cit., v. 1, p. 234.

148 *Código Civil*, cit., p. 108.

Trata-se "de uma espécie de 'posterior regularização da situação', de uma 'chance' que a lei dá ao comprador de sanar possível vício original". Como o sistema "permite a sanação, que é uma correção quanto ao defeito original, não subsistirá viciado o negócio, pois socialmente aceitável com a correção. Não existirá aí fraude contra os credores, visto que não haverá diminuição patrimonial"[149].

O depósito pode ser efetuado antes ou depois de ajuizada a ação pauliana. Yussef Said Cahali, a esse respeito, formula as seguintes regras:

a) o adquirente não terá necessariamente de aguardar o exercício da ação revocatória contra ele e o alienante, para só então valer-se do depósito judicial do preço, assecuratório da validade do negócio jurídico, sendo apropriada a ação de consignação em pagamento fundada no eventual litígio quanto à validade do negócio (CC, art. 335, V);

b) já tendo sido proposta ação pauliana, o adquirente, citado, tanto pode exercer o seu direito de contestar a ação, argumentando com a ausência do *consilium fraudis* ou do *eventus damni*, como pode, desde logo, oferecer o preço da coisa adquirida, ou cumular as duas pretensões. Nesse caso, acolhida a defesa com o reconhecimento judicial da validade do negócio, restará prejudicado o depósito oferecido;

c) a faculdade de efetuar o depósito pode ser exercida até mesmo depois de julgada procedente a ação pauliana, visto que, além de o Código Civil não estabelecer nenhum limite temporal, a sentença que acolhe essa espécie de ação perde a sua finalidade se o credor é satisfeito pelo pagamento da dívida. A mesma consequência deve ser reconhecida com a recomposição da garantia patrimonial da dívida, pelo depósito do remanescente do preço[150].

23. *Validade dos negócios ordinários celebrados de boa-fé pelo devedor*

Malgrado o devedor insolvente esteja inibido de alienar bens de seu patrimônio, para não agravar e ampliar a insolvência, admitem-se exceções, como na hipótese em que ele contrai novos débitos para beneficiar os próprios

---

[149] Renan Lotufo, *Código Civil*, cit., p. 449.

[150] *Fraudes*, cit., p. 306-308.

credores, possibilitando o funcionamento de seu estabelecimento, ou para manter-se e à sua família.

Dispõe, com efeito, o art. 164 do Código Civil:

"Art. 164. Presumem-se, porém, de boa-fé e valem os negócios ordinários indispensáveis à manutenção de estabelecimento mercantil, rural, ou industrial, ou à subsistência do devedor e de sua família".

Permite-se, portanto, ao devedor insolvente, evitar a paralisação de suas atividades normais, fato este que somente agravaria a sua situação, em prejuízo dos credores, que veriam frustradas as possibilidades de receber os seus créditos.

Dessa forma, o dono de uma loja, por exemplo, não fica, só pelo fato de estar insolvente, impedido de continuar a vender as mercadorias expostas nas prateleiras de seu estabelecimento. Não poderá, todavia, alienar o próprio estabelecimento, porque não se trataria de negócio ordinário, nem destinado à manutenção de sua atividade comercial.

A novidade trazida pelo Código de 2002, no citado art. 164, é que os gastos ordinários do devedor insolvente são válidos não apenas quando eles derivam da necessidade de manter os estabelecimentos mercantis, rurais ou industriais que possuem, mas também quando se destinam à *subsistência* daquele e de sua família. Essa inovação permite que o devedor insolvente venha a contrair novo débito, destinado apenas à própria subsistência ou à de sua família. A regra tem caráter assistencial, mas grande dose de subjetividade, e poderá, efetivamente, como afirma SILVIO RODRIGUES, "ampliar o campo da controvérsia"[151].

A enumeração do dispositivo ora em estudo, na concepção uniforme da doutrina, é apenas enunciativa e genérica, sendo indicadas outras hipóteses que estariam nele compreendidas.

Por outro lado, a presunção de boa-fé do devedor, segundo a interpretação corrente, é relativa. Nessa linha, escreve WASHINGTON DE BARROS MONTEIRO: "A presunção é *juris tantum* e pode ser destruída por prova contrária. Como esclarece JOÃO LUÍS ALVES, o ato será apreciado conforme as circunstâncias e o juiz o anulará, ou não, segundo intervenha ou não o elemento da fraude"[152].

---

[151] *Direito civil*, cit., v. 1, p. 236.

[152] *Curso*, cit., v. 1, p. 231.

Oportuna, nesse aspecto, a recomendação de Yussef Said Cahali: "Impõe-se, realmente, seja admitida a possibilidade de contraprova da presunção de boa-fé, como também se recomenda certa prudência e mesmo algum rigor do juiz na verificação desse elemento subjetivo, a fim de que se evitem certas práticas abusivas pelo devedor insolvente, ora em prejuízo de alguns, ora em detrimento de todos os credores, poupando a justiça de ser utilizada como instrumento para uma legitimação injustificável de conduta maliciosa do devedor"[153].

A possibilidade de o dispositivo em questão ensejar uma perigosa interpretação liberal fez com que se pretendesse, durante a tramitação do Projeto de Código Civil, a sua supressão.

24. Fraude contra credores e fraude à execução

A fraude contra credores não se confunde com fraude à execução. Todavia, apresentam os seguintes *requisitos comuns*: a) a fraude na alienação de bens pelo devedor, com desfalque de seu patrimônio; b) a eventualidade de *consilium fraudis* pela ciência da fraude por parte do adquirente; c) o prejuízo do credor (*eventus damni*), por ter o devedor se reduzido à insolvência, ou ter alienado ou onerado bens, quando pendia contra o mesmo demanda capaz de reduzi-lo à insolvência[154].

Não obstante, apresentam diversas e acentuadas *diferenças*, que podem ser apontadas nos seguintes termos[155]:

a) A fraude de execução é incidente do processo, regulado pelo direito público, ou seja, pelo direito processual civil (CPC, art. 792); a fraude contra credores é defeito do negócio jurídico (vício social), disciplinado pelo direito privado, ou seja, pelo direito civil (CC, arts. 158 a 165).

b) A fraude à execução pressupõe demanda em andamento, capaz de reduzir o alienante à insolvência, sendo levada a efeito pelo devedor para frustrar-lhe a execução (CPC, art. 792, IV); a fraude contra credores caracteriza-se quando ainda não existe nenhuma ação ou execução em andamento contra o devedor, embora possam existir protestos cambiários.

---

[153] *Fraudes*, cit., p. 301.

[154] Yussef Said Cahali, *Fraudes*, cit., p. 89.

[155] Em clássica lição, Washington de Barros Monteiro apresenta essas principais diferenças (*Curso*, cit., v. 1, p. 233), que ora são comentadas e atualizadas.

No tocante à fraude à execução, a jurisprudência dominante nos tribunais é no sentido de que ela somente se caracteriza quando o devedor já havia sido citado[156], na época da alienação, pois só assim se pode dizer que havia demanda em andamento. "Desde que haja ação, não importa se a mesma se rege pelo processo de conhecimento ou pelo processo executivo: desde a propositura, a alienação ou a oneração pelo devedor determinarão a fraude de execução, se a hipótese enquadrar-se num dos incisos do art. 593 do CPC [de 1973, atual art. 792]"[157]. É que, mesmo que a alienação se dê logo após a citação, no início do processo de conhecimento, estará o alienante frustrando a futura execução.

Na doutrina prepondera o mesmo entendimento, com algumas opiniões divergentes. Entendem, com efeito, alguns juristas que é desnecessária a citação, pois o processo já teve seu início com a simples propositura da ação, momentos fixados nos arts. 312 e 802 do Código de Processo Civil[158]. Esta corrente, embora não seja a dominante, é a mais justa, por impedir que o réu se oculte, enquanto cuida de dilapidar o seu patrimônio, para só depois então aparecer para ser citado. Para evitar o emprego de tal artifício, entretanto, deve o credor obter certidão de distribuição da execução e diligenciar a averbação no registro de imóveis, registro de veículos ou registro de outros bens sujeitos à penhora ou ao arresto, como permitido pelo art. 799, IX, do Código de Processo Civil, a fim de que negócios posteriores se considerem em fraude à execução (§ 3º).

c) A fraude à execução acarreta a declaração de ineficácia da alienação fraudulenta, em face do credor exequente. Assim, se o devedor-alienante, que se encontra em estado de insolvência, conseguir, em razão de algum fato eventual (ganho na loteria, p. ex.), pagar a dívida, mantém-se válida a alienação. A fraude contra credores provoca a anulação do negócio jurídico, trazendo como consequência o retorno dos bens, alienados fraudulentamente, ao patrimônio do devedor, em proveito do acervo sobre que se tenha de efetuar o concurso de credores (CC, arts. 158, 159 e 165). Encontra-se, hoje, superado o entendimento de que a fraude contra credores torna o ato anulável e a fraude à execução o torna nulo.

---

[156] *RT*, 785/415, 779/184, 775/192, 740/328, 733/369, 715/216, 679/163, 620/193.

[157] Alcides de Mendonça Lima, *Comentários ao Código de Processo Civil,* v. 6, t. 2, n. 1.114, p. 500.

[158] Ronaldo Bretas, Da fraude à execução, *RF*, 290/72; Alcides de Mendonça Lima, *Comentários*, cit., n. 1.114, p. 500-501.

d) A fraude de execução independe de revocatória, podendo ser reconhecida incidentalmente, mediante simples petição, nos próprios autos, sendo objeto de decisão interlocutória. A fraude contra credores deve ser pronunciada em ação pauliana. Não se tem, atualmente, admitido a alegação de fraude contra credores em embargos de terceiro, mesmo tendo sido aprovada, por maioria, no VI ENTA (Encontro Nacional de Tribunais de Alçada) a tese de que "a fraude contra credores pode ser apreciada em embargos de terceiro". O Superior Tribunal de Justiça firmou entendimento contrário, editando a propósito a Súmula 195, do seguinte teor: "Em embargos de terceiro não se anula ato jurídico, por fraude contra credores"[159].

e) A fraude contra credores, uma vez reconhecida, aproveita a todos os credores; a fraude de execução aproveita apenas ao exequente.

f) Na fraude à execução o vício é mais patente e mais grave, pois o devedor, além de lesar os credores, frustra a atuação do Poder Judiciário, que fica impedido de penhorar bens que constituíam a garantia geral dos credores e de oferecer a prestação jurisdicional adequada. Por isso, afirma a corrente tradicional que a má-fé, nesse caso, é sempre presumida, pois a intenção fraudulenta está *in re ipsa*. A caracterização da fraude contra credores, porém, nas alienações onerosas, depende de prova do *consilium fraudis*, isto é, da má-fé do terceiro (prova esta dispensável quando se trata de alienação a título gratuito ou de remissão de dívida).

Todavia, a Súmula 375, editada em março de 2009, do STJ estatui: "O reconhecimento da fraude à execução depende do registro da penhora do bem alienado ou da prova de má-fé do terceiro adquirente".

Aduza-se que, se o adquirente, porventura, já transferiu o bem a outra pessoa, não se presume a má-fé desta (a qual deve, então, ser demonstrada),

[159] Os precedentes que deram origem à mencionada Súmula 195 do STJ são os seguintes: REsp 20.166-8/RJ, 27.903-7/RJ, 13.322-0/RJ, EDiv no REsp 46.192-2/SP e no REsp 24.311. No REsp 13.322-0/RJ consta a seguinte ementa: "Consoante a doutrina tradicional, fundada na letra do Código Civil, a hipótese é de anulabilidade, sendo inviável concluir pela invalidade em embargos de terceiro, de objeto limitado, destinando-se apenas a afastar a constrição judicial sobre bem de terceiro. De qualquer sorte, admitindo-se a hipótese como de ineficácia, essa, ao contrário do que sucede com a fraude de execução, não é originária, demandando ação constitutiva que lhe retire a eficácia". A ementa do REsp 27.903-7/RJ diz: "O meio processual adequado para se obter a anulação de ato jurídico por fraude a credores não é a resposta a embargos de terceiro, mas a ação pauliana".

salvo se a alienação se deu depois do registro da penhora do bem. Sobre o tema, decidiu o Superior Tribunal de Justiça:

"Fraude à execução. Inocorrência. Imóvel alienado pelos devedores depois de citados na execução, e transferido, pelos adquirentes, a terceiro, após efetivação da penhora. Necessidade, na primeira hipótese, de prova de que a demanda reduziria os devedores à insolvência e de que o adquirente tinha motivo para saber da existência da ação. Segunda hipótese que dependeria do registro da penhora, a cargo do exequente, ou de prova de má-fé do subadquirente. Inteligência do art. 593, II e III, do CPC [de 1973]"[160].

Tem-se decidido que a caracterização da fraude à execução depende de prova de que a alienação do bem, antes da constrição judicial, reduziu o executado a um estado de insolvência[161]. A comprovada existência de outros bens de valor maior que o devido afasta a arguição de insolvência do devedor[162].

Também tem a jurisprudência proclamado a desnecessidade do registro da penhora para a configuração da fraude à execução[163]. O registro só é necessário para demonstrar a má-fé do subadquirente, isto é, daquele que compra do terceiro adquirente.

Preleciona Yussef Said Cahali[164] que houve uma evolução no conceito de "fraude quando da execução, no sentido de resguardar o direito do adquirente de boa-fé". Anteriormente, afirma, "tratando-se de fraude de execução, em qualquer das modalidades previstas no art. 593 [atual art. 792] do CPC, a ineficácia do ato de alienação ou oneração decorreria de uma presunção *iuris et de iure*, absoluta, irrefragável, de fraude, dispensada, portanto, a respectiva prova; sem que uma eventual boa-fé do adquirente, ou recíproca, por irrelevante, seja capaz de elidi-la".

---

160 *RT*, 779/184. *V.* ainda: "Quem adquire o bem depois de sucessivas transmissões, sem ter meios de saber de sua origem irregular, pode-se valer dos embargos de terceiro para afastar a turbação resultante de ato judicial" (REsp 45.453/SP, 2ª T., rel. Min. Ari Pargendler, *DJU*, 16-12-1996, p. 50.826). "Inexistindo registro da penhora sobre bem alienado a terceiro, incumbe ao exequente e embargado fazer a prova de que o terceiro tinha conhecimento da ação ou da constrição judicial" (STJ, *RT*, 850/211).

161 *RT*, 770/418, 774/322.

162 *RT*, 780/290.

163 *RT*, 763/225, 787/295.

164 *Fraudes contra credores*, p. 676-683.

Tal entendimento, esclarece o mencionado civilista, encontra-se, hoje, superado, acentuando-se, "mais recentemente, um revertério nesse entendimento, e fazendo retroagir a fraude de execução às suas origens, de simples modalidade de fraude contra credores", observando-se que "a jurisprudência mais atualizada vem incursionando francamente em sede de *consilium fraudis*, com a aplicação de regras que são próprias da ação pauliana, com vistas à preservação da eficácia do ato alienatório praticado pelo devedor no curso da demanda, se de boa-fé o adquirente". Assim, "somente ocorrerá a presunção absoluta (*iuris et de iure*) de fraude na venda do bem penhorado ou arrestado (extensiva às alienações) se o ato constritivo estiver registrado (averbado) no Registro de Imóveis". Em outros termos, "sendo de natureza relativa a presunção de fraude pela alienação do bem estando em curso execução contra o alienante, aquela cede passo para proteger o terceiro adquirente comprovadamente de boa-fé".

Confira-se, a propósito do assunto, o posicionamento do Superior Tribunal de Justiça:

"Para a caracterização da fraude de execução prevista no inc. II do art. 593 do CPC [atual inciso IV do art. 792], não basta a simples existência de demanda contra o vendedor (devedor da execução) capaz de reduzi-lo à insolvência; é necessário também o conhecimento pelo comprador de demanda com tal potência. Presume-se esse conhecimento na hipótese em que existente o devido registro da ação no cartório apropriado, ou então impõe-se ao credor da execução a prova desse conhecimento"[165].

"O reconhecimento da fraude à execução depende do registro da penhora do bem alienado ou da prova de má-fé do terceiro adquirente". (Súmula 375).

Não se deve falar em fraude à execução quando não houver registro da penhora, a menos que aquele que alegar a fraude (a credora, no caso) prove que o terceiro adquiriu o imóvel sabendo que o bem estava penhorado. "O ônus da prova de que o terceiro (comprador) tinha conhecimento da demanda ou do gravame transferiu-se para a credora, que dela não se desincumbiu. A boa-fé neste caso (ausência de registro) presume-se e merece ser prestigiada, não havendo, portanto, se falar em fraude à execução no exame destes autos, razão por que há de ser o imóvel excluído da penhora"[166].

---

[165] REsp 439.418/SP, 3ª T., rel. Min. NANCY ANDRIGHI, *DJU*, 1º-12-2003, p. 348.

[166] STJ, REsp 753.384, rel. Min. HONILDO DE MELLO CASTRO, *Revista Consultor Jurídico*, 22-6-2010.

"O reconhecimento da fraude à execução depende do registro da penhora do bem alienado ou da prova da má-fé do adquirente. Apenas a comprovação de má-fé, portanto, basta para caracterizar a fraude. Na hipótese em pauta, os pais da embargante adquiriram o imóvel que, posteriormente, foi novamente vendido para uma terceira pessoa. Esse terceiro o alienou à filha dos proprietários anteriores. O fato de o adquirente haver dispensado expressamente a apresentação de certidões sobre os vendedores "é suficiente para caracterizar a fraude, tornando ineficazes os negócios jurídicos realizados"[167].

"Em casos peculiares, é possível reconhecer a fraude à execução mesmo se o bem foi alienado antes da citação formal válida do proprietário. Entendeu-se que existiu, *in casu*, ciência inequívoca da execução pela alienante antes do negócio. Ela fora citada na condição de representante do espólio do executado e doou o bem, com cláusula de reversibilidade, antes de ser citada em seu próprio nome[168].

A propósito, dispõe o art. 792, I, do Código de Processo Civil que a alienação ou a oneração de bem é considerada fraude à execução "quando sobre o bem pender ação fundada em direito real ou com pretensão reipersecutória, desde que a pendência do processo tenha sido averbada no respectivo registro público, se houver".

Decidiu também a 3ª Turma do Superior Tribunal de Justiça que a venda de bens pessoais por parte de sócio de empresa executada não configura *fraude à execução*, desde que a alienação ocorra antes da *desconsideração da personalidade jurídica* da sociedade. Para a relatora, Min. Nancy Andrighi, a fraude à execução só poderá ser reconhecida se o ato de disposição do bem for posterior à citação válida do sócio devedor, quando redirecionada aos sócios a execução que fora originariamente proposta em face da pessoa jurídica. Assim, "somente com a superveniência da desconsideração da personalidade jurídica é que o sócio foi erigido à condição de responsável pelo débito originário desta"[169].

A Lei n. 13.097, de 19 de janeiro de 2015, promove uma concentração de dados nas matrículas imobiliárias, pela qual em um único instrumento serão conjugadas todas as informações respeitantes ao bem de raiz. A partir

---

167 REsp 312.661, 3ª T., rel. Min. Villas Bôas Cueva, *Revista Consultor Jurídico*, 21-11-2011.

168 STJ, REsp 106.721-6, 3ª T., rel. Min. Sidnei Beneti, *Revista Consultor Jurídico*, 17-7-2009.

169 STJ, 3ª T., REsp 1.391.830, rel. Min. Nancy Andrighi, j. 22-11-2016.

de agora, como salienta Nelson Rosenvald[170], "o terceiro de boa-fé que adquire propriedade – ou outros direitos reais imobiliários – será imunizado da privação do direito, se posteriormente alguém postular a referida titularidade por atos jurídicos precedentes que não tenham sido registrados ou averbados na matrícula do imóvel".

Em suma, a referida lei declarou, em outros termos, que, se a matrícula estiver livre, ou seja, sem gravames, a aquisição feita será plenamente eficaz, isto é, não poderá ser contestada por eventuais credores ou litigantes, exceto nas hipóteses de usucapião e da sociedade que se encontra em processo de falência.

[170] O princípio da concentração na matrícula imobiliária – Lei n. 13.097/2015, Jornal *Carta Forense*, março/1916.

Capítulo V
DA INVALIDADE DO NEGÓCIO JURÍDICO

Sumário: 1. Introdução. 2. Negócio jurídico inexistente. 3. Nulidade. 3.1. Conceito. 3.2. Espécies de nulidade. 3.3. Causas de nulidade. 4. Anulabilidade. 4.1. Conceito. 4.2. Causas de anulabilidade. 5. Diferenças entre nulidade e anulabilidade. 6. Disposições especiais. 7. Conversão do negócio jurídico.

1. Introdução

A expressão "Da invalidade do negócio jurídico", dada a este capítulo, abrange a *nulidade* e a *anulabilidade* do negócio jurídico. É empregada para designar o negócio que não produz os efeitos desejados pelas partes, o qual será classificado pela forma supramencionada de acordo com o grau de imperfeição verificado.

O Código Civil de 2002 deixou de lado, assim, a denominação utilizada pelo diploma de 1916, que era "Das nulidades".

O citado Código não acolheu a distinção entre anulabilidade e rescindibilidade, sugerida pelo Professor Couto e Silva (que pretendia, nos artigos relativos ao estado de perigo e lesão, a mudança da expressão *anulável* por *rescindível*), por entender o legislador que não há razão de fundo para sua adoção. Justificou Moreira Alves: "Estabelecendo o Código Civil brasileiro atual (de 1916) – princípio que foi mantido no Anteprojeto – que a fraude contra credores é vício que acarreta a anulabilidade, seria incoerente considerar a lesão e o estado de perigo – vícios da manifestação de vontade que se aproximam do dolo e da coação – causas de rescindibilidade. Preferi, portanto, não introduzir no nosso direito essa distinção, que surgiu na França por motivos históricos e em termos diversos dos atuais"[1].

---

[1] *A Parte Geral do Projeto de Código Civil brasileiro*, p. 118.

Também não seguiu o atual Código Civil a tricotomia *existência-validade-eficácia* do negócio jurídico, destacada particularmente por Pontes de Miranda. O ato válido, mas sujeito a termo ou condição suspensiva, não se reveste de eficácia imediata, visto que somente após o implemento do termo ou da condição terá possibilidade de produzir o efeito desejado pelas partes.

Não foram aceitas, porém, as sugestões para que, após o capítulo referente aos defeitos do negócio jurídico, se abrisse um específico para a condição, termo e encargo, com a denominação "Da eficácia dos negócios jurídicos". Optou-se por considerar tais institutos como autolimitações da vontade, disciplinando-os depois de se estabelecerem os requisitos de validade do negócio jurídico e de se tratar de dois aspectos ligados à manifestação de vontade: a interpretação do negócio jurídico e a representação[2].

2. *Negócio jurídico inexistente*

O negócio é *inexistente* quando lhe falta algum elemento estrutural, como o consentimento, por exemplo. Se não houve qualquer manifestação de vontade, o negócio não chegou a se formar; inexiste, portanto. Se a vontade foi manifestada mas encontra-se eivada de erro, dolo ou coação, por exemplo, o negócio existe mas é *anulável*. Se a vontade emana de um absolutamente incapaz, maior é o defeito e o negócio existe, mas é *nulo*.

A teoria do negócio jurídico inexistente é, hoje, admitida em nosso direito. Concebida no século XIX para contornar, em matéria de casamento, o princípio de que não há nulidade sem texto legal (*pas de nullité sans texte*) – porque as hipóteses de identidade de sexo, de falta de celebração e de ausência de consentimento não estão catalogadas expressamente nos casos de nulidade –, ingressou também no campo dos negócios jurídicos.

Por se constituir em um *nada* no mundo jurídico, não reclama ação própria para combatê-lo nem há necessidade de o legislador mencionar os requisitos de existência, visto que o seu conceito encontra-se na base do sistema dos fatos jurídicos. Às vezes, no entanto, a aparência material do ato apresenta evidências que enganam, justificando-se a propositura de ação para discutir e declarar a sua inexistência. Para efeitos práticos, tal declaração terá as mesmas consequências da declaração de nulidade.

---

[2] José Carlos Moreira Alves, *A Parte Geral*, cit., p. 101.

Segundo Francisco Amaral, "ato inexistente é aquele a que falta um elemento essencial à sua formação, não chegando a constituir-se. É puro fato, sem existência legal. É concepção teórica positivada em alguns códigos, como o francês e o português. Não incluída no Código Civil brasileiro, tem sua utilidade na distinção, com rigor lógico, do ato nulo. O ato inexistente não produz efeitos, enquanto o nulo pode produzir alguns, embora diversos do que especificamente a lei lhe atribui. Além disso, a invalidade é posterior à existência, pois só é válido ou inválido o que existe"[3].

A venda nula, por exemplo, não acarreta a transferência do domínio, mas vale como causa justificativa da posse de boa-fé.

3. Nulidade

3.1. Conceito

Nulidade é a sanção imposta pela lei aos atos e negócios jurídicos realizados sem observância dos requisitos essenciais, impedindo-os de produzir os efeitos que lhes são próprios.

Segundo Maria Helena Diniz, nulidade "vem a ser a sanção, imposta pela norma jurídica, que determina a privação dos efeitos jurídicos do negócio praticado em desobediência ao que prescreve"[4].

O negócio é *nulo* quando ofende preceitos de ordem pública, que interessam à sociedade. Assim, quando o interesse público é lesado, a sociedade o repele, fulminando-o de nulidade, evitando que venha a produzir os efeitos esperados pelo agente.

3.2. Espécies de nulidade

A nulidade pode ser absoluta e relativa, total e parcial, textual e virtual.

Nos casos de *nulidade absoluta* existe um interesse social, além do individual, para que se prive o ato ou negócio jurídico dos seus efeitos específicos, visto que há ofensa a preceito de ordem pública e, assim, afeta a todos. Por essa razão, pode ser alegada por qualquer interessado, devendo ser pronunciada de ofício pelo juiz (CC, art. 168 e parágrafo único).

---

[3] *Direito civil*: introdução, 2018, p. 615-616.

[4] *Curso de direito civil brasileiro*, v. 1, p. 606.

A *nulidade relativa* é denominada *anulabilidade* e atinge negócios que se acham inquinados de vício capaz de lhes determinar a invalidade, mas que pode ser afastado ou sanado.

Alguns autores afirmam que a nulidade relativa não se confunde com a anulabilidade. A primeira é espécie de nulidade que só determinadas pessoas podem invocar; a segunda é sanção de grau inferior àquela[5]. Apontam esses juristas, como exemplos de nulidade relativa, os arts. 1.132, 1.133, 1.134 e 1.164, II, do Código Civil de 1916. Todavia, os dispositivos mencionados consagram hipóteses comumente designadas como *falta de legitimação*, que é a ausência de aptidão para a prática de determinados atos.

Nulidade *total* é a que atinge todo o negócio jurídico. A *parcial* afeta somente parte dele. Segundo o princípio *utile per inutile non vitiatur*, a nulidade parcial do negócio não o prejudicará na parte válida, se esta for separável (CC, art. 184). Trata-se da regra da incomunicabilidade da nulidade que se baseia no princípio da conservação do ato ou negócio jurídico[6].

Diz-se que a nulidade é *textual* quando vem expressa na lei. Por exemplo: declara o art. 548 do Código Civil que "*é* nula *a doação de todos os bens sem reserva de parte, ou renda suficiente para a subsistência do doador*". É *virtual* ou *implícita* a nulidade quando, não sendo expressa, pode ser deduzida de expressões utilizadas pelo legislador, como "não podem" (CC, art. 1.521), "não se admite" (art. 380) e outras semelhantes.

3.3. Causas de nulidade

O Código Civil, levando em conta o respeito à ordem pública, formula exigências de caráter subjetivo, objetivo e formal.

Assim, no art. 166 considera nulo o negócio jurídico quando "*celebrado por pessoa absolutamente incapaz*" (inciso I); quando "*for ilícito, impossível ou indeterminável o seu objeto*" (inciso II); quando "*o motivo determinante, comum a ambas as partes, for ilícito*" (inciso III); quando "*não revestir a forma prescrita em lei*" ou "*for preterida alguma solenidade que a lei considere essencial para a sua validade*" (incisos IV e V); quando "*tiver por objetivo fraudar lei imperativa*" (inciso VI); e, finalmente, quando "*a lei*

---

[5] Francisco Amaral, *Direito*, cit., p. 514; Gondim Filho, Nulidade relativa, in *Revista Acadêmica da Faculdade de Direito do Recife*, 1929, p. 302.

[6] Francesco Santoro-Passarelli, *Dottrine generalli del diritto civile*, p. 301; Francisco Amaral, *Direito civil*, cit., 2018, p. 620.

taxativamente o declarar nulo ou proibir-lhe a prática, sem cominar sanção" (inciso VII).

O art. 167 declara também "*nulo o negócio jurídico simulado*", aduzindo que, no entanto, "*subsistirá o que se dissimulou, se válido for na substância e na forma*".

Os incisos I, II, IV e V do art. 166 do Código Civil estão atrelados ao art. 104, que elenca os requisitos de validade do negócio jurídico: "*I – agente capaz; II – objeto lícito, possível, determinado ou determinável; III – forma prescrita ou não defesa em lei*". Estabelecem, portanto, a sanção para a inobservância dos aludidos requisitos.

O inciso III do art. 166 é preceito novo. Confere relevância jurídica ao *motivo determinante*, fulminando de nulidade o negócio jurídico quando, sendo comum a ambas as partes, for ilícito. A expressão utilizada guarda coerência com a terminologia empregada no art. 140, que não faz menção à causa, como o fazia o art. 90 do Código de 1916, mas ao motivo, que vicia a declaração de vontade quando expresso como razão determinante. O inciso III em foco trata de situação de maior gravidade, em que o motivo determinante, comum às partes, é ilícito, não admitindo o ordenamento jurídico, por isso, que produza qualquer efeito.

Também não constava do Código Civil de 1916 o inciso VI, que considera nulo o negócio jurídico quando "*tiver por objeto fraudar lei imperativa*". Refere-se o dispositivo ao negócio celebrado em fraude a preceito de ordem pública, a norma cogente, que a jurisprudência já vinha considerando nulo antes mesmo da mencionada inovação legislativa.

Moreira Alves, comentando o mencionado inciso VI, diz: "Trata-se de negócio *in fraudem legis*, a respeito de cuja sanção há três posições defensáveis: *a*) o ato em fraude à lei é ineficaz, e, portanto, inoponível ao terceiro prejudicado; *b*) a ele se deve cominar a mesma sanção que a lei burlada pela fraude impõe ao ato que a viola frontalmente; *c*) o ato fraudulento é nulo. O Projeto aprovou a terceira dessas soluções, e que – como salienta Alvino Lima – é a dominante"[7].

Quanto ao inciso VII do art. 166, observa-se que algumas vezes, com efeito, a lei expressamente declara nulo determinado negócio (exs.: "*Art. 489. Nulo é o contrato de compra e venda, quando se deixa ao arbítrio exclusivo de uma das partes a fixação do preço*"; e, ainda: arts. 548, 549,

[7] *A Parte Geral*, cit., p. 120.

1.428, 1.475, 1.548 etc.). Nesses casos, como já mencionado, diz-se que a nulidade é *expressa* ou *textual*. Outras vezes a lei não declara expressamente a nulidade do ato, mas proíbe a sua prática ou submete a sua validade à observância de certos requisitos de interesse geral. Utiliza-se, então, de expressões como "não pode" (arts. 426 e 1.521), "não se admite" (art. 380), "ficará sem efeito" (arts. 483 e 485) etc. Em tais hipóteses, dependendo da natureza da disposição violada, a nulidade está subentendida, sendo chamada de *virtual* ou *implícita*, como dito no item anterior.

Na VIII Jornada de Direito Civil do Conselho da Justiça Federal foi aprovado o Enunciado 616, do seguinte teor: "Os requisitos de validade previstos no Código Civil são aplicáveis aos negócios jurídicos processuais, observadas as regras processuais pertinentes".

Preleciona Flávio Tartuce[8] que a simulação "pode ser alegada por terceiros que não fazem parte do negócio, mas também por uma parte contra a outra, conforme reconhece o Enunciado n. 294 do CJF/STJ, aprovado na *IV Jornada de Direito Civil*. Assim, fica superada a regra que constava do art. 104 do CC/1916, pela qual, na simulação, os simuladores não poderiam alegar o vício um contra o outro, pois ninguém poderia se beneficiar da própria torpeza. A regra não mais tem incidência, pois a simulação, em qualquer modalidade, passou a gerar a nulidade do negócio jurídico, sendo questão de ordem pública – a prevalecer inclusive sobre eventual alegação da presença de um comportamento contraditório daquele que alega a simulação, mesmo tendo participado do ato".

Aduz o insigne civilista pátrio: "Pontue-se que tal entendimento foi adotado pela Terceira Turma do STJ, citando o enunciado e a minha posição doutrinária. Conforme o julgado, 'com o advento do CC/2002 ficou superada a regra que constava do art. 104 do CC/1916, pela qual, na simulação, os simuladores não poderiam alegar o vício um contra o outro, pois ninguém poderia se beneficiar da própria torpeza. O art. 167 do CC/2002 alçou a simulação como causa de nulidade do negócio jurídico. Sendo a simulação uma causa de nulidade do negócio jurídico, pode ser alegada por uma das partes contra a outra (Enunciado n. 294/CJF da *IV Jornada de Direito Civil*). Precedentes e doutrina. O negócio jurídico simulado é nulo e consequentemente ineficaz, ressalvado o que nele se dissimulou (art. 167, 2ª parte, do CC/2002)'" (STJ, REsp 1.501.640-SP, 3ª T., rel. Min. Moura Ribeiro, j. 27-11-2018, REPDJe 7-12-2018, *DJe* 6-12-2018).

---

[8] *Direito Civil* – Lei de Introdução e Parte Geral, Editoras GEN e FORENSE, edição 2021, p. 507-508.

4. Anulabilidade

4.1. Conceito

Quando a ofensa atinge o interesse particular de pessoas que o legislador pretendeu proteger, sem estar em jogo interesses sociais, faculta-se a estas, se o desejarem, promover a anulação do ato. Trata-se de negócio *anulável*, que será considerado válido se o interessado se conformar com os seus efeitos e não o atacar, nos prazos legais, ou o confirmar.

Anulabilidade é a sanção imposta pela lei aos atos e negócios jurídicos realizados por pessoa relativamente incapaz ou eivados de algum vício do consentimento ou vício social.

A *anulabilidade* visa, pois, à proteção do consentimento ou refere-se à incapacidade do agente.

Segundo Francisco Amaral, sua razão de ser "está na proteção que o direito dispensa aos interesses particulares. Depende da manifestação judicial. Diversamente do negócio jurídico nulo, o anulável produz efeitos até ser anulado em ação (CC, art. 177), para a qual são legitimados os interessados no ato, isto é, as pessoas prejudicadas e em favor de quem o ato se deve tornar ineficaz"[9].

A anulabilidade, por não concernir a questões de interesse geral, de ordem pública, como a nulidade, é prescritível e admite confirmação, como forma de sanar o defeito que a macula.

4.2. Causas de anulabilidade

Declara o art. 171 do Código Civil que, "*além dos casos expressamente declarados na lei, é anulável o negócio jurídico: I – por incapacidade relativa do agente; II – por vício resultante de erro, dolo, coação, estado de perigo, lesão ou fraude contra credores*".

Embora não mencionada, é também causa de anulabilidade a falta de assentimento de outrem que a lei estabeleça como requisito de validade, como, por exemplo, nos casos que um cônjuge só pode praticar com a anuência do outro, ou que o ascendente depende do consentimento do descendente[10].

---

[9] *Direito civil*, cit., 2018, p. 632.

[10] Francisco Amaral, *Direito civil*, cit., p. 522; Marcos Bernardes de Mello, *Teoria do fato*

O art. 4º do Código Civil, com a redação dada pela Lei n. 13.146, de 6 de julho de 2015, elenca as pessoas relativamente incapazes, sujeitas à tutela (art. 1.728) e à curatela (art. 1.767): os maiores de 16 e menores de 18 anos; os ébrios habituais e os viciados em tóxico; aqueles que, por causa transitória ou permanente, não puderem exprimir sua vontade; e os pródigos.

Os defeitos do negócio jurídico mencionados no inciso II do citado art. 171 estão disciplinados nos arts. 138 a 165 do Código Civil, anotando-se que a simulação, que integrava esse rol no diploma de 1916, foi deslocada para o capítulo ora em estudo, como causa de nulidade do negócio jurídico (CC, art. 167).

5. *Diferenças entre nulidade e anulabilidade*

Além das já mencionadas, outras diferenças entre *anulabilidade* e *nulidade* podem ser apontadas:

a) A primeira é decretada no interesse privado da pessoa prejudicada. Nela não se vislumbra o interesse público, mas a mera conveniência das partes. A segunda é de ordem pública e decretada no interesse da própria coletividade.

b) A anulabilidade pode ser suprida pelo juiz, a requerimento das partes (CC, art. 168, parágrafo único, *a contrario sensu*), ou sanada, expressa ou tacitamente, pela confirmação (art. 172). Quando a anulabilidade do ato resultar da falta de autorização de terceiro, será validado se este a der posteriormente (art. 176). A nulidade não pode ser sanada pela confirmação, nem suprida pelo juiz. O Código Civil atual, para atender à melhor técnica, substituiu o termo "ratificação" por "confirmação".

A confirmação pode ser expressa ou tácita e retroage à data do ato. *Expressa* quando há uma declaração de vontade que contenha a substância do negócio celebrado, sendo necessário que a vontade de mantê-lo seja explícita (art. 173), devendo observar a mesma forma do ato praticado. *Tácita* quando a obrigação já foi cumprida em parte pelo devedor, ciente do vício que a inquinava (art. 174), ou quando deixa consumar-se a decadência de seu direito. Expressa ou tácita, importa a extinção de todas as ações, ou exceções, de que dispusesse o devedor contra o negócio anulável (art. 175).

---

jurídico. Plano da validade, p. 107; Renan Lotufo, *Código Civil comentado*, v. 1, p. 474.

A confirmação não poderá, entretanto, ser efetivada se prejudicar terceiro (CC, art. 172). Seria a hipótese, por exemplo, da venda de imóvel feita por relativamente incapaz, sem estar assistido, e que o vendeu também a terceiro, assim que completou a maioridade. Neste caso, não poderá confirmar a primeira alienação, para não prejudicar os direitos do segundo adquirente.

c) A anulabilidade não pode ser pronunciada de ofício. Depende de provocação dos interessados (CC, art. 177) e não opera antes de julgada por sentença. O efeito de seu reconhecimento é, portanto, *ex nunc*. A nulidade, ao contrário, *deve* ser pronunciada de ofício pelo juiz (CC, art. 168, parágrafo único) e seu efeito é *ex tunc*, pois retroage à data do negócio, para lhe negar efeitos. A manifestação judicial neste caso é, então, de natureza meramente declaratória.

Na anulabilidade, a sentença é de natureza desconstitutiva, pois o negócio anulável vai produzindo efeitos, até ser pronunciada a sua invalidade. A anulabilidade, assim, deve ser pleiteada em ação judicial. A nulidade quase sempre opera de pleno direito e deve ser pronunciada de ofício pelo juiz, quando conhecer do negócio jurídico ou dos seus efeitos e a encontrar provada (art. 168, parágrafo único). Somente se justifica a propositura de ação para esse fim quando houver controvérsia sobre os fatos constitutivos da nulidade (dúvida sobre a existência da própria nulidade). Se tal não ocorre, ou seja, se ela consta do instrumento, ou se há prova literal, o juiz a pronuncia de ofício.

d) A anulabilidade só pode ser alegada pelos interessados, isto é, pelos prejudicados (o relativamente incapaz e o que manifestou vontade viciada), sendo que os seus efeitos aproveitam apenas aos que a alegaram, salvo o caso de solidariedade, ou indivisibilidade (CC, art. 177). A nulidade pode ser alegada por qualquer interessado, em nome próprio, ou pelo Ministério Público, quando lhe couber intervir, em nome da sociedade que representa (CC, art. 168, *caput*).

O menor, entre 16 e 18 anos, não pode, para eximir-se de uma obrigação, invocar a sua idade se dolosamente a ocultou quando inquirido pela outra parte, ou se, no ato de obrigar-se, espontaneamente declarou-se maior (CC, art. 180), perdendo, por isso, a proteção da lei.

e) Ocorre a decadência da anulabilidade em prazos mais ou menos curtos. Quando a lei dispuser que determinado ato é anulável, sem estabelecer prazo para pleitear-se a anulação, será este de dois anos, a contar da data da conclusão do ato (CC, art. 179). Negócio nulo não se valida com o decurso do tempo nem é suscetível de confirmação (CC, art. 169). Mas a alegação do direito pode esbarrar na usucapião consumada em favor do terceiro.

f) O negócio anulável produz efeitos até o momento em que é decretada a sua invalidade. O efeito dessa decretação é, pois, *ex nunc* (natureza desconstitutiva). O ato nulo não produz nenhum efeito (*quod nullum est nullum producit effectum*). O pronunciamento judicial de nulidade produz efeitos *ex tunc*, isto é, desde o momento da emissão da vontade (natureza declaratória).

Deve-se ponderar, porém, que a afirmação de que o ato nulo não produz nenhum efeito não tem um sentido absoluto e significa, na verdade, que é destituído dos efeitos que normalmente lhe pertencem. Isto porque, algumas vezes, determinadas consequências emanam do ato nulo, como ocorre no casamento putativo. Outras vezes, a venda nula não acarreta a transferência do domínio, mas vale como causa justificativa da posse de boa-fé. No direito processual, a citação nula por incompetência do juiz interrompe a prescrição e constitui o devedor em mora (CPC, art. 240).

Durante a vigência do Código Civil de 1916 divergiam os doutrinadores no tocante à prescrição dos negócios nulos, em virtude da inexistência de regra expressa a respeito. Enquanto alguns defendiam a imprescritibilidade, outros entendiam que a prescrição se consumava no prazo máximo previsto no art. 177 do aludido diploma, que era de vinte anos.

O Código Civil de 2002, todavia, declara expressamente a *imprescritibilidade* do negócio jurídico nulo no art. 169, do seguinte teor: "*O negócio jurídico nulo não é suscetível de confirmação, nem convalesce pelo decurso do tempo*". Portanto, afastadas as dúvidas, não cabe mais nenhuma discussão a respeito desse assunto. Mas, como oportunamente ressalvado, a alegação do direito pode esbarrar na usucapião consumada em favor do terceiro.

6. Disposições especiais

"*A invalidade do instrumento não induz a do negócio jurídico sempre que este puder provar-se por outro meio*" (CC, art. 183). Assim, por exemplo, a nulidade da escritura de mútuo de pequeno valor não invalida o contrato, porque pode ser provado por testemunhas. Mas será diferente se a escritura pública for da substância do ato, como no contrato de mútuo com garantia hipotecária.

Dispõe o art. 184, primeira parte, que, "*respeitada a intenção das partes, a invalidade parcial de um negócio jurídico não o prejudicará na parte válida, se esta for separável*". Trata-se de aplicação do princípio *utile per inutile non vitiatur*. Assim, por exemplo, se o testador, ao mesmo tempo em que dispôs de seus bens para depois de sua morte, aproveitou a cédula testamentária para reconhecer filho havido fora do casamento, invalidada esta por inobservância das formalidades legais, não será prejudicado o referido reconhecimento, que pode ser feito até por instrumento particular, sem formalidades (CC, art. 1.609, II). A invalidade da hipoteca também, por falta de outorga uxória, impede a constituição do ônus real, mas é aproveitável como confissão de dívida.

O referido art. 184 ainda prescreve, na segunda parte, que "*a invalidade da obrigação principal implica a das obrigações acessórias, mas a destas não induz a da obrigação principal*". A regra consiste em aplicação do princípio *accessorium sequitur suum principale*, acolhido pelo Código Civil. Assim, a nulidade da obrigação principal acarreta a nulidade da cláusula penal e a da dívida contratada acarreta a da hipoteca. Mas a nulidade da obrigação acessória não importa a da obrigação principal.

Tratando dos efeitos da invalidação do negócio jurídico, dispõe o art. 182 do Código Civil que, "*anulado o negócio jurídico*" (havendo nulidade ou anulabilidade), "*restituir-se-ão as partes ao estado em que antes dele se achavam, e, não sendo possível restituí-las, serão indenizadas com o equivalente*". A parte final aplica-se às hipóteses em que a coisa não mais existe ou foi alienada a terceiro de boa-fé. Registre-se que a Min. Maria Isabel Gallotti, do Supremo Tribunal Federal, em decisão monocrática, referindo-se aos efeitos da anulabilidade no plano da eficácia, ponderou: "Como se observa, o art. 182 do CC/2002 reza que os efeitos do negócio jurídico inválido devem cessar a partir da sua anulação, se anuláveis, ou não devem produzir efeitos, se nulos. Ressalte-se que é comando imperativo da parte final do art. 182 do CC/2002 a restituição das partes ao estado anterior, ou se impossível a restituição, que haja indenização com o equivalente, como consequência dos efeitos retro-operantes da nulidade ou anulabilidade de qualquer negócio jurídico. Isso porque a restituição das partes ao estado anterior é inerente à eficácia da restituitória contida na decisão judicial, sob pena de flagrante injustiça, mesmo em se tratando de anulabilidade de negócio jurídico" (REsp 1.420.839-MG, j. em 7-10-2016).

O Código abre exceção em favor dos incapazes, ao dispor que "*ninguém pode reclamar o que, por uma obrigação anulada, pagou a um incapaz, se não provar que reverteu em proveito dele a importância paga*" (art. 181). As obrigações contraídas com absolutamente incapazes são nulas; e anuláveis, se a incapacidade for relativa. Cabe ao incapaz, protegido pela lei, e não a quem com ele contratou, o direito de pedir a anulação do negócio.

Os efeitos por este produzidos ficam vedados a partir da anulação. Provado, porém, que o pagamento nulo reverteu em proveito do incapaz, determina-se a restituição, porque ninguém pode locupletar-se à custa alheia. Sem tal prova, mantém-se inalterada a situação. O ônus da prova incumbe a quem pagou.

A teoria das nulidades do negócio jurídico sofre algumas exceções, quando aplicada ao casamento. Assim, embora os negócios nulos não produzam efeitos, o casamento putativo produz alguns. Malgrado a nulidade deva ser decretada de ofício pelo juiz, a decretação de nulidade do casamento do enfermo mental que não tenha o necessário discernimento, e do celebrado com infringência a impedimento, pode ser promovida mediante ação direta, por qualquer interessado, ou pelo Ministério Público (CC, art. 1.549).

7. Conversão do negócio jurídico

O art. 169 do atual Código Civil, que não constava do anterior, proclama que "*o negócio jurídico nulo não é suscetível de confirmação, nem convalesce pelo decurso do tempo*". Mas admite-se a sua conversão, por força do também novo art. 170, que prescreve: "*Se, porém, o negócio jurídico nulo contiver os requisitos de outro, subsistirá este quando o fim a que visavam as partes permitir supor que o teriam querido, se houvessem previsto a nulidade*".

Introduz-se, assim, a *conversão* do negócio nulo em um outro, de natureza diversa, desde que se possa inferir que a vontade das partes era realizar o negócio subjacente.

Giuseppe Satta, citado por João Alberto Schutzer Del Nero, traça o perfil jurídico da conversão nestes termos: "Na linguagem comum, entende-se por conversão o ato por força do qual, em caso de nulidade do negócio jurídico querido principalmente, abre-se às partes o caminho para fazer valer outro, que se apresenta como que compreendido no primeiro e encontra nos escombros (*rovine*) deste os requisitos necessários para a sua existência, de que seriam exemplos: a) uma venda simulada, que poderia conter os requisitos de uma doação; e b) um ato público nulo, que poderia conter os requisitos de uma escritura privada"[11].

O instituto da conversão permite que, observados certos requisitos, se transforme um negócio jurídico, em princípio nulo, em outro, para propiciar a consecução do resultado prático que as partes visavam com ele alcançar. Assim, por exemplo, poder-se-á transformar um contrato de compra e venda, nulo por defeito de forma, em compromisso de compra e venda, ou a aceitação intempestiva em proposta.

---

[11] *Conversão substancial do negócio jurídico*, p. 299-300.

Dois são os requisitos a serem observados: a) o *objetivo*, concernente à necessidade de que o segundo negócio, em que se converteu o nulo, tenha por suporte os mesmos elementos fáticos deste; e b) o *subjetivo*, relativo à intenção das partes de obter o efeito prático resultante do negócio em que se converte o inválido.

A propósito, proclama o Enunciado 13 da I Jornada de Direito Civil promovida pelo Conselho da Justiça Federal: "O aspecto objetivo da conversão requer a existência do suporte fático no negócio a converter-se".

A SIMULAÇÃO

Sumário: 8. Conceito. 9. Características da simulação. 10. Espécies de simulação. 11. Hipóteses legais de simulação. 12. Efeitos da simulação. 13. Simulação e institutos afins.

8. Conceito

Simulação é uma declaração falsa, enganosa, da vontade, visando aparentar negócio diverso do efetivamente desejado. Ou, na definição de CLÓVIS, "é uma declaração enganosa da vontade, visando produzir efeito diverso do ostensivamente indicado"[12].

Simular significa fingir, enganar. Negócio simulado, assim, é o que tem aparência contrária à realidade. A simulação é produto de um conluio entre os contratantes, visando obter efeito diverso daquele que o negócio aparenta conferir. Não é vício do consentimento, pois não atinge a vontade em sua formação. É uma desconformidade consciente da declaração, realizada de comum acordo com a pessoa a quem se destina, com o objetivo de enganar terceiros ou fraudar a lei[13].

Trata-se, em realidade, de vício social. A *causa simulandi* tem as mais diversas procedências e finalidades. Ora visa a burlar a lei, especialmente a de ordem pública, ora a fraudar o Fisco, ora a prejudicar a credores, ora até a guardar em reserva determinado negócio. A multifária gama de situações que pode abranger e os seus nefastos efeitos levaram o legislador a

---

[12] Clóvis Beviláqua, *Código Civil dos Estados Unidos do Brasil comentado*, 6. ed., 1940, art. 102.

[13] Francisco Amaral, *Direito civil*, cit., p. 494-495.

deslocar a simulação do capítulo concernente aos defeitos do negócio jurídico para o da invalidade, como causa de nulidade.

Como ilustra WASHINGTON DE BARROS MONTEIRO, urde-se a simulação com mais frequência do que se pensa; com ela tropeçamos a todo instante, sob as roupagens mais diferentes. Não só na vida social, como também na judicial e na extrajudicial ela é comum. Nos repertórios de jurisprudência numerosas as alusões a dívidas forjadas e a atos simulados, sobre os quais juízes e tribunais são chamados a se pronunciar.

Extrajudicialmente, aduz o mestre, testemunham-se atos como ocultação do verdadeiro preço da coisa no contrato de compra e venda, antedata de documento, realização de negócio jurídico mediante interposição de pessoa, sonegação. Como bem diz CUNHA GONÇALVES, "encontra-se na simulação toda a gama de motivos, desde o extremo do escrúpulo de consciência até o da absoluta falta de escrúpulos"[14].

9. *Características da simulação*

A simulação apresenta as seguintes características:

a) *É, em regra, negócio jurídico bilateral*, sendo os contratos o seu campo natural. Resulta do acordo entre duas partes, para lesar terceiro ou fraudar a lei. Todavia, pode ocorrer também, embora a hipótese seja rara, nos negócios unilaterais, desde que se verifique ajuste simulatório entre o declarante e a pessoa que suporta os efeitos do negócio, como destinatária da declaração. De modo geral, podem ser objeto de simulação todos os negócios jurídicos bilaterais e unilaterais em que exista declaração receptícia de vontade, isto é, a que se dirige a determinadas pessoas, produzindo efeitos a partir de sua ciência[15].

b) *É sempre acordada com a outra parte, ou com as pessoas a quem ela se destina*. Difere do dolo, porque neste a vítima participa da avença, sendo, porém, induzida em erro. Na simulação, a vítima lhe é estranha. É chamada de vício social, como foi dito, porque objetiva iludir terceiros ou violar a lei.

---

[14] *Tratado de direito civil*, v. 1, p. 217-218.

[15] Washington de Barros Monteiro, *Curso*, cit., v. 1, p. 218; Eduardo Espínola, *Manual do Código Civil brasileiro*, de Paulo de Lacerda, v. 3, p. 470; Francisco Amaral, *Direito civil*, cit., 2018, p. 626.

c) *É uma declaração deliberadamente desconforme com a intenção.* As partes, maliciosamente, disfarçam seu pensamento, apresentado sob aparência irreal ou fictícia.

d) *É realizada com o intuito de enganar terceiros ou fraudar a lei.*

10. Espécies de simulação

A doutrina distingue duas espécies de simulação, a absoluta e a relativa, havendo quem mencione uma terceira modalidade, a *ad personam*. É também classificada em inocente e fraudulenta.

Na *simulação absoluta* as partes na realidade não realizam nenhum negócio. Apenas fingem, para criar uma aparência, uma ilusão externa, sem que na verdade desejem o ato (*colorem habens, substantiam vero nullam*). Diz-se absoluta porque a declaração de vontade se destina a não produzir resultado, ou seja, deveria ela produzir um resultado, mas o agente não pretende resultado nenhum.

Em geral, essa modalidade destina-se a prejudicar terceiro, subtraindo os bens do devedor à execução ou partilha. Exemplos: a emissão de títulos de crédito em favor de amigos e posterior dação em pagamento de bens, em pagamento desses títulos, por marido que pretende se separar da esposa e subtrair da partilha tais bens; a falsa confissão de dívida perante amigo, com concessão de garantia real, para esquivar-se da execução de credores quirografários.

Nos dois exemplos, o simulador não realizou nenhum negócio verdadeiro com os amigos, mas apenas fingiu, simulou.

Na *simulação relativa*, as partes pretendem realizar determinado negócio, prejudicial a terceiro ou em fraude à lei. Para escondê-lo, ou dar-lhe aparência diversa, realizam outro negócio (*negotium colorem habet, substantiam vero alteram*). Compõe-se, pois, de dois negócios: um deles é o *simulado*, aparente, destinado a enganar; o outro é o *dissimulado*, oculto, mas verdadeiramente desejado. O negócio aparente, simulado, serve apenas para ocultar a efetiva intenção dos contratantes, ou seja, o negócio real.

É o que acontece, por exemplo, quando o homem casado, para contornar a proibição legal de fazer doação à concubina, simula a venda a um terceiro, que transferirá o bem àquela; ou quando, para pagar imposto menor e burlar o Fisco, as partes passam a escritura por preço inferior ao real.

Simulação não se confunde, pois, com *dissimulação*, embora em ambas haja o propósito de enganar. Na simulação, procura-se aparentar o que não existe; na dissimulação, oculta-se o que é verdadeiro. Na simulação, há o propósito de enganar sobre a existência de situação não verdadeira; na dissimulação, sobre a inexistência de situação real.

O Código Civil atual, como já explicado, afastou-se, ao disciplinar a simulação, do sistema observado pelo anterior, não mais a tratando como defeito, ou vício social, que acarreta a anulabilidade do negócio jurídico. No regime atual, a simulação, seja a relativa, seja a absoluta, acarreta a *nulidade* do negócio simulado. Se relativa, subsistirá o negócio dissimulado, se válido for na substância e na forma.

Com efeito, dispõe o art. 167 do Código Civil:

"*Art. 167. É nulo o negócio jurídico simulado, mas subsistirá o que se dissimulou, se válido for na substância e na forma*".

A segunda parte do dispositivo refere-se à simulação relativa, também chamada de dissimulação; a primeira, à simulação absoluta. Assim, no exemplo da escritura pública lavrada por valor inferior ao real, anulado o valor aparente, subsistirá o real, dissimulado, porém lícito.

Ressalvam-se, porém, "*os direitos de terceiros de boa-fé em face dos contraentes do negócio jurídico simulado*" (art. 167, § 2º).

A expressa proteção aos direitos de terceiros de boa-fé em face do negócio simulado constitui importante inovação, que era recomendada pela doutrina, como se pode verificar pela manifestação de EDUARDO ESPÍNOLA: "Pode afirmar-se que as legislações modernas, em sua universalidade, da mesma sorte que a doutrina contemporânea e os tribunais de todos os países civilizados, têm sancionado, com igual firmeza, o princípio da inoponibilidade do ato simulado aos terceiros de boa-fé"[16].

O art. 104 do Código Civil de 1916 não permitia ação de um simulador contra outro. Se, no primeiro exemplo sobre simulação absoluta retromencionado, os amigos a quem o marido simulou fazer dações em pagamento de bens do casal se negassem, depois de sua separação judicial, a lhe transferir os referidos bens, conforme haviam combinado, não teria este ação contra aqueles, entendendo-se que ninguém pode beneficiar-se da própria torpeza (*nemo auditur propriam turpitudinem allegans*).

Todavia, o atual Código, como assinala MOREIRA ALVES, "ressalvando os direitos de terceiros de boa-fé em face dos contraentes do negócio jurídico simulado, admite, como decorrência mesma da nulidade, que a simulação possa ser invocada pelos simuladores em litígio de um contra o outro, ao contrário do que reza o art. 104 do Código de 1916"[17].

Com efeito, se a simulação acarreta a nulidade do negócio jurídico e, portanto, deve ser decretada de ofício pelo juiz quando a encontrar provada

[16] Apud Custódio da Piedade U. Miranda, *A simulação no direito civil brasileiro*.

[17] *A Parte Geral*, cit., p. 114.

(CC, art. 168, parágrafo único), a ação movida por um simulador contra o outro possibilitará que esse fato venha a ocorrer.

Diz-se que a simulação é *ad personam* ou *por interposição de pessoa* quando o negócio é real, mas a parte é aparente, denominada testa-de-ferro, homem-de-palha ou presta-nome[18].

Não mais se distingue a simulação *inocente* da *fraudulenta* ou *maliciosa*. O art. 103 do Código Civil revogado considerava inocente a simulação quando não houvesse intenção de prejudicar a terceiros, ou de violar disposição de lei. Seria fraudulenta, e defeito do negócio jurídico, quando houvesse essa intenção (art. 104). No primeiro caso, não constituía defeito do negócio jurídico (hipótese, p. ex., de doação feita pelo homem solteiro à sua concubina, mas sob a forma de venda). Como não havia nenhum impedimento legal para essa doação, a concretização do ato sob a forma de venda era considerada simulação inocente, por não objetivar a fraude à lei. Se inocente o fingimento, o negócio simulado prevalecia ainda que revelada a simulação.

Já observava Silvio Rodrigues que "tal orientação era contra a opinião de toda a doutrina e colide com a legislação dos demais países. Uma e outra entendem que, no caso de simulação inocente, esta pode ser declarada a pedido de qualquer das partes, a fim de tornar sem efeito o ato simulado"[19].

Ao disciplinar a simulação, apartou-se o atual Código inteiramente do sistema observado pelo diploma de 1916. Assevera Moreira Alves, a propósito: "Não mais se distingue a simulação inocente da fraudulenta; ambas conduzem ao mesmo resultado: nulidade do negócio simulado, e subsistência do dissimulado, se for o caso"[20].

11. Hipóteses legais de simulação

Dispõe o § 1º do art. 167 do Código Civil:

"*Art. 167. (...)*

§ 1º Haverá simulação nos negócios jurídicos quando:

I – aparentarem conferir ou transmitir direitos a pessoas diversas daquelas às quais realmente se conferem, ou transmitem;

[18] Renan Lotufo, *Código Civil*, cit., p. 464.

[19] *Direito civil*, cit., v. 1, p. 301.

[20] *A Parte Geral*, cit., p. 113-114.

II – contiverem declaração, confissão, condição ou cláusula não verdadeira;

III – os instrumentos particulares forem antedatados, ou pós-datados".

Em outras palavras, prescreve o aludido dispositivo que haverá simulação: a) por *interposição de pessoa* (relembre-se o exemplo do terceiro, que adquire bem do homem casado e o transfere à concubina deste); b) por *ocultação da verdade*, na declaração (declaração de valor inferior, na escritura, ao real); c) por *falsidade de data*.

Nos negócios por interposição de pessoa aparece a figura do "testa-de-ferro", não integrando a relação jurídica o real beneficiário da negociação.

Tendo em vista a dificuldade para se provar o ardil, o expediente astucioso, admite-se a *prova* da simulação por *indícios* e *presunções* (CPC/39, art. 252; CPC/73, arts. 332 e 335; CPC/2015, arts. 369 e 375).

12. Efeitos da simulação

Como já assinalado, o atual Código Civil alterou substancialmente a disciplina desse instituto, sem, no entanto, desnaturar seus fundamentos básicos.

Topograficamente, retirou a simulação do capítulo concernente aos defeitos do negócio jurídico, deslocando-o para o alusivo à invalidade, considerando-o causa de nulidade e não de anulabilidade, como fazia o diploma de 1916.

Dispõe, com efeito, expressamente, o art. 167 do Código de 2002 que "*é nulo o negócio jurídico simulado, mas subsistirá o que se dissimulou, se válido for na substância e na forma*".

Desse modo, a simulação, no sistema inaugurado aos 11 de janeiro de 2003, acarreta a nulidade do negócio simulado. Mas, em caso de simulação relativa, o negócio dissimulado poderá subsistir se for válido na substância e na forma[21].

13. Simulação e institutos afins

A simulação distingue-se dos demais defeitos do negócio jurídico.

No *erro*, o agente tem uma falsa noção do objeto da relação e se engana sozinho. Diz-se que a divergência entre a vontade declarada e o íntimo querer do agente é espontânea.

---

21 Maria Helena Diniz, *Curso*, cit., v. 1, p. 549.

No *dolo*, o prejudicado é maliciosamente induzido em erro. Não bastasse, participa diretamente das negociações, enquanto na simulação participam somente os simuladores. A vítima é lesada, sem integrar a relação jurídica simulada.

Na *coação*, o coacto é forçado, mediante grave ameaça, a praticar o ato ou celebrar o negócio. Na simulação, todavia, há um acordo de vontades, com o escopo de enganar terceiros.

Difere ainda a simulação da *reserva mental*, pelo fato de nesta não existir um acordo entre as partes para enganar terceiros, apenas uma declaração não conforme à sua vontade para o fim de enganar o declaratário[22].

Ressalte-se que o Código Civil português manda aplicar, quando o declaratário conhece a reserva, o regime da simulação, considerando nula a declaração. No sistema do atual Código Civil brasileiro, porém, configura-se a hipótese de ausência de vontade, considerando-se inexistente o negócio jurídico (art. 110).

A simulação distingue-se também do *estado de perigo*, que decorre da necessidade do agente de salvar-se, ou a pessoa de sua família, de grave dano, levando-o a assumir obrigação excessivamente onerosa.

Não se confunde, igualmente, com a lesão, que se configura quando alguém obtém um lucro exagerado, aproveitando-se da inexperiência ou da situação de necessidade do outro contratante. Nos dois últimos vícios do consentimento, a vítima participa diretamente do negócio, o que não sucede na simulação.

Segundo o art. 169 do Código Civil, "*O negócio jurídico nulo não é suscetível de confirmação, nem convalesce pelo decurso do tempo*". No tocante aos efeitos do tempo sobre o negócio jurídico simulado entende-se que "a simulação gera nulidade absoluta do negócio jurídico simulado, insuscetível, portanto, de prescrição ou decadência, nos termos dos arts. 167 e 169 do CC/2002"[23].

---

[22] Francisco Amaral, *Direito civil*, cit., 2018, p. 625.

[23] STJ, EDcl no AgRg no Ag 1.268.297-RS, 4ª T., rel. Min. Antonio Carlos Ferreira, j. 28-5-2019.

Título II

DOS ATOS JURÍDICOS LÍCITOS

Sumário: 1. Disposições aplicáveis. 2. Críticas à inovação.

1. Disposições aplicáveis

Dispõe o art. 185 do Código Civil:

"*Art. 185. Aos atos jurídicos lícitos, que não sejam negócios jurídicos, aplicam-se, no que couber, as disposições do Título anterior*".

Moreira Alves, discorrendo sobre o aludido dispositivo, que constitui inovação, observa que não se pode negar a existência de atos jurídicos a que os preceitos que regulam a vontade negocial não têm inteira aplicação.

Atento a essa circunstância, aduz: "O Projeto de Código Civil brasileiro, no Livro III de sua Parte Geral, substituiu a expressão genérica *ato jurídico*, que se encontra no Código em vigor, pela designação específica *negócio jurídico*, pois é a este, e não necessariamente àquele, que se aplicam todos os preceitos ali constantes. E, no tocante aos atos jurídicos lícitos que não são negócios jurídicos, abriu-lhes um título, com artigo único, em que se determina que se lhes apliquem, no que couber, as disposições disciplinadoras do negócio jurídico. Seguiu-se, nesse terreno, a orientação adotada, a propósito, no art. 295º do Código Civil português de 1967"[1].

2. Críticas à inovação

A inovação sofreu críticas durante a tramitação legislativa do Projeto, às quais a Comissão Revisora respondeu, dizendo ser ela utilíssima[2].

---

[1] *A Parte Geral do Projeto de Código Civil brasileiro,* p. 97-98.

Dispõe o art. 295º do Código Civil português: "Aos actos jurídicos que não sejam negócios jurídicos são aplicáveis, na medida em que a analogia das situações justifique, as disposições do capítulo precedente".

[2] Foi apresentada, na Câmara dos Deputados, emenda supressiva do atual art. 185 do Código de 2002, a de n. 237, sob a alegação de que, além de não ter sentido prático na contextura

Os atos jurídicos em geral são ações humanas lícitas ou ilícitas. *Lícitos* são os atos humanos a que a lei defere os efeitos almejados pelo agente. Praticados em conformidade com o ordenamento jurídico, produzem efeitos jurídicos voluntários, queridos pelo agente. Os *ilícitos*, por serem praticados em desacordo com o prescrito no ordenamento jurídico, embora repercutam na esfera do direito, produzem efeitos jurídicos involuntários, mas impostos por esse ordenamento. Em vez de direitos, criam deveres. Hoje se admite que os atos ilícitos integram a categoria dos atos jurídicos, pelos efeitos que produzem (geram a obrigação de reparar o prejuízo – CC, arts. 186, 187 e 927).

Os atos jurídicos lícitos dividem-se em: ato jurídico em sentido estrito, negócio jurídico e ato-fato jurídico. Como as ações humanas que produzem efeitos jurídicos demandam disciplina diversa, conforme a lei lhes atribua consequências, com base no maior ou menor relevo que confira à vontade de quem as pratica, o atual Código Civil adotou a técnica moderna de distinguir, de um lado, o negócio jurídico, que exige vontade qualificada (contrato de compra e venda, p. ex.), e, de outro, os demais atos jurídicos

---

do Código, a distinção entre negócios jurídicos e atos jurídicos em sentido estrito é controvertida na doutrina, razão por que o artigo seria dispensável. Na doutrina, José Paulo Cavalcanti, em candente crítica, disse, entre outras coisas, que "cumpria ao Projeto estabelecer a disciplina da figura supostamente autônoma, o que não fez" (*Sobre o Projeto do Código Civil: Exposição ao Instituto dos Advogados Brasileiros*, Recife, 1978, p. 32 e s.). A esses argumentos, respondeu a Comissão Revisora: "Disciplinando-se uma das espécies de ato jurídico, ou seja, o negócio jurídico (que é a mais importante delas), é necessário dizer que, no que couber, essas regras se aplicam às demais espécies de atos jurídicos que não sejam negócios jurídicos. Como, pois, dizer-se que a regra não tem sentido prático? E o fato de ser controvertida – como acentua a justificativa – a distinção entre negócio jurídico e ato jurídico em sentido estrito só é verdadeiro na medida em que uns raros autores atacam a distinção, que hoje domina francamente, e já foi acolhida pelo novíssimo Código Civil português. Se a renitência de uns poucos for empecilho para que a ciência avance, esta jamais progredirá. Ocupação é ato jurídico; contrato é ato jurídico – haverá quem pretenda que ambos se disciplinem exatamente pelos mesmos princípios? É cabível, por exemplo, falar-se em fraude contra credores em matéria de ocupação? Um menor de 16 anos que pesca, não se torna dono do peixe? Ou alguém pretenderá que o ato de apoderamento é nulo, como seria o contrato celebrado por esse menor? Que a distinção entre os atos jurídicos existe, não há dúvida de que existe, embora nem sempre seja fácil classificar um determinado ato nesta ou naquela categoria. Mas, ninguém nega a diferença entre direito real e direito pessoal, embora haja entre eles uma zona cinzenta" (José Carlos Moreira Alves, *A Parte Geral*, cit., p. 149-150).

lícitos (*v.* Liv. III, Tít. I, Cap. IV, n. 24, *retro*): o ato jurídico em sentido estrito (ocupação decorrente da pesca, p. ex., em que basta a simples intenção de tornar-se proprietário da *res nullius*, que é o peixe) e o ato-fato jurídico (encontro de tesouro, que demanda apenas o ato material de achar, independentemente da vontade ou consciência do inventor).

Aos dois últimos manda o Código aplicar, apenas no que couber (não se pode falar em fraude contra credores em matéria de ocupação, p. ex.), os princípios disciplinadores do negócio jurídico.

Título III
DOS ATOS ILÍCITOS

Sumário: 1. Conceito. 2. Responsabilidade contratual e extracontratual. 3. Responsabilidade civil e responsabilidade penal. 4. Responsabilidade subjetiva e responsabilidade objetiva. 5. Imputabilidade e responsabilidade. 5.1. A responsabilidade dos privados de discernimento. 5.2. A responsabilidade dos menores. 6. Pressupostos da responsabilidade extracontratual. 6.1. Ação ou omissão. 6.2. Culpa ou dolo do agente. 6.3. Relação de causalidade. 6.4. Dano. 7. Atos lesivos não considerados ilícitos. 7.1. A legítima defesa. 7.2. O exercício regular e o abuso de direito. 7.3. O estado de necessidade.

O título referente aos atos ilícitos, no Código Civil, contém apenas três artigos: o 186, o 187 e o 188. Mas a verificação da culpa e a avaliação da responsabilidade regulam-se pelos arts. 927 a 943 ("Da obrigação de indenizar") e 944 a 954 ("Da indenização").

1. Conceito

Ato ilícito é o praticado com infração ao dever legal de não lesar a outrem. Tal dever é imposto a todos no art. 186, que prescreve: "*Aquele que, por ação ou omissão voluntária, negligência ou imprudência, violar direito e causar dano a outrem, ainda que exclusivamente moral, comete ato ilícito*". Também o comete aquele que pratica *abuso de direito*, ou seja, "*o titular de um direito que, ao exercê-lo, excede manifestamente os limites impostos pelo seu fim econômico ou social, pela boa-fé ou pelos bons costumes*" (art. 187). Em consequência, o autor do dano fica obrigado a repará-lo (art. 927).

Ato ilícito é, portanto, fonte de obrigação: a de indenizar ou ressarcir o prejuízo causado. É praticado com infração a um dever de conduta, por meio de ações ou omissões culposas ou dolosas do agente, das quais resulta dano para outrem.

O Código atual aperfeiçoou o conceito de ato ilícito, ao dizer que o pratica quem "violar direito *e* causar dano a outrem" (art. 186), substituindo o "ou" ("violar direito *ou* causar dano a outrem"), que constava do art. 159 do diploma anterior. Com efeito, o elemento subjetivo da culpa é o dever violado. A responsabilidade é uma reação provocada pela infração a um dever preexistente. No entanto, ainda mesmo que haja violação de um dever jurídico e que tenha havido culpa, e até mesmo dolo, por parte do infrator, nenhuma indenização será devida, uma vez que não se tenha verificado prejuízo.

Se, por exemplo, o motorista comete várias infrações de trânsito, mas não atropela nenhuma pessoa nem colide com outro veículo, nenhuma indenização será devida, malgrado a ilicitude de sua conduta. A obrigação de indenizar decorre, pois, da existência da violação de direito *e* do dano, concomitantemente.

Pondera Sérgio Cavalieri Filho que o ato ilícito, tal como o lícito, é também uma manifestação de vontade, uma conduta humana voluntária, só que contrária à ordem jurídica. Observa que, todavia, enquanto os atos jurídicos podem se restringir a meras declarações de vontade, como, por exemplo, prometer fazer ou contratar etc., o ato ilícito é sempre uma *conduta* voluntária. Se é ato, nunca o ato ilícito consistirá numa simples declaração de vontade. Importa dizer que ninguém pratica ato ilícito simplesmente porque promete a outrem causar-lhe um prejuízo.

E prossegue o mencionado autor: "Em apertada síntese, *ato ilícito* é ato voluntário e consciente do ser humano que transgride um dever jurídico. Ato praticado sem consciência do que se está fazendo não pode constituir ato ilícito"[1].

O Código Civil de 2002 inovou ao desmembrar a noção de ato ilícito em três artigos: 186, 187 e 927, os dois primeiros retrotranscritos. O art. 186 corresponde ao art. 159 do diploma de 1916, que tratava do ato ilícito e da obrigação de reparar o dano conjuntamente, nos seguintes termos: "Aquele que, por ação ou omissão voluntária, negligência, ou imprudência, violar direito, ou causar prejuízo a outrem, fica obrigado a reparar o dano. A verificação da culpa e a avaliação da responsabilidade regulam-se pelo disposto neste Código, arts. 1.518 a 1.532 e 1.537 a 1.553"[2].

---

[1] *Programa de responsabilidade civil*, p. 23.

[2] Na elaboração do art. 159, o legislador de 1916 inspirou-se nos arts. 1.382 e 1.383 do Código Civil francês. Estatui o primeiro: "Todo ato, qualquer que ele seja, de homem que

O art. 186 do referido Código, todavia, tratou somente do ato ilícito, prevendo a obrigação de reparar o dano, como consequência deste, no referido art. 927.

A modificação da redação do art. 159 do Código Civil brasileiro de 1916 feita pelo art. 186 do diploma de 2002 recebeu dura crítica de Aguiar Dias, que considerou decepcionante o novo texto, afirmando: "Se o que se pretendia era tratar separadamente do ato ilícito e da reparação do dano, ao contrário do art. 159, que tratava da obrigação de reparar baseada na culpa, houve um visível excesso na definição daquele, em cujos elementos integrantes não figura o dano, requisito, sim, da obrigação de reparar. O ato ilícito pode não causar dano. É o que ensina, entre muitos, José Paulo Cavalcanti, a propósito mesmo da discussão sobre o Projeto, e o que sustenta José de Oliveira Ascensão ('Ilícito Pessoal e Responsabilidade Civil', *Revista de Direito Comparado Luso-Brasileiro*, n. 3, p. 149): '... o ilícito civil não está necessariamente associado à produção de danos. O ilícito civil surge e tem consequências civis, mesmo que porventura nenhuns danos haja a reparar'"[3].

Na realidade, malgrado exista uma corrente que não considera o dano elemento integrante do conceito de ato ilícito, grande parte da doutrina sempre o identificou, caracterizado pela lesão a um bem jurídico, como um dos elementos inafastáveis do ato ilícito, sem o qual este não existiria. Na lição de San Tiago Dantas, Orlando Gomes, Antônio Ferreira Coelho e outros, "o dano é elemento indispensável do ato ilícito, podendo alguém violar dever jurídico, e, assim, o direito de outrem, e não causar dano. Não

---

causar a outrem um dano, obriga aquele por culpa do qual veio ele a acontecer, a repará-lo". E dispõe o segundo: "Toda pessoa é responsável pelo dano que causou não somente por ato seu, mas ainda por sua negligência ou por sua imprudência".

Na mesma linha, preceitua o art. 483 do Código Civil português (Decreto-Lei n. 47.344, de 25-11-1966): "1. Aquele que, com dolo ou mera culpa, violar ilicitamente o direito de outrem ou qualquer disposição legal destinada a proteger interesses alheios, fica obrigado a indenizar o lesado pelos danos resultantes da violação. 2. Só existe obrigação de indenizar independentemente de culpa nos casos especificados na lei".

Por sua vez, proclama o art. 2.050 do Código Civil italiano: "Aquele que ocasionar prejuízo a outrem no exercício de uma atividade perigosa pela sua natureza ou pela natureza dos meios adotados, ficará obrigado à indenização se não provar ter adotado todas as medidas idôneas para evitar o prejuízo"

[3] *Da responsabilidade civil*, 10. ed., p. 30.

haveria aí ato ilícito, pois o principal efeito do ato ilícito é justamente a reparação do dano, nesta hipótese inexistente. Na célebre frase de Henri Lalou, *'pas de préjudice, pas de responsabilité civil'*. Reforçando ainda mais esta ideia, o atual Código (diferentemente do anterior, que falava em violação de direito *ou* dano) identifica o ato ilícito pela violação de direito *e* dano"[4].

2. Responsabilidade contratual e extracontratual

Uma pessoa pode causar prejuízo a outrem por descumprir uma obrigação contratual (dever contratual). Por exemplo: o ator que não comparece para dar o espetáculo contratado; o comodatário que não devolve a coisa que lhe foi emprestada porque, por sua culpa, ela pereceu. O inadimplemento contratual acarreta a responsabilidade de indenizar as perdas e danos, nos termos do art. 389 do Código Civil. Quando a responsabilidade não deriva de contrato, mas de infração ao dever de conduta (dever legal) imposto genericamente no art. 927 do mesmo diploma, diz-se que ela é *extracontratual* ou *aquiliana*.

Embora a consequência da infração ao dever legal e ao dever contratual seja a mesma (obrigação de ressarcir o prejuízo causado), o Código Civil brasileiro distinguiu as duas espécies de responsabilidade, acolhendo a teoria dualista e afastando a unitária, disciplinando a *extracontratual* nos arts. 186 e 187, sob o título de "Dos atos ilícitos", complementando a regulamentação nos arts. 927 e s., e a *contratual*, como consequência da inexecução das obrigações, nos arts. 389, 395 e s., omitindo qualquer referência diferenciadora.

No entanto, algumas diferenças podem ser apontadas:

a) A primeira, e talvez mais significativa, diz respeito ao ônus da prova. Na responsabilidade *contratual*, o inadimplemento presume-se culposo. O credor lesado encontra-se em posição mais favorável, pois só está obrigado a demonstrar que a prestação foi descumprida, sendo presumida a culpa do inadimplente [caso do passageiro de um ônibus que fica ferido em colisão deste com outro veículo, por ser contratual (contrato de adesão) a

---

[4] Carlos Young Tolomei, A noção de ato ilícito e a teoria do risco na perspectiva do novo Código Civil, in *A Parte Geral do novo Código Civil*, p. 355-356.

responsabilidade do transportador, que assume, ao vender a passagem, a obrigação de transportar o passageiro são e salvo (cláusula de incolumidade) a seu destino]; na *extracontratual*, ao lesado incumbe o ônus de provar culpa ou dolo do causador do dano (caso do pedestre, que é atropelado pelo ônibus e tem o ônus de provar a imprudência do condutor).

b) A *contratual* tem origem no descumprimento da convenção, enquanto a *extracontratual* a tem na inobservância do dever genérico de não lesar a outrem (*neminem laedere*).

c) A capacidade sofre limitações no terreno da responsabilidade *contratual*, sendo mais ampla no campo da *extracontratual*[5]. Com efeito, os atos ilícitos podem ser perpetrados por amentais e por menores e podem gerar o dano indenizável, ao passo que somente as pessoas plenamente capazes são suscetíveis de celebrar convenções válidas.

d) No tocante à gradação da culpa, a falta se apuraria de maneira mais rigorosa na responsabilidade *delitual*, enquanto na responsabilidade *contratual* ela variaria de intensidade de conformidade com os diferentes casos, sem contudo alcançar aqueles extremos a que se pudesse chegar na hipótese da culpa aquiliana, em que vige o princípio do *in lege Aquilia et levissima culpa venit*. No setor da responsabilidade contratual, a culpa obedece a um certo escalonamento, de conformidade com os diferentes casos em que ela se configure, ao passo que, na delitual, ela iria mais longe, alcançando a falta ligeiríssima[6].

3. Responsabilidade civil e responsabilidade penal

A palavra "responsabilidade" origina-se do latim *respondere*, que encerra a ideia de segurança ou garantia da restituição ou compensação do bem sacrificado. Teria, assim, o significado de recomposição, de obrigação de restituir ou ressarcir.

Entre os romanos, não havia nenhuma distinção entre responsabilidade civil e responsabilidade penal. Tudo, inclusive a compensação pecuniária, não passava de uma pena imposta ao causador do dano. A *Lex Aquilia* começou a fazer uma leve distinção: embora a responsabilidade continuasse

[5] Louis Josserand, *Derecho civil*, v. 1, p. 343, n. 455.

[6] Wilson Melo da Silva, *Da responsabilidade civil automobilística*, p. 37, n. 9.

sendo penal, a indenização pecuniária passou a ser a única forma de sanção nos casos de atos lesivos não criminosos[7].

A ilicitude é chamada de civil ou penal tendo em vista exclusivamente a norma jurídica que impõe o dever violado pelo agente. Na responsabilidade penal, o agente infringe uma norma penal, de direito público. O interesse lesado é o da sociedade. Na responsabilidade civil, o interesse diretamente lesado é o privado. O prejudicado poderá pleitear ou não a reparação. Se, ao causar dano, o agente transgride, também, a lei penal, ele torna-se, ao mesmo tempo, obrigado civil e penalmente.

A responsabilidade penal é pessoal, intransferível. Responde o réu com a privação de sua liberdade. A responsabilidade civil é patrimonial: é o patrimônio do devedor que responde por suas obrigações. Ninguém pode ser preso por dívida civil, exceto o devedor de pensão oriunda do direito de família.

A responsabilidade penal é pessoal também em outro sentido: a pena não pode ultrapassar a pessoa do delinquente. No cível, há várias hipóteses de responsabilidade por ato de outrem (cf. art. 932 do CC, p. ex.).

A tipicidade é um dos requisitos genéricos do crime. No cível, no entanto, qualquer ação ou omissão pode gerar a responsabilidade, desde que viole direito e cause prejuízo a outrem (CC, arts. 186 e 927).

A culpabilidade é bem mais ampla na área cível (a culpa, ainda que levíssima, obriga a indenizar). Na esfera criminal exige-se, para a condenação, que a culpa tenha certo grau ou intensidade. Na verdade, a diferença é apenas de grau ou de critério de aplicação, porque substancialmente a culpa civil e a culpa penal são iguais, pois têm os mesmos elementos.

A imputabilidade também é tratada de modo diverso. Somente os maiores de 18 anos são responsáveis criminalmente. No cível, o menor de 18 anos responde pelos prejuízos que causar, se as pessoas por ele responsáveis não tiverem obrigação de o fazer ou não dispuserem de meios suficientes, e se a indenização, que deverá ser equitativa, não o privar do necessário ao seu sustento, ou ao das pessoas que dele dependem (CC, art. 928, *caput* e parágrafo único).

4. Responsabilidade subjetiva e responsabilidade objetiva

A teoria clássica, também chamada de teoria da culpa ou *subjetiva*, pressupõe a culpa como fundamento da responsabilidade civil. Em não

---

[7] Cunha Gonçalves, *Tratado de direito civil*, v. 12, t. 2, p. 456 e 563.

havendo culpa, não há responsabilidade. Diz-se, pois, ser subjetiva a responsabilidade quando se esteia na ideia de culpa. A prova da culpa (em sentido lato, abrangendo o dolo ou a culpa em sentido estrito) passa a ser pressuposto necessário do dano indenizável.

A lei impõe, entretanto, a certas pessoas, em determinadas situações, a reparação de um dano cometido sem culpa. Quando isto acontece, diz-se que a responsabilidade é legal ou *objetiva*, porque prescinde da culpa e se satisfaz apenas com o dano e o nexo de causalidade. Esta teoria, dita objetiva ou do risco, tem como postulado que todo dano é indenizável, e deve ser reparado por quem a ele se liga por um nexo de causalidade, independentemente de culpa. Nos casos de responsabilidade objetiva, não se exige prova de culpa do agente para que seja obrigado a reparar o dano.

Uma das teorias que procuram justificar a responsabilidade objetiva é a teoria do risco. Para esta teoria, toda pessoa que exerce alguma atividade cria um risco de dano para terceiros. E deve ser obrigada a repará-lo, ainda que sua conduta seja isenta de culpa.

A responsabilidade civil desloca-se da noção de culpa para a ideia de risco, ora encarada como "risco-proveito", que se funda no princípio de que é reparável o dano causado a outrem em consequência de uma atividade realizada em benefício do responsável (*ubi emolumentum, ibi onus*, isto é, quem aufere os cômodos (lucros) deve suportar os incômodos ou riscos); ora mais genericamente como "risco criado", a que se subordina todo aquele que, sem indagação de culpa, expuser alguém a suportá-lo, em razão de uma atividade perigosa; ora, ainda, como "risco profissional", decorrente da atividade ou profissão do lesado, como ocorre nos acidentes de trabalho[8].

O Código Civil brasileiro filiou-se à teoria subjetiva. É o que se pode verificar no art. 186, que erigiu o dolo e a culpa como fundamentos para a obrigação de reparar o dano. A responsabilidade subjetiva subsiste como regra necessária, sem prejuízo da adoção da responsabilidade objetiva

---

[8] Primitivamente, a responsabilidade era objetiva, como acentuam os autores, referindo-se aos primeiros tempos do direito romano, mas sem que por isso se fundasse no risco, tal como o concebemos hoje. Mais tarde, e representando essa mudança uma verdadeira evolução ou progresso, abandonou-se a ideia de vingança e passou-se à pesquisa da culpa do autor do dano. Atualmente, volta ela ao objetivismo. Não por abraçar, de novo, a ideia de vingança, mas por se entender que a culpa é insuficiente para regular todos os casos de responsabilidade (Agostinho Alvim, *Da inexecução das obrigações e suas consequências*, p. 238, n. 170).

independentemente de culpa, em vários dispositivos, como, por exemplo, no parágrafo único do art. 927, segundo o qual haverá obrigação de indenizar o dano, "independentemente de culpa, nos casos especificados em lei, ou quando a atividade normalmente desenvolvida pelo autor do dano implicar, por sua natureza, risco para os direitos de outrem".

Os "casos especificados em lei" são os previstos no próprio Código Civil (art. 933, p. ex.) e em leis esparsas, como a Lei de Acidentes do Trabalho, o Código Brasileiro de Aeronáutica, a Lei n. 6.453/77 (que estabelece a responsabilidade do operador de instalação nuclear), o Decreto-Lei n. 2.681, de 1912 (que regula a responsabilidade civil das estradas de ferro), a Lei n. 6.938/81 (que trata dos danos causados ao meio ambiente) e outras. E quando a *estrutura* ou *natureza* de um negócio jurídico – como o de transporte, ou de trabalho, por exemplo – implica a existência de riscos inerentes à atividade desenvolvida, impõe-se a responsabilidade objetiva de quem dela tira proveito, haja ou não culpa.

Isso significa que a responsabilidade objetiva não substitui a subjetiva, mas fica circunscrita aos seus justos limites. Na realidade, as duas formas de responsabilidade se conjugam e dinamizam. Sendo a teoria subjetiva insuficiente para atender às imposições do progresso, cumpre ao legislador fixar especialmente os casos em que deverá ocorrer a obrigação de reparar, independentemente daquela noção[9].

5. Imputabilidade e responsabilidade

O art. 186 do Código Civil pressupõe o elemento imputabilidade, ou seja, a existência, no agente, da livre determinação de vontade. Para que alguém pratique um ato ilícito e seja obrigado a reparar o dano causado, é necessário que tenha capacidade de discernimento. Aquele que não pode querer e entender não incorre em culpa e, por isso, não pratica ato ilícito.

5.1. A responsabilidade dos privados de discernimento

A concepção clássica, anterior ao Estatuto da Pessoa com Deficiência (Lei n. 13.146, de 6-7-2015), considerava que, sendo o privado de discernimento (amental, louco ou demente) um inimputável, não era ele responsável

[9] Miguel Reale, Diretrizes gerais sobre o Projeto de Código Civil, in *Estudos de filosofia e ciência do direito*, p. 176-177.

civilmente. Se viesse a causar dano a alguém, o ato equiparava-se à força maior ou ao caso fortuito. Se a responsabilidade não pudesse ser atribuída ao encarregado de sua guarda, a vítima ficaria irressarcida.

Pessoas assim geralmente têm um curador, incumbido de sua guarda ou vigilância. E o Código Civil responsabiliza o curador pelos atos dos curatelados que estiverem sob sua autoridade e em sua companhia (art. 932, II), independentemente de culpa de sua parte (art. 933). Contudo, se as pessoas por eles responsáveis não tiverem obrigação de responder pelos prejuízos que causarem, ou não dispuserem de meios suficientes, respondem os próprios curatelados.

Observe-se que a vítima somente não seria indenizada pelo curador, se este não tivesse patrimônio suficiente para responder pela obrigação. Não se admitia, mais, que dela se exonerasse, provando que não houve negligência de sua parte. O art. 933 do atual diploma prescreve, com efeito, que as pessoas indicadas nos incisos I a V do artigo antecedente (pais, tutores, curadores, empregadores, donos de hotéis e os que gratuitamente houverem participado nos produtos do crime) responderão pelos atos praticados pelos terceiros ali referidos, "ainda que não haja culpa de sua parte".

A indenização, que deveria ser equitativa, não teria lugar se privasse do necessário o incapaz ou as pessoas que dele dependem (CC, art. 928, *caput* e parágrafo único). Neste caso, ficaria a vítima irressarcida, da mesma maneira que ocorreria na hipótese de caso fortuito. A solução acolhida no aludido dispositivo legal, que constitui inovação do atual Código Civil, consta dos códigos de vários países como Suíça, Portugal, México, Espanha e outros. Substituiu-se o princípio da irresponsabilidade absoluta da pessoa privada de discernimento pelo princípio da responsabilidade *mitigada* e subsidiária.

Aguiar Dias entende que, se o alienado mental não tem curador nomeado, mas vive em companhia do pai, este responde pelo ato do filho, não com base no art. 932, I, do Código Civil, mas sim no art. 186, pois decorre de omissão culposa na vigilância de pessoa privada de discernimento, não a fazendo internar ou não obstando ao ato danoso. E, se o amental não está sob o poder de ninguém, responderão seus próprios bens pela reparação, pois "a reparação do dano causado por pessoas nessas condições se há de resolver fora dos quadros da culpa"[10]. Seria, neste caso, uma hipótese de responsabilidade objetiva.

---

[10] *Da responsabilidade civil*, 4. ed., p. 561 e 574.

Anote-se que o Estatuto da Pessoa com Deficiência (Lei n. 13.146, de 6 de julho de 2015) proclama, no art. 6º, que "A deficiência não afeta a plena capacidade civil da pessoa". A consequência direta e imediata dessa alteração legislativa é que o deficiente é agora considerado pessoa plenamente capaz. Desse modo, o amental, louco ou demente não mais respondem subsidiariamente por seus atos, mas sim diretamente.

O referido sistema do Código Civil sofreu profunda alteração introduzida pela mencionada Lei n. 13.146/2015, denominada "Estatuto da Pessoa com Deficiência", considerando o deficiente, o enfermo ou o excepcional pessoas plenamente capazes. A referida lei revogou expressamente os incisos II e III do art. 3º do Código Civil, que consideravam absolutamente incapazes os que, "por enfermidade ou deficiência mental, não tiverem o necessário discernimento para a prática desses atos" e os que, "mesmo por causa transitória, não puderem exprimir sua vontade". Revogou também a parte final do inciso II do art. 4º, que definia como relativamente incapazes os que, "por deficiência mental, tenham o discernimento reduzido", e deu nova redação ao inciso III, afastando "os excepcionais, sem desenvolvimento mental completo" da condição de incapazes.

As pessoas mencionadas nos dispositivos revogados, sendo agora "capazes", responderão pela indenização com os seus próprios bens, afastada a responsabilidade subsidiária prevista no mencionado art. 928 do Código Civil, mesmo que, "quando necessário", sejam interditados e tenham um curador, como o permite o art. 84, § 1º, da retromencionada Lei n. 13.146/2015.

5.2. A responsabilidade dos menores

Como já mencionado, o art. 186 do Código Civil pressupõe o elemento imputabilidade, ou seja, a existência, no agente, da livre determinação de vontade. Aquele que não pode querer e entender não incorre em culpa e, por isso, não pratica ato ilícito.

A maioridade civil é alcançada somente aos 18 anos (CC, art. 5º). Os menores de 16 anos são absolutamente incapazes. E os maiores de 16 e menores de 18 anos são relativamente incapazes. Considera-se, portanto, no primeiro caso, que não têm o necessário discernimento para a prática dos atos da vida civil; e, no segundo, que têm o discernimento reduzido. Ora, para que alguém pratique um ato ilícito e seja obrigado a reparar o dano causado, é necessário que tenha plena capacidade de discernimento.

O Código Civil responsabiliza os pais pelos atos praticados pelos filhos menores que estiverem sob sua autoridade e companhia (art. 932, I). Deste modo, a vítima não ficará irressarcida. Os pais são responsáveis pelo ato do filho menor de 18 anos. Este só responde pelos prejuízos que causar, se as pessoas por ele responsáveis não tiverem obrigação de o fazer ou não dispuserem de meios suficientes (art. 928, *caput*). A indenização, neste caso, que deverá ser equitativa, não terá lugar se privar do necessário o incapaz ou as pessoas que dele dependem (art. 928, parágrafo único).

Se o menor estiver sob tutela, a responsabilidade nesses casos será do tutor (art. 932, II). Se o pai emancipa o filho, voluntariamente, a emancipação produz todos os efeitos naturais do ato, menos o de isentar o primeiro da responsabilidade pelos atos ilícitos praticados pelo segundo, consoante proclama a jurisprudência. Tal não acontece quando a emancipação decorre do casamento ou das outras causas previstas no art. 5º, parágrafo único, do Código Civil.

6. Pressupostos da responsabilidade extracontratual

A análise do art. 186 do Código Civil, que disciplina a responsabilidade extracontratual, evidencia que quatro são os seus elementos essenciais: ação ou omissão, culpa ou dolo do agente, relação de causalidade e dano.

6.1. Ação ou omissão

Refere-se a lei a qualquer pessoa que, por ação ou omissão, venha a causar dano a outrem. A responsabilidade pode derivar de ato próprio (arts. 939, 940, 953 etc.), de ato de terceiro que esteja sob a guarda do agente (art. 932) e, ainda, de danos causados por coisas (art. 937) e animais (art. 936) que lhe pertençam. Neste último caso, a culpa do dono é presumida.

Para que se configure a responsabilidade por *omissão*, é necessário que exista o dever jurídico de praticar determinado fato (de não se omitir) e que se demonstre que, com a sua prática, o dano poderia ter sido evitado. O dever jurídico de não se omitir pode ser imposto por lei (dever de prestar socorro às vítimas de acidentes imposto a todo condutor de veículos) ou resultar de convenção (dever de guarda, de vigilância, de custódia) e até da criação de alguma situação especial de perigo.

6.2. Culpa ou dolo do agente

Ao se referir à ação ou omissão *voluntária*, o art. 186 do Código Civil cogitou do dolo. Em seguida, referiu-se à culpa em sentido estrito, ao mencionar a "negligência ou imprudência".

Dolo é a violação deliberada, intencional, do dever jurídico. Consiste na vontade de cometer uma violação de direito, e a culpa na falta de diligência[11]. A culpa, com efeito, consiste na falta de diligência que se exige do homem médio. Para que a vítima obtenha a reparação do dano, exige o referido dispositivo legal que prove dolo ou culpa *stricto sensu* (aquiliana) do agente (imprudência, negligência ou imperícia), demonstrando ter sido adotada, entre nós, a teoria subjetiva (embora não mencionada expressamente a imperícia, ela está abrangida pela negligência, como tradicionalmente se entende).

Como essa prova muitas vezes se torna difícil de ser conseguida, o Código Civil algumas vezes adota a responsabilidade objetiva, como, por exemplo, no parágrafo único do art. 927, segundo o qual "*haverá obrigação de reparar o dano, independentemente de culpa, nos casos especificados em lei*" (leis especiais admitem, em hipóteses específicas, casos de responsabilidade independentemente de culpa, fundada no risco), "*ou quando a atividade normalmente desenvolvida pelo autor do dano implicar, por sua natureza, risco para os direitos de outrem*".

Verifica-se, assim, que a responsabilidade subjetiva subsiste como regra necessária, sem prejuízo da adoção da responsabilidade objetiva, nos casos especificados em lei ou de exercício de atividade perigosa.

A teoria subjetiva faz distinções com base na extensão da culpa. Culpa *lata* ou *grave*: imprópria ao comum dos homens e a modalidade que mais se avizinha do dolo; culpa *leve*: falta evitável com atenção ordinária; culpa *levíssima*: falta só evitável com atenção extraordinária ou com especial habilidade. A culpa grave ao dolo se equipara (*culpa lata dolus equiparatur*). Assim, se em determinado dispositivo legal constar a responsabilidade do agente por dolo, deve-se entender que também responde por culpa grave (CC, art. 392). No cível, a culpa mesmo levíssima obriga a indenizar (*in lege Aquilia et levissima culpa venit*).

Em geral, não se mede o dano pelo grau de culpa. O montante do dano é apurado com base no prejuízo comprovado pela vítima. Todo dano provado deve ser indenizado, qualquer que seja o grau de culpa. Preceitua o

---

[11] Savigny, *Le droit des obligations*, § 82.

art. 944 do Código Civil, com efeito, que "*a indenização mede-se pela extensão do dano*". Aduz o parágrafo único que, no entanto, "*se houver excessiva desproporção entre a gravidade da culpa e o dano, poderá o juiz reduzir, equitativamente, a indenização*". Em algumas poucas leis especiais, o grau de culpa pode ter influência no arbitramento do dano.

A culpa pode ser, ainda, *in eligendo*: decorre da má escolha do representante, do preposto; *in vigilando*: decorre da ausência de fiscalização; *in comittendo*: decorre de uma ação, de um ato positivo; *in omittendo*: decorre de uma omissão, quando havia o dever de não se abster; *in custodiendo*: decorre da falta de cuidados na guarda de algum animal ou de algum objeto.

6.3. Relação de causalidade

É o nexo causal ou etiológico entre a ação ou omissão do agente e o dano verificado. Vem expressa no verbo "causar", empregado no art. 186. Sem ela, não existe a obrigação de indenizar. Se houve o dano, mas sua causa não está relacionada com o comportamento do agente, inexiste a relação de causalidade e, também, a obrigação de indenizar.

As excludentes da responsabilidade civil, como a culpa da vítima e o caso fortuito e a força maior (CC, art. 393), rompem o nexo de causalidade, afastando a responsabilidade do agente. Assim, por exemplo, se a vítima, querendo suicidar-se, atira-se sob as rodas do veículo, não se pode afirmar ter o motorista "causado" o acidente, pois na verdade foi um mero instrumento da vontade da vítima, esta sim responsável exclusiva pelo evento.

6.4. Dano

Sem a prova do dano ninguém pode ser responsabilizado civilmente. O dano pode ser patrimonial (material) ou extrapatrimonial (moral), ou seja, sem repercussão na órbita financeira do lesado.

O Código Civil consigna um capítulo sobre a liquidação do dano, isto é, sobre o modo de se apurarem os prejuízos e a indenização cabível (arts. 944 a 954), com o título "Da indenização".

Mesmo que haja violação de um dever jurídico, e que tenha existido culpa e até mesmo dolo por parte do infrator, nenhuma indenização será devida, uma vez que não se tenha verificado prejuízo. A inexistência de dano torna sem objeto a pretensão à sua reparação. Às vezes a lei presume o dano, como sucedia na revogada Lei de Imprensa (Lei n. 5.250/67), que pressupunha a existência de dano moral em casos de calúnia, difamação e injúria praticadas pela imprensa. Acontece o mesmo em ofensas aos direitos da personalidade.

Pode ser lembrada, como exceção ao princípio de que nenhuma indenização será devida se não tiver ocorrido prejuízo, a regra do art. 940, que obriga a pagar em dobro ao devedor quem demanda dívida já paga, como uma espécie de pena privada pelo comportamento ilícito do credor, mesmo sem prova de prejuízo. E, na responsabilidade contratual, pode ser lembrado o art. 416, que permite ao credor cobrar a cláusula penal, sem precisar provar prejuízo.

7. Atos lesivos não considerados ilícitos

O art. 188 do Código Civil declara não constituírem atos ilícitos os praticados em legítima defesa, ou no exercício regular de um direito, ou em estado de necessidade.

7.1. A legítima defesa

O art. 188, I, proclama que não constituem atos ilícitos "*os praticados em legítima defesa ou no exercício regular de um direito reconhecido*". O próprio "cumprimento do dever legal", embora não explicitamente, nele está contido, pois atua no exercício regular de um direito reconhecido aquele que pratica um ato "no estrito cumprimento do dever legal"[12].

Se o ato foi praticado contra o próprio agressor, e em legítima defesa, não pode o agente ser responsabilizado civilmente pelos danos provocados. Entretanto, se por engano ou erro de pontaria, terceira pessoa foi atingida (ou alguma coisa de valor), neste caso deve o agente reparar o dano. Mas terá ação regressiva contra o agressor, para se ressarcir da importância desembolsada. Dispõe o parágrafo único do art. 930: "*A mesma ação competirá contra aquele em defesa de quem se causou o dano (art. 188, inciso I)*". Note-se a remissão feita ao art. 188, I.

Somente a legítima defesa real, e praticada contra o agressor, deixa de ser ato ilícito, apesar do dano causado, impedindo a ação de ressarcimento de danos. Se o agente, por erro de pontaria (*aberratio ictus*), atingir um terceiro, ficará obrigado a indenizar os danos a este causados, ficando, porém, com direito a ação regressiva contra o injusto ofensor, como já dito.

---

[12] José Frederico Marques, *Tratado de direito penal*, v. 3, p. 295.

"Indenização. Fazenda Pública. Responsabilidade civil. Delito praticado por policial militar no estrito cumprimento do dever legal. Exclusão da criminalidade. Indenização indevida. Ação improcedente" (*RJTJSP*, 96/152).

A legítima defesa putativa também não exime o réu de indenizar o dano, pois somente exclui a culpabilidade e não a antijuridicidade do ato. O art. 65 do Código de Processo Penal não faz nenhuma referência às causas excludentes da culpabilidade, ou seja, às denominadas *dirimentes penais*. Uma vez que se trata de erro de fato, não há que cogitar da aplicação do referido artigo. Na legítima defesa putativa, o ato de quem a pratica é ilícito, embora não punível por ausência de culpabilidade em grau suficiente para a condenação criminal. No cível, entretanto, a culpa mesmo levíssima obriga a indenizar. E não deixa de haver negligência na apreciação equivocada dos fatos[13].

Na esfera civil, o excesso, a extrapolação da legítima defesa, por negligência ou imprudência, configura a situação do art. 186 do Código Civil.

7.2. O exercício regular e o abuso de direito

Entre os romanos havia um princípio – *Nemine laedit qui jure suo utitur* (aquele que age dentro de seu direito a ninguém prejudica) – de caráter individualista e que, durante muitos anos, foi utilizado como justificador dos excessos e abusos de direito.

Entretanto, tal princípio, por se mostrar injusto em certos casos em que era evidente o *animus laedendi*, embora não ultrapassasse o agente os limites de seu direito subjetivo, passou a ser substituído por outros princípios universalmente aceitos: o *nemine laedere* e o *summum jus, summa injuria*, pois é norma fundamental de toda a sociedade civilizada o dever de não prejudicar a outrem[14].

---

[13] "Legítima defesa putativa reconhecida na esfera penal. Falecimento da vítima. Danos morais suportados pelo cônjuge supérstite. Responsabilidade objetiva do Estado pelos danos civis. Eventual causa de justificação (legítima defesa) reconhecida em âmbito penal não é capaz de excluir responsabilidade civil do Estado pelos danos provocados indevidamente à ora recorrida" (STJ, REsp 1.266.517-PR, 2ª T., rel. Min. Mauro Campbell Marques, *DJe* 10-1-2012). "Em se tratando de ação indenizatória por dano moral pela prática de homicídio, é irrelevante que o crime tenha sido praticado pelo agente em legítima defesa putativa, pois da sua ação permeada pelo ilícito exsurgiu um dano ligado diretamente à sua conduta, motivo suficiente para determinar a obrigação de reparar os prejuízos daí advindos" (*RT*, 780/372).

"O reconhecimento do erro de fato ou legítima defesa putativa, que isenta de pena o réu na esfera do direito criminal, não exclui a responsabilidade civil de reparar danos causados sem ter havido agressão do ofendido" (*RF*, 200/151).

"Reconhecida a legítima defesa própria pela decisão que transitou em julgado, não é possível reabrir a discussão sobre essa excludente de criminalidade, na jurisdição civil. Art. 65 do CPP" (STF, *RTJ*, 83/649).

[14] Aguiar Dias, *Da responsabilidade*, 4. ed., cit., p. 526, n. 184.

A doutrina do abuso do direito não exige, para que o agente seja obrigado a indenizar o dano causado, que venha a infringir culposamente um dever preexistente. Mesmo agindo dentro do seu direito, pode, não obstante, em alguns casos, ser responsabilizado.

Prevalece na doutrina, hoje, o entendimento de que o abuso de direito prescinde da ideia de culpa. O abuso de direito ocorre quando o agente, atuando dentro dos limites da lei, deixa de considerar a finalidade social de seu direito subjetivo e o exorbita, ao exercê-lo, causando prejuízo a outrem. Embora não haja, em geral, violação aos limites objetivos da lei, o agente desvia-se dos fins sociais a que esta se destina.

O Código Civil de 1916 admitiu a ideia do abuso de direito no art. 160, I, embora não o tenha feito de forma expressa. Sustentava-se a existência da teoria em nosso direito positivo, mediante interpretação *a contrario sensu* do aludido dispositivo. Se ali estava escrito não constituir ato ilícito o praticado no exercício regular de um direito reconhecido, era intuitivo que constituía ato ilícito aquele praticado no exercício irregular de um direito.

Era dessa forma que se encontrava fundamento legal para coibir o exercício anormal do direito em muitas hipóteses. Uma das mais comuns enfrentadas por nossos tribunais era a reiterada purgação da mora pelo inquilino, que passou a ser considerada abusiva pela jurisprudência, até ser limitada pela própria Lei do Inquilinato.

O atual Código Civil expressamente considera ato ilícito o abuso de direito, ao dispor, no art. 187: "*Também comete ato ilícito o titular de um direito que, ao exercê-lo, excede manifestamente os limites impostos pelo seu fim econômico ou social, pela boa-fé ou pelos bons costumes*".

Também serve de fundamento para a aplicação, entre nós, da referida teoria, o art. 5º da Lei de Introdução às Normas do Direito Brasileiro, que determina ao juiz, na aplicação da lei, o atendimento aos fins sociais a que ela se dirige e às exigências do bem comum. É que a ilicitude do ato abusivo se caracteriza sempre que o titular do direito se desvia da finalidade social para a qual o direito subjetivo foi concedido.

Observa-se que a jurisprudência, em regra, e já há muito tempo, considera como abuso de direito o ato que constitui o exercício egoístico, anormal do direito, sem motivos legítimos, nocivos a outrem, contrários ao destino econômico e social do direito em geral.

Vários dispositivos legais demonstram que no direito brasileiro há uma reação contra o exercício irregular de direitos subjetivos. O art. 1.277 do Código Civil, inserido no capítulo "Dos direitos de vizinhança", permite que se reprima o exercício abusivo do direito de propriedade que perturbe o sossego, a segurança ou a saúde do vizinho. Constantes são os conflitos relativos a perturbação do sossego alegada contra clubes de dança, boates, oficinas mecânicas, terreiros de umbandismo etc.

Podem ser mencionados, ainda, como exemplos, os arts. 939 e 940 do Código Civil, que estabelecem sanções ao credor que, abusivamente demanda o devedor antes do vencimento da dívida ou por dívida já paga. E os arts. 1.637 e 1.638 igualmente preveem sanções contra abusos no exercício do poder familiar, como a suspensão e a perda desse direito.

O Código de Processo Civil também reprime o abuso de direito, nos arts. 77 a 81, e ainda no processo de execução (arts. 776 e 771, parágrafo único).

Observa-se que o instituto do abuso de direito tem aplicação em quase todos os campos do direito, como instrumento destinado a reprimir o exercício antissocial dos direitos subjetivos.

A propósito, dispõe o Enunciado 617 da VIII Jornada do Conselho da Justiça Federal: "O abuso de direito impede a produção de efeitos do ato abusivo de exercício, na extensão necessária a evitar sua manifesta contrariedade à boa-fé, aos bons costumes, à função econômica ou social do direito exercido".

7.3. O estado de necessidade

No direito brasileiro, a figura do chamado "estado de necessidade" foi delineada pelo art. 160, II, combinado com os arts. 1.519 e 1.520 do Código Civil de 1916.

O atual diploma trata dessa matéria no art. 188, II, combinado com os arts. 929 e 930. Dispõe o primeiro não constituir ato ilícito "*a deterioração ou destruição da coisa alheia, ou a lesão a pessoa, a fim de remover perigo iminente*". E o parágrafo único completa: "*No caso do inciso II, o ato será legítimo somente quando as circunstâncias o tornarem absolutamente necessário, não excedendo os limites do indispensável para a remoção do perigo*". É o estado de necessidade no âmbito civil.

Entretanto, embora a lei declare que o ato praticado em estado de necessidade não é ato ilícito, nem por isso libera quem o pratica de reparar o prejuízo que causou. Se um motorista, por exemplo, atira o seu veículo contra um muro, derrubando-o, para não atropelar uma criança que, inesperadamente, surgiu-lhe à frente, o seu ato, embora lícito e mesmo nobilíssimo, não o exonera de pagar a reparação do muro.

Com efeito, o art. 929 estatui que, "*se a pessoa lesada, ou o dono da coisa*" (o dono do muro), "*no caso do inciso II do art. 188*, não forem culpados do perigo, *assistir-lhes-á o direito à indenização do prejuízo que sofreram*" (somente se não forem culpados do perigo). Entretanto, o evento ocorreu por culpa *in vigilando* do pai da criança, que é responsável por sua conduta. Desse modo, embora tenha de pagar o conserto do muro, o motorista terá ação regressiva contra o pai do menor, para se ressarcir das despesas efetuadas. É o que expressamente dispõe o art. 930: "*No caso do inciso II do art. 188, se o perigo ocorrer por culpa de terceiro, contra este terá o autor do dano ação regressiva para haver a importância que tiver ressarcido ao lesado*".

Pelo Código Civil de 1916, os danos porventura decorrentes de ato praticado em estado de necessidade só podiam dizer respeito às coisas e nunca às pessoas[15]. O novo incluiu, contudo, expressamente, no inciso II do art. 188, a "lesão a pessoa". Embora o art. 188, II, aparente estar em contradição com o citado art. 929, explica-se o teor do último pela intenção de não se deixar irressarcida a vítima inocente de um dano. Por outro lado, justifica-se a afirmação do primeiro, de que o ato praticado em estado de necessidade não é ilícito, por ter o agente direito à ação regressiva contra o terceiro causador da situação de perigo.

O art. 65 do Código de Processo Penal proclama fazer coisa julgada, no cível, a sentença penal que reconhecer ter sido o ato praticado em estado de necessidade. Sendo o réu absolvido criminalmente por ter agido em estado de necessidade, está o juiz cível obrigado a reconhecer tal fato. Mas dará a ele o efeito previsto no Código Civil e não no Código Penal, qual seja, o de obrigá-lo a ressarcir o dano causado à vítima inocente, com direito, porém, a ação regressiva contra o provocador da situação de perigo[16].

---

[15] *RT*, 100/533.

[16] "Ação indenizatória. Responsabilidade por danos causados ainda que por ato praticado em estado de necessidade. Indenização por danos morais ao pai pelas lesões físicas e psíquicas causadas aos filhos. Majoração dos danos morais pelos traumas e lesões sofridos pelas vítimas do acidente" (TJES, Apel. 11.224.988.419.988.080.024, *DJe* 14-11-2012). "Indenização. Preposto de empresa que, buscando evitar atropelamento, procede a manobra evasiva que culmina no abalroamento de outro veículo. Verba devida pela empresa, apesar de o ato ter sido praticado em estado de necessidade. Direito de regresso assegurado, no entanto, contra o terceiro culpado pelo sinistro" (STJ, *RT*, 782/211).

"O estado de necessidade, como o do motorista que invade pista contrária para fugir de obstáculo em sua mão de direção e assim colide com veículo que transitava corretamente na outra pista, embora afaste o caráter lícito da conduta do agente, não o exime, entretanto, do dever de reparar a lesão, desde que o dono do bem danificado não seja o culpado pela situação perigosa" (TAMG, Ap. 20.869, Ouro Preto, rel. Des. Humberto Theodoro Júnior).

Título IV
DA PRESCRIÇÃO E DA DECADÊNCIA

Capítulo I
DA PRESCRIÇÃO

Sumário: 1. Introdução. 2. Conceito e requisitos. 3. Pretensões imprescritíveis. 4. Prescrição e institutos afins. 5. Disposições legais sobre a prescrição. 6. Das causas que impedem ou suspendem a prescrição. 7. Das causas que interrompem a prescrição. 8. Prazos de prescrição no Código Civil.

O Código Civil trata das disposições gerais sobre a prescrição extintiva nos arts. 189 a 196; e dos prazos prescricionais nos arts. 205 (geral) e 206 (prazos especiais).

1. Introdução

Desde a concepção do ser humano o tempo influi nas relações jurídicas de que o indivíduo participa. É ele o personagem principal do instituto da prescrição. Nesse campo, a interferência desse elemento é substancial, pois existe interesse da sociedade em atribuir juridicidade àquelas situações que se prolongaram no tempo[1].

O decurso do tempo tem grande influência na aquisição e na extinção de direitos. Distinguem-se, pois, duas espécies de prescrição: a *extintiva* e a *aquisitiva*, também denominada *usucapião*. Alguns países tratam conjuntamente dessas duas espécies em um único capítulo. O Código Civil brasileiro regulamentou a extintiva na Parte Geral, dando ênfase à força extintora do direito. No direito das coisas, na parte referente aos modos de aquisição do domínio, tratou da prescrição aquisitiva, em que predomina a força geradora.

[1] Francisco Amaral, *Direito civil*, 2018, p. 679; Silvio Rodrigues, *Direito civil*, v. 1, p. 323.

Em um e outro caso, no entanto, ocorrem os dois fenômenos: alguém ganha e, em consequência, alguém perde. Como o elemento "tempo" é comum às duas espécies de prescrição, dispõe o art. 1.244 do Código Civil que as causas que obstam, suspendem ou interrompem a prescrição também se aplicam à usucapião.

O instituto da prescrição é necessário, para que haja tranquilidade na ordem jurídica, pela consolidação de todos os direitos. Dispensa a infinita conservação de todos os recibos de quitação, bem como o exame dos títulos do alienante e de todos os seus sucessores, sem limite no tempo. Com a prescrição da dívida, basta conservar os recibos até a data em que esta se consuma, ou examinar o título do alienante e os de seus predecessores imediatos, em um período de dez anos apenas.

Segundo Cunha Gonçalves, a prescrição é indispensável à estabilidade e consolidação de todos os direitos; sem ela, nada seria permanente; o proprietário jamais estaria seguro de seus direitos, e o devedor livre de pagar duas vezes a mesma dívida[2].

Camara Leal vai buscar na doutrina romana, na pureza cristalina de sua profunda filosofia jurídica, os fundamentos da prescrição: "O interesse público, a estabilização do direito e o castigo à negligência; representando o primeiro o motivo inspirador da prescrição; o segundo, a sua finalidade objetiva; o terceiro, o meio repressivo de sua realização. Causa, fim e meio, trilogia fundamental de toda instituição, devem constituir o fundamento jurídico da prescrição"[3].

Para distinguir prescrição de decadência, o atual Código Civil optou por uma fórmula que espanca qualquer dúvida. Prazos de *prescrição* são, apenas e exclusivamente, os taxativamente discriminados na Parte Geral, nos arts. 205 (regra geral) e 206 (regras especiais), sendo de *decadência* todos os demais, estabelecidos como complemento de cada artigo que rege a matéria, tanto na Parte Geral como na Especial. Para evitar a discussão sobre se ação prescreve, ou não, adotou-se a tese da prescrição da *pretensão*, por ser considerada a mais condizente com o Direito Processual contemporâneo.

A Lei n. 14.010, de 10 de junho de 2020, dispõe sobre o Regime Jurídico Emergencial e Transitório das relações jurídicas de Direito Privado (RJET) no período da pandemia do coronavírus (Covid-19).

No art. 3º a referida lei estatui:

---

[2] *Tratado de direito civil*, t. 3, p. 633.

[3] *Da prescrição e da decadência*, p. 16.

"Os prazos prescricionais consideram-se impedidos ou suspensos, conforme o caso, a partir da entrada em vigor desta Lei até 30 de outubro de 2020.

§ 1º Este artigo não se aplica enquanto perdurarem as hipóteses específicas de impedimento, suspensão e interrupção dos prazos prescricionais previstas no ordenamento jurídico nacional.

§ 2º Este artigo aplica-se à decadência, conforme ressalva prevista no art. 207 da Lei n. 10.406, de 10 de janeiro de 2002 (Código Civil)".

2. Conceito e requisitos

Segundo Pontes de Miranda, a prescrição seria uma exceção que alguém tem contra o que não exerceu, durante um lapso de tempo fixado em norma, sua pretensão ou ação[4].

Camara Leal a define como "a extinção de uma ação ajuizável, em virtude da inércia de seu titular durante um certo lapso de tempo, na ausência de causas preclusivas de seu curso"[5].

Para Clóvis Beviláqua, prescrição extintiva "é a perda da ação atribuída a um direito, e de toda a sua capacidade defensiva, em consequência do não uso dela, durante determinado espaço de tempo"[6]. Caio Mário da Silva Pereira, entretanto, entende que a prescrição é modo pelo qual se extingue um direito (não apenas a ação) pela inércia do titular durante certo lapso de tempo[7].

Entretanto, como visto, o atual Código Civil, evitando essa polêmica, adotou o vocábulo "pretensão" (*Anspruch*), para indicar que não se trata do direito subjetivo público abstrato de ação. E, no art. 189, enunciou que a prescrição se inicia no momento em que há violação do direito. A propósito, esclareceu a Comissão Revisora do Projeto que, em se tratando dos denominados direitos potestativos (em que o agente pode influir na esfera de interesses de terceiro, quer ele queira, quer não, como o de anular um negócio jurídico, p. ex.), como são eles invioláveis, não há que falar em prescrição, mas sim em decadência.

[4] *Tratado de direito privado*, v. 6, p. 100.

[5] *Da prescrição*, cit., p. 12.

[6] *Código Civil dos Estados Unidos do Brasil comentado*, obs. 1 ao art. 161.

[7] *Instituições de direito civil*, v. 1, p. 435.

Atendendo-se à circunstância de que a prescrição é instituto de direito material, usou-se o termo "pretensão", que diz respeito a figura jurídica do campo do direito material, conceituando-se o que se entende por essa expressão no art. 189, que tem a virtude de indicar que a prescrição se inicia no momento em que há violação do direito[8].

Segundo dispõe o art. 189 do atual Código Civil, "*violado o direito, nasce para o titular a pretensão, a qual se extingue, pela prescrição, nos prazos a que aludem os arts. 205 e 206*". A violação do direito, que causa dano ao titular do direito subjetivo, faz nascer, para esse titular, o poder de exigir do devedor uma ação ou omissão, que permite a composição do dano verificado. A esse direito de exigir chama a doutrina de pretensão, por influência do direito germânico (*Anspruch*). A pretensão revela-se, portanto, como um poder de exigir de outrem uma ação ou omissão[9].

Preleciona ANDERSON SCHREIBER que o Código Civil de 2002, "na redação original do art. 194, impedia o reconhecimento *ex officio* da prescrição, dando ao instituto a conotação de meio de defesa centrado na vontade do réu". Em 2006, a Lei n. 11.280 revogou o art. 194 da codificação civil e alterou o § 5º do art. 219 do Código de Processo Civil então vigente, que passou a ter a seguinte redação: "O juiz pronunciará, de ofício, a prescrição". O atual Código de Processo Civil, de 2015, confirmou tal orientação ao determinar no art. 332, § 1º, que "o juiz também poderá julgar liminarmente improcedente o pedido se verificar, desde logo, a ocorrência de decadência ou de prescrição". A possibilidade de reconhecimento de ofício da prescrição é mesmo mais consentânea com o caráter de ordem pública que a doutrina civilista já reservava ao instituto. É de se registrar, todavia, que o reconhecimento de ofício da prescrição não pode ocorrer sem que as partes tenham a oportunidade de se manifestar sobre o tema. É o entendimento consagrado no Enunciado n. 581 da *VII Jornada de Direito Civil*: "[...] a decretação *ex officio* da prescrição ou da decadência deve ser precedida de oitiva das partes". No mesmo sentido, dispõe o parágrafo único do art. 487 do atual Código de Processo Civil: "Ressalvada a hipótese do § 1º do art. 332, a prescrição e a decadência não serão reconhecidas sem que antes seja dada às partes oportunidade de manifestar-se". Em outras palavras, não pode o magistrado surpreender as partes reconhecendo de ofício a prescrição sem que elas tenham tido prévia oportunidade de se manifestar

---

[8] José Carlos Moreira Alves, *A Parte Geral do Projeto de Código Civil brasileiro*, p. 151-152.

[9] Francisco Amaral, *Direito civil*, cit., 2018, p. 681.

sobre a matéria. Trata-se de um reflexo do princípio da boa-fé objetiva no processo civil, reconhecido expressamente pelo Código de Processo Civil"[10].

Camara Leal aponta quatro elementos integrantes ou condições elementares da prescrição: a) existência de uma ação exercitável (*actio nata*); b) inércia do titular da ação pelo seu não exercício; c) continuidade dessa inércia durante um certo lapso de tempo; d) ausência de algum fato ou ato a que a lei atribua eficácia impeditiva, suspensiva ou interruptiva do curso prescricional[11].

O primeiro elemento, todavia, deve ser atualizado, tendo em vista que a moderna doutrina e o atual Código Civil exigem não uma ação exercitável, mas uma pretensão. E o último não constitui propriamente elemento conceitual da prescrição, implicando apenas na não tipificação ou em mera forma alternativa de contagem do prazo[12].

Pode-se dizer, pois, que a prescrição tem como *requisitos*: a) a violação do direito, com o nascimento da pretensão; b) a inércia do titular; c) o decurso do tempo fixado em lei.

Configura-se a *prescrição intercorrente* quando o autor de processo já iniciado permanece inerte, de forma continuada e ininterrupta, durante lapso temporal suficiente para a perda da pretensão. O novo Código de Processo Civil inovou ao estabelecer o marco inicial para a contagem da prescrição intercorrente. O art. 921, III, prevê a suspensão do processo de execução "quando o executado não possuir bens penhoráveis". E o § 1º complementa: "Na hipótese do inciso III, o juiz suspenderá a execução pelo prazo de 1 (um) ano, durante o qual se suspenderá a prescrição". Por sua vez, o § 4º proclama: "Decorrido o prazo de que trata o § 1º sem manifestação do exequente, começa a correr o prazo de prescrição intercorrente".

O novo diploma proíbe a decisão surpresa, dispondo no § 5º do aludido art. 921: "O juiz, depois de ouvidas as partes, no prazo de 15 (quinze) dias, poderá, de ofício, reconhecer a prescrição de que trata o § 4º e extinguir o processo". E, no art. 924, V, preceitua "extingue-se a execução quando ocorrer a prescrição intercorrente".

3. Pretensões imprescritíveis

A pretensão é deduzida em juízo por meio da ação. À primeira vista, tem-se a impressão de que não há pretensões imprescritíveis, na sistemá-

---

[10] *Código Civil comentado*: doutrina e jurisprudência, diversos autores, cit., edição 2021, p. 138.

[11] *Da prescrição*, cit., p. 11.

[12] Renan Lotufo, *Código Civil comentado*, p. 189.

tica do Código Civil, pois a prescrição ocorre em prazos especiais, discriminados no art. 206, ou no prazo geral de dez anos, previsto no art. 205. Entretanto, a doutrina aponta várias pretensões imprescritíveis, afirmando que a prescritibilidade é a regra e a imprescritibilidade a exceção[13].

Assim, não prescrevem:

a) as que protegem os *direitos da personalidade*, como o direito à vida, à honra, à liberdade, à integridade física ou moral, à imagem, ao nome, às obras literárias, artísticas ou científicas etc.;

b) as que se prendem ao *estado das pessoas* (estado de filiação, a qualidade de cidadania, a condição conjugal). Não prescrevem, assim, as ações de separação judicial, de interdição, de investigação de paternidade etc.;

c) as de *exercício facultativo* (ou *potestativo*), em que não existe direito violado, como as destinadas a extinguir o condomínio (ação de divisão ou de venda da coisa comum – CC, art. 1.320), a de pedir meação no muro vizinho (CC, arts. 1.297 e 1.327) etc.;

d) as referentes a *bens públicos* de qualquer natureza, que são imprescritíveis;

e) as que protegem o *direito de propriedade*, que é perpétuo (reivindicatória);

f) as pretensões de *reaver bens confiados à guarda de outrem,* a título de depósito, penhor ou mandato. O depositário, o credor pignoratício e o mandatário, não tendo posse com ânimo de dono, não podem alegar usucapião;

g) as destinadas a anular inscrição do nome empresarial feita com violação de lei ou do contrato (CC, art. 1.167).

O Superior Tribunal de Justiça firmou entendimento de que as pretensões de ressarcimento do erário por danos decorrentes de atos de improbidade administrativa são imprescritíveis. Para o relator, Ministro Herman Benjamin, o art. 23 da Lei de Improbidade Administrativa (Lei n. 8.429/92) – que prevê o prazo prescricional de cinco anos para a aplicação das sanções previstas nessa lei – disciplina apenas a primeira parte do § 5º do art. 37 da Constituição Federal, já que, em sua parte final, a norma constitucional teve o cuidado de deixar "ressalvadas as respectivas ações de ressarcimento", o que é o mesmo que declarar a sua imprescritibilidade. Dessa forma, aduziu, prescreve em cinco anos a punição do ato ilícito, mas a pretensão de ressarcimento pelo prejuízo causado ao erário é imprescritível[14].

---

[13] Caio Mário da Silva Pereira, *Instituições*, cit., v. 1, p. 439.

[14] STJ, REsp 1.069.779, 2ª T., rel. Min. Herman Benjamin, *Revista Consultor Jurídico*, 30-9-2008.

Como percucientemente observa Caio Mário, a prescrição fulmina todos os direitos patrimoniais, e, normalmente, estende-se aos *efeitos patrimoniais* de direitos imprescritíveis, porque estes não se podem extinguir, o que não ocorre com as vantagens econômicas respectivas. Se é imprescritível a ação de estado, como, por exemplo, a faculdade de obter o reconhecimento de filiação, prescreve, no entanto, o direito de reclamar uma herança, em consequência da ação de investigação de paternidade[15].

Proclama, com efeito, a Súmula 149 do Supremo Tribunal Federal (que precisa ser atualizada, para se referir à *pretensão*) que só não prescreve a ação de investigação de paternidade, prescrevendo, porém, a de petição de herança. Do mesmo, embora não prescrevam as pretensões concernentes aos direitos da personalidade, a de obter vantagem patrimonial em decorrência de sua ofensa (que acarreta dano moral, p. ex.) é prescritível.

4. Prescrição e institutos afins

Têm afinidade com a prescrição, por também sofrerem a influência do decurso do tempo, os institutos da preclusão, perempção e decadência.

A *preclusão* consiste na perda de uma faculdade processual, por não ter sido exercida no momento próprio. Impede que se renovem as questões já decididas, dentro da mesma ação. Só produz efeitos dentro do próprio processo em que advém.

A *perempção* também é de natureza processual. Consiste na perda do direito de ação pelo autor contumaz, que deu causa a três arquivamentos sucessivos (CPC, art. 486, § 3º). Não extingue o direito material, nem a pretensão, que passam a ser oponíveis somente como defesa.

Várias foram as tentativas de se encontrar a linha divisória entre *prescrição* e *decadência*, na vigência do Código Civil de 1916, que só se referia à primeira. No entanto, alguns prazos estipulados na Parte Geral eram decadenciais, conforme distinguia a doutrina, dentre eles, por exemplo, os fixados para a propositura de ação negatória de paternidade e para a anulação de casamento. Os critérios eram, em geral, alvo de críticas, por não terem base científica ou por pretenderem fazer a distinção pelos efeitos ou consequências.

Assim, dizia-se que, quanto aos *efeitos*, a prescrição não corre contra determinadas pessoas, enquanto a decadência corre contra todos. A prescri-

[15] *Instituições*, cit., v. 1, p. 440.

ção pode suspender-se ou interromper-se, enquanto a decadência tem curso fatal, não se suspendendo nem se interrompendo pelas causas suspensivas ou interruptivas da prescrição, só podendo ser obstada a sua consumação pelo efetivo exercício do direito ou da ação, quando esta constitui o meio pelo qual deve ser exercido o direito. Aduza-se que, modernamente, já se vinha admitindo a suspensão dos prazos decadenciais (ou de caducidade), como ocorreu no Código de Defesa do Consumidor.

O critério clássico, no direito brasileiro, consiste em colocar o elemento diferenciador no *campo de incidência* da cada um dos institutos. Assim, a prescrição atinge diretamente a ação e, por via oblíqua, faz desaparecer o direito por ela tutelado (o que perece é a ação que protege o direito). A decadência, ao contrário, atinge diretamente o direito e, por via oblíqua, extingue a ação (é o próprio direito que perece).

O critério mais aceito na doutrina é o apresentado por Agnelo Amorim Filho, denominado "critério científico", baseado na classificação dos direitos subjetivos e nos tipos de ações correspondentes. Para o mencionado doutrinador, são sujeitas a prescrição somente as ações de natureza condenatória, em que se pretende a imposição ao cumprimento de uma prestação, pois a prescrição é a extinção da pretensão à prestação devida. Só as ações condenatórias podem sofrer os efeitos da prescrição, pois são as únicas ações por meio das quais se protegem judicialmente os direitos que irradiam pretensões.

Os direitos potestativos, que são direitos sem pretensão ou direitos sem prestação, insuscetíveis de violação, dão origem a ações de natureza constitutiva ou desconstitutiva. Quando têm prazo fixado na lei, esse prazo é decadencial; quando não têm (como no caso das ações de separação judicial, p. ex.), a ação é imprescritível. As ações de natureza declaratória também são imprescritíveis porque visam apenas à obtenção de uma certeza jurídica[16].

Hoje, no entanto, predomina o entendimento, na moderna doutrina, de que a prescrição extingue a *pretensão*, que é a exigência de subordinação de um interesse alheio ao interesse próprio. O direito material, violado, dá origem à pretensão (CC, art. 189), que é deduzida em juízo por meio da ação. Extinta a pretensão, não há ação. Portanto, a prescrição extingue a pretensão, atingindo também a ação. O instituto que extingue somente a ação (conservando o direito material e a pretensão, que só podem ser opostos em defesa) é a perempção.

Como já mencionado, o atual Código, considerando que a doutrina e a jurisprudência tentaram, durante anos a fio, sem sucesso, distinguir os prazos

---

[16] Critério científico para distinguir a prescrição da decadência e para identificar as ações imprescritíveis, *RT*, 300/7 e 711/725.

prescricionais dos decadenciais, optou por uma fórmula segura (CC, art. 189): prazos de *prescrição* são unicamente os taxativamente discriminados na Parte Geral, nos arts. 205 (regra geral) e 206 (regras especiais), sendo de *decadência* todos os demais, estabelecidos como complemento de cada artigo que rege a matéria, tanto na Parte Geral como na Especial. Adotou ainda, de forma expressa, a tese da prescrição da "pretensão" (*Anspruch*).

Acrescente-se que a prescrição resulta exclusivamente da lei, enquanto a decadência pode resultar da lei, do costume e do testamento; e que, segundo proclama a Súmula 150 do Supremo Tribunal Federal, "prescreve a execução no mesmo prazo da prescrição da ação".

Segundo o Enunciado 368 do CJF do Superior Tribunal de Justiça, aprovado na IV Jornada de Direito Civil, "o prazo para anular venda de ascendente para descendente é decadencial de dois anos (art. 179 do CC)". Nessa linha, a jurisprudência do Superior Tribunal de Justiça[17].

5. *Disposições legais sobre a prescrição*

"*Violado o direito, nasce para o titular a pretensão, a qual se extingue, pela prescrição, nos prazos a que aludem os arts. 205 e 206*" (art. 189), única e exclusivamente. "*A exceção prescreve no mesmo prazo em que a pretensão*" (art. 190).

A justificativa apresentada pela Comissão Revisora para a manutenção da última norma, que constitui inovação, é que se está suprindo uma lacuna do Código Civil, que tem dado problema na prática: saber se a exceção prescreve (havendo quem sustente que qualquer exceção é imprescritível, já que o Código é omisso), e, em caso afirmativo, dentro de que prazo. Ambas as questões são solucionadas pelo art. 190. O que se quer evitar é que, prescrita a pretensão, o direito com pretensão prescrita possa ser utilizado perpetuamente a título de exceção, como defesa.

A referida Comissão Revisora menciona, a propósito, a seguinte observação de Hélio Tornaghi: "Quando a exceção se funda em um direito do réu (p. ex.: a compensação se baseia no crédito do réu contra o autor), prescrito este, não há mais como excepcioná-lo. Se a exceção não prescrevesse, perduraria *ad infinitum*..."[18].

[17] REsp 1.356.431-DF, 4ª T., rel. Min. Luis Felipe Salomão, *DJe* 21-9-2017; EDcl no REsp 1.198.907-RS, 4ª T., rel. Min. Antonio Carlos Ferreira, *DJe* 18-9-2014.

[18] Apud José Carlos Moreira Alves, *A Parte Geral*, cit., p. 152-153.

Tendo em vista o disposto no art. 193, pode-se dizer que a prescrição da exceção "*pode ser alegada em qualquer grau de jurisdição*", mas dentro de prazo igual ao conferido para a dedução da pretensão[19].

O art. 191 não admite a *renúncia prévia* da prescrição, isto é, antes que se tenha consumado. Não se admite a renúncia prévia, nem de prescrição em curso, mas só da consumada, porque o referido instituto é de ordem pública e a renúncia tornaria a ação imprescritível por vontade da parte.

Dois são os requisitos para a validade da renúncia: a) que a prescrição já esteja consumada; b) que não prejudique terceiro. Terceiros eventualmente prejudicados são os credores, pois a renúncia à possibilidade de alegar a prescrição pode acarretar a diminuição do patrimônio do devedor. Em se tratando de ato jurídico, requer a capacidade do agente.

Observados esses requisitos, a renúncia, isto é, a desistência do direito de arguir a prescrição, pode ser expressa ou tácita. A renúncia *expressa* decorre de manifestação taxativa, inequívoca, escrita ou verbal, do devedor de que dela não pretende utilizar-se. *Tácita*, segundo dispõe o art. 191, "*é a renúncia quando se presume de fatos do interessado, incompatíveis com a prescrição*". Consumada a prescrição, qualquer ato de reconhecimento da dívida por parte do devedor, como o pagamento parcial ou a composição visando à solução futura do débito, será interpretado como renúncia. Proclamou o Superior Tribunal de Justiça que "a renúncia tácita da prescrição somente se viabiliza mediante a prática de ato inequívoco de reconhecimento do direito pelo prescribente"[20].

A Lei n. 11.280, de 16 de fevereiro de 2006, revogou o art. 194 do Código Civil e alterou a redação do § 5º do art. 219 do Código de Processo Civil de 1973, tornando obrigatório o pronunciamento da prescrição, de ofício, pelo juiz. O art. 332, § 1º, do atual Código de Processo Civil, todavia, dispõe que "o juiz também *poderá* julgar liminarmente improcedente o pedido se verificar, desde logo, a ocorrência de decadência ou de prescrição" (grifo nosso).

A prescrição e a decadência, no entanto, são matérias de ordem pública que *devem* ser examinadas de ofício pelo juiz.

O magistrado, todavia, deve ouvir o autor da ação, antes de assim proceder, tendo em vista que este poderá demonstrar a existência de eventual causa interruptiva. O parágrafo único do art. 487 do Código de Processo Civil preceitua, a propósito: "Ressalvada a hipótese do § 1º do art. 332, a prescrição e a decadência não serão reconhecidas sem que antes seja dada às

[19] Renan Lotufo, *Código Civil*, cit., p. 524.

[20] STJ, Ag.Int. no AREsp 918.906-BA, 4ª T., rel. Min. Maria Isabel Gallotti, *DJe* 21-2-2017.

partes oportunidade de manifestar-se". Não se justifica, no entanto, a oitiva do réu, uma vez que, malgrado o ato do juiz, declarando de ofício prescrita a pretensão do autor, nada impede que aquele renuncie a prescrição *a posteriori*, propondo ação declaratória, ou fazendo-o incidentalmente, em outro litígio com o autor, ou, ainda, em recurso de apelação. Se o próprio obrigado deseja pagar a dívida já alcançada pela prescrição, a ordem jurídica não impede que isso aconteça. Seria até absurdo se o ordenamento jurídico impedisse o devedor de cumprir a obrigação. Segundo dispõe o art. 882 do Código Civil, "não se pode repetir o que se pagou para solver dívida prescrita...".

Na IV Jornada de Direito Civil realizada em Brasília, em outubro de 2006, foi aprovado o Enunciado 295, com o seguinte teor: "A revogação do art. 194 do Código Civil pela Lei n. 11.280/2006, que determinou ao juiz o reconhecimento de ofício da prescrição, não retira do devedor a possibilidade de renúncia admitida no art. 191 do texto codificado".

O referido enunciado tem como objetivo exatamente evitar que os juízes deixem de reconhecer a prescrição de ofício ao examinarem a inicial, postergando tal pronunciamento para fase posterior, após o decurso do prazo para a defesa, sob o argumento de que devem esperar a manifestação do réu sobre o exercício do direito de renunciá-la.

"*Os prazos de prescrição não podem ser alterados por acordo das partes*" (art. 192). A prescrição em curso não cria direito adquirido, podendo o seu prazo ser reduzido ou ampliado por *lei superveniente*, ou transformado em prazo decadencial. Não se admite, porém, ampliação ou redução de prazo prescricional pela vontade das partes. No primeiro caso, importaria renúncia antecipada da prescrição, vedada pela lei. A possibilidade de se reduzir o prazo, que constituía questão polêmica, foi também afastada pelo aludido art. 192.

Dispõe o art. 193 que "*a prescrição pode ser alegada em qualquer grau de jurisdição, pela parte a quem aproveita*". Pode ser arguida em qualquer fase ou estado da causa, em primeira ou em segunda instância. Pode, portanto, ser alegada em qualquer fase do processo de conhecimento, ainda que o réu tenha deixado de invocá-la na contestação, não significando renúncia tácita a falta de invocação na primeira oportunidade em que falar no processo. Considera-se que, se essa defesa não foi, desde o primeiro momento, invocada, é porque o réu, provavelmente, teria confiado nos outros meios da defesa – o que não tolhe o efeito da prescrição[21].

---

[21] "Prescrição. Arguição em razões finais. Admissibilidade. Conceito de instância tomado como grau de hierarquia judiciária que possibilita a arguição do lapso prescricional em qual-

Na fase de liquidação da sentença é inadmissível a invocação de prescrição, que deve ser objeto de deliberação se arguida na fase cognitiva do processo. A que pode ser alegada mesmo na fase de execução é a prescrição *superveniente* à sentença (CPC, art. 535, VI).

Se a prescrição, entretanto, não foi suscitada na instância ordinária (primeira e segunda instância), é inadmissível a sua arguição no recurso especial, perante o Superior Tribunal de Justiça, ou no recurso extraordinário, interposto perante o Supremo Tribunal Federal, por faltar o prequestionamento exigido nos regimentos internos desses tribunais, que têm força de lei. Dispõe a Súmula 282 do último que "é inadmissível o recurso extraordinário, quando não ventilada, na decisão recorrida, a questão federal suscitada". Igualmente, no tocante à ação rescisória[22].

Diz o mencionado art. 193 que a prescrição pode ser alegada "*pela parte a quem aproveita*". A arguição não se restringe, pois, ao prescribente, mas se estende a terceiros favorecidos por ela. Segundo CAMARA LEAL, só pode arguir prescrição quem tem legítimo interesse econômico em seus efeitos liberatórios, pelo proveito patrimonial que lhe proporcionam. Podem alegá-la não só os interessados diretos como também os indiretos (credores do prescribente insolvente; o responsável pela evicção, relativamente à coisa cuja evicção se extinguiu pela prescrição; qualquer terceiro, relativamente à prescrição da ação, cuja não extinção lhe acarretaria dano ou prejuízo)[23].

Prescrevia o art. 194 que "*o juiz não pode suprir, de ofício, a alegação de prescrição, salvo se favorecer a absolutamente incapaz*". Não podia, portanto, conhecer da prescrição, se não fosse invocada pelas partes, salvo em benefício de absolutamente incapaz. Essa ressalva, que não favorecia o relativamente incapaz, constituía inovação, pois não constava do Código Civil de 1916. O aludido dispositivo foi, todavia, expressamente revogado pelo art. 11 da Lei n. 11.280, de 16 de fevereiro de 2006, que ainda, como foi dito, introduziu o § 5º ao art. 219 do Código de Processo Civil de 1973, tornando obrigatório o pronunciamento da prescrição, de ofício, pelo juiz. O assunto, como já dito, é tratado nos arts. 332, § 1º, e 487, parágrafo único, do diploma processual de 2015.

---

quer tempo e juízo" (*RT*, 766/236). "A prescrição, matéria de ordem pública, pode ser reconhecida de ofício ou a requerimento das partes, a qualquer tempo e grau de jurisdição" (STJ, Ag. Int. nos EDcl no REsp 1.250.171-SP, 4ª T., rel. Min. MARIA ISABEL GALLOTTI, *DJe* 5-5-2017).

[22] *RTJ*, 71/1; *RT*, 488/145.

[23] *Da prescrição*, cit., p. 65-66.

A prescrição diz respeito, em regra, a direitos patrimoniais. Os direitos não patrimoniais (direitos pessoais, de família) estão sujeitos à decadência ou caducidade. Esta também pode ser declarada de ofício, pelo juiz (CPC, art. 487, II). O art. 210 do Código Civil diz, imperativamente, que o juiz "*deve*" (é dever e não faculdade), "*de ofício, conhecer da decadência, quando estabelecida por lei*". Ainda que se trate de direitos patrimoniais, a decadência pode ser decretada de ofício, quando estabelecida por lei[24].

Se a parte, pessoalmente, não invoca a prescrição, poderá fazê-lo o representante do Ministério Público, em qualquer situação, bastando levar o fato ao conhecimento do juiz, que agora deve pronunciá-la de ofício. Também poderá alegá-la o curador à lide, em favor do curatelado, bem como o curador especial, nos casos em que lhes caiba intervir.

"*Os relativamente incapazes e as pessoas jurídicas têm ação contra os seus assistentes ou representantes legais, que derem causa à prescrição, ou não a alegarem oportunamente*" (art. 195). Se o tutor do menor púbere, por exemplo, culposamente, permitir que a ação do tutelado prescreva, deverá indenizá-lo pelo prejuízo ocasionado. Trata-se de uma regra de proteção dos incapazes, e das pessoas jurídicas em geral, que reafirma a do art. 186. Entretanto, não abrange os absolutamente incapazes, mencionados no art. 3º, porque contra estes não corre a prescrição (art. 198, I).

"*A prescrição iniciada contra uma pessoa continua a correr*" (*accessio praescriptionis*) "*contra o seu sucessor*" (art. 196). Assim, o herdeiro do *de cujus* disporá apenas do prazo faltante para exercer a pretensão, quando esse prazo iniciou-se com o autor da herança. O prazo, desse modo, não se inicia novamente, com a morte deste. Não só o prazo *contra,* mas também o prazo a *favor* do sucessor, que tanto pode ser *inter vivos* ou *causa mortis*, a título universal (herdeiro) como a título singular (legatário), continua a correr.

6. Das causas que impedem ou suspendem a prescrição

O Código Civil agrupou as causas que suspendem e impedem a prescrição em uma mesma seção, entendendo que estão subordinadas a uma unidade fundamental. As mesmas causas ora impedem, ora suspendem a prescrição, dependendo do momento em que surgem.

Assim, dispõe o art. 197 que não corre prescrição "*entre os cônjuges na constância da sociedade conjugal*" (inciso I). Se o prazo ainda não co-

[24] *RTJ*, 130/1001; *RT*, 652/128 e 656/220.

meçou a fluir, a causa ou o obstáculo (no caso, a constância da sociedade conjugal) impede que comece. Se, entretanto, o obstáculo (casamento) surge após o prazo ter se iniciado, dá-se a *suspensão*. Nesse caso, somam-se os períodos, isto é, cessada a causa de suspensão temporária, o lapso prescricional volta a fluir somente pelo tempo restante. Diferentemente da *interrupção*, que será estudada adiante, em que o período já decorrido é inutilizado e o prazo volta a correr novamente por inteiro.

A justificativa para a suspensão da prescrição está na consideração legal de que certas pessoas, por sua condição ou pela situação em que se encontram, estão impedidas de agir. Assim, o art. 197 declara:

"*Não corre a prescrição:*

I – entre os cônjuges, na constância da sociedade conjugal;

II – entre ascendentes e descendentes, durante o poder familiar;

III – entre tutelados ou curatelados e seus tutores ou curadores, durante a tutela ou curatela".

O motivo, nos três casos, é a confiança, a amizade, os laços de afeição que existem entre as partes.

O rol do dispositivo retrotranscrito é taxativo, não admitindo interpretação extensiva. Tendo em vista que a prescrição é instituto de ordem pública, a benesse é restrita às hipóteses legais.

Segundo o Superior Tribunal de Justiça, "Tanto a separação judicial (negócio jurídico) como a separação de fato (fato jurídico), comprovadas por prazo razoável, produzem o efeito de pôr termo aos deveres de coabitação, de fidelidade recíproca e ao regime matrimonial de bens (elementos objetivos) e revelam a vontade de dar por encerrada a sociedade conjugal (elemento subjetivo). Não subsistindo a finalidade de preservação da entidade familiar e do respectivo patrimônio comum, não há óbice em considerar passível de término a sociedade de fato e a sociedade conjugal. Por conseguinte, não há empecilho à fluência da prescrição nas relações com tais coloridos jurídicos"[25].

Observa-se, no tocante ao inciso I, ter havido substituição do vocábulo "matrimônio", que constava do Código de 1916, pela expressão "sociedade conjugal", mais adequada à legislação posterior ao aludido diploma, bem como às normas do próprio Código de 2002 (cf. arts. 1.571 e s.). Se o casamento estabelece "*comunhão plena de vida, com base na igualdade de direitos*

[25] STJ, REsp 1.660.947-TO, 3ª T., rel. Min. Moura Ribeiro, j. 5-11-2019.

e deveres dos cônjuges", como proclama o art. 1.511, não se pode permitir que a necessidade de evitar a prescrição obrigue um cônjuge a mover ação contra o outro, em caso de lesão de direitos patrimoniais, perturbando, com isso, a proclamada harmonia que deve existir durante a sociedade conjugal. Essa necessidade fica afastada com a suspensão do prazo prescricional.

Salientou o Superior Tribunal de Justiça que "a razão legal da subsistência da causa de impedimento da prescrição, enquanto não dissolvido o vínculo conjugal, reside na possibilidade reconciliatória do casal, que restaria minada ante o dilema do cônjuge detentor de um direito subjetivo patrimonial em face do outro".

Aduziu a relatora Min. Nancy Andrighi: "Na hipótese dos autos, o curso do prazo sequer teve início, porque o ato jurídico – outorga de procuração –, levado a efeito com eiva de consentimento, deu-se na constância do casamento, por meio do qual se valeu o ex-marido para esvaziar o patrimônio comum, mediante transferência fraudulenta de bens. Conquanto tenham as partes posto fim à sociedade conjugal mediante a separação judicial, ao não postularem sua conversão em divórcio, permitiram que remanescesse íntegro o casamento válido, que 'somente se dissolve pela morte de um dos cônjuges ou pelo divórcio' (art. 2º, parágrafo único, da Lei n. 6.515, de 1977, reproduzido no art. 1.571, § 1º, do CC/2002)"[26].

Tendo em vista o que preceitua a Constituição de 1988 e o art. 1.723 do atual Código Civil, que reconhece como entidade familiar a união estável, parece razoável entender-se que a ela também se aplica a causa de suspensão da prescrição prevista no inciso I do art. 197, malgrado a omissão constatada. Se um dos conviventes tiver de mover ação contra o outro, para evitar a prescrição, tal fato poderá acarretar indesejável desarmonia entre o casal e a própria desagregação da sociedade de fato de base afetiva. A propósito, na IV Jornada de Direito Civil foi aprovado o Enunciado 296 do CJF do Superior Tribunal de Justiça, do seguinte teor: "Não corre a prescrição entre os companheiros, na constância da união estável". Nesse sentido decidiu o Tribunal de Justiça de São Paulo[27].

O art. 198 menciona:

"*Também não corre a prescrição:*

I – contra os incapazes de que trata o art. 3º;

---

[26] REsp 1.202.691/MG, 3ª T., j. 7-4-2011.

[27] TJSP, Apel. 0144195-55.2012.8.26.0100, 9ª Câm. Dir. Priv., rel. Des. Piva Rodrigues, *DJe* 24-1-2018.

II – contra os ausentes do País em serviço público da União, dos Estados ou dos Municípios;

III – contra os que se acharem servindo nas Forças Armadas, em tempo de guerra".

Denota-se a preocupação de proteger pessoas que se encontram em situações especiais que as impede de serem diligentes na defesa de seus interesses.

Não corre prescrição, diz o inciso I, *contra* os absolutamente incapazes (os menores de 16 anos), ou seja, quando teriam direito de propor a ação. Não serão prejudicados por não tê-lo feito. A prescrição contra o menor só se inicia após completar 16 anos de idade. Mas corre a *favor* dos absolutamente incapazes, isto é, quando poderiam ser acionados. Podem ser beneficiados com a arguição da prescrição da pretensão manifestada pela outra parte, ou seja, pelo credor[28].

Tendo a Lei n. 13.146, de 6 de julho de 2015 (Estatuto da Pessoa com Deficiência), revogado os incisos do art. 3º do Código Civil e mantido como absolutamente incapazes somente os menores de 16 anos, correrão contra o deficiente (enfermo ou excepcional), considerado agora pessoa plenamente capaz, a prescrição e a decadência.

Também não corre a prescrição, dispõe o inciso II, contra os ausentes do País em *serviço público* da União, dos Estados ou dos Municípios. O Código "não faz qualquer menção ao tipo de serviço público, mas podem-se apontar como abrangidos pela norma em tela: i) os representantes diplomáticos do Brasil junto aos países estrangeiros; ii) os agentes consulares brasileiros no estrangeiro; iii) os adidos militares brasileiros, junto a unidades militares estrangeiras; iv) os delegados brasileiros em missão oficial em países estrangeiros; v) os comissionados pelo governo federal, estadual ou municipal, para estudos técnicos em países estrangeiros; vi) e qualquer pessoa encarregada de um serviço de utilidade para a União, para os Estados, ou para os Municípios, em país estrangeiro (Câmara Leal, *Da Prescrição*, p. 174). Nesse sentido, a decisão do Tribunal de Justiça do Distrito Federal, suspendendo a prescrição contra policial

[28] "Prescrição. Ação indenizatória. Morte do pai do autor da pretensão em acidente de trânsito, quando este era absolutamente incapaz, como previsto no art. 5º do Código Civil (*de 1916*). Lapso prescricional que somente começa a correr a partir do dia seguinte em que completar dezesseis anos de idade" (*RT*, 769/406).

militar que se encontrava fora do País em missão de paz das Nações Unidas (TJDF, 3ª T. Cív., Ap. Cív. 1999.011.038.550-3, rel. Des. George Lopes Leite, j. 14-5-2001, *DJ*, 13-6-2001)"[29].

Outros casos de suspensão foram criados por leis especiais (cf. art. 440 da CLT; art. 6º da Lei de Falências etc.). A jurisprudência admite a suspensão da prescrição em caso de obstáculo judicial, como greve dos servidores etc.

Estatui, por sua vez, o art. 199:

"*Não corre igualmente a prescrição*:

I – pendendo condição suspensiva;

II – não estando vencido o prazo;

III – pendendo ação de evicção".

Nas duas primeiras hipóteses o direito ainda não se tornou exigível, não sendo possível, pois, falar em prescrição. Se terceiro propõe a ação de evicção, fica suspensa a prescrição até o seu desfecho final. Neste dispositivo observa-se a aplicação do princípio da *actio nata* dos romanos, segundo o qual somente se pode falar em fluência de prazo prescricional desde que haja uma pretensão a ser exercitada, em virtude da violação do direito. Enquanto não nasce a pretensão, não começa a fluir o prazo prescricional. É da violação do direito que nasce a pretensão, que por sua vez dá origem à ação. E a prescrição começa a correr desde que a pretensão teve origem, isto é, desde a data em que a violação do direito se verificou.

Tendo em vista que a sentença penal condenatória constitui título executivo judicial (CC, art. 935; CPC, art. 515, VI; CPP, art. 63), prescreve o art. 200 que, "*quando a ação se originar de fato que deva ser apurado no juízo criminal, não correrá a prescrição antes da respectiva sentença definitiva*". Criou-se, assim, uma nova causa de suspensão da prescrição, distinta das mencionadas nos arts. 197 a 199. Essa inovação se fazia necessária em razão de o prazo para a prescrição da pretensão de reparação civil ter sido reduzido, no novo diploma, para apenas três anos (art. 206, § 3º, V).

Desse modo, o prazo prescricional de pretensão indenizatória deduzida contra o autor do ato ilícito "flui a partir do trânsito em julgado da sentença penal, ainda que este tenha reconhecido a prescrição da pretensão punitiva"[30].

---

[29] Gustavo Tepedino, Heloisa Helena Barboza e Maria Celina Bodin de Moraes, *Código Civil interpretado conforme a Constituição da República*, v. I, p. 375.

[30] STJ, AgInt nos EDcl no AREsp 1.311.109-SP, 3ª T, rel. Min. Marco Aurélio Bellizze, j. 26-8-2019.

O Código de 1916 não continha dispositivo semelhante. Mesmo assim, o Superior Tribunal de Justiça já havia decidido:

"Responsabilidade civil do Estado – Prescrição.

Se o ato do qual pode exsurgir a responsabilidade civil do Estado está sendo objeto de processo criminal, o termo inicial da prescrição da ação de reparação de danos inicia, excepcionalmente, da data do trânsito em julgado da sentença penal"[31].

Dispõe ainda o art. 201: "*Suspensa a prescrição em favor de um dos credores solidários, só aproveitam os outros se a obrigação for indivisível*". A prescrição é benefício pessoal e só favorece as pessoas taxativamente mencionadas, mesmo na solidariedade.

Assim, existindo três credores contra devedor comum, de importância em dinheiro, sendo um dos credores absolutamente incapaz, por exemplo, a prescrição correrá contra os demais credores, pois a obrigação de efetuar pagamento em dinheiro é divisível, ficando suspensa somente em relação ao menor. Se se tratasse, porém, de obrigação indivisível (de entregar um animal, p. ex.), a prescrição somente começaria a fluir, para todos, quando o incapaz completasse 16 anos. Sendo o direito indivisível, a suspensão aproveita a todos os credores.

7. *Das causas que interrompem a prescrição*

A interrupção depende, em regra, de um comportamento ativo do credor, diferentemente da suspensão, que decorre de certos fatos previstos na lei, como foi mencionado. Qualquer ato de exercício ou proteção ao direito interrompe a prescrição, extinguindo o tempo já decorrido, que volta a correr por inteiro, diversamente da suspensão da prescrição, cujo prazo volta a fluir somente pelo tempo restante.

O efeito da interrupção da prescrição é, portanto, instantâneo: "*A prescrição interrompida recomeça a correr da data do ato que a interrompeu, ou do último ato do processo para a interromper*" (art. 202, parágrafo único). Sempre que possível a opção, ela se verificará pela maneira mais favorável ao devedor.

Em se tratando de causa interruptiva judicial, "a citação válida tem o condão de interromper o prazo prescricional independentemente do desfecho dado ao processo – se com ou sem julgamento de mérito –, fazendo

[31] REsp 137.942/RJ, 2ª T., rel. Min. Ari Pargendler, j. 5-2-1998, *Adcoas*, n. 8160018.

com que a fluência do prazo prescricional se reinicie, por inteiro, apenas após o último ato do processo (qual seja, o trânsito em julgado), nos termos do parágrafo único do art. 202 do Código Civil. Precedentes"[32].

O art. 202, *caput*, expressamente declara que a interrupção da prescrição "*somente poderá ocorrer uma vez*". A restrição é benéfica, para não se eternizarem as interrupções da prescrição. Como o art. 172 do Código de 1916 silenciava a esse respeito, admitia-se que a prescrição fosse interrompida mais de uma vez, salvo se a reiteração caracterizasse abuso. A inovação é salutar, porque evita interrupções abusivas e a protelação da solução das controvérsias.

O mesmo dispositivo indica as causas que interrompem a prescrição, protegendo o credor diligente, que mostra interesse em defender seus direitos.

De acordo com o inciso I do art. 202, a prescrição interrompe-se "*por despacho do juiz, mesmo incompetente, que ordenar a citação, se o interessado a promover no prazo e na forma da lei processual*".

O Código de Processo Civil assim dispõe, no art. 240:

"Art. 240. A citação válida, ainda quando ordenada por juízo incompetente, induz litispendência, torna litigiosa a coisa e constitui em mora o devedor, ressalvado o disposto nos arts. 397 e 398 da Lei n. 10.406, de 10 de janeiro de 2002 (Código Civil).

§ 1º A interrupção da prescrição, operada pelo despacho que ordena a citação, ainda que proferido por juízo incompetente, retroagirá à data de propositura da ação.

§ 2º Incumbe ao autor adotar, no prazo de 10 (dez) dias, as providências necessárias para viabilizar a citação, sob pena de não se aplicar o disposto no § 1º.

§ 3º A parte não será prejudicada pela demora imputável exclusivamente ao serviço judiciário.

§ 4º O efeito retroativo a que se refere o § 1º aplica-se à decadência e aos demais prazos extintivos previstos em lei".

O comportamento do credor vem previsto no § 2º do retrotranscrito art. 240 do estatuto processual. Cumpre-lhe viabilizar, nos dez dias seguintes à prolação do despacho, a citação do réu. Viabilizar a citação é providenciar a extração do mandado de citação, com o recolhimento das custas devidas, inclusive despesas de condução do oficial de justiça. Frise-se que a parte não pode ser prejudicada por obstáculo judicial para o qual não tenha concorrido, isto é, pela demora imputável exclusivamente ao serviço judiciário (CPC, art. 240, § 3º; Súmula 106 do STJ).

---

[32] STJ, REsp 1.726.222-SP, 3ª T., rel. Min. Marco Aurélio Bellizze, *DJe* 24-4-2018.

Se o prazo legal, de dez dias for ultrapassado, nem por isso a citação válida deixa de produzir os seus efeitos regulares, exceto quanto ao efeito de interromper a prescrição retroativamente. Se o prazo prescricional já decorreu, haver-se-á por não interrompida a prescrição, não se efetuando a citação no aludido prazo (CPC, art. 240, § 2º).

Todavia, despacho que determina a emenda da petição inicial não interrompe a prescrição. O mesmo sucede com a sentença que indefere a petição inicial. Nessa linha, decidiu o extinto Segundo Tribunal de Alçada Civil de São Paulo que a interrupção da prescrição "retroage à data da propositura da ação, se a petição inicial preencher os requisitos legais; caso contrário, retroagirá à data em que for regularizada"[33].

Assim também tem decidido o Superior Tribunal de Justiça: "Para que o direito tenha-se como exercido no prazo, necessário que, antes de findar, seja determinada a citação (CPC, art. 219, § 1º, combinado com o art. 220, atuais arts. 802, parágrafo único, e 240, § 4º). Admite-se como oportuno o ajuizamento da ação caso tenha feito o autor tudo o que lhe cabia, antes de exausto o prazo. Hipótese em que isso não ocorreu, uma vez que a inicial teve de ser emendada, após o término do prazo"[34].

Para interromper a prescrição, a citação deve preencher os requisitos de *existência* e de *validade*, segundo a lei processual. É preciso, pois, que *exista*, ainda que ordenada por juiz incompetente, e tenha se completado. A citação ordenada por juiz incompetente interrompe a prescrição, para beneficiar aqueles que de boa-fé peticionam perante juiz incompetente. Não se admitem, porém, abusos nem erros grosseiros. É preciso, também, que seja *válida*, isto é, não seja nula por inobservância das formalidades legais.

Tem-se entendido que a citação ordenada em processo anulado é idônea para interromper a prescrição, não tendo a nulidade sido decretada exatamente por vício de citação. Assim, decretada a nulidade do processo, sem ser atingida a citação, houve interrupção e continua eficaz.

A Comissão Revisora do Projeto, ao rejeitar emendas que pretendiam tornar sem efeito a interrupção da prescrição, se extinto o processo sem julgamento do mérito, ou se anulado totalmente o processo, salvo se por incompetência do juiz, observou que "o efeito interruptivo não se dá em atenção à sentença, mas decorre da citação. A propositura da ação demonstra inequivocamente que o autor, cujo direito diz violado, não está inerte. Se o simples protesto judicial basta para interromper a prescrição, por que não bastará a citação em processo que se extinga sem julgamento do mérito?".

---

[33] 2º TAC, Embargos Infringentes 660.211-01/4, 9ª Câm., rel. Gil Coelho, j. 10-10-2001.

[34] STJ, REsp 15.354/SP, rel. Min. Eduardo Ribeiro, *DJU* 9-3-1992, p. 2.588.

A referida Comissão acrescentou que "a interrupção da prescrição, pelo Projeto, se dá com a inequivocidade de que o titular do direito violado não está inerte". Se há nulidade processual, nem por isso se deve desproteger o titular do direito violado, que demonstrou não estar inerte, para beneficiar o violador do direito[35].

O inciso I do art. 202, ora comentado, não condiciona a interrupção da prescrição à citação na ação principal em que o autor diretamente persegue o direito material. É razoável admitir que a citação em questão pode ser a do processo cautelar, que não tem outra finalidade senão assegurar o resultado prático (realização do direito material) do processo principal.

A prescrição também interrompe-se por "*protesto, nas condições do inciso antecedente*" (art. 202, II), quando por algum motivo não puder ser proposta a ação. Trata-se do *protesto judicial*, medida cautelar autorizada pelo art. 726, § 2º, do Código de Processo Civil, ainda que ordenado por juiz incompetente. Não se confunde com o *protesto cambial*, que figura em terceiro lugar (inciso III) no rol das causas de interrupção da prescrição porque indica, inequivocamente, que o titular do direito violado não está inerte.

A quarta modalidade de atos interruptivos da prescrição é a "*apresentação do título de crédito em juízo de inventário ou em concurso de credores*" (inciso IV). A habilitação do credor em inventário, nos autos da falência ou da insolvência civil, constitui comportamento ativo que demonstra a intenção do titular do direito em interromper a prescrição.

O inciso V do art. 202 declara, ainda, que a prescrição pode ser interrompida por "*qualquer ato judicial que constitua em mora o devedor*". Diante da generalização, inclui-se na hipótese toda manifestação ativa do credor, em especial a propositura de medidas cautelares, notadamente notificações e interpelações. A propositura de ação pauliana, necessária para a cobrança eficaz do crédito, já foi considerada como hábil para interromper a prescrição.

Por último, dispõe o inciso VI do art. 202 que a prescrição se interrompe por "*qualquer ato inequívoco, ainda que extrajudicial, que importe reconhecimento do direito pelo devedor*". Esta é a única hipótese em que a interrupção da prescrição ocorre sem a manifestação volitiva do credor. Incluem-se, nesses atos de reconhecimento da dívida, por exemplo, pagamentos parciais, pedidos de parcelamento, pagamento de juros etc. "O mero pedido de concessão de prazo para analisar documentos com o fim de verificar a existência de débito não tem o condão de interromper a prescrição"[36].

Dispõe o Enunciado 416 da V Jornada de Direito Civil do CJF e do STJ: "A propositura de demanda judicial pelo devedor, que importe im-

---

[35] José Carlos Moreira Alves, A Parte Geral, cit., p. 154.

[36] STJ, REsp 1.677.895-SP, 3ª T., rel. Min. Nancy Andrighi, *DJe* 8-2-2018.

pugnação do débito contratual ou de cártula representativa do direito do credor, é causa interruptiva da prescrição".

Ressalte-se que outras causas de interrupção da prescrição são previstas em leis especiais.

"*A prescrição pode ser interrompida por qualquer interessado*" (CC, art. 203), como, por exemplo, o próprio titular do direito em via de prescrição, quem legalmente o represente ou, ainda, terceiro que tenha legítimo interesse (herdeiros do prescribente, seus credores e o fiador do devedor).

Os efeitos da prescrição são pessoais. Em consequência, "*a interrupção da prescrição por um credor não aproveita aos outros*", assim como aquela promovida contra um devedor, ou seu herdeiro, "*não prejudica aos demais coobrigados*" (CC, art. 204).

Essa regra, porém, admite exceção: a interrupção por um dos credores solidários (solidariedade ativa) aproveita aos outros; assim como a interrupção efetuada contra o devedor solidário envolve os demais e seus herdeiros (solidariedade passiva, em que cada devedor responde pela dívida inteira). A interrupção operada contra um dos herdeiros do devedor solidário não prejudica os outros herdeiros ou devedores (o prazo para estes continuará a correr), a não ser quando se trate de obrigações e direitos indivisíveis. Neste caso, todos os herdeiros ou devedores solidários sofrem os efeitos da interrupção da prescrição, passando a correr contra todos eles o novo prazo prescricional (art. 204, §§ 1º e 2º).

Já decidiu o Superior Tribunal de Justiça: "Se o direito em discussão é indivisível, a interrupção da prescrição por um dos credores a todos aproveita"[37].

Por fim, dispõe o § 3º do art. 204 que "*a interrupção produzida contra o principal devedor prejudica o fiador*". Como a fiança é contrato acessório, e este segue o destino do principal, se a interrupção for promovida apenas contra o principal devedor ou afiançado, o prazo se restabelece também contra o fiador, que fica, assim, prejudicado. O contrário, entretanto, não é verdadeiro: a interrupção operada contra o fiador não prejudica o devedor, pois o principal não acompanha o destino do acessório. Nessa trilha, proclamou o Superior Tribunal de Justiça: "A interrupção da prescrição que atinge o fiador não repercute com o mesmo efeito para o devedor principal, no caso o locatário, haja vista que o principal não acompanha o destino do acessório e, por conseguinte, a prescrição continua correndo em favor deste. Como disposição excepcional, a referida norma deve ser interpretada restritivamente, e, como o legislador previu, de forma específica, apenas a

[37] *RSTJ*, 43/298.

interrupção em uma direção – a interrupção produzida contra o principal devedor prejudica o fiador –, não seria de boa hermenêutica estender a exceção em seu caminho inverso"[38].

Com respeito à retroatividade da lei prescricional, preleciona CAMARA LEAL: "Estabelecendo a nova lei um prazo mais curto de prescrição, essa começará a correr da data da nova lei, salvo se a prescrição iniciada na vigência da lei antiga viesse a completar-se em menos tempo, segundo essa lei, que, nesse caso, continuaria a regê-la, relativamente ao prazo"[39].

O Código de Defesa do Consumidor, por exemplo, estabeleceu prazo prescricional de cinco anos para as ações pessoais. Os prazos vintenários do Código Civil de 1916 que estavam em curso, referentes a relações de consumo, recomeçaram a correr por cinco anos, a contar da data da nova lei, nos casos em que o tempo faltante era superior. Quando a lei nova estabelece um prazo mais longo de prescrição, a consumação se dará ao final desse novo prazo, "contando-se, porém, para integrá-lo, o tempo já decorrido na vigência da lei antiga"[40].

Nas "Disposições Transitórias", o Código Civil estabeleceu a seguinte regra: "*Serão os da lei anterior os prazos, quando reduzidos por este Código, e se, na data de sua entrada em vigor, já houver transcorrido mais da metade do tempo estabelecido na lei revogada*" (art. 2.028).

Assim, por exemplo, se quando da entrada em vigor do Código de 2002 já haviam decorrido doze anos para o ajuizamento de uma ação de reparação de danos, continuará valendo o prazo da lei anterior e ainda faltarão oito anos para a consumação da prescrição vintenária. Se, contudo, o prazo decorrido era de apenas oito anos, aplicar-se-á o prazo de três anos estabelecido no art. 206, § 3º, V, do novo diploma, a partir de sua entrada em vigor.

Registre-se que, em 27 de junho de 2018, a Segunda Seção do Superior Tribunal de Justiça encerrou a controvérsia existente na aludida Corte desde a entrada em vigor do atual Código Civil, referente aos prazos de prescrição de obrigações contratuais e extracontratuais. Reconheceu-se que, nas hipóteses em que o referido diploma se refere a "inadimplemento contratual", não há menção à expressão "reparação civil". Desse modo, é de se concluir que o termo "reparação civil", que vinha servindo de base para aplicação do prazo trienal (CC, V, § 3º do art. 206) foi utilizado pelo legislador apenas quando pretendeu se referir à responsabilidade extracontratual. Prevaleceu, destarte, a tese pelo prazo de dez anos para a responsabilidade civil decorrente

---

38 STJ, REsp 1.276.778-MS, 4ª T., rel. Min. LUIS FELIPE SALOMÃO, *DJe* 28-4-2017.

39 *Da prescrição e da decadência*, cit., p. 90, n. 67.

40 Antonio Luiz da Camara Leal, *Da prescrição e da decadência*, cit., p. 91.

do inadimplemento contratual[41]. Assim, a prescrição ocorrerá em dez anos, em todas as hipóteses em que a lei não haja fixado prazo menor.

8. Prazos de prescrição no Código Civil

O atual Código Civil teve o grande mérito de adotar um critério que facilita a tarefa de se diferenciar os prazos prescricionais dos decadenciais – o que era considerado muito difícil na vigência do diploma anterior, conforme mencionado no item 1, *retro*. Miguel Reale assim se manifestou a esse respeito:

"Menção à parte merece o tratamento dado aos problemas da prescrição e decadência, que, anos a fio, a doutrina e a jurisprudência tentaram em vão distinguir, sendo adotadas, às vezes, num mesmo Tribunal, teses conflitantes, com grave dano para a Justiça e assombro das partes. Prescrição e decadência não se extremam segundo rigorosos critérios lógico-formais, dependendo sua distinção, não raro, de motivos de conveniência e utilidade social, reconhecidos pela política legislativa. Para pôr cobro a uma situação deveras desconcertante, optou a Comissão por uma fórmula que espanca quaisquer dúvidas. *Prazos de prescrição* no sistema do Projeto, passam a ser, apenas e exclusivamente, os taxativamente discriminados na Parte Geral, Título IV, Capítulo I, sendo de *decadência* todos os demais, estabelecidos, em cada caso, isto é, como complemento de cada artigo que rege a matéria, tanto na Parte Geral, como na Especial"[42].

No aludido diploma, os prazos prescricionais encontram-se especificados nos arts. 205 e 206.

Vide, no item n. 1, retro, a transcrição do art. 3º da Lei n. 14.010, de 10 de junho de 2020.

---

[41] STJ, EREsp 1.280.825-RJ, 2ª Seção, rel. Min. Nancy Andrighi, *DJe* 2-8-2018.

[42] *O Projeto do Novo Código Civil*, 2. ed., São Paulo: Saraiva, 1999, p. 67.

Capítulo II
DA DECADÊNCIA

Sumário: 1. Conceito e características. 2. Disposições legais sobre a decadência.

1. Conceito e características

Segundo Francisco Amaral, decadência é a perda do direito potestativo pela inércia do seu titular no período determinado em lei. Seu objeto são os direitos potestativos de qualquer espécie, disponíveis ou indisponíveis, direitos que conferem ao respectivo titular o poder de influir ou determinar mudanças na esfera jurídica de outrem, por ato unilateral, sem que haja dever correspondente, apenas uma sujeição[1].

Um dos critérios usados pela doutrina para distinguir prescrição de decadência consiste em considerar que, nesta, o prazo começa a fluir no momento em que o direito nasce. Desse modo, no mesmo instante em que o agente adquire o direito já começa a correr o prazo decadencial. O prazo prescricional, todavia, só se inicia a partir do momento em que este tem o seu direito violado.

Também se diz que a prescrição resulta exclusivamente da lei, enquanto a decadência pode resultar da lei (legal), do testamento e do contrato (convencional).

O Código Civil de 1916 não se referia, expressamente, à *decadência,* também denominada *caducidade.* Englobava, indiscriminadamente, em um mesmo capítulo, as causas devidas à fluência do tempo, aparecendo todas sob a denominação genérica de *prescrição.*

O atual Código, contudo, inspirado no Código Civil italiano, optou por uma fórmula segura de distinção, considerando *prescricionais* somente os prazos taxativamente discriminados na Parte Geral, nos arts. 205 (regra

[1] *Direito civil*: Introdução, 2018, p. 686-687.

geral) e 206 (regras especiais), sendo *decadenciais* todos os demais, estabelecidos como complemento de cada artigo que rege a matéria, tanto na Parte Geral como na Especial. Para evitar discussões sobre se ação prescreve, ou não, adotou a tese da prescrição da *pretensão*, por ser considerada a mais condizente com o direito processual contemporâneo.

Na decadência, que é instituto do direito substantivo, há a perda de um direito previsto em lei. O legislador estabelece que certo ato terá que ser exercido dentro de um determinado tempo, fora do qual ele não poderá mais efetivar-se porque dele decaiu o seu titular. A decadência se consubstancia, pois, no decurso infrutífero de um termo prefixado para o exercício do direito. O tempo age em relação à decadência como um requisito do ato, pelo que a própria decadência é a sanção consequente da inobservância de um termo.

Segundo entendimento da Comissão Revisora do Projeto que se transformou no atual Código Civil, manifestado para justificar a desnecessidade de se definir decadência, esta ocorre "quando um *direito potestativo* não é exercido, extrajudicialmente ou judicialmente (nos casos em que a lei – como sucede em matéria de anulação, desquite etc. – exige que o direito de anular, o direito de desquitar-se só possa ser exercido em Juízo, ao contrário, por exemplo, do direito de resgate, na retrovenda, que se exerce extrajudicialmente), dentro do prazo para exercê-lo, o que provoca a decadência desse direito potestativo. Ora, os direitos potestativos são direitos sem pretensão, pois são insuscetíveis de violação, já que a eles não se opõe um dever de quem quer que seja, mas uma sujeição de alguém (o meu direito de anular um negócio jurídico não pode ser violado pela parte a quem a anulação prejudica, pois esta está apenas sujeita a sofrer as consequências da anulação decretada pelo juiz, não tendo, portanto, dever algum que possa descumprir)".

Na sequência, aduziu a referida Comissão: "Logo, se a hipótese não é de violação de direito (quando se exercer, judicialmente, o direito de anular um negócio jurídico, não se está pedindo condenação de ninguém por violação de direito, mas, apenas, exercendo um direito por via judicial), mas há prazo para exercer esse direito – prazo esse que não é nem do art. 205, nem do art. 206, mas se encontra em outros artigos –, esse prazo é de decadência"[2].

---

[2] José Carlos Moreira Alves, *A Parte Geral do Projeto de Código Civil brasileiro*, p. 155-156.

2. Disposições legais sobre a decadência

Com relação à decadência, o Código Civil trata apenas de suas regras gerais. Distingue a decadência *legal* da *convencional*, para estabelecer que, quanto a esta, "*a parte a quem aproveita pode alegá-la em qualquer grau de jurisdição, mas o juiz não pode suprir a alegação*" (art. 211).

Contudo, o art. 210 diz, imperativamente, que o juiz "*deve*" (é dever e não faculdade), "*de ofício, conhecer da decadência, quando estabelecida por lei*". Ainda que se trate de direitos patrimoniais, a decadência pode ser decretada de ofício[3], quando estabelecida por lei.

Prescreve o art. 207: "*Salvo disposição legal em contrário, não se aplicam à decadência as normas que impedem, suspendem ou interrompem a prescrição*". Em princípio, pois, os prazos decadenciais são fatais e peremptórios, pois não se suspendem nem se interrompem. A inserção da expressão "*salvo disposição legal em contrário*" no aludido dispositivo tem a finalidade de definir que tal regra não é absoluta, bem como de esclarecer que não são revogados os casos em que um dispositivo legal, atualmente em vigor (como o art. 26, § 2º, do CDC, p. ex.), determine, para atender a hipótese especialíssima, a interrupção ou suspensão de prazo de decadência.

Tal ressalva tem também o condão de acentuar que a regra do art. 207 é de caráter geral, só admitindo exceções por lei, e não pela simples vontade das partes quando a lei não lhes dá tal faculdade.

O art. 208 determina que se aplique à decadência "*o disposto nos arts. 195 e 198, inciso I*", que dizem respeito a incapazes. Este dispositivo abre uma exceção com relação ao artigo anterior, não admitindo a fluência de prazo decadencial contra os absolutamente incapazes (art. 198, I), bem como permitindo que os relativamente incapazes responsabilizem os representantes e assistentes que derem causa à decadência, não a alegando oportunamente em seu favor (art. 195).

Decidiu, com efeito, o Superior Tribunal de Justiça que o prazo para a propositura de ação rescisória é de decadência, e aplica-se à hipótese a exceção prevista no art. 208 do Código Civil de 2002, segundo o qual os prazos decadenciais não correm contra os absolutamente incapazes[4].

---

[3] *RTJ*, 130/1001; *RT*, 652/128 e 656/220.

[4] REsp 1.165.735/MG, 4ª T., rel. Min. Luis Felipe Salomão, *Revista Consultor Jurídico*, 19-9-2011.

E o art. 209 proclama: "*É nula a renúncia à decadência fixada em lei*". A irrenunciabilidade decorre da própria natureza da decadência. O fim predominante desta é o interesse geral, sendo que os casos legalmente previstos versam sobre questões de ordem pública. Daí a razão de não se admitir possam as partes afastar a incidência da disposição legal.

O referido dispositivo, contudo, considera irrenunciável apenas o prazo de decadência estabelecido em lei, e não os convencionais, como o pactuado na retrovenda, em que, por exemplo, pode-se estabelecer que o prazo de decadência do direito de resgate seja de um ano a partir da compra e venda e, depois, renunciar-se a esse prazo, prorrogando-se-o até três anos, que é o limite máximo estabelecido em lei.

Proclamou o Superior Tribunal de Justiça que, em caso de sucessão de lei, o prazo decadencial deve ser calculado de acordo com a última norma estabelecida, computando-se o tempo decorrido na vigência da lei antiga. Confira-se:

"Entendimento doutrinário no sentido de que, em caso de lei mais nova estabelecendo prazo decadencial maior que a antiga, 'aplica-se o novo prazo, computando-se o tempo decorrido na vigência da lei antiga'" (Wilson de Souza Campos Batalha, *apud* Gagliano, Pablo Stolze e Rodolfo Pamplona Filho, *Novo Curso de Direito Civil*, Parte Geral, v. I, São Paulo: Saraiva, 2020). Ou seja, o tempo transcorrido na vigência da lei antiga deve integrar o novo prazo estabelecido. No mesmo sentido manifesta-se a jurisprudência do STJ, que, no julgamento do REsp 1.114.938/AL, rel. Min. Napoleão Nunes Maia Filho, submetido ao regime dos recursos repetitivos (art. 543-C do CPC), reconheceu que a ampliação do prazo decadencial deve ser aplicada imediatamente, devendo ser computado o período já transcorrido sob o manto da legislação anterior"[5].

[5] STJ, REsp 1.434.755/SC, 2ª T., rel. Min. Humberto Martins, j. 11-3-2014.

Título V
DA PROVA

Sumário: 1. Introdução. 2. Meios de prova. 2.1. Confissão. 2.2. Documento. 2.3. Testemunha. 2.4. Presunção. 2.5. Perícia.

1. Introdução

A matéria relativa à prova não é tratada, como no Código Civil de 1916, junto ao negócio jurídico, pois todos os fatos jurídicos, e não apenas o negócio jurídico, são suscetíveis de ser provados. Entre as inovações que esse título apresenta, destacam-se a disciplina da confissão (arts. 213 e 214) e a admissão de meios modernos de prova (arts. 223 e 225).

Prova é o meio empregado para demonstrar a existência do ato ou negócio jurídico. Deve ser *admissível* (não proibida por lei e aplicável ao caso em exame), *pertinente* (adequada à demonstração dos fatos em questão) e *concludente* (esclarecedora dos fatos controvertidos)[1].

Não basta alegar: é preciso provar, pois *allegare nihil et allegatum non probare paria sunt* (nada alegar e alegar e não provar querem dizer a mesma coisa). O que se prova é o fato alegado, não o direito a aplicar, pois é atribuição do juiz conhecer e aplicar o direito (*iura novit curia*). Por outro lado, o ônus da prova incumbe a quem alega o fato e não a quem o contesta, sendo que os fatos notórios independem de prova.

A regulamentação dos princípios referentes à prova é encontrada no Código Civil e no Código de Processo Civil. Ao primeiro cabe a determinação das provas, a indicação do seu valor jurídico e as condições de admissibilidade; ao diploma processual civil, o modo de constituir a prova e de produzi-la em juízo.

Quando a lei exigir forma especial, como o instrumento público, para a validade do negócio jurídico, nenhuma outra prova, por mais especial

[1] Washington de Barros Monteiro, *Curso de direito civil*, v. 1, p. 255-256.

que seja, pode suprir-lhe a falta (CPC, art. 406; CC, art. 107, *a contrario sensu*). Por outro lado, não havendo nenhuma exigência quanto à forma (ato não formal), qualquer meio de prova pode ser utilizado, desde que não proibido, como estatui o art. 369 do Código de Processo Civil: "As partes têm o direito de empregar todos os meios legais, bem como os moralmente legítimos, ainda que não especificados neste Código, para provar a verdade dos fatos em que se funda o pedido ou a defesa e influir eficazmente na convicção do juiz".

Portanto, quando o art. 212 do Código Civil enumera os meios de prova dos negócios jurídicos a que se não impõe forma especial, o faz apenas exemplificativamente e não taxativamente.

2. Meios de prova

Dispõe o art. 212 do Código Civil:

"*Art. 212. Salvo o negócio a que se impõe forma especial, o fato jurídico pode ser provado mediante:*

I – confissão;

II – documento;

III – testemunha;

IV – presunção;

V – perícia".

O mencionado rol é meramente exemplificativo, uma vez que, segundo o art. 369 do atual Código de Processo Civil, "As partes têm o direito de empregar todos meios legais, bem como os moralmente legítimos, ainda que não especificados neste Código, para provar a verdade dos fatos em que se funda o pedido ou a defesa e influir eficazmente na convicção do juiz".

E o art. 422 proclama: "Qualquer reprodução mecânica, como a fotográfica, a cinematográfica ou de outra espécie, tem aptidão para fazer prova dos fatos ou das coisas representadas, se a sua conformidade com o documento original não for impugnada por aquele contra quem foi produzida. § 1º As fotografias digitais e as extraídas da rede mundial de computadores fazem prova das imagens que reproduzem, devendo, se impugnadas, ser apresentada a respectiva autenticação eletrônica ou, não sendo possível, realizada perícia. § 2º Se se tratar de fotografia publicada em jornal ou revista, será exigido um exemplar original do periódico, caso impugnada a veracidade pela outra parte. § 3º Aplica-se o disposto neste artigo à forma impressa de mensagem eletrônica".

Decidiu o Superior Tribunal de Justiça que "o correio eletrônico (*e-mail*) pode fundamentar a pretensão monitória, desde que o juízo se convença da verossimilhança das alegações e da idoneidade das declarações, possibilitando ao réu impugnar-lhe pela via processual adequada. O exame sobre a validade, ou não, da correspondência eletrônica (*e-mail*) deverá ser auferido no caso concreto, juntamente com os demais elementos de prova trazidos pela parte autora"[2].

Tem sido reconhecida a importância dos desenvolvimentos tecnológicos como meio de prova, como se infere do Enunciado n. 297 da *IV Jornada de Direito Civil*, *verbis*: "O documento eletrônico tem valor probante, desde que seja apto a conservar a integridade de seu conteúdo e idôneo a apontar sua autoria, independentemente da tecnologia empregada".

2.1. Confissão

Ocorre a confissão quando a parte admite a verdade de um fato, contrário ao seu interesse e favorável ao adversário (CPC, art. 389). Pode ser judicial (em juízo) ou extrajudicial (fora do processo), espontânea ou provocada, expressa ou presumida (ou ficta) pela revelia (CPC, arts. 341 e 344). Tem, como elementos essenciais, a capacidade da parte, a declaração de vontade e o objeto possível.

"*Não tem eficácia a confissão se provém de quem não é capaz de dispor do direito a que se referem os fatos confessados*" (CC, art. 213). "*Se feita a confissão por um representante, somente é eficaz nos limites em que este pode vincular o representado*" (art. 213, parágrafo único).

A confissão, como foi dito, é prova que consiste em manifestação de uma parte reconhecendo situação favorável à outra. Desse modo, somente quem ostenta essa posição na relação jurídica pode confessar. Como da confissão decorrem consequências desfavoráveis ao confessor, não basta, para efetivá-la, a capacidade genérica para os atos da vida civil, sendo necessária a titularidade dos direitos sobre os quais se controverte.

O representante legal do incapaz não pode, em princípio, confessar, porque lhe é vedado concluir negócios em conflito de interesses com o representado (CC, art. 119), e a confissão opera, essencialmente, contra os interesses do titular do direito. A representação voluntária, no entanto, legitima o representante a confessar desde que lhe seja atribuído, expressamente, tal poder.

---

[2] STJ, REsp 1.381.603-MS, 4ª T., rel. Min. Luis Felipe Salomão, *DJe* 11-11-2016.

Nas ações que versarem sobre bens imóveis, a confissão de um cônjuge não valerá sem a do outro (CPC, art. 391, parágrafo único). Não vale, também, a confissão relativa a direitos indisponíveis (CPC, art. 392). "*A confissão é irrevogável, mas pode ser anulada se decorreu de erro de fato ou de coação*" (CC, art. 214). Já se decidiu: "A revogação da confissão por erro de fato é admissível quando restar demonstrada incerteza ou declaração diversa da pretendida"[3].

2.2. Documento

O documento pode ser público ou particular. Tem função apenas probatória. Públicos são os documentos elaborados por autoridade pública, no exercício de suas funções, como as certidões, traslados etc. Particulares quando elaborados por particulares. Uma carta, um telegrama, por exemplo, podem constituir importante elemento de prova.

Documentos não se confundem com instrumentos públicos ou particulares. Estes são espécies e aqueles são o gênero. O instrumento é criado com a finalidade precípua de servir de prova, como, por exemplo, a escritura pública, ou a letra de câmbio. Os instrumentos públicos são feitos perante o oficial público, observando-se os requisitos do art. 215. Os particulares são realizados somente com a assinatura dos próprios interessados.

Dispõe o art. 215 que "*a escritura pública, lavrada em notas de tabelião, é documento dotado de fé pública, fazendo prova plena*". Por essa razão, não se exige a subscrição por testemunhas instrumentárias. Não se admite, com efeito, provar com testemunhas contra ou além do instrumento público. No entanto, "*se algum dos comparecentes não for conhecido do tabelião, nem puder identificar-se por documento, deverão participar do ato pelo menos duas testemunhas que o conheçam e atestem sua identidade*" (§ 5º).

A escritura pública tem, pois, fidedignidade, inerente à fé pública do notário. Deve conter, salvo quando exigidos por lei outros requisitos: a) data e local de sua realização; b) reconhecimento da identidade e capacidade das partes e de quantos hajam comparecido ao ato, por si, como representantes, intervenientes ou testemunhas; c) nome, nacionalidade, estado civil, profissão, domicílio e residência das partes e demais comparecentes, com a indicação, quando necessário, do regime de bens do casamento, nome do outro cônjuge e filiação; d) manifestação clara da vontade das partes e dos intervenientes; e) referência ao cumprimento das exigências legais e fiscais inerentes à legitimidade do ato; f) declaração de ter sido lida na presença

---

[3] *RJTAMG*, 40/109.

das partes e demais comparecentes, ou de que todos a leram; g) assinatura das partes e dos demais comparecentes, bem como a do tabelião ou seu substituto legal, encerrando o ato (art. 215, § 1º).

A inobservância desses requisitos acarreta a nulidade da escritura pública, que deve ser redigida na língua nacional (§ 3º). Se qualquer dos comparecentes não souber a língua nacional e o tabelião não entender o idioma em que se expressa, deverá comparecer tradutor público para servir de intérprete, ou, não o havendo na localidade, outra pessoa capaz que, a juízo do tabelião, tenha idoneidade e conhecimento bastantes (§ 4º).

Confira-se o posicionamento do Superior Tribunal de Justiça:

"A presunção do art. 215 do CC/2002 implica, de um lado, a desnecessidade de se provar os fatos contidos na escritura pública, à luz do que dispõe o art. 334, IV, do CPC, e, de outro, a inversão do ônus da prova, em desfavor de quem, eventualmente, suscite a sua invalidade"[4].

"A fé pública atribuída aos atos dos servidores estatais e aos documentos por eles elaborados, não tem o condão de atestar a veracidade do que é tão somente declarado, de acordo com a vontade, boa ou má-fé das partes, pois a fé pública constitui princípio do ato registral que protege a inscrição dos direitos, não dos fatos subjacentes a ele ligados. As declarações prestadas pelas partes ao notário, bem ainda o documento público por ele elaborado, possuem presunção relativa (*juris tantum*) de veracidade, admitindo-se prova em contrário[5].

Dispõe o art. 221 que "*o instrumento particular, feito e assinado, ou somente assinado por quem esteja na livre disposição e administração de seus bens, prova as obrigações convencionais de qualquer valor; mas os seus efeitos, bem como os da cessão, não se operam, a respeito de terceiros, antes de transcrito no registro público*".

Mesmo sem testemunhas o documento particular vale entre as próprias partes, por força do art. 219, que prescreve: "*As declarações constantes de documentos assinados presumem-se verdadeiras em relação aos signatários*".

Estatui o art. 220 que "*a anuência ou a autorização de outrem, necessária à validade de um ato, provar-se-á do mesmo modo que este, e constará, sempre que se possa, do próprio instrumento*". Desse modo, só por instrumento público pode a mulher casada outorgar procuração ao marido

[4] STJ, REsp 1.438.432-GO, 3ª T., rel. Min. Nancy Andrighi, j. 22-4-2014.

[5] STJ, REsp 1.288.552-MT, 4ª T., rel. Min. Marco Buzzi, j. 24-11-2020.

para a alienação de bens imóveis, pois é essencial à validade do ato a escritura pública (art. 108).

Em princípio, o instrumento deve ser exibido no original. Estatui o art. 216, porém, que farão prova, como os originais, "*as certidões textuais de qualquer peça judicial, do protocolo das audiências, ou de outro qualquer livro a cargo do escrivão, sendo extraídas por ele, ou sob a sua vigilância, e por ele subscritas, assim como os traslados de autos, quando por outro escrivão consertados*". Esta regra é repetida no art. 425 do Código de Processo Civil.

O art. 217 acrescenta que "*terão a mesma força probante os traslados e as certidões, extraídos por tabelião ou oficial de registro, de instrumentos ou documentos lançados em suas notas*"[6].

Certidão é a reprodução do que se encontra transcrito em determinado livro ou documento. Quando integral, abrangendo todo o conteúdo da anotação, chama-se *verbo ad verbum*. Se abranger apenas determinados pontos indicados pelo interessado, denomina-se certidão "em breve relatório". *Traslado* é cópia do que se encontra lançado em um livro ou em autos. A admissibilidade das diversas formas de reprodução mecânica de documentos hoje existentes, bem como os seus efeitos, está regulamentada no Código de Processo Civil, na seção que trata da força probante dos documentos (arts. 405 e s.).

A tendência moderna é que a atividade jurisdicional do Estado passe a ser, cada vez mais, desenvolvida com os recursos eletrônicos a serviço do Poder Estatal e das partes. Atos e termos processuais serão praticados por meio eletrônico, bem assim a tramitação e controle de tramitação dos processos, a comunicação dos atos e a transmissão de peças processuais, garantida essa atividade pela infraestrutura de chaves públicas posta à disposição pela Administração para regulamentar e autenticar o documento eletrônico e garantir a realização de transações eletrônicas seguras[7].

O atual Código de Processo Civil trata da "Prática Eletrônica dos Atos Processuais" nos arts. 193 a 199. O primeiro dispõe que os "atos processuais

---

[6] "As certidões do registro integral de títulos terão o mesmo valor probante dos originais, ressalvado o incidente de falsidade destes, oportunamente levantado em juízo" (LRP, art. 161, *caput*); "As pessoas jurídicas de direito público são dispensadas de autenticar as cópias reprográficas de quaisquer documentos que apresentem em juízo" (*RSTJ*, 109/15); "As cópias das peças do processo poderão ser declaradas autenticadas pelo próprio advogado, sob sua responsabilidade pessoal" (Lei n. 10.352/2001, art. 544, § 1º, segunda parte).

[7] Nelson Nery Junior e Rosa Maria de Andrade Nery, *Comentários ao Código de Processo Civil*: Novo CPC – Lei 13.105/2015, p. 706.

podem ser total ou parcialmente digitais, de forma a permitir que sejam produzidos, comunicados, armazenados e validados por meio eletrônico, na forma da lei".

A Lei n. 11.419, de 19 de dezembro de 2006, que permanece em vigor, dispõe sobre a informatização do processo judicial, estabelecendo: "Para o disposto nesta Lei, considera-se: I – meio eletrônico qualquer forma de armazenamento ou tráfego de documentos e arquivos digitais; II – transmissão eletrônica toda forma de comunicação a distância com a utilização de redes de comunicação, preferencialmente a rede mundial de computadores; III – assinatura eletrônica as seguintes formas de identificação inequívoca do signatário: a) assinatura digital baseada em certificado digital emitido por Autoridade Certificadora credenciada, na forma de lei específica; b) mediante cadastro de usuário no Poder Judiciário, conforme disciplinado pelos órgãos respectivos" (art. 1º, § 2º).

Acrescenta o art. 11 da referida lei: "Os documentos produzidos eletronicamente e juntados aos processos eletrônicos com garantia da origem e de seu signatário, na forma estabelecida nesta Lei, serão considerados originais para todos os efeitos legais. § 1º Os extratos digitais e os documentos digitalizados e juntados aos autos pelos órgãos da Justiça e seus auxiliares, pelo Ministério Público e seus auxiliares, pelas procuradorias, pelas autoridades policiais, pelas repartições públicas em geral e por advogados públicos e privados têm a mesma força probante dos originais, ressalvada a alegação motivada e fundamentada de adulteração antes ou durante o processo de digitalização. § 2º A arguição de falsidade do documento original será processada eletronicamente na forma da lei processual em vigor. § 3º Os originais dos documentos digitalizados, mencionados no § 2º deste artigo, deverão ser preservados pelo seu detentor até o trânsito em julgado da sentença ou, quando admitida, até o final do prazo para interposição de ação rescisória; § 4º (*Vetado*); § 5º Os documentos cuja digitalização seja tecnicamente inviável devido ao grande volume ou por motivo de ilegibilidade deverão ser apresentados ao cartório ou secretaria no prazo de 10 (dez) dias contados do envio de petição eletrônica comunicando o fato, os quais serão devolvidos à parte após o trânsito em julgado; § 6º Os documentos digitalizados juntados em processo eletrônico somente estarão disponíveis para acesso por meio da rede externa para suas respectivas partes processuais e para o Ministério Público, respeitado o disposto em lei para as situações de sigilo e de segredo de justiça".

"*O telegrama, quando lhe for contestada a autenticidade, faz prova mediante conferência com o original assinado*" (CC, art. 222). "*A cópia fotográfica de documento, conferida por tabelião de notas, valerá como prova de declaração da vontade, mas, impugnada sua autenticidade, deverá ser exibido o original*" (art. 223). "*A prova não supre a ausência do tí-*

tulo de crédito, ou do original, nos casos em que a lei ou as circunstâncias condicionarem o exercício do direito à sua exibição" (art. 223, parágrafo único), em razão dos princípios da literalidade e abstração, que regem a exigibilidade dos títulos de crédito.

"*As reproduções fotográficas, cinematográficas, os registros fonográficos e, em geral, quaisquer outras reproduções mecânicas ou eletrônicas de fatos ou de coisas fazem prova plena destes, se a parte, contra quem forem exibidos, não lhes impugnar a exatidão*" (art. 225), não se exigindo que sejam autenticadas.

"*Os livros e fichas dos empresários e sociedades provam contra as pessoas a que pertencem, e, em seu favor, quando escriturados sem vício extrínseco ou intrínseco, forem confirmados por outros subsídios*" (art. 226). "*A prova resultante dos livros e fichas não é bastante nos casos em que a lei exige escritura pública, ou escrito particular revestido de requisitos especiais, e pode ser ilidida pela comprovação da falsidade ou inexatidão dos lançamentos*" (art. 226, parágrafo único).

Aduza-se, por fim, que "*os documentos redigidos em língua estrangeira serão traduzidos para o português para ter efeitos legais no País*" (art. 224). O dispositivo está em consonância com o art. 129, § 6º, da Lei de Registros Públicos (Lei n. 6.015/73). A tradução deverá ser feita por tradutor juramentado, gozando assim de fé pública. Determina o art. 124 da mencionada lei que os escritos em língua estrangeira, para produzirem efeitos no Brasil, terão, necessariamente, de ser traduzidos para o vernáculo e registrada tal tradução.

2.3. Testemunha

As testemunhas podem ser *instrumentárias* ou *judiciárias*. Estas são as que prestam depoimento em juízo. Aquelas são as que assinam o instrumento. A prova testemunhal é menos segura que a documental. O Código Civil, no art. 227, *caput*, só admitia a prova exclusivamente testemunhal nos negócios cujo valor não ultrapassasse o "décuplo do maior salário mínimo vigente no País ao tempo em que foram celebrados". O referido dispositivo foi expressamente revogado pelo Código de Processo Civil que, por sua vez, proclama, no art. 442: "A prova testemunhal é sempre admissível, não dispondo a lei de modo diverso". No art. 444, declara o aludido diploma: "Nos casos em que a lei exigir prova escrita da obrigação, é admissível a prova testemunhal quando houver começo de prova por escrito, emanado da parte contra a qual se pretende produzir a prova". E, no art. 445, acrescenta: "Também se admite a prova testemunhal quando o credor não podia, moral ou materialmente, obter a prova escrita da obrigação, em casos como o de parentesco, de depósito necessário ou de hospedagem em hotel ou em razão das práticas comerciais do local onde contraída a obrigação". O Código Civil, por sua vez, aceita prova testemunhal, quando houver começo de prova por escrito ou o credor não puder obter a quitação regular em casos como o de parentesco, depósito necessário ou hospedagem em hotel (arts. 402 e 403), regra esta reproduzida no art. 445 do novo diploma processual. O citado parágrafo único do art. 320 do Código Civil amplia essa possibilidade, deixando a análise das circunstâncias, em cada caso, a critério do juiz.

A prova testemunhal, que resulta do depoimento oral das pessoas que viram, ouviram ou souberam dos fatos relacionados com a causa, por estar impregnada de alto grau de subjetividade, é sempre alvo de críticas dentro do sistema jurídico. Daí as restrições à sua admissibilidade ampla.

Algumas pessoas, no entanto, não podem ser admitidas como testemunhas. O art. 228 do Código Civil menciona os menores de dezesseis anos; aqueles que, por enfermidade ou deficiência mental, não tiverem discernimento para a prática dos atos da vida civil; os cegos e surdos, quando a ciência do fato que se quer provar dependa dos sentidos que lhes faltam; o interessado no litígio, o amigo íntimo ou o inimigo capital das partes; e os cônjuges, os ascendentes, os descendentes e os colaterais, até o terceiro grau de alguma das partes, por consanguinidade, ou afinidade. No entanto, para a prova de fatos que só elas conheçam, pode o juiz admitir o depoimento das referidas pessoas (art. 228, parágrafo único).

A Lei n. 13.146, de 6 de julho de 2015 (Estatuto da Pessoa com Deficiência), todavia, *revogou* expressamente os incisos II e III do aludido dispositivo ("II – aqueles que, por enfermidade ou retardamento mental, não tiverem discernimento para a prática dos atos da vida civil; III – os cegos e surdos, quando a ciência do fato que se quer provar dependa dos sentidos que lhes faltam;"), *transformou* o parágrafo único em § 1º e *acrescentou* o § 2º, de seguinte teor: "§ 2º A pessoa com deficiência poderá testemunhar em igualdade de condições com as demais pessoas, sendo-lhe assegurados todos os recursos de tecnologia assistiva".

O Código de Processo Civil, no art. 447, relaciona os *incapazes* para testemunhar, os *impedidos* e os *suspeitos*.

2.4. Presunção

Presunção é a ilação que se extrai de um fato conhecido, para se chegar a um desconhecido. Não se confunde com indício, que é meio de se chegar a uma presunção. Exemplo de presunção: como é conhecido o fato de que o credor só entrega o título ao devedor por ocasião do pagamento, a sua posse pelo devedor conduz à presunção de haver sido pago (CC, art. 324).

Podem ser mencionadas, ainda, a morte presumida (art. 6º), a gratuidade do mandato (art. 658), a boa-fé (art. 1.203), dentre outras.

As presunções podem ser legais (*juris*) ou comuns (*hominis*). *Legais* são as que decorrem da lei, como a que recai sobre o marido, que a lei presume ser pai do filho nascido de sua mulher, na constância do casamento. *Comuns* ou *hominis* são as que se baseiam no que ordinariamente acontece, na experiência da vida. Presume-se, por exemplo, embora não de forma absoluta, que as dívidas do marido são contraídas em benefício da família.

As presunções legais dividem-se em absolutas (*juris et de jure*) e relativas (*juris tantum*). *Absolutas* são as que não admitem prova em contrário. A presunção de verdade atribuída pela lei a certos fatos é, nestes casos, indiscutível. Exemplo: a de que são fraudatórias dos direitos dos outros credores as garantias de dívidas que o devedor insolvente tiver dado a algum credor (CC, art. 163). *Relativas* ou *juris tantum* são as que admitem prova em contrário. Por exemplo, a presunção de paternidade atribuída ao marido, em relação ao filho de sua mulher nascido na constância do casamento, pode ser elidida por meio da ação negatória de paternidade (CC, art. 1.601).

2.5. Perícia

O Código de Processo Civil denomina *prova pericial* o exame e a vistoria ou avaliação (art. 464). *Exame* é a apreciação de alguma coisa, por peritos, para auxiliar o juiz a formar a sua convicção. Exemplos: exame grafotécnico, exame hematológico nas ações de investigação de paternidade etc. *Vistoria* é também perícia, restrita porém à inspeção ocular. É diligência frequente nas ações imobiliárias, como possessórias e demarcatórias. A vistoria destinada a perpetuar a memória de certos fatos transitórios, antes que desapareçam, é denominada *ad perpetuam rei memoriam*, regulada atualmente no capítulo do Código de Processo Civil que trata da "produção antecipada de provas" (arts. 381-383).

O referido diploma também considera prova pericial a *avaliação*, que é a atribuição ao bem do seu valor de mercado. O arbitramento é forma de avaliação. É o exame pericial destinado a apurar o valor de determinado bem, comum nas desapropriações e ações de indenização.

O atual Código Civil contém, nesse Título V, dois artigos novos: o 231 ("*Aquele que se nega a submeter-se a exame médico necessário não poderá aproveitar-se de sua recusa*") e o 232 ("*A recusa à perícia médica ordenada pelo juiz poderá suprir a prova que se pretendia obter com o exame*").

A jurisprudência já se adiantara, pois vinha proclamando, em ações de investigação de paternidade, que "a recusa ilegítima à perícia médica pode suprir a prova que se pretendia lograr com o exame frustrado"[8].

O Superior Tribunal de Justiça, na mesma linha de pensamento, já vinha decidindo que "a recusa do investigado em submeter-se ao exame de DNA, aliada à comprovação de relacionamento sexual entre o investigado e a mãe do autor impúbere, gera a presunção de veracidade das alegações postas na exordial"[9]. Tal entendimento foi sedimentado com a edição da Súmula 301, do seguinte teor: "Em ação investigatória, a recusa do suposto pai a submeter-se ao exame de DNA induz presunção *juris tantum* de paternidade".

A Lei n. 12.004, de 29 de julho de 2009, mandou acrescer à Lei n. 8.560, de 29 de dezembro de 1992, o art. 2º-A, cujo parágrafo único assim dispõe: "A recusa do réu em se submeter ao exame de código genético – DNA – gerará a presunção da paternidade, a ser apreciada em conjunto com o contexto probatório". Observa-se que a referida lei não inovou, mas apenas repetiu o que já vinha sendo aplicado pela jurisprudência.

Todavia, a recusa de parentes em realizar exame de DNA não gera presunção de paternidade. Decidiu, com efeito, o Superior Tribunal de Justiça que a presunção relativa decorrente da recusa do suposto pai em submeter-se ao exame de DNA, nas ações de investigação de paternidade, não pode ser estendida aos descendentes, por se tratar de direito personalíssimo e indisponível. Enfatizou o relator, Min. Luis Felipe Salomão, que "a recusa do descendente, quando no polo passivo da ação de investigação de paternidade, em ceder tecido humano para a realização de exame pericial, não se reveste de presunção relativa e nem lhe impõe o ônus de formar robusto acervo probatório que desconstitua tal presunção"[10].

---

8 TJSP, *JTJ*, 201/128 e 210/202.

9 *RSTJ*, 135/315.

10 STJ, REsp 714.969, 4ª T., rel. Min. Luis Felipe Salomão. Disponível em: <www.editoramagister.com>. Acesso em: 15 mar. 2010.

BIBLIOGRAFIA

ABREU FILHO, José. *O negócio jurídico e sua teoria geral*. 5. ed. São Paulo: Saraiva, 2003.

AGUIAR DIAS, José de. *Da responsabilidade civil*. 4. ed. Rio de Janeiro: Forense; 10. ed. 1997.

AGUIAR JÚNIOR, Ruy Rosado de. A boa-fé na relação de consumo. *Revista de Direito do Consumidor*, 14/25.

AGUILA, Ramón Domminguez. *Teoría general del negocio jurídico*. Santiago: Jurídica de Chile, 1975.

ALBALADEJO, Manuel. *El negocio jurídico*. Barcelona: Bosch, 1958.

ALVES, José Carlos Moreira. *A Parte Geral do Projeto do Código Civil brasileiro*. São Paulo: Saraiva, 1986.

________. *Da alienação fiduciária em garantia*. 3. ed. Rio de Janeiro: Forense, 1987.

________. *Direito romano*. 5. ed. Rio de Janeiro: Forense, 1983. v. 1.

ALVIM, Agostinho. *Comentários ao Código Civil*. Rio de Janeiro: Jurídica e Universitária, 1968. v. 1.

________. *Da inexecução das obrigações e suas consequências*. 3. ed. Rio de Janeiro: Jurídica e Universitária.

AMARAL, Francisco. *Da irretroatividade da condição suspensiva no direito civil brasileiro*. Rio de Janeiro: Forense, 1984.

________. *Direito civil:* introdução. 4. ed. Rio de Janeiro: Renovar, 2002.

________. *Direito civil:* introdução. 10. ed. São Paulo: Saraiva, 2019.

AMORIM FILHO, Agnelo. Critério científico para distinguir a prescrição da decadência e para identificar as ações imprescritíveis. *RT*, 300/7 e 711/725.

ANDRADE, Manuel A. Domingues de. *Teoria geral da relação jurídica*. Coimbra: Livraria Almedina, 1974. v. 2.

ARMINJON, Pierre; NOLDE, Baron Boris; WOLFF. *Traité de droit comparé*. v. 1. Apud Washington de Barros Monteiro. *Curso de direito civil*. 38. ed. São Paulo: Saraiva, 2001. v. 1.

ARRUDA ALVIM NETO, José Manoel. *Código de Processo Civil comentado*. São Paulo: Revista dos Tribunais, 1975. v. 2.

ASCENSÃO, José de Oliveira. *O direito*: introdução e teoria geral – uma perspectiva luso-brasileira. 10. ed. Coimbra: Livraria Almedina, 1997.

ATIAS, Christian. *Droit civil*: les biens. Paris: Librairies Techniques, 1982.

AZEVEDO, Álvaro Villaça. Autonomia do paciente e direito de escolha de tratamento médico sem transfusão de sangue. *Parecer Jurídico*, 2010.

AZEVEDO, Antônio Junqueira de. *Negócio jurídico. Existência, validade e eficácia*. 4. ed. São Paulo: Saraiva, 2002.

________. *Negócio jurídico e declaração negocial*. Tese. São Paulo, 1986.

AZEVEDO, Fábio de Oliveira. *Direito civil:* introdução e teoria geral. Rio de Janeiro: Lumen Juris, 2009.

AZEVEDO JÚNIOR, José Osório de. *Compromisso de compra e venda*. 2. ed. São Paulo: Saraiva, 1983.

BARASSI, Lodovico. *La teoria generale delle obbligazioni*. Le Fonti, 1946. v. 2.

BARBI, Celso Agrícola. *Comentários ao Código de Processo Civil*. 10. ed. Rio de Janeiro: Forense. v. 1.

BATALHA, Wilson de Souza Campos. *Direito intertemporal*. Rio de Janeiro: Forense, 1980.

________. *Lei de Introdução ao Código Civil*. São Paulo: Max Limonad, 1959. v. 1.

BAUDRY-LACANTINERIE, G. *Précis de droit civil*. v. 1. Apud Washington de Barros Monteiro. *Curso de direito civil*. 38. ed. São Paulo: Saraiva, 2001.

BECKER, Anelise. *Teoria geral da lesão nos contratos*. São Paulo: Saraiva, 2000.

BENJAMIN, Antônio Herman de Vasconcellos. *Código Brasileiro de Defesa do Consumidor comentado pelos autores do Anteprojeto*. 6. ed. Rio de Janeiro: Forense Universitária, 2000.

BETTI, Emilio. *Teoria geral do negócio jurídico*. Trad. Fernando de Miranda. Coimbra: Coimbra Ed., 1969. t. 2.

BEVILÁQUA, Clóvis. *Código Civil dos Estados Unidos do Brasil comentado*. 3. ed. Rio de Janeiro: Francisco Alves, 1927. v. 1.

________. *Teoria geral do direito civil*. 7. ed. atual. por Achilles Beviláqua e Isaías Beviláqua. Rio de Janeiro: Editora Paulo de Azevedo, 1955.

BIANCA, C. Massimo. *Diritto civile*: il contratto. Milano: Giuffrè, 1984. v. 1.

BITTAR, Carlos Alberto. *Curso de direito civil*. São Paulo: Forense Universitária, 1994. v. 1.

________. *Os direitos da personalidade*. 3. ed. São Paulo: Forense Universitária, 1999.

________. *Reparação do dano moral*. São Paulo: Revista dos Tribunais, 1993.

________. *Teoria geral do direito civil*. São Paulo: Forense Universitária, 1991.

BORDA, Guillermo Julio. *La persona jurídica y el corrimiento del velo societario*. Buenos Aires: Abeledo Perrot, 2000.

BORGES, João Eunápio. *Curso de direito comercial terrestre*. 4. ed. Rio de Janeiro: Forense, 1969.

BRETAS, Ronaldo. Da fraude à execução. *RF*, 290/72.

BRITO, Maria Helena de. *A representação nos contratos internacionais* – Um contributo para o estudo do princípio da coerência em direito internacional privado. Coimbra: Livraria Almedina, 1999.

BULOS, Uadi Lammêgo. *Constituição Federal anotada*. 4. ed. São Paulo: Saraiva, 2002.

CAHALI, Yussef Said. *Divórcio e separação*. 10. ed. São Paulo: Revista dos Tribunais, 2002.

________. *Dos alimentos*. 2. ed. São Paulo: Revista dos Tribunais.

________. *Fraudes contra credores*. 2. ed. São Paulo: Revista dos Tribunais, 1999.

________. *Responsabilidade civil do Estado*. 2. ed. São Paulo: Malheiros, 1996.

CALASSO, Francesco. *Il negozio giuridico*. 2. ed. Milano: Giuffrè, 1967.

CAMARA LEAL, Antonio Luiz da. *Da prescrição e da decadência*. 4. ed. atual. por Aguiar Dias. Rio de Janeiro: Forense, 1982.

CANOTILHO; VITAL MOREIRA. *Fundamentos da Constituição*. Coimbra: Coimbra Ed., 1991.

________. *Lei dos Registros Públicos comentada*. 9. ed. São Paulo: Saraiva.

CANOVAS, Espin. *Manual de derecho civil español*. Madrid: Editoriales de Derecho Reunidas, 1982. v. 1.

CAPITANT, Henri. *Introduction à l'étude du droit civil*. Paris, 1911.

CASTRO FILHO, José Olympio de. *Comentários ao Código de Processo Civil*. Rio de Janeiro: Forense, 1976. v. 10.

CASTRO Y BRAVO, Federico de. *Derecho civil de España*. 3. ed. Madrid, 1955.

________. *El negocio jurídico*. Madrid: Instituto Nacional de Estudios Jurídicos, 1967.

CAVALCANTI, Themístocles Brandão. *Tratado de direito administrativo*. 5. ed. Rio de Janeiro: Freitas Bastos, 1964.

CAVALIERI FILHO, Sérgio. *Programa de responsabilidade civil*. 2. ed. São Paulo: Malheiros, 1988.

CENEVIVA, Walter. *Direito constitucional brasileiro*. São Paulo: Saraiva, 1989.

CHAVES, Antônio. *Direito à vida e ao próprio corpo*. São Paulo: Revista dos Tribunais, 1994.

________. Índio-I. In: *Enciclopédia Saraiva do Direito*. São Paulo: Saraiva.

________. *Lições de direito civil*. Parte geral. São Paulo: Bushatsky, 1972. v. 4.

________. O índio. *RF*, 264/35-6.

CHINELATO E ALMEIDA, Silmara J. A. *Do nome da mulher casada*: direito de família e direitos da personalidade. São Paulo: Forense Universitária, 2001.

________. Do nome da mulher casada, família e cidadania. *Revista do IBDFAM*, Anais. Belo Horizonte, 2002.

________. *Tutela civil do nascituro*. São Paulo: Saraiva, 2000.

COELHO, Fábio Ulhoa. *Curso de direito comercial*. 5. ed. São Paulo: Saraiva, 2002, v. 2; 3. ed. v. 3.

COLIN, Ambroise; CAPITANT, H. *Cours élémentaire de droit civil français*. 5. ed. Paris: Dalloz, 1927. v. 1.

COMPARATO, Fábio Konder. *O poder de controle na sociedade anônima*. 3. ed. Rio de Janeiro: Forense, 1983.

CORRÊA TELLES, José Homem. *Doutrina das ações*. Anotada por Augusto Teixeira de Freitas. Rio de Janeiro: Garnier, 1880.

COVIELLO, Nicola. *Doctrina general del derecho civil*. Trad. esp. México, 1949.

CRETELLA JÚNIOR, José. *Curso de direito romano*. 20. ed. Rio de Janeiro: Forense, 1997.

________. Responsabilidade civil do Estado legislador. In: SAID CAHALI, Yussef (Coord.). *Responsabilidade civil*: doutrina e jurisprudência. São Paulo: Saraiva.

________. *Direito administrativo brasileiro*. Rio de Janeiro: Forense, 2000.

CUNHA GONÇALVES, Luiz da. *Tratado de direito civil*. 1. ed. bras. São Paulo: Max Limonad. v. 1; 2. ed. v. 12. t. 2.

CUPIS, Adriano de. *Os direitos da personalidade*. Trad. port. Lisboa, 1961.

________. *Teoria e pratica del diritto civile*. 2. ed. Milano: Giuffrè, 1967.

DELGADO, Mário Luiz. *Problemas de direito intertemporal no Código Civil*. São Paulo: Saraiva, 2004.

DEL NERO, João Alberto Schutzer. *Conversão substancial do negócio jurídico*. Rio de Janeiro: Renovar, 2001.

DEMOLOMBE, Jean Charles Florent. *Traité des contrats ou des obligations conventionelles en général*. In: *Cours de Code Napoleón*. Paris: Labure, 1867. v. 24. t. 1.

DIEZ-PICAZO, Luis. *Experiencias jurídicas y teoría del derecho*. 3. ed. Barcelona: Ariel, 1993.

________. *La representación en el derecho privado*. Madrid: Civitas, 1979.

DINAMARCO, Cândido Rangel. *Fundamentos do processo civil moderno*. 3. ed. São Paulo: Malheiros, 2000. v. 1.

DINIZ, Gustavo Saad. *Direito das fundações privadas*. 3. ed. São Paulo: Lemos e Cruz, 2006.

DINIZ, Maria Helena. *Curso de direito civil brasileiro*. 18. ed. São Paulo: Saraiva, 2002. v. 1.

________. *Curso de direito civil brasileiro*. 37. ed. São Paulo: Saraiva, 2020. v. 1.

________. *Lei de Introdução ao Código Civil brasileiro interpretada*. São Paulo: Saraiva, 1994.

________. *Novo Código Civil comentado*. Coord. Ricardo Fiuza. São Paulo: Saraiva, 2002.

________. *O estado atual do biodireito*. São Paulo: Saraiva, 2000.

DI PIETRO, Maria Sylvia Zanella. *Direito administrativo*. São Paulo: Atlas; 7. ed., 1996 e 21. ed., 2008.

DUGUIT, Léon. *Traité de droit constitutionnel*. 2. ed. Paris, 1923.

ELIAS, Roberto João. *Tutela civil*: regimes legais e realização prática. São Paulo: Saraiva, 1986.

ENNECCERUS, Ludwig; KIPP, Theodor; WOLFF, Martin. *Tratado de derecho civil*. Barcelona: Bosch, 1934. v. 1.

________. *Lehrbuch des Burgerlichen Rechts*. Marburg, 1957-1962.

ESPÍNOLA, Eduardo. Condição. In: *Repertório enciclopédico do direito brasileiro*. Rio de Janeiro: Borsoi. v. 10.

________. Dos fatos jurídicos. Das nulidades. In: LACERDA, Paulo de. *Manual do Código Civil brasileiro*. Rio de Janeiro: J. Ribeiro dos Santos, 1926. v. 3.

FADDA, Carlo; BENSA, E. *Note ao diritto della Pandette*, de Windscheid. Torino, 1930. v. 4.

FAGUNDES, Miguel Seabra. O direito administrativo na futura Constituição. *Revista de Direito Administrativo,* 168/5, n. 4.

FALZEA, Angelo. *La condizione e gli elementi dell'atto giuridico*. Milano, 1941.

FARIAS, Cristiano Chaves de; ROSENVALD, Nelson. *Direito civil*: teoria geral. 7. ed. Rio de Janeiro: Lumen Juris, 2008.

FERRARA, Francesco. *Trattato di diritto civile italiano*. Roma: Athenaeum, 1921. v. 1.

FERRARA, Luigi Cariotta. *Il negozio giuridico nel diritto privato italiano*. Napoli: Morano, 1948.

FERRAZ JÚNIOR, Tércio Sampaio. Analogia. In: *Enciclopédia Saraiva do Direito*. São Paulo: Saraiva. v. 6.

________. *Conceito de sistema no direito*. São Paulo: Revista dos Tribunais, 1976.

________. *Introdução ao estudo do direito*. São Paulo: Atlas, 1988.

FERRI, Luigi. *L'autonomia privata*. Milano, 1959.

FIUZA, Ricardo. *Novo Código Civil comentado*. São Paulo: Saraiva, 2002.

FRANÇA, Rubens Limongi. Aplicação do direito positivo. In: *Enciclopédia Saraiva do Direito*. São Paulo: Saraiva. v. 7.

________. Condição. In: *Enciclopédia Saraiva do Direito*. São Paulo: Saraiva. v. 17.

________. *Formas e aplicação do direito positivo*. São Paulo: Revista dos Tribunais, 1969.

________. *Manual de direito civil*. 4. ed. São Paulo: Revista dos Tribunais, 1980. v. 1.

________. *O nome civil das pessoas naturais*. 3. ed. São Paulo: Revista dos Tribunais, 1975.

FRONTINI, Paulo Salvador. Lesão contratual e abuso do poder econômico. *Justitia*, Revista do Ministério Público de São Paulo, 1972, v. 76.

GABBA, C. F. *Teoria della retroattività delle leggi*. 3. ed. Pisa. v. 1.

GAGLIANO, Pablo Stolze. O Estatuto da Pessoa com Deficiência e o sistema jurídico brasileiro de incapacidade civil. In *Jus Navigandi*, disponível em <http://jus.com.br/artigos/41381/o-estatuto-da-pessoa-com-deficiencia-e-o-sistema-juridico-brasileiro-de-incapacidade-civil>. Acesso em: 28 ago. 2015.

GAGLIANO, Pablo Stolze; PAMPLONA FILHO, Rodolfo. *Novo curso de direito civil*: parte geral. 22. ed. São Paulo: Saraiva, 2020.

GENTIL, Rafael. As associações e suas eleições. *Tribuna do Direito*, nov. 2004.

GHESTIN, Jacques. *Traité de droit civil*: la formation du contrat. 3. ed. Paris: LGDJ, 1994.

GOMES, Orlando. *A reforma do Código Civil*. Bahia, 1961.

________. *Contratos*. 9. ed. Rio de Janeiro: Forense, 1983.

________. *Introdução ao direito civil*. 7. ed. Rio de Janeiro: Forense, 1983.

________. *Transformações gerais do direito das obrigações*. São Paulo: Revista dos Tribunais, 1967.

GONÇALVES, Aderbal da Cunha. *Da propriedade resolúvel*: sua projeção na alienação fiduciária em garantia. São Paulo: Revista dos Tribunais, 1979.

GONÇALVES, Carlos Roberto. *Direito civil*: parte geral. 25. ed. São Paulo: Saraiva, 2019. (Col. Sinopses Jurídicas, v. 1.)

________. *Direito de família*. 22. ed. São Paulo: Saraiva, 2019. (Col. Sinopses Jurídicas, v. 2.)

________. Inovações do Projeto do Código Civil. *Revista da Escola Paulista de Magistratura*, n. 4.

________. *Responsabilidade civil*. 19. ed. São Paulo: Saraiva, 2020.

GONÇALVES, Marcus Vinicius Rios. *Curso de direito processual civil*. 17. ed. São Paulo: Saraiva, 2020, v. 1.

GONDIM FILHO, Joaquim. Nulidade relativa. *Revista Acadêmica da Faculdade de Direito do Recife*.

GUELFI, Filomusi. *Enciclopedia giuridica*. Napoli: N. Jovene, 1910.

HAURIOU, Maurice. *La théorie de l'institution et de la fondation*. Milano: Giuffrè, 1967.

HENTZ, Luiz Antonio Soares. *Direito de empresa no Código Civil de 2002*. São Paulo: Juarez de Oliveira, 2002.

IHERING, Rudolf von. *L'esprit du droit romain*. Trad. Neulenaere. t. 4.

JOSSERAND, Louis. *Cours de droit civil positif français*. Paris, 1932. v. 1.

________. *Derecho civil*. Buenos Aires: Bosch, 1951. v. 1.

KLABIN, Aracy Augusta Leme. Transexualismo. *Revista de Direito Civil*, 17/27.

LACERDA, Paulo de. *Manual do Código Civil*. Rio de Janeiro, 1918. v. 1.

________. *Manual do Código Civil brasileiro*. Rio de Janeiro: J. Ribeiro dos Santos, 1926. v. 3.

LAFAILLE, Héctor. *Derecho civil*: tratado de las obligaciones. 1950. v. 2, t. 8.

LARENZ, Karl. *Derecho civil*: parte general. Trad. esp. Caracas: Edersa, 1978.

________. *Metodologia da ciência do direito*. Trad. José Lamego. 5. ed. Lisboa: Fundação Calouste Gulbenkian, 1989.

LEITE, Eduardo Oliveira. Mulher separada. Continuidade do uso do nome do marido. Parecer. *RT*, 780/103.

LEITE, Gervásio. A emancipação do índio. *Revista de Informação Legislativa do Senado Federal*, n. 60.

LENZA, Pedro. *Direito constitucional esquematizado*. 13. ed. São Paulo: Saraiva, 2009.

LIMA, Alcides de Mendonça. *Comentários ao Código de Processo Civil*. São Paulo: Revista dos Tribunais. v. 12.

________. *Comentários ao Código de Processo Civil*. Rio de Janeiro: Forense, 1974. v. 6. t. 2.

LIMA, Alvino. *A fraude no direito civil*. São Paulo: Saraiva, 1965.

LIMA, Otto de Souza. *Negócio fiduciário*. São Paulo: Revista dos Tribunais, 1962.

LOBÃO, Manuel de Almeida e Souza. *Tractado sobre as execuções por sentença*. Lisboa: Impressão Regia, 1817.

LÔBO, Paulo Luiz Netto. *Direito das obrigações*. São Paulo: Saraiva, 2005.

LOPES, João Batista. *Condomínio*. 7. ed. São Paulo: Revista dos Tribunais, 2000.

LOPEZ, Teresa Ancona. O estado de perigo como defeito do negócio jurídico. *Revista do Advogado*, Associação dos Advogados de São Paulo, dezembro/2002, n. 68.

LOTUFO, Renan. *Código Civil comentado*. São Paulo: Saraiva, 2003. v. 1.

________. *Curso avançado de direito civil*. São Paulo: Revista dos Tribunais, 2002. v. 1.

MACHADO, Sylvio M. Marcondes. *Limitação da responsabilidade de comerciante individual*. São Paulo, 1956.

________. *Questões de direito mercantil*. São Paulo: Saraiva, 1977.

MAIA JÚNIOR, Mairan Gonçalves. *A representação no negócio jurídico*. São Paulo: Revista dos Tribunais, 2001.

MALUF, Carlos Alberto Dabus. *As condições no direito civil*. 2. ed. São Paulo: Saraiva, 1991.

MARCATO, Antonio Carlos. Interrupção da prescrição: o inciso I do art. 202 do novo Código Civil. In: CIANCI, Mirna (Coord.). *Prescrição no novo Código Civil*: uma análise interdisciplinar. São Paulo: Saraiva, 2005.

MARINHO, Josaphat. Os direitos da personalidade no novo Código Civil brasileiro. *Boletim da Faculdade de Direito da Universidade de Coimbra*. Coimbra: Coimbra Ed., 2000.

MARQUES, Cláudia Lima. *Contratos no Código de Defesa do Consumidor*. 3. ed. São Paulo: Revista dos Tribunais, 1998.

MARQUES, José Frederico. *Tratado de direito penal*. 2. ed. São Paulo: Saraiva. v. 3.

MARTY; REYNAUD. *Droit civil*. Paris, 1956. t. 1.

MATTIETTO, Leonardo. A representação voluntária e o negócio jurídico da procuração. *Revista Trimestral de Direito Civil*, 2000. v. 4.

MAXIMILIANO, Carlos. *Direito intertemporal ou teoria da retroatividade das leis*. Rio de Janeiro: Freitas Bastos, 1955.

________. *Hermenêutica e aplicação do direito*. 8. ed. Rio de Janeiro: Freitas Bastos, 1965.

MAZEAUD, Henri; MAZEAUD, Léon; MAZEAUD, Jean. *Leçons de droit civil*. Paris: Montchrestien, 1969. v. 1. t. 1; 1973. v. 1. t. 2.

MEIRELLES, Hely Lopes. *Direito administrativo brasileiro*. 12. ed. São Paulo: Revista dos Tribunais, 1986.

MELLO, Celso Antônio Bandeira de. *Curso de direito administrativo*. 9. ed. São Paulo: Malheiros, 1997.

________. *Prestação de serviços públicos e administração indireta*. 2. ed. São Paulo: Revista dos Tribunais.

MELLO, Marcos Bernardes de. *Teoria do fato jurídico. Plano da existência*. 9. ed. São Paulo: Saraiva, 1999.

________. *Teoria do fato jurídico. Plano da validade*. 4. ed. São Paulo: Saraiva, 2000.

MENDES, João de Castro. *Direito civil*: teoria geral. Lisboa: Associação Acadêmica da Faculdade de Direito, 1979.

MESSINEO, Francesco. *Manuale di diritto civile e commerciale*. 1947. v. 1.

MIRAGEM, Bruno. *Direito Civil:* responsabilidade civil. São Paulo: Saraiva, 2015.

MIRANDA, Custódio da Piedade. *A simulação no direito civil brasileiro*. São Paulo: Saraiva, 1980.

MONTEIRO, Washington de Barros. *Curso de direito civil*: parte geral. 38. ed. São Paulo: Saraiva, 2001. v. 1.

________. *Curso de direito civil*: direito de família. 32. ed. São Paulo: Saraiva, 1995. v. 2.

MORAES, Walter. Direito da personalidade. In: *Enciclopédia Saraiva do Direito*. São Paulo: Saraiva. v. 26.

NADER, Paulo. *Curso de direito civil*. Rio de Janeiro: Forense, 2003.

NEGRÃO, Theotonio. *Código de Processo Civil e legislação processual em vigor*. 34. ed. São Paulo: Saraiva, 2002.

NEGREIROS, Teresa. *Fundamentos para uma interpretação constitucional do princípio da boa-fé*. Rio de Janeiro: Renovar, 1998.

NERY JUNIOR, Nelson. *Vícios do ato jurídico e reserva mental*. São Paulo: Revista dos Tribunais, 1983.

NERY JUNIOR, Nelson; NERY, Rosa Maria de Andrade. *Código de Processo Civil comentado*. 3. ed. São Paulo: Revista dos Tribunais, 1997.

________. *Comentários ao Código de Processo Civil*: Novo CPC – Lei 13.105/2015. São Paulo: Revista dos Tribunais, 2015.

NEVARES, Ana Luiza Maia. O erro, o dolo, a lesão e o estado de perigo no novo Código Civil. In: TEPEDINO, Gustavo (Coord.). *A Parte Geral do novo Código Civil*. Rio de Janeiro: Renovar, 2002.

NEVES, Antonio Castanheira. Interpretação jurídica. In: *Polis-Enciclopédia Verbo da Sociedade e do Estado*. v. 3.

NUNES, Luiz Antonio Rizzatto. *Comentários ao Código de Defesa do Consumidor*. São Paulo: Saraiva, 2000.

OLIVEIRA, José Lamartine Corrêa de. *A dupla crise da pessoa jurídica*. São Paulo: Saraiva, 1979.

________. A parte geral do Anteprojeto de Código Civil. *RT*, 466/269.

________. *Direito de família*. Porto Alegre: Sérgio Antonio Fabris Editor, 1990.

OLIVEIRA, Moacyr de. Estado de perigo. In: *Enciclopédia Saraiva do Direito*. São Paulo: Saraiva, 1979.

________. Reserva mental. In: *Enciclopédia Saraiva do Direito*. São Paulo: Saraiva, 1981. v. 65.

PAGE, Henri de. *Traité élémentaire de droit civil belge*. 1933. t. 1.

PASQUIER, Claude du. *Introduction à la théorie générale et à la philosophie du droit*. Neuchâtel: Delachaux & Niestlé, 1967.

PEREIRA, Caio Mário da Silva. *Condomínio e incorporações*. 4. ed. Rio de Janeiro: Forense, 1981.

________. *Direito civil*: alguns aspectos de sua evolução. Rio de Janeiro: Forense, 2001.

________. *Instituições de direito civil*. 19. ed. Rio de Janeiro: Forense, 2002. v. 1.

________. *Lesão nos contratos*. 6. ed. Rio de Janeiro: Forense, 1999.

________. *Responsabilidade civil*. 2. ed. Rio de Janeiro: Forense, 1990.

PINHEIRO, Hésio Fernandes. O nome civil da mulher casada. *RT*, 185/530.

PLANIOL, Marcel; RIPERT, Georges. *Traité pratique de droit civil français.* Paris: LGDJ, 1952. v. 1.

PLANIOL, Marcel; RIPERT, Georges; BOULANGER. *Traité élémentaire de droit civil.* Paris, 1915. v. 1.

PLANIOL, Marcel; RIPERT, Georges; SAVATIER, René. *Traité élémentaire de droit civil.* 7. ed. Paris, 1915. t. 1.

PONTES DE MIRANDA, Francisco. *Comentários ao Código de Processo Civil.* Rio de Janeiro: Forense. t. 16.

________. *Direito de família.* São Paulo: Max Limonad. v. 3.

________. *Tratado de direito privado.* 3. ed. Rio de Janeiro: Borsoi, 1954/1956. v. 8.

________. *Tratado dos testamentos.* Rio de Janeiro, 1930. v. 1.

PORTO, Mário Moacyr. Dano por ricochete. *RT,* 661/7.

________. *Reparação do dano moral.* São Paulo: Revista dos Tribunais, 1993.

________. Responsabilidade do Estado pelos atos de seus juízes. *RT*, 563/14.

________. *Temas de responsabilidade civil.* São Paulo: Revista dos Tribunais, 1989.

PUGLIA, Ferdinando. *Dell'azione pauliana.* Napoli: Ernesto Anfossi, 1886.

RAMOS, Erasmo M. Estudo comparado do direito de personalidade no Brasil e na Alemanha. *RT,* 799/11-32.

RÁO, Vicente. *O ato jurídico.* 3. ed. São Paulo: Saraiva, 1981.

________. *O direito e a vida dos direitos.* São Paulo: Max Limonad, 1960. v. 1 e 2.

RAVÁ, Adolfo. *Istituzioni di diritto privato.* 1938.

REALE, Miguel. Diretrizes gerais sobre o Projeto de Código Civil. In: *Estudos de filosofia e ciência do direito.* São Paulo: Saraiva, 1978.

________. As associações no novo Código Civil. *Informativo Incijur*, n. 45, abril/2003.

________. *Lições preliminares de direito.* 8. ed. São Paulo: Saraiva, 1981.

________. *O Projeto do Novo Código Civil.* 2. ed. São Paulo: Saraiva, 1999.

REQUIÃO, Rubens. *Aspectos modernos de direito comercial.* São Paulo: Saraiva, 1977. v. 1.

________. *Curso de direito comercial.* 12. ed. São Paulo: Saraiva, 1982. v. 1.

________. *Direito comercial.* 19. ed. São Paulo: Saraiva, 1989. v. 1.

RIANI, Frederico Augusto D'Ávila. O direito à vida e a negativa de transfusão de sangue baseada na liberdade de crença. *Revista Imes,* ano 1. n. 1, jul--dez/2000.

RIZZARDO, Arnaldo. *Da ineficácia dos atos jurídicos e da lesão no direito*. Rio de Janeiro: Forense, 1983.

RODRIGUES, Marcelo Guimarães. Do nome civil. *RT*, 765/755.

RODRIGUES, Silvio. Ação pauliana ou revocatória. In: *Enciclopédia Saraiva do Direito*. São Paulo: Saraiva. v. 3.

_________. *Direito civil*. 32. ed. São Paulo: Saraiva, 2002. v. 1.

_________. *Dos vícios do consentimento*. São Paulo: Saraiva, 1974.

ROSENVALD, Nelson. O princípio da concentração na matrícula imobiliária. *Carta Forense*, março/1916.

ROUBIER, Paul. *Les conflits de lois dans le temps*. Paris: Sirey, 1929. v. 1.

RUGGIERO, Roberto de. *Instituições de direito civil*. São Paulo: Saraiva, 1972.

RUGGIERO, Roberto de; MAROI, Fulvio. *Istituzioni di diritto privato*. Milano, 1955. v. 1.

SALOMÃO FILHO, Calixto. *O novo direito societário*. São Paulo: Malheiros, 1998.

SAN TIAGO DANTAS, Francisco Clementino. *Programa de direito civil*. Rio de Janeiro: Ed. Rio de Janeiro, 1977. v. 1. 3. ed. Rio de Janeiro: Forense, 2000.

SANTORO-PASSARELLI, Francesco. *Dottrine generali del diritto civile*. 9. ed. Napoli: Eugenio Jovene, 1971.

_________. *Teoria geral do direito civil*. Trad. Manoel de Alarcão. Coimbra: Atlântica Ed., 1967.

SANTOS, João Manuel de Carvalho. *Código Civil brasileiro interpretado*. 8. ed. Rio de Janeiro: Freitas Bastos, 1961. v. 2; 9. ed., 1964, v. 3; 11. ed., 1980, v. 1.

SAVIGNY, Friedrich Karl von. *Le droit des obligations*. Trad. Gerardin et Jozon. § 82.

_________. *Sistema del derecho romano atual*. Trad. Jacinto Mesía y Manuel Poley. Madrid: Góngora. t. 2.

_______. *Traité de droit romain*. Trad. Guénoux. Paris, 1845. v. 2.

SCHREIBER, Anderson. *Código Civil comentado*: doutrina e jurisprudência, obra coletiva, Editora Forense, edição 2021.

SCIALOJA, Vittorio. *Scritti giuridici*. v. 4. Apud Washington de Barros Monteiro. *Curso de direito civil*. 38. ed. São Paulo: Saraiva, 2001. v. 1.

SCUTO, Carmelo. *Istituzioni di diritto privato*: parte generale. 5. ed. Napoli: Treves di Leo Lupi, 1950. v. 1.

SCUTO, Edoardo. Riserva mentale. In: *Novíssimo Digesto Italiano*. Torino: UTET, 1969. v. 16.

SEMIÃO, Sérgio Abdalla. *Os direitos do nascituro*: aspectos cíveis, criminais e do biodireito. Belo Horizonte: Del Rey, 1988.

SERPA LOPES, Miguel Maria de. *Curso de direito civil*. 5. ed. Rio de Janeiro: Freitas Bastos, 1971. v. 1.

________. *O silêncio como manifestação da vontade nas obrigações*. Rio de Janeiro: Livraria Suíssa-Walter Roth Editora, 1944.

SILVA, Jorge Cesa Ferreira da. *A boa-fé e a violação positiva do contrato*. Rio de Janeiro: Renovar, 2002.

SILVA, José Afonso da. *Curso de direito constitucional positivo*. 5. ed. São Paulo: Revista dos Tribunais, 1989.

SILVA, Wilson Melo da. *Da responsabilidade civil automobilística*. São Paulo: Saraiva, 1980.

SILVA TELLES JÚNIOR, Goffredo da. *O direito quântico*. 5. ed. São Paulo: Max Limonad, 1981.

SIMÃO, José Fernando. Requisito do erro como vício de consentimento no Código Civil. In: *Novo Código Civil* – Questões controvertidas. São Paulo: Método, 2007. v. 6.

SOUZA, R. Capelo de. *O direito geral de personalidade*. Coimbra: Coimbra Ed., 1995.

STOCO, Rui. *Responsabilidade civil*. 4. ed. São Paulo: Revista dos Tribunais, 1999.

________. Tutela antecipada nas ações de reparação de danos. *Informativo Jurídico Incijur*.

STOLFI, Francesco. *Il nuovo Codice Civile commentato*. 1939. Prefazione.

TARTUCE, Flávio. *Direito civil*. 5. ed. São Paulo: Método, 2009. v. 1.

TAVARES, José. *Os princípios fundamentais do direito civil*. 2. ed. Coimbra, 1929. v. 1.

TEIXEIRA DE FREITAS, Augusto. *Esboço*. Rio de Janeiro: MJNI, 1952.

TENÓRIO, Oscar. *Lei de Introdução ao Código Civil brasileiro*. 2. ed. Rio de Janeiro: Borsoi, 1955.

TEPEDINO, Gustavo. O papel da culpa na separação e no divórcio. In: *Temas de direito civil*. Rio de Janeiro: Renovar, 2001.

________. Premissas metodológicas para a constitucionalização do direito civil. In: *Temas de direito civil*. Rio de Janeiro: Renovar, 2001.

TEPEDINO, Gustavo; BARBOZA, Heloisa Helena; MORAES, Maria Celina Bodin de. *Código Civil interpretado conforme a Constituição da República*. Rio de Janeiro: Renovar, 2007. v. I.

THEODORO JÚNIOR, Humberto. Negócio jurídico. Existência. Validade. Eficácia. Vícios. Fraude. Lesão. *Revista dos Tribunais, 780*:11.

________. *Comentários ao novo Código Civil*. Rio de Janeiro: Forense, 2003. v. III.

TOBEÑÃS, José Castan. *Derecho civil español*. 11. ed. Madrid: Reus, 1971. v. 1.

TOLOMEI, Carlos Young. A noção de ato ilícito e a teoria do risco na perspectiva do novo Código Civil. In: TEPEDINO, Gustavo (Coord.). *A Parte Geral do novo Código Civil*. Rio de Janeiro: Renovar, 2002.

TORRENTE, Andréa. *Manuale di diritto privato*. 1955.

TRABUCCHI, Alberto. *Commentario breve al Codice Civile*. Padova: CEDAM, 1997.

________. *Istituzioni di diritto civile*. 19. ed. Padova: Cedam, 1973.

VALLADÃO, Haroldo. Capacidade de direito. In: *Enciclopédia Saraiva do Direito*. São Paulo: Saraiva. v. 13.

VAREILLES-SOMMIÉRES. *Les personnes morales*. Paris, 1902.

VELOSO, Zeno. *Condição, termo e encargo*. São Paulo: Malheiros, 1997.

VENCESLAU, Rose Melo. O negócio jurídico e suas modalidades. In: TEPEDINO, Gustavo (Coord.). *A Parte Geral do novo Código Civil*. Rio de Janeiro: Renovar, 2002.

VENOSA, Sílvio. *Direito civil*. São Paulo: Atlas, 2001. v. 1.

VIANA, Marco Aurélio S. *Da pessoa natural*. São Paulo: Saraiva, 1988.

VIEIRA, Tereza R. *Mudança de sexo*: aspectos médicos, psicológicos e jurídicos. *Revista de Ciências Humanas da Unipar*, v. 6, n. 21, 1998.

WALD, Arnoldo. *Curso de direito civil brasileiro*: introdução e parte geral. 9. ed. São Paulo: Saraiva, 2002.

YARSHELL, Flávio Luiz. Dano moral: tutela preventiva (ou inibitória), sancionatória e específica. *Revista do Advogado*, 49/62.

________. Incidente de desconsideração da personalidade jurídica: busca de sua natureza jurídica. *Jornal Carta Forense*, maio 2015, p. A4.

ZANNONI, Eduardo. *El daño en la responsabilidad civil*. Buenos Aires: Astrea, 1982.

ZAVASCKI, Teori Albino. Antecipação da tutela e colisão de direitos fundamentais. In: FIGUEIREDO TEIXEIRA, Sálvio de. (Min. Coord.). *Reforma do Código de Processo Civil*. São Paulo: Saraiva.

ZEA, Arturo Valencia. *La posesión*. Bogotá: Temis, 1978.